Alexandre Pereira Bonna
Ana Claudia Corrêa Zuin Mattos do Amaral
Ana Izabelle de Oliveira Costa
Claudia Lima Marques
Daniela Copetti Cravo
Daniela Scheuermann Celada
Débora Fernandes Maranhão
Dennis Verbicaro
Douglas Verbicaro Soares
Fabrício Germano Alves
Flávio Henrique Caetano de Paula Maimone
Gabriela Ohana
Gisele Santos Fernandes Góes
Guilherme Magalhães Martins
Guilherme Mucelin
Hugo José de Oliveira Agrassar
Janaina Vieira Homci
Jaqueline da Silva Paulichi
João Pedro Leite Barros
Jorge Calandrini
José Luiz de Moura Faleiros Júnior
Luiz Felipe da Fonseca Pereira
Luma Cavaleiro de Macêdo Scaff
Marcel Fernandes de Oliveira Rocha
Marcos Catalan
Marcos Ehrhardt Jr.
Milton Pereira de França Netto
Natália Talia Andrade de Oliveira
Natasha Siqueira Mendes de Nóvoa
Oscar Ivan Prux
Ricardo Dib Taxi
Samira Viana Silva
Valeria Silva Galdino Cardin

2024

DENNIS VERBICARO
JANAINA VIEIRA HOMCI

COORDENADORES

RELAÇÕES ELETRÔNICAS DE CONSUMO

Dados Internacionais de Catalogação na Publicação (CIP) de acordo com ISBD

R382
 Relações eletrônicas de consumo / Alexandre Pereira Bonna... [et al.]. - Indaiatuba, SP : Editora Foco, 2024.
 376 p. ; 17cm x 24cm.

 Inclui bibliografia e índice.
 ISBN: 978-65-5515-896-0

 1. Direito. 2. Direito digital. 3. Consumo eletrônico. I. Bonna, Alexandre Pereira. II. Amaral, Ana Claudia Corrêa Zuin Mattos do. III. Costa, Ana Izabelle de Oliveira. IV. Marques, Claudia Lima. V. Cravo, Daniela Copetti. VI. Celada, Daniela Scheuermann. VII. Maranhão, Débora Fernandes. VIII. Verbicaro, Dennis. IX. Soares, Douglas Verbicaro. X. Alves, Fabrício Germano. XI. Maimone, Flávio Henrique Caetano de Paula. XII. Ohana, Gabriela. XIII. Góes, Gisele Santos Fernandes. XIV. Martins, Guilherme Magalhães. XV. Mucelin, Guilherme. XVI. Agrassar, Hugo José de Oliveira. XVII. Homci, Janaina Vieira. XVIII. Paulichi, Jaqueline da Silva. XIX. Barros, João Pedro Leite. XX. Calandrini, Jorge. XXI. Faleiros Júnior, José Luiz de Moura. XXII. Pereira, Luiz Felipe da Fonseca. XXIII. Scaff, Luma Cavaleiro de Macêdo. XXIV. Rocha, Marcel Fernandes de Oliveira. XXV. Catalan, Marcos. XXVI. Ehrhardt Jr, Marcos. XXVII. França Netto, Milton Pereira de. XXVIII. Oliveira, Natália Talia Andrade de. XXIX. Nóvoa, Natasha Siqueira Mendes de. XXX. Prux, Oscar Ivan. XXXI. Taxi, Ricardo Dib. XXXII. Silva, Samira Viana. XXXIII. Cardin, Valeria Silva Galdino. XXXIV. Título.

2023-2097   CDD 340.0285   CDU 34:004

Elaborado por Odilio Hilario Moreira Junior - CRB-8/9949
Índices para Catálogo Sistemático:
1. Direito digital 340.0285
2. Direito digital 34:004

Alexandre Pereira Bonna
Ana Claudia Corrêa Zuin Mattos do Amaral
Ana Izabelle de Oliveira Costa
Claudia Lima Marques
Daniela Copetti Cravo
Daniela Scheuermann Celada
Débora Fernandes Maranhão
Dennis Verbicaro
Douglas Verbicaro Soares
Fabrício Germano Alves
Flávio Henrique Caetano de Paula Maimone
Gabriela Ohana
Gisele Santos Fernandes Góes
Guilherme Magalhães Martins
Guilherme Mucelin
Hugo José de Oliveira Agrassar
Janaina Vieira Homci
Jaqueline da Silva Paulichi
João Pedro Leite Barros
Jorge Calandrini

2024

DENNIS VERBICARO
JANAINA VIEIRA HOMCI

COORDENADORES

RELAÇÕES ELETRÔNICAS DE CONSUMO

José Luiz de Moura Faleiros Júnior
Luiz Felipe da Fonseca Pereira
Luma Cavaleiro de Macêdo Scaff
Marcel Fernandes de Oliveira Rocha
Marcos Catalan
Marcos Ehrhardt Jr.
Milton Pereira de França Netto
Natália Talia Andrade de Oliveira
Natasha Siqueira Mendes de Nóvoa
Oscar Ivan Prux
Ricardo Dib Taxi
Samira Viana Silva
Valeria Silva Galdino Cardin

2024 © Editora Foco

Coordenadores: Dennis Verbicaro e Janaina Vieira Homci

Autores: Alexandre Pereira Bonna, Ana Claudia Corrêa Zuin Mattos do Amaral, Ana Izabelle de Oliveira Costa, Claudia Lima Marques, Daniela Copetti Cravo, Daniela Scheuermann Celada, Débora Fernandes Maranhão, Dennis Verbicaro, Douglas Verbicaro Soares, Fabrício Germano Alves, Flávio Henrique Caetano de Paula Maimone, Gabriela Ohana, Gisele santos Fernandes Góes, Guilherme Magalhães Martins, Guilherme Mucelin, Hugo José de Oliveira Agrassar, Janaina Vieira Homci, Jaqueline da Silva Paulichi, João Pedro Leite Barros, Jorge Calandrini, José Luiz de Moura Faleiros Júnior, Luiz Felipe da Fonseca Pereira, Luma Cavaleiro de Macêdo Scaff, Marcel Fernandes de Oliveira Rocha, Marcos Catalan, Marcos Ehrhardt Jr., Milton Pereira de França Netto, Natália Talia Andrade de Oliveira, Natasha Siqueira Mendes de Nóvoa, Oscar Ivan Prux, Ricardo Dib Taxi, Samira Viana Silva e Valeria Silva Galdino Cardin

Diretor Acadêmico: Leonardo Pereira
Editor: Roberta Densa
Assistente Editorial: Paula Morishita
Revisora Sênior: Georgia Renata Dias
Capa Criação: Leonardo Hermano
Diagramação: Ladislau Lima e Aparecida Lima
Impressão miolo e capa: FORMA CERTA

DIREITOS AUTORAIS: É proibida a reprodução parcial ou total desta publicação, por qualquer forma ou meio, sem a prévia autorização da Editora FOCO, com exceção do teor das questões de concursos públicos que, por serem atos oficiais, não são protegidas como Direitos Autorais, na forma do Artigo 8º, IV, da Lei 9.610/1998. Referida vedação se estende às características gráficas da obra e sua editoração. A punição para a violação dos Direitos Autorais é crime previsto no Artigo 184 do Código Penal e as sanções civis às violações dos Direitos Autorais estão previstas nos Artigos 101 a 110 da Lei 9.610/1998. Os comentários das questões são de responsabilidade dos autores.

NOTAS DA EDITORA:

Atualizações e erratas: A presente obra é vendida como está, atualizada até a data do seu fechamento, informação que consta na página II do livro. Havendo a publicação de legislação de suma relevância, a editora, de forma discricionária, se empenhará em disponibilizar atualização futura.

Erratas: A Editora se compromete a disponibilizar no site www.editorafoco.com.br, na seção Atualizações, eventuais erratas por razões de erros técnicos ou de conteúdo. Solicitamos, outrossim, que o leitor faça a gentileza de colaborar com a perfeição da obra, comunicando eventual erro encontrado por meio de mensagem para contato@editorafoco.com.br. O acesso será disponibilizado durante a vigência da edição da obra.

Impresso no Brasil (09.2023) – Data de Fechamento (08.2023)

2024
Todos os direitos reservados à
Editora Foco Jurídico Ltda.
Rua Antonio Brunetti, 593 – Jd. Morada do Sol
CEP 13348-533 – Indaiatuba – SP

E-mail: contato@editorafoco.com.br
www.editorafoco.com.br

APRESENTAÇÃO

Nick Bostrom, Professor do Future of Humanity Institute (Oxford), uma vez disse, com relação ao desenvolvimento da inteligência artificial: "humanos são como crianças pequenas brincando com uma bomba". A preocupação de Bostrom é de uma "explosão de inteligência artificial", que ocorrerá quando máquinas, muito mais inteligentes do que o homem, comecem a projetar suas próprias máquinas. Ele não sabe quando ocorrera a detonação da bomba, embora, ao se segurar o dispositivo próximo ao ouvido, seja possível ouvir um leve tique-taque.[1]

O nosso livro segue no rastro de assuntos que marcam, de forma definitiva, a interação do consumidor com as novas tecnologias, relação essa assimétrica em todos aspectos, agravando sua vulnerabilidade e exigindo respostas rápidas e modelos regulatórios eficazes, seja na rediscussão dos limites éticos necessários nessa interação muitas vezes forçada e determinista da inteligência artificial, seja no aspecto do controle e responsabilidade das plataformas, ressignificando o papel do Estado como agente regulatório responsável e respeitado pelas *Big Techs*.

O aparente uso inofensivo das tecnologias de inteligência artificial favorece a própria capacidade da máquina de avançar nas suas funcionalidades (*deep learning*), "encantando" o usuário com resultados aparentemente seguros e confiáveis, numa escala muito maior do que aquela que poderia ser alcançada pelo ser humano, abrindo espaço para um maior envolvimento e dependência ao modelo artificial nas relações pessoais, profissionais, sociais e econômicas, agora migradas para as grandes plataformas.

O realinhamento hierárquico das necessidades de consumo, outrora marcadas por condições fisiológicas, hoje, determinadas pelo padrão estético-comportamental da indústria cultural são mais rapidamente difundidas pelo assédio massificado levado a efeito pelos algoritmos.

A crescente e acrítica algoritmização da pessoa é começo do fim da diversidade, da conflituosidade e da imprevisibilidade que marcam e constituem a natureza humana e, por via de consequência, evidencia a erosão da individualidade. O determinismo nas escolhas de consumo é uma das expressões de que esse fenômeno já começa a produzir efeitos perigosos na sociedade.

A previsibilidade do futuro, agora, nas mãos da IA, é perfeitamente possível a partir daquilo que os algoritmos aprendem sobre o comportamento humano, pela apropriação muitas vezes não consentida de seus dados pessoais, numa nova expressão

---

1. THE GUARDIAN. Artificial intelligence: 'We're like childrenplayingwith a bomb' Disponível em: https://www.theguardian.com/technology/2016/jun/12/nick-bostrom-artificial-intelligence-machine. Acesso em: 07 abr. 2023.

de poder disciplinador, que atua de maneira clandestina e sorrateira, prometendo benesses inexistentes aos que acreditam, ingenuamente, que seus micro comportamentos na internet são inofensivos.

Para a adequada proteção desse consumidor digital, defende-se um claro diálogo de fontes entre a LGPD e o CDC, na medida em que a modulação do risco e a apuração da responsabilidade civil das plataformas eletrônicas observa regras materiais e processuais há muito já consagradas na legislação especial de proteção do consumidor.

A complexidade da disrupção tecnológica no uso da inteligência artificial nas relações de consumo, com suas demandas multipolares, exige que o processo seja adaptado a essa nova realidade, pois ações caracterizadas pela pluralidade, transindividualidade e desterritorialização de interesses, que extrapolam os limites da lide entre autor e réu, já estão chegando no Poder Judiciário, sem que este esteja preparado para julgá-las.

Nesse sentido, as ferramentas tradicionais do processo civil tradicional não se revelam atualizadas para o melhor tratamento dessa imersão tecnológica do consumidor, o que gera potenciais litígios estruturais, sobretudo quanto ao uso acrítico e clandestino da inteligência artificial, modulando a vontade, discriminando, excluindo pessoas e categorias, ou mesmo determinando papéis sociais a partir de perfis estatísticos previamente "apreendidos" e, agora, propagados em larga medida no ambiente digital.

Sem informação, não há liberdade de escolha. Sem privacidade, não há segurança. Ao se propagar a discriminação e o determinismo algorítmico se corroerá de um modo, talvez, irreversível, a própria individualidade do consumidor. Essas são a premissas básicas da tutela de dados pessoais, hoje alçada a categoria de Direito Fundamental (Art. 5º, LXXIX, CF/88), gerando, por consequência, a obrigação de se criarem marcos normativos claros, eficientes, dissuasórios, a partir de uma atuação qualificada de órgãos reguladores. Esse controle estatal terá o condão de influir na autorregulação das plataformas por meio de programas de governança corporativa de dados, gerando maior confiança, assim como estimulando um círculo virtuoso no mercado digital.

É preciso estimular o exercício da cidadania instrumental do consumidor, adotando posturas mais cautelosas em suas experiências na internet, entendo os perigos de uma subserviência irrestrita à dominação das plataformas eletrônicas, as quais sabem nos convencer a permanecer mais tempo conectados.

A inteligência artificial não é inofensiva, muito pelo contrário. Da mesma forma, sua interação para com os sujeitos jamais será desinteressada. Haverá sempre uma causalidade na apropriação de informação pessoais, para conhecer, padronizar e influir nos comportamentos humanos. Atentar e se proteger dessas práticas revela um verdadeiro empoderamento do consumidor digital.

Nessa perspectiva, decisiva também será a participação do Estado na confecção e execução (ao lado da sociedade civil e dos agentes econômicos) de uma verdadeira

Política Nacional para a Tutela de Dados Pessoais no Brasil, implementando compromissos éticos, diretrizes para atuação das plataformas eletrônicas (a despeito de sua forte resistência), tais como mecanismos de monitoramento periódico, modelos de *compliance* que valorizem não apenas a transparência na coleta e tratamento dos dados, mas também que imponham o dever ético de assumir, junto às autoridades e aos consumidores prejudicados, falhas de segurança e, desde logo, busquem assumir responsabilidades e mitigar os danos imediatamente causados e aqueles que ainda se materializarão no futuro, sem prejuízo da aplicação rigorosa das sanções administrativas previstas na LGPD.

Alguns direitos na economia de dados, por sua densidade, merecem uma atenção especial: a) as pessoas devem estar seguras ante à clandestina vigilância das plataformas eletrônicas, ao ponto de ninguém ter seu comportamento sub-repticiamente manipulado pelo uso de seus dados; b) ninguém deve sofrer qualquer espécie de discriminação algorítmica; c) o determinismo algorítmico é uma prática abusiva que viola a individualidade e, portanto, deve ser combatida, d) é preciso levar a discussão regulatória da Inteligência Artificial para o plano internacional, a partir de um esforço cooperativo transnacional que compartilhe pesquisas, ferramentas tecnológicas de controle e defina limites morais, que instruam princípios comuns e diretrizes de observância obrigatória para os Estados e Companhias Tecnológicas, permitindo a aplicação de sanções jurídicas e econômicas para os infratores.

O consumidor digital precisa entender que as grandes plataformas eletrônicas e os *gatekeepers* tecnológicos estão numa busca frenética pela digitalização do mundo e da vida humana em todas as suas dimensões. Esse processo envolve, necessariamente, a coleta e a gravação do máximo de dados pessoais possíveis, numa verdadeira obsessão algorítmica. Ao se ampliar essa capacidade de armazenamento, maior o controle e o poder exercido num ambiente cada vez mais concentrado.

A regulação, através de marcos normativos claros e eficazes, portanto, é o que dará algum alento ao consumidor, dando-se a oportunidade de uma verdadeira emancipação, por meio de um modelo de consumo responsável e identitário que neutralize, em alguma medida, os efeitos da vigilância eletrônica,

Em razão do sucesso e reconhecimento da primeira obra deste projeto em 2020 (Direito do Consumidor Digital), com indicação em bibliografias selecionadas pelo STJ, em "Inteligência Artificial: Aspectos Jurídicos", publicamos este segundo volume com objetivo de ampliar as discussões sobre a temática proposta e aprofundar o intercâmbio acadêmico entre as instituições.

Esta obra é composta por 20 artigos, produzidos docentes e discentes de todas as regiões do país, dividida em três seções: 1) Vulnerabilidade, o Corpo Eletrônico e o Consumidor 4.0; 2) A Proteção dos dados pessoais na tutela consumerista; e 3) Inteligência Artificial e o Direito do Consumidor.

A primeira seção é fracionada em 7 artigos, cujas temáticas envolvem discussões atreladas à vulnerabilidade digital, corpo eletrônico no metaverso, medidas extraprocessuais de resolução de conflitos, empoderamento do consumidor, capitalismo de plataforma e diversas outras temáticas atuais e constantes na realidade fática do consumidor.

Em "Vulnerabilidade na era Digital: um estudo sobre os fatores de vulnerabilidade da pessoa natural nas plataformas, a partir da dogmática do Direito do Consumidor", dos professores Claudia Lima Marques e Guilherme Mucelin, estuda-se os novos fatores de vulnerabilidade decorrentes e-commerce e de plataformas a partir do Direito do Consumidor.

De outro modo, porém de igual relevância, em "O Corpo Eletrônico em questão e a possibilidade da tutela jurídica de seus direitos da personalidade como consumidor no metaverso", os autores Oscar Ivan Prux, Jaqueline Paulichi e Valéria Cardin, analisam os riscos aos direitos da personalidade do consumidor no metaverso, em atenção ao direito de acesso, amparado em condições legais e éticas, bem como na limitação de dados e no manuseio correto conforme os princípios constitucionais e da legislação infraconstitucional que se relacionam com essa participação no ambiente digital.

Já em "A utilização da plataforma digital consumidor.gov pelas agências reguladoras para resolução extrajudicial de conflitos de consumo", o autor Hugo José de Oliveira Agrassar apresenta, em diálogo das fontes entre o direito do consumidor e direito administrativo, a plataforma consumidor.gov.br, utilizadas pelas agências reguladoras, como mecanismo de acesso à justiça.

Ato contínuo, os professores Gabriela Ohana e Dennis Verbicaro, em "O consumidor 4.0, a interface do branding mercadológico e o papel do Estado: Uma análise sob a ótica das sanções reputacionais aplicada nos Processos Administrativos de Responsabilização – PAR", refletem, sob a ótica das sanções reputacionais aplicada nos Processos Administrativos de Responsabilização – PAR, sobre a atividade social do consumidor 4.0 e sua interface ao *branding* mercadológico e o papel estatal.

Em "A indústria da moda no capitalismo de plataforma: o comprometimento da individualidade autêntica do consumidor", cujas autoras são Ana Izabelle de Oliveira Costa e Natasha Nóvoa, relaciona a influência do capitalismo de plataforma no comprometimento da autenticidade do consumidor, tomando como base as tendências da indústria da moda no ambiente virtual. Demonstra o agravamento da vulnerabilidade comportamental no contexto em discussão face da economia de rede estimula a tomada de decisões irracionais do consumidor.

No artigo "A tutela Coletiva como meio de mudança estrutural nas ofertas de crédito no ciberespaço", Jorge Calandrini apresenta a tutela coletiva como um instrumento para mudanças estruturais na forma da oferta de crédito no ciberespaço.

Em linhas de conclusão da primeira seção, em "O falso empoderamento do consumidor no sistema de avaliação de plataformas digitais: um estudo da inteligência artificial sob a perspectiva da vulnerabilidade algorítmica", os autores Dennis Verbicaro e Natasha Nóvoa apontam de que modo as grandes plataformas digitais se utilizam da coleta de dados e predileções algorítmicas para sugerirem um falso empoderamento do consumidor no que se refere ao controle de qualidade dos serviços prestados, aproveitando-se da hiper confiança do usuário, assimetria informacional e pouca credibilidade do alegado aprimoramento dos serviços, a partir das avaliações negativas recebidas.

A segunda seção é fracionada em 8 artigos, tendo como eixo de convergência o estudo do consumidor e a Lei Geral de Proteção de Dados. O professor Ricardo Dib Taxi, em "O fim da democracia: ensaio sobre a dimensão política da proteção dos dados pessoais do consumidor", em análise filosófica, tendo como base os autores Adorno, Horkheimer e Walter Benjamin, analisa o contexto de surgimento, a importância da lei geral de proteção de dados e alguns dos desafios à sua implementação.

Em "*Geoblocking e geoprincing*: proteção do consumidor no e-commerce e a Lei Geral de Proteção de Dados", Fabrício Germano Alves e Marcel Fernandes de Oliveira Rocha apresentam as práticas supracitadas e versam a proteção que o consumidor no comércio eletrônico, em atenção a Lei Geral de Proteção de Dados. De outro modo, Samira Viana Silva, Gisele Góes e Dennis Verbicaro, em "Capitalismo de Vigilância e a tutela coletiva estrutural do consumidor no contexto da Lei Geral de Proteção de Dados", analisam a economia baseada em tratamento de dados pessoais no âmbito do processo coletivo estrutural.

Em continuidade, em "Internet e proteção de dados pessoais nas relações internacionais de consumo: Alguns contornos e contextos", os autores Daniela Cravo e José Faleiros Júnior realizam, de forma acurada, contornos particulares acerca dos contratos eletrônicos de consumo, pontuando as situações peculiares da portabilidade de dados para o exterior, a precificação algorítmica e a transferência internacional de dados.

Igualmente relevante, os autores Natália Oliveira e Douglas Verbicaro, em "Estudos sobre os impactos da Lei Geral de Proteção de Dados na Implementação da cultura de privacidade no Brasil", estudam os impactos e a importância da Lei Geral de Proteção de Dados ao avanço da sociedade contemporânea. Já em "*Cookies* – Aspectos jurídicos da experiência do usuário na *internet*", por João Pedro Leite Barros e Débora Maranhão, são analisadas as práticas relacionadas à difusão dos *cookies*, bem como os potenciais danos daí decorrentes, exigindo a atuação da Autoridade Nacional de Proteção de Dados nos aspectos preventivo e sancionatório.

Na análise do artigo "O diálogo das fontes e o regular tratamento de dados", os autores Flávio Henrique Maimone e Ana Cláudia Corrêa Zuin Mattos do Amaral, compreende-se a importância do diálogo entre a Lei Geral de Proteção de Dados e demais legislações para proteção do usuário, especialmente no que diz respeito ao consentimento do titular.

O professor Alexandre Bonna, em "A (des)necessidade de prova do dano para configurar dano moral por violação da LGPD À luz do caso Cyrela", aborda, a partir do julgamento da apelação n. 1080233-94.2019.8.26.0100 (Roberto x Cyrela) pelo

TJSP, sobre a possibilidade de configuração do dever de indenizar por violação da LGPD, apresentando que em matéria de proteção de dados, como regra geral, deve o Judiciário exigir o dano-prejuízo, não sendo suficiente a mera violação da LGPD para fins de condenação em dano moral.

Encerrando essa seção, em "A proteção da privacidade pelo Direito Antitruste: Uma análise sobre o possível enquadramento da exploração excessiva de dados como infração à ordem econômica nos termos da Lei 12.529/2011", as autoras Daniela Scheuermann Celada e Natasha Nóvoa enfrentam o tema da proteção da privacidade do titular sob o prisma do Direito Concorrencial.

Na terceira e última seção, dividida em 3 artigos, aborda-se aspectos sobre Inteligência Artificial e Direito do Consumidor. Já no primeiro artigo, os professores Guilherme Magalhães Martins e Guilherme Mucelin discutem sobre "Inteligência Artificial, perfis e controle de fluxos informacionais". Tal artigo apresenta dois eixos específicos: 1) identificação da dimensão digital como espaço dos fluxos informacionais e configuração da representação digital; 2) definição de perfis e aplicação da LGPD em decisões automatizadas, bem como os enfoques possíveis para aprimoramento no que diz respeito as relações que envolvem Inteligência Artificial.

Em "O Regime de Responsabilidade Civil Aplicável à Inteligência Artificial no Direito Brasileiro", desenvolvido pelos autores Marcos Ehrhardt Jr. e Milton Pereira de França Netto, são explorados aspectos sobre a responsabilidade civil no âmbito brasileiro, com enfoque no PL 21/2020, assim como no direito comparado. Em continuidade, os autores Luma Scaff, Janaina Vieira Homci e Luiz Felipe Fonseca, discutem a responsabilização civil nos casos de danos causados por carros autônomos ao consumidor, em texto intitulado "Danos envolvendo veículos autônomos: a equiparação de terceiro como consumidor para responsabilização civil".

Por fim, em versos, o professor Dr. Marcos Catalan reflete sobre a tutela consumerista no epílogo, intitulado "Transformados por Circe, esquecidos na Terra dos Lotófagos: Uma ligeiríssima reflexão sobre os consumidores na contemporaneidade brasileira".

A todos uma ótima leitura.

Dennis Verbicaro
Janaina Vieira Homci

SUMÁRIO

APRESENTAÇÃO
Dennis Verbicaro e Janaina Vieira Homci V

VULNERABILIDADE, CORPO ELETRÔNICO E CONSUMIDOR 4.0

VULNERABILIDADE NA ERA DIGITAL: UM ESTUDO SOBRE OS FATORES DE VULNERABILIDADE DA PESSOA NATURAL NAS PLATAFORMAS, A PARTIR DA DOGMÁTICA DO DIREITO DO CONSUMIDOR
Claudia Lima Marques e Guilherme Mucelin 3

O CORPO ELETRÔNICO EM QUESTÃO E A POSSIBILIDADE DA TUTELA JURÍDICA DE SEUS DIREITOS DA PERSONALIDADE COMO CONSUMIDOR NO METAVERSO
Oscar Ivan Prux, Jaqueline da Silva Paulichi e Valeria Silva Galdino Cardin 29

A UTILIZAÇÃO DA PLATAFORMA DIGITAL CONSUMIDOR.GOV PELAS AGÊNCIAS REGULADORAS PARA RESOLUÇÃO EXTRAJUDICIAL DE CONFLITOS DE CONSUMO
Hugo José de Oliveira Agrassar 51

O CONSUMIDOR 4.0, A INTERFACE DO BRANDING MERCADOLÓGICO E O PAPEL DO ESTADO: UMA ANÁLISE SOB A ÓTICA DAS SANÇÕES REPUTACIONAIS APLICADA NOS PROCESSOS ADMINISTRATIVOS DE RESPONSABILIZAÇÃO – PAR
Dennis Verbicaro e Gabriela Ohana 69

A INDÚSTRIA DA MODA NO CAPITALISMO DE PLATAFORMA: O COMPROMETIMENTO DA INDIVIDUALIDADE AUTÊNTICA DO CONSUMIDOR
Ana Izabelle de Oliveira Costa e Natasha Siqueira Mendes de Nóvoa 89

A TUTELA COLETIVA COMO MEIO DE MUDANÇA ESTRUTURAL NAS OFERTAS DE CRÉDITO NO CIBERESPAÇO
Jorge Calandrini 103

O FALSO EMPODERAMENTO DO CONSUMIDOR NO SISTEMA DE AVALIAÇÃO DE PLATAFORMAS DIGITAIS: UM ESTUDO DA INTELIGÊNCIA ARTIFICIAL SOB A PERSPECTIVA DA VULNERABILIDADE ALGORÍTMICA

Dennis Verbicaro e Natasha Siqueira Mendes de Nóvoa 121

A PROTEÇÃO DE DADOS PESSOAIS NA TUTELA CONSUMERISTA

O FIM DA DEMOCRACIA: ENSAIO SOBRE A DIMENSÃO POLÍTICA DA PROTEÇÃO DE DADOS PESSOAIS DO CONSUMIDOR

Ricardo Dib Taxi 149

GEOBLOCKING E *GEOPRINCING*: PROTEÇÃO DO CONSUMIDOR NO *E-COMMERCE* E A LEI GERAL DE PROTEÇÃO DE DADOS

Fabrício Germano Alves e Marcel Fernandes de Oliveira Rocha 163

CAPITALISMO DE VIGILÂNCIA E A TUTELA COLETIVA ESTRUTURAL DO CONSUMIDOR NO CONTEXTO DA LEI GERAL DE PROTEÇÃO DE DADOS

Samira Viana Silva, Gisele santos Fernandes Góes e Dennis Verbicaro 177

INTERNET E PROTEÇÃO DE DADOS PESSOAIS NAS RELAÇÕES INTERNACIONAIS DE CONSUMO: ALGUNS CONTORNOS E CONTEXTOS

Daniela Copetti Cravo e José Luiz de Moura Faleiros Júnior 197

ESTUDOS SOBRE OS IMPACTOS DA LEI GERAL DE PROTEÇÃO DE DADOS NA IMPLEMENTAÇÃO DA CULTURA DE PRIVACIDADE NO BRASIL

Natália Talia Andrade de Oliveira e Douglas Verbicaro Soares 217

COOKIES – ASPECTOS JURÍDICOS DA EXPERIÊNCIA DO USUÁRIO NA *INTERNET*

João Pedro Leite Barros e Débora Fernandes Maranhão 237

O DIÁLOGO DAS FONTES E O REGULAR TRATAMENTO DE DADOS

Flávio Henrique Caetano de Paula Maimone e Ana Claudia Corrêa Zuin Mattos do Amaral 255

A (DES) NECESSIDADE DE PROVA DO DANO PARA CONFIGURAR DANO MORAL POR VIOLAÇÃO DA LGPD À LUZ DO CASO CYRELA

Alexandre Pereira Bonna 273

A PROTEÇÃO DA PRIVACIDADE PELO DIREITO ANTITRUSTE: UMA ANÁLISE SOBRE O POSSÍVEL ENQUADRAMENTO DA EXPLORAÇÃO EXCESSIVA DE DADOS COMO INFRAÇÃO À ORDEM ECONÔMICA NOS TERMOS DA LEI 12.529/2011

Daniela Scheuermann Celada e Natasha Siqueira Mendes de Nóvoa 287

INTELIGÊNCIA ARTIFICIAL E DIREITO DO CONSUMIDOR

INTELIGÊNCIA ARTIFICIAL, PERFIS E CONTROLE DE FLUXOS INFORMACIONAIS: A FALTA DE PARTICIPAÇÃO DOS TITULARES, A OPACIDADE DOS SISTEMAS DECISÓRIOS AUTOMATIZADOS E O REGIME DE RESPONSABILIZAÇÃO

Guilherme Magalhães Martins e Guilherme Mucelin... 307

O REGIME DE RESPONSABILIDADE CIVIL APLICÁVEL À INTELIGÊNCIA ARTIFICIAL NO DIREITO BRASILEIRO

Marcos Ehrhardt Jr. e Milton Pereira de França Netto.. 335

DANOS ENVOLVENDO VEÍCULOS AUTÔNOMOS: A EQUIPARAÇÃO DE TERCEIRO COMO CONSUMIDOR PARA A RESPONSABILIDADE CIVIL

Luma Cavaleiro de Macêdo Scaff, Janaina Vieira Homci e Luiz Felipe da Fonseca Pereira 367

EPÍLOGO – TRANSFORMADOS POR CIRCE, ESQUECIDOS NA TERRA DOS LOTÓFAGOS: UMA LIGEIRÍSSIMA REFLEXÃO SOBRE OS CONSUMIDORES NA CONTEMPORANEIDADE BRASILEIRA

Marcos Catalan 381

VULNERABILIDADE, CORPO ELETRÔNICO E CONSUMIDOR 4.0

VULNERABILIDADE NA ERA DIGITAL: UM ESTUDO SOBRE OS FATORES DE VULNERABILIDADE DA PESSOA NATURAL NAS PLATAFORMAS, A PARTIR DA DOGMÁTICA DO DIREITO DO CONSUMIDOR

Claudia Lima Marques

Doutora em Direito pela Universidade de Heidelberg. Mestre em Direito pela Universidade de Tübingen. Professora Titular e Diretora da Faculdade de Direito da Universidade Federal do Rio Grande do Sul e Professora Permanente do PPGD da mesma instituição. Relatora-geral da Comissão de Juristas do Senado Federal para a atualização do Código de Defesa do Consumidor. Presidente do Comitê de Proteção Internacional do Consumidor da *International Law Association*. ORCID: 0000-0001-9548-0390. E-mail: cmarques.ufrgs@gmail.com.

Guilherme Mucelin

Doutor e Mestre em Direito pela Universidade Federal do Rio Grande do Sul – UFRGS. Especialista em Direitos Fundamentais e Direito do Consumidor pela UFRGS. Especialista em *Droit comparé et européen des contrats et de la consommation* pela Université de Savoie Mont Blanc/UFRGS. Especialista em Direito do Consumidor pela Universidade de Coimbra, com bolsa do CDEA. Pesquisador do Grupo de Pesquisa CNPq "Mercosul, Direito do Consumidor e Globalização". Coordenador acadêmico dos cursos de pós-graduação *lato sensu* em "o Novo Direito Internacional" e "O Novo Direito do Consumidor". Bolsista CAPES. Premiado pelo CDEA com estada na Alemanha e com período de estágio doutoral na Universidade Nova de Lisboa/Portugal (Bolsa CAPES). ORCID: 0000-0003-3709-6539. E-mail: mucelin27@gmail.com.

"O ponto de partida do CDC é a afirmação do Princípio da Vulnerabilidade do Consumidor, mecanismo que visa a garantir igualdade formal-material aos sujeitos da relação jurídica de consumo, o que não quer dizer compactuar com exageros que, sem utilidade real, obstem o progresso tecnológico, a circulação dos bens de consumo e a própria lucratividade dos negócios." (REsp 586.316/MG, Rel. Min. Herman Benjamin, 2ª Turma, j. 17.04.2007, DJe 19.03.2009)

Sumário: Introdução – 1. Fatores tradicionais de vulnerabilidade do consumidor aplicados ao digital; 1.1 Vulnerabilidades técnica e jurídica/científica; 1.2 Vulnerabilidades fática e informacional – 2. Fatores especiais de vulnerabilização/fraqueza dos consumidores no digital; 2.1 Vulnerabilidade digital estrutural: por *design* e tratamento de dados pessoais; 2.2 Vulnerabilidade digital situacional: por cativdade/dependência ou neuropsicológica – Considerações finais – Referências.

INTRODUÇÃO

Vulnerabilidade remete à ideia de fragilidade e necessidade de proteção.[1] *Vulnus* é ferida, *vulnerare* é ferir, daí que vulnerabilidade (*vulnerabilis*)[2] é a situação, a possibi-

---

1. Cohet-Cordey, Frédérique (Org.). *Vulnerabilité et droit: le developpement de la vulnerabilité et ses enjeux en droit*. Grenoble: Presses Universitaires de Grenoble, 2000, Preface, p. 9.
2. Fiechter-Boulvard, Frédérique. La notion de vulnerabilité et sa consécration par le droit. In: Cohet-Cordey, Frédérique (Org.). *Vulnerabilité et droit: le developpement de la vulnerabilité et ses enjeux en droit*. Grenoble: Presses Universitaires de Grenoble, 2000. p. 14, nota 5.

lidade, ou o *status* daquele que tem uma fraqueza, susceptibilidade e pode ser ferido; vulnerável é o mais fraco, o que perdeu ou nunca teve a possibilidade de se defender.[3]

Nos últimos anos, a doutrina, no Brasil[4] e no mundo,[5] tem alertado para o agravamento da vulnerabilidade do consumidor na era digital, especialmente frente as novas formas de marketing e ofertas,[6] de contratos,[7] de discriminações,[8] assédio[9] e de coleta de dados nas plataformas digitais,[10] a exigir a atualização do CDC pelo PL 3514/2015.[11] Muitos autores brasileiros já mencionam expressamente, como

---

3. MARQUES, Claudia Lima; MIRAGEM, Bruno. *O novo direito privado e a proteção dos vulneráveis*. 2. ed. São Paulo: Ed. RT, 2014, p. 25.
4. Veja, por todos, MIRAGEM, Bruno. Princípio da vulnerabilidade: perspectiva atual e funções no direito do consumidor contemporâneo. In: MIRAGEM, Bruno; MARQUES, Claudia Lima; DIAS, Lucia Ancona Lopez de Magalhães (Org.). *Sociedade de consumo, proteção do consumidor e desenvolvimento*: comemoração dos 30 anos do Código de Defesa do Consumidor. São Paulo: GEN: Forense, 2020, p. 233-261; e MIRAGEM, Bruno. Novo Paradigma tecnológico, mercado de consumo digital e o direito do consumidor. *Revista de Direito do Consumidor*, v. 125/2019, p. 17-62, set.-out. 2019: "O desenvolvimento tecnológico que transforma o mercado de consumo, desse modo, não afasta os preceitos fundamentais do direito do consumidor que o disciplina. Ao contrário, tende, em muitas situações, a confirmar o próprio fundamento de seu surgimento, e critério de interpretação e aplicação de suas normas: a vulnerabilidade do consumidor, que frente às novas tecnologias da informação pode ser agravada pelo desconhecimento de seus aspectos técnicos ou mesmo a incapacidade de acompanhar a velocidade das inovações. Veja também: DO CANTO, Rodrigo Edelvein. Direito do consumidor e vulnerabilidade no meio digital. *Revista de Direito do Consumidor*, v. 87/2.013, p. 179-210, maio-jun. 2013.
5. Veja, por todos, HELBERGER, N.; SAX, M.; STRYCHARTZ, J.; MICKLITZ, H.-W. Choice Architectures in the Digital Economy: Towards a New Understanding of Digital Vulnerability, *Journal of Consumer Policy*, dez. 2021, p. 1-26. Como escrevemos: "a noção de vulnerabilidade digital descreve o poder e a capacidade de atores comerciais de afetarem decisões, desejos, necessidades e comportamentos de uma maneira que o consumidor tende a não tolerar, mas também não está em posição de impedir. Serve, assim, para delinear um estado universal de indefesa e de suscetibilidade à *exploração* de desequilíbrios por parte do parceiro que em algum sentido é mais forte, o que é favorecido pela automação do mercado de consumo, pela sua arquitetura, pela utilização de dados pessoais e pela concentração das funções de gerenciamento e de condução da dimensão digital em plataformas." (MUCELIN, Guilherme. Navegar (*online*) é preciso, viver (*offline*) não é preciso: o preenchimento dinâmico e descritivo do conteúdo da vulnerabilidade digital. *Nova Consumer Lab*, 29 abr. 2022. Disponível em: https://novaconsumerlab.novalaw.unl.pt/author/guilherme-mucelin/. Acesso em: 7 set. 2022).
6. Assim como Carvalho e Sousa resumem: "[a] vulnerabilidade do consumidor é agravada em virtude das circunstâncias sociais e das técnicas de marketing utilizadas pelos fornecedores que se aproveitam da psicopolítica digital, uma forma de controle social silencioso que estimula que as pessoas voluntariamente passem a demonstrar as suas preferências e a sua rotina. Os dados dos consumidores são armazenados e utilizados para ocasionar estímulos, criar necessidades para o indivíduo, no intuito de provocar novas contratações e aumentar o lucro." (CARVALHO, Alexander Perazo Nunes de; SOUSA, Raphaella Prado Aragão de. A influência da psicopolítica digital nas contratações virtuais e seus reflexos no aumento da vulnerabilidade do consumidor. *Revista de Direito do Consumidor*, v. 123/2019, p. 289, maio-jun. 2019).
7. Veja, por todos, MARQUES, Claudia Lima; JOELSONS, Marcela. *Smart contracts* e a autoexecutabilidade: a necessária proteção do consumidor através do PL 3514/2015. In: DE LUCCA, Newton; LIMA, Cíntia Rosa. *Direito e Internet IV*. São Paulo: Quartier Latin, 2022 (no prelo).
8. Veja, por todos, BERGSTEIN, Laís. TRAUTWEIN, José Roberto Della Tonia. Desafios da tutela da pessoa com deficiência no comércio eletrônico. *Revista de Direito do Consumidor*, n. 125, . p. 84 e s. São Paulo, set.-out. 2019.
9. Assim BORGES, Gustavo; FILÓ, Maurício da Cunha Savino. Consumo, publicidade e inteligência artificial: (necessários) limites à tecnologia persuasiva no constante assédio do consumidor. *Revista de Direito do Consumidor*, v. 136, p. 201-232, jul.-ago. 2021.
10. Assim MIRAGEM, Bruno. *Curso de Direito do Consumidor*. 8. ed. São Paulo: Ed. RT, 2020, p. 159 e s.
11. No mesmo sentido também AZEVEDO, Fernando Costa de; SANTOS, Karinne E. G. dos.; MOREIRA, Tássia Rodrigues. Vulnerabilidade dos consumidores na sociedade da informação e necessidade da proteção jurídica de seus dados nas relações estabelecidas em ambiente digital. *Revista de Direito do Consumidor*, v. 141, p. 217-218, maio-jun. 2022: "... com o advento das novas tecnologias, faz-se necessária a ampliação dos mecanismos legais

Fernando Martins e Thainá Lima, a existência de uma nova 'vulnerabilidade digital' do consumidor.[12]

Em uma visão macro, a mudança seria oriunda da fase atual do capitalismo e mercado. Peter Hall e David Soskice defendem que existem muitas variedades de capitalismo.[13] Srnicek[14] argumenta que o capitalismo, quando em crise, tende a se reestruturar. Novas tecnologias, novas formas de organização, novos tipos de trabalho, novos mercados, novos modelos de negócios e novos modos de exploração surgem para que seja criada uma renovada maneira de acumular capital. O regime econômico do século XXI, o qual denominou de *capitalismo de plataforma*, seria centrado na extração e na utilização de dados, especialmente, por plataformas conectadas à internet. Aceitando esta premissa já destacamos em estudos prévios, que esta mudança econômica e social favorece o aparecimento de novos fornecedores (*gatekeepers*)[15] na relação de consumo, assim como a inovação de novas formas de consumo,[16] mas dificultam a governança estatal,[17] que passa a depender cada vez mais da atuação de grandes 'players' da economia global,[18] à procura da eficiência da proteção do direito do consumidor no mundo digital.

A internet é uma hiper arquitetura sob a qual foi construído o espaço digital, espécie de ambiência em que se edificou e se constituiu a extensão da realidade física e abstrata por meio de representações de seres, de instituições e de lugares, normal-

---

de tutela do consumidor. Por isso, a aprovação do PL 3514/2015, que trata do comércio eletrônico, é de extrema relevância para a regulação dessa forma de contração tão utilizada na sociedade de consumo contemporânea, de modo a proporcionar a sua proteção". Veja AZEVEDO, Fernando Costa de; KLEE, Antonia Espíndola Longoni. Considerações sobre a proteção dos consumidores no comércio eletrônico e o atual processo de atualização do Código de Defesa do Consumidor. *Revista de Direito do Consumidor*, n. 85, p. 209-260, São Paulo, jan.-fev. 2013.

12. MARTINS, Fernando Rodrigues; LIMA, Thainá Lopes Gomes Lima. Da vulnerabilidade digital à curiosa "vulnerabilidade empresarial", *Revista de Direito do Consumidor*, v. 128, p. 119 e s., mar.-abr. 2020.
13. HALL, Peter A.; SOSKICE, David. An Introduction to Varieties of Capitalism. In: HALL, Peter A.; SOSKICE, David (Ed.). *Varieties of Capitalism*: The Institutional Foundation of Comparative Advantage. Oxford University Press, 2001, p. 1-2.
14. SRNICEK, Nick. *Platform capitalism*. Cambridge: Polity Press, 2017.
15. Veja MARQUES, Claudia Lima. A nova noção de fornecedor no consumo compartilhado: um estudo sobre as correlações do pluralismo contratual e o acesso ao consumo. *Revista de Direito do Consumidor*, v. 111, p. 247-268, São Paulo, maio-jun. 2017; e MARQUES, Claudia Lima. Perspectives for consumer protection in the XXI century. *Macau Journal of Brazilian Studies*, v. 4, n. 1, p. 73-86. Macau, abr. 2021.
16. Veja a obra oriunda do 17th Congresso da IACL-International Association of Consumer Law em Indianápolis, WEI, Dan; NEHF, James P.; MARQUES, Claudia Lima. *Innovation and the Transformation of Consumer Law*, Springer-SSAP, Cham, 2020, em especial BUDNITZ, Mark E. Principles and Programs to Protect consumers from the Deleterious Effects of Technological Innovation. In: WEI, Dan; NEHF, James P.;MARQUES, Claudia Lima. *Innovation and the Transformation of Consumer Law*, Springer-SSAP, Cham, 2020, p. 3-18.
17. Veja sobre a atividade privada das empresas deste novo capitalismo que afeta o direito do consumidor: MARQUES, Claudia Lima; MARCELLO BAQUERO, Pablo. Governança global e direito do consumidor. In: MARQUES, Claudia Lima; MARTINI, Sandra Regina; FINCO, Matteo (Org.). *Diálogos entre Direitos Humanos, Direito do consumidor, Compliance e Combate à corrupção*. Belo Horizonte: YK Ed, 2021. p. 108-109.
18. Veja a sugestão de um UN Consumer Global Compact e pacto semelhante no Mercosul. In: MARQUES, Claudia Lima, DAN, Wei. *Repport Lisbon Congress 2022*. Acessível in Int_Protection_of_Consumers_Interim_Report_2022.pdf (ila-hq.org) e ILA Res. 7/2022. Disponível em: ccpb_IGECON_Resolution_Lisbon_ILA_en.pdf (unctad.org). Acesso em: 12 set. 2022.

mente na forma de dados e de códigos computacionais e desafio o direito.[19] Nesse sentido, Zuboff[20] observa que os elementos fundamentais da civilização – linguagem, bens culturais, tradições, instituições, regras e leis – seguiram essa tendência, posto que estão sendo digitalizados e pela primeira vez transcritos explicitamente em código visível, retornando ao tecido social na forma de algoritmos inteligentes que são utilizados com o propósito de conduzir uma série de funções sociais, governamentais e comerciais.

Como adverte Hoffmann-Riem,[21] a penetração da tecnologia em todos os setores da sociedade dá causa ao entrelaçamento das áreas *online* e *offline*, tornando o digital uma estrutura básica quase que onipresente utilizada para os mais diversos fins, o que chamou de *on-life*: um novo tipo de mundo que está começando a se formar. Nesse novo mundo em específico, a totalidade das relações são ou serão mediadas, viabilizadas ou concretizadas *por intermédio de* ou *com* plataformas, em cuja estrutura ressalta-se a importância dos códigos, compreendidos também os algoritmos. Esses elementos, conforme Lessig,[22] atuam na regulação e na modulação dos comportamentos dos sujeitos ao lado das normas jurídicas e das convenções sociais, o que altera também o mundo analógico.

São interações recíprocas: relações *online* modificam relações *offline* e vice-versa, fazendo com o que o ambiente digital e o "real" tenham a si atribuída certa simbiose, que pode ser identificada a partir dos objetos (produtos/serviços inteligentes), dos sujeitos (perfis de consumo e de trabalho), da estrutura (virtual) e das relações ali estabelecidas.[23]

Em outra oportunidade, já havíamos identificado a interrelação e interdependência entre o consumo digital e o consumo analógico, o qual denominamos de *mercado de consumo simbiótico*,[24] cujo principal elo entre as estruturas físicas e as digitais são os dados, dentre os quais os dos consumidores.

---

19. Veja, por todos: MARQUES, Claudia Lima; MUCELIN, Guilherme. Transformação digital no Brasil: Estrutura jurídica para a promoção da confiança. In: THEMOTEO, Reinaldo J. (Org.). *Reavivando e reforçando os diálogos entre Brasil e Europa*. Rio de Janeiro: Konrad Adenauer Stiftung, 2021. p. 187-202.
20. ZUBOFF, Shoshana. *The age of surveillance capitalism*: The fight for a human future at the new frontier of power. New York: Public Affairs, 2019.
21. HOFFMANN-RIEM, Wolfgang. *Teoria geral do direito digital*: transformação digital, desafios para o Direito. Rio de Janeiro: Forense, 2021.
22. LESSIG, Lawrence. *Code*: version 2.0. New York: Basic Books, 2006.
23. Veja MARQUES, Claudia Lima; MIRAGEM, Bruno. Serviços simbióticos ou inteligentes e proteção do consumidor no novo mercado digital: homenagem aos 30 anos do Código de Defesa do Consumidor. *Revista do Advogado sobre os "30 anos do Código de Defesa do Consumidor"*, p. 14-29.
24. "Identificamos o *consumo simbiótico* pelas interrelações entre os agentes econômicos – consumidores e fornecedores – e entre eles e os objetos circundantes que captam a 'realidade' e a transformam em atributos virtuais na forma de dados. Em outros termos, é a interação constante entre o digital e o analógico, do consumidor pessoa natural com o consumidor-perfil-titular de dados, de serviços/produtos inteligentes e dos modos *ominichannel* de contratação" (MARQUES, Claudia Lima; MUCELIN, Guilherme. Novo mercado de consumo 'simbiótico' e a necessidade de proteção de dados dos consumidores. In: SARLET, Gabrielle Bezerra Sales; TRINDADE, Manoel Gustavo Neubarth; MELGARÉ, Plínio. *Proteção de dados*: temas controvertidos. Indaiatuba: Foco, 2021. p. 67-94, p. 72).

Como resultado, Zuboff[25] afirma que tanto o mundo quanto nossas vidas estão sendo reproduzidos como informação. Como afirmamos,[26] o mundo digital de consumo é uma "medusa",[27] onipresente pelo total acesso aos dados dos cidadãos-consumidores[28] e, nesse sentido, as vulnerabilidades dos sujeitos também o serão potencializadas por conta da 'ambiência' e 'omnipresença' digital.

Inspirados pelos estudos de Hans-W. Micklitz,[29] os quais avaliam que o desafio de futuro do direito do consumidor será refinar o conceito de vulnerabilidade, de modo a permitir analisar todos os modos pelos quais os consumidores podem ser afetados pelos atores, pela estrutura ou arquitetura dos mercados digitais.

Nosso objetivo é, então, analisar os principais fatores de vulnerabilidade/fraqueza das pessoas naturais nas plataformas a partir da dogmática do Direito do Consumidor, que há muito desenvolve o tema.[30] Este estudo que foi dividido em duas grandes partes: a primeira se dedica a revisitar fatores "tradicionais" da vulnerabilidade no mercado de consumo analógico, fazendo correlações com o consumo digital; e a segunda, a seu turno, prestando-se a avaliar o reconhecimento de novas e especializadas vulnerabilidades que o consumo (mais que) digital (simbiótico) dá causa. Vejamos.

1. FATORES TRADICIONAIS DE VULNERABILIDADE DO CONSUMIDOR APLICADOS AO DIGITAL

Fineman[31] destaca que humanos são seres sociais, isto é, dependem *de* e se inserem *em* relações e instituições ao longo da vida. Exige-se, como fator constante, algum tipo de conjunto de relações sociais e de estruturas institucionais, muito embora uma e outra variem no decorrer do tempo por conta de mudanças no contexto social. Assim,

---

25. ZUBOFF, Shoshana. *The age of surveillance capitalism*: The fight for a human future at the new frontier of power. New York: Public Affairs, 2019.
26. WEI, Dan; NEHF, James P.; MARQUES, Claudia Lima (Ed.). *Innovation and the Transformation of Consumer Law*, Singapura: SSAP-Springer, 2020, p. v e s.
27. A figura de linguagem é de: BAUDRILLARD, Jean. *La societé de consommation*. Paris: Denoël, 1970. p. 17.
28. Sobre a mudança digital como uma mudança de valor dos "dados", de uma economia de escassez de dados para uma economia de plataformas, com hiperabundância de dados e Big data, veja: SCHWEITZER, Heike. Digitale Platformen als private Gesetzgeber: ein Perspektivwechsel für die europäische " Plattform-Regulierung", *ZEUP* 1 (2019) 1-12, p. 1-2.
29. Veja, em especial: ADAM, Leonie; MICKLITZ, Hans-W. Verbraucher und Online-Plattformen. In: MICKLITZ et alli (Hrsg.). *Verbraucherrecht 2.0* – Verbraucher in der digitalen Welt. Nomos: Baden-Baden, 2017, p. 45-102; e HELBERGER, N.; SAX, M.; STRYCHARTZ, J.; MICKLITZ, H.-W. Choice Architectures in the Digital Economy: Towards a New Understanding of Digital Vulnerability. *Journal of Consumer Policy*, (Dez 2021), p. 1 do original: "Digital vulnerability, we argue, is architectural, relational, and data-driven".
30. Havíamos privilegiado, em outra oportunidade (MARQUES, Claudia Lima; MUCELIN, Guilherme. Novo mercado de consumo 'simbiótico' e a necessidade de proteção de dados dos consumidores. In: SARLET, Gabrielle Bezerra Sales; TRINDADE, Manoel Gustavo Neubarth; MELGARÉ, Plínio. *Proteção de dados*: temas controvertidos. Indaiatuba: Foco, 2021. p. 67-94), a nomenclatura de *cybervulnerabilidade* para destacar as vulnerabilidades advindas da ambiência *online*, em apreço à diferenciação que Lessig aborda no *The Code 2.0* entre ciberespaço e internet. Contudo, documentos internacionais abordam essa vulnerabilidade como digital, razão esta pela qual neste texto vamos abordar a vulnerabilidade com essa nomenclatura geral.
31. FINEMAN, Martha Albertson. Vulnerability and inevitable inequality. *Oslo Law Review*, Escandinávia, v. 4, n. 3-2017, 2017, p. 133-149.

a abordagem acerca da vulnerabilidade possibilita argumentar que o Estado deve ser responsivo, ou seja, deve responder às realidades da vulnerabilidade humana, bem como às situações que refletem desigualdade.

Ao Direito, a noção de vulnerabilidade está associada à identificação de uma fraqueza/debilidade do sujeito em determinada relação jurídica decorrente de condições ou qualidades que lhe são inerentes, a uma posição de força identificada no outro sujeito, à confrontação injustificada de interesses no mercado ou, ainda, às diversas situações às quais são os sujeitos submetidos.[32] O princípio da vulnerabilidade está expressamente consignado no ordenamento jurídico brasileiro no art. 4º, I, do Código de Defesa do Consumidor (CDC) e serve para explicar e guiar a aplicação do Direito do Consumidor e, de um modo geral, a proteção que é conferida a determinados sujeitos de direitos em situação de desigualdade.[33]

Em relação ao consumidor, Hamilton, Dunnet e Piacentini (2016) definem vulnerabilidade como um estado permanente ou temporário indesejável, o qual é catalisado por diversas condições e contextos, com a capacidade de afetar a forma como o consumidor experiencia, interpreta e responde ao mercado e como o mercado a ele responde. Baker, LaBarge e Baker[34] conceituam vulnerabilidade como um estado dinâmico de impotência (*powerlessness*) e dependência originado a partir de estados individuais, características pessoais ou condições externas, dando causa a um desequilíbrio nas interações entre os agentes mercadológicos ou pela atividade de *marketing*.

Como mencionamos sempre, existem quatro tipos de vulnerabilidade: a técnica, a jurídica, a fática e, mais recentemente, a informacional,[35] a respeito das quais teceremos considerações também em relação ao mundo digital.

1.1 Vulnerabilidades técnica e jurídica/científica

A *vulnerabilidade técnica* é identificada quando o consumidor não detém conhecimentos específicos ou especializados sobre produtos e serviços, objetos da relação de consumo,[36] sua utilidade, seus componentes, o que lhes gravita ou sobre seus "efeitos colaterais".[37] A desigualdade planta-se na relação jurídica com o fornecedor, nas lições

---

32. MARQUES, Claudia Lima; MIRAGEM, Bruno. *O novo direito privado e a proteção dos vulneráveis*. 2. ed. São Paulo: Ed. RT, 2014.
33. MARQUES, Claudia Lima; MIRAGEM, Bruno. *O novo direito privado e a proteção dos vulneráveis*. 2. ed. São Paulo: Ed. RT, 2014.
34. BAKER, Stacey Menzel; LA BARGE, Monica; BAKER, Courtney Nations. Consumer vulnerability: Foundations, phenomena, and future investigations. In: HAMILTON, Kathy; DUNNET, Susan; PIACENTINI, Maria (Ed.). *Consumer vulnerability*: conditions, contexts and characteristics. London/New York: Routledge, 2016. p. 13-30.
35. MARQUES, Claudia Lima. *Contratos no Código de Defesa do Consumidor*. 9. ed. São Paulo: Ed. RT, 2019, p. 310 e s.
36. MARQUES, Claudia Lima. *Contratos no Código de Defesa do Consumidor*: o novo regime das relações contratuais. São Paulo: Ed. RT, 2019.p. 313.
37. MORAES, Paulo Valério Dal Pai. *Código de Defesa do Consumidor*: o princípio da vulnerabilidade no contrato, na publicidade, na oferta, nas demais práticas comerciais. Porto Alegre: Livraria do Advogado, 2009.

de Miragem,[38] porque existirá uma presunção autorizada de que, ao realizar oferta de produtos ou serviços no mercado de consumo, detenha esse agente econômico maior grau de informações – inclusive, essa é condição para que se atenda aos deveres de informação que lhe são imputados (art. 6º, III, CDC).

Configura-se, nesse sentido, a partir do reconhecimento do grau elevado de expertise e de profissionalidade do fornecedor, o qual determinará o desequilíbrio na relação de consumo em atenção ao *know-how* e às expertises necessárias desde a concepção até os métodos de *marketing* e o consequente escoamento da produção ao mercado consumidor. Como mencionamos,[39] esse tipo de vulnerabilidade é presumida para o consumidor não profissional, mas que pode, excepcionalmente, ser estendida aos consumidores profissionais ou pessoas jurídicas nas suas atividades empresariais, se comprovadamente existente, no caso concreto, algum tipo de vulnerabilidade (teoria finalista aprofundada[40]).

Passando para as especificidades da ambiência virtual, é de se considerar[41] que o meio eletrônico, automatizado e telemático, utilizado para o oferecimento de produtos e serviços, apresenta um desafio extra ou um complemento à vulnerabilidade técnica. Considera-se que o consumidor não é, nem mesmo por consideração, especialista ou experto em computadores, em sistemas de internet ou ciência de dados, por exemplo. A aceleração do digital com as plataformas, com a abundância de dados e com o uso da inteligência artificial aumenta esta vulnerabilidade.[42]

Será, então, uma "falha tecnológica" geral, que também é caracterizada pela desmaterialização, desterritorialização e despersonalização dos contratos de consumo que daí se estabelecem. Aliás, Micklitz et al[43] confirmam esse entendimento, ao estabelecer que a vulnerabilidade do consumidor no ambiente digital é geral, em contraposição ao entendimento do *average consumer*[44] (consumidor médio) do padrão europeu.[45]

---

38. MIRAGEM, Bruno. *Curso de Direito do Consumidor*. 8. ed. São Paulo: Ed. RT, 2020. [e-book].
39. MARQUES, Claudia Lima. *Contratos no Código de Defesa do Consumidor*: o novo regime das relações contratuais. São Paulo: Ed. RT, 2019.p. 313.
40. Marques e Mucelin 2017.
41. MARQUES, Claudia Lima. *Contratos no Código de Defesa do Consumidor*: o novo regime das relações contratuais. São Paulo: Ed. RT, 2019.
42. MARQUES, Claudia Lima; MUCELIN, Guilherme. Inteligência artificial e "opacidade" no consumo: a necessária revalorização da transparência para a proteção do consumidor. In: TEPEDINO, Gustavo; SILVA, Rodrigo da Guia. *O Direito Civil na Era da Inteligência Artificial*. São Paulo: Ed. RT, 2020. p. 411-439.
43. MICKLITZ, Hans-W.; HELBERGER, Natali; STRYCHARZ, Joanna et al. *EU consumer protection 2.0*: Structural asymmetries in digital consumer markets. Bruxelas: BEUC, mar. 2021.
44. Segundo Incardona e Poncibò: "The average consumer test reflects the economists' idealistic paradigm of a rational consumer in an efficient marketplace. This notion may be useful for economists' calculations and projections, but departs from the unpredictable realities of individual human behavior and is hardly an appropriate standard for legislative or judicial sanctions". (INCARDONA, Rossella; PONCIBÒ, Cristina. The average consumer, the unfair commercial practices directive, and the cognitive revolution. *Journal of consumer policy*, v. 30, n. 1, p. 35, 2007).
45. Sobre a influência do Direito Europeu no direito do consumidor no Brasil, veja: MARQUES, Claudia Lima; PFEIFFER, Roberto. Dissemination of Consumer Law and Policy in Brazil: The Impact of EU Law. *Journal of Consumer Policy*, p. 1-22, 2022; e JAYME, Erik. Visões para uma teoria pós-moderna do direito comparado. *Revista dos Tribunais* 759, p. 24-40, jan. 1999 (Trad. Claudia Lima Marques).

Frise-se que, independentemente de haver uma contratação de um produto ou um serviço ou mesmo diminuição no patrimônio do consumidor em favor do *site* ou aplicativo,[46] acessado determinado portal, a relação de consumo se estabelece entre o provedor de aplicações (o fornecedor) e o consumidor que se utiliza desses serviços prestados, mesmo que referente ao simples acesso e navegação, ao mesmo tempo em que passam a incidir as normas de proteção aos dados dos quais é titular.

Atualmente, observa-se uma expansão da vulnerabilidade técnica do consumidor por conta de três razões que, de certa forma, encontram-se conexas. A primeira, como aventado, relaciona-se com o tratamento de dados pessoais dos consumidores titulares e com suas potenciais utilizações (ex. decisões automatizadas e perfilização), realizadas por tecnologias de ponta (ex. inteligência artificial e algoritmos "caixa-preta"[47]), o que se dá em quase a totalidade das plataformas contemporaneamente.

A segunda razão reside no desenvolvimento de novos serviços digitais ou então simbióticos, fenômenos decorrentes da servicização. Elucidam Marques e Miragem[48] que se presencia uma nova fase no mercado de consumo, não só de produtos digitais como também de produtos inteligentes, isto é, aqueles que apresentam uma simbiose entre o produto em si e serviços, entre *hardware* e *software*, que incluem um serviço digital, em clara inspiração no Min. do STJ Antonio Herman Benjamin.[49]

A terceira razão acrescente-se como fator de complexidade, logo de maior grau de vulnerabilidade técnica do consumidor, os ambientes inteligentes, como os que serão propiciados pela Internet das Coisas quando suficientemente implementada nos diversos setores da sociedade. Há, nesse sentido, riscos a serem observados de diversificadas naturezas, dentre os quais se pode destacar a interligação de todos os aparelhos via internet, o que poderá ter efeito cascata em caso de vício ou defeito de algum componente isoladamente considerado por todo o ambiente e potencialmente causando danos ao consumidor mais relevantes e extrapolando o valor do produto/serviço em si.[50]

---

46. Conforme já decidiu o STJ: "1. A exploração comercial da Internet sujeita as relações de consumo daí advindas à Lei 8.078/90" e que: "2. O fato de o serviço prestado pelo provedor de serviço de Internet ser gratuito não desvirtua a relação de consumo, pois o termo "mediante remuneração", contido no art. 3º, § 2º, do CDC, deve ser interpretado de forma ampla, de modo a incluir o ganho indireto do fornecedor." (STJ, REsp 1316921/RJ, Rel. Min. Nancy Andrighi, 3ª Turma, j. 26.06.2012, DJe 29.06.2012).
47. Pasquale assim define: "The term "black box" is a useful metaphor for doing so, given its own dual meaning. It can refer to a recording device, like the data-monitoring systems in planes, trains, and cars. Or it can mean a system whose workings are mysterious; we can observe its inputs and outputs, but we cannot tell how one becomes the other. We face these two meanings daily: tracked ever more closely by firms and government, we have no clear idea of just how far much of this information can travel, how it is used, or its consequences". (PASQUALE, Frank. *The black box society*. Cambridge/London: Harvard University Press, 2015, p. 3).
48. MARQUES, Claudia Lima; MIRAGEM, Bruno. "Serviços simbióticos" do consumo digital e o PL 3.514/2015 de atualização do CDC. 2020. *Revista de Direito do Consumidor*, v. 132, p. 91-118, São Paulo, nov./dez. 2020.
49. Inspirado no *decisum* do Ministro do Superior Tribunal de Justiça Herman Benjamin. (STJ. REsp 1721669/SP, Rel. Ministro Herman Benjamin, Segunda Turma, julgado em 17.04.2018, DJe 23.05.2018).
50. MARQUES, Claudia Lima. Contratos cativos de longa duração e a exceção da ruína: tempo, boa-fé, cativade e confiança. In: MARQUES, Claudia Lima; LORENZETTI, Ricardo Luis; CARVALHO, Diógenes Faria de; MIRAGEM, Bruno. *Contratos de serviços em tempos digitais*. São Paulo: Ed. RT, 2021, p. 447-488.

Da mesma forma, outro aspecto da vulnerabilidade técnica reside na vulnerabilidade estrutural (não do consumidor, mas) dos próprios sistemas, cuja identificação se dará no tocante às suas fragilidades de segurança, especialmente em relação a ataques e invasões ilícitas.[51] De fato, há uma crescente sofisticação tecnológica que desponta no mercado de consumo, o que aumenta, em termos jurídicos, também a vulnerabilidade.

Já a *vulnerabilidade jurídica*, sustenta Miragem,[52] compreenderá a falta de conhecimento jurídico do consumidor pelos seus direitos e pelo que se obriga ou, em outros termos, dos direitos e deveres que caracterizam e qualificam a relação de consumo, bem como das condições e dos efeitos jurídicos do conteúdo do contrato que celebra. No ambiente digital, essa vulnerabilidade é ainda mais potencializada, na medida em que se constata que os consumidores não leem efetivamente os termos e condições de uso e demais documentos pertinentes, como as políticas de privacidade e de coleta e tratamento de dados, o que abre espaço para o cometimento de possíveis abusos.

Moraes[53] discorda desse posicionamento, já que, em seu entendimento, a vulnerabilidade que diz respeito à ausência ou à dificuldade de compreensão de aspectos jurídicos da relação de consumo e dos contratos pelo consumidor se enquadraria na técnica. O autor visualiza a vulnerabilidade jurídica ao adotar o momento em que o consumidor experencia algum problema de consumo até o momento em que houver o deslinde judicial, o que acarretaria dificuldades em saber, por exemplo, a quais órgãos se dirigir, o acesso à justiça, a mora do fornecedor em relação à urgência (muitas vezes) do consumidor em resolver sua questão, a habitualidade do litigante (fornecedor) que lhe daria uma certa vantagem e, podemos acrescentar, os desestímulos frequentes do Poder Judiciário a indenizar os prejuízos suportados pelos consumidores que, em quantidade considerável de casos, são reduzidos a *mero dissabor*.[54]

Aliada à jurídica, sempre mencionamos[55] a *vulnerabilidade científica* em paralelo, enfatizando que se daria nos mesmos moldes, porém com outras ciências, como a economia e a contabilidade, que seriam imprescindíveis aos contratos de crédito, por exemplo. Percebe-se que esta presunção (relativa às pessoas jurídicas) também é fonte irradiadora de deveres de informação sobre o conteúdo contratual em face da complexidade das relações conexas e de vínculos múltiplos e cativos, bem como do dever de comunicação do conteúdo do contrato residente na sua redação de forma clara e

---

51. Assim Marques: "Note-se que a vulnerabilidade técnica é aumentada se a atividade é ilícita, como no caso dos jogos de bingos ou proibidos". (MARQUES, Claudia Lima. *Contratos no Código de Defesa do Consumidor*: o novo regime das relações contratuais. São Paulo: Ed. RT, 2019).
52. MIRAGEM, Bruno. Princípio da vulnerabilidade: perspectiva atual e funções no direito do consumidor contemporâneo. In: MIRAGEM, Bruno; MARQUES, Claudia; MAGALHÃES, Lúcia Ancona. *Direito do Consumidor*: 30 anos do CDC – da consolidação como direito fundamental aos atuais desafios da sociedade. Rio de Janeiro: Forense, 2020. p. 243-261.
53. MORAES, Paulo Valério Dal Pai. *Código de Defesa do Consumidor*: o princípio da vulnerabilidade no contrato, na publicidade, na oferta, nas demais práticas comerciais. Porto Alegre: Livraria do Advogado, 2009.
54. BERGSTEIN, Laís. *O tempo do consumidor e o menosprezo planejado*. São Paulo: Ed. RT, 2019, p. 38 e s.
55. MARQUES, Claudia Lima. *Contratos no Código de Defesa do Consumidor*: o novo regime das relações contratuais. São Paulo: Ed. RT, 2019.

ostensiva. Explica-se, por conta também desse tipo de vulnerabilidade do consumidor, os vários deveres informacionais reforçados dos fornecedores de crédito constantes na nova Lei 14.181/2021, que atualiza o CDC.[56]

Parece-nos que a vulnerabilidade científica, referente àquelas ciências ligadas à transformação digital, também poderão bem explicar e guiar a aplicação do CDC e da LGPD nas relações digitais e, em especial, nas questões envolvendo tratamento de dados pessoais dos consumidores e o comércio eletrônico em geral, onde se engendram as plataformas.

Há de destacar-se aqui o Projeto de Lei 3514/2015, que pretende atualizar do Código de Defesa do Consumidor exatamente em atenção ao mercado de consumo digital, nacional e internacional e, em muito, inspirado nas Diretivas europeias.[57] Como afirmamos, se fosse aprovado com o texto que foi aprovado em 2015 no Senado Federal, o PL 3514/2015 já seria um grande avanço.[58] A pergunta atual[59] é se necessitaria ser revisitado para que consiga fazer frente aos novos desdobramentos de consumo, bem como às situações em que qualidades subjetivas dos consumidores tornam-se métricas objetivas para orientar a atividade comercial dos fornecedores.

1.2 Vulnerabilidades fática e informacional

Continuando esse raciocínio, traz-se a *vulnerabilidade fática*. Conforme Miragem,[60] é uma espécie ampla que abrangerá, de modo genérico, numerosas situações concretas de reconhecimento da fragilidade do consumidor por conta de suas qualidades subje-

---

56. Lei 14.181, de 1º de julho de 2021. Art. 54-B. No fornecimento de crédito e na venda a prazo, além das informações obrigatórias previstas no art. 52 deste Código e na legislação aplicável à matéria, o fornecedor ou o intermediário deverá informar o consumidor, prévia e adequadamente, no momento da oferta, sobre: I – o custo efetivo total e a descrição dos elementos que o compõem; II – a taxa efetiva mensal de juros, bem como a taxa dos juros de mora e o total de encargos, de qualquer natureza, previstos para o atraso no pagamento; III – o montante das prestações e o prazo de validade da oferta, que deve ser, no mínimo, de 2 (dois) dias; IV – o nome e o endereço, inclusive o eletrônico, do fornecedor; V – o direito do consumidor à liquidação antecipada e não onerosa do débito, nos termos do § 2º do art. 52 deste Código e da regulamentação em vigor. § 1º As informações referidas no art. 52 deste Código e no caput deste artigo devem constar de forma clara e resumida do próprio contrato, da fatura ou de instrumento apartado, de fácil acesso ao consumidor. § 2º Para efeitos deste Código, o custo efetivo total da operação de crédito ao consumidor consistirá em taxa percentual anual e compreenderá todos os valores cobrados do consumidor, sem prejuízo do cálculo padronizado pela autoridade reguladora do sistema financeiro. § 3º Sem prejuízo do disposto no art. 37 deste Código, a oferta de crédito ao consumidor e a oferta de venda a prazo, ou a fatura mensal, conforme o caso, devem indicar, no mínimo, o custo efetivo total, o agente financiador e a soma total a pagar, com e sem financiamento.
57. MARQUES, Claudia Lima; PFEIFFER, Roberto. Dissemination of Consumer Law and Policy in Brazil: The Impact of EU Law. *Journal of Consumer Policy*, v. 45, p. 27 e ss., 2022.
58. MARQUES, Claudia Lima; MIRAGEM, Bruno. "Serviços simbióticos" do consumo digital e o PL 3.514/2015 de atualização do CDC. 2020. *Revista de Direito do Consumidor*, v. 132, p. 91-118, São Paulo, nov./dez. 2020. E, republicado, em MARQUES, Claudia Lima; LORENZETTI, Ricardo Luis; CARVALHO, Diógenes Faria de; MIRAGEM, Bruno. *Contratos de serviços em tempos digitais*. São Paulo: Ed. RT, 2021, p. 391-424.
59. MARQUES, Claudia Lima; MIRAGEM, Bruno. "Serviços simbióticos" do consumo digital e o PL 3.514/2015 de atualização do CDC. 2020. Revista de Direito do Consumidor, São Paulo, v. 132, p. 91-118, nov./dez. 2020. E, republicado, em MARQUES, Claudia Lima; LORENZETTI, Ricardo Luis; CARVALHO, Diógenes Faria de; MIRAGEM, Bruno. *Contratos de serviços em tempos digitais*. São Paulo: Ed. RT, 2021, p. 391-424.
60. MIRAGEM, Bruno. *Curso de Direito do Consumidor*. 8. ed. São Paulo: Ed. RT, 2020. [e-book].

tivas, as quais denotam uma subordinação estrutural ao fornecedor. Ensina que essa vulnerabilidade poderá tomar lugar a partir de um aspecto relativo ao porte econômico das partes, que se refletirá na desproporção dos meios de defesa de seus interesses, bem como do exercício de suas pretensões.

Sempre consideramos[61] a vulnerabilidade fática como socioeconômica, pois o ponto de concentração será o outro parceiro contratual que, por conta da sua superioridade econômica, da essencialidade do seu serviço/produto ou da sua posição de monopólio, impõe a sua superioridade a todos que estabeleçam com ele contratos de consumo. No mesmo sentido Moraes,[62] para quem esse tipo de vulnerabilidade (na menção do autor seria econômica e social) decorre diretamente da desproporção de forças existente entre o consumidor e os demais agentes econômicos, de modo que se torna facilitado a eles impor sua vontade. Defende também que a conjuntura econômica do país influencia nesses aspectos, como grandes crises e que, na esteira do professor, podemos citar contemporaneamente a crise advinda da pandemia de coronavírus,[63] da mesma forma que, em tempos de retração econômica, os variados acidentes da vida que podem resultar em superendividamento.

Contudo, consoante Miragem,[64] esse tipo de vulnerabilidade ultrapassa o aspecto econômico para alcançar um nível existencial. Na exata medida em que qualidades subjetivas são identificadas, como já se referiu, poderá existir uma sobreposição de critérios para fundamentar a vulnerabilidade agravada do consumidor, como nos casos de se tratar de relações estabelecidas com crianças, idosos, pessoas com deficiência, enfermos etc., os quais podem se tornar suscetíveis aos apelos e às práticas comerciais dos fornecedores. Lado outro, verifica-se essa vulnerabilidade igualmente em circunstâncias fáticas concernentes à relação, como o consumidor doente que contrata planos de saúde ou nas hipóteses de contratação de consumidores analfabetos ou não falantes do idioma utilizado para a concretização de determinada relação de consumo, o que viria a demandar, como se tem defendido, um dever de cuidado especial.

Existe ainda outro tipo de vulnerabilidade. Consideramos[65] como a básica dos consumidores e, assim, intrínseca à relação de consumo, a *vulnerabilidade informacional*

---

61. MARQUES, Claudia Lima. *Contratos no Código de Defesa do Consumidor*: o novo regime das relações contratuais. São Paulo: Ed. RT, 2019.
62. MORAES, Paulo Valério Dal Pai. *Código de Defesa do Consumidor*: o princípio da vulnerabilidade no contrato, na publicidade, na oferta, nas demais práticas comerciais. Porto Alegre: Livraria do Advogado, 2009.
63. Sobre o início da pandemia e o papel do direito do consumidor, veja: MUCELIN, Guilherme; D'AQUINO, Lúcia Souza. O papel do direito do consumidor para o bem-estar da população brasileira e o enfrentamento à pandemia de COVID-19. *Revista de Direito do Consumidor*, São Paulo, v. 129, p. 17-46, maio/jun. 2020; veja também: RIEFA, Christine. Coronavirus as a catalyst to transform consumer policy and enforcement. *Journal of consumer policy*, v. 43, n. 3, p. 451-461, 2020.
64. MIRAGEM, Bruno. Princípio da vulnerabilidade: perspectiva atual e funções no direito do consumidor contemporâneo. In: MIRAGEM, Bruno; MARQUES, Claudia; MAGALHÃES, Lúcia Ancona. *Direito do Consumidor*: 30 anos do CDC – da consolidação como direito fundamental aos atuais desafios da sociedade. Rio de Janeiro: Forense, 2020. p. 243-261.
65. MARQUES, Claudia Lima. *Contratos no Código de Defesa do Consumidor*: o novo regime das relações contratuais. São Paulo: Ed. RT, 2019.

ganhou contornos próprios, separando-se, em termos de análise, das outras. É que a informação, atualmente, representa o maior fator de desequilíbrio das relações de consumo – ao ponto de Calais-Auloy e Temple[66] considerarem o déficit informacional entre consumidor e fornecedor a principal vulnerabilidade –, já que os fornecedores, além de serem profissionalizados e possuírem conhecimentos específicos a respeito do produto ou do serviço, bem como dos meios de oferta e contratação, são os que efetivamente decidem quais as que serão suficientes para serem repassadas ao consumidor de modo a atender os seus deveres informacionais constantes no CDC.

A falta ou o excesso de informação, nesse sentido Miragem,[67] dá conta de uma maior dificuldade de o consumidor considerar (e mais, compreender) todo o plexo informacional e dele retirar as que são relevantes para a contratação ou então no que diga respeito ao objeto da relação, o produto ou o serviço.

As informações, a marca e as comunicações despertam a confiança no consumidor,[68] sujeito confiante passivo que, em princípio, não tem condições de atestar veracidade dos dados ou então a existência de informações outras que não foram fornecidas, mas que, outrossim, seriam de extremada importância. Miragem ensina "nesta perspectiva, informação é um poder, e a imposição do dever de informação aos fornecedores visa, em última análise, promover a equidade informacional das partes".[69]

Posto de outra forma, a falta e/ou o excesso de informação se constituem em novos riscos, cujos teores serão preenchidos em acordo com o bem de consumo em si considerado, com as características próprias de determinada relação ou do próprio contrato. Informar significa colaborar, compartilhar, tornar comum, situar e, como consequência, empoderar o consumidor para que sua vontade seja realmente refletida acerca das decisões de consumo: é uma forma de manutenção e de criação de confiança e é alicerçada na boa-fé objetiva e na transparência que deve reger as relações de consumo – é uma forma de responsabilidade e de responsabilização.

2. FATORES ESPECIAIS DE VULNERABILIZAÇÃO/FRAQUEZA DOS CONSUMIDORES NO DIGITAL

O novo paradigma tecnológico do mercado de consumo digital, ensina Miragem,[70] deu causa a diversas transformações nos estilos de vida e nos hábitos de consumo e, por corolário, no mercado de consumo.

---

66. CALAIS-AULOY, Jean; TEMPLE, Henri. *Droit de la consommation*. Paris: Daloz, 2010. p. 55.
67. MIRAGEM, Bruno. Novo paradigma tecnológico, mercado de consumo digital e o direito do consumidor. *Revista de Direito do Consumidor*, v. 125, São Paulo, set./out. 2019.
68. Em que pese a nova confiança despertada, no que diz respeito a novas tecnologias, "a comunicação, facilitada pelas redes globais, determina uma maior vulnerabilidade daqueles que se comunicam". (JAYME. Erik. O direito internacional privado do novo milênio: a proteção da pessoa humana face à globalização. *Cadernos do Programa de Pós-graduação em Direito da UFRGS*, v. 1, n. 1, p. 133-146, Porto Alegre, 2003).
69. MIRAGEM, Bruno. Novo paradigma tecnológico, mercado de consumo digital e o direito do consumidor. *Revista de Direito do Consumidor*, v. 125, São Paulo, set.-out. 2019.
70. MIRAGEM, Bruno. Novo paradigma tecnológico, mercado de consumo digital e o direito do consumidor. *Revista de Direito do Consumidor*, v. 125, São Paulo, set.-out. 2019.

Dentre elas, o professor destaca que nenhum dos avanços foi mais relevante do que o desenvolvimento da internet, que deu uma nova dimensão (virtual e, podemos acrescentar, simbiótica) às relações que se estabelecem entre fornecedores e consumidores, como aquelas havidas no comércio eletrônico (seja próprio, de compartilhamento, ou ainda outras espécies de *marketplaces*), como também aquelas havidas pela utilização de estruturas digitais (*apps*, *sites*) promovidas por plataformas para as mais diversas finalidades, de substrato econômico ou não, como redes sociais, *streamings*, buscadores, comparadores de preços e características etc.

Ante a essa realidade de rápida e constante mutação, especialmente catalisada pela tecnologia da informação e da comunicação, bem como pelo desenvolvimento de aparatos tecnológicos com alto nível de processamento e estruturação de dados, urge repensar os conceitos e as propostas tradicionais para que a defesa do consumidor, materializada no microssistema protetivo desse sujeito em específico, continue plástica o suficiente para lidar juridicamente com novas situações emergentes que potencialmente representam prejuízos aos consumidores e seus direitos sem que, todavia, se descure de seus valores fundamentais.

Observe-se que não se está defendendo a estagnação legislativa no que concerne a eventuais atualizações do direito do consumidor no Brasil, posto que necessárias para a tutela dos consumidores nos desdobramentos da criatividade e das necessidades negociais dos agentes econômicos.

A proposta é complementar: pela dinamicidade própria do ambiente digital, em que em segundos todo um modelo de negócios, termos e condições de uso, bem como políticas de privacidade e de coleta de dados pessoais, podem ser modificados até mesmo sem prévio aviso aos interessados, caberá ao intérprete e aplicador do direito, nas lições de Miragem,[71] atualizar o sentido da norma pela sua interpretação contemporizada e pela concreção de seus conceitos: "[s]itua-se aí uma das funções mais relevantes dos princípios jurídicos, em especial aqueles que caracterizam e fundamentam certa disciplina jurídica, como é o caso do princípio da vulnerabilidade em relação ao direito do consumidor".

Nesse sentido é que o autor afirma ser necessária a apreciação das alterações da realidade social e econômica e a interpretação dessa mesma realidade, a qual é nova e reflete em reconhecimento de vulnerabilidades especializadas (digitais ou digitalizadas) dos consumidores no mercado, para a interpretação e aplicação das normas do CDC.

Diz-se especializadas pois, em nossa visão, trata-se do reconhecimento das especificações dos grandes tipos de vulnerabilidade elencados no título anterior ou então da transposição ao ambiente virtual, com as devidas particularizações, de vulnerabilidades preexistentes (digitalizadas, codificadas), ao par da existência de outros novos reconhecimentos (vulnerabilidades digitais), especialmente no que toca a atributos personalíssimos e sensíveis dos consumidores utilizados de maneira arbitrária, incorreta ou discriminatória.

---

71. MIRAGEM, Bruno. Princípio da vulnerabilidade: perspectiva atual e funções no direito do consumidor contemporâneo. In: MIRAGEM, Bruno; MARQUES, Claudia; MAGALHÃES, Lúcia Ancona. *Direito do Consumidor*: 30 anos do CDC – da consolidação como direito fundamental aos atuais desafios da sociedade. Rio de Janeiro: Forense, 2020. p. 243-261.

2.1 Vulnerabilidade digital estrutural: por *design* e tratamento de dados pessoais

A vulnerabilidade pode ser apreciada, lembra Miragem,[72] por diversos ângulos, justamente por ser um conceito aberto e polissêmico, cujo teor será preenchido a partir das especificidades do caso concreto (concernentes à pessoa ou à situação específica) ou de fatores gerais típicos de mercado que determinam uma assimetria entre as partes (concernente ao mercado de consumo).

Elucidam Micklitz et al[73] que, para entender a vulnerabilidade digital, é preciso compreender o aspecto estrutural (arquitetural) dessa vulnerabilidade que se dá nessa ambiência em específico. Para os pesquisadores, o ambiente digital (parte dele, as plataformas) é desenhado para mudar comportamentos, antecipando preconceitos (*biases*) cognitivos e afetivos no seu *design*, culminando no conceito de arquiteturas digitais de escolha (*digital choice architectures*),[74] as quais são baseadas em intensa coleta e tratamento de dados pessoais, são dinamicamente ajustáveis e otimizam essa mesma arquitetura, oportunizando aos "arquitetos" aprenderem continuamente sobre a interação da pessoa nessa ambiência.

Esse processo é cíclico e não linear. Significa estabelecer que se prolonga no tempo, se ajusta, se experimenta e retorna *outputs* significativos sobre os sujeitos. Essa profundidade, alertam os referidos autores,[75] se intensifica nas relações de consumo e resulta possivelmente em exploração de vulnerabilidades e de manipulação: "[a]prendendo constantemente mais sobre as características dos consumidores e suas respostas a dicas específicas, o potencial para a manipulação eficaz também cresce". Sobre o tema, acrescentam:

> Em termos de vulnerabilidades do consumidor, essas arquiteturas de escolha digital contemporânea essencialmente oferecem uma infraestrutura para automatizar a busca contínua de exploráveis vulnerabilidades do consumidor. As práticas de 'análise e otimização de negócios' têm como objetivo encontrar como fazer com que os consumidores "se envolvam" com produtos e serviços e como "convertê-los" tão eficientemente quanto possível. Na prática, isso se resume à execução contínua de experimentos para descobrir qualquer tipo de tendência psicológica ou viés cognitivo ou afetivo que pode ser alavancado para o crescimento. [...]. As empresas contemporâneas não se limitam a identificar e a visar vulnerabilidades claramente observáveis e já presentes; muito pelo contrário, a

---

72. MIRAGEM, Bruno. Princípio da vulnerabilidade: perspectiva atual e funções no direito do consumidor contemporâneo. In: MIRAGEM, Bruno; MARQUES, Claudia; MAGALHÃES, Lúcia Ancona. *Direito do Consumidor*: 30 anos do CDC – da consolidação como direito fundamental aos atuais desafios da sociedade. Rio de Janeiro: Forense, 2020. p. 243-261.
73. MICKLITZ, Hans-W.; HELBERGER, Natali; STRYCHARZ, Joanna et al. *EU consumer protection 2.0*: Structural asymmetries in digital consumer markets. Bruxelas: BEUC, mar. 2021.
74. No original: "..., digital vulnerability describes a universal state of defenselessness and susceptibility to (the exploitation of) power imbalances that are the result of increasing automation of commerce, datafied consumer-seller relations, and the very architecture of digital marketplaces." (HELBERGER, N.; SAX, M.; STRYCHARTZ, J.; MICKLITZ, H.-W. Choice Architectures in the Digital Economy: Towards a New Understanding of Digital Vulnerability, *Journal of Consumer Policy*, dez. 2021, p. 2).
75. MICKLITZ, Hans-W.; HELBERGER, Natali; STRYCHARZ, Joanna et al. *EU consumer protection 2.0*: Structural asymmetries in digital consumer markets. Bruxelas: BEUC, mar. 2021. p. 19.

verdadeira vantagem competitiva reside na capacidade de identificar e direcionar as circunstâncias pessoais e características que tornam uma pessoa vulnerável em termos de disposição [potenciais], mas que ainda não resultaram em vulnerabilidades reais e ocorrentes. (sic).[76]

Já havíamos identificado a mercantilização de vulnerabilidades e a sua transformação em "ativos" dos fornecedores na condução do mercado de consumo.[77] Micklitz et al[78] também chegam a esta consideração, quando enfatizam que, na sociedade digital, a vulnerabilidade é arquitetural porque as estruturas nas quais navegamos são programadas/projetadas para inferir (aproveitamento de vulnerabilidades) ou mesmo criar ou especificar outras novas: "as vulnerabilidades [...] que os consumidores podem experimentar não são um infeliz subproduto dos mercados de consumo digitais; vulnerabilidades são o produto dos mercados de consumo digitais".

Nesse sentido, Bioni[79] determina que a lógica do *trafe-off* da economia dos dados pessoais é traiçoeira pela peculiaridade entre gratificações imediatas e prejuízos mediatos/distantes. Na sua concepção, a ideia de sujeito dito racional e capaz de tomar decisões a respeito do controle de seus dados é posta em xeque por conta da complexidade do fluxo informacional. O titular dos dados "está em uma situação de vulnerabilidade específica em meio a uma relação assimétrica que salta aos olhos, havendo uma série de evidências empíricas a esse respeito", defendendo até a mesmo a hipervulnerabilidade.

As vulnerabilidades, assim, são ou tornam-se *codificadas* e *programadas* a partir de inferências comportamentais e afetivas a partir da coleta e do tratamento de dados pessoais dos consumidores, que, segundo Mendes e Fonseca (2021), também pode representar fatores de vulnerabilização dos sujeitos nas dinâmicas da internet.

Mendes[80] elenca pelo menos três situações em que haverá extremada vulnerabilidade do consumidor no tratamento dos dados pessoais: o consentimento aparente, a falta de transparência e os riscos de discriminação.

Sobre o primeiro, afirma que o consentimento no tema da proteção de dados é bastante complexo e enfrenta diversificadas dificuldades, especialmente considerando a sua natureza atípica, posto que possui características negociais concomitantemente possuir também caráter personalíssimo (assemelha-se a negócio jurídico sem o ser.

Agrava-se essa complexidade quando o consentimento é mais aparente que real, haja vista o consumidor ver-se, no mais das vezes, constrangido ou pressionado a consentir para que o produto ou serviço acessado não lhe seja negado, já que resiste com certa

---

76. MICKLITZ et al., 2021, p. 19.
77. MARQUES, Claudia Lima; MUCELIN, Guilherme. Inteligência artificial e "opacidade" no consumo: a necessária revalorização da transparência para a proteção do consumidor. In: TEPEDINO, Gustavo; SILVA, Rodrigo da Guia. *O Direito Civil na Era da Inteligência Artificial*. São Paulo: Ed. RT, 2020. p. 411-439.
78. MICKLITZ, Hans-W.; HELBERGER, Natali; STRYCHARZ, Joanna et al. *EU consumer protection 2.0*: Structural asymmetries in digital consumer markets. Bruxelas: BEUC, mar. 2021. p. 19.
79. BIONI, Bruno Ricardo. *Proteção de Dados Pessoais*: a função e os limites do consentimento. Rio de Janeiro: Forense, 2021, p. 144.
80. MENDES, Laura Schertel. A vulnerabilidade do consumidor quanto ao tratamento de dados pessoais. *Revista de Direito do Consumidor*, v. 102, p. 19-43, São Paulo, nov.-dez. 2015.

normalidade a base do *take it or leave it* (pegar ou largar), fazendo com que a liberdade de consentir reste prejudicada, bem como sua autodeterminação informativa.

Sobre a falta de transparência, Mendes[81] ressalta a importância das avaliações de risco em relação aos consumidores e sistemas de *scores* que "pontuam" a pessoa para que tenha acesso, ou não, a determinados produtos ou serviços e, igualmente, determinando-lhe ou excluindo-lhe de oportunidades de vida. Em outros termos, fala-se da opacidade nas lógicas algorítmicas no mercado de consumo que são utilizadas em decisões automatizadas, incluindo aquelas relativas à formação de determinado perfil.[82]

Para Mendes,[83] "compreende-se que caso o consumidor tenha restringido o seu acesso a determinados bens e produtos no mercado de consumo em razão desse sistema de avaliação, é fundamental que os critérios desse sistema sejam transparentes e públicos", sob pena de violar os princípios de proteção de dados pessoais e tornar-se ilegítimo.

O terceiro fator de vulnerabilização trazido por Mendes é a discriminação algorítmica, derivação de determinadas formas de tratamento de dados que assume diversas formas (estatística, geográfica, racial etc.) e que acarreta exclusão do consumidor do mercado de consumo ou ainda sua estigmatização de acordo com características pessoais. Independentemente das bases legais, incluindo-se o consentimento, será ilegítimo *a priori* por ferir não só a Lei Geral de Proteção de Dados, como notadamente o princípio da igualdade protegido constitucionalmente.

2.2 Vulnerabilidade digital situacional: por cativadade/dependência ou neuropsicológica

Caroline Meller-Hannich ensina que a noção de consumidor se caracteriza por seu 'papel' na sociedade, mas também por sua 'situação' em relação aos contratos em especial ou na sociedade (*situatives Element*).[84] Queremos aqui explorar esta ideia de uma vulnerabilidade 'situacional-digital', pois a liberdade do consumidor no ambiente construído online ou das plataformas não é o mesmo da liberdade de atuação no mundo físico.[85]

Micklitz et al,[86] no relatório da *European Consumer Organisation* (BEUC) de março de 2021, sustentam que, nos mercados digitais, todos os consumidores são potencial-

---

81. MENDES, Laura Schertel. A vulnerabilidade do consumidor quanto ao tratamento de dados pessoais. *Revista de Direito do Consumidor*, v. 102, p. 19-43, São Paulo, nov./dez. 2015.
82. MARQUES, Claudia Lima; MUCELIN, Guilherme. Inteligência artificial e "opacidade" no consumo: a necessária revalorização da transparência para a proteção do consumidor. In: TEPEDINO, Gustavo; SILVA, Rodrigo da Guia. *O Direito Civil na Era da Inteligência Artificial*. São Paulo: Ed. RT, 2020. p. 411-439.
83. MENDES, Laura Schertel. A vulnerabilidade do consumidor quanto ao tratamento de dados pessoais. *Revista de Direito do Consumidor*, v. 102, p. 11, São Paulo, nov./dez. 2015.
84. MELLER-HANNICH, Caroline. *Verbraucherschutz im Schuldvertragsrecht*. Tübingen: Mohr, 2005, p. 140.
85. MARQUES, Claudia Lima. Perspectives for consumer protection in the XXI century. *Macau Journal of Brazilian Studies*, Macau, v. 4, n. 1, p. 75 e s, Abr. 2021.
86. MICKLITZ, Hans-W.; HELBERGER, Natali; STRYCHARZ, Joanna et al. *EU consumer protection 2.0*: Structural asymmetries in digital consumer markets. Bruxelas: BEUC, mar. 2021. p. 4.

mente vulneráveis,[87] sendo que a "vulnerabilidade digital descreve um estado universal de impotência e suscetibilidade a (exploração de) desequilíbrios de poder que são o resultado da crescente automação do comércio, das relações consumidor-vendedor informadas e da própria arquitetura dos mercados digitais".

O *report* também sinaliza que a União Europeia está deixando de ter uma visão 'reducionista' acerca da vulnerabilidade, de modo a deixar de privilegiar somente aspectos "estáticos" para abarcar aspectos relacionais e situacionais, dinâmicos, considerando o consumidor ora mais ora menos vulnerável, a depender de determinadas condições e das relações que estabelece. De acordo com o a Comissão Europeia, em seu estudo "*Consumer vulnerability across key markets in the European Union*",[88] os consumidores podem se tornar vulneráveis na dependência de suas circunstâncias e situações. Elencam-se cinco dimensões que definem a vulnerabilidade do consumidor:

> Um consumidor que, como resultado de características sociodemográficas, características comportamentais, situação pessoal ou ambiente de mercado:
> - Corre maior risco de experimentar resultados negativos no mercado;
> - Tem capacidade limitada de maximizar seu bem-estar;
> - Tem dificuldade em obter ou assimilar informações;
> - Tem menos possibilidade de comprar, escolher ou acessar produtos adequados; ou
> - É mais suscetível a certas práticas de *marketing*.[89]

Também com aportes da economia comportamental, Micklitz et al,[90] determinam que os fornecedores buscam por práticas experimentais e criativas que pretendem "otimi-

---

[87]. É necessário frisar que na União Europeia, diferentemente do Brasil, não há uma presunção de vulnerabilidade geral dos consumidores como a do Art. 4, I do CDC. Conforme a UNGCP, o conceito de consumidor vulnerável ('vulnerable consumer') é restringido a determinados grupos mais fracos (crianças, pessoas com deficiência, pobres e desvaforizados da sociedade, veja Guideline ....) e não é uma presunção estendida a todos os consumidores; em outros termos, em princípio, a regra é pelo entendimento do "consumidor médio" (*average consumer*). Vulneráveis seriam particularizados a partir de suas características "internas" que afetam a capacidade de lidar adequadamente com práticas comerciais. Conforme Micklitz et al. (MICKLITZ, Hans-W.; HELBERGER, Natali; STRYCHARZ, Joanna et al. *EU consumer protection 2.0*: Structural asymmetries in digital consumer markets. Bruxelas: BEUC, mar. 2021, p. 9), "[n]ão fazem parte da análise fatores externos, como o grau de exposição a certas práticas ou as consequências que essas práticas podem ter para um consumidor individual" – e isso reforça a preocupação sobre o reconhecimento de vulnerabilidades no ambiente digital. O art. 5º (3), da Diretiva relativa às práticas comerciais desleais (Diretiva 2005/29/CE do Parlamento Europeu e do Conselho, de 11 de Maio de 2005) assim define: "As práticas comerciais que são susceptíveis de distorcer substancialmente o comportamento econômico de um único grupo, claramente identificável, de consumidores particularmente vulneráveis à prática ou ao produto subjacente, em razão da sua doença mental ou física, idade ou credulidade, de uma forma que se considere que o profissional poderia razoavelmente ter previsto, devem ser avaliadas do ponto de vista do membro médio desse grupo. Esta disposição não prejudica a prática publicitária comum e legítima que consiste em fazer afirmações exageradas ou afirmações que não são destinadas a ser interpretadas literalmente".

[88]. Veja na íntegra: UNIÃO EUROPEIA. Consumer vulnerability across key markets in the European Union. *Final Report*. 2016. Disponível em: https://ec.europa.eu/info/sites/default/files/consumers-approved-report_en.pdf. Acesso em: 16 ago. 2022.

[89]. UNIÃO EUROPEIA. Understanding consumer vulnerability in the EU's key markets. *Factsheet*. Fev. 2016. Disponível em: https://ec.europa.eu/info/sites/default/files/consumer-vulnerability-factsheet_en.pdf. Acesso em: 16 ago. 2022.

[90]. MICKLITZ, Hans-W.; HELBERGER, Natali; STRYCHARZ, Joanna et al. *EU consumer protection 2.0*: Structural asymmetries in digital consumer markets. Bruxelas: BEUC, mar. 2021.

zar" o comportamento do consumidor, quando se identifica e se visa a diferentes fontes e gatilhos de vulnerabilidade, bem como uma ampla gama de circunstâncias em que consumidores são ou se tornam vulneráveis na estrutura da internet e no ciberespaço.

As vulnerabilidades tipicamente digitais podem ser reveladas a partir de abordagens distintas e aglutinadoras (como salientamos) das vulnerabilidades fáticas, jurídicas, técnicas e informacionais – com o devido destaque dado ao ciberespaço.

A vulnerabilidade informacional antes analisada, por exemplo, segundo Miragem,[91] aliada ao déficit informacional do consumidor nas relações de consumo, sofre alterações nessa nova ambiência virtual, já que "não se resume à falta ou à pouca qualidade da informação prestada, mas à ausência de habilidade ou familiaridade com o ambiente digital", que tem o condão de repercutir "tanto na interpretação das manifestações nele emitidas ou recebidas, quanto na própria capacidade de resposta adequada a seus interesses nas relações jurídicas que resultem daí".

Fala-se, nesse sentido, em iliteracia digital, à lembrança da vulnerabilidade fática correspondente, guardadas as diferenças, por evidente, do analfabetismo (específico ou funcional) e da falta de informações concernentes à correta utilização de determinado produto ou serviço ou ainda da fruição de todas as suas utilidades.

Um fator de vulnerabilização já identificado por Moraes[92] no mercado de consumo analógico reaparece com maior força na transformação digital em virtude de novos mecanismos de *marketing* altamente "targetizados", hiperpersonalizados e *programados* para cada consumidor individual de acordo com seu perfil de consumo específico. Para este autor, trata-se da vulnerabilidade neuropsicológica: "a reiteração e enorme gama de dados também possui a capacidade de confundir, estimular determinadas reações e, em alguns casos, inclusive alienar os mais vulneráveis", cujo resultado poderá ser até mesmo "a incorreta tomada de decisão".

Miragem (2020) afirma que a vulnerabilidade neuropsicológica[93] (ou comportamental, de acordo com Verbicaro e Caçapietra[94]) se dá a partir de estímulos sensoriais ou emocionais emitidos pelo meio digital (sons, fotos, vídeos, cores, velocidade de *frames* etc.[95]) e as respostas dos consumidores, bem como a partir das inferências da economia

---

91. MIRAGEM, Bruno. Princípio da vulnerabilidade: perspectiva atual e funções no direito do consumidor contemporâneo. In: MIRAGEM, Bruno; MARQUES, Claudia; MAGALHÃES, Lúcia Ancona. *Direito do Consumidor*: 30 anos do CDC – da consolidação como direito fundamental aos atuais desafios da sociedade. Rio de Janeiro: Forense, 2020. p. 243-261.
92. MORAES, Paulo Valério Dal Pai. *Código de Defesa do Consumidor*: o princípio da vulnerabilidade no contrato, na publicidade, na oferta, nas demais práticas comerciais. Porto Alegre: Livraria do Advogado, 2009. p. 166.
93. Veja sobre estes fatores que afetam o comportamento e a psiquê do consumidor: CARVALHO, Alexander Perazo Nunes de; SOUSA, Raphaella Prado Aragão de, A influência da psicopolítica digital nas contratações virtuais e seus reflexos no aumento da vulnerabilidade do consumidor. *Revista de Direito do Consumidor*, v. 123, p. 289-309, maio-jun. 2019.
94. VERBICARO, Dennis; CAÇAPIETRA, Ricardo dos Santos. Economia comportamental no desenho de políticas públicas de consumo através dos nudges. *Revista de Direito do Consumidor*, v. 133, p. 385-411, São Paulo, jan.-fev. 2021.
95. "É que a nova linguagem visual, fluida, rápida, agressiva, pseudoindividual e massificada dos negócios jurídicos de consumo à distância pela Internet propõe desafios sérios para o Direito Privado, em especial para o Direito

comportamental, que reconduzem, segundo Kaiser,[96] a gatilhos fundamentais humanos[97] a partir de uma estrutura de incentivos (*nudges*), que possivelmente reduzem as cautelas relativas às prestações pactuadas[98] e o acesso aos diversos serviços disponibilizados ou oferecidos *online*.

Outro componente que contribui à vulnerabilidade 'neuropsicológica' digital do consumidor é a estratégia utilizada pelas plataformas concernentes à *gamificação*. Conforme refletimos,[99] a gamificação permite intensificar o tempo de permanência e de atenção de seus usuários por meio de experiências envolventes, utilizando-se de princípios de *design* de jogos inclusive para a tomada de decisão, como narrativas, senso de comunidade, recompensas, reputação, reconhecimento e punição. Tal se dá com o fim de induzir um comportamento (pré)estipulado por programação, potencialmente manipulando comportamentos e minando a autonomia da vontade: torna-se possível que, por meio da exploração da "vulnerabilidade digital, aliada à técnica e à informacional, impositiva de certo grau de alienação do participante, sejam tomadas decisões direcionadas/influenciadas pela plataforma".

Outro possível enfoque para a vulnerabilidade digital se relaciona com a situação de *dependência/catividade* em relação à manutenção[100] ou ao acesso a determinado serviço ou a produto inteligente prestado e oferecido por plataformas, que se pode considerar como uma condição, na análise de cada caso, para a fruição plena da vida e de autorrealização na sociedade contemporânea.[101]

---

do Consumidor e o seu paradigma moderno da 'boa-fé' nas relações contratuais". (MARQUES, Claudia Lima. *Confiança no Comércio Eletrônico e a Proteção do Consumidor*: um estudo dos negócios jurídicos de consumo no comércio eletrônico. São Paulo: Ed. RT, 2004, p. 46).

96. KAISER, Brittany. *Manipulados*: como a Cambridge Analytica e o Facebook invadiram a privacidade de milhões e botaram a democracia em xeque. Rio de Janeiro: Harper Collins, 2020.

97. Assim, conforme Schmidt Neto: "Hoje a psicologia cognitiva busca responder como o homem compreende o mundo e de que modo reage a ele buscando adaptá-lo a si. Na sociedade de consumo, tal conhecimento do comportamento serve também à manipulação do comportamento de outros indivíduos na busca de resultados econômicos". (SCHMIDT NETO, André Perin. *Contratos na sociedade de consumo*: vontade e confiança. São Paulo: Ed. RT, 2019. [e-book]).

98. MIRAGEM, Bruno. Princípio da vulnerabilidade: perspectiva atual e funções no direito do consumidor contemporâneo. In: MIRAGEM, Bruno; MARQUES, Claudia; MAGALHÃES, Lúcia Ancona. *Direito do Consumidor*: 30 anos do CDC – da consolidação como direito fundamental aos atuais desafios da sociedade. Rio de Janeiro: Forense, 2020. p. 243-261.

99. MUCELIN, Guilherme; STOCKER, Leonardo. *Relações trabalhistas ou não trabalhistas na economia do compartilhamento*. São Paulo: Ed. RT, 2021. p. 335.

100. A cativdade geralmente é no tempo, veja: MARQUES, Claudia Lima. Contratos cativos de longa duração e a exceção da ruína: tempo, boa-fé, cativdade e confiança. In: MARQUES, Claudia Lima; LORENZETTI, Ricardo Luis; CARVALHO, Diógenes Faria de; MIRAGEM, Bruno. *Contratos de serviços em tempos digitais*. São Paulo: Ed. RT, 2021, p. 452 e s.

101. No Referendo na Medida Cautelar na ADI 6.389-DF, o sr. Ministro Gilmar Mendes afirma que as novas tecnologias se tornaram condição necessária tanto para a vivência em sociedade – no sentido de que as pessoas são obrigadas a utilizar dessas tecnologias para não serem marginalizadas econômica e socialmente – quanto para a realização de direitos – como liberdade de expressão –, ao passo que, simultaneamente, "esses mesmos avanços tecnológicos suscitam riscos generalizados de violação de direitos fundamentais básicos", dentre os quais o Ministro destacou a igualdade. (BRASIL. Supremo Tribunal Federal. Referendo na Medida Cautelar na Ação Direta de Inconstitucionalidade 6.389. Requerente: Partido Socialista Brasileiro. Interessado: Presidente da República. Relatora: Min. Rosa Weber. Brasília, 07 maio 2020. DJe 12 nov. 2020).

Como afirmamos,[102] nesses contratos de trato sucessivo a relação é movida pela busca de uma segurança, pela busca de uma futura prestação, *status* ou de determinada qualidade nos serviços, o que reduz o consumidor a uma posição de "cativo" – cliente do fornecedor e de seu grupo de colaboradores ou agentes econômicos. A posição de dependência de 'catividade' só pode ser entendida no exame do contexto das relações atuais, em que determinados serviços prestados no mercado asseguram (ou prometem) ao consumidor e a sua família "*status*", "segurança", "crédito renovado", "escola ou formação universitária certa e qualificada", "moradia assegurada", "lazer" ou mesmo "saúde" ou "informação" no futuro.

Aqui se aproxima da vulnerabilidade fática ou socioeconômica dos antigos 'monopólios' de serviços públicos, em especial face à nova essencialidade social destes produtos e serviços privados digitais.[103] O STJ,[104] em um caso que *não* envolvia plataformas, considerou esse atributo como indicativo de vulnerabilidade. Tratava-se de uma lide de um hotel contra fornecedor de gás, com o objetivo de ser ressarcido pelos prejuízos advindos da impossibilidade de utilização das sobras de GLP remanescentes nos recipientes, as quais eram devolvidas à fornecedora (Recurso Especial 476.428). Debateu-se se o hotel poderia ser considerado consumidor da fornecedora de gás, mesmo não sendo, tecnicamente, destinatário final fático e econômico do produto adquirido contínua e sistematicamente.

A teoria da interpretação do conceito de consumidor, em regra, é a finalista,[105] que não admite, em princípio, empresas qualificando-se juridicamente enquanto tal. Todavia, a teoria finalista é temperada, aprofundada em casos difíceis, quando existir, no caso concreto, a vulnerabilidade de um contratante perante um fornecedor.

Como consta no acórdão,[106] a Min. Nancy Andrighi constatou que a vulnerabilidade não se define, ou melhor, não se reconhece a partir apenas da capacidade econômica das

---

102. MARQUES, Claudia Lima. Revisando a teoria geral dos serviços com base no Código de Defesa do Consumidor em tempos digitais. In: MARQUES, Claudia Lima; LORENZETTI, Ricardo Luis; CARVALHO, Diógenes Faria de; MIRAGEM, Bruno. *Contratos de serviços em tempos digitais*: contribuição para uma nova teoria geral dos serviços e princípios de proteção dos consumidores. São Paulo: Ed. RT, 2021 [e-book].
103. Veja sobre a vulnerabilidade fática, nos contratos privados e administrativos e privatizados com consumidores: MARQUES, Claudia Lima. *Contratos no Código de Defesa do Consumidor*: o novo regime das relações contratuais. São Paulo: Ed. RT, 2019, p. 320 e s.
104. BRASIL. Superior Tribunal de Justiça. Recurso Especial 476.428. Recorrente: Agipliquigás S.A. Recorrido: Gracher Hotéis e Turismo Ltda. Relatora: Min. Nancy Andrighi. Brasília, 19 abr. 2005. DJ 09 maio 2005.
105. Essa corrente interpretativa "[s]ustenta que o conceito de consumidor deve ser estabelecido de acordo com o critério do art. 2º do CDC, a partir da noção de destinatário final fático e econômico de um produto ou serviço. Em outros termos, de que consumidor é aquele que adquire ou utiliza produto ou serviço de modo a exaurir sua função econômica, da mesma forma como, ao fazê-lo, determina com que seja retirado do mercado de consumo. O elemento característico desta interpretação é o fato de não haver finalidade da obtenção de lucro em uma dada relação jurídica, nem de insumo ou incremento a uma determinada atividade negocial, assim como a completa exaustão da função econômica do bem, pela sua retirada do mercado. Nesta visão, o consumidor seria aquele que adquire o produto ou o serviço para a satisfação de interesse próprio ou de sua família. Seria, portanto, o não profissional, não especialista, a quem o direito deve proteger, na sua relação com um profissional que atua no mercado daí, porque afasta o conceito de consumidor a relação entre parceiros para um empreendimento comum, ou ainda entre dois iguais, não profissionais, a qual se deverá aplicar o Código Civil". (MIRAGEM, Bruno. *Curso de Direito do Consumidor*. 8. ed. São Paulo: Ed. RT, 2020. [e-book]).
106. BRASIL. Superior Tribunal de Justiça. Recurso Especial 476.428. Recorrente: Agipliquigás S.A. Recorrido: Gracher Hotéis e Turismo Ltda. Relatora: Min. Nancy Andrighi. Brasília, 19 abr. 2005. DJ 09 maio 2005.

partes, do nível de informação ou cultura ou valor do contrato firmado: "Todos esses elementos podem estar presentes e o comprador ainda ser vulnerável pela dependência do produto", aduzindo que existem outros elementos indicativos, dentre os quais, interessante para nós no que toca às plataformas, encontra-se a extremada necessidade do bem ou serviço e as *exigências da modernidade* atinentes à atividade. Reconheceu-se, na hipótese, também a vulnerabilidade fática, jurídica e técnica do hotel que agia fora de sua especialidade, bem como a sua exposição às práticas comerciais do fornecedor, motivo pelo qual foi enquadrado como consumidor.

Ao analisar esse caso, Miragem[107] determina que haverá situações que são típicas de mercado e não se confundem com necessidades de consumo ou com a posição subjetiva de consumo, mas de fatos que se encontravam em domínios de outras disciplinas jurídicas, como o direito da concorrência e o direito empresarial.

Transpondo, com as devidas precauções a dependência, ao direito do consumidor digital, mais especificamente ao consumidor pessoa natural fora de suas capacidades empreendedoras, podemos concluir[108] que "pode ser um indicador da conexidade de relações contratuais (de consumo) e da vulnerabilidade *in concreto*, por exemplo, a posição de cativeiro, sujeição e dependência no tempo que esteja reduzido um dos cocontratantes".

Uma conta de *e-mail*, por exemplo, típico serviço prestado por aplicações de internet, poderá determinar uma dependência do consumidor e sua cativeiro com relação àquele determinado portal, posto que todos os correios eletrônicos e demais comunicações ficam salvas no servidor daquele fornecedor, sob pena de perder todos os documentos, comunicações, fotos etc.

Ou ainda, quando a reputação de determinado consumidor,[109] a qual contribui para o estabelecimento de relações jurídicas na economia do compartilhamento, por exemplo, está adstrita a determinada conta em aplicativo específico, ressalvados os casos de portabilidade,[110] se possível. Outra situação de dependência poder-se-ia dar em re-

---

107. MIRAGEM, Bruno. *Curso de Direito do Consumidor*. 8. Ed. São Paulo: Ed. RT, 2020. [e-book].
108. MARQUES, Claudia Lima. Contratos cativos de longa duração e a exceção da ruína: tempo, boa-fé, cativeiro e confiança. In: MARQUES, Claudia Lima; LORENZETTI, Ricardo Luis; CARVALHO, Diógenes Faria de; MIRAGEM, Bruno. *Contratos de serviços em tempos digitais*. São Paulo: Ed. RT, 2021. p. 447-488.
109. Sobre o tema, Teubner et al (TEUBNER, Timm et al. Understanding the platform economy: signals, trust, and social interaction. *Proceedings of the 53rd Hawaii International Conference on System Sciences*. Havaí, 2020. p. 5146) ensinam: "Trust and reputation among users of two-sided platforms are imperative for flourishing markets. The process of building and maintaining trust is hence of utmost importance to platforms".
110. "Associado ao custo de troca (e também aos custos de procura) está o efeito de aprisionamento, que é a situação na qual o consumidor torna-se dependente de um fornecedor de produto e serviço e não consegue migrar para outro sem custos de transação substanciais ou sem inconveniências, como os custos especificados acima. Portanto, o *lock-in* é o efeito de permanência do consumidor ao fornecedor originário mesmo quando haja um desejo pela mudança, que pode ser proveniente do aumento de preços, falhas, vícios ou defeitos no fornecimento do produto ou serviço, vazamento de dados ou falta de privacidade. No entanto, quando esse consumidor faz um cálculo do custo-benefício de uma eventual troca, percebe que será mais custoso, seja monetariamente, seja emocionalmente, seja em termos de conforto, trocar para um fornecedor alternativo". (CRAVO, Daniela Copetti. *Direito à portabilidade de dados*: interface entre a defesa da concorrência, do consumidor e proteção de dados. Rio de Janeiro: Lumen Juris, 2018. p. 71-72).

lação aos aplicativos que monitoram a saúde do consumidor doente, seja por *wearables* (*smartwatches*), seja pelo *smartphone/tablet* ou mesmo para monitoração remota por familiar ou responsável. Para Mendes e Fonseca:[111]

> Nessas situações, a decisão individual de consentir não é livre e autônoma ou oriunda da avaliação dos ônus e dos bônus envolvidos. Ao revés, ela se origina de uma verdadeira imposição estabelecida por terceiro: consentir ou simplesmente não desfrutar de serviço/produto, que, muitas vezes, sob a perspectiva do indivíduo, é essencial para a sua sociabilidade ou acesso à informação na era digital.

Conforme asseveram Micklitz et al,[112] "[o]utra consideração importante é a natureza frequentemente assimétrica de relações comerciais duradouras", de forma que, "[à] medida que os consumidores continuam usando os mesmos serviços, aplicativos ou plataformas ao longo do tempo, as entidades comerciais que oferecem esses serviços, aplicativos ou plataformas serão capazes de coletar e analisar mais dados do usuário", resultando na capacidade de "identificar vulnerabilidades exploráveis".

A vulnerabilidade do consumidor não deixa de representar – como sempre foi – um valor latente de potencial exploração de fraquezas do sujeito que consome. A diferença é que, no mundo digital, esse "valor" é muito mais facilmente percebido e revelado, ou mesmo criado, por conta das arquiteturas de escolha, da automação do mercado, das grandes plataformas-fornecedoras e do engajamento constante dos consumidores em uma internet cada vez mais ubíqua, onisciente e onipresente – o que demanda a evolução no conceito de *vulnerabilidade*... agora *digital*.

CONSIDERAÇÕES FINAIS

Conclua-se que a vulnerabilidade do consumidor é um conceito em constante evolução. E, esta evolução ocorre no mercado de consumo, em quaisquer de seus "formatos" – analógico, digital, simbiótico, a exemplo da introdução da figura do assédio de consumo no CDC pela Lei 14.181/2021 complementando a figura do abuso de fraqueza do Art. 39, IV do CDC. Pedra de toque do direito do consumidor, esta noção polifórmica e mutável da vulnerabilidade (Art. 4º, I do CDC), permite flexibilidade e assegura que o Direito do Consumidor nacional se apresente com plasticidade o suficiente para que novas situações sejam tuteladas pelo e dentro dos limites do microssistema protetivo do CDC, que se transversaliza no ambiente *online* em compasso com a Lei Geral de Proteção de Dados Pessoais, o Marco Civil da Internet e demais leis futuras, como o Marco Civil da Inteligência Artificial.

Na economia digital, o tratamento dos dados pessoais dos consumidores titulares serve, de acordo com sua finalidade (nem sempre clara ou informada) tanto para excluir

---

111. MENDES, Laura Schertel; FONSECA, Gabriel Campos Soares da. Proteção de dados para além do consentimento: tendências de materialização. In: DONEDA, Danilo et al (Coord.). *Tratado de proteção de dados pessoais*. Rio de Janeiro: Forense, 2021. p. 90-112. p. 97.
112. MICKLITZ, Hans-W.; HELBERGER, Natali; STRYCHARZ, Joanna et al. *EU consumer protection 2.0*: Structural asymmetries in digital consumer markets. Bruxelas: BEUC, mar. 2021. p. 20.

quanto para incluir o consumidor no novo paradigma tecnológico atinente ao consumo.[113] Aspectos subjetivos, da própria pessoa, bem como objetivos, atinentes a produtos, serviços e contratos, passam a contar com uma complexidade maior em atenção ao ambiente virtual, por conta de suas peculiaridades e de suas estruturas.

Fineman[114] destaca que o ponto central de uma teoria da vulnerabilidade, nesse sentido, deve ir além do indivíduo e das características individuais para também abarcar as estruturas sociais e as características das instituições e das relações que possivelmente contribuam para a vulneração do sujeito, como (exemplificamos) as do ambiente digital, a fim de que se encontrem meios para que seja diminuída e a economia de plataformas não represente desencontro com os interesses da sociedade nem com os seus valores fundantes constitucionalmente protegidos.

Foram vistas e correlacionadas, ao longo do estudo, as vulnerabilidades tradicionais dos consumidores e aquelas específicas ou especializadas em meio digital, que colocam o consumidor em uma posição ainda mais de vulnerabilidade ou, como tantos defendem, em uma vulnerabilidade agravada. As considerações feitas na pesquisa, com relação ao mundo *online*, foram construídas pela dogmática do Direito do Consumidor, o qual desenvolve a temática da vulnerabilidade por conta do reconhecimento expresso, no CDC, desse atributo elevado a princípio, bem como por conta de seu caráter civilizatório no que tange à busca do nivelamento de desequilíbrios que se materializam no mercado de consumo – e, no digital, também além de suas fronteiras.

REFERÊNCIAS

ADAM, Leonie; MICKLITZ, Hans-W. Verbraucher und Online-Plattformen. In: MICKLITZ, Hans-W. et alli (Hrsg.). *Verbraucherrecht 2.0* – Verbraucher in der digitalen Welt, Nomos: Baden-Baden, 2017.

AZEVEDO, Fernando Costa de; KLEE, Antonia Espíndola Longoni. Considerações sobre a proteção dos consumidores no comércio eletrônico e o atual processo de atualização do Código de Defesa do Consumidor. *Revista de Direito do Consumidor*, n. 85, p. 209- 260, São Paulo, jan.-fev. 2013.

AZEVEDO, Fernando Costa de; SANTOS, Karinne E. G. dos.; MOREIRA, Tássia Rodrigues. Vulnerabilidade dos consumidores na sociedade da informação e necessidade da proteção jurídica de seus dados nas relações estabelecidas em ambiente digital. *Revista de Direito do Consumidor*, v. 141/2022, p. 201-218, maio-jun. 2022.

BAKER, Stacey Menzel; LA BARGE, Monica; BAKER, Courtney Nations. Consumer vulnerability: Foundations, phenomena, and future investigations. In: HAMILTON, Kathy; DUNNET, Susan; PIACENTINI, Maria (Ed.). *Consumer vulnerability*: conditions, contexts and characteristics. London/New York: Routledge, 2016.

BERGSTEIN, Laís. *O tempo do consumidor e o menosprezo planejado*. São Paulo: Ed. RT, 2019.

BIONI, Bruno Ricardo. *Proteção de Dados Pessoais*: a função e os limites do consentimento. Rio de Janeiro: Forense, 2021.

---

113. Veja, por todos, MIRAGEM, Bruno. Discriminação injusta e o direito do consumidor. In: BENJAMIN, Antonio H; MARQUES, Claudia Lima; MIRAGEM, Bruno. *O Direito do consumidor no mundo em transformação*. São Paulo: Ed. RT, 2021, p. 203-230.
114. FINEMAN, Martha Albertson. Vulnerability and inevitable inequality. *Oslo Law Review*, v. 4, n. 3, p. 133-149. Escandinávia, 2017.

BORGES, Gustavo; FILÓ, Maurício da Cunha Savino. Consumo, publicidade e inteligência artificial: (necessários) limites à tecnologia persuasiva no constante assédio do consumidor. *Revista de Direito do Consumidor*, v. 136/2021, p. 201-232, jul.-ago. 2021.

BRASIL. Superior Tribunal de Justiça. Recurso Especial 476.428. Recorrente: Agipliquigás S.A. Recorrido: Gracher Hotéis e Turismo Ltda. Relatora: Min. Nancy Andrighi. Brasília, 19 abr. 2005. DJ 09 maio 2005.

BRASIL. Supremo Tribunal Federal. Referendo na Medida Cautelar na Ação Direta de Inconstitucionalidade 6.389. Requerente: Partido Socialista Brasileiro. Interessado: Presidente da República. Relatora: Min. Rosa Weber. Brasília, 07 maio 2020. DJe 12 nov. 2020.

BUDNITZ, Mark E. Principles and Programs to Protect consumers from the Deleterious Effects of Technological Innovation. In: WEI, Dan; NEHF, James P. ;MARQUES, Claudia Lima. *Innovation and the Transformation of Consumer Law*, Springer-SSAP, Cham, 2020.

CALAIS-AULOY, Jean; TEMPLE, Henri. *Droit de la consommation*. Paris: Daloz, 2010.

CARVALHO, Alexander Perazo Nunes de; SOUSA, Raphaella Prado Aragão de, A influência da psicopolítica digital nas contratações virtuais e seus reflexos no aumento da vulnerabilidade do consumidor. *Revista de Direito do Consumidor*, v. 123, p. 289-309, maio-jun. 2019.

CRAVO, Daniela Copetti. *Direito à portabilidade de dados*: interface entre a defesa da concorrência, do consumidor e proteção de dados. Rio de Janeiro: Lumen Juris, 2018.

DO CANTO, Rodrigo Edelvein. Direito do consumidor e vulnerabilidade no meio digital. *Revista de Direito do Consumidor*, v. 87, p. 179-210, maio-jun. 2013.

FINEMAN, Martha Albertson. Vulnerability and inevitable inequality. *Oslo Law Review*, v. 4, n. 3, p. 133-149. Escandinávia, 2017.

HAMILTON, Kathy; DUNNET, Susan; PIACENTINI, Maria. Introduction. In: HAMILTON, Kathy; DUNNET, Susan; PIACENTINI, Maria (Ed.). *Consumer vulnerability*: conditions, contexts and characteristics. London/New York: Routledge, 2016.

HELBERGER, N.; SAX, M.;STRYCHARTZ, J. ; MICKLITZ, H.-W. Choice Architectures in the Digital Economy: Towards a New Understanding of Digital Vulnerability. *Journal of Consumer Policy*, (Dez 2021), online.

HOFFMANN-RIEM, Wolfgang. *Teoria geral do direito digital*: transformação digital, desafios para o Direito. Rio de Janeiro: Forense, 2021.

INCARDONA, Rossella; PONCIBÒ, Cristina. The average consumer, the unfair commercial practices directive, and the cognitive revolution. *Journal of consumer policy*, v. 30, n. 1, p. 21-38, 2007.

JAYME. Erik. O direito internacional privado do novo milênio: a proteção da pessoa humana face à globalização. *Cadernos do Programa de Pós-graduação em Direito da UFRGS*, v. 1, n. 1, p. 133-146, Porto Alegre, 2003.

JAYME, Erik. Visões para uma teoria pós-moderna do direito comparado. Trad. Claudia Lima Marques. *Revista dos Tribunais* 759, p. 24-40, jan. 1999.

KAISER, Brittany. *Manipulados*: como a Cambridge Analytica e o Facebook invadiram a privacidade de milhões e botaram a democracia em xeque. Rio de Janeiro: Harper Collins, 2020.

LESSIG, Lawrence. *Code*: version 2.0. New York: Basic Books, 2006.

MARQUES, Claudia Lima. *Confiança no Comércio Eletrônico e a Proteção do Consumidor*: um estudo dos negócios jurídicos de consumo no comércio eletrônico. São Paulo: Ed. RT, 2004.

MARQUES, Claudia Lima. *Contratos no Código de Defesa do Consumidor*: o novo regime das relações contratuais. São Paulo: Ed. RT, 2019.

MARQUES, Claudia Lima. Contratos cativos de longa duração e a exceção da ruína: tempo, boa-fé, catividade e confiança. In: MARQUES, Claudia Lima; LORENZETTI, Ricardo Luis; CARVALHO, Diógenes Faria de; MIRAGEM, Bruno. *Contratos de serviços em tempos digitais*. São Paulo: Ed. RT, 2021.

MARQUES, Claudia Lima. Perspectives for consumer protection in the XXI century. *Macau Journal of Brazilian Studies*, v. 4, n. 1, p. 73-86. Macau, abr. 2021.

MARQUES, Claudia Lima. Revisando a teoria geral dos serviços com base no Código de Defesa do Consumidor em tempos digitais. In: MARQUES, Claudia Lima; LORENZETTI, Ricardo Luis; CARVALHO, Diógenes Faria de; MIRAGEM, Bruno. *Contratos de serviços em tempos digitais*: contribuição para uma nova teoria geral dos serviços e princípios de proteção dos consumidores. São Paulo: Ed. RT, 2021 [e-book].

MARQUES, Claudia Lima; MIRAGEM, Bruno. "Serviços simbióticos" do consumo digital e o PL 3.514/2015 de atualização do CDC. 2020. *Revista de Direito do Consumidor*, São Paulo, v. 132, p. 91-118, nov./dez. 2020. E, republicado, in: MARQUES, Claudia Lima; LORENZETTI, Ricardo Luis; CARVALHO, Diógenes Faria de; MIRAGEM, Bruno. *Contratos de serviços em tempos digitais*. São Paulo: Ed. RT, 2021.

MARQUES, Claudia Lima; MIRAGEM, Bruno. *O novo direito privado e a proteção dos vulneráveis*. 2. ed. São Paulo: Ed. RT, 2014.

MARQUES, Claudia Lima; MUCELIN, Guilherme. A teoria do finalismo aprofundado no STJ: um exame sobre a vulnerabilidade a partir do caso concreto. In: MARQUES, Claudia Lima; BESSA, Leonardo Roscoe; MIRAGEM, Bruno (Coord.). *Teses jurídicas dos tribunais superiores*: Direito do Consumidor. São Paulo: Ed. RT, 2017. t. I.

MARQUES, Claudia Lima; MUCELIN, Guilherme. Inteligência artificial e "opacidade" no consumo: a necessária revalorização da transparência para a proteção do consumidor. In: TEPEDINO, Gustavo; SILVA, Rodrigo da Guia. *O Direito Civil na Era da Inteligência Artificial*. São Paulo: Ed. RT, 2020.

MARQUES, Claudia Lima; MUCELIN, Guilherme. Novo mercado de consumo 'simbiótico' e a necessidade de proteção de dados dos consumidores. In: SARLET, Gabrielle Bezerra Sales; TRINDADE, Manoel Gustavo Neubarth; MELGARÉ, Plínio. *Proteção de dados*: temas controvertidos. Indaiatuba: Foco, 2021.

MARQUES, Claudia Lima; MUCELIN, Guilherme. Transformação digital no Brasil: Estrutura jurídica para a promoção da confiança. In: THEMOTEO, Reinaldo J. (Org.). *Reavivando e reforçando os diálogos entre Brasil e Europa*. Rio de Janeiro: Konrad Adenauer Stiftung, 2021.

MARQUES, Claudia Lima; PFEIFFER, Roberto. Dissemination of Consumer Law and Policy in Brazil: The Impact of EU Law. *Journal of Consumer Policy*, v. 45, p. 27-48. 2022.

MARTINS, Fernando Rodrigues; LIMA, Thainá Lopes Gomes Lima. Da vulnerabilidade digital à curiosa "vulnerabilidade empresarial". *Revista de Direito do Consumidor*, v. 128, p. 119-161, mar.-abr. 2020.

MELLER-HANNICH, Caroline. *Verbraucherschutz im Schuldvertragsrecht*. Tübingen: Mohr, 2005.

MENDES, Laura Schertel. A vulnerabilidade do consumidor quanto ao tratamento de dados pessoais. *Revista de Direito do Consumidor*. v. 102, p. 19-43, São Paulo, nov./dez. 2015.

MENDES, Laura Schertel; FONSECA, Gabriel Campos Soares da. Proteção de dados para além do consentimento: tendências de materialização. In: DONEDA, Danilo et al (Coord.). *Tratado de proteção de dados pessoais*. Rio de Janeiro: Forense, 2021.

MICKLITZ, Hans-W.; HELBERGER, Natali; STRYCHARZ, Joanna et al. *EU consumer protection 2.0*: Structural asymmetries in digital consumer markets. Bruxelas: BEUC, mar. 2021.

MICKLITZ, Hans-W. et alli (Hrsg.). *Verbraucherrecht 2.0* – Verbraucher in der digitalen Welt, Nomos: Baden-Baden, 2017.

MIRAGEM, Bruno. *Curso de Direito do Consumidor*. 8. ed. São Paulo: Ed. RT, 2020 [e-book].

MIRAGEM, Bruno. Novo paradigma tecnológico, mercado de consumo digital e o direito do consumidor. *Revista de Direito do Consumidor*, v. 125, São Paulo, set./out. 2019.

MIRAGEM, Bruno. Princípio da vulnerabilidade: perspectiva atual e funções no direito do consumidor contemporâneo. In: MIRAGEM, Bruno; MARQUES, Claudia; MAGALHÃES, Lúcia Ancona. *Direito do Consumidor*: 30 anos do CDC – da consolidação como direito fundamental aos atuais desafios da sociedade. Rio de Janeiro: Forense, 2020.

MIRAGEM, Bruno. Discriminação injusta e o direito do consumidor. In: BENJAMIN, Antonio H; MARQUES, Claudia Lima; MIRAGEM, Bruno. *O Direito do consumidor no mundo em transformação*. São Paulo: Ed. RT, 2021.

MORAES, Paulo Valério Dal Pai. *Código de Defesa do Consumidor*: o princípio da vulnerabilidade no contrato, na publicidade, na oferta, nas demais práticas comerciais. Porto Alegre: Livraria do Advogado, 2009.

MUCELIN, Guilherme; D'AQUINO, Lúcia Souza. O papel do direito do consumidor para o bem-estar da população brasileira e o enfrentamento à pandemia de Covid-19. *Revista de Direito do Consumidor*, v. 129, p. 17-46, São Paulo, maio/jun. 2020.

MUCELIN, Guilherme; STOCKER, Leonardo. *Relações trabalhistas ou não trabalhistas na economia do compartilhamento*. São Paulo: Ed. RT, 2021 (no prelo).

PASQUALE, Frank. *The black box society*. Cambridge/London: Harvard University Press, 2015.

RIEFA, Christine. Coronavirus as a catalyst to transform consumer policy and enforcement. *Journal of consumer policy*, v. 43, n. 3, p. 451-461, 2020.

SCHMIDT NETO, André Perin. *Contratos na sociedade de consumo*: vontade e confiança. São Paulo: Ed. RT, 2019 [e-book].

SRNICEK, Nick. *Platform capitalism*. Cambridge: Polity Press, 2017.

TEUBNER, Timm et al. Understanding the platform economy: signals, trust, and social interaction. *Proceedings of the 53rd Hawaii International Conference on System Sciences*. Havaí, 2020.

VERBICARO, Dennis; CAÇAPIETRA, Ricardo dos Santos. Economia comportamental no desenho de políticas públicas de consumo através dos *nudges*. *Revista de Direito do Consumidor*, v. 133, p. 385-411, São Paulo, jan.-fev. 2021.

WEI, Dan; NEHF, James P.; MARQUES, Claudia Lima. *Innovation and the Transformation of Consumer Law*, Springer-SSAP, Cham, 2020.

ZUBOFF, Shoshana. *The age of surveillance capitalism*: The fight for a human future at the new frontier of power. New York: Public Affairs, 2019.

O CORPO ELETRÔNICO EM QUESTÃO E A POSSIBILIDADE DA TUTELA JURÍDICA DE SEUS DIREITOS DA PERSONALIDADE COMO CONSUMIDOR NO METAVERSO

Oscar Ivan Prux

Pós-Doutor pela FDUL – Faculdade de Direito da Universidade de Lisboa. Doutorado em Direito das Relações Sociais pela PUCSP. Mestrado em Direito das Relações Sociais pela UEL. Com licenciatura em pedagogia pela FACIBRA. Graduação em Direito pela UEL. Graduado em Ciências Econômicas pela Fundação Faculdade Estadual de Ciências Econômicas de Apucarana. Especialização em Teoria Econômica. Membro e Titular Fundador do Centro de Letras Artes e Ciências do Vale do Ivaí. Atualmente é professor do curso de mestrado em Ciências Jurídicas da UniCesumar. E-mail: prux@uol.com.br.

Jaqueline da Silva Paulichi

Doutoranda em Ciências Jurídicas pela Unicesumar. Mestre em Ciências Jurídicas. Especialista em Direito Civil, Processo Civil. Especialista em Direito Público e Direito Aplicado. Pós-graduada em Docência no ensino Superior. Pesquisadora. Atualmente é professora em Campo Mourão. Advogada. E-mail: j.paulichi@hotmail.com.

Valeria Silva Galdino Cardin

Pós-Doutora em Direito pela Universidade de Lisboa. Doutora e mestre em Direito das Relações Sociais pela PUC-SP. Professora da UEM e da Unicesumar. Pesquisadora pelo ICETI. Advogada no Paraná. E-mail: valeria@galdino.adv.br.

Sumário: Introdução – 1. A virtualização da vida e a sociedade de consumo – 2. O corpo eletrônico e os direitos da personalidade – 3. O metaverso como ambiente de consumo de serviços e produtos imateriais – 4. A tutela jurídica dos direitos da personalidade no âmbito do metaverso – Considerações finais – Referências.

INTRODUÇÃO

O presente artigo aborda os atos realizados no âmbito do universo virtual/digital, incluindo as concepções do "corpo eletrônico", ou a "*e-personality*" e dos respectivos aspectos da participação das pessoas na *internet*. Desse modo, o trabalho terá um foco especial nas relações de consumo na perspectiva da sociedade em rede e a proteção do consumidor de serviços e produtos imateriais inseridos no *Metaverso*. Tem-se como paradigmas o respeito aos direitos humanos, fundamentais e, em especial, os da personalidade.

Observe-se que a Lei 8.078/90 (Código de Defesa do Consumidor), abandonou a tradicional noção estrita ligada exclusivamente ao contrato e prevê proteção pré-contratual, contratual e pós-contratual para o consumidor (com deveres para o fornecedor mesmo antes de firmado o contrato de consumo e até posteriormente a este) e isso abrange também a seara digital que, inclusive, convém que venha receber legislação específica e interpretações consentâneas com suas especificidades.

Nesse contexto, no tocante a principal hipótese a ser analisada, tem-se o *Metaverso* como um ambiente em que o ingresso apresenta peculiaridades, pois a partir dele é possível realizar inúmeras transações envolvendo o fornecimento de serviços dos mais variados tipos, incluindo a customização do avatar, transações negociais, aquisição e desfrute de serviços ou produtos imateriais e até mesmo desfrute de novas experiências (incluindo aquelas sensoriais) que possam ser adquiridas através da rede. Sabe-se que, normalmente, o direito vem depois do surgimento das inovações tecnológicas e é o que ocorre com as questões atinentes ao *Metaverso*.

Trata-se de uma conjuntura cuja novidade e características destacam-se por serem complexas, multifacetadas e com vieses multidisciplinares, implicando em conduzir para inúmeras reflexões, incluindo quanto a disciplina dessa realidade mediante a utilização de adequadas normas específicas. Há que se atentar para os potenciais riscos e danos concretos que podem acontecer considerando que o mencionado ambiente (*Metaverso*) é permeado de relações de consumo, sendo evidente a hipervulnerabilidade do consumidor presente nesse ambiente.

Nesse contexto, visando os desideratos já referidos, o presente trabalho aborda em específico: a) a sociedade de consumo, o ambiente virtual/digital e suas características; b) a *e-personality*, a visão de "corpo eletrônico" e a sua pertinência para a proteção aos direitos da personalidade; c) a reflexão acerca de aspectos do *Metaverso* como um ambiente de consumo de serviços; d) e, em complemento, a tutela jurídica dos direitos humanos, fundamentais e da personalidade no âmbito do *Metaverso*.

Para a elaboração do presente texto foi utilizado o método hipotético-dedutivo, por meio da técnica de pesquisa bibliográfica, envolvendo livros, consulta a sites da internet, bem como, artigos científicos que versam sobre o tema, tudo no sentido de demonstrar a relevância e atualidade do tema. Pautando nos objetivos já referidos, cabe principiar por tratar da sociedade contemporânea no tocante as relações de consumo no ambiente virtual/digital, consideradas em concepção de sentido amplo[1] com suas especificidades (elementos, características etc.) e principais repercussões para as pessoas.

1. A VIRTUALIZAÇÃO DA VIDA E A SOCIEDADE DE CONSUMO

A partir da última década do século passado, a popularização da *internet* no país veio transformar a realidade, a ponto de Paula Sibila[2] aduzir ao que chama de "o homem (ser

---

1. Pode-se afirmar que relação de consumo em sentido amplo ocorre quando em qualquer negócio jurídico esteja em jogo direito ou interesse do consumidor, que por isso tem legitimidade para buscar proteção.
2. SIBILIA, Paula. *O homem pós-orgânico*: a alquimia dos corpos e das almas à luz das tecnologias digitais, Rio de Janeiro: Contraponto, 2015, p. 69.

humano) pós-orgânico (a alquimia dos corpos e das almas) envolvido com as tecnologias digitais". E essa virtualização da vida não deve ser percebida apenas como uma nova maneira de ser, mas sim, como esclarece Pierre Lévy[3] entendida como uma complexa *dinâmica*. Ao que, se pode acrescentar, ser esta impulsionada por aqueles que possuem interesses mercadológicos e desejam viabilizá-los. Na *internet*, sempre há, explícito ou não, um interesse negocial envolvido e foi essa a causa que a fez ampliar-se além âmbito militar para o qual foi criada inicialmente.

A informática tornou-se a principal ferramenta cognitiva da sociedade.[4] Ao que Patrícia Peck Pinheiro[5] complementa referindo a existência de uma nova sociedade convergente, conectada mundialmente numa única "aldeia" coletiva, mas com a possibilidade do agir individualizado.

Dentro dessa conjuntura, então, há um enredo atraente que chega a fidelizar direto na mente sem que as pessoas se deem conta. É como um sonambulismo coletivo, no qual predomina uma falsa sensação de liberdade para quem dela participa.

Byung Chul Han[6] expressa que:

> Muito mais eficiente é a técnica de poder que faz com as pessoas se submetam ao contexto de dominação por si mesmas. Essa técnica busca ativar, motivar e otimizar, não obstruir ou oprimir. A particularidade da sua eficiência está no fato de que não age através da proibição e da suspensão, mas através do agrado e da satisfação. Em vez de tornar as pessoas obedientes, tenta deixá-las dependentes. O poder inteligente e amigável não age frontalmente contra a vontade dos sujeitos subjugados, controlando suas vontades em seu próprio benefício. É mais afirmador que negador, mais sedutor que repressor. Ele se esforça em produzir emoções positivas e explorá-las. Seduz, em vez de proibir. Em vez de ir contra o sujeito, vai ao seu encontro. O poder inteligente se plasma à psique, em vez de discipliná-la e submetê-las a coações e proibições. Não nos impõe silêncio. Ao contrário, ele nos convida a compartilhar incessantemente, participando, dando opiniões, comunicando necessidades, desejos, e preferências, contando sobre nossa própria vida. Esse poder afável e, por assim dizer, mais poderoso do que o repressor. Ele escapa a toda visibilidade. A atual crise de liberdade consiste em estar diante de uma técnica de poder que não rejeita ou oprime a liberdade, mas a explora. A livre escolha é extinta em prol de uma livre seleção entre as ofertas disponíveis.

De fato, essa fusão entre o mundo físico (real) e o que ocorre no mundo virtual, conjumina a sedução do consumo com a sedução desse ambiente de sensações imateriais, manipuladas. E isso é tão socialmente aceito, em verdadeira adesão, que estando em público, basta observar o quanto as pessoas utilizam essas tecnologias. São os eletrônicos, a maioria com conexão de *internet,* que cativam a atenção delas (dos bebês aos idosos) chegando a deixar dúvidas de quem comanda quem ou de quem é o "servo" e quem é o "senhor".

---

3. LEVY, Pierre. *Cibercultura*. Trad: Carlos Irineu Costa. 34. São Paulo: 1999.
4. MACHADO, Ricardo de Jesus. "Eu digital": identidade e audiovisualidades na web in: FLICHY, P.; FERREIRA, J.; AMARAL, A. (Org.). *Redes digitais*: um mundo para os amadores. Novas relações entre mediadores, mediações e midiatizações. Santa Maria: FACOS-UFSM, 2016. p. 13.
5. PINHEIRO, Patrícia Peck. *Direito Digital*. São Paulo: Saraiva, 2020, p. 68.
6. HAN, Byung Chul. *Psicopolítica*: o neoliberalismo e as novas técnicas de poder, Belo Horizonte: Aviné, 2020, p. 26-27.

Todavia, no tocante as relações de consumo, é importante atentar para a advertência de Michael Trimmel[7] de que essas tecnologias manipulam símbolos e efeitos a respeito dos quais as pessoas nem sempre estão conscientes. Inegavelmente, os intuitos dos agentes empresariais consistem em provocar o surgimento (supostamente espontâneo), o incitamento e a indução comportamental da pessoa para que esta sinta desejos de consumo e passe a considerá-los como necessidades (quiçá indispensáveis, sob pena de frustração), tudo para que venham a se concretizar mais e mais relações de consumo.

Analise-se em que consiste o *neuromarketing*, o uso de *cookies* (cuja aceitação é, comumente, requisito inafastável para permissão do acesso), a publicidade direcionada, e nela não se mostram mais as qualidades de produtos e serviços, mas, mediante signos, em que "vende-se" o ideal de felicidade se houver a aquisição. Há também uma acirrada disputa pelo que se pode denominar de "mercado da captura da atenção", considerada a infinidade de conteúdos que alcançam aos consumidores nesse ambiente. A questão vai além dos problemas com o fornecimento de informações fidedignas e é permeada de outros riscos tão graves quanto, perceptíveis ou não.

Tais atos se fazem presentes desde o que é exigido para o acesso, tanto do que é pago, quanto do alegadamente gratuito. Comumente é solicitado pelo fornecedor, a aceitação de livre acesso ao consumidor, seja para fins de publicidade por parte dos integrantes da cadeia de fornecimento, seja quanto ao direito de comercialização para terceiros, dos dados deste.[8] Configura-se, portanto, uma hipervulnerabilidade situacional e sistêmica do consumidor (e não há como fugir dessa conjuntura sem perdas). E isso, independentemente de que a pessoa presente na internet esteja apenas buscando uma informação, um produto ou serviço[9] que realmente necessita, o lazer (divertimento)

---

7. TRIMMEL, Michael. *Homo informaticus* – O homem como subsistema do computador. Teses e resultados empíricos a partir dos efeitos psicológicos da interação homem-computador e da informatização da sociedade. Trad. Maurício Mendonça Cardoso. In: KOLB, Anton; ESTERBAUER, Reinhold; RUCKENBAUER, Hans-Walter. *Ciberética*: responsabilidade em um mundo interligado pela rede digital. São Paulo: Loyola, 2001, p. 111.
8. PAULA SIBILIA assim resume: "De maneira crescente, a identificação do consumidor passa pelo seu perfil: uma série de dados sobre sua condição socioeconômica, seus hábitos e suas preferências de consumo. Todas essas informações se acumulam por meio do preenchimento de fichas de cadastro e formulários de pesquisas, que são processados digitalmente para serem armazenados em bancos de dados conectados em rede. Estes, por sua vez, serão acessados, vendidos, comprado e usados pelas empresas em suas estratégias de marketing. Desse modo o consumidor passa a ser, ele mesmo, um produto a venda. Um exemplo desse processo é a tendência bem atual que se verifica, sobretudo, na internet, onde as empresas mais cotadas do momento oferecem uma variedade de serviços gratuitos a grandes quantidades de usuários, em troca das quais estes devem fornecer dados sobre seus perfis. Tais informações são muito valiosas em termos de *marketing*, pois permitem enviar publicidade direcionada de acordo com cada tipo de consumidor, além de terem uma infinidade de outros usos, atuais e futuros. Assim, sem pedir dinheiro em troca, são oferecidos serviços cada vez mais fundamentais para os sujeitos contemporâneos: contas de correio eletrônico, ou páginas nas redes sociais, espaço para armazenar ou compartilhar arquivos, bem como para publicar *sites* ou *blogs*, acesso ao conteúdo de revistas e jornais, sistemas de busca de informações, inclusive a própria conexão à internet. Mas em todos esses casos, o produto comprado e vendido é ele: o consumidor" (SIBILIA, Paula. *O homem pós-orgânico*: a alquimia dos corpos e das almas à luz das tecnologias digitais, Rio de Janeiro: Contraponto, 2015, p. 36).
9. Em 2021, 8 em cada 10 órgãos dos Poderes Executivo, Legislativo e Judiciário ofereceram serviços por internet (Disponível em: https://agenciabrasil.ebc.com.br/geral/noticia/2022-07/oito-em-cada-10-orgaos-federais-ofereceram-servicos-pela-internet. Acesso em: 10 out. 2022).

que lhe agrada ou mesmo esteja afetada por adicção ou nomofobia e fique "navegando" até em conteúdos inúteis, pautados pela superficialidade/futilidade.

Trata-se, portanto, de um fenômeno de ordem sistêmica e assim precisa ser compreendido. Como afirmam Joyce Souza, Sérgio Amadeu da Silveira e Rodolfo Avelino:

> Com utilização de algoritmos, principalmente de *machine learning,* as plataformas conseguem estruturar processos de modulação que são desenvolvidos para delimitar, influenciar, reconfigurar, o comportamento dos interagentes na direção que os mantenha disponíveis e ativos na plataforma ou que os faça clicar e adquirir os serviços, produtos ou ideias negociadas pelos donos do empreendimento.[10]

Essa tem sido uma circunstância que não é possível evitar nos tempos pós-modernos e, portanto, como a sociedade não descartará essas novas tecnologias, é e será preciso saber bem conviver com elas. O uso da *internet* requer conscientização individual e políticas públicas de parte do poder estatal, englobando existência de legislação específica, atuação eficaz da(s) agência(s) reguladora(s) que tratam da matéria e presença do Judiciário cumprindo bem seu papel institucional.

Nesse sentido, inclusive, refira-se que, atualmente, cabe considerar o acesso e qualidade da *internet* como integrando um serviço considerado essencial, o qual demanda políticas públicas, pois é dificílimo que alguém com condições que alcancem um mínimo existencial, fique alheio a essa utilização que serve a diversas finalidades, tais como para agendamento e consecução de serviços públicos,[11] para o exercício de atividades laborais, para a prática do ensino (formal e informal), na busca por produtos e serviços ofertados no mercado e que a pessoa necessita etc.[12]

Participar do universo virtual é estar sujeito a riscos gerais e, principalmente, alguns muito específicos (devido a hipervulnerabilidade do consumidor no ambiente digital/virtual), tal como no *Metaverso* que por suas características apresenta um maior potencial para consequências gravosas em razão de seu componente sensorial (e até de ordem emocional), afinal, há uma simbiose entre o ser humano e os artefatos.[13]

---

10. SOUZA Joyce; SILVEIRA, Sérgio Amadeu da; AVELINO, Rodolfo. *A sociedade de controle* – manipulação e modulação nas redes sociais, São Paulo: Hedra, 2021, p. 23-23.
11. Independentemente de ter havido um aceleramento provocado pela pandemia do covid 19, o fato é que em 2021, sem contar o último trimestre do ano, mais 113 milhões de pessoas já haviam utilizados serviços digitais do governo federal (Disponível em: https://www.camara.leg.br/noticias/809660-pandemia-acelera-o-uso-de--servicos-publicos-digitais/. Acesso em: 17 out. 2022).
12. Joseane Suzart Lopes da Silva ensina que: "Para entrar na sociedade de consumidores e 'receber um visto de residência permanente', homens e mulheres devem atender as condições de elegibilidade definidas pelos padrões do mercado. Verifica-se uma verdadeira 'anexação e colonização' da vida dos indivíduos pelo mercado de consumo, pois a sociedade massificada 'promove, encoraja ou reforça a escolha de um estilo de vida e uma estratégia existencial consumista e rejeita todas as opções culturais alternativas'". (SILVA, Joseane Suzart Lopes da. *Direito do consumidor contemporâneo*: análise crítica do CDC e de importantes leis especiais, Rio de Janeiro: Lumen Juris, 2020, p. 39-40).
13. LEMOS André. *Cibercultura*: tecnologia e vida social na cultura contemporânea, Porto Alegre/RS: Sulina, 2015, p. 168.

Como menciona Ken Hillis,[14] a realidade virtual é uma reprodução do processo de percepção do real, a qual, pela natureza imersiva (que a faz tão "real") induz para a excitação individual e aceitação social. Entretanto, cabe mencionar que esse ambiente é "filtrado" por seus criadores para assumir uma linguagem subjacente muito cativante que gera uma realidade ontológica própria, repleta de especificidades muito peculiares as quais precisam de um equacionamento correto.

Esse introito revelou-se necessário para principiar o entendimento dessa realidade da existência da internet e, em especial, da possibilidade de presença no *Metaverso* que, por se tratar de um ambiente virtual muito original, não pode ser objeto de análise com a utilização unicamente dos mesmos padrões e critérios do mundo físico (classificado como real, uma expressão cujo sentido está em mutação). Principalmente em termos de relações que envolvem contratos de consumo dispostos no mercado, as precauções devem ser conformes com os problemas e os objetivos que o direito deve atender. E isso implica em observar como, na concomitância dessa realidade (real e virtual), o ser humano se insere e se identifica no ciberespaço, as características de sua interação e afetação considerado o respeito aos seus direitos humanos, fundamentais e da personalidade.

Desta forma, cabe avançar para tratar de como as pessoas se situam e constituem sua identidade no ambiente virtual (com destaque para o *Metaverso*, principal objeto deste texto) e as respectivas repercussões quanto ao respeito aos seus direitos e sua qualidade de vida.

2. O CORPO ELETRÔNICO E OS DIREITOS DA PERSONALIDADE

O ambiente virtual é palco de participação e inúmeras manifestações das pessoas. Nele existe uma dualidade. De um lado, há que se observar que às pessoas têm direito a proteção de sua intimidade e privacidade. De outro, há que se ver que requerem um direito a *extimidade*. Ou seja, de poderem dele participar (incluindo no que refere a relações de consumo) mediante regras lícitas, morais e éticas, sem abusividades – o que cabe ao direito assegurar – sendo obstadas as imposições ilegítimas por parte dos fornecedores dessas tecnologias que fazem exigências antes mesmo que a pessoa possa conhecer mais completamente (experienciar) o serviço ou produto imaterial.[15]

E, em tendo aceitado se, posteriormente, a pessoa se arrepender e se retirar, mesmo assim seus dados ficarão, pois o que é colocado na *internet* é para a eternidade. Quem adentra a *internet* vai alimentando a formação de um conjunto de dados e outras informações que dizem muito sobre ele, de quem objetivamente é (dados), o que pensa, como

---

14. HILLIS, Ken. *Sensações digitais* – espaço, identidade e corporificação na realidade virtual, São Leopoldo/RS: Unisinos, 2004, p. 105.
15. Por exemplo: há fornecedores que informam que quando do acesso, o consumidor pode escolher quais dados aceita compartilhar. Entretanto, quando do cadastramento, basta que este (consumidor) sinalize não desejar fornecer a possibilidade de compartilhamento de apenas um que seja, para que a continuidade do processo seja imediatamente bloqueada. Na prática, ou a pessoa aceita ceder todos os seus dados com os fornecedores podendo até comercializá-los, ou é excluído do acesso, uma prática eivada de falta de boa-fé, claramente abusiva e desleal, pois o fornecedor promete o que depois não cumpre.

se comporta, quais os hábitos e preferências, o que quer fazer transparecer como sua imagem e até detalhes psicológicos não evidentes no universo físico. Ou seja, forma mais do que um perfil e, aproximando do direito, se pode falar em uma *e-personality*, também merecedora de proteção jurídica,[16] tal qual, com as devidas adaptações, a personalidade tradicionalmente conhecida e objeto de direitos específicos, como os da personalidade.

Na contemporaneidade há um contexto paralelo que em muito se funde, sendo que a completa distinção teórica entre real e virtual tornou-se um mito. Poucos ainda não realizaram uma relação de consumo com envolvimento da *internet*, em que até as redes sociais são assim classificadas (relações de consumo). Na vida da imensa maioria das pessoas existe uma integração entre o que se é no mundo físico e, mediante a personalização informacional, o que se é no universo virtual, tudo com reflexos que adentram a seara dos direitos da personalidade.

Tradicionalmente, a personalidade no âmbito do direito privado[17] é considerada como a aptidão genérica para ser titular de relações jurídicas. Segundo o previsto no Código Civil brasileiro, a personalidade se inicia após o nascimento com vida (preservados os direitos do nascituro) e termina com a morte.[18] Tais conceitos precisam ser repensados, na medida em que as relações de consumo no âmbito digital geram transformações. Independentemente desses fatores, no âmbito da antropologia, a personalidade do ser humano é aquilo que a torna pessoa humana, o que a caracteriza. Ou seja, a define como pessoa individual na sociedade, incluindo o que é construído através de suas experiências, princípios e valores.

Caio Mário da Silva Pereira[19] explica que é o "atributo inseparável do ser humano dentro da ordem jurídica, qualidade que não decorre do preenchimento de qualquer requisito psíquico e também dele inseparável". Tal personalidade do ser humano também é projetada na internet, como consequência da cibercultura,[20] da sociedade em rede[21] e da hiperconexão.[22]

O corpo se tornou fonte de dados e informações de toda natureza, conferindo às grandes empresas que atuam no ramo da tecnologia digital, as denominadas *Big Techs*,

---

16. José Luiz De Moura Faleiros Junior E Cristiano Colombo asseveram que: "Com isso, expressões como digital persona ou 'corpo eletrônico' se tornaram epítomes de um modelo que visa caracterizar os conjuntos de dados como estruturas passíveis de tutela jurídica específica e que, com o reconhecimento de um direito fundamental à proteção de dados pessoais, apresentam contornos merecedores de análise mais detida, porquanto passíveis de resguardo em cenários desdobrados da modernidade hipercomplexa" (FALEIROS JUNIOR, José Luiz de Moura; e COLOMBO, Cristiano. *Tutela jurídica do corpo eletrônico*. São Paulo: Foco, 2021, p. 523).
17. Que não deve ser confundida com capacidade jurídica.
18. BRASIL. Lei 10.406 de 2002 Código Civil. Disponível em: http://www.planalto.gov.br/ccivil_03/leis/2002/l10406compilada.htm. Acesso em: 07 out. 2022.
19. PEREIRA, Caio Mário da S. *Instituições de Direito Civil*: Introdução ao Direito Civil – Teoria Geral de Direito Civil. São Paulo: Grupo GEN, 2022, v. I, p. 182.
20. LEVY, Pierre. *Cibercultura*. Trad: Carlos Irineu Costa, São Paulo: Editora 34, 1999, p. 27.
21. CASTELLS, Manuel. *A sociedade em rede* – a era da informação, economia, sociedade e cultura, São Paulo: Paz e Terra, 2002, p. 119.
22. MAGRANI, Eduardo. *Entre dados e robôs* – ética e privacidade na era da hiperconectividade, Porto Alegre/RS: Arquipélago Editorial Ltda., 2019, p. 1173.

uma fonte inesgotável de mineração de dados (*data mining*) que usam ou negociam com outras empresas. "O corpo em si está se tornando uma senha: o físico toma o lugar das abstratas palavras-chave. Impressões digitais, geometria da mão ou dos dedos, da orelha, íris, retina, trações faciais, odores, voz, assinatura, uso de teclado, o andar, DNA".[23] Essas *Big Techs* recorrem aos dados que coletam frequentemente como meio de identificação do usuário (e até para detectar suas tendências de comportamento), utilizando-os como "elementos de classificação permanente, para controles ulteriores em relação ao momento da identificação ou da autenticação, isto é, da confirmação de uma identidade".[24]

Dessa forma, tendo em vista que na internet a pessoa insere muito de si permitindo uma visão para terceiros, bem como, se apresenta da forma que se vê no mundo, resta ao direito conferir proteção jurídica à personalidade digitalizada. E isso independente de que se fale em *e-personality*, avatar ou, nos termos de Stefano Rodotá,[25] de corpo eletrônico.

José Luiz de Moura Faleiros Júnior e Cristiano Colombo[26] aderem a essa doutrina e dizem:

> No atual contexto, a existência real pode ser até reduzida se não tiver lugar na Internet, revelando, portanto, a nova dimensão do ser humano. Rodotá afirma que a perda do status em rede "pode representar a máxima privação", comparando-a com a "prisão da carne", na medida em que a exclusão da internet afeta diretamente as relações humanas, que são transmitidas à dimensão eletrônica, de um "corpo terminal" para um "ser interativo". Portanto, impõem-se medidas jurídicas diferentes, que ampliem o âmbito dos direitos fundamentais da pessoa, inclusive no que se refere ao ambiente virtual.

Para a proteção desses direitos é essencial que o domínio seja da própria pessoa e não de terceiros em busca de lucros. Há que se perceber como o mundo mudou, mas não pode ser tão permissivo. Stefano Rodotá[27] elucida:

> O corpo humano está em contínua transformação. Primeiro perdeu sua unidade, decompondo-se em partes, em produtos: órgãos, tecidos, células, gametas podem ser separados do corpo de origem, postos em circulação e utilizados em outros corpos. Depois, conheceu a crise de sua materialidade quando teve início a contraposição ao corpo "físico" do chamado corpo "eletrônico".

Portanto, a proteção da identidade pessoal é um direito. E independente da percepção de que o corpo eletrônico está em constante mudança graças à programação de inteligência artificial e inteligência algorítmica, mesmo considerando-se que estas são dotadas de meios poderosos de persuadir o usuário a adquirir novos produtos e serviços, cabe atentar para esse tipo de manipulação que assim afeta a projeção da personalidade

---

23. RODOTÀ, Stefano. Transformações do Corpo. Trad. Maria Celina Bodin de Moraes. *Revista Trimestral de Direito Civil – RTDC*, v. 19, p. 93, jul.-set. 2004.
24. Ibidem.
25. RODOTÀ, Stefano. Transformações do Corpo. Trad. Maria Celina Bodin de Moraes. *Revista Trimestral de Direito Civil – RTDC*, v. 19, p. 92-107, jul.-set. 2004.
26. FALEIROS JUNIOR, José Luiz de Moura; e COLOMBO, Cristiano. *Tutela jurídica do corpo eletrônico*. São Paulo: Foco, 2021, p. 49.
27. RODOTÀ, Stefano. Transformações do Corpo. Trad. Maria Celina Bodin de Moraes. *Revista Trimestral de Direito Civil – RTDC*, v. 19, p. 90, jul.-set. 2004.

do usuário nos meios virtuais, incluindo no *Metaverso*. E isso independente de que na *internet* a pessoa queira ou não criar um personagem de si mesmo, algo muito comum como forma de parecer da maneira que considera melhor embora desconforme com sua realidade.

Neste contexto podem acontecer dois tipos de situação. É possível que a pessoa se utilize de um corpo eletrônico que lhe represente fielmente no âmbito digital, ou seja, que corresponda exatamente com às suas características físicas. Mas também, é possível que o sujeito se faça representar com outras características, ou até mesmo com a face de outra pessoa, mas sempre, por seus dados, será identificado por aqueles que exercem um domínio da tecnologia utilizada. Assim, esse conjunto (corpo eletrônico, *e-personality*, avatar) igualmente merece ser objeto de proteção quanto aos direitos da personalidade, eis que representa uma projeção do ser humano para os meios digitais, podendo ser analisado sob o viés da identidade pessoal[28] e da sua identificação na sociedade.

Valéria Galdino Cardin e Juliana L. Mazaro[29] tratam do tema da identidade virtual, analisando que tal fenômeno decorre da evolução natural do sujeito, em principal, das pessoas que "já nascem inseridas em uma sociedade altamente digital, móvel e tecnológica, assim como, podem ser construídas por aqueles que agregam ao seu conteúdo identitário já constituído, os novos signos, símbolos e costumes da cibercultura". Gustavo Tepedino[30] faz menção ao direito à identidade pessoal, que "assegura a identificação da pessoa com base nas suas escolhas de vida, de modo a se retratar, com fidedignidade, suas características a partir de suas legítimas opções".

Neste sentido, será realizada a tutela para a pessoa que "se vê lesado na sua dignidade por ser retratado com caracteres identificativos incompatíveis com aqueles que escolhera para guiar sua vida pessoal e social".[31] Desse modo, resumindo, o direito à identidade pessoal se refere ao modo como a pessoa será identificada na sociedade, inclusive como corpo eletrônico a merecer ampla tutela pelos direitos da personalidade.

A hiperconexão das pessoas nas mais diversas redes sociais e outros formatos de interação *online* possibilita que estas se manifestem das mais variadas formas, seja por meio de mensagens escritas ou de voz; por meio de fotografias simples ou manipuladas com os aplicativos; por *emoticons* que possibilitam a expressão de sentimentos através

---

28. O direito à identidade pessoal é protegido pelo Código Civil, que está inserido nos direitos da personalidade, conforme ensina Maria Helena Diniz que é "o direito da pessoa de defender o que lhe é próprio, como a vida, a identidade, a liberdade, a imagem, a privacidade, a honra etc." Apesar do direito à identidade pessoal se relacionar com o direito ao nome, aquele não possui base normativa específica no Código Civil de 2002. (In: DINIZ, Maria Helena. *Curso de direito civil brasileiro*: Teoria Geral do Direito Civil. São Paulo: Saraiva, 2017, p. 119-120).
29. CARDIN, Valéria Silva Galdino. MAZARO, Juliana Luiza. Identidade cultural cyber e identidade virtual: a construção de novos direitos da personalidade pela cibercultura. Conpedi. *Grupo de Trabalho Direito, Governança e Novas Tecnologias I apresentados no II Encontro Virtual do CONPEDI*. Direito, governança e novas tecnologias I [Recurso eletrônico on-line] organização CONPEDI Coord.: Aires Jose Rover; Danielle Jacon Ayres Pinto; Fabiano Hartmann Peixoto; José Renato Gaziero Cella – Florianópolis: CONPEDI, 2020. p. 14.
30. TEPEDINO, Gustavo. *Fundamentos do Direito Civil* – Teoria Geral do Direito Civil. São Paulo: Grupo GEN, 2020, v. 1, p. 162.
31. Ibidem.

de imagens; por compartilhamento de fotos, notícias, músicas e vídeos como meio de se expressar digitalmente. Todas essas formas de manifestação em rede deixam os "rastros digitais", que são utilizados, tanto para identificar o usuário, quanto para lhe direcionar publicidades variadas e customizadas.[32]

Perceba-se que o corpo eletrônico remonta as diversas manifestações do ser humano no âmbito digital, englobando desde as suas senhas utilizadas em bancos e cartões de crédito, até a digitalização dos polegares, retina, e reconhecimento facial. Esse corpo está na rede, podendo ser reproduzido em caricaturas, desenhos, fotos, e em modelos 3D; e todo essa conjuntura da sociedade contemporânea demonstra a fragilização dos direitos da personalidade do indivíduo, eis que a sua imagem, seus caracteres e a sua honra estão a todo momento à mercê de inúmeras pessoas físicas ou jurídicas que acessam o que integra a sua presença na internet e podem utilizar esses materiais para as mais diversas finalidades. É sintomático o fato de que, em 2021, as 5 gigantes da *Big Tech* – Apple, Amazon, Google (Alphabet), Meta e Microsoft – obtiveram receitas que somadas atingiram a 1,4 trilhões de dólares, a quase totalidade decorrente de publicidade própria de seus produtos e serviços e também da venda de dados das pessoas para outras empresas fazerem publicidade direcionada,[33] com potencial para redundar em assédio para consumo.

Todo esse contexto não é desligado do que ocorre no *Metaverso*, no qual a hipervulnerabilidade do usuário é consideravelmente aumenta devido a imersão sensorial com utilização de equipamentos específicos. Notório é que nesse meio padece a falta de completa autodeterminação informativa e efetiva liberdade para a pessoa conseguir discernir e agir com verdadeira liberdade, mantendo o controle do ocorre com seu corpo eletrônico (e/ou *e-personality*). Há elementos psíquicos envolvidos, pois a sensação de real para o que é virtual (com muito de abstrato), se faz suficiente para incutir concepções e gerar/incitar a pessoa a decidir pela aquisição de bens de consumo. E isso, inclusive, provocando o surgimento de necejos,[34] ou seja, o aparecimento supostamente espontâneo de "vontades" que são meros desejos de bens de consumo, inclusive supérfluos, os quais acabam passando para a condição mental de necessidades, a causar frustrações se não satisfeitas. Em paralelo, essa inserção no virtual pode dar espaço para práticas abusivas através de discriminações algorítmicas. Enfim, comparando com quem comanda a utilização da tecnologia, é certo que o consumidor não alcança real domínio do que é seu nesse ambiente e fica sujeito a modelos mercadológicos estabelecidos pelos fornecedores.

---

32. RUARO, Regina Linden. SARLET, Gabrielle Bezerra Sales. *O direito fundamental à proteção de dados sensíveis no sistema normativo brasileiro*: uma análise acerca das hipóteses de tratamento e da obrigatoriedade do consentimento livre, esclarecido e informado sob o enfoque da lei geral de proteção de dados (LGPD) – Lei 13.709/2018. In: DONEDA, Danilo et al. *Tratado de proteção de dados pessoais*. Rio de Janeiro: Forense, 2021.
33. ANG, Carmen. How do big techs make their billions. *Visual Capitalist*. April, 25, 2022. Disponível em: https://www.visualcapitalist.com/how-big-tech-makes-their-billions-2022/. Acesso em: 17 out. 2022.
34. SCHWERINER, Mário Ernesto René. *Comportamento do consumidor*: identificando necejos e supérfluos essenciais, São Paulo: Saraiva, 2006, p. 37.

Repare-se que as interações em um ambiente virtual sensorialmente intenso (fazendo parecer real), quando colocadas a serviço de interesses empresariais de fornecedores no mercado de consumo, tem imenso potencial de colocar em risco (e em si, o risco já é um dano) ou efetivamente lesar direitos da pessoa consumidora. No ambiente virtual, incluindo no que refere ao *Metaverso*, mesmo que o ideal seja haver legislação mais específica, importante frisar que se aplicam as prescrições do CDC.

Assim, com essa lei principiológica, de ordem pública e interesse social (com origem em raiz constitucional) e mediante utilização de um profícuo diálogo das fontes com outras normas (Lei Geral de Proteção de Dados, Marco Civil da Internet, Lei do Comércio Eletrônico e outros microssistemas[35] quando aplicáveis) é que se poderá encontrar formas de tutela para o que ocorre no uso dessas novas tecnologias presentes no ambiente virtual, o que inclui o *Metaverso*.

3. O METAVERSO COMO AMBIENTE DE CONSUMO DE SERVIÇOS E PRODUTOS IMATERIAIS

O *Metaverso*[36] pode ser conceituado como "uma realidade digital, relacionada à *World Wide Web*, mas com elementos de redes sociais, realidade aumentada, *games online* e criptomoedas que permitem aos usuários agir e interagir virtualmente". (PLADSON, 2021) A promessa sempre foi de que o *Metaverso* é apto a proporcionar aos seus usuários, a possibilidade de "viver" digitalmente, de compartilhar experiências, realizar diversas atividades, fazer amigos e, principalmente, realizar transações financeiras e relações de consumo, adquirindo produtos ou serviços de todo o tipo, desde a customização do próprio avatar por meio de acessórios, roupas e características físicas, até a compra de um terreno virtual, por exemplo.[37]

Desse modo, trata-se de um ambiente compartilhado por todos aqueles que podem acessá-lo, disponível através de armazenamento em nuvem que permite combinar aspectos do mundo virtual (uso da tecnologia de realidade aumentada), com os aspectos do mundo físico. O *Metaverso* não possui um começo e um fim perfeitamente identificável, sendo infinitas as suas possibilidades,[38] inclusive no tocante à interação pelo usuário.[39]

---

35. Estatuto da Criança e do Adolescente, Estatuto do Idoso, Estatuto da Pessoa com Deficiência, dentre outros.
36. Clark Griffin (2022, p. 3-4) define o Metaverso como: "a different kind of universe, defined not by a series of tangible concepts but a universe crafted entirely within the realm of technology, grafted onto our world through the use of myriad technological advances that serve as the bridge between our world and the Metaverse". Em tradução livre, o *Metaverso* é um novo universo, criado exclusivamente no âmbito da tecnologia, inserida na sociedade por meio do uso de inúmeros avanços tecnológicos que servem como a ponte de acesso entre o mundo real e o *Metaverso*.
37. G1. Terreno em mundo virtual é vendido por recorde de US$ 24 milhões. *G1 Tecnologia*, São Paulo, 23 nov. 2021. Disponível em: https://g1.globo.com/tecnologia/noticia/2021/11/23/terreno-em-mundo-virtual-e-vendido-por-recorde-de-us-24-milhoes.ghtml. Acesso em: 30 abr. 2023.
38. GRIFFIN, Clack. Metaverse: The visionary guide for beginners to discover na invest in virtual lands, blockchain gaming, digital art of NFTs and the fascinating tecnologies of VR, AR and AI, e-book Kindle, 2022, p. 3-4.
39. Eric Zompero refere que no Metaverso tem-se "um ambiente gerado em computador que ao mesmo tempo pode simular uma realidade virtual alternativa, como pode também permitir que um usuário possa interagir com ela, de maneira responsiva". Desse modo, é possível, por meio de "óculos, fones de ouvido ou roupas, simular

Eliane Schlemmer e Luciana Backes[40] explicam que as tecnologias utilizadas para desenvolver o *Metaverso* viram a ser constituídas no denominado de ciberespaço e se "materializam" por meio da criação de Mundos Digitais Virtuais em 3D [...], propiciando o surgimento dos "mundos paralelos contemporâneos". Dessa forma, é possível criar um número infinito de espaços no *Metaverso* e nestes concretizar relações de consumo envolvendo aquisição de obras de arte, vídeos, músicas, imagens e os famosos "memes" por meio do NFT – *Non Fungible Token*, uma forma de individualizar um arquivo de mídia no ciberespaço, tornando-o único e passível de venda por valores de mercado (alguns, comumente exorbitantes), já que o proprietário terá exclusividade sobre aquele NFT (que pode ser um lugar que abarca ou exclui a diversidade, dependendo de quem o dirige).

Outro detalhe: a possibilidade de se vender experiências que não são possíveis na vida real também surge no *Metaverso*; de atividades fantasiosas como caçar um dragão, participar de uma guerra de espadas ou uma corrida em *skates* voadores, até, dentre outras possibilidades, esse recurso servir de instrumento para um relacionamento com uma pessoa específica.

A empresa de consultoria em *marketing* Gartner[41] realizou uma pesquisa e concluiu pela previsão de que em cinco anos, mais de um quarto das empresas estarão prestando serviços no *Metaverso*, e que pelo menos vinte e cinco por cento da população passará ao menos uma hora por dia conectada a este. Assim, prometendo otimizar a experiência do usuário, possivelmente cada vez mais empresas terão seus serviços disponíveis neste ambiente, sendo que é grande a perspectiva de crescimento desse segmento.

E se essa previsão se confirmar, correr-se-á um risco que pode ser identificado atentando para o que Carvalho e Leal[42] alertam que, considerando que nem todas as pessoas podem consumir em mesmo padrão, abrir-se-á clara possibilidade de haver uma espécie de exclusão, pois a pessoa poderá se sentir um pária pertencente a subclasse de consumidores caso não consiga acompanhar os padrões ditados por quem os influencia (e nisso veja-se o papel das redes sociais e do ambiente social).

Em determinados segmentos da sociedade existe certa empolgação com essas novidades tecnológicas, porém é importante que não se olvide a importância da pro-

---

sensações, assim como levar o usuário para um outro lugar, seu cérebro irá acreditar nisso, pelo menos em partes. Nossa mente aceita a fantasia, ou que vemos e ouvimos como realidade". (ZOMPERO, Eric. *Explicando o Metaverso, simples e direto*. São Paulo: Kindle, 2022, p. 23).

40. SCHLEMMER, Eliane; BACKES, Luciana. Metaversos: novos espaços para construção do conhecimento. *Revista Diálogo Educacional*, v. 8, n. 24, p 519-532, mayo-ago. 2008.

41. GARTNET. Gartner Predicts 25% of People Will Spend At Least One Hour Per Day in the Metaverse by 2026. *STAMFORD*. Conn., 07 fev. 2022. Disponível em: https://www.gartner.com/en/newsroom/press-releases/2022-02-07-gartner-predicts-25-percent-of-people-will-spend-at-least-one-hour-per-day-in-the-metaverse-by-2026. Acesso em: 30 abr. 2023.

42. CARVALHO, Bruno Brasil. LEAL, Pastora do Socorro Teixeira. O paradoxo entre o assédio de consumo e a intimidade na sociedade do espetáculo. In: VERBICARO, Dennis. VERBICARO, Loiane. VIEIRA, Janaína (Org.). *Direito do consumidor digital*. Rio de Janeiro: Lumen Juris, 2020.

teção do consumidor nesse ambiente em que impera a monetização. Exemplificando: observe-se que um dos problemas iniciais diz respeito a venda dos equipamentos para acesso no *Metaverso*, assim como, a aquisição de serviço de internet e de outros produtos e serviços, tudo formando um conjunto que não pode vir englobado numa prática de venda casada vedada conforme o art. 39, do CDC.

Observe-se que nessa condição, fica mais evidente a hipervulnerabilidade do consumidor, principalmente em razão do praticamente inevitável problema de existência de assimetria informacional entres esses agentes na relação de consumo. Para o negócio jurídico exige-se a manifestação/emissão de vontade de forma livre e bem informada, requisito que é complexo cumprir no Metaverso. E isso por conta de que se faz necessário o(s) fornecedor(es) se desincumbir(em) de prestar em sentido eficiente e eficaz. Ou seja, deve haver informação-conteúdo (a descrição adequada do produto ou serviço e suas funcionalidades), informação-advertência (quanto aos riscos que podem vir e precisam ser evitados para não se concretizarem em danos) e informação-aconselhamento (a educação para o consumo do bem, de forma consciente, adequada e sustentável), tudo nos termos do que prescreve o CDC em seu art. 6º.

Nesse contexto, portanto, proteger o consumidor usuário do *Metaverso* é tarefa complicada, a ponto de André Perin Schimidt Neto[43] expressar um certo ceticismo quanto a essa possibilidade ser completamente atendida, tal como explicita:

> Em decisões tomadas em um ambiente cibernético, o consumidor é vigiado por uma inteligência artificial capaz de mapear sua personalidade, identificar formas de ativar seu sistema límbico e, com isso, convencê-lo a agir de um modo determinado em um típico capitalismo de vigilância capaz de provocar um totalitarismo de mercado. O ser humano é um "animal hackeável", ou seja, seu comportamento pode ser rastreado. A grande quantidade dos dados inseridos a cada ato permite que se verifique a personalidade dos indivíduos melhor que eles próprios e provoquem reações premeditadas. Por isso não se trata somente de informa-lo sobre o uso de seus dados ou educá-lo para bem usar a internet, pois o déficit informacional é invencível.

Veja-se que o autor lança alerta para esse esvaziamento da liberdade do sujeito que é tratado como um conjunto de algoritmos biológicos em um utilitarismo fisiologista que desconsidera as individualidades, neutralizando-as via processamento dos dados pessoais. Na prática, o ardil consiste em fazer a utilização destes (dados) para indução a atos de consumo dos produtos e serviços como se fossem um ato de livre arbítrio. E nestes, para a emissão da vontade de forma provocada, o papel do *Big Data* é capital, pois sob a égide dos interesses de quem o programa e domina, ocorre o processamento de uma enorme quantidade de dados, a ponto de viabilizar que sejam identificadas as características e os desejos reprimidos que temos; alguns que sequer sabemos. Isso possibilita o rastreamento e a previsão de nosso padrão comportamental, forma de assim antecipar movimentos e condutas, tudo para colocar esses conhecimentos à serviço dos

---

43. SCHMIDT NETO, André Perin. *O livre arbítrio na era do Big Data*. 2. ed. São Paulo: Tirant lo Blanche, 2021, p. 162.

interesses do mercado, cujos agentes não hesitam em tentar manipular a vontade da pessoa visando seus objetivos empresariais.[44]

Independente disso, o *Metaverso* não está imune a possibilidade de, quando da oferta para venda de produtos ou serviços, fornecedores praticarem *geopricing, geoblocking* ou outras formas de discriminação provinda da utilização de algoritmos. Afinal, o fornecedor poderá detectar aonde o consumidor está e muitas das suas condições pessoais, bem como, outras facetas e detalhes para as quais é importante atentar. Poderão ter acesso a esse ambiente virtual, as pessoas que tiverem interesse e compatíveis condições financeiras (suas ou de terceiros que lhe cedam), tudo sem que se perquira respeito de seu grau de instrução e educação para consumo, especialmente quanto a tecnologia em pauta. E quanto a isso vale referir que é considerada prática abusiva, o consumidor prevalecer-se da fraqueza ou ignorância do consumidor, tendo em vista sua idade, saúde, conhecimento ou condição social para impingir-lhe seus produtos ou serviços, bem como, que a publicidade que venha a ser veiculada (na *internet*, *Metaverso* etc.) não poderá ser abusiva por induzir o consumidor a se comportar de forma prejudicial ou perigosa à sua saúde ou segurança.

Nesses pontos, vale lembrar o necessário cuidado com para com a saúde física e mental do usuário, cujo bem-estar não se resume a inexistência de doença e, em complemento, que o *Metaverso*, inevitavelmente, interage com a mente da pessoa. Ou seja, há um envolvimento que inclui componentes psíquicos (e até psicológico), de modo que, se após um determinado período de utilização descobrir-se nefastas consequências para o consumidor (o que se denomina de riscos de desenvolvimento ou estado da arte), uma vez comprovado o fornecimento e que a causa tem origem no uso da tecnologia, a responsabilização dos fornecedores deverá ser inevitável, e na modalidade objetiva, sem possibilidade excludente por conta de tratar-se de uma novidade de resultados ainda não completamente conhecidos, afinal, cabe a estes testarem e atestarem a segurança dos produtos e serviços[45] que vendem no mercado. Simples assim: salvo em se tratando de riscos normais, previsíveis e bem informados para que o consumidor possa exercer sua opção de escolha ou não e, adquirindo, vir a se preparar e se proteger, os produtos e serviços não podem acarretar riscos à saúde e a segurança. E mais, ao fornecedor não é permissível colocar no mercado, produto ou serviço que saiba ou deveria saber apresentar alto grau de nocividade ou periculosidade à saúde ou segurança do consumidor (CDC, artigos 8º, 9º e 10).

---

44. SCHMIDT NETO, André Perin. *O livre arbítrio na era do Big Data*. 2. ed. São Paulo: Tirant lo Blanche, 2021, p. 163.
45. Importante deixar indene de dúvidas que não caberá a alegação de que pelos conhecimentos técnicos existentes (estado da arte) quando da colocação do produto no mercado era impossível detectar seu defeito, de modo que em nome do progresso não se podia obstar o desenvolvimento. Esse tipo de argumento de fornecedor não poderá receber guarida e o dever de reparação para o consumidor lesado deverá abranger a integralidade do dano (uma reparação que seja a mais completa possível). Também não resiste o argumento de que realizar todos os testes possíveis traria custos injustificáveis (não razoáveis) para o avanço da ciência e faria atrasar que os benefícios dos novos produtos ou serviços estejam disponíveis para a população. A verdade que merece subsistir consiste em que, se o progresso é benefício de todos, seu "preço" não pode ser "pago" apenas pelo(s) consumidor(es) atingido(s) e prejudicado(s)/lesado(s) pelo dano.

No que comumente é denominado como o fenômeno da virtualização da vida, essas situações apontadas não esgotam o tema, até por conta de que as novidades tecnológicas e seus efeitos seguem provocando transformações na sociedade. Certo é, que toda essa conjuntura que conjumina o físico e o virtual, impacta substancialmente a tutela de direitos dos consumidores, incluindo os aa personalidade.

4. A TUTELA JURÍDICA DOS DIREITOS DA PERSONALIDADE NO ÂMBITO DO METAVERSO

A personalidade da pessoa natural se desenvolve através de toda a sua experiência de vida, dos valores aprendidos na família e na realidade social em que está inserida. Então, se no Metaverso, o conjunto de fornecedores detectar um perfil do consumidor, direcionarão para este, exatamente aquele material que lhes interessa que o usuário veja, evitando outros conteúdos que possam suscitar reflexões e melhores conhecimentos. Por isso, na prática, estando patente que no virtual cada pessoa se resume a um conjunto de dados (seu perfil) e haver essa tentativa de direcionamento, como mencionam Jéssica A. Modesto e Marcos Ehrhardet Júnior[46] tem-se que:

> Numa sociedade que exige rápidas e eficientes tomadas de decisão, as quais devem passar por adequada avaliação e mitigação de riscos, mas que, para tanto, é necessário processar uma massiva quantidade de dados, a construção de perfis assume importante papel como ferramenta de análise e resposta. No entanto, apesar de tais benefícios, o uso de *profiling* pode acarretar várias consequências à dimensão decisional da privacidade de um indivíduo. Isso porque, ao privilegiar comportamentos que estejam de acordo com determinado padrão, os indivíduos podem passar a se comportar e a fazer suas escolhas de modo a se encaixar no modelo almejado. Portanto, os perfis podem tornar-se obstáculos ao livre desenvolvimento da personalidade.

Esses avanços que promovem a interação entre máquina e ser humano devem vir acompanhados de precauções, pois o consumidor fica exposto e é influenciável por meios explícitos ou através de sutis formas de inculcar nos sentidos, ou seja, diretamente na mente, determinadas persuasões de interesse dos detentores do domínio da tecnologia.

Assim, a tutela do consumidor no *Metaverso* deve considerar o sentido de entender-se que a sociedade contemporânea passa por uma envolvente quarta revolução industrial[47] que se revela influenciada pela fusão dessas referidas tecnologias com a interação física, digital e biológica (e até social). Na sociedade de consumo, o cotidiano atual é caracterizado pela alta velocidade das informações e transformações tecnológicas, pela inteligência artificial e por riscos típicos dos tempos pós-modernos.

Nicolas Guéguen, amparando-se em estudos de Zajonk, alerta que a exposição contínua e sucessiva da publicidade que nos alcança todos os dias faz com que nessas cir-

---

46. MODESTO, Jéssica Andrade. EHRHARDT JUNIOR, Marcos. "Achamos que você pode gostar": os desafios da liberdade de escolha ante a definição de perfis na sociedade da informação. In: EHRHARDT JÚNIOR, Marcos; CATALAN, Marcos; MALHEIROS, Pablo (Org.) *Direito do consumidor e novas tecnologias*, Belo Horizonte/MG: Fórum, 2021. p. 113
47. SCHWAB, Klaus. *A Quarta Revolução Industrial*. Trad. Moreira Daniel Miranda. São Paulo: Edipro, 2019, p. 28.

cunstâncias, o consumidor tenha seu julgamento influenciado e acabe não se centrando primordialmente nas propriedades intrínsecas do objeto e sim, na familiaridade com o que se refere a este. Ou seja, a familiaridade resultante da massiva e intensa exposição àquela determinada publicidade, por um fato comportamental, venha engendrar a preferência pelo produto ou serviço.[48]

Se esse fenômeno comportamental existe rotineiramente, mais aprofundadas devem ser a precauções relacionadas ao Metaverso, pois está se afigurando, enorme probabilidade do *Metaverso* tornar-se um local virtual em que a pessoa adentra para firmar relações de consumo curiais, mas também para realizar os seus desejos mais recônditos nessa área. E, independentemente disso, de forma inevitável, sempre alimentará as *Big Techs* com seus dados pessoais, incluindo aqueles classificados como sensíveis, com informações íntimas que acabarão sendo de conhecimento de terceiros; e isso pode afetar a proteção de seus direitos da personalidade.

Shoshana Zuboff[49] analisa que as *Big Techs* utilizam toda a experiência humana como matéria-prima para o estudo dos dados comportamentais, e que

> embora alguns desses dados sejam aplicados para o aprimoramento de produtos e serviços, o restante é declarado como superávit comportamental do proprietário, alimentando avançados processos de fabricação conhecidos como "inteligência de máquina" e manufaturado em produtos de predição que antecipam o que um determinado indivíduo faria agora, daqui a pouco e mais tarde. Por fim, esses produtos de predições são comercializados num novo tipo de mercado para predições comportamentais que chamo de mercados de comportamentos futuros.

Acrescente-se que as tecnologias de inteligência artificial que realizam a predição de mercado são negociadas em "mercados futuros comportamentais" que não abrangem somente os anúncios e publicidades online, mas também "muitos outros setores, incluindo o de seguros, as lojas de varejo, o ramo das finanças e uma gama cada vez mais ampla de empresas de bens e serviços determinadas a participar dos novos e lucrativos mercados".[50] A autora conclui que seja por meio da subscrição comportamental ao capitalismo de vigilância, seja pelas inúmeras transações realizadas diariamente, agora as pessoas pagam para ser dominadas pelas *Big Techs*.

E, sem exceção, aqueles que acessam à internet e, principalmente, o Metaverso deixam registros indeléveis (até de aspectos íntimos), o que costuma provocar as tendências de visibilidade que se percebe são veiculadas nas novas tecnologias digitais.[51]

Um exame atento demonstra que no âmbito do *Metaverso* é comum o consumidor ter seu direito de escolha moldado em conformidade com o algoritmo responsável pela personalização da experiência. Com as publicidades cada vez mais direcionadas,

---

48. GUÉGUEN, Nicolas. *Psicologia do consumidor*: para compreender melhor de que maneira você é influenciado, São Paulo: Editora Senac São Paulo, 2019, p. 53.
49. ZUBOFF, Shoshana. *A era do capitalismo de vigilância*. São Paulo: Intrínseca, 2021, p. 22.
50. Ibidem, p. 25.
51. BOLESINA, Iuri. *O Direito à Extimidade*: as Inter-Relações entre Identidade, Ciberespaço e Privacidade. Florianópolis: Empório do Direito, 2017, p. 137.

o princípio da livre escolha se torna secundário. Rizzato Nunes[52] reflete sobre esse princípio ao dizer que "a liberdade de escolha garantida ao consumidor tem supedâneo no princípio da liberdade de ação e escolha da Constituição Federal [...] Tem, também, relação indireta com o princípio da vulnerabilidade [...]".

Por isso, a proteção aos direitos da personalidade do consumidor usuário do *Metaverso* deve ocorrer em toda a sua experiência neste meio. Como já afirmado, sua proteção deve se iniciar já quando da escolha e compra dos equipamentos necessários para acessá-lo. Igualmente, deve prosseguir na utilização e haver alertas para efeitos presentes e futuros passíveis de serem causados por essa tecnologia.

E, ressalte-se, é fundamental atentar que o corpo eletrônico do usuário no ambiente digital (que será a sua forma de apresentação no *Metaverso*), sendo projeção da personalidade, justifica a existência de proteções específicas. As características físicas e morais do sujeito precisam ser resguardadas, de modo que dados manipulados pelo coletor ou repassados à terceiros não venham a se constituírem em material com uso que prejudique ao consumidor. Naturalmente, dá-se atenção a questão da privacidade, da intimidade e do sigilo (nos termos da LGPD), bem como, para que no ambiente virtual não sejam ultrapassadas as permissões determinadas pelo próprio usuário em relação ao que é seu e está no Metaverso. E isso inclui limites saudáveis de tempo de utilização e detalhes como o *software* responsável por inserir o consumidor no ambiente digital possuir limitações quanto ao que transmite à rede. Por exemplo: deve ser vedado que tal ocorra com as conversas envolvendo pessoas que estão no mesmo local físico do usuário, mas desligadas do *Metaverso*.

Há todo um contexto envolvido e considerando-se a proteção da personalidade e o direito ao seu livre desenvolvimento, quanto a tutela específica requerida, é importante atentar para a responsabilidade civil em suas funções primordiais: preventiva, precaucional, punitiva e promocional. Afinal, rememore-se, é capital considerar a especificidade de que o *Metaverso* interage na mente e esse aspecto interfere fundamentalmente no que se é como pessoa, incluindo quando a saúde física e psíquica (mental).

Assim, a cada novidade tecnológica, se faz mais urgente a necessidade de surgimento de legislação mais específica, independente de prosseguir-se na aplicação dos princípios constitucionais, do CDC e demais normas relacionadas ao universo virtual (em diálogo das fontes), tudo com adequada interpretação para o melhor equacionamento das questões já explicitadas.

CONSIDERAÇÕES FINAIS

Não há como ignorar haver um processo de virtualização/digitalização de muitos aspectos da sociedade pós-moderna, seja no tocante a comunicação, seja na busca de serviços públicos, informações ou relações de consumo. Em específico quanto ao *Meta-*

---

52. NUNES, Rizzato. *Curso de direito do consumidor*. São Paulo: Saraiva, 2022, p. 178.

verso – que promete ser um ambiente digital compartilhável, imersivo, e totalmente em três dimensões –, existe a promessa de proporcionar ao consumidor (o que na realidade todos somos desde antes de nascer e até depois de morrer), diversas experiências que não poderiam ser realizadas no mundo físico/real.

No *Metaverso*, por evidente, o consumidor tem de se adaptar para usufruir do que é apregoado como benefício que esse universo digital promete oferecer. Entretanto, essa condição de que é o usuário quem deseja ingressar no ambiente virtual e de que sua própria ação é de inciativa individual e voluntária, não retira ou exime o fornecedor do rol de deveres que lhe cabe cumprir nas relações de consumo, incluindo nas fases pré-contratual, contratual e pós-contratual, afinal fazem parte do risco de seu negócio. Nessa matéria, considerando que os integrantes da cadeia de fornecimento são os detentores do domínio e o consumidor é caracterizado pela hipervunerabilidade, fica mais candente a noção de que nessas situações, a aplicação da responsabilidade civil na modalidade objetiva revela-se a melhor fórmula.

Não se pode deixar de entender que as informações captadas permanentemente pelas *Big Techs*, no *Metaverso* são um "produto" que, explícita ou de forma ardilosamente disfarçada, estas apropriam fins comerciais, em específico, para gerar publicidade direcionada e para incitar/provocar o surgimento de desejos e de necejos de consumo. Inclusive, a prática de sutilmente induzir sensações na mente e influenciar/direcionar as escolhas da pessoa, independente de poder se caracterizar (conforme o modo) em uma abusividade legalmente reprimida, nem mesmo eticamente condiz com a conduta esperada do fornecedor na devida proteção aos direitos da personalidade do consumidor.

Portanto, o deslumbramento com as novas tecnologias deve ceder espaço para haver um sentido de proteção contra esses riscos que vieram e estão a surgir. Serão necessárias medidas práticas, eficientes e eficazes. No mercado de consumo, seara em que os problemas são em maior número, será preciso contar com a presença do Estado por seus três Poderes (CDC, art. 4º, II), com vistas a disciplinar-se e manter nos limites do que é lícito (legítimo sob todos os aspectos), as condutas dos agentes de mercado no tocante a captação, manuseio, utilização, comercialização e de outras destinações de todo o material do consumidor que esteja presente no universo virtual (por exemplo: o consumidor deve ter meios de escolher quais dados ficarão disponíveis para acesso durante o uso do *software*). Mais ainda, com destaque, a proteção à personalidade deve ocorrer inclusive para que o sistema não capte dados externos, ou seja, de pessoas terceiras que apenas estão no mesmo ambiente físico enquanto o consumidor está no *Metaverso*.

Não basta uma visão restrita ao legal fundamentada exclusivamente em interpretação meramente literal e estrita do prescrito para a área contratual, mas também convém ser incluída uma conformidade com o que respeita aos princípios morais e éticos; e, inclusive, envolvendo conhecimentos multidisciplinares advindos de outras ciências (antropologia, filosofia, medicina, psicologia e outras da área da saúde).

Quer se adira a doutrina de existência de uma *e-personality* ou de um corpo eletrônico presente no ambiente digital/virtual, cenário repleto de relações de consumo (impregnadas de interesses dos fornecedores que dominam esse ambiente), a proteção deve abranger, tanto o consumidor *standard*, quanto o equiparado (*bystander*, vítima do evento), pois no atual cenário que continua se transformando a cada novidade, revela-se difícil prever de que tipo serão os riscos presentes e futuros, e de qual dimensão e gravidade será o atingimento das pessoas. Não se deve olvidar que no *Metaverso*, a imersão provoca um interagir com a mente, um influenciar e/ou manipular dos sentidos com repercussões na vontade do consumidor (cuja manifestação deve ser livre e bem informada), o que tem potencial de atingir gravosamente não apenas o exercício do livre arbítrio (manifestação legítima da vontade) mas também outros aspectos de seu comportamento, tudo afetando a saúde físico-psíquica desse destinatário final dos produtos e serviços.

Por isso, quando da participação do consumidor (que nesse meio é hipervulnerável) a importância da visão que analisa essa realidade presente no universo virtual sempre tendo como paradigmas, o respeito, a proteção e as tutelas dos direitos humanos, fundamentais e da personalidade deste.

REFERÊNCIAS

ANG, Carmen. How do big techs make their billions. *Visual Capitalist*. April, 25, 2022. Disponível em: https://www.visualcapitalist.com/how-big-tech-makes-their-billions-2022/. Acesso em: 17 out. 2022

AGÊNCIA BRASIL. Em 2021, 8 em cada 10 órgãos dos Poderes Executivo, Legislativo e Judiciário ofereceram serviços por internet. Disponível em: https://agenciabrasil.ebc.com.br/geral/noticia/2022-07/oito-em-cada-10-orgaos-federais-ofereceram-servicos-pela-internet. Acesso em: 17 out. 2022

BOLESINA, Iuri. *O Direito à Extimidade*: as Inter-Relações entre Identidade, Ciberespaço e Privacidade. Florianópolis: Empório do Direito, 2017.

BRASIL. Lei 10.406 de 2002 Código Civil. Disponível em: http://www.planalto.gov.br/ccivil_03/leis/2002/l10406compilada.htm. Acesso em: 07 out. 2022

CARDIN, Valéria Silva Galdino. MAZARO, Juliana Luiza. Identidade cultural cyber e identidade virtual: a construção de novos direitos da personalidade pela cibercultura. Conpedi. *Grupo de Trabalho Direito, Governança e Novas Tecnologias I apresentados no II Encontro Virtual do CONPEDI*. Direito, governança e novas tecnologias I [Recurso eletrônico on-line] organização CONPEDI Coord.: Aires Jose Rover; Danielle Jacon Ayres Pinto; Fabiano Hartmann Peixoto; José Renato Gaziero Cella – Florianópolis: CONPEDI, 2020.

CARVALHO, Bruno Brasil. LEAL, Pastora do Socorro Teixeira. O paradoxo entre o assédio de consumo e a intimidade na sociedade do espetáculo. In: VERBICARO, Dennis. VERBICARO, Loiane. VIEIRA, Janaína (Org.). *Direito do consumidor digital*. Rio de Janeiro: Lumen Juris, 2020.

CASTELLS, Manuel. *A sociedade em rede* – a era da informação, economia, sociedade e cultura, São Paulo: Paz e Terra, 2002.

DINIZ, Maria Helena. *Curso de direito civil brasileiro*: Teoria Geral do Direito Civil. São Paulo: Saraiva, 2017.

FALEIROS JUNIOR, José Luiz de Moura; e COLOMBO, Cristiano. *Tutela jurídica do corpo eletrônico*. São Paulo: Foco, 2021.

G1. Terreno em mundo virtual é vendido por recorde de US$ 24 milhões. *G1 Tecnologia*, São Paulo, 23 nov. 2021. Disponível em: https://g1.globo.com/tecnologia/noticia/2021/11/23/terreno-em-mundo-virtual-e-vendido-por-recorde-de-us-24-milhoes.ghtml. Acesso em: 30 abr. 2023.

G1. LOCAL fica em Decentraland, um ambiente on-line, também conhecido como "metaverso", em que os usuários podem comprar terrenos, visitar edifícios e conhecer outras pessoas que usam avatares. *Da redação*. 23 nov. 2021 Disponível em: https://g1.globo.com/tecnologia/noticia/2021/11/23/terreno-em--mundo-virtual-e-vendido-por-recorde-de-us-24-milhoes.ghtml. Acesso em: 10 out. 2022.

GARTNET. Gartner Predicts 25% of People Will Spend At Least One Hour Per Day in the Metaverse by 2026. *STAMFORD*. Conn., 07 fev. 2022. Disponível em: https://www.gartner.com/en/newsroom/press-releases/2022-02-07-gartner-predicts-25-percent-of-people-will-spend-at-least-one-hour-per--day-in-the-metaverse-by-2026. Acesso em: 30 abr. 2023

GRIFFIN, Clack. *Metaverse*: The visionary guide for beginners to discover na invest in virtual lands, blockchain gaming, digital art of NFTs and the fascinating tecnologies of VR, AR and AI, edição Kindled, 2022.

GUÉGUEN, Nicolas. *Psicologia do consumidor*: para compreender melhor de que maneira você é influenciado. São Paulo: Editora Senac São Paulo, 2019.

HAN, Byung Chul. *Psicopolítica:* o neoliberalismo e as novas técnicas de poder, Belo Horizonte: Aviné, 2020.

HILLIS, Ken. *Sensações digitais* – espaço, identidade e corporificação na realidade virtual, São Leopoldo/RS: Unisinos, 2004.

Independentemente de ter havido um aceleramento provocado pela pandemia do covid 19, o fato é que em 2021, sem contar o último trimestre do ano, mais 113 milhões de pessoas já haviam utilizados serviços digitais do governo federal. Disponível em: https://www.camara.leg.br/noticias/809660-pandemia-a-celera-o-uso-de-servicos-publicos-digitais/. Acesso em: 17 out. 2022.

LEMOS André. *Cibercultura:* tecnologia e vida social na cultura contemporânea, Porto Alegre/RS: Sulina, 2015.

LEVY, Pierre. *Cibercultura.* Trad: Carlos Irineu Costa, São Paulo: Editora 34, 1999.

LEVY, Pierre. *O que é o virtual,* Trad.: Paulo Neves, São Paulo: Editora 34, 2011.

MACHADO, Ricardo de Jesus. "Eu digital": identidade e audiovisualidades na web. In: FLICHY, P.; FERREIRA, J.; AMARAL, A. (Org.). *Redes digitais*: um mundo para os amadores. Novas relações entre mediadores, mediações e midiatizações. Santa Maria: FACOS-UFSM, 2016. Disponível em: https://www.ufsm.br/editoras/facos/redes-digitais/. Acesso em: 29 abr. 2023.

MAGRANI, Eduardo. *Entre dados e robôs* – ética e privacidade na era da hiperconectividade. Porto Alegre/RS: Arquipélago Editorial Ltda., 2019.

MODESTO, Jéssica Andrade. EHRHARDT JUNIOR, Marcos. "Achamos que você pode gostar": os desafios da liberdade de escolha ante a definição de perfis na sociedade da informação. In: EHRHARDT JÚNIOR, Marcos; CATALAN, Marcos; MALHEIROS, Pablo (Org.). *Direito do consumidor e novas tecnologias.* Belo Horizonte/MG: Fórum, 2021.

NUNES, Rizzato. *Curso de direito do consumidor.* São Paulo: Saraiva, 2022.

PEREIRA, Caio Mário da S. *Instituições de Direito Civil:* Introdução ao Direito Civil – Teoria Geral de Direito Civil. São Paulo: Grupo GEN, 2022. v. I.

PINHEIRO, Patrícia Peck. *Direito Digital*. São Paulo: Saraiva, 2020.

PLADSON, Kristie. *O que é o Metaverso*. DW- Made for minds. 21 out. 2021. Disponível em: https://www.dw.com/pt-br/o-que-%C3%A9-o-metaverso/a-59565301. Acesso em: 11 out. 2022.

RODOTÀ, Stefano. Transformações do Corpo. Trad. Maria Celina Bodin de Moraes. *Revista Trimestral de Direito Civil – RTDC*, v. 19, p. 92-107. Padma, jul.-set. 2004.

RUARO, Regina Linden. SARLET, Gabrielle Bezerra Sales. *O direito fundamental à proteção de dados sensíveis no sistema normativo brasileiro:* uma análise acerca das hipóteses de tratamento e da obrigatoriedade do consentimento livre, esclarecido e informado sob o enfoque da lei geral de proteção de dados (LGPD) – Lei 13.709/2018. In: DONEDA, Danilo et al. *Tratado de proteção de dados pessoais*. Rio de Janeiro: Forense, 2021.

SCHLEMMER, Eliane; BACKES, Luciana. METAVERSOS: novos espaços para construção do conhecimento. *Revista Diálogo Educacional*, v. 8, n. 24, p. 519-532, mayo-ago. 2008.

SCHMIDT NETO, André Perin. *O livre arbítrio na era do Big Data*. 2. ed. São Paulo: Tirant lo Blanche, 2021.

SCHWAB, Klaus. *A Quarta Revolução Industrial*. Trad. Moreira Daniel Miranda. São Paulo: Edipro, 2019.

SCHWERINER, Mário Ernesto René. *Comportamento do consumidor*: identificando necejos e supérfluos essenciais, São Paulo: Saraiva, 2006.

SIBILIA, Paula. *O homem pós-orgânico*: a alquimia dos corpos e das almas à luz das tecnologias digitais, Rio de Janeiro: Contraponto, 2015.

SIBILIA, Paula. *O Show Do Eu*: A Intimidade Como Espetáculo. Rio de Janeiro: Contraponto, 2020.

SILVA, Joseane Suzart Lopes da. *Direito do consumidor contemporâneo*: análise crítica do CDC e de importantes leis especiais, Rio de Janeiro: Lumen Juris, 2020.

SOUZA Joyce; SILVEIRA, Sérgio Amadeu da; AVELINO, Rodolfo. *A sociedade de controle* – manipulação e modulação nas redes sociais, São Paulo: Hedra, 2021.

TEPEDINO, Gustavo. *Fundamentos do Direito Civil* – Teoria Geral do Direito Civil. São Paulo: Grupo GEN, 2020. v. 1.

TRIMMEL, Michael. *Homo informaticus* – o homem como subsistema do computador. Teses e resultados empíricos a partir dos efeitos psicológicos da interação homem-computador e da informatização da sociedade. Trad. Maurício Mendonça Cardoso. In: KOLB, Anton; ESTERBAUER, Reinhold; RUCKENBAUER, Hans-Walter. *Ciberética:* responsabilidade em um mundo interligado pela rede digital. São Paulo: Loyola, 2001.

WENDT, Emerson. INTERNET: Percepções e limites em face do direito à extimidade na rede. *Revista Jurídica Luso-brasileira*. RJLB, ano 1, n. 6, p. 297-318, 2015. Disponível em: https://www.cidp.pt/publicacoes/revistas/243/1/12. Acesso em: 27 jun. 2022.

ZOMPERO, Eric. *Explicando o Metaverso, simples e direto*. São Paulo: Kindle, 2022.

ZUBOFF, Shoshana. *A era do capitalismo de vigilância*. São Paulo: Intrínseca, 2021.

A UTILIZAÇÃO DA PLATAFORMA DIGITAL CONSUMIDOR.GOV PELAS AGÊNCIAS REGULADORAS PARA RESOLUÇÃO EXTRAJUDICIAL DE CONFLITOS DE CONSUMO

Hugo José de Oliveira Agrassar

Doutorando em direitos humanos pela Universidade Federal do Pará (2023 – em andamento). Mestre em Direito, Políticas Públicas e Desenvolvimento Regional pelo Centro Universitário do Pará – CESUPA. Analista judiciário (área judiciária) do Tribunal Regional Federal da 1ª Região. Membro e pesquisador do Grupo de Pesquisa Consumo e Cidadania (CNPq). E-mail: hugoagrassar@gmail.com.

Sumário: Introdução – 1. As agências reguladoras no Brasil – 2. O sistema de resolução de conflitos de múltiplas portas no novo Código de Processo Civil – 3. O plano nacional de consumo e cidadania e a análise da atuação das agências reguladoras no sistema de múltiplas portas previsto no novo Código de Processo Civil por meio da plataforma digital consumidor.gov – Conclusão – Referências.

INTRODUÇÃO

O novo Código de Processo Civil brasileiro em seu artigo 3º, § 3º, descreve um sistema de múltiplas portas, determinando que a conciliação, a mediação e outros métodos de solução consensual de conflitos deverão ser estimulados.

O Código de Defesa do Consumidor em seu art. 4º, V, segunda parte, traz como princípio da política nacional das relações de consumo o incentivo à criação de mecanismos alternativos de solução de conflitos de consumo, estando as agências reguladoras inseridas, enquanto entes públicos (autarquias de regime especial).

É neste sentido que o presente texto demonstrará o papel das agências reguladoras no sistema de múltiplas portas para resolução extrajudicial de litígios ocorridos nas suas áreas de competência em obediência ao plano Nacional de consumo e cidadania utilizando-se das plataformas digitais como a plataforma consumidor.gov.br.

O presente estudo terá como objetivo, portanto, apresentar ideias centrais da concepção do que vem a ser o chamado sistema de múltiplas portas relacionando-o com o papel das agências reguladoras na solução de conflitos extrajudiciais principalmente na seara do direito do consumidor digital.

Será feita uma relação entre as disposições do novo código de processo civil brasileiro, do Código de Defesa do Consumidor e das normas que regem as agências reguladoras em suas áreas de atuação no que concerne à resolução extrajudicial dos conflitos entre concessionárias e consumidores usuários do serviço público.

Para tanto, o presente trabalho será dividido da seguinte forma: no segundo tópico serão apresentados as noções básicas sobre as agências reguladoras no Brasil; no terceiro tópico será feita uma análise do sistema de múltiplas portas previsto no novo Código de Processo Civil brasileiro; no quarto tópico será apresentada uma análise do papel das agências reguladoras nesse sistema de múltiplas portas através do plano nacional de consumo e cidadania na seara das plataformas digitais como a plataforma consumidor.gov.br.

1. AS AGÊNCIAS REGULADORAS NO BRASIL

O sistema capitalista inaugurou nas décadas de 1970 e de 1980 o chamado neoliberalismo econômico que pregava, dentre outras coisas, o estado mínimo com a privatização de serviços públicos. As agências reguladoras surgiram nesse contexto na última metade da década de 1990, como consequência das transformações do Estado brasileiro que passou a dar ênfase à sua função reguladora, interferindo indiretamente na ordem econômica, por meio de lei. Nesse processo de transformação do Estado ocorreu a desestatização de parte da prestação de serviços públicos em vários setores como no de telecomunicações e energia elétrica. A partir de então, as agências reguladoras, de inspiração norte-americana, passaram a ter relevância no cenário político e econômico brasileiro, apesar de já existirem no Brasil muito antes, conforme explicita Di Pietro.[1]

Nota-se, assim, que as ideias de agências reguladoras no Brasil sempre tiveram como objetivo regular e fiscalizar os serviços públicos, podendo ser conceituadas como qualquer órgão da Administração Direta ou Indireta cuja função é regular a matéria específica que lhe está afeta à sua área de atuação, tendo como quatro características principais: independência política dos gestores, que são investidos de mandatos e com estabilidade nos cargos durante um determinado prazo, independência decisional, predominando as motivações apolíticas de seus atos, independência normativa, necessária para o exercício regulador dos setores sob sua competência, e independência orçamentária, gerencial e financeira, ampliada através de contratos de gestão celebrados com o respectivo órgão supervisor da Administração Direta. O poder regulatório das agências reguladoras abarca toda de organização da atividade econômica através do Estado, seja a intervenção através da concessão de serviço público ou o exercício do poder de polícia, interessando a este artigo a primeira forma de intervenção, uma vez que constitui a maior inovação no direito administrativo brasileiro, tendo inclusive o papel de ouvir denúncias e reclamações dos usuários além de solucionar os conflitos de

---

1. No direito brasileiro, existem, desde longa data, entidades com função reguladora, ainda que sem a denominação de agências. Manoel Gonçalves Ferreira Filho, em trabalho sobre o papel das agências reguladoras e fiscalizadoras, publicado na *Revista Fórum Administrativo*, ano 1, n. 3, p. 253-257, menciona, no início do século passado, no período de 1930-1945, o Comissariado de Alimentação Pública (1918), o Instituto de Defesa Permanente do Café (1923), o Instituto do Açúcar e do Álcool (1933), o Instituto Nacional do Mate (1938), o Instituto Nacional do Sal (1940), todos esses institutos instituídos como autarquias econômicas, com finalidade de regular a produção e o comércio. Além desses, podem ser mencionados outros exemplos, como o Banco Central, o Conselho Monetário Nacional, a Comissão de Valores Mobiliários e tantos outros órgãos com funções normativas e de fiscalização (DI PIETRO, Maria Sylvia Zanella. *Direito Administrativo*. 32. ed. Rio de Janeiro: Forense, p. 1057).

consumo nas suas áreas de atuação, conforme Di Pietro.[2] Além da função regulatória das agências reguladoras surge a função de solucionar os conflitos entre usuários de serviços públicos e concessionários, conforme afirma Wald e Moraes.[3]

Outro ponto relevante das agências reguladoras diz respeito à participação do usuário, visto que o atendimento aos direitos do usuário é um dos objetivos principais da prestação de serviços públicos, sendo evidente que a participação ativa e direta deste em todos os estágios da gestão do setor deve ser desejada por ser uma forma de exercício da democracia através da participação ativa e direta dos cidadãos na administração pública. A experiência internacional das agências reguladoras também aponta para a importância da participação dos usuários, que se dá no Reino Unido por meio de comitês integrados por representantes dos consumidores, em cada concessionária, que emitem opiniões sobre aspectos inerentes à regulação, nos EUA através da figura da audiência pública que é utilizada para determinados fins, entre eles a regulamentação das tarifas, havendo no Brasil tal previsão de audiência pública na lei da ANATEL.

A participação dos usuários deve ser voltada para a garantia dos seus direitos, devidamente explicitadas em regulamento e nos contratos de concessão de serviços públicos, para a prática de tarifas ou preços justos para a melhoria contínua da qualidade do serviço e do atendimento prestado pelos concessionários, para o desenvolvimento tecnológico e práticas eficientes que contribuam para a modicidade tarifária, para a proteção ao meio ambiente, para a implementação das políticas setoriais como a universalização dos serviços, e para a atuação descentralizada, de forma a aproximar a ação reguladora dos consumidores ou usuários.

Para que haja respeito aos usuários é necessário que as agências levem em conta as noções de equilíbrio de interesses (neutralidade), de tratamento isonômico, de prestação de contas, de transparência, de imparcialidade, de gestão ágil e eficiente, de credibilidade, de participação de usuários ou consumidores e operadores no processo regulatório e de diálogo e comunicação permanente com todos os segmentos que interajam com o setor regulado. Desta feita, nota-se que os desafios para as agências reguladoras são os de serem reconhecidas como instituições que atendem ao interesse público, o de atender às expectativas dos consumidores ou usuários, investidores e sociedade, o de

---

2. As atribuições das agências reguladoras, no que diz respeito à concessão, permissão e autorização de serviço público reúne-se ou deveriam resumir-se às funções que o poder concedente exerce nesses tipos de contratos ou a de delegação: regulamentar os serviços que constituem objeto da delegação, realizar o procedimento licitatório, para a escolha do concessionário, permissionário ou autorizativo, celebrar o contrato de concessão ou permissão, (...) exercer o papel de ouvidor de denúncias e reclamações dos usuários, enfim exercer todas as prerrogativas que a lei outorga ao Poder Público na concessão, permissão e autorização. (DI PIETRO, Maria Sylvia Zanella. *Direito Administrativo*. 32. ed. Rio de Janeiro: Forense, 2019, p. 1063).
3. Paralelamente à disciplina legislativa e regulamentar, que reúne as normas e critérios ordenadores de cada um dos setores objeto de concessão de serviços públicos ao empresário privado, surgem os organismos constituídos pelo Poder Público, para normatizar, aplicar as normas legais, regulamentares e contratuais da atividade sob sua tutela, outorgar e rescindir os contratos de concessão, bem como fiscalizar os serviços concedidos, além de funcionar, em muitos casos, como instância decisória dos conflitos entre as empresas concessionárias e os usuários (WALD, Arnoldo; MORAES, Luiza Rangel de. Agências reguladoras. *Revista de informação legislativa*, a. 36, n. 141, , p. 144-145, Brasília, jan.-mar. 1999).

disseminar a cultura da regulação, o de conquistar a independência e a autonomia e o de contribuir para delimitar as fronteiras entre agências, governo e mercado, além do grande desafio que é o de resolver as controvérsias entre usuários de serviços públicos e concessionários, desafio esse ressaltado por Vilela.[4]

Para que o papel de mediador das agências reguladoras possa ser cumprido de maneira eficaz e eficiente, faz-se necessária a utilização de tarifas módicas, medidas punitivas, padrões de desempenho que permitam acompanhar os processos, devendo, ainda, desenvolver uma capacidade de resposta rápida para desafios econômicos complexos, além de elaborar um conjunto de propostas e instrumentos legais que complementem a regulamentação setorial, sendo relevante a observação de Cuellar.[5] Assim, nota-se que dentro da noção básica das agências reguladoras está a competência de dirimir conflitos no seu âmbito de competência, conforme ensina Efing.[6]

Apresentadas as noções básicas sobre as agências reguladoras no Brasil e ressaltando a sua atribuição de dirimir controvérsias através do qual se instaura uma espécie de contencioso administrativo normal com possibilidade de recurso ao Poder Judiciário e com o objetivo de resolver lides entre as concessionárias e os consumidores usuários de serviços públicos, será feita uma análise do que vem a ser o sistema de múltiplas portas previsto no novo Código de Processo Civil brasileiro.

2. O SISTEMA DE RESOLUÇÃO DE CONFLITOS DE MÚLTIPLAS PORTAS NO NOVO CÓDIGO DE PROCESSO CIVIL

Sabe-se que o Poder Judiciário brasileiro está abarrotado de demandas judiciais que poderiam ser resolvidas de forma extrajudicial. Um dado alarmante é que se tem cerca de cem milhões de processos em tramitação para uma população de aproximadamente duzentos milhões de habitantes. Em virtude disso, o Poder Judiciário pode entrar em um colapso se nada for feito para conter o crescimento das demandas submetidas à apre-

---

4. Também faz parte do rol de atividades das agências reguladoras a sua competência para dirimir conflitos, o que alcança não apenas a adoção de medidas *ex officio*, mas também a solução de controvérsias que podem envolver a Administração e pessoas privadas ou somente pessoas privadas. Ademais, as agências reguladoras de serviços públicos detêm competência para decidir administrativamente conflitos entre delegatários, o poder concedente, a própria agência e usuários (VILELA, Danilo Vieira. *Agências reguladoras e a efetivação da ordem econômica-constitucional brasileira*. Salvador: JusPodivm, 2018, p. 63).
5. Mais importante que a sua forma (estrutura jurídica originária) e o objetivo visado em sua criação (expedir atos regulamentares e de controle e fiscalização) é a sua caracterização pela feição técnica. Isto é, são órgãos cuja estrutura técnico-científica, seu corpo de agentes, é direcionado especificamente ao serviço público (ou atividade econômica) posto à sua guarda. A agência reguladora, é assim, um organismo técnico, não político, que recebe competência sobre determinados assuntos e executa a fiscalização com autonomia. Esta é a sua especificidade e novidade no sistema político e jurídico brasileiro (CUÉLLAR, Leila. *As agências reguladoras e seu poder normativo*. São Paulo: Dialética, 2001, p. 65).
6. Ademais, as agências reguladoras possuem competências decisórias, ou seja, resolvem conflitos, em âmbito administrativo, entre os agentes econômicos que atuam no setor e entre eles e os consumidores. Por exemplo, a Lei da Anatel prevê que ela comporá administrativamente os conflitos de interesses entre as prestadoras dos serviços de telecomunicações (art. 19); a Lei da Aneel atribui a essa agência o poder de dirimir divergências entre os delegatários, bem como entre eles e seus consumidores (art. 3º, V) (EFING, Antônio Carlos. *Agências Reguladoras e a Proteção do Consumidor Brasileiro*. Paraná: Juruá, 2009, p. 69).

ciação dos juízes, o que pode fazer com que temas de verdadeira relevância deixem de ser apreciados ou sejam apreciados tardiamente. Da mesma forma, é fato incontroverso que o Judiciário, há vários anos, já não se revela um espaço amigável à resolução de conflitos, produzindo respostas lentas e pouco satisfatórias aos jurisdicionados, mais bem identificados como estatística de julgamento, do que titulares de pretensões legítimas.

Em outras palavras, o Judiciário tem um orçamento inflado e mal executado, estando num colapso econômico-financeiro, mesmo consumindo 1.3% do PIB nacional.[7] Contudo, em outros países que melhor gerenciam sua Justiça, esse percentual é substancialmente menor, como é o caso do Reino Unido (0,14%), Estados Unidos (0,14%) e Espanha (0,12%).[8] Apenas o Tribunal de Justiça do Rio Grande do Sul consome o equivalente a três vezes o orçamento de todo o Judiciário argentino.[9]-[10] Não é difícil se convencer de que é preciso aprofundar o conceito de justiça "multiportas" (sistema de múltiplas portas),[11] pois o Judiciário será uma forma de terceirização do conflito, em que, necessariamente, haverá um perdedor e um ganhador, enquanto em soluções autônomas como através da convenção coletiva ambos os contendores saem vitoriosos.

O consumidor deve despertar para a necessidade de assumir responsabilidades e fazer escolhas conscientes, sobretudo no âmbito da solução de seus conflitos com o fornecedor, passando a ter uma postura menos dependente em relação à mítica imagem construída do juiz como o "redentor" dos problemas sociais. No atual momento, vive-se um clima de desconfiança recíproca entre consumidores e fornecedores, uma espécie de "paz armada" no aspecto informacional e comportamental. O consumidor não acredita nas informações do empresário e sim no testemunho de outros consumidores por meio de sites especializados (Ex: Reclame aqui, consumidor.gov.br) ou no relato de experiências anteriores em plataformas virtuais de intermediários, que oferecem essa ferramenta como importante critério de escolha, qualificando a oferta no mercado para muito além do preço e das condições de pagamento dos bens de consumo. O fornecedor, por sua vez, menospreza a importância do consumidor ao omitir informações essenciais ao consumidor, premeditando influenciar negativamente a liberdade de escolha pela supressão de dados que possam influir negativamente na opção do consumidor, aumentando, sobremaneira, a conflituosidade social. E o único consenso entre eles parece ser o descrédito do Estado como mediador responsável e verdadeiramente engajado na harmonização das relações de consumo. Vivemos um momento de muitas incertezas no âmbito da tutela do consumidor, marcado pela involução legislativa, abstencionismo estatal como mediador responsável, sobretudo no exercício de sua atividade regulatória

---

7. CONSELHO NACIONAL DE JUSTIÇA. *Justiça em Números 2016: ano-base 2015*. Brasília: CNJ, 2016, p. 33. Disponível em http://www.cnj.jus.br/files/conteudo/arquivo/2016/10/b8f46be3dbbff344931a933579915488.pdf. Acesso em: 23 dez. 2016.
8. DA ROS, Luciano. O custo da Justiça no Brasil: uma análise comparativa exploratória. *Newsletter* – Observatório de elites políticas e sociais do Brasil. NUSP/UFPR, v. 2, n. 9, p. 4, jul. 2015.
9. DA ROS, loc. cit.
10. CONSELHO NACIONAL DE JUSTIÇA, 2016, p. 33 et. seq.
11. Multidoor Courthouse System (SALES, Lilia Maia de Morais; SOUSA, Mariana Almeida de. O sistema de múltiplas portas e o Judiciário brasileiro. *Direitos fundamentais & Justiça*, ano 5, n. 16, p. 205, jul.-set. 2011).

do serviço público e na execução do poder de polícia fiscalizatório para combater as práticas abusivas do mercado, sendo muitas vezes complacente com o ilícito.

Muito mais grave foi a constatação da queda da "última fronteira" de proteção aos interesses do consumidor: a indiferença inquietante do Judiciário às pretensões legítimas do consumidor, num esforço crescente de menosprezo e banalização do consumo como assunto de segunda categoria a partir de alguns clichês como o mero aborrecimento, o enriquecimento sem causa etc. A partir de muitas decisões desconcertantes do Judiciário brasileiro, que colocaram bens jurídicos relevantes do consumidor como a preservação de sua incolumidade, ou mesmo o direito à própria administração do seu tempo (considerado hoje o bem mais precioso numa sociedade excessivamente dinamizada e voltada para a produção econômica) num arriscado patamar de depreciação valorativa e que sugere aos agentes econômicos de consumo que atuar na infra legalidade compensa, ou seja, o custo da oportunidade de lesar o consumidor no atacado e ser condenado no varejo justifica a economia no processo produtivo e, consequentemente, no aprimoramento da qualidade e segurança dos produtos e serviços colocados no mercado de consumo.

A banalização das pretensões consumeristas já revela que o Judiciário, há muito, enxerga o consumidor como mera estatística de produtividade e o seu respectivo advogado como terceiro interessado em dividir com os autores das múltiplas demandas pulverizadas de consumo os benefícios econômicos daquela que se tornou uma "aventura" judicial. Vê-se, portanto, que a opção por uma atuação individual, pulverizada e desconcertada do consumidor o tem levado a um labirinto forense sem saída, justamente por desconhecer e, em muitos casos, não acreditar na eficácia de meios alternativos à solução desses conflitos, como ocorre com as subutilizadas transação e convenção coletivas de consumo, assim como nas demandas administrativas no âmbito das agências reguladoras, o que também denota sua própria descrença em sua capacidade autônoma de mudar o comportamento dos agentes econômicos do mercado e, ainda, balizar as metas e compromissos governamentais. Urge, portanto, que outras vias de acesso sejam utilizadas para a tutela dos direitos do consumidor sem a necessidade do roteiro judicial para o cumprimento das determinações constitucionais, conforme descreve Nalini.[12]

Partindo da urgência acima descrita, o Código de Processo Civil brasileiro em seu art. 3º, § 3º, prevê que a conciliação, a mediação e outros métodos de solução consen-

---

12. O processo pode não ser a única solução para resolver um conflito entre pessoas. Estas, no início da civilização, faziam justiça pelas próprias mãos. E a solução era temerária, pois não havia necessária proporção entre a ofensa e a reação. Daí o progresso da chamada lei de talião, a trazer a proporcionalidade: olho por olho, dente por dente. Num estágio qualitativamente superior, encontrou-se o processo como a alternativa mais civilizada de composição de controvérsias. Entrega-se a um terceiro oficial e neutro – o Estado-juiz – a incumbência de solucionar os desentendimentos. Este estágio civilizatório em que a humanidade hoje se encontra. Mas a exaustão do modelo é algo que não pode ser desconsiderado. O processo judicial converteu-se na única resposta que se oferece para todo e qualquer embaraço no relacionamento. A procura pelo Judiciário foi tão excessiva, que o congestionamento dos tribunais inviabiliza o cumprimento de um comando fundante incluído a Carta Cidadã pela Emenda Constitucional 45/2004: a duração razoável do processo (NALINI, José Renato. É urgente construir alternativas à justiça. In: ZANETI JÚNIOR, Hermes; CABRAL, Trícia Navarro Xavier (Coord.). *Justiça Multiportas*. Mediação, conciliação, arbitragem e outros meios adequados de solução de conflitos. Salvador: JusPodivm, 2018, p. 30-31).

sual de conflitos deverão ser estimulados por juízes, advogados, defensores públicos e membros do Ministério Público, inclusive no curso do processo judicial. Antes mesmo do novo Código de Processo Civil brasileiro, o Conselho Nacional de Justiça já havia editado a Resolução 125 de 2010, dispondo sobre a política judiciária nacional de tratamento adequado dos conflitos de interesses no âmbito do Poder Judiciário na qual constou que cabe ao Judiciário estabelecer política pública de tratamento adequado dos problemas jurídicos e dos conflitos de interesses, que ocorrem em larga e crescente escala na sociedade, visando organizar, em âmbito nacional, não somente os serviços prestados nos processos judiciais, como também os que possam sê-lo mediante outros mecanismos de solução de conflitos, ressaltando o fato de que a conciliação e a mediação são instrumentos efetivos de pacificação social, solução e prevenção de litígios, assim como os resultados positivos já demonstrados nos locais em que foram implementadas, contribuindo para reduzir a excessiva judicialização dos conflitos de interesses, a quantidade de recursos e de execução de sentenças.

Nesse contexto, o Sistema de Múltiplas Portas tem o objetivo de disponibilizar opções às partes envolvidas em um litígio com métodos alternativos ao Poder Judiciário para a resolução de conflitos, dando às partes mais alternativas com maior facilidade em encontrar uma forma de solução mais adequada ao conflito cerne da demanda. Essa diversidade de opções é que dá o nome ao sistema de múltiplas portas. A importância da solução extrajudicial de conflitos cresceu juntamente com a preocupação e o interesse pela adoção de alternativas ao processo convencional, uma vez que questões como a longa duração do processo, o custo global para a tramitação do processo e a incerteza sobre o resultado da lide despertou vários meios mais racionais de solução de conflitos.

O Código de Processo Civil brasileiro fala em conciliação, mediação e outros meios de solução de conflitos. Conciliação vem a ser uma solução autônoma que reflete a capacidade de cada qual dos interessados escolher o que é melhor para si sem a imposição de vontade por um terceiro. Mediação também é um sistema utilizado no Brasil de inspiração dos EUA que proporciona economia de tempo e de dinheiro, o controle do processo pelas partes, a obtenção de acordos mais satisfatórios. Outro sistema de múltiplas portas previsto no Processo Civil é a arbitragem, porém no novo CPC perdeu espaço para a mediação, por esta ser mais célere, econômica e ter resultados mais satisfatórios. Com a retirada do ritualismo e do formalismo exagerado, os meios alternativos de solução de litígios surgem como potencial para efetivamente resolver problemas. Em resumo, nota-se que a solução judicial dos conflitos perde primazia para as medidas alternativas que permitem a autocomposição. A principal particularidade do sistema de Múltiplas Portas diz respeito à sua fase inicial, na qual os conflitos são analisados e distribuídos para a porta adequada para a maior chance de êxito no seu tratamento, como no caso de uma situação envolvendo familiares e relações continuadas, o encaminhamento deverá ser diferente daquele proferido em uma circunstância na qual configura como parte uma instituição bancária ou pessoas que nem se conheçam. A racionalização da solução das demandas é o que faz a diferença, pois visa encontrar o procedimento mais compatível com o conflito, conseguindo assim ampliar as vantagens e chances de êxito e, por conseguinte, reduzir as desvantagens, conforme afirma Sales.[13]

Nesse sentido, é importante o surgimento de mais métodos nesse Sistema de múltiplas portas, porém com cautela, destacando-se que os métodos alternativos de resolução de controvérsias não devem ser estanques. Desta feita, verifica-se quão trabalhosa é a fase de triagem, devendo-se definir parâmetros e meios de identificar as causas do conflito, a fim de ser realizada a devida distribuição. Ressalte-se ser possível que sejam feitas combinações de procedimentos é que se diz não haver um rol taxativo. Portanto, nota-se que é possível e até recomendável a utilização dessa sistemática de múltiplas portas paralelamente a atuação do Poder Judiciário, sendo ainda fundamental manter-se aberto às possibilidades que se apresentam, especialmente quando o impacto na maneira de se avaliar e tratar as relações sociais pode ser complexo e profundo.

Os procedimentos extrajudiciais têm o objetivo de fazer com que a decisão seja tomada de uma forma justa, atendendo às características de cada um dos institutos, sem afastar a importância do Poder Judiciário, apesar de não estar conseguindo garantir para a população toda a eficiência necessária. Como dito alhures, há muitos conflitos e vários métodos que podem vir a auxiliar o sistema Judiciário como alternativas informais desde que realizadas corretamente, garantindo justiça, tendo-se em mente a necessidade de simplificação do Direito para aproximar o cidadão, conforme Wrasse e Dorneles.[14]

Através da utilização desse sistema de múltiplas portas, pode-se chegar a uma resposta dentro de um contexto de cooperação entre os envolvidos, através da administração positiva do conflito, por meio de uma cultura oriunda do consenso, com o propósito

---

13. Destaca-se, ainda, que o sistema de multiportas reconhece que partes e conflitos determinados são mais bem assistidos com métodos específicos de resolução de conflitos. No entanto, ao passo que opções se proliferam, escolher a melhor opção pode se tornar um problema em si. O Sistema das Múltiplas Portas, no qual os conflitos são analisados e levados ao método alternativo de resolução de conflitos apropriados, pode ser uma resposta a esse tipo de problema. Nesse caso, um litigante seria canalizado pela seleção da entrada à porta correta no sistema de múltiplas portas. As multiportas têm o poder de fazer com que todos os serviços de resolução de conflitos estejam disponíveis em um único local, incluindo aí a seleção de entrada, passo inicial. É claro que em situações apropriadas, as partes litigantes podem ser aconselhadas a procurar procedimentos de resolução de conflitos externos à corte que abriga o sistema de multiportas, mas em geral, o sistema de múltiplas portas atua como um centro de parada única para a solução de conflitos (SALES, Lilia Maia de Morais. O Sistema de Múltiplas Portas e o judiciário brasileiro. *Direitos fundamentais & justiça* – ano 5, n. 16, p. 204-220, jul./set. 2011. Disponível em: https://www.researchgate.net/publication/326707190. Acesso m: 15 maio 2020, p. 209).
14. A necessidade social faz com que os instrumentos classificados como alternativos sejam mais valorizados. No entanto, essa rotulação não é condizente no viés técnico e histórico. Em primeiro lugar, por não ser a via jurisdicional a mais antiga forma de solucionar conflitos e, em segundo, porque os meios chamados alternativos não excluem o judicial. O que ocorre é uma complementação. O Fórum Múltiplas Portas não vem à tona simplesmente para descongestionar o Judiciário abarrotado de processos. Ele é uma opção positiva de tratamento de controvérsias. Nesse aspecto, os conflitos podem ser considerados como negativos quando as partes não encontram uma solução satisfatória para o problema. Já quando administrados de forma condizente/adequada, os envolvidos resolvem a dificuldade, estabelecendo uma situação de ganhos mútuos (WRASSE, Helena Pacheco; DORNELLES, Guilherme. O fórum múltiplas portas e os possíveis caminhos para solucionar os conflitos. In: SPENGLER, Marion; SPENGLER NETO, Teobaldo. *Do conflito à solução adequada*. Santa Cruz do Sul: Essere Neo Mundo, 2015, p. 43).

de tornar a vida em sociedade uma experiência mais enriquecedora. Reencontrar o caminho para uma tutela administrativa confiável do consumidor por meio das agências reguladoras, portanto, contribuiria para o resgate da autoestima cívica do indivíduo, o que repercutiria no aprimoramento do serviço. Feita a análise do sistema de múltiplas portas, será averiguado no próximo tópico a atuação das agências reguladoras dentro desse sistema e sua relação com a resolução extrajudicial de demandas no âmbito da plataforma digital consumidor.gov.

3. O PLANO NACIONAL DE CONSUMO E CIDADANIA E A ANÁLISE DA ATUAÇÃO DAS AGÊNCIAS REGULADORAS NO SISTEMA DE MÚLTIPLAS PORTAS PREVISTO NO NOVO CÓDIGO DE PROCESSO CIVIL POR MEIO DA PLATAFORMA DIGITAL CONSUMIDOR.GOV

No âmbito federal, a tutela administrativa estratégica do consumidor, em razão de sua gradual evolução e reconhecimento políticos, teve a coordenação das respectivas políticas públicas a cargo da Secretaria Nacional de Direito Econômico e, sucessivamente, pelo Departamento Nacional de Proteção e Defesa do Consumidor-DPDC e, mais tarde, por força do Decreto 7.963, de 15.03.2013, foi aprovado o Plano Nacional de Consumo e Cidadania, que instituiu a Secretaria Nacional do Consumidor, órgão executivo e integrante do Ministério da Justiça.

Para Miragem,[15] a partir do Plano Nacional de Consumo e Cidadania, foi possível corrigir o direcionamento das políticas públicas na defesa do consumidor, em especial o problema relacionado à atuação desconcertada e, muitas vezes, atomizada de um ou outro órgão nas três instâncias federativas, sob a premissa equivocada de que a competência específica de uns era excludente da autuação dos demais. O Plano Nacional de Consumo e Cidadania, sob a execução da Secretaria Nacional do Consumidor, atua na prevenção e redução de conflitos, regulação, fiscalização e fortalecimento do Sistema Nacional de Defesa do Consumidor, conforme definido pelo artigo 4º do Decreto 7.963, de 15.03.2013.

No atinente à prevenção e redução de conflitos, o artigo 5º do decreto estabelece as seguintes ações: a) aprimoramento dos procedimentos de atendimento ao consumidor no pós-venda de produtos e serviços; b) criação de indicadores e índices de qualidade das relações de consumo e; c) promoção da educação para o consumo, incluída a qualificação e capacitação profissional na defesa do consumidor. Vê-se, portanto, que o diagnóstico da realidade social implícito no decreto foi preciso, ao fortalecer o controle preventivo de conflitos de consumo, através da difusão da informação qualificada ao consumidor acerca da qualidade e segurança dos bens de consumo como um trunfo determinante para a redução desse natural antagonismo entre a livre iniciativa e a proteção do destinatário final, permitindo ao consumidor, com base nos indicadores estatísticos e padrões de qualidade, prévia e amplamente difundidos no mercado, exercer sua liberdade de

---
15. MIRAGEM, Bruno. *Curso de Direito do Consumidor*. 6. ed. rev., atual. e ampl. São Paulo: Ed. RT, 2013. p. 281.

escolha de maneira fundamentada.[16] Prossegue o autor questionando o modelo de atuação repressiva do Estado como insuficiente.[17]

O plano, portanto, revela as virtudes da prevenção, redução e dos meios alternativos à solução de conflitos, pois embora estes últimos não sejam tratados diretamente no decreto, acabam sendo incentivados por força na nova filosofia de atuação pacificadora do Estado no âmbito das relações de consumo, através de sua intermediação entre os agentes do mercado, através, por exemplo, de estímulos aos canais de atendimento das próprias empresas, das agências reguladoras e, principalmente, do resgate da importância da convenção coletiva de consumo. Quanto ao eixo regulatório e fiscalizatório estatal, hoje considerados graves pontos de estrangulamento do SNDC, é proposta uma permanente avaliação no mercado quanto ao impacto regulatório sob a perspectiva dos direitos do consumidor, bem como a criação e o aperfeiçoamento dos mecanismos já existentes de garantia dos seus direitos e, também, maior efetividade do poder fiscalizatório, através do aprimoramento do procedimento de cobrança e exigibilidade das sanções administrativas, em especial, das multas, pois quando não impugnadas formalmente na instância administrativa, são suspensas e, consequentemente, canceladas pelo Judiciário, seja por vício legislativo ou material, havendo, ainda, o instituto da prescrição administrativa para aniquilar as multas remanescentes. Quanto à meta de fortalecimento do Sistema Nacional de Defesa do Consumidor, houve um estímulo à interiorização e ampliação do atendimento ao consumidor, com especial enfoque à municipalização e fortalecimentos dos PROCONS, bem como o incentivo à participação social. A partir do Decreto 7.963/2013, criou-se a Câmara Nacional das Relações de Consumo, no âmbito do Conselho de Governo, formada por um Conselho de Ministros e um Observatório Nacional das Relações de Consumo.

O Observatório Nacional das Relações de Consumo tem funções estratégicas de promover estudos e formular propostas para consecução dos objetivos do Plano Nacional de Consumo e Cidadania e acompanhar a execução das políticas públicas, programas e ações do Plano Nacional de Consumo e Cidadania, sendo composto, conforme previsão no parágrafo 1º do artigo 11, por uma Secretaria Executiva e de Comitês Técnicos divididos pelos assuntos Consumo e Regulação, Consumo e Turismo e Consumo e

---

16. De fato, em um mercado de consumo massificado e em constante transformação, e especialmente em vista da realidade brasileira de inclusão de consumidores mediante elevação do nível de renda de grandes contingentes da população, a concentração da atuação administrativa no exercício do poder de polícia para a fiscalização e repressão de infrações a direitos dos consumidores revela-se insuficiente. A prevenção e redução de conflitos vêm se afirmando, aliás, como uma das grandes linhas de compreensão do direito contemporâneo. O custo e o tempo dos conflitos revelam-se como fatores que comprometem a satisfação dos interessados com a decisão jurídica que deles resulta, tanto no âmbito administrativo, quanto judicial (MIRAGEM, Bruno. *Curso de Direito do Consumidor*. 6. ed. rev., atual. e ampl. São Paulo: Ed. RT, 2013. p. 283).
17. Por outro lado, a exclusividade ou preponderância do modelo de atuação *a posteriori* do Estado, no domínio das relações de consumo, revela-se ineficiente. Permite aos infratores a padronização da conduta infratora e a internalização de seus custos de acordo com o tempo que separa a obtenção de vantagens indevidas e o de que, em situações proporcionalmente muito reduzidas frente ao contingente de lesões cometidas, são obrigados a restituir, indenizar ou ainda, submetem-se a sanções administrativas decorrentes do ilícito (MIRAGEM, Bruno. *Curso de Direito do Consumidor*. 6. ed. rev., atual. e ampl. São Paulo: Ed. RT, 2013, p. 283).

Pós-Venda. A atuação das agências reguladoras também se insere perfeitamente no sistema de múltiplas portas previsto no novo Código de Processo já vinha sendo desenhada pelas suas leis de criação dentro de suas atribuições conforme pode ser visto no art. 3º, V, da Lei 9.427/1996 que criou a Agência Nacional de Energia Elétrica (Aneel).[18]

Outra previsão normativa que explicita o sistema de múltiplas portas no âmbito das agências reguladoras se deu no regimento interno da Agência Nacional de Telecomunicações (Resolução 612/2013) que foi mais além e previu o mecanismo da mediação em seu artigo 93, além de criar um procedimento padrão em seu art. 94.[19]

O procedimento de mediação dentro das agências reguladoras, seguindo o rito acima, pode variar quanto ao prazo de duração em razão da complexidade do conflito, dos avanços (e eventuais retrocessos) feitos no curso de seu desenvolvimento, da maior ou menor vontade das partes de resolver o problema de forma amigável, através de atitudes colaborativas, devendo haver sempre um controle do tempo cronológico,

---

18. BRASIL. Lei 9427/1996. Art. 3º Além das atribuições previstas nos incisos II, III, V, VI, VII, X, XI e XII do art. 29 e no art. 30 da Lei 8.987, de 13 de fevereiro de 1995, de outras incumbências expressamente previstas em lei e observado o disposto no § 1º, compete à ANEEL:
    V – dirimir, no âmbito administrativo, as divergências entre concessionárias, permissionárias, autorizadas, produtores independentes e autoprodutores, bem como entre esses agentes e seus consumidores.
19. Art. 93. As prestadoras de serviços de telecomunicações poderão requerer à Anatel a instauração do Procedimento de Mediação, visando a solução consensual de questões relativas ao reconhecimento ou atribuição de direitos.
    Art. 94. O Procedimento de Mediação observará as seguintes regras:
    I – a autoridade competente exercerá o juízo de admissibilidade do Requerimento Inicial, nos termos deste Regimento;
    II – admitido o Requerimento Inicial, o qual deverá ser assinado por todas as partes, a autoridade competente procederá à instauração do processo;
    III – instaurado o processo, as partes serão intimadas a comparecer à reunião para tentativa de acordo;
    IV – no dia, hora e local designados, realizar-se-á a reunião, na qual as partes deverão fazer-se representar por prepostos com poderes para transigir e demais poderes especiais aplicáveis ao caso;
    V – durante a reunião, as partes poderão solicitar prazo adicional, certo e definido, para apresentação de proposta de acordo;
    VI – a síntese dos fatos ocorridos na reunião e de seus resultados será registrada em Ata própria a ser assinada pelas partes e pela autoridade competente;
    VII – alcançado o consenso, as partes celebrarão Termo de Acordo;
    VIII – o Termo de Acordo será submetido à autoridade hierarquicamente superior à autoridade instauradora do processo que, constatando sua conformidade com a regulamentação, realizará sua homologação;
    IX – não tendo sido alcançado o consenso, e sendo a vontade das partes, poderá ser agendada nova reunião, até o limite máximo de 3 (três) reuniões;
    X - não alcançado consenso, as partes poderão optar pela proposição de procedimento administrativo de resolução de conflitos diverso, ocasião em que a autoridade hierarquicamente superior à autoridade instauradora do processo declarará extinto o processo.
    § 1º A ausência injustificada de qualquer das partes à reunião ou a indicação de que não haverá consenso, ensejará a extinção do processo.
    § 2º As partes que não alcançarem o consenso durante o processo ficarão impedidas de apresentar novo pedido de mediação com o mesmo objeto pelo prazo de 12 (doze) meses, contados da extinção do feito.
    § 3º É irrecorrível a decisão que homologa o acordo entre as partes, a qual terá plena validade e vinculará as partes a partir de sua homologação, e o seu descumprimento poderá ensejar a instauração de Pado.

buscando resolução dos conflitos que contemplem os interesses dos envolvidos através do estímulo ao consenso pelo diálogo, conforme afirma Passos.[20]

Para uma boa gestão do sistema de múltiplas portas, é de extrema relevância que as agências reguladoras sigam os ditames da Lei 9.784/1999, fundamentalmente no que concerne à conduta da administração pública pautada em na lei e no Direito, nos padrões éticos de probidade, decoro e boa-fé, à objetividade no atendimento do interesse público, dentre outras, condutas essas que encontram harmonia ideal com as práticas da mediação, devendo ser um processo célere que pressupõe a objetividade, clareza e transparência na comunicação do mediador com as partes. Outro ponto que deve ser seguido pelas agências reguladoras é o que se refere à efetividade das técnicas conciliatórias dentre as quais está a utilizada por meio da plataforma consumidor.gov.

Tal efetividade das técnicas conciliatórias no âmbito das agências reguladoras é o ponto chave para que o sistema de múltiplas portas seja procurado pelos usuários de serviços públicos em vez de ir diretamente às portas do Poder Judiciário. Assim, o papel das agências reguladoras deve ser útil para dirimir as divergências entre concessionários, permissionários, autorizados, bem como entre esses agentes e os consumidores, para resolver os conflitos decorrentes da ação reguladora e fiscalizadora no âmbito dos serviços de suas áreas de atuação, nos termos da legislação em vigor, para prevenir a ocorrência de divergências, para proferir a decisão final, com força determinativa, em caso de não entendimento entre as partes envolvidas; e para utilizar os casos mediados como subsídios para regulamentação.

Para tornar ainda mais eficiente, os meios eletrônicos, neles inserida a plataforma consumidor.gov, devem ser usados na intermediação de conflitos entre agentes regulados e consumidores, principalmente em casos de baixa gravidade, através de plataformas próprias ou de terceiros que permitem aos consumidores e agentes regulados solucionarem conflitos no ciberespaço, devendo as agências reguladoras induzirem os agentes econômicos regulados a corrigir de modo voluntário atos que eventualmente estejam em desconformidade com as normas vigentes, conforme Guerra e Salinas.[21]

---

20. Nos procedimentos de construção de consenso, abandona-se a via adversarial (ataque, defesa e averiguação de provas com vistas a aferir ganhador e perdedor). No processo de MEDIAÇÃO é privilegiado o diálogo produtivo (para a compreensão mútua) e escuta ativa (mediador dá voz e vez às partes, fazendo perguntas que geram reflexões e que legitimam a fala de cada uma das partes para colocarem seus interesses e necessidades) (PASSOS, Célia Maria Oliveira. *Prática da Mediação na Agência Nacional de Telecomunicações* – Anatel. Dissertação (Mestrado em Direito e Sociologia) – Centro de Estudos Gerais/Centro de Estudos Sociais Aplicados, Universidade Federal Fluminense, Niterói, 2008, p. 118).

21. Os meios eletrônicos de resolução de conflitos são também muito utilizados para o aprimoramento das ações fiscalizatórias e sancionadoras das agências. A gestão dos meios de resolução eletrônica de conflitos possibilita às agências monitorar as infrações cometidas por agentes regulados, permitindo-lhes, por exemplo, fiscalizar e punir infrações de maior gravidade ou práticas infratoras reiteradas. Por fim, a gestão dos meios de resolução eletrônica de conflitos permite que agências aprimorem suas funções normatizadoras, especialmente nos casos em que os agentes regulados descumpram as normas por falta de conhecimento ou de instrução, ou por dificuldade de se adaptar às exigências legais. Os meios eletrônicos de resolução de conflitos auxiliam, portanto, as agências reguladoras a desempenhar várias de suas competências. Diferentemente dos MERC geridos por

A Agência Nacional de Aviação Civil (ANAC) foi a primeira agência reguladora federal a aderir em dezembro de 2016 à plataforma consumidor.gov, que é um serviço público que permite a interlocução direta entre consumidores e empresas para solução de conflitos de consumo utilizando a internet, de forma célere e sem burocracia. Tal adesão se deu por meio de um Acordo de Cooperação Técnica firmado com a Secretaria Nacional do Consumidor (SENACON) do Ministério da Justiça e Segurança Pública, que é responsável pela gestão, disponibilização e manutenção da plataforma, cabendo a ANAC o monitoramento das reclamações registradas na plataforma e avaliação, em âmbito coletivo, dos serviços prestados pelas empresas do transporte aéreo, observando-se que o monitoramento deve ser periodicamente publicado por meio de boletins para dar transparência acerca dos mais relevantes itens de reclamação registrados na plataforma governamental consumidor.gov, além de averiguar o desempenho das empresas aéreas na solução das reclamações, disponibilizando aos consumidores informações adicionais para a escolha de serviços de transporte aéreo, nos moldes do objetivo estratégico da ANAC de garantir a regulação efetiva para a aviação civil, de forma a permitir a inovação e a competitividade do setor e de fortalecer a comunicação e o papel da agência.

A plataforma do consumidor.gov.br tornou-se, a partir do segundo semestre do ano de 2019, o sistema eletrônico de atendimento adotado pela ANAC para reclamações de consumidores contra empresas aéreas que atuem no Brasil com serviços de transporte aéreo. A partir de então, as empresas aéreas, tendo em vista o disposto no art. 39 da Resolução ANAC 400, de 13 de dezembro de 2016, passaram a ser obrigadas a aderir ao consumidor.gov, além de responder, no prazo, as reclamações registradas na plataforma. A ANAC por sua vez passou a acompanhar as reclamações feitas pelos consumidores na plataforma consumidor.gov, elaborando boletins trimestrais com a análise dos índices de solução de conflitos, dos índices de satisfação do consumidor e do tempo médio de resposta, averiguando que, em 2019, houve um índice de solução na plataforma superior a 71% com o tempo médio de resposta de 5,7 dias.[22]

Já em 2020, mesmo apesar da pandemia de Covid-19, o índice de solução foi de 80,7% para as empresas brasileiras, de 61,5% para as estrangeiras e de 76,8% no total, observando-se que no mesmo período do ano anterior, esse índice foi de 80,1% para as empresas brasileiras, de 59,4% para as empresas estrangeiras e de 74,4% no total. Entre as três empresas aéreas brasileiras que mais transportam passageiros, a Gol apresentou o maior índice de solução, da ordem de 91,3%, seguida da Azul (90,0%) e da Latam

---

atores privados, os mecanismos analisados neste artigo, geridos por órgãos públicos, desempenham funções múltiplas e variadas. Essas funções não são apenas extrajudiciais, mas também extrajurisdicionais, já que visam subsidiar iniciativas regulatórias das agências que extrapolam a atividade de resolução de conflitos (GUERRA, Sérgio; SALINAS, Natasha Schmitt Caccia. Resolução eletrônica de conflitos em agências reguladoras. *Revista Direito GV*. São Paulo, v. 16, n. 1, 2020. Disponível em: https://www.scielo.br/scielo.php?script=sci_arttext&pid=S180824322020000100402&tlng=p. Acesso em: 22 maio. 2020, p. 2).

22. BRASIL. Agência Nacional de Aviação Civil (ANAC). *Boletim de monitoramento do consumidor.gov.br. Transporte aéreo. 3º trimestre 2020*. Disponível em: https://www.anac.gov.br/consumidor/boletim-de-monitoramento. Acesso em: 24 jan. 2021.

(66,4%). Entre as seis empresas aéreas estrangeiras que mais transportam passageiros, a United Airlines foi a que apresentou o maior índice de solução, da ordem de 79,1%, seguida da Air France (76,6%), da Aerolíneas Argentinas (68,8%), da American Airlines (66,7%), da TAP Air Portugal (62,5%) e da Copa Airlines (57,8%). O tempo médio no terceiro trimestre de 2020, apesar de ter sido ampliado de 10 para 15 dias em virtude da pandemia do novo corona vírus a partir de 19/03/2020, foi de 3,3 dias para as empresas brasileiras, de 7,5 para as estrangeiras e de 4,1 no total. No mesmo período do ano anterior, esse índice foi de 4,6 dias para as empresas brasileiras, de 5,8 para as empresas estrangeiras e de 4,9 no total.[23]

Ainda no terceiro trimestre de 2020, 44,87% das reclamações foram respondidas pelas empresas brasileiras em até 1 dia e 7,98% do 10º ao 15º dia do prazo para resposta, observando-se que, no caso das empresas estrangeiras, 14,73% das respostas ocorreram em até 1 dia e 38,22% do 10º ao 15º dia, sendo que no total, foram respondidas em até 1 dia 38,97% das reclamações, enquanto 13,90% foram respondidas do 10º ao 15º dia. Os três temas mais reclamados foram, em relação às companhias brasileiras, o reembolso (25,4%), a oferta e compra (20,5%) e a alteração pela empresa aérea (20,4%), e quanto às empresas estrangeiras, os três temas mais reclamados foram: reembolso (37,4%), alteração pelo passageiro (33,6%) e alteração pela empresa aérea (13,0%). Outro aspecto relevante no levantamento de dados pela ANAC diz respeito ao seu atendimento às manifestações dos usuários, no período de janeiro de 2019 a dezembro de 2020, tendo respondido a maior parte delas dentro do prazo, cujo tempo máximo de espera foi de 5,19 dias, tudo isso como resultado do uso da plataforma consumidor.gov.[24] Assim, um desafio para a concretização dos direitos dos consumidores usuários de serviços públicos passa pelo fortalecimento dos mecanismos digitais e extrajudiciais de resolução de conflitos no âmbito dos serviços regulados, através da predisposição das agências reguladoras, com o intuito de resolver problemas com empresas prestadoras de serviços nas suas áreas de atuação.

Desta feita, está nas mãos das agências reguladoras a solução extrajudicial dos conflitos, principalmente entre concessionárias e os consumidores usuários de serviços públicos, seja para efetivamente encontrar soluções técnicas para as demandas, seja para, consequentemente, melhorar a prestação de tais serviços públicos. Portanto, utilizando-se mais o sistema de múltiplas portas previsto no novo Código de Processo Civil brasileiro, poder-se-á além de solucionar de forma mais efetiva e eficiente às demandas dos usuários, principalmente pelos meios digitais como a plataforma consumidor.gov, desobstruir as vias tradicionais do Poder Judiciário que ficará somente com casos de maior complexidade para serem tutelados coletivamente.

---

23. Idem.
24. BRASIL. Agência Nacional de Aviação Civil (ANAC). *Boletim de monitoramento do consumidor.gov.br. Transporte aéreo. 3º trimestre 2020*. Disponível em: https://www.anac.gov.br/consumidor/boletim-de-monitoramento. Acesso em: 24 jan. 2021.

CONCLUSÃO

O presente artigo teve como finalidade apresentar o conceito de agências reguladoras e suas atribuições, principalmente no que concerne à resolução digital e extrajudicial de demandas no chamado sistema de múltiplas portas previsto no novo Código de Processo Civil brasileiro. Para tanto, fora apresentada a concepção do que vem a ser o sistema de múltiplas portas, conforme previsto no art. 3º, § 3º, do CPC, cujo objetivo é solucionar de forma mais rápida e efetiva demandas sem a necessidade de submissão ao Poder Judiciário, ou seja, de forma extrajudicial, o que também pode ser visto no art. 4º, V, do Código de Defesa do Consumidor. Apresentadas as ideias básicas da concepção do sistema de múltiplas portas, foi feita sua relação com o papel das agências reguladoras na mediação de conflitos entre concessionárias e os consumidores usuários de serviços públicos.

Sob um panorama geral do Sistema Nacional de Defesa do Consumidor e a tutela administrativa têm-se que o Estado, mesmo com os mecanismos a postos que detém, ainda age como se isolado fosse nos assuntos referentes a maior efetividade e fiscalização das normas protetivas consumeristas. Percebe-se que mesmo com as várias agências reguladoras, atuando nos mais diferentes segmentos governamentais não há um planejamento ou aparato técnico capaz de acompanhar e mediar a progressão agressiva das práticas abusivas e os conflitos de consumo daí decorrentes, assim havendo uma forte perda da influência estatal quanto à defesa dos vulneráveis.

Ademais, com a ausência de políticas públicas no âmbito da educação para um novo modelo de consumo responsável, a subutilização das sanções administrativas, vê-se que a atuação preventiva e pré-processual do Estado perde significado, fazendo com que cada vez mais seja difundida a cultura da litigiosidade judicial. O Direito do Consumidor é a expressão do ideal de solidariedade, quando privilegia o pluralismo jurídico ao criar novos espaços políticos de deliberação e o compartilhamento da autoridade política. No último caso, o compromisso para proteção dos direitos dos consumidores é tripartido entre sociedade, Estado e agentes econômicos do mercado. O Estado passa a ter o dever de atuar como mediador responsável entre os interesses econômicos do fornecedor e do consumidor, o que nos últimos anos tem sido olvidado, sobretudo pela atuação incipiente das agências reguladoras na fiscalização das concessionárias de serviços públicos e na mediação dos conflitos daí decorrentes.

É necessário resgatar esse importante espaço político da tutela administrativa dos serviços públicos direcionados ao consumidor, seja no que diz respeito à resolução extrajudicial de demandas de forma rápida, técnica e efetiva, incentivando a melhora na prestação dos serviços públicos, seja porque contribuiria com a desobstrução das vias tradicionais do Poder Judiciário brasileiro. Disso decorre a premente necessidade de se incentivar a criação de meios alternativos dentro das próprias agências reguladoras para solucionar os conflitos de consumo de forma célere e eficaz, partindo do pressuposto da vulnerabilidade do consumidor e respeitando os compromissos governamentais assumidos na política nacional de consumo e cidadania, priorizando o uso de meios eletrônicos ou digitais como a plataforma consumidor.gov para alcançar tal finalidade.

REFERÊNCIAS

AGRASSAR, Hugo. *A atuação das agências reguladoras e os compromissos governamentais assumidos na Política Nacional das Relações de Consumo*: a função mediadora da ANAC (Agência Nacional de Aviação Civil) na redução da vulnerabilidade do consumidor. Belo Horizonte: 7 autores editora, 2021.

AGRASSAR, Hugo; HOLANDA, Fábio; VERBICARO, Dennis. A tutela do consumidor em juízo em face da Resolução 400 da ANAC a partir do diálogo das fontes entre o CDC e a Lei Antitruste. *Revista Meritum*. v. 17, ed. 2. p. 344-367. maio/ago. 2022.

ARAGÃO, Alexandre Santos de. O poder normativo das agências reguladoras independentes e o Estado democrático de Direito. *Revista de informação legislativa*, a. 37, n. 148, p. 275-299, Brasília out.-dez. 2000.

AZEVEDO, Fernando Costa de. Considerações sobre o Direito Administrativo do Consumidor. *Revista de Direito do Consumidor*, v. 68, p. 38-90, out.-dez. 2008.

AZEVEDO. A Proteção dos Consumidores-usuários de Serviços Públicos no Direito Brasileiro: uma abordagem a partir do Diálogo das Fontes. *Revista de Direito do Consumidor*, v. 102, p. 123-137, nov.-dez. 2015.

BENJAMIM, Antônio Herman et al. *Manual de direito do consumidor*. 8. ed. São Paulo: Ed. RT, 2017.

BARROSO, Luís Roberto. Agências reguladoras. Constituição e transformações do Estado e legitimidade democrática. *Revista de direito administrativo*, v. 229, p. 285-312, 2002.

BRASIL. Agência Nacional de Aviação Civil (ANAC). *Boletim de monitoramento do consumidor.gov.br. Transporte aéreo. Anual 2019*. Disponível em: https://www.anac.gov.br/consumidor/boletim-de-monitoramento. Acesso em: 24 jan. 2021.

BRASIL. Agência Nacional de Aviação Civil (ANAC). *Boletim de monitoramento do consumidor.gov.br. Transporte aéreo. 3º trimestre 2020*. Disponível em: https://www.anac.gov.br/consumidor/boletim-de-monitoramento. Acesso em: 24 jan. 2021.

CONSELHO NACIONAL DE JUSTIÇA. *Justiça em Números 2016: ano-base 2015*. Brasília: CNJ, 2016, p. 33. Disponível em http://www.cnj.jus.br/files/conteudo/arquivo/2016/10/b8f46be3dbbf-f344931a933579915488.pdf. Acesso em: 23 dez. 2016.

CUÉLLAR, Leila. *As agências reguladoras e seu poder normativo*. São Paulo: Dialética, 2001.

DA ROS, Luciano. O custo da Justiça no Brasil: uma análise comparativa exploratória. *Newsletter – Observatório de elites políticas e sociais do Brasil*. NUSP/UFPR, v. 2, n. 9, p. 4, jul./2015.

DIDIER JÚNIOR, Fredie; ZANETI JÚNIOR, Hermes. Justiça Multiportas e tutela adequada em litígios complexos: a autocomposição e os direitos coletivos. In: ZANETI JÚNIOR, Hermes; CABRAL, Trícia Navarro Xavier (Coord.). *Justiça Multiportas. Mediação, conciliação, arbitragem e outros meios adequados de solução de conflitos*. Salvador: JusPodivm, 2018.

DI PIETRO, Maria Sylvia Zanella. *Direito Administrativo*. 32. ed. Rio de Janeiro: Forense, 2019.

EFING, Antônio Carlos. *Agências Reguladoras e a Proteção do Consumidor Brasileiro*. Paraná: Juruá, 2009.

GUERRA, Sérgio; SALINAS, Natasha Schmitt Caccia. Resolução eletrônica de conflitos em agências reguladoras. *Revista Direito GV*. v. 16, n. 1, São Paulo, 2020. Disponível em: https://www.scielo.br/scielo.php?script=sci_arttext&pid=S180824322020000100402&tlng=p. Acesso em: 22 maio. 2020.

MARQUES, Claudia Lima; ACIOLI, Carlos A. C. O papel esquecido das agências reguladoras na defesa dos consumidores. *Provocações contemporâneas no Direito do consumidor*. Rio de Janeiro: Lumen Juris, 2018.

MESQUITA, Álvaro. O papel e o funcionamento das Agências Reguladoras no contexto do Estado brasileiro Problemas e soluções. *Revista de informação legislativa*, a. 42, n. 166, p. 23-40, Brasília abr.-jun. 2005.

MIRAGEM, Bruno. *Curso de Direito do Consumidor*. 6. ed. rev., atual. e ampl. São Paulo: Ed. RT, 2016.

NALINI, José Renato. É urgente construir alternativas à justiça. In: ZANETI JÚNIOR, Hermes; CABRAL, Trícia Navarro Xavier (Coord.). *Justiça Multiportas. Mediação, conciliação, arbitragem e outros meios adequados de solução de conflitos*. Salvador: JusPodivm, 2018.

NOGUEIRA, Gustavo Santana; NOGUEIRA, Suzane de Almeida Pimentel. O Sistema de múltiplas portas e o acesso à justiça no Brasil: perspectiva a partir do novo Código de PROCESSO CIVIL. *Revista de Processo*, v. 276, p. 505 -522, fev. 2018.

PASQUALOTTO, Adalberto. Os serviços públicos no Código de Defesa do Consumidor. *Revista de Direito do Consumidor*, v. 1. p. 130-148, jan.-mar. 1992.

PASSOS, Célia Maria Oliveira. *Prática da Mediação na Agência Nacional de Telecomunicações* – Anatel. Dissertação (Mestrado em Direito e Sociologia) – Centro de Estudos Gerais/Centro de Estudos Socias Aplicados, Universidade Federal Fluminense, Niterói, 2008.

PFEIFER, Roberto A. C. Código de Defesa do Consumidor e Serviços Públicos: balanços e perspectivas. *Revista de Direito do Consumidor*, v. 104, p. 65-98, mar.-abr. 2016.

SALES, Lilia Maia de Morais. O Sistema de Múltiplas Portas e o judiciário brasileiro. Direitos fundamentais & justiça – ano 5, n. 16, p. 204-220, jul.-set. 2011. Disponível em: https://www.researchgate.net/publication/326707190. Acesso: 15 maio. 2020.

VERBICARO, Dennis. A construção de um novo modelo de cidadania participativa do consumidor a partir da política nacional das relações de consumo. *Revista de Direito do Consumidor*, v. 110. 2017. p. 311-339. Nova Campinas, mar./abr. 2017.

VERBICARO, Dennis. A política nacional das relações de consumo como modelo de democracia deliberativa. *Revista Jurídica da Presidência*. v. 19, n. 119, p. 534-559. Brasília, out. 2017/jan. 2018.

VERBICARO, Dennis. *Consumo e cidadania*: Identificando os espaços políticos de atuação qualificada do consumidor. Rio de Janeiro: Lumen Juris, 2019.

VERBICARO, Dennis. O desencantamento com o estado na proteção dos consumidores e a repactuação dos compromissos políticos da sociedade civil através da política nacional das relações de consumo. *Provocações contemporâneas no Direito do consumidor*. Rio de Janeiro: Lumen Juris, 2018.

VERBICARO, Dennis; LEAL, Pastora; FREIRE, Gabriela. Transporte aéreo e consumo: o Recurso Extraordinário 636.331 – STF à luz do diálogo de fontes e do princípio da vedação ao retrocesso. *Revista Eletrônica Direito e Sociedade*, v. 7. n. 2. Canoas/RS, 2019.

VILELA, Danilo Vieira. *Agências reguladoras e a efetivação da ordem econômica-constitucional brasileira*. Salvador: JusPodivm, 2018.

WALD, Arnoldo; MORAES, Luiza Rangel de. Agências reguladoras. *Revista de informação legislativa*, a. 36, n. 141, p. 143-172, Brasília, jan.-mar. 1999.

WRASSE, Helena Pacheco; DORNELLES, Guilherme. O fórum múltiplas portas e os possíveis caminhos para solucionar os conflitos. In: SPENGLER, Marion; SPENGLER NETO, Teobaldo. *Do conflito à solução adequada*. Santa Cruz do Sul: Essere Neo Mundo, 2015.

O CONSUMIDOR 4.0, A INTERFACE DO BRANDING MERCADOLÓGICO E O PAPEL DO ESTADO: UMA ANÁLISE SOB A ÓTICA DAS SANÇÕES REPUTACIONAIS APLICADA NOS PROCESSOS ADMINISTRATIVOS DE RESPONSABILIZAÇÃO – PAR

Dennis Verbicaro

Visiting Scholar em estágio Pós-Doutoral na *Universidad Complutence de Madrid* (UCM) e *Universidad de Salamanca* (USAL). Doutor em Direito do Consumidor pela *Universidad de Salamanca* (USAL). Mestre em Direito do Consumidor pela Universidade Federal do Pará. Professor da Graduação e da Pós-graduação *Stricto Sensu* (Mestrado e Doutorado) da Universidade Federal do Pará – UFPA e do Centro Universitário do Pará – CESUPA. Procurador do Estado do Pará e Advogado. E-mail: dennis@verbicaro.adv.br.

Gabriela Ohana

Mestra em Direito pelo Programa de Pós-Graduação em Direito da Universidade Federal do Estado do Pará – UFPA. Pós-Graduada em Direito Público pelo CESUPA. Bacharela em Direito pela UNAMA. Pesquisadora do Grupo de Pesquisa Consumo e Cidadania – CNPQ. Professora da Graduação em Direito na UNIESAMAZ e ESAMAZ – Abaetetuba. Assessora Jurídica no Instituto de Gestão Previdenciária do Estado do Pará – IGEPREV. E-mail: gabiohanaa@gmail.com.

Sumário: Introdução – 1. A interrelação entre o *branding* e o consumidor cidadão-digital na era 4.0 – 2. A relevância do *branding* empresarial e liberdade de escolha do consumidor: a influência no papel do estado e a experiência da responsabilização de entes privados na administração pública; 2.1 O Processo Administrativo de Responsabilização de Entes Privados – PAR; 2.2 As sanções reputacionais derivadas dos processos administrativos de responsabilização de entes privados e as possibilidades interativas dos consumidores inseridos no cenário digital; 2.3 O caso Telefônica Brasil S.A. – "Vivo"; 2.4 O caso Madero Indústria e Comércio S.A. – Conclusão – Referências.

INTRODUÇÃO

A sociedade de consumo se constata sobre uma lógica definida e moldada pela globalização e imersão tecno-virtual, semeada e inclinada pelo sistema capitalista, influente nos novos meios de comunicação, na correspondência identitária das marcas e no exercício do poder e liberdade de escolha dos consumidores. Assim, o que se percebe é que o on-line e off-line nunca estiveram tão conectados.

A interatividade, a redução transfronteiriça, a conexão atemporal e a fluidez proporcionadas pela internet são, hoje, características permanentes no relacionamento dos indivíduos, não sendo mais possível dissociar o uso das mídias sociais do cotidiano, visto as mudanças nas relações de poder, comunicação e interação dos nós – indivíduos e grupos, permitindo aos usuários a criação de relacionamento não somente para com as pessoas, mas também com o conteúdo informativo.

Pinheiro,[1] acerca dessa imersão tecnológica, situa o consumidor para além da imagem tradicional, enquadrando-o como "digital", visto a transformação proporcionada pelos novos meios de interação social possibilitados pelas redes de computadores e influência da internet, assim, o cidadão-consumidor está mais informado, faz uso de ambientes remotos de relacionamento; tem mais conhecimento sobre seus direitos; negocia seu poder de "clique" em um mercado em que os concorrentes encontram-se a uma distância mínima entre URL's.

Paralelamente, ao esteio da perspectiva econômica que tenta reduzir e limitar o indivíduo ao status de mero comprador, bem como, ante aos evidentes sinais de deficiência estatal, o ciberespaço oportuniza ao consumidor a maior conectividade e acesso à informação, enquadrando-o na categoria 4.0, assimilando que ele é uma peça fundamental, a reconhecer seu poder de voz diante ao fato de que seus o atos implicam em uma conjuntura de processos socioeconômicos, culturais e políticos, que tradicionalmente englobam a cidadania e as identidades e têm o condão de remodelar as nuances mercadológicas.

Sob essa perspectiva, à luz da integridade, confiabilidade ética, empatia e responsabilidade das marcas, o relacionamento entre fornecedor – viés do *branding* empresarial – e consumidor tem sido cada vez mais seletivo, demonstrando que existem efeitos morais capazes de impactar direta e dinamicamente na estrutura empresarial, tal qual os efeitos de boicotes e movimentos que gerem uma baixa reputacional e perda econômica.

Com efeito, o Estado, especificamente a Administração Pública, tem captado essa nova noção seletiva do cidadão e agregado a parcos passos na sua atuação essa ideologia, tal qual, situacionalmente, o que propomos discorrer acerca da sanção reputacional aplicável às empresas investigadas em Processos Administrativos de Responsabilização – PAR, decorrentes de atos corruptivos.

Nesse contexto, através do uso do método dedutivo e de construção teórica por meio de referencial bibliográfico nacional e estrangeiro, o presente artigo propõe-se a refletir, sob a ótica das sanções reputacionais aplicada nos Processos Administrativos de Responsabilização – PAR, acerca da atividade social do consumidor 4.0 e sua interface correlata ao branding mercadológico e o papel do Estado.

1. A INTERRELAÇÃO ENTRE O *BRANDING* E O CONSUMIDOR CIDADÃO-DIGITAL NA ERA 4.0

O ciberespaço e a penetrabilidade das tecnologias da informação possibilitaram a virtualização da economia e do consumidor,[2] sintonizando um ambiente despersonaliza-

---

1. PINHEIRO, Patrícia Peck. *Direito digital*. 5. ed. rev. atual. e ampl. São Paulo: Saraiva, 2013.
2. ROHRMANN, Carlos Alberto. *Curso de direito virtual*. Belo Horizonte: Del Rey, 2005.

do, desterritorializado e desmaterializado que, nas palavras de Cláudia Lima Marques,[3] impõe seus reflexos nos contratos eletrônicos, caracterizando-os, para além dos elementos anteriormente abordados, como unilaterais, silenciosos de diálogos, atemporais e de ampla desconfiança dos consumidores quanto aos contratos e dados pessoais.

O consumidor, evidenciado através dessas mudanças histórico-temporais, caracteriza-se como um novo sujeito; um cidadão, integrado ao mundo em redes globais, comunidades virtuais consequentes da constelação do ciberespaço e com identidades diversas a um clique de distância.[4] Afinal, a sociedade da mídia e do poder comunicativo instaurou-se e, nesta, a mensagem se tornou o meio de expressar as vontades, sensações, desejos, gostos, estilos de vida etc. Tomando proporções de inclusões culturais e sociais na medida do desenvolvimento de cada sociedade/localidade.

Nas palavras de Philip Kotler, Hermawan Kartajaya e Iwan Setiawan,[5] o consumidor 4.0 configura-se como aquele conectado, a um passo do acesso à informação, que se encontra em todo lugar, está mais seletivo, busca e prima pela eficiência e autenticidade, além de valorizar as experiências e compartilhá-las no ambiente fluído e interativo da internet.

Assim, nesse novo cenário mercadológico que se apresenta, o "valor do consumidor 4.0" tem sido uma das forças mais relevantes e cativantes em termos de vantagens competitivas por aspectos online e offline, observado de pontos de vistas multidirecionais – funcionais, econômicos, emocionais e sociais –, podendo, ainda, ser debatido tanto por uma perspectiva da oferta – referente ao valor do produto/marca em termos de ativos empresariais – quanto da demanda – a entrega conjuntural de valores que determinem a identidade e distinção da marca, conferindo uma utilidade e empatia a ser percebida pelo cliente.[6]

Isso deve-se, como já mencionado, aos contornos tecnológicos da internet e posicionamento das mídias sociais online no centro da interatividade, que por meio das pontes virtuais oportunizaram, também, ao consumidor o maior acesso informativo, incitando, gradualmente, em efeito dominó, uma maior seletividade, consciência e exigência de padrões para finalização dos negócios jurídicos.[7] Nessa linha, Velloso e Mendes[8] ponderam:

---

3. MARQUES, Claudia Lima. *Confiança no comércio eletrônico e a proteção do consumidor*: um estudo dos negócios jurídicos do consumo no comércio eletrônico. São Paulo: Ed. RT, 2004.
4. CASTELLS, Manuel. *A sociedade em rede*. 10. ed. Trad. Roneide Venâncio Majer. São Paulo: Paz e Terra, 2011. (A era da informação: economia, sociedade e cultura, 1).
5. KOTLER, Philip; KARTAJAYA, Hermawan; SETIAWAN, Iwan. *Marketing 4.0*: do tradicional ao digital. Tradução de Ivo Korytowski. Rio de Janeiro: Sextante, 2017.
6. ZAUNER, Alexander; KOLLER, Monika; FINK, Matthias. Sponsoring, brand value and social media. *Revista de Administração de Empresas*. v. 52, n. 6, p. 681-691, São Paulo, nov.-dec. 2012. Disponível em: https://www.scielo.br/pdf/rae/v52n6/v52n6a09.pdf. Acesso em: 10 jul. 2020.
7. SAMARA, Beatriz Santos; MORSCH, Marco Aurélio. *Comportamento do consumidor*: conceitos e casos. São Paulo: Prentice Hall, 2005.
8. VELLOSO, Viviane Fushimi; MENDES, Flávia Cristina Martins. As redes de comunicação e o empoderamento do consumidor atual nas organizações contemporâneas. *XXXIV Congresso Brasileiro de Ciências da Comunicação*, 34., 2011, Recife. Anais [...]. Recife: *Intercom*, 2011, p. 03.

Diante dessas alterações provocadas pela internet o comportamento do consumidor, modificado pelas formas de relacionamentos virtuais, abertura de mercados e o deslocamento das empresas, contribuiu para a formação de um consumidor mais exigente. Agora ele escolhe o que mais lhe interessa e não mais apenas ao que lhe oferecem. Nessa perspectiva, as empresas precisaram adaptar-se ao comportamento do novo consumidor.

O empoderamento público e a postura de cidadão têm sido cada vez mais assumidos na sociedade pelos consumidores, com intuito de transformar o processo comunicacional unidirecional – foco de oitiva apenas na empresa – em multidirecional – foco compartilhado com o consumidor e potenciais consumidores, almejando maior simetria e paridade entre as organizações, clientes e demais *stakeholders*, seja economicamente ou em termos de manifestações, convencimento e influência.[9]

Exemplificativamente, as manifestações sobre a qualidade dos serviços e/ou produtos, a tecedura das mais simples às mais complexas reclamações, os feedbacks que repercutem na imagem digital e as trocas de informações decisivas sobre as empresas com quem os consumidores se relacionam, dentre outros, são alguns dos exemplos que justificam o grande desafio do fornecedor para com a compreensão desse novo comportamento do consumidor 4.0 nas mídias sociais em busca de se manter concorrencialmente em linha efetiva.

É nessa linha que a marca, compreendida para muito além da visualização de um símbolo, slogan ou logotipo empresarial, cede espaço à imagem em si e a um conjunto de imagens e experiências da clientela, que complementam/identificam o produto/serviço, distinguem a oferta dos bens de consumo ante aos concorrentes comerciais e armazenam todo o valor agregado pelo mix de ações publicitárias desenvolvidas pela empresa.[10]

Por sua vez, esse conjunto de imagens reflete as associações significativas de percepções dos consumidores (*awareness*) sobre as crenças cognitivas e afetivas imprimidas pela marca em suas memórias por meio dos mecanismos de marketing,[11] como, por exemplo, as campanhas publicitárias nas mídias sociais. E, conjuntamente, os termos de marcas – referência para determinar o segmento empresarial – também podem ser significativos quanto à afeição e/ou convicção comportamental do consumidor.

É nessa esteira que o *branding* empresarial ou *brand awareness*,[12] por sua vez, ganha relevo, sendo compreendido através de uma composição maior, a qual engloba fatores externos e internos – como a própria marca em si – para além do preço das mercadorias comercializadas pelos fornecedores. Em outras palavras, o *branding* torna-se perceptível pela conjuntura de elementos visuais, ideológicos, valorativos e principalmente identitários, além das ações gestoras e estratégicas de promoção da marca.

---

9. KOTLER, Philip; KELLER, Kevin Lane. *Administração de marketing*. 14. ed. São Paulo: Pearson Education do Brasil, 2012.
10. KOTLER, Philip; KARTAJAYA, Hermawan; SETIAWAN, Iwan. *Marketing 4.0*: do tradicional ao digital. Trad. Ivo Korytowski. Rio de Janeiro: Sextante, 2017.
11. AAKER, David. Leaveraging the Corporate Brand. *California Management Review*, v. 46, n. 3, p. 6-18, California, 2004.
12. Ibidem, 2004.

Essa correspondência identitária (*brand equity*), então, em verdade, transforma-se em uma espécie de diferencial concorrencial dos fornecedores ante ao império de marcas e comportamento do novo consumidor, agregando valores amplamente considerados pela sociedade, como, entre outros, a honestidade, confiabilidade, empatia e responsabilidade e os atributos éticos capazes de possibilitar uma imagem essencialmente determinante, apta a levar os clientes e não-clientes ao encontro de satisfação pessoal e coletiva e fidelização para além dos atributos do produto e/ou serviço.[13]

Zak e Ferraes,[14] na obra "A molécula da moralidade", tecem relevantes argumentações sobre as valorações e elementos que instigam a essencialidade e prosperidade desses novos perfis de fornecedores no mercado de consumo, visto sob um ângulo de recompensa mútua baseada na análise de trocas e exposição das experiências – feedbacks, dentre outros, basilarmente calcado no pilar da confiança. Ademais, em linhas complementares, vale ressaltar a explanação de Verbicaro e Freire:[15]

> [...] esse novo perfil de empresário reuniria as seguintes qualidades: a) confiança no exercício de sua atividade; b) empatia e generosidade para seus empregados e consumidores; c) maior senso moral e coeficiente de entendimento quanto aos seus deveres na ordem jurídica de consumo; d) maior preocupação com a qualidade e segurança dos bens de consumo e controle de qualidade eficaz; e) prioridade na criação de uma identidade entre a marca e o consumidor; f) abertura para soluções extrajudiciais de conflitos e o fortalecimento das centrais de atendimento; g) o aumento da produtividade pela motivação de seus trabalhadores; h) vantagem lucrativa face ao capitalista predatório, uma vez que a lógica de fidelização dos clientes se baseia na lógica do "se você se importa comigo, provavelmente me importarei com você.

Destaque-se que uma boa e consolidada reputação social empresarial constituiu-se naquilo que de fato a identidade da marca é capaz de representar e realizar perante a sociedade. Assim, a proeminência de um nome, de uma logo, de uma marca, deve ser enfrentada como sinônimo de sucesso, haja vista que esporadicamente uma "boa fama" consegue ser obtida sem relatos ou considerações verdadeiras de pessoas que já usufruíram ou sentiram-se realizadas, satisfeitas ou até mesmo reconhecidas por aquele negócio.[16]

Nesse sentido, as mídias sociais, para além de suas funcionalidades precípuas, podem ser consideradas como uma espécie de "termômetro" de percepções, capazes de medir o grau de expectativas, confiança, satisfação ou insatisfação dos consumidores 4.0, confirmando ou enfraquecendo a reputação e dando margem à fidelização de clientela das organizações empresariais, por consequente, implicando de modo diretamente proporcional na margem lucrativa negocial.[17]

---

13. VERBICARO, Dennis; FREIRE, Gabriela Ohana Rocha. O reconhecimento do dano moral coletivo consumerista diante da prática empresarial do bluewashing. *Revista de Direito do Consumidor*. v. 129, ano 29, p. 369-398, São Paulo, maio-jun. 2020.
14. ZAK, Paul; FERRAES, Soeli Araújo. *A molécula da moralidade*. Alta Books, 2012.
15. VERBICARO; FREIRE, op. cit., p. 378.
16. LESLY, Philip. *Os fundamentos das relações públicas e da comunicação*. Trad. Roger Cahen. São Paulo: Pioneira, 1995. (Biblioteca Pioneira de administração e negócios).
17. VELLOSO; MENDES, op. cit., 2011.

2. A RELEVÂNCIA DO BRANDING EMPRESARIAL E LIBERDADE DE ESCOLHA DO CONSUMIDOR: A INFLUÊNCIA NO PAPEL DO ESTADO E A EXPERIÊNCIA DA RESPONSABILIZAÇÃO DE ENTES PRIVADOS NA ADMINISTRAÇÃO PÚBLICA

Sempre que o ordenamento jurídico organizacional e ordenadamente, de modo sistemático, compor suas competências sancionatórias ou punitivas em quatro alicerces, sejam: os bens jurídicos tutelados, os ilícitos fixados, as sanções estatais oponíveis e o processo estatal regular, restará caracterizado o sistema de responsabilização, em qualquer que seja a esfera jurídica. Afinal, como nas palavras de Di Pietro[18] "são os bens jurídicos que iluminam a compreensão fática recortada para estipulação dos ilícitos e, ao mesmo tempo, justificam a correlação lógica entre hipótese infracional e consequência sancionatória, legitimando o estabelecimento das sanções legais".

Importa dizer, assim, que deontologicamente, quanto ao 'dever-ser' entre ilícitos e sanções, não escapam as exigências de que o processo de responsabilização siga o princípio constitucional do devido processo estatal, em respeito ao Estado Democrático de Direito e, ainda, para que os atos restritivos possam ser validamente produzidos, inclusive quando se trata diretamente da atuação estatal e principalmente quando se trata de fiscalizar atuações de instituições privadas.

A ótica estatal da propriedade-empresa, ou melhor, da atividade empresarial no âmbito privado ou da Administração Pública, não por menos obedece ao que disciplina o art. 170 da Constituição Federal, ante ao estabelecimento de que o desenvolvimento da atividade econômica firma sua orientação em assegurar a todos a existência digna e em conformidade com os ideais da justiça social. Dessa forma, indiscutível se torna que pela ordem constitucional as empresas não podem ser meros mecanismos de aferição exclusivamente lucrativa aos seus proprietários, obrigatoriamente concorrendo para a realização conjunta do bem comum, tal qual, na atuação conjunta com o Poder Público no combate corruptivo.[19]

A função social empresarial, tida como direito fundamental constitucionalmente (art. 5º, XXIII), é dinâmica, funcionaliza-se na geração de emprego e renda, na tributação, formação de amplo mercado de consumo, e, por essa razão, não pode exprimir tão somente a materialização de interesses individuais. Assim, na perspectiva de Comparato:[20]

> Se se quiser indicar uma instituição social que, pela sua influência, dinamismo e poder de transformação, sirva de elemento explicativo e definidor da civilização contemporânea, a escolha é indubitável: essa instituição é a empresa. É dela que depende, diretamente, a subsistência da maior parte da população ativa deste país, pela organização do trabalho assalariado. A massa salarial já equivale,

---

18. DI PIETRO, Maria Sylvia Zanella; MARRARA, Thiago (Coord.). *Lei Anticorrupção comentada*. 3. ed. Belo Horizonte: Fórum, 2021, p. 22.
19. RIBEIRO, Márcio Aguiar. *Responsabilização administrativa de pessoas jurídicas à luz da Lei Anticorrupção empresarial*. Belo Horizonte: Fórum, 2017, p. 44.
20. COMPARATO, Fábio Konder. A reforma da empresa. *Revista de Direito Mercantil, Industrial, Econômico e Financeiro*. v. 22, n. 50, p. 56. São Paulo, abr.-jun. 1983.

no Brasil, a 60% da renda nacional. É das empresas que provém a grande maioria dos bens e serviços consumidos pelo povo, e é delas que o Estado retira a parcela maior de suas receitas fiscais. É em torno da empresa, ademais, que gravitam vários agentes econômicos não assalariados, como os investidores de capital, os fornecedores, os prestadores de serviço.

Tal qual se deve o raciocínio coletivo de que havendo infrações administrativas empresariais relacionadas à atuação no mercado de consumo, se visualizarão a configuração de ilícitos tipificados na Lei 12.529/11, especificamente no artigo 36, quando se tratar de vulnerabilização da ordem econômica por condutas como: limitação, falsificação ou de qualquer forma prejudicar a livre concorrência ou a livre iniciativa; dominação de mercado atinente à bens ou serviços; aumento arbitrário dos lucros; e exercício empresarial de forma abusiva de posição dominante.

Nessa senda, concatenando o cenário estatal, a atuação empresarial e a percepção do *branding* correlata diretamente ao exercício de atividades na seara privada, percebe-se que o Estado tem captado e migrando para a esfera pública alguns elementos da seletividade do consumidor 4.0. Exemplo disso fora que no ano de 2013 e 2015 a *expertise* do legislador quando do advento e regulamentação[21] da Lei Anticorrupção, contendo novos parâmetros de sanções que exacerbavam a mera e tão conhecida esfera patrimonial da Pessoa Jurídica.

Para Nascimento,[22] paralela e de forma muito similar ao que aconteceu com as transformações sociais e jurídicas trazidas e provocadas pelo Código de Defesa do Consumidor – CDC, a Lei Anticorrupção, para além dos seus efeitos, exigiu uma mudança da cultura e padrões empresariais diante da nova possibilidade de responsabilidade objetiva fundada no risco administrativo, na qual o ente privado prestador assume uma atividade arriscada pela sua própria natureza, da qual aufere vantagens e, por isso, deve-se se comprometer suportar os ônus decorrentes desta. Em sequência, o despertar da mudança padronizada deu-se principalmente quanto ao sujeito ativo da conduta ilegal:

> Até o advento da LAC, em regra, apenas as pessoas físicas poderiam ser responsabilizadas no caso de participação de uma pessoa jurídica em atos de corrupção contra a Administração Pública. Com a vigência desse diploma legal, tal cenário é profundamente alterado, consignando-se, inclusive, que a responsabilidade da pessoa jurídica independe da responsabilidade individual de seus dirigentes ou administradores ou de quaisquer outras pessoas naturais que tenham concorrido ou participado da prática do ato ilícito.[23]-[24]

Nesse contexto, abaixo abordaremos de modo mais pontual e especificamente sobre o Processo Administrativo de Responsabilização de Entes Privados/Pessoas Ju-

---

21. A regulamentação da Lei Anticorrupção, no âmbito federal, ocorrera por meio do Decreto-Lei 8.420/2015.
22. NASCIMENTO, Melillo Diniz do. *Lei anticorrupção empresarial*: Aspectos críticos à Lei 12.846/2013. 1ª reimpressão. Belo Horizonte: Fórum, 2014, p. 111-112.
23. RIBEIRO, op. cit., p. 37.
24. Prossegue o autor, no sentido de que: "Nos exatos termos da LAC, as pessoas físicas somente serão responsabilizadas por atos ilícitos na medida de sua culpabilidade, a ser apurada em processo próprio, em que sejam assegurados contraditório e ampla defesa. Percebe-se, à vista disso, que os princípios constitucionais em destaque mantêm-se inteiramente respeitados" (Ibidem, p. 42).

rídicas – PAR, as sanções reputacionais e os dois casos já apurados pela Controladoria Geral da União – CGU.

2.1 O Processo Administrativo de Responsabilização de entes privados – PAR

A Lei 12.846/2013, denominada de Lei Anticorrupção, calcada no pilar da probidade administrativa, inovou na perspectiva do combate à corrupção e dispôs sobre o devido processo para apuração da responsabilidade administrativa da Pessoa Jurídica/Ente Privado, conhecido como PAR, vide artigo 2º do Decreto regulamentar 8.420/2015, em razão da prática de atos contra a Administração Pública, sem prejuízo do processo judicial e das demais instâncias de apuração e punição já existentes no ordenamento brasileiro.

Por sua vez, em conformidade com o art. 18 da referida legislação, no âmbito administrativo, institui-se que a responsabilidade do Ente Privado não afasta a possibilidade de consequente ou independente responsabilização na esfera judicial, com exceção de quando houver expressa previsão na celebração de acordo de leniência. Nesse sentido, para Meirelles, Burle Filho e Burle:[25]

> A responsabilização administrativa objetiva busca superar as dificuldades do Direito Penal para a punição célere das pessoas jurídicas e a prova de culpa ou dolo. Com a sua adoção, a LAC afasta a tormentosa obrigação de provar a culpa ou o dolo da pessoa jurídica, pois esta será responsabilizada com a prova da existência ou ocorrência do ato nela definido que atente 'contra o patrimônio público nacional ou estrangeiro, contra princípios da administração pública ou contra os compromissos internacionais assumidos pelo Brasil', como diz o caput do art. 5º.

Nos termos do art. 5º da Lei Anticorrupção, serão considerados atos lesivos à Administração Pública, nacional e estrangeira, todos aqueles que forem praticados pelas pessoas jurídicas elencadas no bojo do art. 1º da referida legislação e que atentem diretamente contra o patrimônio público, os princípios administrativos e/ou contra os compromissos internacionais assumidos pelo Estado. Assim, nas palavras de Ribeiro[26] "trata-se indubitavelmente de bens jurídicos de cunho transindividual, uma vez que a titularidade desses bens se encontra disseminada de forma difusa nos mais diversos setores da comunidade brasileira e, inclusive, internacional".

Especificamente serão consideradas condutas que podem ensejar a aplicação das sanções administrativas e civis:

> I – prometer, oferecer ou dar, direta ou indiretamente, vantagem indevida a agente público, ou a terceira pessoa a ele relacionada;
>
> II – comprovadamente, financiar, custear, patrocinar ou de qualquer modo subvencionar a prática dos atos ilícitos previstos nesta Lei;
>
> III – comprovadamente, utilizar-se de interposta pessoa física ou jurídica para ocultar ou dissimular seus reais interesses ou a identidade dos beneficiários dos atos praticados;

---

25. MEIRELLES, Hely Lopes; BURLE FILHO, José Emmanuel; BURLE, Carla Rosado. *Direito administrativo brasileiro*. 42. ed. São Paulo: Malheiros, 2016, p. 128.
26. RIBEIRO, op. cit., p. 159.

IV – no tocante a licitações e contratos:

a) frustrar ou fraudar, mediante ajuste, combinação ou qualquer outro expediente, o caráter competitivo de procedimento licitatório público;

b) impedir, perturbar ou fraudar a realização de qualquer ato de procedimento licitatório público;

c) afastar ou procurar afastar licitante, por meio de fraude ou oferecimento de vantagem de qualquer tipo;

d) fraudar licitação pública ou contrato dela decorrente;

e) criar, de modo fraudulento ou irregular, pessoa jurídica para participar de licitação pública ou celebrar contrato administrativo;

f) obter vantagem ou benefício indevido, de modo fraudulento, de modificações ou prorrogações de contratos celebrados com a administração pública, sem autorização em lei, no ato convocatório da licitação pública ou nos respectivos instrumentos contratuais; ou

g) manipular ou fraudar o equilíbrio econômico-financeiro dos contratos celebrados com a administração pública;

V – dificultar atividade de investigação ou fiscalização de órgãos, entidades ou agentes públicos, ou intervir em sua atuação, inclusive no âmbito das agências reguladoras e dos órgãos de fiscalização do sistema financeiro nacional.

Ademais, como será melhor desenvolvido a posterior, a legislação também tratou de disciplinar sobre as penalidades aplicáveis ao PAR, especificamente em seu art. 6º, incisos I e II, sendo então suas modalidades de sanções: multa e publicação extraordinária da decisão condenatória, respectivamente. Além disso, o art. 7º disciplinou, ainda, acerca das causas que fundamentam a aplicação das sanções.

2.2 As sanções reputacionais derivadas dos Processos Administrativos de Responsabilização de entes privados e as possibilidades interativas dos consumidores inseridos no cenário digital

Em se tratando de Processos Administrativos de Responsabilização de Entes Privados – PAR, a aplicação de sanção administrativa não media o foco imediato e principal procedimental, contudo, é inegável que havendo a devida apuração dos fatos e a não recomposição da normalidade administrativa, estar-se-á diante da principal consequência da apuração administrativa. Como já mencionado anteriormente, o PAR possui como medidas sancionatórias, a multa e a publicação extraordinária de decisão condenatória do Ente Privado, esta última será a que daremos enfoque.

Elencada no inciso II, do art. 6º, da Lei 12.846/13, a publicação extraordinária da decisão administrativa sancionadora deve ser compreendida como a "medida punitiva de cunho reputacional, uma vez que seu principal efeito inclina-se a expor à sociedade, da forma mais ampla possível, a atuação desconforme levada a efeito por determinado infrator".[27]

---

27. RIBEIRO, op. cit., p. 192.

A Lei Anticorrupção – LAC ao contemplar a mencionada figura punitiva, almejou incorporar e inovar o sistema administrativo-sancionador brasileiro, uma vez que é inabitual e incomum no ordenamento jurídico a previsão sancionatória de impactos que recaiam sobre a própria imagem do infrator perante a sociedade e ao *branding* relacionado as suas atividades mercadológicas, econômicas e/ou estatutárias desenvolvidas.[28]

Nas palavras de Di Pietro[29] e Ribeiro[30] a presença da sanção reputacional no ordenamento brasileiro deu-se em razão de suas raízes no Direito Internacional (sanções do tipo *name and shame*), face a caracterização da função complexa da soberania estatal e da profunda fragilidade na imposição de penalidades aos Entes internacionais que praticassem atos ofensivos aos compromissos internacionais. Tais medidas consistiam em "causar vergonha ao infrator perante a comunidade internacional, em razão da inobservância dos deveres fixados em tratados e convenções internacionais, a exemplo das famosas 'listas negras'".[31]

A publicação extraordinária da decisão condenatória, nos moldes da Lei Anticorrupção, ocorrerá em forma de extrato, no qual ficará a cargo do Ente privado punido arcar com os custos na sua totalidade, sendo, esta realizada de forma cumulativa por meio de edital afixado, por no mínimo 30 dias, no estabelecimento do ente privado punido ou no local de exercício de sua atividade; por meio do sítio eletrônico do ente privado; e em meios de comunicação de grande circulação, especificamente na área da prática da infração e também na de atuação da pessoa jurídica ou, na sua falta, em publicação de circulação nacional.[32]

Por seu turno, em conformidade com o Decreto 8.420/2015, a publicação extraordinária da decisão condenatória terá regras a serem seguidas, tal como: obrigatoriamente destacar que se trata de aplicação de penalidade, ressaltando todas as situações de condenação[33] e, se houver, de forma cumulada a multa (artigo 15); e a manutenção de divulgação da publicação no sítio eletrônico do condenado pelo prazo mínimo de 30 dias – em casos de menor gravidade – e em destaque na página principal (artigo 24). Assim, em caso de elementos que justifiquem a imposição de sanção mais gravosa, poderá a autoridade competente pelo julgamento culminar prazo de publicação superior

---

28. Ibidem.
29. DI PIETRO, op. cit.
30. RIBEIRO, op. cit.
31. Ibidem, p. 192-193.
32. BRASIL. Controladoria Geral da União – CGU. *Manual da Controladoria Geral da União – CGU*, 2022, p. 113. Disponível em: https://repositorio.cgu.gov.br/handle/1/68182. Acesso em: 05 jan. 2023.
33. A Controladoria Geral da União – CGU recomenda que conste do extrato e consequentemente da íntegra da decisão condenatória os elementos mínimos, como: o número do processo administrativo de responsabilização de ente privado com menção de sua instauração com base na Lei 12.846/2013; o nome dos entes privados condenados e seus respectivos CNPJs; o nome da autoridade administrativa responsável pela decisão; a data da decisão; a menção expressa de que se trata de decisão condenatória; o fundamento da decisão; o dispositivos violados da Lei 12.846/2013; a descrição objetiva do ato lesivo imputado à pessoa jurídica e a descrição das circunstâncias relevantes; a penalidades aplicadas, com menção específica para o caso de multa do seu valor em moeda corrente, da alíquota de referência aplicada, do valor do faturamento bruto do ente privado e do ano-base adotado para o cálculo; e a obrigação de reparação dos danos causados, independentemente da conclusão da sua apuração final (Manual da CGU, op. cit., p. 114).

a 30 dias, de forma proporcional e razoável à conduta praticada e aos demais elementos de que tratam o art. 7º da Lei Anticorrupção.[34]

A sanção reputacional em tela deve observar a razoabilidade e proporcionalidade, coadunando-se diretamente com o princípio da publicidade, previsto nos termos do *caput* do art. 37 da Constituição Federal, revelando, nas palavras de Ribeiro[35] como "o direito da sociedade de ser informada sobre as injustas violações ao patrimônio que lhes pertence, o patrimônio público, com a exata identificação dos responsáveis pela prática do ato lesivo e extensão dos danos causados", mas assina sim almejando afastar a imposição de gravame incompatível com a infração que se pretenda punir.

Do ponto de vista prático, Di Pietro[36] revela que:

> Esse tipo de sanção pode parecer meio irrelevante, pelo fato de que todos os atos da Administração Pública têm que ser publicados para que produzam efeitos jurídicos, ressalvadas as hipóteses de sigilo previstas em lei e aquelas em que a lei exige comunicação direta ao interessado ou a afixação em local adequado para dar publicidade ao ato. No entanto, a sanção – publicação extraordinária da decisão condenatória – produz inegável efeito moral, além de ficar constando do Cadastro Nacional de Empresas.

Logo, relacionando o efeito moral punitivo, é lícito afirmar que por mais que as pessoas jurídicas façam gozo unicamente de honra objetiva, a divulgação massiva da sanção reputacional tem o potencial de causar amplos prejuízos ao Ente Privado infrator em desproporcional relação aos inúmeros prejuízos que esta, eventualmente, tenha causado ao Poder Público ao praticar qualquer das condutas reprimidas pela Lei Anticorrupção.[37]

Toda empresa é de certa forma uma atriz política, econômica e sociocultural, que deve promover a cidadania e justiça social, mas, não se pode esquecer a via de contraprestação disso. São os consumidores e a própria Administração Pública que mantém avidamente essa empresa e fornecedor na ativa no mercado de consumo, e o que se tem percebido e presenciado são consumidores e contratantes cada vez mais seletivos e responsáveis com o exercício da liberdade de escolha, principalmente quando se situa o cenário digital.

Isto deve-se ao fato de que a sociedade em rede ou virtualidade real/informativa[38] alterou em profundos aspectos a lógica capitalista, remodelando-a para adquirir contornos informacionais, através da centralização das informações como insumo mercadológico,[39] compreendida na objetivação de maior margem lucrativa nas relações de capital/

---

34. BRASIL. MANUAL DA CGU, op. cit., p. 113.
35. RIBEIRO, op. cit., p. 193.
36. DI PIETRO, op. cit., p. 113.
37. DAL POZZO, Antonio Araldo Ferraz; DAL POZZO, Augusto Neves; DAL POZZO, Beatriz Neves; FACCHINATTO, Renan Marcondes. *Lei Anticorrupção apontamentos sobre a Lei 12.486/2013*. Belo Horizonte: Editora Fórum, 2014, p. 111.
38. CASTELLS, Manuel. *A sociedade em rede*. 10. ed. Trad. Roneide Venâncio Majer. São Paulo: Paz e Terra, 2011. (A era da informação: economia, sociedade e cultura, 1) e LÉVY, Pierre. *Cibercultura*. Tradução de Carlos Irineu da Costa. São Paulo: Editora 34, 1999.
39. ZUBOFF, Shoshana. *Big other*: capitalismo de vigilância e perspectivas para uma civilização de informação. In: BRUNO, Fernanda et al (Org.). *Tecnopolíticas de vigilância*: perspectivas da margem. São Paulo: Boitempo, 2018. p. 17-68.

trabalho, produtividade e circulação de mercado, competitividade econômica nacional e internacional, redução de custos de transações e, principalmente, na identificação e veiculação publicitária direcionada ao consumidor-alvo.

Desta forma, a corporificação real do empresariado físico e eletrônico é vislumbrada a cada dia mais pelos investimentos no ciberespaço, crescimento do e-commerce e pela internalização da relação capital e inovação, sendo a internet catalisadora do consumo global.[40] Assim, no âmbito consumerista, é transparente que os negócios eletrônicos desencadeiam benefícios nas relações comerciais, principalmente pelo fato de que é perceptível que exista um enfraquecimento da subjetividade do sujeito no comércio eletrônico, de modo que as relações consumeristas, devido à sua natureza, venham a carecer de um caráter hermenêutico para dar favoritismo ao que foi objetivamente declarado e senso de confiabilidade.[41]

O exercício de policiamento empresarial passa a ser visto, então, também, pelo modo comportamental nas redes de interação online, analisando-se os conteúdos das empresas em rede, a frequência de atualização destes e o controle sobre o que está sendo disseminado pelos clientes e não-clientes. No mais, esse monitoramento empresarial tem necessitado ir para além de simples extrações de dados e análise da inovação, seja a atualização e aperfeiçoamento de produto/serviço, atingindo a marca e sua imagem de mercado ante ao ambiente fluído e repleto em continuidade de informações que é o ciberespaço,[42] o que não é diferente quando relacionamos com a divulgação e conhecimento das sanções reputacionais.

2.3 O caso Telefônica Brasil S.A. – "Vivo"

Em 21 de junho de 2019, através da Portaria 2.047, publicada no Diário Oficial da União de 24.06.2019, a Controladoria Geral da União – CGU instaurou, em face da empresa Telefônica Brasil S/A (doravante designada "Vivo"), um Processo Administrativo de Responsabilização – PAR para apuração de eventuais responsabilidades administrativas decorrentes do processo 00190.04826/2019-75, em razão de que foi verificado através da *Cease-and-Desist Order* da *Securities and Exchange Comission* (SEC) dos Estados Unidos da América (EUA) que a empresa em campanhas relativas à Copa das Confederações no ano de 2013 e à Copa do Mundo de 2014, havia fornecido ingressos à representantes/servidores governamentais, diretamente envolvidos ou em posição de influenciar ações legislativas, questões regulatórias e negócios envolvendo a própria empresa.

A Diretoria de Responsabilização de Entes Privados – DIREP/CRG/CGU especificou, durante a condução e investigações no PAR em questão, que haveriam, ainda, relatos de que a distribuição dos ingressos visava empresarialmente a retribuição favo-

---
40. CASTELLS, op. cit., 2011.
41. TEIXEIRA, Rafael Carneiro D´Avila. O princípio da vulnerabilidade do consumidor no ciberespaço. *Revista do CEPEJ*, Salvador, n. 16, p. 433-454, 2015.
42. VELLOSO; MENDES, op. cit., p. 9.

res já concedidos por esses agentes públicos à empresa, inclusive, por parte de oficiais responsáveis pela liberação de tarifas aduaneiras.[43]

Considerando que os fatos relatados poderiam constituir prática de ato lesivo tipificado no art. 5º, I da Lei 12.846/2013,[44] a DIREP determinou a intimação da pessoa jurídica para prestar os devidos esclarecimentos. Por sua vez, em sede de resposta, a empresa Telefônica Brasil S.A. não negou a distribuição de ingressos, prestou as informações quanto aos eventos e quanto aos procedimentos, fornecendo, ainda, a relação dos agentes públicos que exercem, ao tempo do recebimento dos ingressos da Copa das Confederações de 2013 e Copa do Mundo FIFA de Futebol Masculino de 2014, a função pública junto à Administração Pública Federal, além de juntar a documentação referente ao Programa de Integridade empresarial; e solicitar o arquivamento do processo administrativo, sem a necessidade de aplicação de punição pelos fatos apurados.

No termino investigativo, a CPAR identificou, pelo contexto probatório documental, que a distribuição de ingressos ocorreu especificamente para agentes públicos com cargos relacionados à área de atuação da empresa ou que de alguma forma auxiliaram ou poderiam auxiliar no desenvolvimento das atividades dessa, de modo que a entrega de ingressos aos agentes públicos que teria sido o marco de abertura de 'várias portas' à empresa Vivo e que a ajuda destes agentes seria fundamental no futuro, inclusive quanto aos desembaraços alfandegários, que seriam, a troca de 'apoio contínuo'. Nesse contexto destaca-se um trecho do próprio relatório final emitido no caso:

> Registrou que, segundo as normas corporativas da Telefônica, são proibidas a oferta de presentes, convites (ingressos) ou quaisquer outros incentivos "que possam influenciar em uma decisão que poderia beneficiar a companhia", bem como a oferta de presentes de alto valor. Apontou mensagem eletrônica de funcionária da Diretoria de Relações Institucionais, com sugestões de oferta de ingressos "a importância das ações que cada convidado já efetivamente realizou em favor" da empresa; de gerente da Diretoria de Relações Institucionais e Corporativas, contendo solicitação de sigilo absoluto quanto à lista de convidados em face de pedidos de informação feitos por meios de comunicação. Indicou lista com nomes de vários agentes públicos convidados para os jogos. Indicou, em documento da Telefônica, informação quanto a servidores da Superintendência da Zona Franca de Manaus (SUFRAMA), vinculada ao Ministério da Economia, que "teriam colaborado com a empresa liberando material da Vivo retido na SUFRAMA de Manaus/AM"; e planilhas da empresa que relacionam de agentes públicos de diversas esferas que ocupam cargos com os quais a Telefônica tem grande interesse de relacionamento institucional.[45]

---

43. BRASIL. Controladoria Geral da União – CGU. *Relatório Final CPAR Telefônica Brasil S.A* ("Vivo"). Disponível em: https://repositorio.cgu.gov.br/bitstream/1/63628/13/Relatorio%20Final_Telefonica%20%20Brasil%20SA.pdf Acesso em: 05 jan. 2023.
44. Art. 5º Constituem atos lesivos à administração pública, nacional ou estrangeira, para os fins desta Lei, todos aqueles praticados pelas pessoas jurídicas mencionadas no parágrafo único do art. 1º, que atentem contra o patrimônio público nacional ou estrangeiro, contra princípios da administração pública ou contra os compromissos internacionais assumidos pelo Brasil, assim definidos:
I – prometer, oferecer ou dar, direta ou indiretamente, vantagem indevida a agente público, ou a terceira pessoa a ele relacionada.
45. BRASIL. Relatório Final CPAR Telefônica, op. cit.

Deste modo, na emissão do Relatório Final do caso, a Comissão Processante firmou posicionamento de que houve a ocorrência do ato lesivo tipificado no art. 5º, I, da Lei 12.846/2013, prosseguindo o entendimento no sentido de que não houve participação institucional dos agentes públicos agraciados com os ingressos, nos termos da ON CGU 01/2014, e que a empresa Telefônica destinou efetivamente os ingressos aos agentes públicos que já a teriam apoiado, em desacordo total com a Política de Integridade empresarial,[46] que proibia claramente a distribuição de ingressos para influenciar decisão a favor da empresa e oferta de presentes de alto valor. Assim, concluindo pela responsabilização da pessoa jurídica, recomendando a aplicação de multa, nos termos do art. 6º, inciso I, da Lei 12.846/2013, "por dar diretamente vantagem indevida a agente público" e a publicação extraordinária da decisão administrativa sancionadora no prazo mínimo de 30 (trinta) dias estipulado pela legislação.

Quando do julgamento final, a autoridade máxima da Controladoria-Geral da União – CGU, julgou por aplicar à empresa Telefônica Brasil S.A. ("Vivo") a penalidade de multa, no valor de R$ 45.747.320,64 (quarenta e cinco milhões, setecentos e quarenta e sete mil, trezentos e vinte reais e sessenta e quatro centavos), correspondente a 0,1% (um décimo por cento) do valor do faturamento bruto da empresa do exercício de 2018, excluídos os tributos, e a penalidade de publicação extraordinária da decisão administrativa sancionadora, com fundamento no art. 6º, incisos I e II, da Lei 12.846/2013, c/c os artigos 15, incisos I e II, 17 e 18, do Decreto 8.420/2015.

Especificamente ao cumprimento da publicação extraordinária da decisão administrativa sancionadora, publicada em 15/10/2020, estipularam-se padrões que a pessoa jurídica condenada deveria seguir, tal qual, às suas expensas e cumulativamente: uma

---

46. Nesse sentido, confira o trecho do Relatório Final (2020, s.p.): "Nesse ponto, vale a referência às precisas observações da COREP nos itens 5.41 a 5.45 de sua Nota Técnica, especialmente quanto às diretrizes contidas no "Guia sobre Programa de Integridade: Diretrizes para Empresas Privadas", transcritas no item 5.42. Entre estas, destacamos as seguintes diretrizes: "A empresa deve se atentar que geralmente há regras sobre o valor de brindes que agentes públicos podem receber. Além disso, o oferecimento de presente ou custeio de viagens pode ser utilizado para ocultar o pagamento de vantagens indevidas e a política de integridade da empresa deve ser adequada para prevenir esse tipo de situação. [...] De modo geral, essas práticas são formas legítimas para a empresa promover seu trabalho, divulgar seu nome e sua marca e apresentar seus produtos e serviços ao mercado externo. No entanto, devem-se tomar cuidados específicos para que o convite realizado ou o brinde ofertado não sejam considerados atos ilícitos que resultem na imposição de multas e outras sanções. [...] Algumas diretrizes podem ser observadas por todas as empresas quando da elaboração de suas políticas, independentemente de suas peculiaridades e do mercado onde atuam: • o oferecimento de brindes, presentes e hospitalidade não pode estar atrelado à intenção de obter ganhos indevidos para a empresa, de recompensar alguém por um negócio obtido ou caracterizar troca de favores ou benefícios, seja de forma implícita ou explícita; • antes de se oferecer qualquer tipo de hospitalidade, brindes e presentes, deve-se Parecer 00217/2020/CONJUR-CGU/CGU/AGU (1681563) SEI 00190.106166/2019-67 / pg. 11 verificar se as regras locais estão sendo respeitadas, assim como as legislações que tratam de suborno transnacional (ex.: FCPA, UK Bribery Act, Lei 12.846/2013 e, ainda, se as políticas e regras internas da instituição daquele que receberá a hospitalidade, o brinde ou presente estão sendo obedecidas; [...] • devem-se criar indicativos para que o próprio funcionário desenvolva a capacidade crítica de decidir sobre a razoabilidade de propor determinada ação relativa à hospitalidade e ao oferecimento de brindes e presentes. Os funcionários podem ser orientados, por exemplo, por uma lista básica de perguntas: qual é a intenção envolvida? Existe algo além da promoção dos negócios da empresa que deva ser mantido em segredo? Caso a situação fosse reportada ao público externo - fosse matéria de um grande jornal, por exemplo -. haveria algum inconveniente para a empresa? Ela poderia ser mal interpretada? [...]".

publicação em edição de um dos quatro jornais de maior tiragem e circulação nacional, segundo o Instituto Verificador de Comunicação (IVC Brasil), à escolha da empresa, no espaço mínimo de 1/4 (um quarto) de uma página do primeiro caderno, e em fonte idêntica ou maior ao padrão das matérias do veículo. Ou, alternativamente, na página principal do portal da internet desses veículos; em forma de edital afixado pelo prazo de 30 (trinta) dias nas entradas principais de pedestres da sede da pessoa jurídica, em posição que permita a visibilidade pelo público, pelo prazo mínimo de trinta dias, em tamanho não inferior a 210 mm de largura e 297 mm de altura, em fonte "Arial" ou similar, tamanho de fonte não inferior a "32" para o título, e "20" para o restante do texto; e nos sítios eletrônicos da empresa, acessível mediante link disponibilizado em banner fixo, contendo o título do extrato, exibido por 30 dias na página principal da empresa na internet, em local de fácil visualização e em destaque, antes do início da rolagem da barra lateral do navegador em acesso por computador, com tamanho não inferior a 300 × 250px.

Figura 1: Print da publicação de condenação realizada no site da empresa em novembro de 2020.

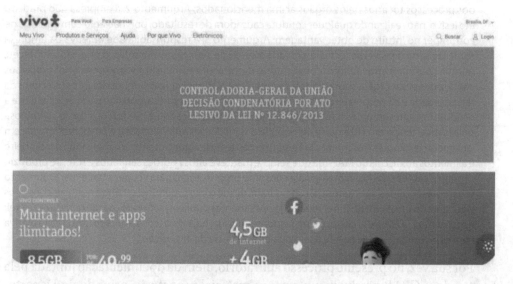

Fonte: Controladoria Geral da União – CGU.

2.4 O caso Madero Indústria e Comércio S.A.

Em data de 17.03.2017, a Polícia Federal deflagrou a Operação "Carne Fraca",[47] a qual tinha por objetivo a desarticulação de possíveis esquemas de corrupção em empresas privadas, do ramo alimentício, que pagavam propinas a servidores públicos do Ministério da Agricultura, Pecuária e Abastecimento – MAPA para liberarem a venda de carnes impróprias para consumo nos mercados interno e externo.

---

47. Maiores informações disponíveis em: https://exame.com/negocios/entenda-o-que-e-a-operacao-carne-fraca-e-os-impactos-para-a-brf/. Acesso em: 12 dez 2022.

Com base nisso, a Controladoria Geral da União – CGU, em face da verificação da existência de indícios de que a empresa Madero Indústria e Comércio S.A, "ao ceder as ameaças efetuadas por fiscais do MAPA, designados para atuarem nas suas instalações em Balsa Nova/PR e Ponta Grossa/PR, concedeu-lhes vantagens indevidas, evitando a paralisação das atividades comerciais da empresa",[48] instaurou Processo Administrativo de Responsabilização – PAR, por meio da Portaria 1.238, de 11 de maio de 2018, publicada no Diário Oficial da União – DOU em 14.05.2018, objetivando apurar irregularidades empresariais que pudessem ter sido praticadas, nos termos do art. 5º, inciso I, da Lei 12.846/2013.

Assim, a Comissão Processante do PAR – CPAR em comento oportunizou à empresa o exercício de seu direito de defesa. Sinteticamente, em sede da resposta empresarial formulada por escrito, o Madero Indústria e Comércio S.A. alegou basicamente que seus representantes foram vítimas de fato assemelhado ao crime de concussão, e não autores de ilícitos correspondentes ao delito de corrupção ativa, sustentando, ainda:

> Argumento 1: a CGU corre o risco de prestar um desserviço ao combate à corrupção, caso responsabilize a empresa, punindo quem foi vítima de agentes públicos corruptos, já que destoará por completo dos processos tocados pelos órgãos acima mencionados; Argumento 2: a empresa não praticou ato lesivo, não realizando qualquer conduta causadora de resultado, pois não agiu com vontade de corromper no intuito de obter vantagem; Argumento 3: a responsabilidade objetiva da empresa somente seria possível se restasse provada a culpa de seus representantes, o que não aconteceu, porque não foram enquadrados como autores de infrações administrativas ou penais nos processos conduzidos pelos órgãos supracitados; Argumento 4: a administração pública violará os princípios da razoabilidade e da proporcionalidade, caso responsabilize a empresa, pois não pode reputar ilícita a conduta de representantes da empresa quando essa mesma conduta não foi considerada criminosa pela justiça, tendo em vista que a autonomia das instâncias administrativa e penal não implica em isolamento estanque; Argumento 5: a empresa não teve qualquer interesse/benefício ao dar dinheiro e alimentos aos fiscais do MAPA, já que sempre manteve altos padrões sanitários e sempre produziu produtos cárneos exclusivamente para consumo próprio, e não para vender a terceiros; Argumento 6: os representantes da empresa não efetuaram, desde o início, denúncias contra os fiscais corruptos por estarem com pavor de sofrer retaliações dos agentes públicos, sofrendo coação moral irresistível; Argumento 7: a empresa não pode ser responsabilizada, haja vista ter colaborado de maneira efetiva com as investigações, de boa-fé e sem qualquer espécie de imposição.[49]

Por sua vez, no presente processo apuratório, além da documentação juntada pela investigada, a CPAR produziu um extenso material probatório, oriundo do Departamento de Polícia Federal – DPF, do Poder Judiciário e da própria Controladoria-Geral da União, que resultou na emissão do Relatório Final refutando as alegações defensivas e sugerindo a aplicação das penalidades de multa e de publicação extraordinária da decisão administrativa sancionadora.

Quando do julgamento do PAR realizado pela autoridade competente, em data de 15.10.2020, decidiu-se pela aplicação da penalidade de multa, no valor de R$ 442.690,00

---

48. BRASIL. Controladoria Geral da União – CGU. Relatório Final CPAR Madero Indústria e Comércio S.A. ("Madero"). Disponível em: https://repositorio.cgu.gov.br/bitstream/1/63627/11/Julgamento_Madero%20Industria%20e%20Comercio%20SA.pdf. Acesso em: 05 jan. 2023.
49. BRASIL. Relatório Final CPAR Madero, op. cit., p. 3.

(quatrocentos e quarenta e dois mil e seiscentos e noventa reais, correspondente a 0,1% (um décimo por cento) do valor do faturamento bruto da empresa do exercício de 2017, excluídos os tributos, e a penalidade de publicação extraordinária da decisão administrativa sancionadora, com fundamento no art. 6º, incisos I e II, da Lei 12.846/2013, c/c os arts. 15, incisos I e II, 17 e 18, do Decreto 8.420/2015, por ter em diversas oportunidades dado vantagens indevidas, em dinheiro e em alimentos, a servidores públicos federais do Ministério da Agricultura, Pecuária e Abastecimento (MAPA) designados para fiscalizarem suas instalações em Balsa Nova/PR e Ponta Grossa/PR, ensejando a responsabilidade objetiva da empresa pelo artigo 5º, inciso I, da Lei 12.846, de 2013.

Assim, para o cumprimento da publicação extraordinária da decisão administrativa sancionadora, fixaram-se os seguintes critérios, cumulativos e às expensas da investigada: Uma edição de um dos quatro jornais de maior tiragem e circulação nacional, segundo o Instituto Verificador de Comunicação (IVC Brasil), à escolha da empresa, no espaço mínimo de 1/4 (um quarto) de uma página do primeiro caderno, e em fonte idêntica ou maior ao padrão das matérias do veículo. Ou, alternativamente, na página principal do portal da internet desses veículos; um edital afixado por 30 dias nas entradas principais de pedestres da sede da pessoa jurídica e dos seus estabelecimentos nos quais ocorreram os atos lesivos, em posição que permita a visibilidade pelo público, pelo prazo mínimo de trinta dias, em tamanho não inferior a 210 mm de largura e 297 mm de altura, em fonte "Arial" ou similar, tamanho de fonte não inferior a "32" para o título, e "20" para o restante do texto e uma publicação no sítio eletrônico da empresa (www.restaurantemadero.com.br), acessível mediante link disponibilizado em banner fixo, contendo o título do extrato, exibido por 30 dias na página principal da empresa na internet, em local de fácil visualização e em destaque, antes do início da rolagem da barra lateral do navegador em acesso por computador, com tamanho não inferior a 300 × 250px, conforme figura abaixo colacionada:

Figura 2: Print da publicação de condenação realizada no site da empresa novembro de 2020.

Fonte: Controladoria Geral da União – CGU.

CONCLUSÃO

A esfera da cidadania consumerista globalizada e interconectada *online* ou *offline* por meios virtuais emerge questões ligadas as experiências e integridade das empresas, fatos estes que têm se tornado cada vez mais visíveis quando se trata de manter um fornecedor ou contratado no mercado, seja este apto a comercializar para pessoas físicas ou pessoas jurídicas de Direito Público.

Diante de tais mudanças comportamentais em rede, o próprio Estado, no exercício de suas atividades e fiscalização, tem percebido que somente o cunho patrimonial e remuneratório de punibilidade/responsabilização não tem sido suficiente para coibir atos que venham a ser lesivos à sociedade em geral e ao equilíbrio do bem-estar social. Desta forma, novos padrões de ações podem ser constatados na sua atuação, tal qual, na área administrativa não contenciosa, no âmbito do Processo Administrativo de Responsabilização de Entes Privados – PAR e sua sanção reputacional.

Pontualmente quanto aos casos das empresas "Vivo" e "Madero", quando do julgamento por parte da Administração Pública, verificou-se que a fundamentalidade sancionatória decorreu da preocupação com o contexto da função social empresarial, permeando não somente a esfera estatal em si, mas suas amplas repercussões diretamente na seara do consumo, vez que os privilégios decorrentes dos atos de corrupção cometidos acabavam sendo embutidos nos valores de comercialização dos produtos e serviços e viabilizando a possível ocorrência de crimes contra o consumidor.

Dessa forma, extraísse em linhas conclusivas que em um ambiente fluído, o efeito moral punitivo da Administração Pública tangencia um fator primordial denominado de honra objetiva empresarial, provocando que a massiva divulgação da sanção reputacional tenha o potencial de trazer efeitos pedagógicos mais fortes que a própria multa em si, situando o fornecedor a efetivamente cumprir regras de respeito as condutas que são reprimidas pela Lei Anticorrupção.

REFERÊNCIAS

AAKER, David. Leaveraging the Corporate Brand. *California Management Review*, v. 46, n. 3, p. 6 -18, California, 2004.

BRASIL. Controladoria Geral da União – CGU. *Manual Da Controladoria Geral Da União* – CGU [versão atualizada até março de 2022]. Disponível em: https://repositorio.cgu.gov.br/handle/1/68182. Acesso em: 05 jan. 2023.

BRASIL. Controladoria Geral da União – CGU. *Decisão Julgamento Madero Indústria E Comércio S.A. ("Madero")*. Disponível em: https://repositorio.cgu.gov.br/bitstream/1/63627/11/Julgamento_Madero%20Industria%20e%20Comercio%20SA.pdf. Acesso em: 05 jan. 2023.

BRASIL. Controladoria Geral da União – CGU. *Decisão Julgamento Telefônica Brasil S.A.* ("Vivo"). Disponível em: https://repositorio.cgu.gov.br/bitstream/1/63628/11/Julgamento_Telefonica%20Brasil%20SA.pdf. Acesso em: 05 jan. 2023.

BRASIL. Controladoria Geral da União – CGU. *Relatório Final CPAR Madero Indústria E Comércio S.A. ("madero")*. Disponível em: https://repositorio.cgu.gov.br/bitstream/1/63627/11/Julgamento_Madero%20Industria%20e%20Comercio%20SA.pdf. Acesso em: 05 jan. 2023.

BRASIL. Controladoria Geral da União – CGU. *Relatório Final CPAR TELEFÔNICA Brasil S.A ("Vivo")*. Disponível em: https://repositorio.cgu.gov.br/bitstream/1/63628/13/Relatorio%20Final_Telefonica%20%20Brasil%20SA.pdf Acesso em: 05/01/2023.

BRASIL. *Lei 12.529, de 30 de novembro de 2011*. Estrutura o Sistema Brasileiro de Defesa da Concorrência; dispõe sobre a prevenção e repressão às infrações contra a ordem econômica; altera a Lei 8.137, de 27 de dezembro de 1990, o Decreto-Lei 3.689, de 3 de outubro de 1941 – Código de Processo Penal, e a Lei 7.347, de 24 de julho de 1985; revoga dispositivos da Lei 8.884, de 11 de junho de 1994, e a Lei 9.781, de 19 de janeiro de 1999; e dá outras providências. Brasília, DF: Diário da União, 2011.

BRASIL. *Lei 12.846, de 1º de agosto de 2013*. Dispõe sobre a responsabilização administrativa e civil de pessoas jurídicas pela prática de atos contra a administração pública, nacional ou estrangeira, e dá outras providências. Brasília, DF: Diário Oficial da União, 2013.

CASTELLS, Manuel. *A sociedade em rede*. 10. ed. Tradução de Roneide Venâncio Majer. São Paulo: Paz e Terra, 2011. (A era da informação: economia, sociedade e cultura, 1).

COMPARATO, Fábio Konder. A reforma da empresa. *Revista de Direito Mercantil, Industrial, Econômico e Financeiro*. v. 22, n. 50, p. 56-74, São Paulo, abr.-jun. 1983.

DAL POZZO, Antonio Araldo Ferraz; DAL POZZO, Augusto Neves; DAL POZZO, Beatriz Neves; FACCHINATTO, Renan Marcondes. *Lei Anticorrupção apontamentos sobre a Lei 12.486/2013*. Belo Horizonte: Editora Fórum, 2014.

DI PIETRO, Maria Sylvia Zanella; MARRARA, Thiago (Coord.). *Lei Anticorrupção comentada*. 3. ed. Belo Horizonte: Fórum, 2021.

KOTLER, Philip; KARTAJAYA, Hermawan; SETIAWAN, Iwan. *Marketing 4.0*: do tradicional ao digital. Trad. Ivo Korytowski. Rio de Janeiro: Sextante, 2017.

KOTLER, Philip; KELLER, Kevin Lane. *Administração de marketing*. 14. ed. São Paulo: Pearson Education do Brasil, 2012.

LESLY, Philip. *Os fundamentos das relações públicas e da comunicação*. Trad. Roger Cahen. São Paulo: Pioneira, 1995. (Biblioteca Pioneira de administração e negócios).

LÉVY, Pierre. *Cibercultura*. Trad. Carlos Irineu da Costa. São Paulo: Editora 34, 1999.

MARQUES, Claudia Lima. *Confiança no comércio eletrônico e a proteção do consumidor*: um estudo dos negócios jurídicos do consumo no comércio eletrônico. São Paulo: Ed. RT, 2004.

MEIRELLES, Hely Lopes; BURLE FILHO, José Emmanuel; BURLE, Carla Rosado. *Direito administrativo brasileiro*. 42. ed. São Paulo: Malheiros, 2016.

NASCIMENTO, Melillo Diniz do. *Lei anticorrupção empresarial*: Aspectos críticos à Lei 12.846/2013. 1ª reimp. Belo Horizonte: Fórum, 2014.

PATTERSON, Paul; SPRENG, Richard. Modelling the relationship between perceived value, satisfaction and repurchase intentions in a business-to-business, services context: an empirical examination. *International Journal of Service Industry Management*, [s. l.], v. 8, n. 5, p. 414-434, 1997.

PINHEIRO, Patrícia Peck. *Direito digital*. 5. ed. rev. atual. e ampl. São Paulo: Saraiva, 2013.

RIBEIRO, Márcio Aguiar. *Responsabilização administrativa de pessoas jurídicas à luz da Lei Anticorrupção empresarial*. Belo Horizonte: Fórum, 2017.

ROHRMANN, Carlos Alberto. *Curso de direito virtual*. Belo Horizonte: Del Rey, 2005.

SAMARA, Beatriz Santos; MORSCH, Marco Aurélio. *Comportamento do consumidor*: conceitos e casos. São Paulo: Prentice Hall, 2005.

TEIXEIRA, Rafael Carneiro D'Avila. O princípio da vulnerabilidade do consumidor no ciberespaço. *Revista do CEPEJ*, Salvador, n. 16, p. 433-454, 2015.

VELLOSO, Viviane Fushimi; MENDES, Flávia Cristina Martins. As redes de comunicação e o empoderamento do consumidor atual nas organizações contemporâneas. *XXXIV Congresso Brasileiro de Ciências da Comunicação*, 34., 2011, Recife. Anais [...]. Recife: Intercom, 2011.

VERBICARO, Dennis; FREIRE, Gabriela Ohana Rocha. O reconhecimento do dano moral coletivo consumerista diante da prática empresarial do bluewashing. *Revista de Direito do Consumidor*. v. 129, ano 29, p. 369-398, São Paulo, maio-jun. 2020.

ZAK, Paul; FERRAES, Soeli Araújo. *A molécula da moralidade*. Alta Books, 2012.

ZAUNER, Alexander; KOLLER, Monika; FINK, Matthias. Sponsoring, brand value and social media. *Revista de Administração de Empresas*. v. 52, n. 6, p. 681-691, São Paulo, nov.-dec. 2012. Disponível em: https://www.scielo.br/pdf/rae/v52n6/v52n6a09.pdf. Acesso em: 10 jul. 2020.

ZUBOFF, Shoshana. Big other: capitalismo de vigilância e perspectivas para uma civilização de informação. In: BRUNO, Fernanda et al. (Org.). *Tecnopolíticas de vigilância*: perspectivas da margem. São Paulo: Boitempo, 2018.

A INDÚSTRIA DA MODA NO CAPITALISMO DE PLATAFORMA: O COMPROMETIMENTO DA INDIVIDUALIDADE AUTÊNTICA DO CONSUMIDOR

Ana Izabelle de Oliveira Costa

Graduanda em Direito na Universidade Federal do Pará. Bolsista de Iniciação Científica CNPq na área de Direito do Consumidor Digital. Integrante do Grupo de Pesquisa Consumo e Cidadania (CNPq). E-mail: izabelleoliveira02@gmail.com.

Natasha Siqueira Mendes de Nóvoa

Graduanda em Direito na Universidade Federal do Pará. Bolsista de Iniciação Científica CNPq na área de Direito do Consumidor Digital. Integrante do Grupo de Pesquisa Consumo e Cidadania (CNPq). E-mail: natasha-novoa@hotmail.com.

Sumário: Introdução – 1. Do capitalismo artista ao capitalismo de plataforma: as necessidades artificiais como motores do consumo – 2. A indústria da moda e o mito da soberania do consumidor – 3. O assédio de consumo nas plataformas digitais: o comprometimento da individualidade autêntica do consumidor – 4. Uma análise do caso balenciaga sob a perspectiva do mito da soberania do consumidor – Conclusão – Referências.

INTRODUÇÃO

Com o decorrer do avanço tecnológico, especialmente no final da década de 70 até o presente momento, as relações de consumo foram afetadas com os novos instrumentos de mercado, se moldando às novas tendências do Capitalismo. Dentre os setores afetados, vislumbra-se um impacto relevante na indústria da moda, que incorporou a cultura digital desde o seu processo criativo até a divulgação da marca, uma vez que novos agentes surgiram no mercado, a exemplo dos *Influencers* digitais.

Essa mudança não ocorreu de forma repentina, mas se moldou ao longo da transição do consumo tradicional ao consumo analógico, no entanto, em ambos os casos, prevaleceu a ótica Neoliberal de aferição de lucro, buscando ferramentas de aperfeiçoamento das práticas de mercado, sejam estas abusivas ou não. A preocupação da *cronoconcorrência* não encontra respaldo nas garantias do consumidor, mas reside, principalmente, na criação de necessidades artificiais para estimular o consumismo, que muitas vezes se traduzem nas práticas de assédio de consumo.

Essa dinâmica agressiva, indubitavelmente, se acentuou no capitalismo de plataforma, na medida em que as características inerentes da economia digital possibilitaram o agravamento, bem como a criação de novas práticas abusivas de mercado, resultando em um novo perfil de consumidor: exposto, hiperconectado e hiperconfiante. Como consequência, tem-se também o agravamento da sua vulnerabilidade comportamental e algorítmica, posto que as relações de consumo existem não apenas dentro de uma perspectiva econômica e jurídica, mas também social.

Nesse sentido, através do método dedutivo e de pesquisa teórica, o presente artigo objetiva analisar como a indústria da moda, sob a luz do capitalismo de plataforma, acentuou a sobreposição da personalidade coletiva sobre a personalidade individual, restringindo a autenticidade do consumidor como sujeito individual, na medida em que a falsa sensação de pertencimento social incorpora as dificuldades do indivíduo em se projetar fora de uma plataforma, de modo que os ideais de moda, estilo e preferência assumem um novo viés que escancara o mito da soberania do consumidor.

1. DO CAPITALISMO ARTISTA AO CAPITALISMO DE PLATAFORMA: AS NECESSIDADES ARTIFICIAIS COMO MOTORES DO CONSUMO

O contexto pós-guerra frio tem como principal característica o modelo de produção dinâmica e massificada, que buscou estabelecer uma sistemática de consumo obsoleto, ou seja, com data de duração. Tal padrão é conhecido como *Just in Time*, que apresenta uma velocidade frenética e imediata, estimulando uma produção acelerada e agressiva com pouca ou nenhuma preocupação intelectual.

Essa dinâmica pode ser compreendida pela perspectiva de Adorno e Horkheimer,[1] que se utiliza do termo "Indústria Cultural de Massa" para traduzir uma produção efêmera que se impõe aos indivíduos e os submete a um monopólio industrial que visa à alienação, impedindo qualquer mobilização crítica capaz de questionar o que está sendo ofertado. Ou seja, ela existe justamente para formar uma estética ou percepção comum voltada ao consumismo, de modo a tolher qualquer expressão de autenticidade e autonomia. Partindo-se desta perspectiva, tem-se que é possível enfraquecer o poder de escolha do consumidor a partir da exploração econômica das suas vulnerabilidades, como no caso da vulnerabilidade comportamental.

Para melhor entender o alcance dessa vulnerabilidade, pode-se falar do conceito de hipermodernidade de Gilles Lipovetsky,[2] no qual há uma radicalização dos princípios constitutivos da modernidade, como a valorização do indivíduo, da economia liberal, bem como da tecnociência, isto é: o foco da sociedade passa a ser sempre o presente. Portanto, se o ideal de uma vida boa se modifica, a mudança nas relações de consumo é mandatória, sendo o indivíduo um alvo constante desse sistema fluído, que dialoga muito bem com o conceito de modernidade líquida criado por Zygmunt Bauman.[3]

---

1. ADORNO, Theodor; HORKHEIMER, Max. *Teoría de la pseudocultura*. Sociológica. Trad. Víctor Sánchez de Zavala. Madrid: Taurus, 1966.
2. LIPOVESTKY, Gilles. *A Felicidade Paradoxal*: ensaio sobre a sociedade do hiperconsumo. Lisboa. Edições 70, 2017.
3. BAUMAN, Zygmunt. *Modernidade Líquida*. São Paulo: Zahar, 2001, p. 09.

Na dinâmica do capitalismo artista, o autor introduz a ideia de felicidade paradoxal,[4] que se traduz na constante projeção do bem-estar na aquisição de determinado bem de consumo, supostamente capaz de satisfazer uma necessidade artificial e transitória, que, uma vez não preenchida, resulta no sentimento de ansiedade no consumidor devido à sensação de vazio não preenchido, que tentará ser suprida por outro objeto mercadológico, estabelecendo-se, assim, um ciclo de constante frustração e submissão ao consumo. Lipovestky[5] enquadra esse contexto na terceira fase da sociedade do hiperconsumo, que possui como característica uma mistura entre as técnicas artísticas e mercadológicas, as quais exploram o consumo criativo e emotivo para provocar falsas experiências afetivas, sensoriais e ideais ao consumidor.

Para Verbicaro, Mascarenhas e Ribeiro:[6]

> A verdade é que, partir dos anos 1950-60, ter acesso a um modo de vida mais fácil e mais confortável, mais livre e mais hedonista já constituía uma motivação muito importante dos consumidores. Exaltando os ideais da felicidade privada, os lazeres, as publicidades e as mídias favoreceram condutas de consumo menos sujeitas ao primado do julgamento do outro.

Nesse sentido, o comportamento individualista pautado nos prazeres hedonistas passou a ser legitimado, não somente pela busca de um *status* social sobre um olhar coletivo, mas pela busca de vivenciar todas as experiências de felicidade que uma compra pode proporcionar. A partir disso, Lipovetsky trabalha a ideia de que a construção da identidade do sujeito passa a ser o centro do trabalho de publicidade das grandes marcas, tendo em vista que esse novo consumidor, emotivo e sensorial, está mais suscetível a comprar um produto para satisfazer uma possível experiência, do que pelas suas qualidades reais. O capitalismo artista busca estimular aquisições irracionais, razão pela qual o indivíduo se torna mais vulnerável ao assédio de consumo e a um possível superendividamento motivado por predileções estéticas de um prazer hedonista.

No entanto, com o avanço tecnológico desenfreado, surge um desafio ainda mais complexo para as relações de consumo: a consolidação da economia digital. As técnicas estéticas do capitalismo artista, juntamente com o cenário consolidado do capitalismo de plataforma, abriram espaço para mecanismos de controle comportamental ainda mais dominantes sobre o indivíduo, transformando as relações de consumo a partir do *e-commerce* e do novo modelo de expressão da felicidade paradoxal: as redes sociais.

O capitalismo de plataforma[7] possui algumas características inerentes à economia digital, como os efeitos de rede, as plataformas de dois lados e a quebra de barreiras entre consumidor e fornecedor que passa a ocorrer em diferentes espaços e com uma velocidade instantânea. Nesse cenário surgem novos sujeitos: os *Influencers* digitais, que

---

4. Ibidem, 2011.
5. Ibidem, 2017. p. 30-31.
6. MASCARENHAS, Diego; VERBICARO, Dennis; RIBEIRO, Cristina. O Consumo na Hipermodernidade: o Superendividamento como Consequência da Oferta Irresponsável do Crédito. *Revista da Faculdade de Direito da UFRGS*, n. 43, p. 102. Porto Alegre, ago. 2020.
7. SNIRCEK, Nick. *Capitalismo de Plataforma*. Cambridge: Polity Press, 2017, p. 7. Oxford, Inglaterra.

consistem em indivíduos com elevados números de seguidores e que são pagos para fazerem propaganda de produtos ou serviços, uma vez que as suas contas possuem um alcance exponencial e as suas vidas são vistas, muitas vezes, como um ideal a ser seguido, de modo que esses influenciadores também criam novos hábitos de comportamento na sociedade.

Segundo pesquisa da plataforma Gente da Globosaat,[8] 57% das pessoas entrevistadas assumiram que seguem influenciadores para receber dicas de beleza, compras e viagens e 76% disseram que mudam de opinião sobre determinado produto ou conteúdo após escutar algum influenciador. Ou seja, a propaganda se acentua não somente sobre um produto, mas sobre o ideal de felicidade e comportamento que ele supostamente proporciona, não com base nas emoções individuais, mas coletivas, uma vez que há uma tendência de padronização de comportamento estimulada pelos influenciadores.

Como um dos efeitos dessa dinâmica social observa-se, cada vez mais, a perda da autenticidade individual do consumidor, na medida em que há uma sobreposição coletiva perante a personalidade do sujeito e isso pode ser observado principalmente nos padrões de beleza e na indústria da moda.

Vislumbra-se, portanto, que as nuances do capitalismo ocidental buscam submeter os indivíduos a uma espécie de servidão voluntária, definida por Étienne de La Boétie[9] como a motivação pelos quais os sujeitos se submetem a regras, ainda que isso signifique limitar a sua liberdade. De acordo com Cassino,[10] Foucault definiu uma sociedade disciplinar que tinha por base a força física, no entanto, a atual sociedade de controle, cujo motor de vigilância é a própria modulação pela tecnologia, tem como base a força também social, de modo que a autenticidade do sujeito se encontra em desvantagem.

De forma análoga, observa-se que as técnicas do capitalismo de vigilância, aliadas aos mecanismos do capitalismo artista e de plataforma, também são capazes de aprofundar as estratégias de persuasão na Indústria da Moda, que encontram novos meios de escancarar a submissão do consumidor diante dos padrões sociais, comportamentais e econômicos da hipermodernidade.

2. A INDÚSTRIA DA MODA E O MITO DA SOBERANIA DO CONSUMIDOR

Conforme Verbicaro e Guimarães[11] a ideia da soberania do consumidor não ocupa mais espaço na economia central do nosso tempo, uma vez que as necessidades dos indivíduos não se originam dele próprio, mas são forjadas para ele, ou seja, há a des-

---

8. FIGUEIRIDO, Guilherme. *Por que os influenciadores digitais estão dominando o mercado de marketing*? Disponível em: Influenciadores digitais e as mudanças do marketing – Beatz. Acesso em: 20 jul. 2022.
9. DE LA BOÉTIE, Étienne. *Discurso sobre a servidão voluntária*. Lisboa: Antígona, 2016.
10. CASSINO, João Francisco. Modulação deleuzeana, modulação algorítmica e manipulação midiática. In: SOUZA, Joyce; AVELINO, Rodolfo; SILVEIRA, Sérgio Amadeu da (Org.). *A sociedade de controle*: manipulação e modulação nas redes digitais. São Paulo: Hedra, 2018. p. 27.
11. VERBICARO, Dennis. GUIMARÃES, Felipe. O Mito da Soberania do Consumidor na Era da Hipermodernidade. *Revista de Direito do Consumidor*. v. 141, p. 311-337, maio-jun. 2022.

mistificação da teoria marginalista neoliberal, já que a produção cria as necessidades de consumo e não o contrário.

Nesse sentido, os autores explicam:

> Assim, exemplifica Galbraith, se o consumo de um homem se torna o desejo de seu vizinho, isso já significa que o processo pelo qual as necessidades são satisfeitas é também o processo pelo qual as necessidades são criadas. Quanto mais necessidades são satisfeitas, mais novas surgem. O desejo de conseguir bens superiores adquire vida própria. Ele dá origem a um impulso por gastos mais elevados. Esse pode até ser mais forte do que o originado das necessidades, que se supõem serem satisfeitas por esse gasto.

Dialogando com essa perspectiva, Richard Thaler e Cass Sunstein[12] sustentam que as decisões individuais do consumidor não partem de uma premissa absolutamente racional como pregavam os neoclássicos da escola marginalista.[13] Na verdade, os autores demonstram que essas escolhas podem derivar de questões unicamente subjetivas e culturais, de modo que alguns mercados tendem a ser mais ou menos afetados nessas escolhas A presente pesquisa buscou entender como o mercado da indústria da moda vem se moldando na economia digital, posto que é um mercado altamente motivado por aspectos sociais, culturais e econômicos.

Do ponto de vista histórico, Lipovetisky[14] analisa o processo da moda a partir de períodos e fases, sendo o primeiro deles chamado de "estágio aristocrático da moda" (metade do século XIV – metade do século XIX), no qual havia uma distinção significativa do vestuário conforme a hierarquia social da época, de forma que a moda era direcionada especialmente à nobreza e, somente a partir da segunda metade do século XIX, surge o que o autor denomina de "moda moderna", momento em que os discursos sobre a moda ganham visibilidade, surgindo as revistas especializadas e colunas sobre o tema, que passa a se caracterizar pela inovação e mudança.

A partir de 1950 e 1960 surge um novo paradigma nas transformações sociais, culturais e comportamentais, fazendo-se necessária a criação de um novo sistema, que culminou com a inovação das grifes *prêt-a-porter*, que, para Lipovestisky, "coincide com a emergência de uma sociedade cada vez mais voltada para o presente, euforizada pelo Novo e pelo consumo".[15]

O referido período é marcado pelo surgimento de duas tendências que predominam até hoje: o culto à juventude e a excessiva preocupação com a aparência, de modo que ambas dialogam com as nuances do capitalismo, se acentuando e se moldando às novas tendências de consumo. Apesar das transformações ao longo do tempo, observa-se que a indústria da moda sempre esteve atrelada ao status: seja por cores, marcas ou estilo,

---

12. THALER, Richard H.; SUNSTEIN, Cass R. Nudge. Rio de Janeiro: Objetiva, 2019.
13. WALRAS, Léon. *Compêndio dos elementos de economia política pura*. São Paulo: Nova Cultural, 1988.
14. LIPOVETSKY, Gilles. *O império do efêmero*: a moda e seu destino nas sociedades modernas. São Paulo: Companhia das Letras, 2006.
15. Ibidem, p. 115.

demonstrando que o caráter coletivo desse mercado costuma se sobrepor ao individual, portanto, é mais suscetível as escolhas irracionais.

Logo, na era das plataformas digitais, seja pelos efeitos de rede, seja pela economia de escopo, técnicas de predileção estética ou pelo mercado de múltiplos lados, nota-se que a tendência à padronização social se acentuou de tal forma que o consumidor se encontra imerso em um ciclo descartável e vazio, que vende a falsa ideia de felicidade paradoxal de Lipovetsky, mas agora com mais intensidade, posto que existem novos artifícios e intermediários nas relações de consumo. As redes sociais escancararam o mito da soberania do consumidor, uma vez que as vulnerabilidades comportamentais e algorítmicas se traduzem na busca incessante dos usuários em seguir influenciadores digitais, que ditam o que comprar e como os indivíduos devem se vestir, monetizando o seu valor social.

Colin Campbell[16] explora a força do hedonismo nas relações de consumo, alegando que há uma diferença entre satisfação e prazer: o primeiro é causado pelos estímulos repetitivos e o segundo deriva da busca incessante e inovadora para fugir da monotonia, portanto relaciona-se com renovação, dialogando com a tese da modernidade líquida de Bauman.

Nesse sentido, o consumidor hipermoderno é movido pelo prazer hedonista, vendido por influenciadores digitais na era do capitalismo de plataforma, e fornecido pelas grandes marcas que se veem obrigadas a inovar o conceito de moda para fugir da monotonia, as quais vendem produtos extravagantes e muitas vezes sem sentido para conquistar a atenção dos influenciadores. Paradoxalmente a essa inovação, tem-se a perda da criticidade do consumidor, posto que, se os usuários se colocam em posição de submissão às personalidades das redes sociais, eles tornam-se mais suscetíveis a consumir o que lhes é imposto, resultando no agravamento da perda da autenticidade deste indivíduo.

Portanto, é possível aludir que a ideia de soberania do consumidor, na indústria da moda, se mostra cada vez mais limitada e resistente, sendo fruto de um processo histórico impulsionado pela economia digital, que criou espaço para o surgimento de novos padrões artificiais de comportamento e agentes, escancarando a submissão do consumidor às novas técnicas mercadológicas que exploram a vulnerabilidade comportamental, algorítmica, bem como a perda da criticidade deste indivíduo, que se mostra suscetível a escolhas irracionais para fugir da monotonia.

3. O ASSÉDIO DE CONSUMO NAS PLATAFORMAS DIGITAIS: O COMPROMETIMENTO DA INDIVIDUALIDADE AUTÊNTICA DO CONSUMIDOR

É inegável que a sociedade contemporânea é delineada pela ótica do Capitalismo de Vigilância, conceituado por Soshana Zuboff,[17] e pela lógica do hiperconsumo. Nesse contexto, os consumidores passaram a normalizar a rotina do monitoramento digital,

---

16. CAMPBELL, Colin. *Ética romântica e o espírito do consumismo moderno*. Rio de Janeiro: Rocco, 2001.
17. ZUBOFF, Shoshana. *A era do capitalismo de vigilância*: a luta por um futuro humano na nova fronteira do poder. Rio de Janeiro: Intrínseca, 2020.

exercido por empresas no *e-commerce*, pela incredulidade de sua interferência nas suas escolhas e compras. Contudo, é possível observar que, embora o poder vigilante se apresente como um *soft power*, este acaba se manifestando tão coercitivamente quanto outras forças brutas.

Antes de tudo, ressalta-se que o supracitado cenário foi desencadeado, principalmente, pela revolução técnico-científica da segunda metade do século XX responsável por transformar toda organicidade social e econômica a partir do advento da internet. Com isso, o capitalismo financeiro passa a ter uma aparência mais globalizada com as inovações tecnológicas, descentralização empresarial, alargamento dos mercados, organização em rede e a perda dos limites geográficos.[18]

Concomitantemente, acontecia o processo de digitalização da vida em que diversos *softwares* passaram a auxiliar, administrar e codificar hábitos da vida humana. Nesse passo, o aumento de informações pessoais em rede proporcionou a mercantilização do superávit comportamental dos consumidores, isto é, o resultado da mineração de dados – extraído dos meios digitais – que tecem previsões acerca do comportamento dos indivíduos diante de determinados produtos e ideias, a partir do conhecimento acumulado sobre as características pessoais de cada consumidor.

Nesse debate, a psicóloga social Shoshana Zuboff[19] esclarece que:

> Em suma, o superávit comportamental sobre o qual se assenta a fortuna do Google pode ser considerado ativos de vigilância. Esses ativos são matérias-primas críticas na busca por receitas de vigilância e sua conversão em capital de vigilância. A lógica inteira dessa acumulação é entendida como exatidão como capitalismo de vigilância, que é a estrutura fundacional para uma ordem econômica baseada na vigilância, uma economia de vigilância. Aqui o grande padrão é a subordinação e hierarquia, no qual reciprocidade mais antigas entre empresas e usuários são subordinadas ao projeto derivado de ser nosso superávit comportamental captado para ganhos alheios.

Diante disso, as instituições financeiras reformularam suas técnicas de publicidade perante seus usuários buscando, cada vez mais, torná-las eficazes e individualizadas. Para tanto, a análise das predileções dos consumidores se mostrou um instrumento indispensável na implementação da propaganda direcionada, isto porque, o volume do superávit comportamental se manifesta como uma condição necessária para o sucesso e alta lucratividade do mercado atual.

Nesse contexto, destaca-se a influência da percepção da compra online dos consumidores digitais por impulso sob a influência do *remarketing*, o qual consiste em alcançar usuários que visitaram ou manifestaram interesse em produtos semelhantes nas plataformas de compras online por meio de anúncios direcionados com o intuito relembrarem a vontade dos indivíduos. Assim, o *remarketing* impulsiona exaustivamente o público-alvo a voltar no site da loja online para efetuar uma compra, dessa maneira,

---

18. VIEIRA Janaína. OHANA, Gabriela. *Do consumo analógico à aceleração do consumo digital*: o Paradoxo entre Consumidor Vidro e Consumidor Identitário no Pós-Covid 19. Tensões de uma sociedade em crise. Rio de Janeiro: Lumen Juris, 2020, p. 451.
19. Ibidem, 2021, p. 114-115.

mitigando o consumo racional uma vez que os usuários acabam sendo persuadidos pelas próprias tendências inconscientes indicadas pelos algoritmos.

Para os estudiosos Arthur Pinheiro Basan e José Luiz de Moura Faleiros Júnior,[20] é inegável a transformação do mercado na era digital e, consequentemente, sua relação com a publicidade:

> A verdade inexorável dessa realidade é que as empresas que operam por meio de publicidades virtuais parecem onipresentes, pois é possível adquirir produtos e serviços a qualquer hora do dia ou da noite, a partir de qualquer local, bastando uma conexão à Internet, consagrando o turboconsumismo. Além disso, toda e qualquer empresa, na Internet, passa a deter vasto rol de ferramentas que permitem rastrear interações, lançar, atualizar, otimizar e promover campanhas publicitárias com intensidade e rapidez.

Com efeito, o assédio de consumo é indubitavelmente potencializado pelo *marketing* virtual ao criar necessidades irracionais em seus usuários, construindo e fortalecendo o atingimento da felicidade artificial através da compra de produtos. Ocorre que essa euforia se revela na sensação paradoxal, na medida em que o usuário presume que a aquisição de determinado bem de consumo promove o sentimento de sanar uma necessidade transitória, posteriormente será acometido pela ansiedade proveniente de novos apelos do mercado e a consequente frustração de não conseguir satisfazê-los, sendo um ciclo infindável.[21]

Fica evidente, portanto, que o ato de consumir deixou de restringir-se a apenas a obter um bem, passando também a estar ligada às normas e referências coletivas determinadas por marcas que despertam na identificação pessoal, comportando-se como remédios para os anseios de pertencimento social. Dessa forma, "o consumidor passou a ser o estereótipo do homem moderno e o símbolo da globalização, instalando-se um quadro de permanente assédio de consumo, determinante para o agravamento do abismo econômico entre fornecedor e consumidor".[22]

Na sociedade da informação, a indústria cultural e a lógica do hiperconsumo se aliam à publicidade a fim de construir novos parâmetros nas relações de consumo na era digital, seja ditando quais conceitos e estilos estão na moda, modificando padrões musicais ou até mesmo quais esportes são tendências do momento. Assim, cabe salientar que o poder de influência da internet nas relações consumeristas é vislumbrado ao verificar os dados da pesquisa realizada pelo IBGE[23] no ano de 2019, em que 82,7%

---

20. BASAN, Arthur Pinheiro; FALEIROS JÚNIOR, José Luiz de Moura. A proteção de dados pessoais e a concreção do direito ao sossego no mercado de consumo. *Revista Eletrônica de Direito Civil*: civilistica.com. a. 9. n. 3. 2020.
21. VERBICARO, Dennis; MOTTA, Caio Gabriel da Silva. A compulsão de consumo transformada em vício: um diálogo necessário entre Bauman e Lipovestky. *Revista Direito UFMS*, v. 3, n. 2, p. 283. Campo Grande, MS, jul.-dez. 2017.
22. VERBICARO, Dennis; RODRIGUES, Lays; ATAÍDE, Camille. Desvendando a vulnerabilidade comportamental do consumidor: uma análise jurídico-psicológica do assédio de consumo. *Revista de Direito do Consumidor*. v. 119. 349-384. São Paulo: Ed. RT, set-out. 2018.
23. Pesquisa disponível em: Sobe para 82,7% percentual de domicílios com internet, diz IBGE | Agência Brasil (ebc.com.br). Agência Brasil, Rio de Janeiro. 2021. Acesso em: 02 jun. 2022.

da população brasileira (com mais de 10 anos) utilizam a internet e estão suscetíveis à interferência coercitiva das práticas publicitárias abusivas.

A expansão do mercado eletrônico potencializou as vulnerabilidades inerentes ao consumidor, já reconhecidas pela Constituição Federal de 1988. Insere-se a esse debate, predominantemente, o fortalecimento da vulnerabilidade algorítmica e comportamental do consumidor digital em virtude da mercantilização dos dados pessoais – acarretada pelo capitalismo de vigilância – bem como pelo assédio sofrido por parte dos internautas, uma vez que o *marketing* virtual visa "influenciar justamente no comportamento dos indivíduos, incutindo desejos e necessidades de forma invasiva e tenaz".[24]

Hodiernamente, o comércio virtual é predominantemente aquecido pelas mídias sociais a partir da divulgação de produtos e serviços por um novo integrante: os denominados *influencers digitais*. Esse novo personagem garante uma nova aparência a publicidade e massificação dos costumes pela aproximação sentimental e hiperconfiança do consumidor em relação ao *influencer*, mostrando-se profissionais extremamente eficientes na divulgação de marcas e quaisquer bens de consumo.

Ante o exposto, fica comprovado que a individualidade do homem contemporâneo é aniquilada pela indústria cultural, principalmente, da moda ao passo em que uniformiza os gostos e as aparências de seus consumidores por meio da publicidade direcionada. À vista disso, há inegavelmente o comprometimento do psicológico dos internautas e a conduta dos usuários perpetuando o ciclo de consumo por desejo e não por necessidade de adequação e pertencimento social.

4. UMA ANÁLISE DO CASO BALENCIAGA SOB A PERSPECTIVA DO MITO DA SOBERANIA DO CONSUMIDOR

A expansão do comércio eletrônico favoreceu a troca de informações mais intensas e fluídas, em face da perda da noção de tempo-espaço. Sob essa ótica, desenvolveu-se a economia de compartilhamento em que consumidores-fornecedores passaram a partilhar bens de consumo ociosos pela internet.

Nesse panorama, a sociedade moderna insere uma nova ordem que é marcada pela fluidez, efemeridade e inconstância dos hábitos consumeristas. Na mesma linha, Bauman[25] leciona que:

> Os primeiros sólidos a derreter e os primeiros sagrados a profanar eram as lealdades tradicionais, os direitos costumeiros e as obrigações que atavam pés e mãos, impediam os movimentos e restringiam as iniciativas. Para poder construir seriamente uma nova ordem (verdadeiramente sólida!) era necessário primeiro livrar-se do entulho com que a velha ordem sobrecarregava os construtores. "Derreter os sólidos" significava, antes e acima de tudo, eliminar as obrigações "irrelevantes" que impediam a via do cálculo racional dos efeitos; como dizia Max Weber, libertar a empresa de negócios dos grilhões dos deveres para com a família e o lar e da densa trama das obrigações éticas; ou, como preferiria

---

24. Ibidem, 2018, p. 351.
25. BAUMAN, Zygmunt. *Modernidade Líquida*. Edição Eletrônica. São Paulo: Zahar, 2011, p. 9-10.

Thomas Carlyle, dentre os vários laços subjacentes às responsabilidades humanas mútuas, deixar restar somente o "nexo dinheiro". Por isso mesmo, essa forma de "derreter os sólidos" deixava toda a complexa rede de relações sociais no ar – nua, desprotegida, desarmada e exposta, impotente para resistir às regras de ação e aos critérios de racionalidade inspirados pelos negócios, quanto mais para competir efetivamente com eles.

Sob a nova ordem de um mundo mais célere, há a perda da soberania do consumidor em detrimento da manipulação gerada pela publicidade direcionada. Para as estudiosas Tâmara Oliveira e Suani Vasconcelos,[26] os cidadãos contemporâneos acreditam na sua liberdade e, consequentemente, que são sujeitos protagonistas de sua própria existência e destino, mas, pelo contrário, vivem sob mão invisível e controladora proveniente do capitalismo vigilante. Dessa forma, são conduzidos a desejarem hábitos e obterem produtos escolhidos pela lógica do mercado, porém acreditando em sua autonomia de escolha.

Nesse debate, é possível melhor visualizar o poder de manipulação em relação aos consumidores sob o prisma da indústria da moda. Historicamente, está se mostra como ditadora dos padrões de costumes indicando quais marcas, modelos ou produtos validam a existência do indivíduo por ter determinado bem de consumo. Dessa forma, cria-se nos consumidores digitais a necessidade psicológica de que comprar gera sua satisfação e promove o sentimento de pertencimento social, ou seja, a felicidade é provinda pelo comportamento de compra atual e sua continuidade, o que redunda em lucro para o produtor.

À nível de exemplificação e análise, destaca-se a marca de luxo Balenciaga responsável por gerar polêmica – principalmente no ano de 2022 – ao lançar diversas coleções seguindo a tendência "*destroyed*" que consiste na confecção de peças, como moletons e tênis, visivelmente danificadas ou rasgados que se assemelham a produtos sarcasticamente obsoletos. Acresce-se, ainda, que o motivo de maior repercussão entre os internautas se deu pelos preços desses produtos que chegavam no mercado com valor aproximado de R$ 10.000,00 reais e, mesmo assim, estavam sendo amplamente comprados bem como divulgados pelos digitais *influencers* como um produto necessário para o consumidor que possuísse o interesse de se tornar um ícone de estilo.

Nas palavras do próprio estilista da marca, Demna Gvsalia:[27] "a realidade é que existem muitas coisas disponíveis que você deve escolher. Portanto, o grande problema é criar o que as pessoas escolhem". Ocorre que essa marca é conhecida internacionalmente por utilizar o marketing digital e o engajamento nas redes sociais a seu favor deixando claro que possui como objetivo causar esse desconforto e polêmica com suas criações com o intuito de dar mais visibilidade para os seus lançamentos e, por conseguinte, aumentar suas vendas e seus lucros.

---

26. DIAS DE OLIVEIRA, T. A.; VASCONCELOS, S. de A. As Práticas Abusivas e o Superendividamento sob a Tutela do Ordenamento Jurídico: a lógica da modernidade líquida e a sociedade de consumo. *Revista de Direito*, [S. l.], v. 8, n. 02, 2017, p. 188 Disponível em: https://periodicos.ufv.br/revistadir/article/view/1834. Acesso em: 27 set. 2022.
27. "Demna Gvsalia Vai Quebrar O Sistema Da Moda." Disponível em: Entrevista: Demna Gvsalia Vai Quebrar O Sistema Da Moda – ApollonBezobrazov – Moda 2022 (industry-fashion.com). Acesso em: 25 ago. 2022.

E a marca, ao se juntar com os grandes influenciadores digitais da atualidade, consegue escancarar que o consumidor sequer consegue refletir sobre o que ele compra, se mostrando submisso às personalidades que ele segue nas redes sociais, demonstrando que a subjetividade deste indivíduo se mostra cada vez menos autêntica. Como exemplo, tem-se o anúncio de Kim Kardashian – *influencer* digital – como modelo da grife em fevereiro de 2021, o qual gerou, em menos de 24 horas, um aumento pela busca da marca de 54%, enquanto a busca pelo produto que a influenciadora estava usando, a bolsa 'Le Cagole', reportou um crescimento de 22% em menos de um dia.[28]

Dialogando com a teoria de Campbell, tem-se que o fortalecimento da sociedade de consumo se deve pela busca da satisfação e do prazer hedonista, os quais são orientados pela fuga da monotonia e preenchidos pela inovação, como se observa nas estratégias de venda da referida marca

Nesse sentido, Campbel[29] defende ser extremamente necessário que os seres humanos investiguem as práticas de consumo como um exercício de autoconhecimento pois, à priori, indicam as preferências de cada um. Nessa vereda, ao analisar as reações do consumidor hipermoderno é possível aludir que:

> [...] O discernimento essencial que se exige é a compreensão de que os indivíduos não procuram tanta satisfação dos produtos quanto prazer das experiências autoilusivas que constroem com significações associadas. A atividade fundamental do consumo, portanto, não é a verdadeira seleção, a compra ou uso dos produtos, mas a procura do prazer imaginativo a que a imagem do produto se empresta, sendo o consumo verdadeiro, em grande parte, um resultante desse hedonismo "mentalístico". Encarada dessa maneira, a ênfase tanto na novidade quanto na insaciabilidade se torna compreensível.

Ou seja, as práticas de consumo deveriam ser uma expressão da individualidade, mas observa-se que, principalmente na era digital, tem-se a perda crescente da autenticidade do consumidor, reforçando-se a ideia trazida por Verbicaro e Guimarães[30] sobre o mito da soberania deste indivíduo. Portanto, é necessário refletir os limites dessa submissão às grandes marcas e *influencers*, especialmente na era digital, posto que as técnicas de vigilância e persuasão se mostram cada vez mais agressivas e invasivas.

CONCLUSÃO

É inegável, portanto, que a influência da hipermodernidade e do neoliberalismo transformou as relações de consumo, trazendo novas técnicas de mercado que incorporaram novos padrões comportamentais, sociais e econômicos. Não obstante, a evolução da tecnologia deu origem a novas expressões ao capitalismo, como exemplo

---

28. "O renascimento da Balenciaga a partir de Demna Gvasalia". Pesquisa disponível em: https://versatille.com/o--renascimento-da-balenciaga-a-partir-de-demna-gvasalia/?amp. Acesso em: 25 ago. 2022.
29. Ibidem, p. 130. 2001.
30. Ibidem, p. 311-337.2022.

do capitalismo de plataforma e de vigilância, que estabeleceram uma nova dinâmica entre consumidor e fornecedor, bem como introduziram novos agentes nas estratégias de consumo: os influenciadores digitais.

Essa dinâmica escancarou um cenário complexo, especialmente no que se refere ao aumento das práticas coercitivas de consumo que visam estabelecer uma pressão sobre os indivíduos para que estes desejem, cada vez mais, preencher as suas angústias por meio do consumo, seja de produtos, seja de conteúdos, na medida em que na era do capitalismo de vigilância há uma simbiose entre usuário e produto.

Nesse cenário, observa-se uma tendência por parte dos agentes econômicos em explorar as vulnerabilidades do consumidor com o objetivo de promover a constante insatisfação social e a busca incessante pelo prazer, especialmente na indústria da moda, na medida em que as grandes marcas do mercado adaptaram as suas estratégias de marketing, utilizando-se de novos agentes (influenciadores digitais) e de novas técnicas (comportamentais e algorítmicas) que visam estabelecer uma relação de submissão entre o consumidor e determinado conteúdo.

Tal cenário demonstra que há um distanciamento do consumidor com a sua própria individualidade, que se mostra cada vez mais em desvantagem na era digital, submisso aos padrões coletivos vendidos pelo mercado. Logo, se a moda já foi espaço de expressão da subjetividade e personalidade, vislumbra-se que hoje ela se mostra cada vez menos autêntica e diversa, seja pelo alto alcance das redes sociais, que são capazes de vender um mesmo produto para o mundo de forma instantânea, seja pela introdução de novos agentes capazes de moldar e determinar, com maior intensidade, um modelo de felicidade a ser seguido. Constata-se, portanto, que as práticas de consumo no mercado da moda não são um exercício de autoconhecimento, mas um exemplo de vulnerabilidade e submissão.

O caso Balenciaga exemplifica essa submissão ao demonstrar que os consumidores, movidos pelo sentimento de busca do prazer e pelas técnicas de *marketing* digital, são capazes de comprar produtos com preços exorbitantes somente para preencherem o sentimento de pertencimento social da sua bolha, sem ao menos questionar a utilidade do produto. Não há espaço para autenticidade, senso crítico ou monotonia: o consumo atual é fluído, digital e intangível. Os hábitos de consumo não são totalmente racionais e calculados como pregava a teoria econômica neoclássica marginalista, mas sim submissos a fatores sociais, econômicos e comportamentais.

Portanto, a indústria da moda no capitalismo de plataforma resiste à ideia de soberania do consumidor, uma vez que a vigilância, a indústria cultural, o assédio de consumo, os *influencers* e o marketing digital se contradizem com a ideia de autenticidade e empoderamento, de modo que se questiona até onde o consumidor é capaz de se submeter e se expor para preencher os vazios causados pelo próprio mercado. Assim, defende-se a necessidade da existência de uma tutela que seja efetivamente capaz de salvaguardar a autenticidade do consumidor.

REFERÊNCIAS

ADORNO, Theodor. HORKHEIMER, Max. *Teoría de la pseudocultura*. Sociológica. Trad. Víctor Sánchez de Zavala. Madrid: Taurus, 1966.

BASAN, Arthur Pinheiro; FALEIROS JÚNIOR, José Luiz de Moura. A proteção de dados pessoais e a concreção do direito ao sossego no mercado de consumo. *Revista Eletrônica de Direito Civil*: civilistica.com. a. 9. n. 3. 2020. Disponível em: https://civilistica.emnuvens.com.br/redc/article/view/565. Acesso em: 24 set. 2022.

BAUMAN, Zygmunt. *Modernidade líquida*. Edição Eletrônica. São Paulo: Zahar, 2011.

BAUMAN, Zygmunt. *Modernidade líquida*. São Paulo: Zahar, 2001.

BEZOBRAV, Apollon. "*Entrevista: Demna Gvasalia Vai Quebrar O Sistema Da Moda*". Disponível em: https://pt.industry-fashion.com/7663708-interview-demna-gvasalia-is-going-to-break-the-fashion-system-apollonbezobrazov. 2022. Acesso em: 25 ago. 2022.

CAMPBELL, Colin. *A ética romântica e o espírito do consumismo moderno*. Rio de Janeiro: Rocco, 2001.

CAMPOS, Laís. O renascimento da Balenciaga a partir de Demna Gvasalia. *Revista Versasatille*. 2022. Disponível em: https://versatille.com/o-renascimento-da-balenciaga-a-partir-de-demna-gvasalia/?amp. Acesso em: 20 jul. 2022.

CASSINO, João Francisco. Modulação deleuzeana, modulação algorítmica e manipulação midiática. In: SOUZA, Joyce; AVELINO, Rodolfo; SILVEIRA, Sérgio Amadeu da (Org.). *A sociedade de controle*: manipulação e modulação nas redes digitais. Sã

DE LA BOÉTIE, Étienne. *Discurso sobre a servidão voluntária*. Lisboa: Antígona, 2016.

DIAS DE OLIVEIRA, T. A.; VASCONCELOS, S. de A. As Práticas Abusivas e o Superendividamento sob a Tutela do Ordenamento Jurídico: a lógica da modernidade líquida e a sociedade de consumo. *Revista de Direito*, [S. l.], v. 8, n. 02, p. 183-215, 2017. Disponível em: https://periodicos.ufv.br/revistadir/article/view/1834. Acesso em: 27 set. 2022.

FIGUEIRIDO, Guilherme. *Por que os influenciadores digitais estão dominando o mercado de marketing?* Disponível em: Influenciadores digitais e as mudanças do marketing – Beatz. Acesso em: 20 jul. 2022.

IBGE. *Sobe para 82,7% percentual de domicílios com internet, diz IBGE | Agência Brasil (ebc.com.br)*. Agência Brasil, Rio de Janeiro. 2021. Disponível em: https://agenciabrasil.ebc.com.br/geral/noticia/2021-04/sobe-para-827-percentual-de-domicilios-com-internet-diz-ibge. Acesso em: 02 jun. 2022.

LIPOVESTKY, Gilles. *A Felicidade Paradoxal*: ensaio sobre a sociedade do hiperconsumo. Lisboa. Edições 70, 2017.

LIPOVETSKY, Gilles. *O império do efêmero*: a moda e seu destino nas sociedades modernas. São Paulo: Companhia das Letras, 2006.

MASCARENHAS, Diego; VERBICARO, Dennis; RIBEIRO, Cristina. O Consumo na Hipermodernidade: o Superendividamento como Consequência da Oferta Irresponsável do Crédito. *Revista da Faculdade de Direito da UFRGS*, n. 43, p. 102, Porto Alegre, ago. 2020.

SNIRCEK, Nick. *Capitalismo de Plataforma*. Cambridge: Polity Press, 2017. Oxford, Inglaterra.

THALER, Richard H.; SUNSTEIN, Cass R. *Nudge*. Rio de Janeiro: Objetiva, 2019.

VERBICARO, Dennis. GUIMARÃES, Felipe. O Mito da Soberania do Consumidor na Era da Hipermodernidade. *Revista de Direito do Consumidor*. v. 141. p. 311-337. maio-jun. 2022. DTR\2022\9978.

VERBICARO, Dennis; MOTTA, Caio Gabriel da Silva. A compulsão de consumo transformada em vício: um diálogo necessário entre Bauman e Lipovestky. *Revista Direito da UFMS*. v. 3, n. 2, jul.-dez. 2017.

VERBICARO, Dennis; RODRIGUES, Lays; ATAÍDE, Camille. Desvendando a vulnerabilidade comportamental do consumidor: uma análise jurídico-psicológica do assédio de consumo. *Revista de Direito do Consumidor*. v. 119. 349-384. São Paulo: Ed. RT, set.-out. 2018.

VIEIRA Janaína. OHANA, Gabriela. Do consumo analógico à aceleração do consumo digital: o paradoxo entre consumidor vidro e consumidor identitário no Pós-Covid 19. In: VERBICARO, Dennis. VERBICARO, Loiane. *Tensões de uma sociedade em crise.* Rio de Janeiro: Lumen Juris, 2020.

WALRAS, Léon. *Compêndio dos elementos de economia política pura.* São Paulo: Nova Cultural, 1988.

ZUBOFF, Shoshana. *A Era do Capitalismo de Vigilância.* Rio de Janeiro: Intrínseca, 2020.

A TUTELA COLETIVA COMO MEIO DE MUDANÇA ESTRUTURAL NAS OFERTAS DE CRÉDITO NO CIBERESPAÇO

Jorge Calandrini

Mestre no PPGD da Universidade Federal Do Pará – UFPA na linha "Direitos Fundamentais, Concretização e Garantias". Especialista em Direito Agroambiental – CESUPA. Bacharel em Direito pelo Centro Universitário do Estado do Pará – CESUPA (2019) com um semestre de mobilidade na Universidade do Porto – FDUP (2017). Integrante e pesquisador do Grupo de Estudos e Pesquisa Consumo e Cidadania (CNPq). Advogado. E-mail: jorgemiguelcalandrini@hotmail.com.

Sumário: Introdução – 1. Eficiência *versus* direitos; 1.1 *Proxies*, assédio de consumo, oferta de crédito e superendividamento – 2. A tutela coletiva e as mudanças estruturais – Conclusão – Referências.

INTRODUÇÃO

O uso de algoritmos é cada vez mais comum no dia dos cidadãos, regulando diversas situações da vida prática. Muitos são importantes para resolver processos enfadonhos e repetitivos, entretanto, esses sistemas também são utilizados em áreas sensíveis das vidas das pessoas, como por exemplo, para aferir a conceção de crédito ou não para determinado sujeito. Para apresentar o estado da arte no mundo digital, utiliza-se o referencial teórico dos cientistas de dados Cathy O'Neil e David Sumpter, demonstrando como é a metodologia e os perigos dessa conjuntura, focando-se no *marketing comportamental*.

A ciência mercadológica cresceu exponencialmente após a revolução tecnológica, utilizando-se das ferramentas que a tecnologia proporcionou para se tornar mais eficaz. Assim, há a criação do denominado *marketing* comportamental, que após a análise de milhares de dados pessoais dos consumidores, consegue realizar uma oferta personalizada para cada um.

É preciso ter em mente que essa prática não é utilizada apenas para oferecer produtos e serviços no comércio digital, sendo empregada, também, para ofertar créditos para os usuários no ciberespaço. Assim, é possível que instituições financeiras realizem uma análise segmentada para oferecer diferentes tipos de crédito, com diferentes condições.

Sabe-se que o Brasil possui um grande problema referente à concessão de crédito, mormente, deferida sem análise de critérios objetivos e, estimulando, o superendividamento. A problemática é de extrema dificuldade, visto que existem cerca de 30 milhões de superendividados no país,[1] sendo um problema estrutural.

---

1. LEWGOY, Júlia. *Lei que ajuda 30 milhões de superendividadas é promulgada com vetos. Veja o que muda.* Valor Investe Globo. São Paulo. 02 de Julho de 2021. Disponível em: https://valorinveste.globo.com/mercados/bra-

Diante dessa questão, é que se insere a pergunta norteadora do presente artigo: A tutela coletiva pode ser um caminho para dirimir o problema estrutural da oferta indiscriminada de crédito no ciberespaço?

Neste sentido, o trabalho está dividido em dois tópico, sendo que o primeiro conta com um subtópico. Nesta parte do trabalho, aborda-se sobre a conjuntura dos sistemas automatizados e a tensão entre eficiência e direitos. Adentrando-se no problemático uso de indicadores aproximados pelas máquinas e suas consequências como o assédio de consumo e superendividamento.

Em seguida, através do referencial teórico de Freddie Didier e Hermes Zaneti, fala-se sobre a tutela coletiva e seu potencial para mudanças estruturais, apontando essas demandas como uma possível via para mudanças estruturais, como a oferta de crédito indiscriminada no ciberespaço.

1. EFICIÊNCIA *VERSUS* DIREITOS

É comum ler que os dados pessoais são os ativos da economia da informação, alcançando seu êxtase na ascensão do Big Data.[2] De fato, os modelos de negócios da atualidade são calcados nos rastros digitais dos usuários com o objetivo principal de otimização das tarefas, todavia, esses ativos são extraídos através de práticas, que muitas vezes, estão à margem das regulamentações sobre o tema, gerando uma tensão entre inovação tecnológica e direitos.

É bem verdade que muito da utilização de dados pessoais e sistemas automatizados tem única e exclusivamente o propósito de acelerar processos enfadonhos, repetitivos e que consomem demasiado tempo, entretanto, a busca por apenas eficiência nesses processos pode causar injustiças programadas.

A utilização de algoritmos está nas mais diversas áreas da vida pública. Quase todas as etapas importantes da vida de um cidadão estão sujeita a análise através de sistemas automatizados. Desse modo, a triagem de currículos, organização de escala de horários, ofertas de crédito e até monitoramento de crimes e possíveis práticas de reincidência de ex detentos são realizadas pelas máquinas.[3]

Cathy O 'Neil, pós-doutora em matemática pelo MIT (Massachusetts Institute of Technology), ao falar sobre modelos matemáticos afirma que "os pontos cegos de um modelo refletem o julgamento e prioridades de seus julgadores".[4] Sendo assim, é preciso partir dos pressupostos que modelos são simplificações, e por sua natureza, não con-

---

sil-e-politica/noticia/2021/07/02/bolsonaro-sanciona-lei-que-ajuda-30-milhoes-de-superendividados.ghtml. Acesso em: 14 jan. 2022.
2. BIONI, Bruno. *Proteção de dados pessoais: a função e os limites do consentimento*. 2 ed. Rio de Janeiro: Forense, 2020. p. 4-5.
3. O'NEIL, Cathy. *Algoritmos de destruição em massa*: como o Big Data aumenta a desigualdade e ameaça a democracia. Trad. Rafael Abraham. Santo André, SP: Editora Rua de Sabão, 2020.
4. Ibidem, p. 34.

seguem incluir toda a complexidade do mundo real.[5] Por essa razão, é extremamente importante que a eficiência não seja o centro do debate sobre o assunto sob pena de violação massiva de direitos, pois importantes áreas da vida pública são gerenciadas por máquinas, que por sua vez são programadas por humanos, que padecem de vieses e "pontos cegos".

A autora ressalta que, apesar de modelos automatizados gozarem da imagem de neutralidade e ciência, é inexorável que as programações refletem objetivos e certas ideologias, pois modelos são sistematização de uma opinião ou de uma reflexão que vise resolver um problema.[6]

Assim, a questão em torno desse debate é a opacidade desses sistemas automatizados e a falta de *feedback* sobre as decisões das máquinas, que somadas com a utilização cada vez mais comum desses sistemas na contemporaneidade, tornam essas programações armas de destruição em massa. O 'Neil destaca que os elementos que compõe uma algoritmo de destruição e massa são: opacidade, escala e dano.[7]

Um importante argumento utilizado pela matemática é que muito dos sistemas automatizados não se utilizam de dados brutos e sim de indicadores aproximados, que a autora denomina de *proxies*,[8] diferentemente do que modelos de confiança operam.[9] A autora utiliza a analogia com o esporte, no caso o beisebol, no entanto, será utilizado analogia do futebol neste artigo.

Todos os anos o campeonato brasileiro acontece e, todos os seus jogos são objeto de estatísticas por aplicativos e programas de esportes especializados. A cada rodada diversos dados sobre escanteios, chances reais de gol, desarmes, interceptações, expulsões e outras são constantemente atualizadas, possuindo duas características importantes: são dados que chegam constantemente e são transparentes, o que torna os esportes bons objetos de estudo para modelos matemáticos de predição.

Todavia, nos modelos matemáticos de predição utilizados pela inteligência artificial – IA na sociedade, a maioria dos dados utilizados são indicadores aproximados, dados substitutos. Assim, a autora destaca que:

> Eles traçam correlações estatísticas entre o CEP residencial de alguém ou padrões de linguagem e seu potencial de pagar um empréstimo ou conseguir dar conta de um emprego. Essas correlações são discriminatórias e, algumas delas, ilegais. Os modelos de beisebol, em geral, não usam proxies porque usam entradas pertinentes como bolas, strikes e acertos.[10]

Percebe-se, dessa forma, que muitas das predições realizadas pela IA são inexatas, e para acentuando a problemática, são caixas-pretas para sociedade civil. David Sumpter,

---

5. Ibidem, p. 33.
6. Ibidem, p. 35.
7. O'Neil, Cathy. Op. cit., p. 49.
8. Ibidem, p. 29.
9. Ibidem, p. 30.
10. O'NEIL, Cathy. *Algoritmos de destruição em massa: como o Big Data aumenta a desigualdade e ameaça a democracia*. Trad. Rafael Abraham. Santo André, SP: Editora Rua de Sabão, 2020, p. 29.

outro matemático, explora esse tema de maneira mais cética que Cathy,[11] mas oferece um bom exemplo dessa problemática que a autora lança luz.

No primeiro capítulo do seu livro "Dominados pelos números", o autor fala sobre um artigo de 2016, publicado na Journal of Spatial Science, por três pesquisadores de Londres, intitulado de "Marcando Banksy: usando perfis geográficos para investigar um mistério da arte moderna", em que o objetivo era identificar quem era Banksy, o grafiteiro mais famoso do mundo.[12]

Sobre a pesquisa, Sumpter[13] explica:

> Os pesquisadores usaram o website de Banksy para identificar a localização de seu trabalho de rua. Então, visitaram sistematicamente cada um de seus trabalhos, tanto em Londres quanto em sua cidade natal, Bristol, com um gravador de GPS. Com os dados coletados, criaram um mapa de calor no qual áreas mais quentes mostravam onde era mais provável que Banksy houvesse morado, supondo que ele tivesse criado seu trabalho perto de casa.

A partir do *Global Position System* – GPS, verificou-se que o ponto mais quente de Londres ficava a poucos metros de um antigo endereço da namorada de um homem que já havia sido apontado como Banksy. Enquanto em Bristol, a cor vermelha estava ao redor da casa onde esta mesma pessoa vivia e próximo do campo de futebol do time em que jogava. Assim, o artigo concluiu que o geoperfil dessa pessoa era muito provavelmente o grafiteiro.[14]

Contudo, ao dissecar o artigo, o matemático inglês conclui que "muito pouca evidência nova foi apresentada sobre sua identidade. Embora os pesquisadores tenham mapeado a posição exata de 140 obras de arte, eles só investigaram o endereço de um único suspeito".[15] O autor ressalta que há oito anos, o jornal *Daily Mail* já havia identificado o verdadeiro Banksy, e, um dos coautores do artigo científico, Steve Le Comber, foi sincero com a *British Broadcasting Corporation* – BBC ao afirmar que eles focaram no suspeito do *Daily Mail* pois "Se você pesquisar no Google por Banksy e [nome do suspeito], você obterá cerca de 43.500 resultados".[16]

Desta maneira, o inglês afirma que:

---

11. Diferentemente de Cathy O'Neil, Sumpter desenvolve que ainda há um longo percurso para a inteligência artificial dominar os humanos, aduzindo que os sistemas automatizados não são capazes de nos influenciar – a diferença entre os autores pode ser vista na diferente análise sobre o mesmo artigo de pesquisadores do Facebook que buscavam comprovar que a rede social poderia influenciar no humor dos usuários. Sobre a diferente abordagem sobre o artigo do Facebook consultar: O'NEIL, *Algoritmos de destruição em massa:* como o Big Data aumenta a desigualdade e ameaça à democracia. Trad. Rafael Abraham. Santo André, SP: Editora Rua de Sabão, 2020. p. 280; SUMPTER, David. *Dominados pelos números:* do Facebook e Google às fake News – os algoritmos que controlam nossa vida. Trad. Anna Maria Sotero, Marcello Neto. Rio de Janeiro: Bertrand Brasil, 2019, p. 161 ss.
12. SUMPTER, David. *Dominados pelos números: do Facebook e Google às fake News* – os algoritmos que controlam nossa vida. Trad. Anna Maria Sotero, Marcello Neto. Rio de Janeiro: Bertrand Brasil, 2019. p. 9.
13. Ibidem, p. 9.
14. Ibidem, p. 9.
15. Ibidem, p. 15.
16. Idem, p. 15.

Muito antes de os matemáticos aparecerem, a internet achou que sabia a verdadeira identidade de Banksy. O que os pesquisadores fizeram foi associar números àquele conhecimento, mas não é muito claro o que esses números significam. Os cientistas só haviam testado um suspeito em um caso. O artigo ilustrou os métodos, mas estava longe de ser uma prova conclusiva de que esses métodos funcionaram de fato.[17]

No caso ilustrativo, demonstra-se uma das grandes preocupações de O' Neil com a utilização de *proxies* pelos algoritmos: dados, muitas vezes, servem como viés de ancoragem e seus resultados são inexatos com uma roupagem de evolução tecnológica.

A problemática em torno dessa questão é que os sistemas que avaliam os consumidores na sociedade, em grande parte, se utilizam de indicadores aproximados para suas respostas. Verifica-se, por exemplo, a utilização de *proxies* para a concessão de crédito, que no Brasil, caracteriza-se por ser indiscriminada e sem se atentar às condições financeiras do sujeito que almeja o crédito.

Com o desenvolvimento da internet, as ofertas de crédito são possíveis através de publicidade comportamental ou por direcionamento no *e-mail*, tornando muito mais fácil para as instituições financeiras atingirem seus alvos.

Isto ocorre em razão da evolução do *marketing*, que se utiliza de ferramentas tecnológicas, como os *cookies* para rastrear a navegação do usuário e, assim, realizar correlações com seus interesses e publicidades. Com esse aparato tecnológico à disposição, a publicidade sofreu significativas mudanças, pois antigamente, a propaganda era veiculada nos grandes meios de massa de comunicação, contudo percebeu-se sua ineficiência, pois apesar de atingir diversos grupos, muitos não tinham nenhum interesse no produto/serviço ofertado.[18]

Desse modo, com a evolução do *marketing*, é possível uma análise personalizada dos consumidores, resultando na publicidade comportamental, onde segmenta-se as mensagens publicitárias para o público-alvo.[19] Dessa maneira, as instituições financeiras através da análise de múltiplos dados comportamentais de consumo conseguem identificar seus alvos para disparar publicidades predatórias, oferecendo créditos com juros exorbitantes e sem a devida informação ao consumidor, violando o direito basilar da informação previsto no artigo 6º, III, do Código de Defesa do Consumidor – CDC.

Ao tratar sobre o assunto e o microdirecionamento do *marketing* no ciberespaço, Cathy O 'Neil explica que:

> Somos classificados, categorizados e pontuados em centenas de modelos com base em nossas preferenciais e padrões exibidos. Isso estabelece uma base poderosa para campanhas publicitárias

---

17. SUMPTER, David. *Dominados pelos números*: do Facebook e Google às fake News – os algoritmos que controlam nossa vida. Trad. Anna Maria Sotero, Marcello Neto. Rio de Janeiro: Bertrand Brasil, 2019. p. 15.
18. BIONI, Bruno. *Proteção de Dados Pessoais*: a função e os limites do consentimento. 2. ed. Rio de Janeiro: Forense, 2020. p. 15.
19. BIONI, Bruno. Op. cit., p. 15: Se o bem de consumo direciona-se ao público feminino de meia-idade, adolescentes ou pessoas idosas, a abordagem será, então, realizada em ambientes onde a audiência de tal público seja predominante.

legítimas, mas também abastece seus primos mais predatórios: anúncios que identificam com precisão pessoas em necessidade e que as vendem promessas falsas ou exageradas. Eles encontram desigualdade e se fartam com ela.[20]

Desse modo, os fornecedores utilizam-se de informações privadas dos usuários para explorar suas vulnerabilidades, que a autora denomina de "ponto de dor".[21] Esses pontos explorados são diversos, atingindo o usuário no que ele mais necessita, como por exemplo, a necessidade de um empréstimo consignado por estar em situação financeira desfavorável.

As empresas possuem essas informações a partir da navegação do usuário no ciberespaço, permitindo formar um retrato das preferências de consumo de cada indivíduo, o que possibilita a classificação dos consumidores. Bioni ao falar sobre banco de dados reducionistas e expansionistas demonstra como é fácil classificar um consumidor como "jovem poupador" ou "jovem consumista", bem como "idoso com rentabilidade" ou "idoso sem rentabilidade".[22]

Outro exemplo sobre classificação de usuários interessante é a pesquisa realizada por alunos de doutorado da Universidade de Carnegie Mellon. Os doutorandos conduziram uma séries de experimentos para medir exatamente como o *Google* classifica os usuários.[23]

Os pesquisadores projetaram uma ferramenta que cria "agentes" do *Google*, abrindo páginas na internet com configurações predefinidas e, assim, após esses agentes visitarem *sites* específicos *online*, os pesquisadores observaram quais anúncios eram exibidos e quais mudanças ocorriam nas suas configurações de anúncios nos navegadores dos "agentes".[24]

Sumpter alude que "Quando os agentes navegaram em sites relacionados ao abuso de drogas, eram mostrados anúncios sobre clínicas de reabilitação. Do mesmo modo, agentes navegando em sites associados à deficiência física tinha uma chance maior de receber anúncios de cadeiras de roda".[25] Por fim, o autor ressalta que

> No entanto, o Google não é completamente honesto conosco. Em nenhum momento, as configurações de anúncios dos agentes foram atualizadas para apresentar ao usuário as conclusões que o algoritmo do Google tinha tirado a seu respeito. Mesmo quando usamos nossas configurações para informar ao Google quais anúncios queremos e quais não queremos ver, ele toma suas próprias decisões sore o que nos mostrar.[26]

---

20. O'NEIL, Cathy. *Algoritmos de destruição em massa: como o Big Data aumenta a desigualdade e ameaça a democracia*. Trad. Rafael Abraham. Santo André, SP: Editora Rua de Sabão, 2020, p. 112.
21. O'NEIL, Cathy. Op. cit., p. 116.
22. BIONI, Bruno. Op. cit., p. 60-61.
23. SUMPTER, David. Op. cit., p. 20.
24. Ibidem, p. 21
25. Idem, p. 21.
26. SUMPTER, David. *Dominados pelos números*: do Facebook e Google às *fake News* – os algoritmos que controlam nossa vida. Trad. Anna Maria Sotero, Marcello Neto. Rio de Janeiro: Bertrand Brasil, 2019. p. 21.

Logo, a partir dos exemplos ilustrados é possível perceber como é a dinâmica do redirecionamento das publicidades comportamentais no ciberespaço e seus perigos, pois os anúncios predatórios aferem as fraquezas e vulnerabilidades dos usuários para os persegui-los.[27]

Nessa esteira, se a eficiência for o centro do debate os anúncios predatórios e seu assédio serão justificáveis, pois são ferramentas eficazes para angariar recursos para as empresas, muitas vezes, sendo a maior fonte de receita desses fornecedores. Diante dessa conjuntura, os direitos dos cidadãos servem como uma barreira frente às violações, havendo uma tensão entre direitos e eficiência na economia de dados.

Desta forma, é tarefa do direito regular essas práticas comerciais, pois tal perseguição, mormente, se transforma em um assédio de consumo, especialmente, na oferta de crédito, o que pode resultar no superendividamento dos indivíduos.

1.1 *Proxies*, assédio de consumo, oferta de crédito e superendividamento

Observa-se que os algoritmos utilizados pelas empresas se alimentam de *proxies* para aferir seus resultados, utilizando dados não regulados, como histórico de buscas no navegador e localização geográfica para conceder ou não crédito aos cidadãos. O resultado dessa dinâmica é que os usuários são classificados em "baldes", isto é, "pessoas como você".[28]

Neste sentido, o consumidor não é julgado individualmente e, sim, por estar em um grupo que o algoritmo o colocou, não respeitando as nuances pessoais e financeiras. Operando em uma dinâmica do famoso ditado "diga-me com quem andas que eu direi quem és". Logo, se um número significativo dessas pessoas "semelhantes" se revelarem caloteira ou, pior, criminosas, aquele indivíduo será tratado de acordo.[29]

Por exemplo, o CEP é uma *proxy*, que revela certas informações pessoais. A partir do CEP é possível identificar a classe social daquele cidadão, aferindo se se trata de um bairro de classe média baixa ou alta, o que por sua vez, muitas vezes está ligado à raça.[30] Assim, ao utilizar o CEP nos algoritmos para aferir o risco de conceção de crédito, o modelo expressa "a opinião de que o histórico do comportamento humano naquela porção de imóveis deveria determinar, ao menos em parte, que tipo de empréstimo uma pessoa que mora ali deveria obter".[31]

Ao não realizar uma análise individualizada, a IA comete injustiças programadas com diversos cidadãos que moram em CEPs mais pobres, pressupondo que todos daquele balde estão desesperados por crédito e são mau pagadores. Neste sentido, consumidores que gozem de uma vida financeira estável, mas moram em um CEP mais pobre, serão

---

27. O'NEIL, Cathy. Op. cit., p. 123.
28. Ibidem, p. 226.
29. Ibidem, p. 226.
30. Ibidem, p. 329.
31. O'NEIL, Cathy. Op. cit., p 226.

tratados da mesma maneira que um inadimplente, resultando em piores condições nas ofertas de créditos.

Agrave-se o cenário em função do constante assédio de consumo que esses anúncios predatórios realizam com o microdirecionamento aos usuários no ciberespaço, atuando de maneira personalizada, gerando ofertas segmentadas para cada usuário, o que torna extremamente difícil comparar as abordagens utilizadas para cada indivíduo.[32] Assim, as empresas conseguem oferecer crédito com melhores condições para consumidores de bairros mais abastados, enquanto os CEPs mais pobres receberam as piores condições.

Essa prática de microdirecionamento do *marketing* comportamental viola frontalmente o princípio constitucional da igualdade de tratamento na sua dupla acepção. A primeira diz respeito a necessidade de tratamento desigual aos consumidores em razão da sua vulnerabilidade e assimetria na relação perante o fornecedor, inclusive, é o entendimento perpetuado no CDC ao reconhecer a vulnerabilidade como atributo inerente a todos os consumidores no seu artigo 4º inciso primeiro. Desse modo, é dever das empresas fornecer informação clara, adequada sobre os produtos e serviços postos no mercado, não sendo excessiva, mas sim destacando as principais condições do negócio jurídico.

A outra faceta diz respeito a necessidade de tratamento igual a todos os consumidores, isto é, a oferta de produtos e serviços deve ser igual para todos, independentemente da sua localização, condição financeira, racial, opção sexual e outros fatores. Corrobora esse entendimento o disposto no artigo 6º, II, do CDC ao tipificar a necessidade de igualdade nas contratações.

Além disso, tornou-se comum diversas instituições financeiras no Brasil concederem dinheiro fácil, sem análise de padrões de pagamento. Uma prática semelhante a quebra da bolsa de 2008 com os títulos de hipotecas subprime.[33]

Ressalta-se ainda, a comum prática de concessão de empréstimos consignados para negativados ou sem consulta aos órgãos de manutenção do cadastro restritivo de crédito, assim, pessoas já endividadas podem solicitar mais empréstimos. Este movimento de certas instituições financeiras gera constantes refinanciamentos para saldar a dívida, resultando em um efeito "bola de neve" que torna praticamente impossível o pagamento integral da dívida em razão dos juros exorbitantes.[34]

Visando dirimir a problemática da falência pessoal, que afeta mais da metade da população brasileira,[35] foi promulgada a Lei do superendividamento, também conhecida como Lei Claudia Lima Marques, pelo seu incansável movimento para aprovação

---

32. Ibidem, p. 326.
33. Ibidem, p. 65.
34. O'NEIL, Cathy. Op. cit., p 130.
35. ALVARENGA, Darlan. Percentual de famílias com dívidas atinge novo recorde e chega a 72, 9 %, aponta CNC. *G1 Economia*. 25 ago. 2021. Disponível em: https://g1.globo.com/economia/noticia/2021/08/25/percentual-
-de-familias-com-dividas-atinge-novo-recorde-e-chega-a-729percent-aponta-cnc.ghtml. Acesso em: 10 jan. 2022.

desse fundamental diploma no contexto brasileiro. Estima-se que no Brasil há mais de 60 milhões de endividados e cerca de 30 milhões de superendividados.[36] Entende-se por superendividados, àqueles consumidores que não conseguem pagar as duas dívidas sem comprometer sua renda básica conforme o artigo 54-A, § 1º, da Lei 14.181/21.

Segundo a Confederação Nacional do Comércio de Bens, Serviços e Turismo (CNC), 72,9% das famílias brasileiras possuem alguma dívida, sendo o maior percentual desde 2010 quando a entidade inaugurou a Pesquisa de Endividamento e Inadimplência do Consumidor (PEIC). O órgão estima que 11,89 milhões de famílias chegaram em Agosto de 2021 com dívidas.[37]

Contudo, importa ressaltar a diferença entre estar com dívida e ser inadimplente. Possuir dívidas é se comprometer a pagar determinado valor no futuro, muitas vezes através de crédito. Enquanto, estar inadimplente é não conseguir honrar com os vencimentos dessas dívidas contraídas. Nesse sentido, o número de inadimplentes no Brasil segundo a CNC é de 25,6 % em Agosto de 2021.[38]

Dentre as principais dívidas dos brasileiros, o cartão de crédito chegou ao seu ápice com 83,6% das famílias endividadas, em seguida estão os carnês (18,2%), financiamento de veículos (13,1%), financiamento de casa (10,3%), crédito pessoal (9,5%), crédito consignado (6,8%) e cheque especial (4,8%).[39]

Com a promulgação da Lei 14.181/21, às instituições financeiras deverão seguir padrões mais éticos e de *compliance* na oferta de crédito, como por exemplo, acabar com as propagandas de oferta de crédito que contém a mensagem de "dinheiro fácil sem consulta ao SPC e SERASA", segundo o artigo 54-C, II, da legislação.

Bem como, acabar com a prática do assédio de consumo, conforme o artigo 54-C, IV da Lei 14.181/21. Todavia, percebe-se pelo contexto apresentado no primeiro tópico do artigo que será uma difícil tarefa para os órgãos fiscalizar as práticas no ciberespaço, especialmente, em razão da prática do microdirecionamento da publicidade comportamental.

Outra importante disposição infirmada pela legislação do superendividamento, que inclusive, já era uma matéria estipulada no CDC, é a satisfação do princípio da informação ao tipificar no artigo 54-C, III, que é vedado, expressa ou implicitamente "ocultar ou dificultar a compreensão sobre os ônus e os riscos da contratação do crédito ou da venda a prazo".

---

36. LEWGOY, Júlia. Lei que ajuda 30 milhões de superendividadas é promulgada com vetos. Veja o que muda. Valor *Investe Globo*. São Paulo. 02 de Jul de 2021. Disponível em: https://valorinveste.globo.com/mercados/brasil-e-politica/noticia/2021/07/02/bolsonaro-sanciona-lei-que-ajuda-30-milhoes-de-superendividados.ghtml. Acesso em: 14 jan. 2022.
37. ALVARENGA, Darlan. Percentual de famílias com dívidas atinge novo recorde e chega a 72,9 %, aponta CNC. *G1 Economia*. 25 ago. 2021. Disponível em: https://g1.globo.com/economia/noticia/2021/08/25/percentual-de-familias-com-dividas-atinge-novo-recorde-e-chega-a-729percent-aponta-cnc.ghtml. Acesso em: 10 jan. 2022.
38. Ibidem.
39. Idem.

Vale ressaltar que, a aplicação do CDC às instituições financeiras é matéria pacificada pelo Supremo Tribunal de Justiça através da Súmula 297, desse modo, as instituições devem se atentar aos princípios e normas de ordem pública do microssistema de defesa do consumidor, como o direito de informação. Observa-se que a legislação buscou satisfazer esse princípio fundamental nas relações de consumo, pois a informação está ligada com deveres de conduta anexos e principais, possuindo ligação direta com a boa-fé e confiança do consumidor perante os fornecedores.[40]

Neste sentido, o artigo 54- B é enfático ao estipular que além das informações necessárias do artigo 52 do CDC, o fornecedor deve informar o consumidor, prévia e adequadamente, no momento da oferta, sobre o custo efetivo total da operação (art. 54-B, I, Lei 14.181/21) e taxa efetiva mensal de juros (art. 54-B, II, Lei 14.181/21). Sobre o custo efetivo total, o parágrafo segundo do artigo em comento, trata que

> Art. 54-B. No fornecimento de crédito e na venda a prazo, além das informações obrigatórias previstas no art. 52 deste Código e na legislação aplicável à matéria, o fornecedor ou o intermediário deverá informar o consumidor, prévia e adequadamente, no momento da oferta, sobre:
>
> § 2° Para efeitos deste Código, o custo efetivo total da operação de crédito ao consumidor consistirá em taxa percentual anual e compreenderá todos os valores cobrados do consumidor, sem prejuízo do cálculo padronizado pela autoridade reguladora do sistema financeiro.

Dessa forma, o artigo 54-B, § 1°, preconiza que as informações do artigo 52° do CDC, assim como dos incisos do artigo 54-B devam constar de forma clara e resumida no contrato, na fatura, ou de instrumento apartado, sendo de fácil acesso ao consumidor.

A legislação é de extrema importância para o contexto brasileiro, promovendo maior transparência nas ofertas de crédito. Mas, ainda há gargalos significativos para a efetivação da legislação, especialmente, na oferta de crédito no ciberespaço pela prática do redirecionamento das publicidades através de dados comportamentais.

Nessa esteira, entende-se que a tutela coletiva possa ser o caminho para dirimir tais lacunas, pois a problemática sobre a oferta indiscriminada e mal-informada de crédito, é, sem dúvidas, um problema estrutural no país.

2. A TUTELA COLETIVA E AS MUDANÇAS ESTRUTURAIS

Consumir, é na maioria das vezes, um ato individual, mas os efeitos das relações de consumo são coletivos. Quando um consumidor tem seu direito violado, quase sempre, outros consumidores também tiveram direitos infringidos. A problemática referente ao assédio de consumo e ofertas de crédito indiscriminadas é um problema estrutural, sendo uma questão de interesse público dos cidadãos brasileiros.

---

40. BAGGIO, Andreza Cristina. *O direito do consumidor brasileiro e a teoria da confiança*. São Paulo. Ed. RT, 2012. p. 99.

É neste sentido, que o professor da Universidade de Harvard, Abram Chayes, desenvolve que "Na nossa tradição jurídica atual o processo é um veículo para ajustar disputas entre partes privadas a respeito de direitos privados".[41]

A partir do artigo seminal de Chayes, Freddie Didier e Hermes Zaneti, entendem que os processos coletivos servem à "litigação de interesse público".[42] Para os autores "servem às demandas judiciais que envolvam, para além dos interesses meramente individuais, aqueles referentes à preservação da harmonia e à realização dos objetivos constitucionais da sociedade e da comunidade".[43]

Com a tipificação da defesa do consumidor no artigo 5º, XXXII, da Constituição Federal, nota-se os consumidores como uma parcela da comunidade constitucionalmente reconhecida e, que a defesa desse grupo é um objetivo da constituição cidadã.[44] Sendo assim, a defesa dos consumidores constitui um interesse coletivo primário, isto é, um conjunto de interesses coletivos prevalente na sociedade.[45]

Ao falar sobre o conceito de demandas coletivas, Freddie Didier e Zaneti Jr, entendem que a definição deve englobar a ideia de interesse primário. Assim, os autores aludem que "a ação coletiva precisa caracterizar-se como um processo de interesse público".[46] Nesta esteira, os processualistas ressaltam que, embora haja alguma resistência quanto à presença constante de interesse público, "o elevado número de pessoas e características da lesão sempre indicam a constância do interesse público primário nos processos coletivos. Daí a obrigatória e constitucional intervenção do Ministério Público nas demandas coletivas".[47]

Em razão dessa característica de interesse primário, muitas demandas coletivas promoverem mudanças estruturais, surgindo até os denominados processos estruturais. Um exemplo famoso é o caso Brown v. Board Education.[48] O caso é paradigmático, pois a Suprema Corte dos Estados Unidos declarou inconstitucional a segregação de estudantes brancos e negros nas escolas públicas,[49] iniciando uma nova era e uma mudança que impactou todo o sistema público de ensino norte americano.

Percebe-se, desta maneira, como as demandas coletivas podem ser instrumento para mudanças estruturais. No objeto de estudo do artigo, verifica-se o interesse pri-

---

41. CHAYES, Abram. The role of the judge in public law litigation. *Harvard Law Review*, v. 89, n. 7, p. 1282, May 1976.
42. DIDIER, Fredie JR; ZANETI, Hermes JR. *Curso de Direito Processual Civil*: Processo coletivo. 9. ed. Salvador: JusPodivm, 2014. p. 33.
43. DIDIER, Fredie JR; ZANETI, Hermes JR. Op. cit., p. 33.
44. Idem, p. 33.
45. Ibidem p. 34.
46. Idem p, 34.
47. Ibidem, p. 38.
48. SILVA NETO, Francisco D B. *Breves considerações sobre os processos estruturais*. Civil Procedure Review, v. 10, n. 1: jan.-abr. 2019. p. 76. Disponível em: https://www.jfpe.jus.br/images/stories/docs_pdf/biblioteca/artigos_periodicos/FranciscoAntoniodeBarroseSilvaNeto/breves_consideracoes_Civil_Procedure_Review_2019.pdf.
49. BOND, Julia. With All Deliberate Speed: Brown v. Board of Education. *Indiana Law Journal*, v. 90, p. 1671-1681, 2015. Disponível em: http://ilj.law.indiana.edu/articles/15-Bond.pdf. Acesso em: 13 jan. 2022.

mário e o problema estrutural referente às ofertas de crédito sem respeito as legislações pertinentes sobre o tema, atingindo milhões de consumidores brasileiros.

É comum em demandas coletivas que estejam presentes mais de um tipo de direitos coletivos, sendo importante identificá-los. O CDC, estipulou no seu artigo 81º, parágrafo único, incisos I, II e III os conceitos de direitos difusos, coletivos stricto sensu e individuais homogêneos.

Nos casos de publicidade predatória que ocorrem no ciberespaço, estão presentes os direitos difusos e individuais homogêneos. Entende-se os direitos difusos como aqueles transindividuais (metaindividuais, supraindividuais), que pertencem à uma coletividade, formando um todo. Esse conjunto de indivíduos está ligado por circunstâncias de fato, não havendo uma relação jurídica entre eles, como por exemplo, na veiculação de publicidade enganosa ou abusiva através do ciberespaço, afetando um número incalculável de consumidores.[50]

Os direitos individuais homogêneos têm como objetivo garantir proteção coletiva aos indivíduos que foram afetados por uma prática em comum, como por exemplo, a publicidade enganosa ou abusiva de crédito que resultou em uma lesão aos consumidores. Esses direitos têm sua origem nas *class actions for damages*, que são ações de reparações de danos à coletividade. Sobre essa categoria, Freddie Didier e Hermes Zaneti Jr, afirmam que são "os direitos nascidos em consequência da própria lesão, ou, mais raramente, ameaça de lesão, em que a relação jurídica entre as partes é *post factum* (fato lesivo)".[51] Dessa maneira, os autores explicam que:

> No direito difuso, o grupo é formado por pessoas que não estão relacionadas. Nos direitos individuais homogêneos, o grupo é criado, por ficção legal, após o surgimento da lesão. Trata-se de um grupo de vítimas. A relação que se estabelece entre as pessoas envolvidas surgem exatamente em decorrência da lesão, que tem origem comum: essa comunhão na ancestralidade da lesão torna homogêneos os direitos individuais. Criado o grupo, permite-se a tutela coletiva, cujo objeto, como em qualquer ação coletiva é indivisível (fixação da tese jurídica geral); a diferença, no caso, reside na possibilidade de, em liquidação e execução da sentença coletiva, o quinhão devido a cada vítima pode ser individualizado.[52]

Percebe-se como os conceitos podem causar certa confusão, mas os processualistas lançam luz na sua diferenciação, ao aduzir que:

> geralmente a tutela *coletiva repressiva* (posterior à lesão) será para direitos individuais homogêneos. Quando ainda não tiver ocorrido a lesão, a ação coletiva preventiva (inibitória) para evitar o dano a um número indeterminado de pessoas, relacionadas ou não entre si (grupo "de possíveis vítimas") terá como objeto um direito difuso ou coletivo, conforme o caso.[53]

---

50. DIDIER, Fredie JR; ZANETI, Hermes JR. Op. cit., p. 68.
51. Ibidem, p. 70.
52. DIDIER, Fredie JR; ZANETI, Hermes JR. *Curso de Direito Processual Civil*: Processo coletivo. 9. ed. Salvador: JusPodivm, 2014, p. 73.
53. Ibidem, p. 73, grifo dos autores.

Nos casos em questão, em que se busca uma alternativa para mudanças estruturais na oferta de crédito no ciberespaço, a ação coletiva inibitória mostra-se como uma a via mais adequada, possuindo como objeto os denominados direitos difusos. Ressalte-se que o CDC é um diploma de vanguarda, elaborado por renomados juristas.[54] A atualização pela Lei 14.181/21 (Lei do superendividamento), infirma esse entendimento ao adequar à legislação uma regulamentação importante para o contexto brasileiro. Além disso, o CDC é um microssistema para a tutela dos direitos coletivos.

Desse modo, vislumbra-se que a tutela coletiva preventiva (difusa) possa ser um meio para mudanças estruturais nessa dinâmica, satisfazendo princípios como do acesso à justiça, por um grupo constitucionalmente protegido (os consumidores), bem como da indisponibilidade da demanda coletiva e reparação integral do dano. Sobre a indisponibilidade da demanda coletiva, os autores mencionam que "diferentemente do processo individual, no qual está presente a *facultas agendi* característica do direito subjetivo individual, o processo coletivo vem contaminado pela ideia de indisponibilidade do interesse público".[55]

Dessa maneira, é dever dos legitimados ingressar com as tutelas coletivas para dirimir problemas estruturais como a oferta de crédito no ciberespaço. Contudo, deve-se entender a indisponibilidade de maneira temperada, isto é, o Ministério Público utilizará o seu juízo de conveniência e oportunidade para decidir sobre o ajuizamento da tutela coletiva, pois não faz sentido e, contraria a economia processual, ingressar com demandas infundadas ou temerárias. Por outro lado, é dever do MP intervir como fiscal da lei (art. 92 do Código de Defesa do Consumidor) quando não for parte da ação coletiva, desse modo, a lei determina que é obrigatório o MP continuar ação coletiva em caso de desistência infundada ou abandono.[56]

Para os autores: "Essas regras, exemplificativas, traduzem a preocupação do microssistema no efetivo ajuizamento (princípio da obrigatoriedade temperada) e na continuidade (princípio da continuidade) das ações coletivas".[57]

Com efeito, importa ressaltar que, o princípio da continuidade é imperativo, ou seja, não comporta exceções. Desse modo, se a ação coletiva for ajuizada e julgada procedente, é dever do Estado efetivar este direito coletivo.[58]

Nessa esteira, os princípios da *adequada representação* e *certificação da ação coletiva* mostram-se fundamentais. Quando se fala de adequada representação, entende-se que estaria legitimado quem apresentar as melhores condições para desenvolver a defesa em juízo, aferindo a capacidade financeira, boa técnica, probidade e conhecimento da causa dentro do rol dos legitimados. Enquanto a certificação assegura a natureza coletiva à

---

54. DIDIER, Fredie JR; ZANETI, Hermes JR. Op. cit., p. 44.
55. Ibidem, p. 109.
56. Ibidem, p. 110.
57. Idem, p. 110.
58. Idem, p. 110.

ação proposta, definindo os contornos do grupo (*class definition*),[59] o que para Didier e Zaneti "se revela muito importante para o passo seguinte, a notificação ou cientificação adequada dos membros do grupo. Mas ambas as decisões são se confundem".[60]

Portanto, após a aferição desses critérios, os legitimados do artigo 82º do CDC podem propor, em nome próprio e no interesse das vítimas ações coletivas de responsabilidade civil pelos danos sofridos, podendo ter um caráter preventivo (direitos difusos) ou repressivo (direitos individuais homogêneos).

Entende-se, portanto, que para mudanças estruturais as tutelas coletivas se apresentam como uma importante via. Desse modo, o judiciário cumpre seu papel constitucional de garantir o acesso à justiça e defesa dos consumidores, princípios constitucionais do Estado de Direito. Além disso, importa ressaltar que, o judiciário assume um papel de instância organizada de solução de conflitos metaindividuais, mormente entendido como ativismo judicial.[61]

Embora o ativismo judicial seja muitas vezes criticado em razão de uma usurpação do princípio da separação de poderes, em países com uma democracia vulnerável, o que o cientista político Guillermo O´Donnell chama de poliarquias,[62] o judiciário se mostra como a última salvaguarda aos direitos fundamentais e garantias mínimas.

Para Didier e Zaneti Jr, o ativismo judicial é a coordenação com a atividade das partes e o respeito à Constituição na realização de políticas-públicas. Os autores ressaltam que a Constituição, de 1988, potencializou ao máximo o papel do judiciário ao estabelecer o Estado Democrático de Direito. Bem como, há o reconhecimento expresso de uma dimensão coletiva de direitos fundamentais, sendo tarefa do judiciário reprimir práticas ilegais, como ocorre na oferta de crédito no ciberespaço.

Além do mais, a utilização da tutela coletiva pelos consumidores, podendo ser pelas associações ou pelos legitimados extraordinários estimula a ideia de cidadania instrumental, ou seja, satisfaz o modelo de democracia deliberativa. Sendo assim, o judiciário passa a ser uma instância mais democrática e de diálogo. Este ideal é promovido pela Política Nacional das Relações de Consumo – PNRC,[63] presente nos artigos 4º e 5º do CDC.

---

59. DIDIER, Fredie JR; ZANETI, Hermes JR. Op. cit., p. 102-103.
60. Ibidem, p. 103.
61. Ibidem, p. 37.
62. O´DONNELL, Guillermo. *Poliarquias e a (in)efetividade da lei na América Latina. The rule of law and the unprivileged in Latin America*. Notre Dame: University of Notre Dame Press, 1998. p. 38 ss. Disponível em: https://pt.scribd.com/document/107177283/O-Donnell-poliarquias-e-a-inefetividade. Acesso em: 14 jan. 2022.
63. VERBICARO, Dennis. A política nacional da relações de consumo como modelo de democracia deliberativa. *Revista Jurídica da Presidência Brasília* v. 19, n. 119, p. 534-559, out. 2017/jan. 2018. Dennis Verbicaro 535. Disponível em: http://dx.doi.org/10.20499/2236-3645.RJP2018v19e119-1374. Disponível em: https://revistajuridica.presidencia.gov.br/index.php/saj/article/view/1374. Acesso em: 14 jan. 2022. p. 540: Essa política foi concebida com a finalidade de disciplinar o comportamento do Estado como grande mediador de interesses contrapostos da sociedade de consumo e dos agentes do mercado, concretizando o princípio da harmonia das relações de consumo de relevo constitucional pela compatibilização da livre iniciativa e da proteção do consumidor como pilares da ordem econômica, nos termos do artigo 170º, *caput* e seu inciso V, da Constituição Federal.

Dessa maneira, a PNRC não possui apenas uma função programática, pois seu objetivo é integrar uma rede de permanente diálogos políticos entre o Estado, a sociedade civil e os fornecedores. Assim, concretiza-se o ideal de solidariedade emancipatória para promover o princípio da harmonia das relações de consumo. Logo, verifica-se a PNRC como um compromisso tripartido entre os atores das relações de consumo, compartilhando a autoridade do Estado e, principalmente, resgatando a autoestima cívica de um grupo (no caso os consumidores) para a defesa dos seus interesses.[64]

Nessa esteira, além de demandas preventivas -fundadas nos direitos difusos, é possível dirimir os problemas do microdirecionamento das publicidades predatórias, através de uma parceria entre a sociedade civil e os órgãos do consumidor para construir campanhas de *crowdsourcing*.[65] Assim, é possível criar uma plataforma que permita aos consumidores compartilharem as ofertas que recebem, para que assim, comparem as ofertas direcionadas com outras pessoas, fomentando a participação social e possibilitando que os cidadãos possam investigar o porquê da diferença do tratamento.

Esta ideia já foi implementada nos Estados Unidos para fins políticos, como explica Cathy O 'Neil:

> Na sequência da eleição presidencial de 2012, por exemplo, a ProPublica criou o que chamou de Máquina de Mensagem, que usou crowdsourcing para fazer a engenharia reserva do modelo dos anúncios políticos direcionados da campanha de Obama. Grupos diferentes, como se viu, receberam comentários radiantes sobre o presidente de várias celebridades, cada qual presumidamente direcionada a um público específico.[66]

Assim, a cientista de dados afirma que não se trata de uma prova definitiva, mas fornece informações que podem eliminar o mistério por trás do modelo.[67] Portanto, pelo exposto, nota-se que a tutela coletiva se mostra como uma via para mudanças estruturais nas ofertas de crédito no ciberespaço, sendo um instrumento de ajuste fino da legislação e sua aplicação. Esse movimento é importante, pois as práticas tecnológicas estão em franca evolução e as leis não acompanham esse movimento de disrupção tecnológica, fazendo com que o judiciário deva assumir seu papel de salvaguarda de direitos fundamentais para atender aos anseios e mudanças da sociedade.

CONCLUSÃO

Ao se falar do contexto do ciberespaço utilizou-se a obra de dois cientistas de dados para apresentar as problemáticas no mundo digital. Sendo assim, através de um diálogo entre as obras de Cathy O 'Neil e David Sumpter, buscou-se elucidar a arte das práticas tecnológicas, focando-se na problemática da eficiência dos sistemas e seus perigos aos direitos dos consumidores.

---

64. Ibidem.
65. O'NEIL, Cathy. Op. cit., p. 326.
66. Idem.
67. Ibidem, p. 326.

Demonstra-se que os sistemas automatizados que regulam as vidas dos cidadãos, quase sempre, não se utilizam de dados brutos, como operam sistemas de confiança e preza a boa estatística. Na realidade, são utilizados dados aproximados, que são denominados de *proxies*. Todavia, a utilização de *proxies* possui um alto potencial lesivo à direitos fundamentais, especialmente, do princípio constitucional da igualdade na sua dupla acepção, pois os consumidores não são avaliados a partir dos seus próprios fatores, na realidade, estão em um conjunto de dados de "pessoas semelhantes".

Em seguida, focou-se no objeto central do trabalho, a problemática da oferta de crédito indiscriminada. Este é um problema complexo no contexto brasileiro em razão das instituições financeiras não realizarem análise de requisitos mínimos para as concessões de crédito. Assim, impera a prática do dinheiro fácil com taxas de juros exorbitantes.

Os efeitos dessa prática são vistos nos números de endividados e superendividados no Brasil, e por tal razão, a Lei do Superendividamento foi promulgada, em 2021, com o objetivo de regular à oferta de crédito, garantindo maior transparência e satisfação do princípio da informação (art. 6º, III, do CDC).

Desse modo, através dos números apresentados, verifica-se que se trata de um problema estrutural. Visando oferecer uma solução para regulamentar as práticas de oferta de crédito através do microdirecionamento no ciberespaço, entende-se que a tutela coletiva pode ser um instrumento para promoção de mudanças estruturais. Sendo assim, abordou-se o caráter de interesse primário das ações coletivas e seu potencial para mudanças de sistemas, inclusive, demonstrando como os consumidores são um grupo constitucionalmente protegido conforme o artigo 5º, XXXII, da Constituição Federal.

No objeto do estudo, as ofertas de crédito no ciberespaço, se identificou dois tipos de direitos coletivos: os direitos difusos e os individuais homogêneos. Neste sentido, entende-se que as ações com base nos direitos difusos possuem um caráter preventivo, podendo ser propostas pelos legitimados extraordinários, após a verificação do princípio da adequada legitimação. Para a repressão dessas práticas ilegais, a utilização dos direitos individuais se mostra necessária para assim promover o acesso à justiça e o princípio da reparação integral do dano.

Defende-se que, a tutela coletiva é um instrumento para promover um ajuste fino na aplicação da lei, pois com a contemporaneidade disruptiva as legislações estão sob pena de esvaziamento em razão da rápida evolução tecnológica. Ressalte-se que as ações coletivas satisfazem a dimensão coletiva dos direitos fundamentais expressos na Constituição Federal e, além disso, promovem uma maior democratização do poder judiciário, estabelecendo um diálogo entre os atores da relação de consumo.

Assim, estimula-se uma cidadania instrumental, que tem como base o ideal de democracia deliberativa, através da Política Nacional das Relações de Consumo. Dessa maneira, há um estímulo de diálogo permanente e, consequentemente, uma promoção da harmonia no mercado de consumo.

Além disso, através de uma proposta da cientista Cathy O 'Neil, deve-se pensar em práticas de *crowdsourcing*, para que os consumidores possam compartilhar as ofertas de crédito que recebem das instituições financeiras no ciberespaço, minando a prática do microdirecionamento. Esta prática cria bolhas, onde os consumidores são abordados de maneira personalizada, gerando uma oferta para cada tipo de consumidor, o que impede, os demais de comparar as ofertas recebidas.

Portanto, em razão de um problema muito complexo, defende-se a tutela coletiva como meio de mudança estrutural nas ofertas de crédito no ciberespaço, com o objetivo de dirimir constantes violações que ocorrem nesse ambiente e promover um ajuste fino na aplicação das leis e atuação administrativa dos órgãos do consumidor.

REFERÊNCIAS

ALVARENGA, Darlan. Percentual de famílias com dívidas atinge novo recorde e chega a 72, 9 %, aponta CNC. *G1 Economia*. 25 ago. 2021. Disponível em: https://g1.globo.com/economia/noticia/2021/08/25/percentual-de-familias-com-dividas-atinge-novo-recorde-e-chega-a-729percent-aponta-cnc.ghtml. Acesso em: 10 jan. 2022.

BAGGIO, Andreza Cristina. *O direito do consumidor brasileiro e a teoria da confiança*. São Paulo. Ed. RT, 2012.

BIONI, Bruno. *Proteção de dados pessoais*: a função e os limites do consentimento. 2 ed. Rio de Janeiro: Forense, 2020.

BOND, Julia. With All Deliberate Speed: Brown v. Board of Education. *Indiana Law Journal*, v. 90: 1671. 2015. p. 1671- 1681. p. 1671-1672. Disponível em: http://ilj.law.indiana.edu/articles/15-Bond.pdf. Acesso em: 13 jan. 2022.

CHAYES, Abram. The role of the judge in public law litigation. *Harvard Law Review*, v. 89, n. 7, p. 1281-1316, May 1976.

DIDIER, Fredie JR; ZANETI, Hermes JR. *Curso de Direito Processual Civil*: Processo coletivo. 9. ed. Salvador: JusPodivm, 2014.

O'NEIL, Cathy. *Algoritmos de destruição em massa*: como o Big Data aumenta a desigualdade e ameaça à democracia. Trad. Rafael Abraham. Santo André, SP: Editora Rua de Sabão, 2020.

O'DONNELL, Guillermo. *Poliarquias e a (in)efetividade da lei na América Latina*. The rule of law and the unprivileged in Latin America. Notre Dame: University of Notre Dame Press, 1998. p. 38-39. Disponível em: https://pt.scribd.com/document/107177283/O-Donnell-poliarquias-e-a-inefetividade. Acesso em: 14 jan. 2022.

SUMPTER, David. *Dominados pelos números*: do Facebook e Google às fake News – os algoritmos que controlam nossa vida. Trad. Anna Maria Sotero, Marcello Neto. Rio de Janeiro: Bertrand Brasil, 2019.

SILVA NETO, Francisco D B. Breves considerações sobre os processos estruturais. *Civil Procedure Review*, v. 10, n. 1: jan.-abr. 2019. p. 76. Disponível em: https://www.jfpe.jus.br/images/stories/docs_pdf/biblioteca/artigos_periodicos/FranciscoAntoniodeBarroseSilvaNeto/breves_consideracoes_Civil_Procedure_Review_2019.pdf.

VERBICARO, Dennis. A política nacional das relações de consumo como modelo de democracia deliberativa. *Revista Jurídica da Presidência*. v. 19, n. 119, Brasília, out. 2017/Jan. 2018. Dennis Verbicaro 535 http://dx.doi.org/10.20499/2236-3645.RJP2018v19e119-1374. Disponível em: https://revistajuridica.presidencia.gov.br/index.php/saj/article/view/1374. Acesso em: 14 jan. 2022.

O FALSO EMPODERAMENTO DO CONSUMIDOR NO SISTEMA DE AVALIAÇÃO DE PLATAFORMAS DIGITAIS: UM ESTUDO DA INTELIGÊNCIA ARTIFICIAL SOB A PERSPECTIVA DA VULNERABILIDADE ALGORÍTMICA

Dennis Verbicaro

Visiting Scholar em estágio Pós-Doutoral na *Universidad Complutence de Madrid* (UCM) e *Universidad de Salamanca* (USAL). Doutor em Direito do Consumidor pela *Universidad de Salamanca* (USAL). Mestre em Direito do Consumidor pela Universidade Federal do Pará. Professor da Graduação e da Pós-graduação Stricto Sensu (Mestrado e Doutorado) da Universidade Federal do Pará – UFPA e do Centro Universitário do Pará – CESUPA. Procurador do Estado do Pará e Advogado. E-mail: dennis@verbicaro.adv.br.

Natasha Siqueira Mendes de Nóvoa

Graduanda em Direito na Universidade Federal do Pará. Bolsista de Iniciação Científica CNPq na área de Direito do Consumidor Digital. Integrante do Grupo de Pesquisa Consumo e Cidadania (CNPq). E-mail: natasha-novoa@hotmail.com.

Sumário: Introdução – 1. Neoliberalismo e tecnologia: a cronoconcorrência empresarial; 1.1 O capitalismo de plataforma na perspectiva consumerista; 1.2 Predileção e extração: o sistema de coleta de dados pessoais; 1.3 Inteligência Artificial e o sistema de avaliação nas plataformas digitais; 1.4 O neoliberalismo como agravante no sistema de plataformas – 2. Desafios no exercício pleno da autonomia de escolha do consumidor; 2.1 Vulnerabilidade do consumidor: econômica, comportamental, informacional e algorítmica; 2.2 Contratos de adesão e os vícios de consentimento – 3. A cidadania instrumental como ferramenta jurídica do consumidor; 3.1 A inserção do consumidor no processo político-deliberativo; 3.2 As ferramentas digitais como uma alternativa ao exercício responsável da liberdade de escolha: compartilhamento de experiências e boicote virtual – Conclusão – Referências.

INTRODUÇÃO

O avanço tecnológico mundial, especialmente a partir da década de 70 com a potencialização do modelo produtivo do *just in time* e dos efeitos da terceirização, foi um fator fundamental na transformação das relações de consumo, que migraram do consumo analógico para o consumo digital.

Essa transição se deu, predominantemente, em razão de um novo sistema de operação pautado na Inteligência Artificial, capaz de estabelecer novos padrões de produção, bem como uma verdadeira mudança na relação do ser humano com a tecnologia. Assim, na medida em que houve o crescente aperfeiçoamento das máquinas e computadores, notou-se também o movimento de adaptação das grandes empresas a esse novo cenário, de modo que estas passaram a utilizar a inovação tecnológica como instrumento de mercado, seja no papel de intermediária nas relações de consumo, seja como fonte de refinamento para fomentar o lucro.

Esse cenário, então, possibilitou novas formas de concorrência no Neoliberalismo, como a *cronoconcorreência*, definida como a permanente disputa do setor empresarial no desenvolvimento da tecnologia, bem como o surgimento da economia de compartilhamento por meio das plataformas digitais, como a *uber*, que se alimentam de algoritmos para seduzir os consumidores de forma cada vez mais programada, gerando, nesse indivíduo, uma falsa noção de empoderamento a partir dos artifícios de predileção e extração de dados pessoais, como também pela noção equivocada de que avaliação de qualidade realizada a cada uso, efetivamente, importa no aprimoramento do serviço.

Assim, considerando o crescimento exponencial das técnicas sofisticadas de consumo, e que o consumidor já se encontra em uma posição de vulnerabilidade – econômica, comportamental, informacional e agora algorítmica[1] – frente ao fornecedor, observa-se a necessidade de uma análise profunda acerca do funcionamento das grandes plataformas que lideram o mercado mundial, para compreender como operam os artifícios utilizados pela inteligência artificial com o objetivo de reduzir as desigualdades na relação consumerista e, assim, garantir o verdadeiro exercício da autonomia do consumidor.

Através do método dedutivo e de pesquisa teórica, o presente artigo objetiva denunciar o sistema de avaliação das plataformas, sustentado pelo capitalismo de plataforma e de vigilância, de modo a propor uma reflexão acerca do verdadeiro exercício da autonomia do consumidor, por meio de soluções jurídicas acessíveis na garantia de seus direitos fundamentais, discorrendo acerca da relevância de uma cidadania instrumental, bem como no compartilhamento de experiência e no exercício responsável da liberdade de escolha.

1. NEOLIBERALISMO E TECNOLOGIA: A CRONOCONCORRÊNCIA EMPRESARIAL

1.1 O capitalismo de plataforma na perspectiva consumerista

Na perspectiva de Nick Srnicek,[2] o ponto de partida para a compreensão da nova dinâmica das relações de consumo consiste no entendimento acerca do capitalismo de plataforma (também chamado de economia de compartilhamento), como o atual sistema político-financeiro marcado pelo domínio da tecnologia, dados pessoais e internet, que possibilitou o desenvolvimento dos principais *websites* e *startups* que dominam o mercado ocidental, como a *uber*, *amazon* e *ifood*.

No que se refere ao conceito de plataforma digital, tem-se um espaço que possibilita a troca de informações, bens ou serviços entre fornecedores e consumidores, assim

---
1. Condição de fragilidade do consumidor diante da Inteligência Artificial utilizada pelas grandes empresas na coleta de dados pessoais e produção de práticas abusivas de consumo.
2. SRNICEK, Nick. *Capitalismo de Plataforma*. Cambridge: Polity Press, 2017, p. 7.

como a participação de uma rede de indivíduos conectados por meio das conexões virtuais. Desse modo, para compreender o seu funcionamento, Srnicek, explica que esses instrumentos operam em três camadas: (i) *rede ou comunidade*, entendidas como os integrantes das plataformas e a relação entre eles; (ii) *infraestrutura*, que condiz aos instrumentos, regras e serviços de software; e a (iii) *informação*, responsável por possibilitar às plataformas combinar oferta e demanda, de acordo com os dados pessoais extraídos dos usuários.

Nesse mesmo sentido, Renan Bernard Kalil[3] define que a principal característica do capitalismo de plataforma consiste em seu alto impacto, pois abre espaço para que os fornecedores explorem suas habilidades em seus níveis máximos, devido às inúmeras alternativas que o *e-commerce* apresenta. Assim, em decorrência desse aumento de possibilidades, observou-se um investimento constante das grandes empresas em recursos cada vez mais sofisticados de inteligência artificial, capazes de captar mais usuários e utilizá-los para aperfeiçoar o processo produtivo, bem como moldar as preferências dos consumidores, investindo na marca por meio de técnicas de *branding*,[4] fenômeno conhecido por *cronoconcorrência*.[5] Como consequência, tem-se uma estrutura de computadores cada vez complexa e desenvolvida, utilizada das mais variadas formas pelas grandes empresas para ludibriar o consumidor e assim criar um ciclo lucrativo, alimentado pela inteligência artificial.

Portanto, tem-se que a economia digital passou a se configurar, no século XXI, em um modelo capitalista hegemônico, motivo pelo qual Srnicek destaca três principais aspectos que possibilitaram esse desenvolvimento exponencial: seu *dinamismo* (capacidade de proporcionar uma diversidade na relação entre fornecedor e consumidor); sua *capacidade global de desenvolvimento econômico*, uma vez que quanto mais indivíduos fazem uso da rede, mas fácil se torna lucrar com as informações dessa conexão; e a sua *legitimação em larga escala*, visto que as plataformas tem uma tendência à monopolização. Ressalta, também, que um fator fundamental na disseminação de seu uso consiste na praticidade, uma vez que as esferas profissionais e particulares passam a se confundir com mais frequência, na medida em que a grande parcela das trocas comerciais acontece durante as atividades do cotidiano, pois os *smartphones* e os computadores permitem essa dinâmica.

Nesse sentido, as plataformas se consolidam como intermediárias na relação de consumo, na medida em que disponibilizam um serviço/produto que será fornecido a um consumidor, bem como são facilitadoras de trocas comerciais, pois reduzem os custos de uma transação e o tempo utilizado para realizá-la, assim como potencializam o alcance de uma propaganda no cenário global, destacando-se, também, a possibili-

---

3. KALIL, Renan Bernard. *A Regulação do Capitalismo Via Plataformas Digitais*. São Paulo. Blucher, 2020, p. 67-88.
4. Gestão da marca de uma empresa.
5. Velocidade com que as empresas se aperfeiçoam no ramo tecnológico tendo em vista a competição no mercado de investimento às técnicas de inteligência artificial. ALEXANDRE, Paulo. Publicidades e *Tecnologias Móveis, Produção de Sentidos e Práticas de Consumo*. Universidade de Coimbra, Portugal. 2016.

dade de troca informacional entre diversos consumidores ao redor do mundo sobre a avaliação de determinado produto ou serviço.

Esses artifícios, no entanto, somente se tornaram possíveis com o grande investimento das empresas, que lideram o setor econômico, no *machine learning*[6] e, consequentemente, com o desenvolvimento das técnicas abusivas de extração de dados pessoais de usuários para fins lucrativos, sem preocupação com qualquer garantia de seus direitos de privacidade.

Para a filósofa Carissa Véliz,[7] essa dinâmica socioeconômica atual demonstra um contraste evidente no que se refere à privacidade entre a década de 1990 e os anos que sucederam a criação da empresa *google*, bem como os ataques de 11 de setembro de 2001, os quais exigiram um investimento considerável em segurança e privacidade pelos Estados Unidos, um dos motivos por eles serem o país que deu origem ao sistema de plataformas. Nesse sentido, a autora utiliza esses marcos para fundamentar o desenvolvimento das fronteiras inteligentes da tecnologia, que foram, gradativamente, se tornando ameaças às liberdades civis, tendo em vista que ultrapassaram limites éticos e jurídicos em razão de um ciclo meramente mercadológico, exercendo poder e controle sobre os mais variados ambientes dos cidadãos: profissional, familiar e social.

Nas palavras da autora:[8]

> O poder de tecnologia das empresas de tecnologia é constituído, por um lado, pelo controle exclusivo de nossos dados e, por outro, pela capacidade de prever cada movimento nosso, o que, por sua vez, lhes dá oportunidades de influenciar nosso comportamento e vender essa influência a outros mercados – incluindo governos.

Assim, tem-se que no capitalismo de plataforma, as tecnologias digitais permitiram ao setor empresarial, economicamente dominante, liderar e controlar os diversos setores do cotidiano, através de um modelo de operação que privilegia a concentração da propriedade e reduz à proteção ao consumidor, criando condições de possibilidades para a expressão máxima do neoliberalismo, de modo que as empresas proprietárias de plataformas estão se tornando donas da infraestrutura da sociedade, monopolizando, não somente a economia, mas a forma como o consumidor se porta diante da sua própria vida.

Nesse sentido, considerando a dinâmica de plataformas, torna-se possível adentrar no que a acadêmica Soshana Zuboff denomina de Capitalismo de Vigilância e assim compreender como as grandes *startups*, como a *uber*, possuem técnicas sofisticadas para influenciar e moldar as escolhas do consumidor, fomentando a falsa noção de empoderamento desse indivíduo, por meio da manipulação dos seus dados pessoais e uso da desproporcionalidade de poder informacional para reduzir, ainda mais, a força do consumidor perante ao sistema.

---

6. Ramo da engenharia e ciência da computação que evoluiu do estudo de reconhecimento de padrões e da teoria do aprendizado computacional em inteligência artificial.
7. VÉLIZ, Carissa. *Privacidade é Poder*. Inglaterra: Editora Contracorrente, 2021. P. 47-49.
8. Ibidem, p. 85.

1.2 Predileção e extração: o sistema de coleta de dados pessoais

No que se se refere ao conceito de capitalismo de vigilância, a autora Soshana Zuboff[9] o define como um sistema político e financeiro, sustentado pelas grandes empresas de poder econômico e tecnológico com o objetivo de extrair e vender dados pessoais, de modo a moldar e apostar o comportamento dos usuários, os quais serão vendidos *para* e *pelas* plataformas, originando um ciclo mercadológico interminável. Ou seja, os dados pessoais se consolidam, no século XXI, como a principal matéria prima de mercado.

Nas palavras de Zuboff:[10]

> A dinâmica competitiva desses novos mercados leva os capitalistas de vigilância a adquirir fontes cada vez mais preditivas de superávit comportamental: nossas vozes, personalidades e emoções. Os capitalistas de vigilância descobriram que os dados comportamentais mais preditivos provêm da intervenção no jogo de modo a incentivar, persuadir, sintonizar e arrebanhar comportamento em busca de resultados lucrativos. Pressões de natureza competitiva provocaram a mudança, na qual processos de máquina automatizados não só conhecem nosso comportamento, como também moldam nosso comportamento em escala.

Desse modo, a autora defende a tese de que o capitalismo de vigilância é sem precedentes na história da humanidade, uma vez que, em nenhum outro momento da história, a tecnologia esteve tão avançada e com tanta matéria prima disponível – dados pessoais –, sendo evidente que as práticas desse sistema desconsideram o direito à privacidade, transparência e informação, bem como a saúde mental do futuro consumidor, visando tão somente às finalidades comerciais autorreferentes. Assim, a inteligência artificial passou a ser um instrumento perigoso, pois se tornou a principal auxiliar das grandes empresas para sustentar um mercado desumano, impositivo e calculista.

Para Max Weber[11] a tecnologia consiste sempre em um meio econômico e nunca em um fim em si, de modo que se deve sempre desconfiar da imposição de qualquer ideia de inevitabilidade. Nesse sentido, o autor formulou a o conceito de orientação econômica para explicar que, em uma sociedade capitalista moderna, a tecnologia sempre será uma expressão dos objetivos do sistema, portanto, possui fins mercadológicos.

Nas palavras do autor:[12]

> O fato de que aquilo que chamamos de desenvolvimento tecnológico dos tempos modernos tenha sido orientado de maneira tão ampla economicamente para obtenção de lucro é um dos fatos fundamentais na história da tecnologia.

Pode-se dizer, então, que o Capitalismo de Vigilância se utilizou da inteligência artificial para criar um mercado que se aproveita das vulnerabilidades dos indivíduos, fomentando, ainda mais, o que conhece por consumismo, de modo que essas técnicas

---

9. ZUBOFF, Shoshana. *A Era do Capitalismo de Vigilância*. São Paulo: Intrínseca, 2021.
10. Ibidem, p. 19.
11. WEBER, Max. *Economia e Sociedade*. Trad. Regis Barbosa e Karen Elsabe Barbosa. Brasília: Universidade de Brasília, 1994, 2002. v. 2.
12. Ibidem. Extraído de ZUBOFF, Shoshana. *A Era do Capitalismo de Vigilância*. São Paulo: Intrínseca, 2021. p. 27.

abusivas e invasivas não criam somente necessidades artificiais a esse consumidor, mas determinam como este deve agir por meio das técnicas de predileção e extração de seus dados pessoais.[13]

Portanto, é imprescindível assumir que a maior parte dos negócios que ocorrem por meio da internet, como as plataformas digitais, adotam os mecanismos e imperativos do capitalismo de vigilância, de modo que Zuboff[14] faz questão de ressaltar que tal sistema "não estabelece reciprocidades construtivas entre produtor e consumidor, mas ganchos que seduzem usuários para operações extrativas para sucatear e empacotar experiências pessoais". Sendo assim, toda e qualquer noção de autonomia e liberdade provocada por esses instrumentos deve ser questionada.

Em razão desse desequilíbrio informacional, o presente artigo busca se aprofundar nas técnicas abusivas de consumo, capazes de manipular o consumidor através de artifícios tecnológicos, calculados, meticulosamente, para criarem uma falsa noção de empoderamento nesse indivíduo, que se torna refém das suas próprias escolhas predeterminadas pela inteligência artificial. Um exemplo disso são os sistemas de avaliação de plataformas digitais, que são vendidos como um espaço democrático voltado ao aprimoramento de serviços para o consumidor, mas escondem uma série de mecanismos criados, exclusivamente, para a coleta de dados pessoais e apostas no comportamento do usuário.

1.3 Inteligência Artificial e o sistema de avaliação nas plataformas digitais

Com o objetivo de exemplificar o exposto no tópico acima, será analisado o funcionamento dos serviços de avaliação de plataformas, especialmente no que se refere aos aplicativos de transportes móveis, como é o caso da empresa *uber*, bem como uma breve análise acerca dos artifícios utilizados pelo *ifood*, tendo em vista que, pela falta de transparência dessas tecnologias, entende-se que tais mecanismos servem mais como instrumentos de coleta de dados pessoais, do que como ferramenta de aprimoramento de serviço ao consumidor, supostamente para "aprimorar a experiência" do usuário.

No que se refere à plataforma da *uber*, esta funciona como uma empresa de tecnologia que oferece serviços de transporte privado, através de um aplicativo, entre usuários que se cadastram como passageiros e os que se cadastram como motoristas, de modo que a tecnologia conta com indicadores de preço, demanda e número de motoristas disponíveis. Assim, por meio do Sistema de Posicionamento Global, o aplicativo deveria mostrar aos usuários onde os motoristas se encontram, conforme a localização do passageiro. No entanto, de acordo com Srnicek[15] (2016), isso não ocorre, uma vez que esse indicativo de demanda não corresponde à realidade, pois primeiro o aplicativo realiza a coleta de dados dos usuários, para assim prever onde estará a demanda por motoristas e,

---

13. Ibidem, p. 21.
14. Idem.
15. SRNICEK, Nick. *Platform capitalism*. Cambridge, UK ; Malden, MA: Polity Press, 2016.

somente conforme essa extração, o sistema aumenta os preços em alta antes da demanda real, da mesma forma em que também cria "motoristas fantasmas" para dar uma falsa ilusão ao consumidor de que existe uma maior oferta diante da procura.

Conforme os estudiosos do tema, Rodrigues, Rafael e da Silva,[16] os critérios utilizados pelas plataformas ocorrem geralmente através da Metodologia MCDA-C, de modo que estes são submetidos à avaliação dos atores agidos,[17] por meio da coleta de dados (questionários), os quais deveriam ter unicamente a finalidade de obter informações acerca da opinião dos consumidores acerca da qualidade do serviço prestado.

A *uber*, no entanto, possui um sistema de avaliação próprio, a partir da experiência do cliente/passageiro. Tal sistema obedece às seguintes etapas: primeiro, depois de terminada a viagem, o aplicativo pede ao passageiro que o avalie (em uma escala de 1-5), desde o desempenho do motorista quanto a possíveis comentários adicionais acerca da qualidade do serviço prestado. Assim, juntamente com seus comentários, a avaliação passa a ser analisada pelos administradores do sistema, de modo que, teoricamente, os motoristas que alcançarem a nota média mínima que o aplicativo estabelece (4,6), deveriam ser desconectados da plataforma.[18]

Observa-se, entretanto, que o usuário não possui acesso ao *feedback* dado ao motorista nem a avaliação feita por este, bem como não tem como obter uma garantia de que os critérios supostamente utilizados pela empresa serão aplicados., visto que a plataforma carece de transparência sobre como as informações coletadas dos passageiros serão analisadas e se, de fato, elas possuem alguma finalidade que não seja somente a extração de seus dados pessoais como forma de fomentar o sistema de predileção algorítmica. Os passageiros, diferente dos motoristas que recebem orientações e dicas do aplicativo para manter a nota elevada, não obtêm qualquer tipo de retorno construtivo ou informativo acerca dos critérios utilizados pela plataforma e pelos motoristas para avaliá-lo, assim, tem-se que a referida *startup* vende, ao consumidor, uma falsa noção de reciprocidade de avaliação.

Outrossim, nota-se que, ao abrir o aplicativo, já é apresentado ao usuário uma série de lugares fixos conforme o histórico de suas corridas, de modo que a plataforma consegue, previamente, simular os custos e a demanda para apresentar ao passageiro de acordo com o seu fluxo de viagens, induzindo este a utilizar o aplicativo, por meio das técnicas que promovem a "praticidade", bem como exercem, conforme explica Zuboff,[19] a predição comportamental sobre esse indivíduo, portanto, a plataforma deixa de ser

---

16. RODRIGUES, E. C. C.; RAFAEL, J. G. O.; DA SILVA, R. B. *Análise multicritério para avaliação comparativa entre os sistemas de transporte público coletivo de Brasília e de Estocolmo*: a percepção do usuário – DOI: 10.5102/um.gti.v6i1.3869. Universitas: Gestão e TI, v. 6, 2016, p. 836-850.
17. São os que sofrem, de maneira passiva, as consequências das decisões tomadas pelo algoritmo a serviço da respectiva plataforma.
18. FARIAS Fernando, RODRIGUES Evaldo, DA SILVA Paulo. *Avaliação da Percepção de Qualidade da Prestação do Serviço de Transporte Individual de Passageiros do Distrito Federal*: Táxi e Uber. Universidade de Brasília-UNB, Brasília, 2016.
19. ZUBOFF, Shoshana. *A Era do Capitalismo de Vigilância*. São Paulo: Intrínseca, 2021.

somente uma intermediária no serviço de transporte privado e passa a ser um mecanismo que também determina como esse usuário irá desfrutar de tal serviço.

Para a autora do capitalismo de vigilância, a economia de plataforma possibilitou um novo modelo de comércio, chamado de *mercados de comportamento futuro*,[20] no qual os dados pessoais tornam-se produtos de predição pelos algoritmos, capazes de antecipar o comportamento do indivíduo. O artifício acima, por exemplo, demonstra como as principais empresas do cenário atual operam por meio de apostas no comportamento futuro e porque a coleta de dados pessoais, de forma indiscriminada, torna-se tão lucrativa.

Nesse sentido, é impreenchível dialogar com os conceitos de transparência e finalidade dispostos no artigo 6°, incisos VI e I da Lei Geral de Proteção de Dados, os quais, respectivamente, determinam que os titulares dos dados pessoais devem ter acesso a informações claras, precisas e facilmente acessíveis sobre a realização do tratamento e dos agentes envolvidos, bem como, durante a coleta, precisam ser informados acerca do propósito e finalidade, sendo vedado, a qualquer pessoa física ou jurídica, utilizar os dados coletados para fins incompatíveis com o que fora demonstrado.

Porém, conforme o exposto, não resta claro ao consumidor se, durante a etapa de avaliação de plataformas, que é onde, juntamente com o cadastro nos aplicativos, ocorre à coleta de informações pessoais desse indivíduo, a opinião deste é realmente levada em consideração para aprimorar o serviço fornecido, conforme suas necessidades reais, ou somente para servir como matéria prima de fomentação das técnicas de predileção e extração algorítmica. Ou seja, há uma falsa noção de empoderamento do indivíduo, na medida em que este não tem acesso às informações que estão sendo coletadas e nem a nenhuma garantia de aplicabilidade de critérios por determinada plataforma, tornando-se um alvo fácil a ser manipulado.

Como uma consequência direta dessa relação informacional desequilibrada, entre a plataforma e seus consumidores, observa-se a crise atual da *uber* quanto ao cancelamento sistemático de corridas pelos motoristas dos aplicativos, os quais possuem a possibilidade de aceitar ou não uma viagem com base nos dados dos passageiros enviados pela empresa, sem que haja qualquer interferência em sua nota. Então, além do usuário não saber se os seus critérios de avaliação estão sendo, de fato, aplicados ao motorista, também se encontram submetidos a pagar um preço elevado somente para garantir um serviço razoável, vez que a demanda da *uber* encontra-se extremamente elevada, ocasionando, muitas vezes, uma queda no padrão de atendimento da plataforma.

Entretanto, como forma de contornar essa demanda, ao invés de propor formas de amparo ao consumidor, a empresa conseguiu tirar vantagem desse ciclo a partir de mecanismos hierarquizados de serviços, oferecendo, supostamente, motoristas mais qualificados e disponíveis aos usuários que optarem por outro nível de viagem com adicional de preço, como ocorre com o *"uber X"* e *"uber vip,"*, mas sem nenhum respaldo

---

20. Ibidem, p. 19.

de que realmente há um critério de seleção de motoristas ou de qualidade do veículo sendo aplicado, uma vez que, em ambas as viagens, se observa muitas vezes o mesmo padrão de atendimento.

Portanto, o consumidor não possui nenhuma garantia de que realmente há uma seleção e avaliação de motoristas pela plataforma nos diferentes tipos de viagem, pois não existe transparência acerca do modelo de atendimento, veículo e critérios utilizados que possibilitem ao usuário comparar a qualidade do serviço prestado, de modo que, muitas vezes, o consumidor paga um preço mais elevado por um serviço inferior ou igual aos demais indicados pela plataforma.

Devido à diminuição do padrão dos serviços prestados pelo aplicativo, a empresa vem recebendo críticas pelos usuários, especialmente no que se refere à sistemática de cancelamento e na qualidade dos veículos. Conforme reportagem realizada com motoristas da plataforma,[21] estes realmente afirmam que o cancelamento decorre da ampla possibilidade que eles têm na escolha do passageiro, de modo que selecionam as corridas conforme a simulação de lucro.

Ademais, a própria empresa, quando questionada sobre o número elevado de cancelamentos, também se manifestou com o mesmo argumento:

> Nesse contexto os usuários estão tendo que esperar mais tempo por um carro. Conforme o que os próprios parceiros relatam, essa é uma situação que os deixa mais confortáveis para cancelar viagens poque sabem que virão outras na sequência, possivelmente com valores maiores.[22]

Então, tem-se que, além dos artifícios da inteligência artificial, o consumidor também precisa lidar com a falta de amparo e certa indiferença da plataforma que, mesmo ciente do problema, aproveita a oportunidade para explorar as possibilidades lucrativas de mercado, de modo que se torna necessário desconfiar de todo e qualquer mecanismo oferecido pelas plataformas que exigem, obrigatoriamente, a coleta de dados pessoais com o falso intuito de garantir ao consumidor autonomia e reciprocidade, sem respeitar os princípios da transparência e finalidade conferidos pela LGPD.

Nesse particular, a despeito da perda crescente de motoristas (muito em razão da falta de sensibilidade para lidar com o aviltamento das tarifas e ausência de políticas sociais que diminuam o impacto da crise econômica no orçamento dos seus colaboradores), o que repercute no mau atendimento do consumidor, através de uma simples constatação empírica, percebe-se que as notas dos mesmos continuam elevadas, o que logicamente não parece crível, pois os cancelamentos sucessivos e a consequente demora na prestação do serviço impõem ao consumidor uma avaliação negativa. Essa percepção sugere que o sistema de avaliação não é confiável.

---

21. JUSTO, Gabriel. Por que a Uber está demorando tanto? *Revista Exame* 28.08. 2021. Disponível em: https://exame.com/brasil/por-que-uber-demorando-tanto/. Acesso em: 10 dez 2021.
22. MORAES, Luciana. Cancelamento e Muita Demora: entenda o que tem acontecido na Uber e nos demais aplicativos de transporte de Recife. Portal UOL. 14.07.2021. Disponível em: https://jc.ne10.uol.com.br/economia/2021/07/13015720-cancelamento-e-muita-demora-entenda-o-que-tem-acontecido-na-uber-e-demais-aplicativos-de-transporte-no-recife.html. Acesso em: 1º jan. 2022.

Já no que se refere ao sistema de avaliações do *ifood*, nota-se uma dinâmica diferente da plataforma *uber*, na medida em que o aplicativo objetiva principalmente direcionar o consumidor a ofertas e cupons com base nas suas preferências (utilizando-se da inteligência algorítmica), tendo como fundamento uma política de privacidade que compartilha os dados dos usuários com empresas, parceiros comerciais, publicidades e serviços de análise.[23]

Desse modo, o aplicativo garante um *layout* dominado pelas preferências do consumidor, conforme o seu histórico de pedidos e busca, organizando, primeiramente, os estabelecimentos conforme a vontade do usuário e não às avaliações. Apesar disso, a plataforma permite ao consumidor avaliar, ao final da entrega, tanto o pedido quanto o serviço do entregador, bem como o próprio aplicativo, no entanto, essa avaliação demora sete dias para ser verificada, de modo que não há nenhuma confirmação de que a mesma foi disponibilizada ou processada, sendo, muitas vezes, até esquecida pelo consumidor.

Novamente, então, observa-se a falta de transparência das plataformas no sistema de avaliação, as quais apresentam uma política de privacidade agressiva, carecendo de transparência quanto à segurança e finalidade dos dados pessoais do consumidor, que se encontra em uma posição de fragilidade frente à inteligência algorítmica.

Outro exemplo de como a tecnologia pode criar cenários falsos para coagir o consumidor, consiste no desenvolvimento da inteligência artificial para a criação de perfis falsos na internet utilizados por algumas empresas para promoverem uma avaliação fictícia no mercado digital. Em 2014, surgiram os primeiros indícios de que os algorítmicos seriam capazes de criar rostos humanos, a partir do trabalho da equipe liderada pelo pesquisador Ian Goodfellow,[24] do Google.

O primeiro resultado da criação de rostos humanos pela inteligência artificial surgiu pelo sistema Generative Adversarial Network[25] (GAN, na sigla em inglês), como consequência de um estudo que testava a replicação de imagens, sem o objetivo principal de comercializar a prática.

No entanto, com o crescimento exponencial da *cronoconcorrência*, práticas como essa se tornaram cada vez mais recorrentes entre as empresas, como forma de vender uma falsa avaliação ou de evitar riscos de uma reputação negativa, seja na própria plataforma de venda ou em redes sociais, como é o caso do *twitter*. Pesquisadores das universidades do sul da Califórnia e de Indiana[26] estimam que haja, em média, 9% a 15% de robôs no aplicativo, portanto, se a rede possui 330 milhões de usuários, é possível que 29 milhões dessa parcela sejam robôs.

---

23. Declaração de Privacidade. Portal Institucional Ifood. Disponível em: https://institucional.ifood.com.br/abrindo-a-cozinha/declaracao-privacidade-clientes/. Acesso em: 1º fev. 2022.
24. IAN J. Goodfellow é um pesquisador, atualmente empregado na Apple Inc. como diretor de aprendizado de máquina no Grupo de Projetos Especiais. Anteriormente, trabalhou como cientista pesquisador na empresa Google.
25. Goodfellow, Ian; Pouget-Abadie, Jean; Mirza, Mehdi; Xu, Bing; Warde-Farley, David; Ozair, Sherjil; Courville, Aaron; Bengio, Yoshua (2014). *Generative Adversarial Nets* (PDF). Proceedings of the International Conference on Neural Information Processing Systems (NIPS 2014). p. 2672-2680.
26. DAREL, West. Bookings Survey finds 52 *Percent Believe Robots will Perform Most Humam Actvities* in 30 Years. Public Opinion Surveys on AI and Emerging Technologies. 18 de Junho de 2021.

Os mecanismos acima expostos são exemplos da causa do sentimento conhecido por *hiper confiança* do consumidor que, conforme Verbicaro e Vieira,[27] promovem nesse indivíduo uma desastabilização do senso de realidade e de perigo no qual está exposto. "Em outras palavras, a insuficiência normativa, o abstencionismo estatal e o protagonismo das grandes plataformas virtuais criam as condições ideais para a concretização dos danos no ciberespaço."

Portanto, tem-se que as técnicas de assédio de consumo estão presentes, inclusive, nas etapas que prometem atender o consumidor, que se encontra ainda mais em desvantagem na relação consumerista, pois além do desequilibro assumido pelo Código de Direito do Consumidor, tem-se uma desigualdade abrupta no fluxo de informações entre o usuário da plataforma e o agente que a administra, intensificando o quadro de vulnerabilidade informacional destes usuários, conforme será mais bem explicado na dialética do artigo.

Não obstante o monopólio algorítmico das empresas que trabalham com a inteligência artificial, ainda há outros agravantes econômicos oriundos do sistema neoliberal, que também influenciam no controle de qualidade das plataformas, como no caso dos motoristas da *uber*, tendo em vista que os motoristas cadastrados no aplicativo frequentemente se submetem a condições exaustivas de trabalho. Essa informação, no que se refere aos índices de jornada de trabalho, também é omitida dos passageiros, evidenciando uma lacuna da plataforma tanto quanto à garantia da transparência de informações, quanto ao direito do passageiro em saber se está viajando de modo seguro.

Desse modo, no próximo tópico, será analisado como os pontos negativos dessa economia de compartilhamento também consistem em um agravante considerável na qualidade de serviço das plataformas utilizadas pelo consumidor.

1.4 O neoliberalismo como agravante no sistema de plataformas

Para Ludmila Costhek Abilio,[28] a dinâmica do capitalismo de plataforma provocou a intensificação dos efeitos negativos da economia neoliberal, principalmente no que tange à flexibilização das relações trabalhistas, tendo em vista que as tecnologias abriram espaço para novos mercados informais e não regulamentados, dificultando a fiscalização estatal. A autora utiliza o termo *gig economy* (ou "economia de bico" em português) para expressar a dificuldade de subsistência enfrentada por muitos trabalhadores, que se vêm obrigados a aderir às plataformas em vista da substituição do trabalho formal às novas tecnologias. Nesse sentido, conforme Ludimila Abílio:[29]

---

27. VERBICARO, Dennis; VIEIRA, Janaína. A Nova Dimensão da Proteção do Consumidor Digital Diante do Acesso a Dados Pessoais no Ciberespaço. *Revista de Direito do Consumidor*, v. 134, p. 10. São Paulo, mar.-abr. 2021.
28. ABILIO, Ludmila Costhek. *Uberização do trabalho*: subsunção real da viração. Passa Palavra, São Paulo, 19 fev. 2017. Disponível em: http://passapalavra.info/2017/02/110685. Acesso em: 07 setembro. 2021.
29. Idem.

a gig economy é feita de serviços remunerados, que mal têm a forma trabalho, que contam com o engajamento do trabalhador-usuário, com seu próprio gerenciamento e definição de suas estratégias pessoais. A gig economy dá nome a uma multidão de trabalhadores just-in-time (como já vislumbrava Francisco de Oliveira no início dos anos 2000 ou Naomi Klein ao mapear o caminho das marcas até os trabalhadores), que aderem de forma instável e sempre transitória, como meio de sobrevivência e por outras motivações subjetivas que precisam ser mais bem compreendidas, às mais diversas ocupações e atividades. Entretanto, essas atividades estão subsumidas, sob formas de controle e expropriação ao mesmo tempo evidentes e pouco localizáveis. A chamada descartabilidade social também é produtiva. Ao menos por enquanto.

Outro termo também utilizado para se referir ao presente cenário, consiste na *uberização*, uma vez que o aplicativo supracitado é um exemplo expresso da assimetria entre o poder econômico e social da plataforma em face dos seus usuários, além de ser uma expressão relevante da terceirização no século XXI, uma vez que a flexibilização das relações de trabalho tem como efeito a redução dos direitos trabalhistas e, pelo efeito de rede das plataformas, tem-se que a aderência a esse tipo de trabalho ocorreu de forma exponencial sem qualquer diálogo com a legislação trabalhista vigente.

Sobre o mesmo raciocínio, Abilio explica que o presente modelo disseminado pela empresa também foi adotado por diversas outras plataformas, trazendo mudanças drásticas à qualidade de trabalho do empregado, bem como às formas de controle e gerenciamento dos empregadores e, claro, à expropriação do trabalho. Assim, nas palavras da autora é indubitável que:

> A uberização consolida a passagem do estatuto do trabalhador para o de um nanoempresário-de-si permanentemente disponível ao trabalho; retira-lhe garantias mínimas ao mesmo tempo em que mantém sua subordinação; ainda, se apropria de modo administrado e produtivo, de uma perda de formas publicamente estabelecidas e reguladas do trabalho.[30]

No entanto, é preciso ter em mente que essas mudanças são, antes do surgimento das plataformas, uma consequência do neoliberalismo, mas é evidente que com o avanço da tecnologia essa subordinação passou a se operar sob uma nova lógica em decorrência das inúmeras possibilidades que a tecnologia proporciona. Ademais, é imprescindível destacar que essa subsunção do trabalho não ocorre de modo isolado, mas afeta todos os envolvidos na relação, desde o empregador ao consumidor de determinado serviço, portanto, tem-se um ciclo de interdependência, em escala global, entre o produto/serviço que está sendo consumido com a dinâmica econômica e social por trás de quem está sendo o intermediário dessa relação.

Por essas razões, Frank Pasquale[31] entende que o capitalismo de plataforma permite uma reflexão contrária à narrativa convencional de que à tecnologia é, majoritariamente, uma aliada do desenvolvimento socioeconômico. Para o autor, os efeitos negativos do referido sistema podem ser extremamente perigosos quando

---

30. Ibidem.
31. PASQUALE, Frank. Two Narratives of Platform Capitalism Feature: Essays from the Law and Inequality Conference. *Yale Law & Policy Review*, v. 35, p. 311. New Haven, 2016.

desacompanhados de uma fiscalização ou meios que garantam a proteção do indivíduo, independentemente da posição que este ocupa, desde usuário de serviço ou empregado, pois como já dito acima, há uma conexão muito próxima entre todos os envolvidos nessa relação.

Nas palavras de Pasquale:[32]

> Por outro lado, a contranarrativa ressalta que as plataformas: (i) perpetuam as desigualdades e promovem a precariedade do trabalho, reduzindo o poder de negociação dos trabalhadores e a estabilidade no emprego; (ii) ampliam a discriminação, ao identificarem o rosto dos consumidores antes da concretização da transação comercial; (iii) concentram, em pequeno número de empresas, uma série de atividades, fazendo com que o controle dos esforços de regulação ocorra em benefício próprio; (iv) expandem-se inicialmente pela falta de regulação, pelo caráter de novidade, pelos efeitos de rede e pelo baixo investimento inicial de capital; (v) criam obstáculos para o crescimento econômico, na medida em que diminuem os salários; (vi) fazem com que os trabalha dores, para conseguirem sobreviver, tenham de estar prontos para aceitar uma tarefa a qualquer momento; (vii) influenciam negativamente os usuários, uma vez que podem manipular as informações disponibilizadas com o objetivo de efetivar determinada transação comercial.

Desse modo, devido essa interconectividade de fatores no sistema de plataforma, a situação econômica global interfere diretamente na qualidade dos serviços/produtos oferecidos, como no atual cenário brasileiro de crise política e econômica, que alavancou o preço do combustível e, consequentemente, alterou os preços das corridas da *uber*. Outrossim, esse agravante econômico afeta a permanência de alguns motoristas na plataforma, de modo que a empresa não transparece aos seus usuários se os critérios que deveriam ser utilizados para filtrar a qualidade dos motoristas no aplicativo, estão sendo realmente aplicados, ou se está somente se adaptando a essa nova dinâmica instável. Assim, sem um controle de qualidade adequado, os consumidores se encontram ainda mais vulneráveis às práticas abusivas de consumo, visto que se assuem uma posição de desvantagem no que se refere à quantidade de usuários que fazem uso do aplicativo e a quantidade de motoristas realmente disponíveis, que podem escolher seus passageiros conforme os indicadores dos algoritmos, no entanto, o mesmo não ocorre ao usuário, que se vê muitas vezes obrigado a fazer uso de um serviço com qualidade inferior ao propagado pela falta de opção no mercado.

Assim, a dialética entre as condições de trabalho enfrentadas pelos trabalhadores de aplicativos, como os motoristas da *uber*, e o produto/serviço que está sendo fornecido, também se mostra de extrema relevância na análise do sistema de avaliação de plataformas, uma vez que tanto os fatores econômicos citados acima, quanto os fatores referentes a jornadas de trabalho, influenciam diretamente na qualidade, segurança e real impacto no sistema de avaliação de plataformas.

Quanto aos instrumentos aderidos pela empresa, para manter o motorista no aplicativo, estes variam desde prêmios com remuneração, quanto a uma classificação

---

32. Idem, ibidem.

diferenciada[33] de acordo com o número de corridas realizadas. Nesse sentido, há um incentivo pela própria empresa às jornadas de trabalhos exaustivas, como quantidades de corridas desumanas, oferecendo um serviço muitas vezes duvidoso e descompromissado com a segurança dos envolvidos. Um exemplo disso é a falta de transparência ao consumidor quanto à qualidade do serviço que está sendo oferecido, pois o passageiro não tem a opção de escolher o seu motorista, diferente deste, que tem à ajuda dos algoritmos para aceitar os passageiros conforme os índices de lucro e localização. Assim, se um determinado motorista realizou uma quantidade elevada de viagens por dia, capaz de influenciar na sua saúde, provocando sono e desatenção, bem como colocar em risco a vida de um passageiro, o usuário não tem como saber, pois nenhum desses dados é disponibilizado na hora de chamar uma corrida.[34]

Logo, tem-se uma ausência de reciprocidade informacional entre o fornecedor e consumidor na plataforma, o que demonstra um descompromisso da empresa com a opinião e vontade desse indivíduo. Por essas razões, tem-se que o sistema de avaliação de plataformas proposto pelo aplicativo, supostamente para atender às necessidades do consumidor, não possui nenhuma comprovação de que, de fato, possui efeitos positivos à parte que usufrui do serviço, uma vez que não é transparente, fiscalizado e nem apresenta nenhum indicativo do que está sendo realmente aprimorado no serviço.

Portanto, os passageiros da plataforma não possuem nenhum respaldo acerca da garantia das avaliações dadas aos motoristas, isto é, se elas são realmente computadas, e nem se estão viajando em segurança, como também não possuem qualquer direito real de escolher com que motorista querem viajar, pois a demanda fornecida pelo aplicativo não acompanha o número de usuários, induzindo estes, por conta de demora de espera ou pelo cálculo algoritmo do trajeto do passageiro, a aceitarem serviços de qualidade baixa e duvidosa.

Diante disso, torna-se possível concluir que os consumidores se tornam cada vez mais reféns dos artifícios da inteligência artificial e do monopólio econômico das plataformas, carecendo de autonomia perante as suas escolhas. O sistema de avaliação de plataformas consiste em uma expressão fática de que, até quando as grandes empresas prometem um espaço de escuta do indivíduo para aprimoramento do serviço, há um fim mercadológico de extração e predileção de dados pessoais que deve ser questionado, visto que por trás de uma simples avaliação, é possível fomentar hiper confiança do consumidor e, assim, diminuir a sua capacidade de escolha e criticidade.

Por essas razões, quando se denuncia um falso empoderamento do consumidor como fruto das técnicas algorítmicas de predeterminação comportamental, é de suma relevância dialogar com as possíveis soluções jurídicas para contornar o presente cenário, mas antes, é preciso se atentar para dois desafios nessa jornada: a vulnerabilidade do consumidor e os contratos de adesão digitais.

---

33. Portal Institucional da Uber. Disponível em: https://www.uber.com/br/pt-br/drive/how-much-drivers-make/. Acesso em: 30 set. 2021.
34. Nesse sentido, recomenda-se: LOPES, Ana Carolina; VERBICARO, Dennis; MARANHÃO, Ney. Direito à informação do consumidor quanto à jornada de trabalho do motorista por aplicativo. *Revista de Direito do Consumidor*, v. 132, p. 167-195, São Paulo, nov.-dez. 2020.

2. DESAFIOS NO EXERCÍCIO PLENO DA AUTONOMIA DE ESCOLHA DO CONSUMIDOR

2.1 Vulnerabilidade do consumidor: econômica, comportamental, informacional e algorítmica

O princípio da vulnerabilidade do consumidor é, indubitavelmente, o alicerce que norteia a relação consumerista, na medida em que reconhece o consumidor como a parte mais frágil da relação e orienta as principais diretrizes do sistema jurídico brasileiro, como bem dispõe o artigo 4º, inciso I, do CDC. Não obstante a sua relevância, destaca-se também a sua complexidade, uma vez que este abrange as principais esferas do exercício da cidadania, desde a vida pública até a vida privada.

Por essas razões, não há que se falar em uma única vulnerabilidade do consumidor, mas em vulnerabilidades que se expressam nas mais variadas formas. Portanto, pode-se dizer que, inicialmente, o consumidor apresenta uma *vulnerabilidade econômica* ante a impossibilidade de dispor do modo como os bens de consumo são colocados no mercado, bem como, consequentemente, uma *vulnerabilidade comportamental*, como resultado das técnicas de assédio de consumo, provocadas pelas estratégias mercadológicas calculadas, incentivando à aquisição irracional do crédito para a satisfação das necessidade artificiais de consumo.

Para melhor compreender o conceito de vulnerabilidade comportamental, cabe falar do conceito de hipermodernidade apresentado por Gilles Lipovetsky,[35] no qual há uma radicalização dos princípios constitutivos da modernidade, como a valorização do indivíduo, da economia liberal, assim como a valorização da tecnociência. Essa dinâmica explica as motivações do consumismo a partir da ideia de felicidade paradoxal[36] em que se projeta constantemente o bem-estar na aquisição de determinado bem de consumo, supostamente capaz de satisfazer uma necessidade artificial, ocasionando rapidamente um sentimento de ansiedade no consumidor devido à sensação de vazio não preenchido, que tentará ser suprido por outro objeto mercadológico, estabelecendo-se, assim, um ciclo de constante frustação e submissão ao consumismo.

Esse ciclo pode ser expresso, por exemplo, através das técnicas de obsolescência programada, caracterizadas pela fabricação consciente de um produto, predeterminado a se tornar obsoleto, ou seja, a apresentar defeito em um tempo estimado, para que seja substituído por outro, na medida em que os fabricantes já lançaram uma versão mais moderna e sofisticada comparada ao produto anterior. Assim, há um constante incentivo ao sentimento de frustação do consumidor, pois quanto mais vulnerável, mas suscetível este se encontra para se tornar um alvo das técnicas de assédio de consumo.

Para Verbicaro, Ataíde e Rodrigues:[37]

---
35. LIPOVESTKY, Gilles. *A Felicidade Paradoxal*: ensaio sobre a sociedade do hiperconsumo. Lisboa. Edições 70.
36. Idem, ibidem, p. 131.
37. VERBICARO, Dennis; ATAÍDE, Camille; RODRIGUES, Lays. Desvendando a Vulnerabilidade do Consumidor. *Revista de Direito do Consumidor*, v. 119, p. 361. São Paulo, set-out. 2018.

O consumismo se tornou um verdadeiro vicio, a grande maioria dos indivíduos o pratica de forma automática e sem grandes reflexões. A capacidade do consumidor em diferenciar o necessário do supérfluo é, aos poucos, suplantada pela compulsão de comprar por comprar. Esse fenômeno é alimentado pelas práticas de assédio de consumo, vez que as necessidades artificiais passam a ser impostas por determinadas instituições, como a mídia e a indústria cultural de massa, mas, principalmente, pelas atuais tecnologias de vigilância e controle.

Com o desenvolvimento da inteligência artificial, no entanto, teve-se um aperfeiçoamento das técnicas de consumo e consequentemente um agravante da vulnerabilidade do consumidor, que, além de comportamental, também passou a ser algorítmica. Conforme se pode extrair do capitalismo de vigilância, as técnicas de predileção e extração de dados pessoais visam manipular o consumidor com o intuito de tornar este um alvo cada vez mais frágil e submisso aos artifícios da tecnologia.

Assim, enquanto que a vulnerabilidade comportamental se refere ao quadro de pressão e persuasão do consumidor frente às falsas necessidades de consumo criadas pelo Neoliberalismo, a vulnerabilidade algorítmica está essencialmente atrelada ao uso indiscriminado de dados pessoais desse indivíduo para torná-lo mais suscetível a um assédio de consumo complexo e calculado, sustentado pelo capitalismo de vigilância.

Nas palavras de Zuboff:[38]

> A coleta de dados pessoais está além do mero consumo, mas consiste em um meio de modificação comportamental cujo objetivo consiste não apenas em estimular o consumismo, mas estabelecer um consumo específico, conforme os interesses do mercado que, através da inteligência artificial, se adapta aos interesses do usuário, fomentando, assim, a perda da racionalidade nas tomadas das decisões do consumidor, assim como a sua consequente submissão voluntária às técnicas coercitivas de publicidade digital.

Logo, se a coleta de dados pessoais pelas plataformas possibilita à inteligência artificial a criação de publicidades e mecanismos direcionados a um perfil específico de consumidor, é certo que há uma fragilidade escancarada na relação consumerista atual, tendo em vista que a maior parte das transações de compra e venda de produtos/serviço ocorre por meio do *e-commerce*.

Não obstante as diferentes acepções da vulnerabilidade do consumidor supracitadas destaca-se, ainda, a vulnerabilidade informacional que, juntamente com a vulnerabilidade algorítmica, está diretamente relacionada com os artifícios do capitalismo de vigilância e de plataforma, de modo que foram agravadas pelas principais empresas que detêm o poderio econômico e tecnológico, a exemplo da plataforma *uber*. No que tange a primeira, esta pode ser conceituada pela ausência, insuficiência ou complexidade da informação disponibilizada ao consumidor, dificultando a sua compreensão.

Conforme visto nos exemplos acima, o sistema de avaliação de plataformas da empresa referida demonstra como essa vulnerabilidade se expressa na prática, pois não há uma transparência ao consumidor acerca da finalidade e real utilidade de sua ava-

---

38. ZUBOFF, Shoshana. *A era do capitalismo de vigilância*. São Paulo: Intrínseca, 2021, p. 94.

liação, nem uma transparência diante do tratamento de seus dados pessoais, de modo que a plataforma não pode assegurar, sem garantir à informação clara ao consumidor, se a coleta de dados pessoais objetiva o aprimoramento e qualidade do serviço prestado, ou somente gerar um sentimento de *hiper confiança* do consumidor, fidelizando como cliente da plataforma.

Desse modo, ainda que o artigo 6º, inciso III, do CDC seja claro quanto à essencialidade de "informação adequada e clara sobre os diferentes produtos e serviços, com especificação correta de quantidade, características, composição, qualidade e preço, bem como sobre os riscos que apresentem", assim como a LGPD em seus incisos VI e I do artigo 6º, nota-se que as plataformas digitais ainda não se adequaram totalmente a essa exigência legal, uma vez que os mecanismos de inteligência artificial utilizados na criação do sistema de coleta de dados dificultam a identificação, acesso e fiscalização por órgão regulador, evidenciando um desequilíbrio entre a quantidade de informação armazenada e processada pela IA[39] e os mecanismos de controle jurídicos, dificultando, assim, a proteção do consumidor diante desse conjunto de vulnerabilidades, especialmente às que estão essencialmente atreladas ao uso das tecnologias algorítmicas.

2.2 Contratos de adesão e os vícios de consentimento

Outro desafio à proteção do consumidor no cenário do *e-commerce* consiste nos contratos de adesão, assim definidos pela jurista Claudia Lima Marques:[40]

> Contrato de adesão é aquele cujas cláusulas são preestabelecidas unilateralmente pelo parceiro contratual economicamente mais forte (fornecedor), *ne varietur*, isto é, sem que o outro parceiro (consumidor) possa discutir ou modificar substancialmente o conteúdo do contrato escrito.

Portanto, não obstante a condição de desigualdade atrelada à natureza desses contratos tem-se que na esfera digital, estes legitimam ainda mais o desequilíbrio na relação consumeristas, uma vez que são adotados por muitas empresas para permitir o ingresso do usuário na plataforma, no entanto, muitas vezes, o fornecedor do serviço ou produto redige um contrato propositalmente longo e, muitas vezes, ininteligível para provocar o "aceite" do consumidor sem uma leitura completa, pelo fato deste ser demasiadamente difícil ou cansativo.

Essa conduta se mostra perigosa, na medida em que, muitas vezes, dificulta a validade e a eficácia das cláusulas do contrato ou dos termos de uma licença. A professora Cintia Rosa de Lima exemplifica os possíveis riscos desse usuário, conforme o trecho abaixo:

> Por exemplo, o usuário de uma rede social concorda em bloco com termos impostos pelo prestador de serviços, que oferece a facilidade de manter contato profissional, social e familiar. No cadastro, o usuário disponibiliza informações pessoais e compartilha com seus contatos conteúdo diversos, como fotos, comentários e etc. Porém, não se espera que o prestador deste serviço utilize inadverti-

---

39. Sigla utilizada para se referir à inteligência artificial.
40. MARQUES, Claudia Lima. *Contratos no Código de Defesa do Consumidor*. 4. ed. São Paulo: Ed. RT, 2002. p. 67.

damente suas informações pessoais e do conteúdo compartilhado na rede social com seus contatos. Neste sentido, esta conduta deveria ser destacada ao usuário que, por sua vez, deveria concordar expressamente com tal prática.[41]

Não obstante o desrespeito à privacidade do consumidor e a coleta de seus dados pessoais para fins mercadológicos, a referida prática também tende a limitar a responsabilidade do fornecedor como efeito da estrutura propositalmente complexa e misturada de cláusulas importantes, violando o direito à informação expresso no CDC, pois sem um entendimento claro do que está sendo adquirido, não se pode falar em consentimento informado ou vontade qualificada,[42] visto que não há autonomia na escolha do consumidor.

Conforme Rosa de Lima:[43]

> Neste sentido, Margaret Jane Radin ressalta que a obrigatoriedade destes contratos compostos por várias cláusulas de estilo e cláusulas contratuais padronizadas (boilerplate rules) viola o princípio do consentimento imposto pela doutrina contratual. A Professora Emérita da Universidade de Stanford (EUA) destaca que estes contratos seriam formulários estabelecidos pelo fornecedor sem que exista um conhecimento real de seu conteúdo pelo consumidor que, por isso, não pode manifestar sua vontade de contratar pelo simples fato de ignorar as cláusulas às quais está vinculado (não há, nesta hipótese, a convergência das declarações de vontade, o que se denomina *"meeting of the minds"*).

Esse tipo de contrato, bem como as práticas do capitalismo de vigilância utilizadas pelas plataformas digitais, como a empresa *uber*, pode ser meticulosamente calculado para desestimular a leitura do consumidor, não somente pela complexidade do conteúdo, mas justamente pelo sentimento de hiper confiança gerado no usuário perante à plataforma, que por achar que tem autonomia sobre determinado aplicativo, pode-se deixar levar pela ingenuidade e agir conforme a coerção do algoritmo predetermina: clicar para aceitar. Tal análise pode ser vista como a expressão prática da vulnerabilidade algorítmica e informacional do consumidor, vez que as grandes empresas articulam, através dos mecanismos da IA, meios de extrair a autonomia desse usuário e submetê-lo a escolhas programadas e apostas lucrativas de consentimento, portanto, a liberdade do consumidor nos contratos de adesão do *e-commerce* é repleta de vícios e praticamente nula.

Esse sistema se relaciona diretamente com os mecanismos de avaliação da plataforma *uber* e *ifood,* as quais também estabelecem uma falsa noção de empoderamento do consumidor, por meio das técnicas algorítmicas descompromissadas com o direito à informação do usuário, de modo que se constata um abuso de direito por parte das grandes empresas que utilizam desses artifícios, devendo-se sempre contestar toda ferramenta que impõe ao usuário um consentimento involuntário para poder fazer uso

---

41. ROSA DE LIMA, Cintia. *O Ônus de Ler o Contrato no Contexto da "Ditadura" dos Contratos de Adesão Eletrônicos*. Disponível em: http://publicadireito.com.br/artigos/?cod=981322808aba8a03. cit.
42. Expressões utilizadas no Acórdão 1087911, 07072753420178070020, Relator: Arnaldo Corrêa Silva, Segunda Turma Recursal dos Juizados Especiais do Distrito Federal, data de julgamento: 11.04.2018, publicado no DJE: 17.04.2018.
43. ROSA DE LIMA, Cintia. *O Ônus de Ler o Contrato no Contexto da "Ditadura" dos Contratos de Adesão Eletrônicos*. p. 4. Disponível em: http://publicadireito.com.br/artigos/?cod=981322808aba8a03. Acesso em: 18 ago. 2016.

de determinado serviço ou produto, sem qualquer transparência acerca da finalidade do que está sendo imposto.

Desse modo, é possível concluir que as grandes empresas no cenário do *e-commerce*, conforme estabelece Srnicek, visam garantir uma quantidade de clientes e usuários cada vez maior devido os efeitos de rede do capitalismo de plataforma, de modo que, considerando o cenário de *cronoconcorrência* do neoliberalismo, a competição pela confiança do consumidor torna-se ainda mais agravada. Portanto, a dialética entre as nuances da vulnerabilidade do consumidor e suas expressões no contrato de adesão, denunciam a falsa noção de autonomia e hiper confiança desse indivíduo, especialmente no que diz respeito à confiabilidade do sistema de plataformas digitais, de modo que urge uma reflexão acerca dos caminhos para a efetiva liberdade do consumidor face à economia de compartilhamento, vez que essa ainda enfrenta inúmeros desafios.

3. A CIDADANIA INSTRUMENTAL COMO FERRAMENTA JURÍDICA DO CONSUMIDOR

3.1 A inserção do consumidor no processo político-deliberativo

No Brasil, observou-se a transposição legítima de um Estado Liberal para um Estado Social a partir do advento da Constituição Federal de 1988, tendo em vista a necessidade política e econômica global de se garantir a supremacia da ordem pública e o equilíbrio da livre concorrência, bem como assegurar aos indivíduos mais vulneráveis uma proteção socioeconômica diante dos impactos gerados pela desigualdade no sistema capitalista.

Nesse sentido, Lenio Luiz Streck e José Luiz Bolzan de Morais,[44] conceituam o Estado Democrático como:

> [...] o Welfare state seria aquele Estado no qual o cidadão independente de sua situação social, tem direito a ser protegido contra dependências de curta ou longa duração. Seria o Estado que garante tipos mínimos de renda, alimentação, saúde, habitação, educação, assegurados a todo cidadão, não como caridade, mas como direito político. Há uma garantia cidadã ao bem-estar pela ação positiva do Estado como afiançador da qualidade de vida dos indivíduos.

Pode-se dizer, então, que a essência do Estado de Bem-Estar Social tem como fundamento a garantia de atender e proteger aos indivíduos, objetivando uma sociedade mais igualitária, sem discriminação quanto à classe social, aspectos culturais, instrução e ideologia, almejando, portanto, o exercício efetivo de direitos considerados fundamentais e sociais. No que se refere ao sistema político brasileiro, observa-se uma democracia indireta ou representativa, na qual o poder popular se expressa a partir de representantes eleitos, que recebem mandato com o objetivo de elaborar leis e fiscalizarem os atos estatais.

---

44. STRECK, Lenio Luiz & MORAIS, José Luiz Bolzan de. *Ciência Política e Teoria Geral do Estado*. 2. ed. Editora Porto Alegre, 2001. p. 36.

Assim, tem-se que, na medida em que há um afastamento da democracia essencialmente liberal, a partir da necessidade de se pensar instrumentos políticos menos desiguais, surge a reflexão de garantias positivas para o alcance de um Estado mais equilibrado e desenvolvido, ensejando a participação política ativa na luta dos direitos fundamentais, bem como à inclusão de grupos minoritários nas pautas relevantes da sociedade.

Nesse sentido, torna-se possível discorrer acerca da necessidade de uma atuação também política do consumidor brasileiro, como forma de garantir uma maior liberdade no mercado, bem como um empoderamento político diante dos serviços que estes consomem, uma vez que, no Brasil, tem-se uma ausência de participação do consumidor na deliberação de assuntos de seu interesse, o que dificulta a efetividade de muitas normas relativas à sua defesa, pois o Estado, de forma isolada, não consegue atender todas as demandas exigidas por lei.

Em razão disso, Verbicaro[45] apresenta a importância de discorrer acerca de uma democracia deliberativa que enseje a participação do consumidor no cenário nacional, como forma de garantir um engajamento cívico na sua proteção jurídica, bem como o exercício de sua autonomia por meio de uma liberdade positiva.

Nas palavras do autor:[46]

> Não se pode perder de vista que a eleição de um grupo ou de representantes para um conselho, conferência ou mesmo audiência pública é uma tarefa estratégica, pois se pauta na premissa de que o escolhido possui as raríssimas condições necessárias à exceção, ou seja, possui a habilidade de representação dos interesses do grupo e assim terá melhores condições de fornecer uma visão mais completa da realidade e das necessidades sociais. É imperioso ressaltar que a participação do consumidor nesse contexto é fundamental, seja porque revela uma espiral virtuosa de comprometimento pessoal, exercício da liberdade positiva e engajamento cívico para com o grupo no contexto político de sua proteção jurídica; seja porque estimula, por meio do permanente debate, a construção de estratégias e difusão de expectativas pelos próprios sujeitos, sob a intermediação do Estado, para a transversalização de demandas ligadas aos seus mais legítimos interesses, enquanto categoria.

Sobre essa perspectiva, ressalta-se que o art. 4º, inciso II, b do Código de Defesa do Consumidor estabelece o incentivo à criação e desenvolvimento de associações representativas, dialogando com o art. 5º da Lei 7.347/1985, os quais legitimam a atuação do Estado, através de esferas federativas e Associações representativas de defesa do consumidor.

Nessa linha, para Verbicaro:[47]

> A sociedade civil, representada pelas associações de consumidores, pode ser considerada uma força contramajoritária em relação ao poder econômico dos fornecedores no mercado de consumo, devendo funcionar como importante elemento de conexão entre os cidadãos e a real consecução das políticas públicas.

---

45. Verbicaro, Dennis. A Política Nacional das Relações de Consumo como Modelo de Democracia Deliberativa. *Revista Jurídica Presidência*, v. 19, n. 1198. Brasil, 2018.
46. Ibidem, p. 545.
47. Ibidem, p. 546.

Portanto, a sociedade civil, sobre a perspectiva consumerista, é também responsável pelos deveres estabelecidos pela Política Nacional das Relações de Consumo, seja na cobrança da efetividade de leis, seja por meio de um ativismo político, uma vez que é indubitável o reconhecimento da importância das associações representativas de defesa do consumidor quanto ao funcionamento da economia de mercado, uma vez que servem de aproximação na participação direta dos cidadãos na economia, permitindo a redução do desequilíbrio do sistema econômico e relação consumerista, bem como permite o exercício de uma interlocução social ante os órgãos estatais.

É importante ressaltar, também, que para muitos doutrinadores, o comércio eletrônico se enquadra na quarta geração dos direitos humanos, a qual engloba o direito à informação, à democracia e ao pluralismo, de modo que a vulnerabilidade algorítmica está diretamente relacionada às garantias internacionais de segurança e adequação de bens de consumo, como no alcance e eficácia de normas e métodos extrajudiciais de relações de consumo supranacionais.

Diante disso, tem-se que a participação do consumidor nos espaços políticos e jurídicos já existentes, de forma mais ativa, pode ser vista como um instrumento real de exercício da cidadania instrumental, sendo, portanto, a verdadeira base de um possível empoderamento do consumidor, uma vez que não se pode alcançar uma autonomia no *e-commerce* sem o exercício da cidadania nas principais decisões que irão regular o sistema de proteção digital. Logo, é imprescindível pensar na construção de uma sociedade com consumidores instruídos e participativos na deliberação de seus direitos e garantias, uma vez que, quanto menos burocrático for esse diálogo, mais direta se torna a escuta das necessidades do consumidor.

Apesar das lacunas da democracia brasileira quanto ao diálogo aberto com o consumidor, é possível reconhecer alguns mecanismos de controle que estão se aperfeiçoando, como o *consumidor.gov*, institucionalizado pelo Decreto Federal 8.573/2015, que serve como uma plataforma de reclamação supervisionada disponibilizada pelo Governo, que proporciona um monitoramento das respostas pelas empresas no meio digital, sem muita burocracia ou etapas, aproximando as demandas reais do consumidor no âmbito coletivo e transparente. Tal instrumento, portanto, é um exemplo simbólico de que é possível, gradativamente, aproximar a relação entre os entes estatais, o fornecedor e o consumidor.

Por essa análise, entende-se que as formas mais justas e democráticas de direcionar o aprimoramento de serviços às demandas do consumidor consistem em pontes diretas de compartilhamento de experiências e críticas, a partir de uma perspectiva coletiva na relação de consumo, uma vez que se mostram mais efetivas do que mecanismos de avaliação de plataformas regulados pelas próprias empresas da tecnologia, as quais escondem por trás do falso ambiente de escuta ao indivíduo, inúmeros mecanismos pautados na inteligência artificial para manipular esse consumidor.

Portanto, para finalizar essa dialética, é imprescindível destacar algumas ferramentas efetivas na proteção do consumidor no âmbito digital, como o compartilhamento de experiências, o boicote virtual e a instrução às legislações vigentes, as quais, se utilizadas de forma correta, podem se transformar nos verdadeiros mecanismos da conscientização política do consumidor, bem como no exercício responsável da sua liberdade.

3.2 As ferramentas digitais como uma alternativa ao exercício responsável da liberdade de escolha: compartilhamento de experiências e boicote virtual

Conforme as considerações acima, se observa que as mudanças do sistema econômico também acompanham mudanças sociais, de modo que o perfil do consumidor atual, em razão do contexto político, demanda mecanismos de expressão.

Nesse sentido, o espaço digital, se utilizado de forma correta, pode ser uma ferramenta efetiva de defesa do consumidor, na medida em é um meio eficiente, ágil e simultâneo para o compartilhamento de experiências, denúncias e reclamações em desfavor dos fornecedores, visto que o alto impacto do capitalismo de plataforma também considera o consumo transnacionalizado, de modo que a rede cibernética possibilita uma larga interação coletiva. Portanto, espaços como o *consumidor.gov* e o *reclameaqui* possibilitam um ambiente de diálogo entre os consumidores, de modo que, por não estarem atrelados a nenhuma marca, possuem uma confiabilidade mais efetiva e menos impactada pelas estratégias de consumo.

Além do compartilhamento de experiências, um mecanismo alternativo de defesa do consumidor consiste no boicote virtual, definido por Klein, Smith e John[48] como uma ação de um consumidor ou grupo de consumidores que deixam de comprar/contratar um produto ou serviço de forma proposital, em razão de ações e atitudes de determinada empresa. Assim, tal descontentamento enseja da atitude negativa de não consumir por parte de um grupo de consumidores, acarretando impactos efetivos a uma empresa, sejam estes morais ou econômicos. Ademais, outra delimitação à ideia do boicote consiste no *backlash*, entendido também como uma reação dos consumidores em sentido contrário a uma ideia ou valor organizacional de uma empresa, mas, diferente de um simples boicote que visa somente o ato de não comprar ou usufruir determinado produto/serviço, o *blaclaash* busca responsabilizar juridicamente essa empresa, de modo que pode causar prejuízos tanto tangíveis (patrimônio material) e intangíveis (patrimônio imaterial) às marcas.

Entende-se, então, que tais mecanismos são exemplos possíveis do exercício da liberdade de escolha do consumidor, de forma responsável, na medida em que possibilitam manifestações coletivas em defesa das garantias consumeristas, de modo menos dependente das modulações algorítmicas mercadológicas, fortalecendo a solidariedade digital entre os consumidores, independente da atuação governamental.

---

48. KLEIN, Jill; SMITH, N. Craig; JOHN, Andrew. Why we boycott: consumer motivations for boycott participation. *Journal of Marketing*, [s. l.], v. 68, n. 3, p. 92-109, jul. 2004.

CONCLUSÃO

Viu-se, então, que o ciberespaço e o *e-commerce* tornaram-se o principal ambiente de produção, comunicação, transação, informação e publicidade entre os indivíduos na sociedade atual, de modo que refletem os principais impactos do que o sociólogo Nick Srnicek define por Capitalismo de Plataforma que, posteriormente, passou a dialogar com as técnicas de predileção e extração do Capitalismo de Vigilância.

Conforme o exposto, essas especificações permitiram uma melhor compreensão acerca do sistema capitalista neoliberal, bem como demonstraram que o desenvolvimento da inteligência artificial intensificou a *cronoconcorrência* empresarial, estabelecendo novos padrões comportamentais consumeristas, assim como o desenvolvimento de sub-ramificações que envolvem processos de inteligência coletiva, por meio de extração de dados pessoais, construções de subjetividades, *superávit comportamental* e criação de perfis falsos no ambiente digital.

Nesse contexto, tornou-se possível compreender o sistema de avaliação de plataformas digitais como um mecanismo utilizado pelas grandes empresas, detentoras do poder econômico e tecnológico, como estratégia de coleta de dados pessoais dos usuários, a partir da premissa enganosa de um ambiente destinado ao aprimoramento dos serviços às demandas do consumidor, mas que na realidade não reflete um mecanismo democrático e transparente.

Conforme minunciosamente analisado, muitas *startups,* investem em técnicas sofisticadas de inteligência artificial para manipular o consumidor a determinado comportamento e consequentemente a uma avaliação predeterminada, direcionando as suas ações por meio da tecnologia algorítmica, desenvolvida a partir da coleta e extração de seus dados pessoais, bem como por meio da criação de perfis falsos na internet para simularem um falso engajamento.

Como exemplo, observou-se o mecanismo de funcionamento da empresa *uber* e da plataforma *ifood*, que dispõem de pouca transparência e informação recíproca com o consumidor, logo, não se pode afirmar que há uma plena autonomia do usuário mediante esses aplicativos, inclusive quando estas destinam um ambiente supostamente democrático para atender às necessidades consumeristas, mas que na realidade somente objetivam gerar um sentimento de hiper confiança e pseudoempoderamento nesse indivíduo.

Não obstante às técnicas sofisticadas de inteligência artificial, notou-se também que a crise econômica neoliberal interfere diretamente na qualidade dos serviços prestados, bem como no tipo de motorista cadastrado – como é o caso da *uber* – de modo que são omitidas do consumidor informações importantes de segurança, impedindo-o de escolher plenamente a forma como deseja utilizar o serviço ou produto. Tal cenário também dialoga com a flexibilização do trabalho informal, bem como a ausência de fiscalização estatal perante as plataformas, resultando em uma submissão do consumidor e do motorista à vontade dos fornecedores, de modo que tais fatores também influenciam na avaliação final do consumidor, evidenciando que, o espaço de crítica e de opinião destinado aos usuários no *e-commerce,* não pode ser visto como totalmente eficaz e confiável.

Esses desafios, portanto, unidos às várias faces da vulnerabilidade do consumidor, destacando-se à informacional e à algorítmica, demonstram uma fragilidade de proteção efetiva às garantias e direito na relação consumerista, trazendo a necessidade de uma reflexão acerca dos mecanismos possíveis de exercício responsável da liberdade de escolha ausente de manipulações algorítmicas comportamentais.

Assim, observou-se que uma forma eficaz de garantir a proteção consumerista consiste no seu engajamento político, através do exercício instrumental da cidadania por meio da participação do consumidor nas tomadas de decisões ativas do Estado, bem como por meio de um diálogo eficaz entre os polos da relação consumerista, como ocorre na democracia deliberativa.

Ademais, o ativismo digital e o compartilhamento de experiências também reconfiguram as dimensões entre a conexão do ato de compra e a identidade do consumidor, como um meio de expressar o exercício de seu poder decisório, suas satisfações e insatisfações, bem como demonstra resistência frente aos interesses comerciais dos fornecedores, o que se torna consideravelmente mais eficaz do que a avaliação em uma plataforma digital.

Desse modo, a consciência política do consumidor aliada a uma instrução jurídica da legislação consumerista, deve ser vista como o principal caminho para o alcance do verdadeiro empoderamento do consumidor frente aos mecanismos de inteligência artificial e técnicas abusivas de mercado, pois somente a partir do exercício da sua cidadania, será possível desenvolver um senso crítico acerca das plataformas, serviços e produtos utilizados.

REFERÊNCIAS

ABILIO, Ludmila Costhek. *Uberização do trabalho*: subsunção real da viração. Passa Palavra, São Paulo, 19 fev. 2017. Disponível em: http://passapalavra.info/2017/02/110685. Acesso em: 07 set. 2021.

ALEXANDRE, Paulo. *Publicidades e Tecnologias Móveis, Produção de Sentidos e Práticas de Consumo*. Universidade de Coimbra, Portugal. 2016.

BRASIL, Turma Recursal dos Juizados Especiais do TJ-DF. Acórdão 1087911, 07072753420178070020, Relator: Arnaldo Corrêa Silva, Segunda Turma Recursal dos Juizados Especiais do Distrito Federal, data de julgamento: 11.04.2018, publicado no DJE: 17.04.2018.

Declaração de Privacidade. Portal Institucional Ifood. Disponível em: https://institucional.ifood.com.br/abrindo-a-cozinha/declaracao-privacidade-clientes/. Acesso em: 1º fev. 2022.

FARIAS Fernando, RODRIGUES Evaldo, DA SILVA Paulo. *Avaliação da Percepção de Qualidade da Prestação do Serviço de Transporte Individual de Passageiros do Distrito Federal*: Táxi e Uber. Universidade de Brasília-UNB, Brasília, 2016.

GOODFELLOW, Ian; Pouget-Abadie, Jean; Mirza, Mehdi; Xu, Bing; Warde-Farley, David; Ozair, Sherjil; Courville, Aaron; Bengio, Yoshua (2014). *Generative Adversarial Nets* (PDF). Proceedings of the International Conference on Neural Information Processing Systems (NIPS 2014).

JUSTO, Gabriel. Por que a Uber está demorando tanto? *Revista Exame*. Disponível em: https://exame.com/brasil/por-que-uber-demorando-tanto/. Acesso em: 12 out. 2021.

KALIL, Renan Bernard. *A Regulação do Capitalismo Via Plataformas Digitais*. São Paulo. Blucher, 2020.

KLEIN, Jill; SMITH, N. Craig; JOHN, Andrew. Why we boycott: consumer motivations for boycott participation. *Journal of Marketing*, [s. l.], v. 68, n. 3, p. 92-109, Jul. 2004.

LIPOVESTKY, Gilles. *A Felicidade Paradoxal*: ensaio sobre a sociedade do hiperconsumo. Lisboa: Edições 70, 2007.

LOPES, Ana Carolina; VERBICARO, Dennis; MARANHÃO, Ney. Direito à informação do consumidor quanto à jornada de trabalho do motorista por aplicativo. *Revista de Direito do Consumidor*, v. 132, p. 167-195, São Paulo, nov.-dez. 2020.

MARQUES, Claudia Lima. *Contratos no Código de Defesa do Consumidor*. 4. ed. São Paulo: Ed. RT, 2002.

MORAES, Luciana. Cancelamento e muita demora. Entenda o que tem acontecido na Uber e nos demais aplicativos de transporte de Recife. *UOL*. Disponível em: https://jc.ne10.uol.com.br/economia/2021/07/13015720-cancelamento-e-muita-demora-entenda-o-que-tem-acontecido-na-uber-e-demais-aplicativos-de-transporte-no-recife.html#:~:text=%E2%80%9CNesse%20contexto%2C%20os%20usu%-C3%A1rios%20est%C3%A3o,Uber%20est%C3%A1%20tocando%20sem%20parar. Acesso em: 15 ago. 2021.

PASQUALE, Frank. Two Narratives of Platform Capitalism Feature: Essays from the Law and Inequality Conference. *Yale Law & Policy Review*, v. 35, New Haven, 2016.

PORTAL Institucional da Uber. Disponível em: https://www.uber.com/br/pt-br/drive/how-much-drivers-make/. Acesso em: 30 set. 2021.

RODRIGUES, Evaldo. DA SILVA, Roberto. RAFAEL, João Guilherme. Análise multicritério para avaliação comparativa entre os sistemas de transporte público coletivo de Brasília e de Estocolmo: a percepção do usuário. Revista Universitas: Gestão e TI, v. 6, p. 836-850. Brasil, 2016. Disponível em: file:///C:/Users/natasha.novoa/Downloads/3869-18171-3-PB.pdf. Acesso em: 10 jan. 2021.

ROSA DE LIMA, Cintia. *O Ônus de Ler o Contrato no Contexto da "Ditadura" dos Contratos de Adesão Eletrônicos*. p. 4. Disponível em: http://publicadireito.com.br/artigos/?cod=981322808aba8a03. Acesso em: 11 maio 2019.

SNIRCEK, Nick. *Capitalismo de Plataforma*. Cambridge: Polity Press, 2017. Oxford, Inglaterra.

VÉLIZ, Carissa. *Privacidade é Poder*. Inglaterra: Editora Contracorrente, 2021.

VERBICARO, Dennis. A Política Nacional das Relações de Consumo como Modelo de Democracia Deliberativa. *Revista Jurídica Presidência*, v. 19, n. 1198. 2018.

VERBICARO, Dennis; ATAÍDE, Camille; RODRIGUES, Lays. Desvendando a Vulnerabilidade do Consumidor. *Revista de Direito do Consumidor*, v. 119, p. 350-383, 2018, São Paulo, set-out. 2018.

VERBICARO, Dennis; VIEIRA, Janaína. A Nova Dimensão da Proteção do Consumidor Digital Diante do Acesso a Dados Pessoais no Ciberespaço. *Revista de Direito do Consumidor*, v. 134, p. 195-226, São Paulo, mar.-abr. 2021.

ZUBOFF, Shoshana. *A Era do Capitalismo de Vigilância*. São Paulo: Intrínseca, 2021.

WEBER, Max. *Economia e Sociedade*. Trad. Regis Barbosa e Karen Elsabe Barbosa. Brasília: Universidade de Brasília, 1994, 2002. v. 2.

A PROTEÇÃO DE DADOS PESSOAIS NA TUTELA CONSUMERISTA

O FIM DA DEMOCRACIA: ENSAIO SOBRE A DIMENSÃO POLÍTICA DA PROTEÇÃO DE DADOS PESSOAIS DO CONSUMIDOR

Ricardo Dib Taxi

Doutor em Direito pelo Programa de Pós Graduação em Direito da Universidade Federal (2015). Visiting Researcher da Birkbeck College – University of London (Orientador: Peter Fitzpatrick). Mestre em Direito pelo Programa de Pós Graduação em Direito da UFPA (2011) com período sanduíche na Unisinos (Procad). Professor adjunto de Direito Civil e Consumidor da Universidade Federal do Pará (2016). Coordenador de diversidade e inclusão social do Instituto de Ciências jurídicas da UFPA. E-mail: ricardoadt@gmail.com.

Sumário: introdução – 1. Manipulação do consumidor no ambiente virtual; 1.1 Lei Geral de Proteção de Dados – 2. Uso político de dados; 2.1 A implosão da democracia de dentro para fora – Conclusão crítica: a proteção de dados como proteção da democracia – Referências.

INTRODUÇÃO

O presente artigo tem como objetivo refletir sobre as implicações políticas da coleta e uso não autorizado dos dados dos consumidores no ambiente digital. Pretende-se mostrar que tal proteção de dados busca resguardar ao mesmo tempo a autonomia do consumidor e a autonomia política da sociedade em sentido mais amplo, englobando o funcionamento do sistema democrático.

Como se sabe, ao contrário do direito privado moderno, que se configura em um pensamento individualista e pensa a autonomia como a liberdade contratual do indivíduo burguês, o direito do consumidor possui uma ligação muito mais estreita com a ideia de sociedade massificada, possuindo assim uma dimensão coletivista fundamental.

Embora a proteção ao consumidor seja cotidianamente exigida por meio de reclamações individuais, os problemas e vulnerabilidades extrapolam esse âmbito e exigem que se pense em termos de grupos vulneráveis, alargando a dimensão de observação. Ademais, textos fundamentais para pensar a sociedade de massa do século XX como a "Indústria Cultural"[1] de Adorno e Horkheimer ou "A obra de arte na época de sua reprodutibilidade técnica" de Walter Benjamin[2] surgem justamente um contexto de abandono do conceito clássico de indivíduo e mesmo de subjetividade, posto que não

---
1. ADORNO, Theodor, W; HORKHEIMER, Max. *Dialética do esclarecimento*: fragmentos filosóficos. Trad. Guido Antônio de Almeida. Rio de Janeiro: Zahar, 1985.
2. BENJAMIN, Walter. *Obras escolhidas*. Prefácio de Jeanne Marie Gagnebin. São Paulo: Brasiliense, 1987. v. 1. Magia e técnica, arte e política. Ensaios sobre literatura e história da cultura.

mais explicam elementos fundamentais de nossa cultura como cinema, música popular massificada e a adesão a regimes totalitários.

Em Adorno especificamente, a chamada indústria cultural surge para vender para a massa uma aparência de liberdade de escolha, quando na verdade as pessoas estão se tornando cada vez mais cópias idênticas[3] umas das outras, querendo comprar as mesmas coisas, ter o mesmo cabelo de tal artista ou se vestir como tal galã de cinema. Os filmes, as músicas, a indústria de propaganda, tudo faria com que essas pessoas se sentissem empoderadas e emancipadas, acreditando-se donas de suas próprias escolhas, sem perceber que se tornavam cada vez mais apáticas e uniformes.

Na sociedade contemporânea, com aquilo que Shoshana Zuboff nomeia como "capitalismo de vigilância", as experiências humanas são usadas como matéria prima para mercados de comportamento futuro.[4] De uma forma apenas parcialmente antecipada por autores como os citados no parágrafo anterior, aplicativos, redes sociais e sites como google usam dados pessoais para prever o comportamento futuro e oferecer seus produtos e serviços como se fossem escolhas do consumidor, como se coincidentemente alguém que está pesquisando capitalismo de vigilância achasse no *facebook* uma propaganda de venda de um livro sobre o assunto.

Para piorar, descobriu-se há alguns anos que muitas dessas informações têm sido vendidas para empresas e para grupos políticos que direcionaram propagandas para grupos específicos, encontrando assim um terreno fértil para explorar receios, medos, preconceitos e sonhos de modo a legitimar certos projetos políticos.

Percebe-se então que a colheita não autorizada de dados serve não apenas para propósitos de garantir que consumidores consumam certos bens e serviços, posto que o potencial das vivências humanas como matéria prima pode servir a propósitos de doutrinação política que corroem por dentro a perspectiva do dissenso democrático. Mesmo que o governo que apela a esse tipo de propaganda não seja em si autoritário, o modus operandi desses sugestionamentos propagandísticos são fortes o suficiente para moldar o comportamento das pessoas de uma forma unificadora e acrítica.

Por essa razão, o ponto central desse artigo é mostrar como a proteção de dados no ambiente do consumo digital e uma educação do consumidor digital possui um papel não apenas de efetivar direitos fundamentais relativos às relações de consumo,

---

3. Veja-se a esse respeito as palavras que iniciam o texto: "Na opinião dos sociólogos, a perda de apoio que a religião objetiva fornecia, a dissolução dos últimos resíduos pré-capitalistas, a diferenciação técnica e social e a extrema especialização levaram a um caos cultural. Ora, essa opinião encontra a cada dia um novo desmentido. Pois a cultura contemporânea confere a tudo um ar de semelhança" (ADORNO, Theodor, W; HORKHEIMER, Max. *Dialética do esclarecimento*: fragmentos filosóficos. Trad. Guido Antônio de Almeida. Rio de Janeiro: Zahar, 1985, p. 99). Assim, ao contrário da usual imagem de um mundo cada vez mais plural como resultado da perda do poder unificador da religião, a provocante reflexão de Adorno e Horkheimer mostram a indústria cultural com um poder unificador e destruidor de toda autêntica diferença que religião nenhuma pôde alcançar no passado.
4. ZUBOFF, Shoshana. *A era do capitalismo de vigilância*: a luta por um futuro humano na nova fronteira de poder. Trad. George Schlesinger. Rio de Janeiro: Intrínseca, 2021.

mas possui um potencial político mais amplo do qual, em última instância, depende a sobrevivência das democracias contemporâneas.

Assim, o artigo será divido em três partes: Na primeira, serão trazidas algumas das questões que envolvem a apropriação de dados pessoais dos consumidores, mostrando as várias violações legais envolvidas nesse processo. Posteriormente, serão apresentados exemplos de como empresas usaram esses dados para propósitos políticos que incluem não apenas vencer eleições, mas um verdadeiro mecanismo de moldagem de comportamento. Por fim, o artigo se encerrará com possibilidades de enfrentamento da questão no âmbito do direito do consumidor que podem cumprir também esse papel de proteção da democracia.

1. MANIPULAÇÃO DO CONSUMIDOR NO AMBIENTE VIRTUAL

Em um artigo publicado em 2017 na Financial Times, Tim Harford relata uma reunião que ocorrera em 1953 nos Estados Unidos envolvendo os maiores donos de empresas de cigarro da época e John Hill, líder da então maior empresa de publicidade dos Estados Unidos.[5] O clima estava tenso em razão de uma série de artigos científicos recentemente publicados que apresentavam provas contundentes da relação entre uso de cigarro e câncer. Um famoso jornalista norte-americano previa que o próximo artigo científico ratificando essa relação representaria a falência da indústria de tabaco norte-americana.[6]

Foi então que Hill teve um plano que viria a se tornar um dos maiores exemplos históricos de como se pode produzir ignorância deliberadamente. O sucesso dessa campanha publicitária de desinformação foi tão grande que se conseguiu manter milhões de pessoas na ignorância dos efeitos negativos do tabaco por décadas.[7] Esse resultado foi considerado tão surpreendente que virou por si só objeto de estudos científicos, os quais resultaram na criação do termo "agnotology", que significa o estudo de como a ignorância pode ser deliberadamente produzida.

Esse evento pode ter sido assustador para uma sociedade que costumava ver a manipulação de massas como algo ligado a eventos políticos totalitários como a propaganda nazista, mas é hoje apenas uma pré-história dos tipos de manipulação aos quais estão sujeitos os consumidores a partir do momento em que o capitalismo encontrou a revolução digital. Shoshana Zuboff considera como momento chave desse momento o período em que a empresa apple observou a controvérsia com sites de download ilegal de músicas e revolucionou essa indústria criando o itunnes e os ipods.[8]

---

5. HARFORD, Tim. *The problem with facts*. Financial Times, 2017. Disponível em: https://www.ft.com/content/eef2e2f8-0383-11e7-ace0-1ce02ef0def9. Acesso em: 1º out. 2022.
6. Idem.
7. Idem.
8. ZUBOFF, Shoshana. *A era do capitalismo de vigilância*: a luta por um futuro humano na nova fronteira de poder. Trad. George Schlesinger. Rio de Janeiro: Intrínseca, 2021.

Desde então, intensificação do consumo por meios digitais vem ocorrendo em ritmo cada vez mais acentuado, trazendo uma ampla gama de preocupações ao direito e mais especificamente ao direito do consumidor. Vulnerabilidades ligadas ao uso não autorizado de dados do consumidor, exposição a sites e anúncios fraudulentos, tentativa de *gatekeepers* de se esquivar de suas responsabilidades legais são apenas alguns exemplos das centenas de novas questões que permeiam os debates contemporâneos no campo do chamado direito do consumidor digital.

Esses problemas passaram a exigir não apenas respostas episódicas, mas levaram à necessidade de uma completa reformulação daquelas que eram as perguntas e os pressupostos fundamentais desse campo. Assim é que, ao invés de simplesmente nos perguntarmos como se dá a vulnerabilidade do consumidor no ambiente digital ou em que medida a lei geral de proteção de dados garante sua autonomia de escolha, a intensificação de partes importantes de nossa vida cotidiana no ambiente digital exige que repensemos o significado de ideias como vulnerabilidade, autonomia, liberdade e mesmo democracia.

Em sua obra sobre contratos de consumo, Claudia Lima Marques traz um capítulo sobre contratos eletrônicos no qual comenta o ambiente digital como uma troca frenética de imagens e cores que de certa forma cria uma espécie nova de percepção e mesmo de habitação.[9] Esse tema é importante porque costuma-se subestimar o quanto a realidade digital tem modificado aquilo que se entende como realidade e como a experienciamos.

Quando surgiram os primeiros veículos automotores, o escritor francês Marcel Proust, que possuía fortuna, arrendou um desses veículos e viajou pelo interior da França. Ao documentar esses passeios, o autor comentou como a mudança rápida das paisagens ocasionada pela velocidade do automóvel modifica a experiência humana do tempo, do fluxo da passagem das coisas. Hoje se faz imprescindível fazer o mesmo tipo de esforço para pensar o quanto a vida digital muda a percepção humana dos mais variados aspectos cotidianos.

Esse cenário tem impelido as pesquisas em direito do consumidor a pensar conjugadamente as questões de técnica dogmática com questões sociológicas e políticas mais amplas. Nesse sentido, ao mesmo tempo em que se discute a LGPD e a elevação da proteção de dados à condição de direito e garantia fundamental dos cidadãos (Emenda 115/2022), a situação exige também que se pense nas condições sociais para as quais esse arcabouço normativo precisa funcionar.

Shoshana Zuboff condensou a preocupação com relação ao diagnóstico social do presente com precisão quando alertou para o "perigo de fechar portas de quartos que não mais existirão".[10] Se os riscos do mundo digital para o qual a sociedade se aproxima ainda são difíceis de compreender, é bem possível que o direito crie proteções para ris-

---

9. MARQUES, Claudia Lima. *Contratos no código de defesa do consumidor*. 8. ed. São Paulo: Ed. RT, 2016.
10. ZUBOFF, Shoshana. *A era do capitalismo de vigilância*: a luta por um futuro humano na nova fronteira de poder. Trad. George Schlesinger. Rio de Janeiro: Intrínseca, 2021, p. 28.

cos que não existem mais daquela forma, ao mesmo tempo que não prepare respostas a questões das quais sequer temos a dimensão.

Há algumas décadas seria difícil imaginar que um dia as empresas não precisariam "roubar" nossos dados, pois nós os disponibilizaríamos intencionalmente. A intensificação das redes sociais incentiva as pessoas a relevarem seu gosto estético, locais que frequenta, preferências políticas etc., tornando-as alvo fácil para propagandas com o fito de incentivar o consumo de certos produtos e serviços e mesmo, como tem acontecido, o apreço a certas visões políticas.

Não faz muito tempo que se descobriu que o jogo *Pokemon go* era na verdade uma estratégia publicitária para levar as pessoas até as lojas. Os consumidores se dirigiam até esses estabelecimentos em busca dos pokemons mais valiosos e acabavam comprando os produtos ali oferecidos.

Em todo caso, o fundamental hoje é perceber que a manipulação do consumidor não busca mais simplesmente levá-lo a adquirir certo produto. Isso certamente ainda ocorre, mas a matéria prima fundamental em disputa no mundo digital são os dados pessoais dos consumidores, suas experiências vitais coletadas, armazenadas e transformadas em um banco de dados de valor inestimável para empresas e governos.

A esse respeito, as primeiras palavras do artigo "The Algorithm and the Watchtower" de Colin Koopman, caem como uma bomba:

> At this very moment, the phone, tablet, or computer on which you are reading this article has already helped multiple databases worldwide register the fact that you are interested in government and corporate surveillance. These databases have probably also stored a record of the type of device you hold in your hands. As Edward Snowden pithily put it in a *New York Times* column earlier this year: "As you read this online, the United States government makes a note." And as more recent reporting from the *Times* and ProPublica has disclosed, this is made possible not only by intense interest on the part of government agencies like NSA but also by "extreme willingness" on the part of corporate data traffic managers like AT&T.[11]

Koopman voltará a ser mencionado na parte final do artigo, mormente pela rica análise de seus textos feita por Magaly Prado em "Fake News e inteligência artificial: o poder dos algoritmos na guerra da desinformação".[12] No momento, importa apenas sublinhar que esse registro de dados flui a partir de nós sem que sequer compreendamos quais, dados, para qual destinação, em qual momento e quais os riscos disso.

1.1   Lei Geral de Proteção de Dados

Frente a esse risco, editou-se no Brasil uma Lei Geral de Proteção de Dados (Lei 13.709/2018), cujo objetivo primordial é regulamentar essa coleta e uso de dados e tentar

---

11. KOOPMAN, C. *The algorithm and the Watchtower*. The New inquiry. 29 set. 2015, p. 1. Disponível em: http://thenewinquiry.com/the-algorithm-and-the-watchtower. Acesso em: 1º out 2022.
12. PRADO, Magaly. *Fake News e inteligência artificial* – o poder dos algoritmos na guerra da desinformação. São Paulo: Edições 70, 2022.

proteger a chamada autodeterminação informativa, bem como a autonomia e privacidade dos cidadãos, garantindo que o desenvolvimento econômico e tecnológico esteja alinhado aos valores democráticos fundamentais trazidos pela Constituição Federal e que devem embasar as relações privadas no país.

Tal lei foi inspirada em uma lei europeia de proteção de dados, criada após a descoberta de uma série de vazamentos de dados de cidadãos europeus por parte do *facebook*. O papel dessa e de outras redes sociais na discussão será retomado no próximo tópico.

O titular de direitos da LGPD é a pessoa natural que fornece seus dados para pessoas jurídicas. Por ter sido criada na perspectiva de proteção de dados pessoais, a lei não se aplica a empresas que trocam dados por ocasião de alguma negociação, por exemplo. Essa delimitação mostra que o horizonte de proteção do diploma se dá no marco de uma visão liberal que sustenta a possibilidade de uma autonomia individual e de uma tomada de decisão informada e não ludibriada, mesmo em meio à sociedade massificada de hoje.

Desde então, muitos estudos têm surgido a respeito dos vários aspectos protetivos trazidos pela lei. Já em 2022 foi organizada por José Marcelo Menezes Vigliar uma coletânea intitulada "LGPD e a proteção de dados pessoais na sociedade de rede".[13] Não se restringindo ao comércio eletrônico, a coletânea traz textos também sobre tratamento de dados de crianças e adolescentes, proteção de dados nas relações de trabalho, cultura da *compliance* e LGDP etc. Apesar de serem artigos criteriosos e bem fundamentados, os textos focam mais nos mecanismos trazidos pela lei do que na discussão prática de como fazer com que isso tudo não vire letra morta no ritmo avassalador e às vezes incompreensível do mundo digital.

O artigo que abre a coletânea, escrito por Caio Pacca e Tayse Pacca, traz um bom exemplo das virtudes e dos problemas que a abordagem desse tema tem trazido para os juristas. Após diagnosticar o tempo presente a partir de referências como Zuboff e Manuel Castells, o artigo traz como tese fundamental a necessidade de adjetivação constitucional do direito à proteção de dados, dada sua importância fundante.[14]

Com efeito apesar de tal argumento ser bastante relevante, o que se prova inclusive pela emenda constitucional 115/2022 que tornou a proteção de dados direito fundamental (o que faz presumir que o artigo foi escrito antes dessa data, apesar da publicação posterior), trata-se de um remédio pensado ainda no âmbito estrito da dogmática jurídica.

Basta um breve olhar pelo extenso rol do artigo 5º da CF/88 para se perceber que a elevação de direitos à fundamentalidade não garante por si só sua maior proteção. Se isso já era verdade para o ambiente pré-digital no qual surgiu a CF, imagine-se frente aos desafios do mundo digital.

---

13. VIGLIAR, José Marcelo Menezes. *LGPD e a proteção de Dados Pessoais na Sociedade em Rede*. São Paulo: Almedina, 2022.
14. PACCA, Caio; PACCA, Taysa. LGPD e a proteção de dados pessoais a sociedade em rede e do capitalismo de vigilância: fundamentalidade per se de um direito ainda não formalmente fundamental. In. VIGLIAR, José Marcelo. *LGPD e a proteção de dados pessoais na sociedade de rede*. São Paulo: Almedina, 2022.

Com isso, não se quer em absoluto diminuir a relevância desse importante artigo e de seu argumento central. Ao contrário, o que esse exemplo mostra são os limites de uma análise restrita a certos campos da técnica jurídica. Como se dirá no final do artigo, a necessidade de uma alfabetização digital e de uma participação ativa nesse processo educacional é um pilar muito mais importante nessa luta do que soluções que partam exclusivamente das leis para a sociedade. Será preciso ensaiar um pensamento que faça também o caminho inverso.

Desde antes da edição da LGPD já havia intensas discussões teóricas sobre o tema e sobre sua importância. Veja-se a esse respeito o artigo de Daniela Cravo e Marcela Joelsons, publicado no fim de 2020 na revista de direito do consumidor com o título "A importância do CDC no tratamento de dados pessoais de consumidores no contexto de Pandemia e de Vacatio Legis da LGPD".[15]

Tal artigo traz a relevante questão que é o papel que o Código de defesa do Consumidor pode desempenhar como base para a tutela legal das relações no meio digital. Embora o artigo se restrinja à defesa do uso do CDC no período de vacância da LGPD, é perfeitamente plausível pensar no seu papel mesmo após a entrada em vigor da referida lei, uma vez que a estrutura principiológica do CDC funciona de maneira muito eficaz precisamente em contextos dinâmicos como esse.

Ademais, o artigo de Cravo e Joelsons[16] situa a discussão no período da pandemia de Covid-19, o que por inúmeras razões é um ponto de partida fundamental, mormente porque representou uma intensificação precoce e antes inesperada do comércio eletrônico, com milhões de pessoas fazendo supermercado pela internet e outros serviços básicos que no Brasil eram feitos eminentemente de forma presencial.

O estado de emergência ocasionado pela pandemia abriu caminho para que muitos Estados usassem formas de monitoramento de dados pessoais em políticas de isolamento social e respeito a quarentenas impostas pelo poder público. No Japão e na China, para usar dois exemplos muito debatidos, essas políticas parecem ter tido um imenso êxito em impedir que o vírus se alastrasse para regiões próximas, evitando o tipo de calamidade inimaginável que se viveu no Brasil.

Mas esse percurso não foi isento de riscos e de críticas. Muitas pessoas, como o filósofo italiano Giorgio Agamben por exemplo, questionaram se o estado de exceção não seria um subterfúgio para que os Estados suspendessem direitos fundamentais e implementassem medidas autoritárias sob a desculpa de estar protegendo a população.[17]

---

15. CRAVO, Daniela Copetti; JOELSONS, Marcela. A importância do CDC no tratamento de dados pessoais de consumidores no contexto de Pandemia e de Vacatio Legis da LGPD. *Revista de Direito de Consumidor*, 2020, RDC 131. Disponível em https://revistadedireitodoconsumidor.emnuvens.com.br/rdc/article/view/1416/1336. Acesso em: 15 out. 2022.
16. Ibidem.
17. AGAMBEN, Giorgio. *La nuda vita e il vacino*. Disponível em: https://www.quodlibet.it/giorgio-agamben-la-nuda-vita-e-il-vaccino. Acesso em: 10 nov. 2022.

Apesar de o tempo ter provado que Agamben[18] e tantos outros que subestimaram a pandemia estavam equivocados, algo de sua provocação permanece atual. Com efeito, mesmo que se concorde que as medidas sanitárias tomadas pelos governos foram absolutamente cruciais e nesse sentido totalmente justificadas, permanece sempre havendo risco de que essa situação possa ser usada como justificativa intensificar um controle social. Seria importante investigar se a política de uso de dados pessoais para efeitos de controle social no auge da pandemia foram totalmente revogadas nos países que a implantaram ou se permanecerão.

2. USO POLÍTICO DE DADOS

No começo do documentário "Privacidade Hackeada" desenvolvido pela Netflix,[19] o pesquisador David Carroll pergunta a um grupo de estudantes se alguém ali já teve a impressão de que seu telefone ouvia suas conversas e vendia para empresas que então lhe enviavam anúncios precisamente sobre aquilo que você falava horas atrás?

A resposta a essa pergunta causa ainda mais desconforto do que a possibilidade de microfones ocultos nos aparelhos celulares. Segundo Carroll, o que as empresas fazem na verdade é antecipar o comportamento dos consumidores e lhes oferecer o que eles provavelmente quererão. É assustador imaginar que a vontade de viajar para um país distante ou de comprar determinado aparelho podem ser antecipadas por algoritmos inteligentes que traçam perfis de personalidades a partir do armazenamento de dados.

Mais do que antecipar, as empresas de publicidade são capazes de moldar o comportamento de milhões de pessoas por meio de um bombardeamento de anúncios e de informações enviesadas que dialogam com aquelas que já são as expectativas daquelas pessoas. Assim, teorias conspiratórias são direcionadas a pessoas que já têm uma propensão a acreditar em certos tipos de conteúdo.

A empresa de publicidade *Cambridge Analytica*, cofundada por Steve Bannon que viria a ficar conhecido como líder da propaganda de Donald Trump, apresentava-se oficialmente como uma empresa de análise de dados. No entanto, descobriu-se posteriormente que a empresa tinha acesso a milhões de dados pessoais por meio principalmente do *facebook* e que a empresa usou essas informações para traçar perfis de personalidade, pois são tais perfis que permitem prever e mesmo direcionar o voto das pessoas.

Antigos desenvolvedores e executivos da empresa assumiram que a *Cambridge Analytica* teve um papel decisivo no *Brexit*, bombardeando os ingleses com anúncios e notícias falsas a respeito de um suposto envio mensal milionário do Reino Unido para a União Europeia, bem como uma série de outras notícias falsas. Nigel Farage, o político que estava à frente do movimento *brexit*, é amigo próximo a Steve Bannon e viria também a ter um papel importante aproximando a *Cambridge Analytica* da campanha política do então candidato Donald Trump.

---

18. Ibidem.
19. *Privacidade Hackeada*. Direção: Karim Amer; Jehane Noujaim. Estados Unidos: NETFLIX, 2019.

Quando todos esses fatos vieram à tona, a comissão de comércio do senado dos Estados Unidos organizou uma oitiva com Mark Zuckerberg, visando investigar o recolhimento e fornecimento não autorizado de dados pessoais pelo *facebook*. Nessa audiência, Zuckerberg admitiu que "não fizemos o suficiente para evitar que essas ferramentas fossem usadas para o mal".

Um dos pontos fundamentais nesse uso de dados é o modo como se escolhe o público-alvo dessas propagandas. No caso de eleição de Donald Trump, funcionários da *Cambridge Analytica* explicaram como se mapeou um grupo não tão grande de eleitores que poderia ser influenciável. Após mapear os perfis sociais de dezenas de milhões de norte-americanos, os algoritmos inteligentes mostraram que a maioria dos eleitores não mudaria mais o seu voto, sobretudo porque muitos eram eleitores já tradicionais seja do partido democrata seja do partido republicano. Assim, a batalha teria que se dar ao redor daquele pequeno número de eleitores indecisos que ainda poderia mudar de ideia e foram esses os alvos do bombardeio de notícias falsas ou enviesadas.

Após alguns anos, procedimento semelhante viria a ser feito no Brasil, com uma especificidade. Por meio do *Whatsapp*, essas notícias circularam em 2018 em um ritmo de *Blitzkrieg* que a justiça eleitoral e os adversários políticos de Jair Bolsonaro sequer tiveram tempo de compreender. Com a estratégia *never play defense* (nunca fique na defensiva), cunhada também por Bannon, se envia uma enxurrada de notícias a esse público suscetível com tal velocidade que o grupo político rival precisa a todo momento ficar se defendendo e tentando provar a inveracidade das notícias, prendendo-se então nessa armadilha.

2.1 A implosão da democracia de dentro para fora

Até aqui, deu-se mais ênfase ao papel político eleitoral que teve o uso de dados pessoais. Contudo, a dimensão política das formas de manipulação que o uso dessas informações propicia se estende muito além do momento especificamente eleitoral. Aqui é importante frisar também o momento formativo das possibilidades de dissenso como uma condição para evitar a captura da democracia.[20]

Como dito na introdução, mesmo antes do surgimento desse universo digital que permeia o presente, a chamada indústria cultural e as modernas técnicas de propaganda foram paulatinamente criando um certo tipo de massificação cultural que atribuiu a tudo um ar de mesmice, de falsa totalidade, fazendo de toda novidade e toda diferença apenas mais um eterno retorno do mesmo. Todavia, o fundamental é que isso seja mascarado e que as pessoas se considerem emancipadas e livres enquanto indivíduos que escolhem seus próprios caminhos

Com efeito, voltando ao texto de Adorno e Horkheimer, uma das facetas mais intrigantes da indústria cultural consiste numa dissimulação por meio da qual, apesar

---

20. RANCIÈRE, Jacques. *Há muito pouca democracia*. Disponível em https://www.ihu.unisinos.br/categorias/596961-ha-muito-pouca-democracia-entrevista-com-jacques-ranciere. Acesso em: 10 nov. 2022.

de vivermos de forma cada vez mais massificada, acreditamo-nos livres e autônomos.[21] As pessoas veem os outros como sendo influenciados pelas mídias, por manipulações propagandísticas etc., ao passo que se veem como autônomas e críticas a ponto de não serem cooptadas por esses modos de aprisionamento.

É muito mais fácil controlar um grupo que não se sente vulnerável a esse tipo de controle, uma vez que, se não reconhecemos o problema em nossa vida, nosso interesse em enfrentá-lo será distante e etéreo. George Orwell expôs isso claramente em "1984" quando pensou em um regime totalitário que elimina palavras como liberdade, já que se as pessoas esquecerem o que significa liberdade não se perceberão presas ou não livres.[22]

Em entrevista concedida a Alejandra Varela e publicada na Clarin-Revista Ñ em 2020, o filósofo francês Jacques Rancière, um dos pensadores que hoje se debruça sobre a relação entre democracia e dissenso, comenta sobre como "a ideia de democracia como consenso é o mecanismo que faz do senso comum, da concordância entre os discursos e a leitura da realidade, uma estratégia policial para dissuadir qualquer pensamento".[23]

Assim, ao contrário de um pensamento de tradição mais liberal que, apesar de aceitar a pluralidade de visões de mundo como um fato, busca avidamente encontrar consensos (ainda que sobrepostos[24]) em torno de princípios comuns, o que Rancière apresenta aqui é uma exaltação do dissenso e da discordância, mostrando que a democracia é subversiva em sua própria origem, precisando sempre transcender os limites da democracia representativa e sua cooptação pelas mesmas elites de sempre que buscam deter o monopólio do poder de guiar a sociedade.

Em outras palavras, a democracia exige que se crie canais para se contrapor a falsas totalidades, isto é, ao afunilamento das diferenças em dispositivos sociais que trabalham para tornar os cidadãos como cópias idênticas uns dos outros. Mas é justamente isso o que perceberam Adorno e Horkheimer ao criticar a indústria cultural nos anos 40 do século passado.

Quando se olha para o presente, para as estratégias de propaganda hoje à disposição e para os tipos de moldagem de comportamento e de antecipação de desejos e

---

21. ADORNO, Theodor, W; HORKHEIMER, Max. *Dialética do esclarecimento*: fragmentos filosóficos. Trad. Guido Antônio de Almeida. Rio de Janeiro: Zahar, 1985.
22. ORWELL, George. *1984*. Trad. Alexandre Hubner, Heloisa Jahn. São Paulo: Companhia das Letras, 2009.
23. RANCIÈRE, Jacques. *Há muito pouca democracia*. Disponível em: https://www.ihu.unisinos.br/categorias/596961-ha-muito-pouca-democracia-entrevista-com-jacques-ranciere. Acesso em: 10 nov. 2022.
24. Consenso sobreposto é um termo usado por John Rawls na obra "Liberalismo Político" (RAWLS, John. *O Liberalismo político*. Trad. Dinah de Abreu Azevedo. 2. ed. São Paulo: Ática, 2000) para pensar a possibilidade de acordos sociais, ainda que baseados em pressupostos distintos. Assim, pessoas que têm diferentes visões de mundo e diferentes concepções de bem comum, poderiam ainda assim concordar sobre determinadas regras, procedimentos ou direitos básicos, mesmo que por diferentes razões. Essa noção viria a desempenhar um papel fundamental nos discursos constitucionalistas que apelam para uma espécie de moralidade popular intersubjetiva que pode ser alcançável mesmo em meio à pluralidade de concepções que permeia a sociedade contemporânea. A esse respeito, vide a obra do filósofo canadense Wil Waluchou intitulada "A Common Law Theory of Judicial Review – the living tree" (WALUCHOW, Wil. *A common law theory of judicial review*: the living tree. New York: Cambridge University Press, 2007).

ações realizados pelo capitalismo de vigilância, é perceptível que todo esse movimento funciona como um estreitamento das possibilidades de diferença.

Apenas um olhar superficial pode nos fazer crer que em uma sociedade levada a querer comprar os mesmos celulares, a ter os mesmos cortes de cabelo, as mesmas roupas etc. não terá também como consequência um estreitamento de sua dimensão política mais ampla. Isso porque, embora haja discordâncias ideológicas e partidárias mais óbvias, se os pressupostos mais elementares por meio dos quais o mundo aparece para nós forem ficando cada vez mais uniformes, se minará de dentro para fora qualquer possibilidade de dissenso.

A esse respeito, um conhecido trecho da "Introdução à metafísica" de Martin Heidegger possui uma atualidade tão certeira que justifica sua transcrição na íntegra:

> Quando a tecnologia e o dinheiro tiverem conquistado o mundo; quando qualquer acontecimento em qualquer lugar e a qualquer tempo se tiver tornado acessível com rapidez; quando se puder assistir em tempo real a um atentado no ocidente e a um concerto sinfônico no oriente; quando tempo significar apenas rapidez, instantaneidade e simultaneidade e o tempo, como história, houver desaparecido da existência de todos os povos; quando um pugilista valer como grande homem de um povo; quando as cifras em milhões dos comícios de massa forem um triunfo, – então, justamente então – reviverão como fantasma as perguntas: para quê? Para onde? E agora? A decadência dos povos já terá ido tão longe, que quase não terão mais força de espírito para ver e avaliar a decadência simplesmente como... Decadência. Essa constatação nada tem a ver com pessimismo cultural, nem tampouco, com otimismo... O obscurecimento do mundo, a destruição da terra, a massificação do homem, a suspeita odiosa contra tudo que é criador e livre, já atingiu tais dimensões, que categorias tão pueris, como pessimismo e otimismo, já haverão de ter se tornado ridículas.[25]

CONCLUSÃO CRÍTICA: A PROTEÇÃO DE DADOS COMO PROTEÇÃO DA DEMOCRACIA

O primeiro ponto conclusivo ao qual chega o presente trabalho consiste na constatação da profunda inter-relação entre a proteção de dados privados nos ambientes digitais de consumo e o respeito ao direito de autodeterminação, compreendido não somente enquanto autonomia privada individual na escolha do que consumir, mas como um valor democrático consubstanciado na ideia da autonomia de grupos a respeito das escolhas políticas que impactam a sociedade.

Como já dito, embora o direito do consumidor coloque problemas muitas vezes a partir de uma lógica individual, a percepção da relação entre a vulnerabilidade do consumidor e a sociedade massificada é tão forte que o código de defesa do consumidor precisou trazer também respostas que extrapolem âmbito individual, tornando-se uma das legislações pioneiras no Brasil a tratar de direitos difusos, coletivos e individuais-homogêneos.

---

25. HEIDEGGER, Martin. *Introdução à metafísica*. Rio de Janeiro: Templo brasileiro, 1999, p. 64.

No mesmo sentido, o fato de a lei geral de proteção de dados ter sido pensada para proteger pessoas naturais, é inegável que se trata de um problema coletivo e que o potencial político dessa realidade pode ser catastrófico.

Por essa razão, a discussão acerca da proteção de dados e dos perigos de seu uso não autorizado precisa interconectar a dimensão jurídica consumerista com a dimensão política e social dos mecanismos tendentes a moldar a realidade social em certas direções.

Enquanto esse artigo está sendo finalizado, centenas de pessoas estão acampadas na avenida principal da saída da cidade de Belém, esperando a qualquer momento uma intervenção militar que virá para mostrar que as eleições presidenciais de 2022 foram fraudadas e que o candidato de sua preferência foi, na verdade vitorioso.

Alimentadas diariamente por notícias falsas durante os últimos anos, essas e muitas outras pessoas passaram a acreditar piamente que se aproxima uma grande ameaça comunista, que fechará igrejas, invadirá propriedades e proibirá o cristianismo. A esperança de que os fatos comprovem por si sós a inverdade desse temor não pode ser vista como algo que acontecerá por si só, posto que a dissonância cognitiva criada pelo incentivo a que se assista apenas a um canal de tv, que se use apenas determinada rede social etc. faz com que se possa moldar uma realidade paralela convivendo como uma outra dimensão da realidade tal qual conhecemos.

Como isso foi construído? Como se deu uma cisão de tal envergadura na sociedade brasileira que se tem a impressão de existirem realidades paralelas coexistindo?

Voltando à obra de Magaly Prado "Fake News e Inteligência artificial", em tópico intitulado "Somos nossos dados" a autora volta a dialogar com Koopman, dessa vez a partir de um artigo intitulado "How we became our data".[26] Aqui, o ponto central é que, "de tão presos aos nossos dados, somos nossos dados".[27]

Apesar de uma política emergente de dados em nosso meio, o argumento de Koopman explorado por Prado é o de que nos falta uma *teoria política* de dados, razão pela qual "é condição *sine qua non* ouvirmos atentamente os pensadores para clarear a visão do que é possível saber daquilo que nos acomete no processo de digitalização".[28]

A falta de uma teoria política de dados faz com que ainda não se tenha a dimensão nem do impacto do problema e nem de todas as formas de resistir a ele. A esse respeito, quando se pensa no âmbito do direito do consumidor, é fundamental lembrar o argumento de Dennis Verbicaro em "Consumo e cidadania" o qual defende uma interpretação das normas consumeristas como conclamações a uma participação cidadã ativa.[29]

---

26. PRADO, Magaly. *Fake News e inteligência artificial* – O poder dos algoritmos na guerra da desinformação. São Paulo: Edições 70, 2022, p. 119.
27. Idem.
28. Ibidem, p. 121.
29. VERBICARO, Dennis. *Consumo e Cidadania*: identificando os espaços políticos de atuação qualificada do consumidor. 2. ed. Rio de Janeiro: Lumen Juris, 2019.

Assim como a batalha contra as fake News exige uma educação digital e o enfrentamento de uma inocência acerca do que se recebe em redes sociais ou mensagens de aplicativos como telegrama e *whatsapp*, a proteção adequada dos dados de consumidores exige também da parte destes uma participação cidadã ativa a qual, conhecendo sua própria vulnerabilidade, busque mesmo assim os espaços de resistência e empoderamento. Para essa discussão a obra de Verbicaro[30] é fundamental.

Nos artigos aqui citados a respeito da LGPD, em que pese sua importância, o relevo é sempre dado ao poder público, ao poder judiciário e a uma participação institucional pensada, por assim dizer, de cima para baixo.

No argumento de Verbicaro,[31] por outro lado, a dinâmica da proteção ao consumidor é pensada também de baixo para cima, reconsiderando o próprio direito e a hermenêutica das normas jurídicas como direcionadas à sociedade que precisa exigir seu cumprimento e pugnar por ele mesmo por outras fontes. Reclamações em sites são apenas um exemplo de participação ativa que costuma ter um resultado decisivo na missão de informar a outros consumidores quais produtos ou serviços possuem maior confiabilidade.

Esse tópico é de especial importância no contexto do presente artigo, pois aqui busca-se pensar na dimensão política da proteção de dados. Se é verdade que a proteção aos dados de consumidores é hoje uma das ferramentas fundamentais de proteção da democracia, há aqui uma circularidade, na medida em que uma democracia com uma cidadania mais ativa e digitalmente educada pode fortalecer a luta pelo respeito a uma política correta de dados.

Por fim, já que não era essa a finalidade desse artigo, é importante discutir em que medida as novas tecnologias podem vir a funcionar também como proteção. No livro de Magaly Prado,[32] há um tópico que discute em que medida a tecnologia *Blockchain* pode entregar um grau maior de segurança de dados, considerando a criptografia e a descentralização que lhe caracterizam.

Essa questão é importante na medida em que nos alerta para o perigo de ver a tecnologia e a nossa época por uma visão unilateral e unicamente pessimista. Adorno incorreu nesse problema quando viu no cinema, na música e na cultura de massa como um todo apenas alienação e emburrecimento.

Em sentido oposto, o texto de Walter Benjamin sobre a obra de arte na época de sua reprodutibilidade técnica abre um espaço que desse ponto de vista é muito mais ambivalente, posto que vê os perigos e ao mesmo tempo o potencial da cultura de massa.[33] O otimismo com o cinema, com a ampliação de nossa visão por meio da técnica

---

30. Idem.
31. Idem.
32. PRADO, Magaly. *Fake News e inteligência artificial* – o poder dos algoritmos na guerra da desinformação. São Paulo: Edições 70, 2022.
33. BENJAMIN, Walter. *Obras escolhidas*. Prefácio de Jeanne Marie Gagnebin. São Paulo: Brasiliense, 1987. v. 1. Magia e técnica, arte e política. Ensaios sobre literatura e história da cultura.

da fotografia e muitos outros elementos que lhe apareciam no contexto dos anos 30 do século XX foram um importante ponto de partida para pensar para além do diagnóstico de Adorno e Horkheimer.[34]

Em todo caso, esse otimismo só pode se transformar em real potencial se for acompanhado justamente de uma educação digital em sentido amplo, para a qual a lei pode colaborar, mas não será suficiente sem um impulso político que parta de nós.

REFERÊNCIAS

ADORNO, Theodor, W; HORKHEIMER, Max. *Dialética do esclarecimento: fragmentos filosóficos*. Trad. Guido Antônio de Almeida. Rio de Janeiro: Zahar, 1985.

AGAMBEN, Giorgio. *La nuda vita e il vacino*. Disponível em: https://www.quodlibet.it/giorgio-agamben--lanuda-vita-e-il-vaccino. Acesso em: 10. nov. 2022.

BENJAMIN, Walter. *Obras escolhidas*. Prefácio de Jeanne Marie Gagnebin. São Paulo: Brasiliense, 1987. v. 1. Magia e técnica, arte e política. Ensaios sobre literatura e história da cultura.

CRAVO, Daniela Copetti; JOELSONS, Marcela. A importância do CDC no tratamento de dados pessoais de consumidores no contexto de Pandemia e de Vacatio Legis da LGPD. *Revista de Direito de Consumidor*, 2020, RDC 131. Disponível em: https://revistadedireitodoconsumidor.emnuvens.com.br/rdc/article/view/1416/1336 Acesso em: 15 out. 2022.

HARFORD, Tim. *The problem with facts*. Financial Times, 2017. Disponível em: https://www.ft.com/content/eef2e2f8-0383-11e7-ace0-1ce02ef0def9. Acesso em: 1º out. 2022.

HEIDEGGER, Martin. *Introdução à metafísica*. Rio de Janeiro: Templo brasileiro, 1999.

KOOPMAN, C. *The algorithm and the Watchtower*. The New inquiry. 29 set. 2015. http://thenewinquiry.com/the-algorithm-and-the-watchtower. Acesso em: 1º out. 2022.

MARQUES, Claudia Lima. *Contratos no código de defesa do consumidor*. 8. ed. São Paulo: Ed. RT, 2016.

ORWELL, George. *1984*. Trad. Alexandre Hubner, Heloisa Jahn. São Paulo: Companhia das Letras, 2009.

PACCA, Caio; PACCA, Taysa. LGPD e a proteção de dados pessoais a sociedade em rede e do capitalismo de vigilância: fundamentalidade per se de um direito ainda não formalmente fundamental. In: VIGLIAR, José Marcelo. *LGPD e a proteção de dados pessoais na sociedade de rede*. São Paulo: Almedina, 2022.

PRADO, Magaly. *Fake News e inteligência artificial* – o poder dos algoritmos na guerra da desinformação. São Paulo: Edições 70, 2022.

PRIVACIDADE *Hackeada*. Direção: Karim Amer; Jehane Noujaim. Estados Unidos: NETFLIX, 2019.

RANCIÈRE, Jacques. *Há muito pouca democracia*. Disponível em: https://www.ihu.unisinos.br/categorias/596961-ha-muito-pouca-democracia-entrevista-com-jacques-ranciere. Acesso em: 10 nov. 2022.

RAWLS, John. *O Liberalismo político*. Trad. Dinah de Abreu Azevedo. 2. ed. São Paulo: Ática, 2000.

VERBICARO, Dennis. *Consumo e Cidadania*: identificando os espaços políticos de atuação qualificada do consumidor. 2. ed. Rio de Janeiro: Lumen Juris, 2019.

VIGLIAR, José Marcelo Menezes. *LGPD e a proteção de Dados Pessoais na Sociedade em Rede*. São Paulo: Almedina, 2022.

ZUBOFF, Shoshana. *A era do capitalismo de vigilância*: a luta por um futuro humano na nova fronteira de poder. Trad. George Schlesinger. Rio de Janeiro: Intrínseca, 2021.

---

34. ADORNO, Theodor, W; HORKHEIMER, Max. *Dialética do esclarecimento*: fragmentos filosóficos. Trad. Guido Antônio de Almeida. Rio de Janeiro: Zahar, 1985.

GEOBLOCKING E *GEOPRINCING*: PROTEÇÃO DO CONSUMIDOR NO E-COMMERCE E A LEI GERAL DE PROTEÇÃO DE DADOS

Fabrício Germano Alves

Doutor e Mestre pela *Universidad del País Vasco / Euskal Herriko Unibertsitatea* (UPV/EHU) – Espanha. Mestre em Direito (UFRN). Especialista em Direito do Consumidor e Relações de Consumo (UNP), Direito Eletrônico (Estácio), Direito Autoral e Propriedade Intelectual (Uniamérica), Direito Educacional (Uniamérica), Publicidade e Propaganda: mídias, linguagens e comportamento do consumidor (Intervale), Marketing Digital (Intervale). Docência no Ensino Superior (FMU) e Metodologias em Educação a Distância (Intervale). Professor da Graduação e Pós-Graduação da Universidade Federal do Rio Grande do Norte (UFRN). Líder do Grupo de Pesquisa Direito das Relações de Consumo. Coordenador do Laboratório de Estudos e Pesquisas em Direito das Relações de Consumo (LABRELCON). Lates: http://lattes.cnpq.br/4247505371266682. Orcid: http://orcid.org/0000-0002-8230-0730. E-mail: fabriciodireito@gmail.com.

Marcel Fernandes de Oliveira Rocha

Mestrando em Direito na Universidade do Rio Grande do Norte (UFRN). Membro do Grupo de Pesquisa Direito das Relações de Consumo. Membro do Laboratório de Estudos e Pesquisas em Direito das Relações de Consumo (LABRAELCON). Advogado. Lattes: http://lattes.cnpq.br/9582502843011561. Orcid: 0000-0001-5222-9120. E-mail: marcel_acb@hotmail.com.

Sumário: Introdução – 1. Sociedades de consumo e comércio eletrônico (*e-commerce*) – 2. Lei Geral de Proteção de Dados e proteção do consumidor – 3. A proteção do consumidor no *e-commerce* perante as práticas de *geoblocking* e *geopricing* – Conclusão – Referências.

INTRODUÇÃO

Com a evolução das sociedades, as práticas de consumo pelos indivíduos também passaram por um processo de melhoramento. Antes, era comum visualizar o consumo como apenas necessário à subsistência. Hodiernamente, porém, a prática consumerista assume uma postura mais voltada ao contentamento do ser humano em si, na satisfação da sensação de prazer e felicidade que o ato contínuo de comprar pode proporcionar.

Dessa forma, entende-se que na contemporaneidade, a cultura do consumo não está mais relacionada apenas ao suprimento das necessidades básicas do corpo social, mas sim detém em si mesma um caráter individual, de forma que cada pessoa consome aquilo que lhe proporciona satisfação, de acordo ou não com as suas condições financeiras.

A modificação das demandas sociais fez com que o consumo se modificasse, de forma a atender às exigências recém surgidas em meio comunitário. Assim, observa-se a transformação das sociedades em sociedades do hiperconsumo. Não obstante, para fomentar e incrementar ainda mais possibilidades de acesso aos produtos e serviços, surge uma modalidade comercial que tem, como funcionalidade principal a comodidade, facilidade e praticidade para o ato de compra do consumidor: o comércio eletrônico (*e-commerce*).

O comércio eletrônico ascende diante da necessidade de minimizar as dificuldades relacionadas ao consumo, de forma que todo o processo, ou pelo menos boa parte dele, se dá exclusivamente de maneira *online*, e assim, esse modelo comercial coleciona um amplo rol de vantagens tanto para o consumidor quanto para o fornecedor, uma vez que independe do contato físico e/ou simultâneo entre partes, e da locação de espaços físicos, além de proporcionar uma maior facilidade de acesso a uma gama mais extensa de produtos e serviços com preços e formas de pagamento geralmente mais atrativas aos consumidores.

No entanto, nota-se que o *e-commerce* não é só mundialmente conhecido pelos seus benefícios às partes da relação de consumo, mas também por algumas situações problemáticas as quais merecem a atenção de estudiosos sobre o tema para que tais conflitos sejam sanados sem prejuízo ao consumidor e minimizados em termos de números.

Uma dessas questões é justamente a ocorrência de práticas como o *geoblocking* e o *geopricing*, que constituem modalidades de discriminação dos consumidores a partir da localização em que estes se encontram no globo terrestre, em que os fornecedores se utilizam de mecanismos tecnológicos para coletar indevidamente a localidade do consumidor, de forma a beneficiar determinados grupos perante outros.

Sendo assim, a partir da perspectiva de proteção que o Código de Defesa do Consumidor (CDC), juntamente com a Lei Geral de Proteção de Dados (LGPD) oferecem ao consumidor em situações como estas, estudar-se-ão, neste trabalho, as práticas do *geoblocking* e o *geopricing* e a proteção devida ao consumidor nestas situações.

Inicialmente será feita uma abordagem teórica e expositiva acerca da evolução das denominadas sociedades de consumo até chegar ao que se conhece como *e-commerce*, de forma a mostrar o compasso evolutivo da cultura de consumo nas sociedades. Depois, realizar-se-á uma exposição sobre a Lei Geral de Proteção de Dados, abordando conceitos e demonstrando a necessidade do seu surgimento no cenário jurídico brasileiro. Em continuação, serão suscitadas as práticas de *geoblocking* e o *geopricing*, abordando a proteção do consumidor frente a estas situações.

Este trabalho tem como objetivo principal o estudo sobre *geoblocking* e o *geopricing* e sua influência na sociedade consumerista, bem como analisar as possíveis proteções dadas aos consumidores nestes casos sob à luz de uma exposição teórica e dedutiva. Os procedimentos metodológicos utilizados serão: pesquisa aplicada e voltada para a realidade social, utilizando-se, para tanto, de uma abordagem hipotético-dedutiva, qualitativa e descritiva acerca do modal temático supracitado.

1. SOCIEDADES DE CONSUMO E COMÉRCIO ELETRÔNICO (*E-COMMERCE*)

Não há um consenso estabelecido entre os historiadores sobre o período de origem exata das denominadas sociedades de consumo, todavia, é notável a importância da Revolução Industrial que ocorreu no século XVIII para a propagação dos ideais consumeristas nas sociedades, uma vez que, a partir desse momento, as pessoas começaram a enxergar o ato de comprar para além de apenas o suprimento de suas necessidades básicas,[1] dando ensejo, portanto, ao que se conhece hodiernamente como "consumismo".

Não somente, observa-se também que o modelo econômico capitalista influência de inúmeras formas a organização e a estruturação de trabalho e da vida social com as quais entra em contato,[2] de modo que a consolidação do capitalismo nas sociedades acabou por corroborar e legitimar a expansão desenfreada das práticas de consumo, exacerbando o poder de compra da população e contribuindo veementemente para a ascensão do fenômeno do consumismo.

Assim, entende-se que o surgimento de uma sociedade mais disposta às atividades consumeristas se deu a partir da passagem do consumo de caráter familiar para um consumo individualizado[3] e em virtude da inclusão nas classes de consumidores dos grupos sociais que até então eram excluídos socialmente, originando um verdadeiro modelo de consumo em massa por parte da população.[4]

Com o passar dos anos e com a evolução das demandas sociais, surge, em meio ao final da década de 70, a denominada "sociedade de hiperconsumo", a qual detém em seu âmago a característica principal de aquisição de produtos e serviços não em virtude de sua funcionalidade e/ou utilidade, mas sim pela sensação de saciedade e completude que a compra e utilização destes itens causam aos consumidores.[5]

Dessa forma, tem-se que a prática do consumo nas sociedades de hiperconsumo, que se perpetua até os dias atuais, ordena-se na busca de sensações subjetivas, isto é, em função dos fins, gostos e critérios individuais, de modo que as motivações privadas superam as finalidades de caráter distinto,[6] a exemplo do consumo voltado para atender as necessidades da família ou da sociedade em geral. Portanto, correta seria a premissa de que o consumo não é mais movido pela força motriz da obtenção de bens ou busca por um maior prestígio e/ou posição social, mas sim pela busca de satisfação de âmbito

---

1. McKENDRICK, Neil; BREWER, John; PLMB, J. H. *The birth a consumer society*: the commercialization of eighteenth-century England. London: Europa Publications Limited, 1982, p. 9.
2. SANTOS, Eduardo Alexandre Amaral dos. *O consumismo como um novo iluminismo*: A panaceia do consumo na contemporaneidade. Florianópolis, 2005. 72 p. Dissertação (Mestrado em Engenharia de Produção) – Programa de Pós-graduação em Engenharia de Produção, UFSC, 2005. p. 24.
3. BARBOSA, Lívia. *Sociedade de consumo*. Rio de Janeiro: Zahar, 2010, p. 19.
4. MOREIRA, Tatiana Artioli. *O comércio eletrônico e a proteção do consumidor no direito brasileiro*. 2016. 214 f. Dissertação (Mestrado em Direito). Faculdade de Direito. Pontifícia Universidade Católica de São Paulo, São Paulo, 2016, p. 20.
5. BAUMAN, Zygmunt. *Vida para o consumo*: a transformação das pessoas em mercadorias. Rio de Janeiro: Jorge Zahar, 2008.
6. LIPOVESTSKY, Gilles. *A felicidade paradoxal*: ensaio sobre a sociedade do hiperconsumo. São Paulo: Companhia das Letras, 2007, p. 41.

emocional, sensorial, o que pode culminar, para muitas pessoas, na própria felicidade.[7] Nessa perspectiva, felicidade e consumo se confundem.

Com isso, nota-se que a cultura do consumo tem um fim em si mesma, ou seja, a sua base primordial é a constante renovação das necessidades dos seres humanos e a remodelação dos seus desejos, de acordo com o momento.[8] Assim, tem-se que essa inconstante incógnita do consumo, sempre se modificando e evoluindo conforme às exigências sociais, dá origem à denominada "modernidade líquida", a qual se manifesta a partir da momentaneidade da satisfação humana.[9]

O mercado de consumo, diante da crescente exigência por parte de seus atores, teve de se modernizar para acompanhar o compasso evolutivo das sociedades. Desse modo, tem-se que a cultura do consumo hodiernamente não se configura mais apenas pela produção em massa, mas sim pela produção especializada que atenda aos diversos nichos de consumidores, com uma produção acelerada e estratégias de diversificação para atrair ainda mais os diferentes tipos de consumidores.[10]

Em razão deste fato, os fornecedores constantemente buscam maneiras de ampliar os horizontes do consumo, de modo a propiciar e a facilitar o ato da compra pelo consumidor. O comércio eletrônico (*e-commerce*) surge dentro desse contexto, tendo sido idealizado a partir do avanço da globalização e da consequente aparição e popularização da internet, que proporciona aos consumidores uma comodidade nunca vista na aquisição e/ou utilização de produtos e serviços.

O comércio eletrônico abarca relações comerciais que antes eram tidas de maneira presencial, de modo que permite aos consumidores uma maior facilidade e praticidade no que diz respeito ao processo da transação e ao acesso aos vários produtos e serviços expostos nas plataformas *online*. Tais negócios ocorrem mediante consumidores e fornecedores em meio eletrônico, a partir da celebração de um contrato à distância, sem a presença física e simultânea das partes da relação de consumo.[11]

Nesse contexto, o *e-commerce* é caracterizado como sendo qualquer forma de transação ou troca de informação comercial com base na transmissão de dados em redes de comunicação, de forma que estão incluídas nessa gama todas as atividades que se dão anteriormente e posteriormente à venda.[12] Observa-se, portanto, que o comércio

---

7. Ibidem, p. 42.
8. MOREIRA, Tatiana Artioli. *O comércio eletrônico e a proteção do consumidor no direito brasileiro*. 2016. 214 f. Dissertação (Mestrado em Direito). Faculdade de Direito. Pontifícia Universidade Católica de São Paulo, São Paulo, 2016, p. 27.
9. BAUMAN, Zygmunt. *Vida para o consumo*: a transformação das pessoas em mercadorias. Rio de Janeiro: Jorge Zahar, 2008, p. 42.
10. MOREIRA, Tatiana Artioli. *O comércio eletrônico e a proteção do consumidor no direito brasileiro*. 2016. 214 f. Dissertação (Mestrado em Direito). Faculdade de Direito. Pontifícia Universidade Católica de São Paulo, São Paulo, 2016, p. 28.
11. Ibidem, p. 55.
12. MORENO, Rocío de Rosselló. *El comercio electrónico y la protección de los consumidores*. Barcelona: Cedecs, 2001, p. 15-16.

eletrônico é uma modalidade de compra à distância, na qual há o recebimento e transmissão de informações por meio eletrônico.[13]

A adesão ao comércio eletrônico trouxe diversas vantagens à vivência das partes quando atuam como consumidoras e fornecedoras dentro de uma relação de consumo, uma vez que a internet proporciona a disponibilidade de uma vasta e variada quantidade de produtos e serviços, o que consequentemente implica na expansão do leque de escolhas do consumidor. Não obstante, toda essa variedade de produtos e serviços expostos em meio *online* acaba por viabilizar a pesquisa dos melhores preços dos itens almejados, o que acaba atraindo a atenção das pessoas, de acordo com a sua perspectiva monetária.[14]

Nesse ínterim, salienta-se que os benefícios do *e-commerce* não são apenas destinados aos consumidores, uma vez que a parcela de pessoas que atuam como fornecedores também tem as suas vantagens consagradas, quais sejam, as reduções dos custos de operação, uma vez que o meio virtual não necessita da locação de espaços físicos, e de excesso de mão de obra,[15] o que acaba por diminuir o preço final do produto ou serviço disponibilizado.

No mais, nota-se que a comercialização em meio eletrônico garante uma operação mais célere, mais cômoda e mais fácil, uma vez que permite o acesso do consumidor a mais opções dos produtos e serviços ofertados, bem como às informações básicas e necessárias sobre eles. Não somente, outro aspecto bastante benéfico nesse tipo de transação é o preço, haja vista que geralmente, os valores dos produtos e serviços ofertados dentro desse meio tendem a ser mais baixos, em razão da diminuição de custos operacionais para mantê-los em exposição pelos fornecedores.[16]

No entanto, não somente pelas vantagens e benefícios o comércio eletrônico tornou-se mundialmente conhecido, uma vez que há também, dentro desse meio, alguns pontos controversos no que diz respeito à preservação e garantia dos direitos do consumidor, a disponibilização clara, correta e completa das informações adequadas e, principalmente, em relação à proteção de dados dos consumidores no meio *online*.

Diante disso, nota-se a necessidade de se estudar e fomentar, dentro do meio eletrônico, a proteção do consumidor, sobretudo em razão de sua vulnerabilidade, principalmente no que faz menção à proteção dos seus dados e a efetiva garantia dos seus direitos nas transações que ocorrem via internet.

---

13. FINKELSTEIN, Maria Eugênia Reis. *Direito do comércio eletrônico*. 2. ed. Rio de Janeiro: Elesier, 2011, p. 38.
14. MOREIRA, Tatiana Artioli. *O comércio eletrônico e a proteção do consumidor no direito brasileiro*. 2016. 214 f. Dissertação (Mestrado em Direito). Faculdade de Direito. Pontifícia Universidade Católica de São Paulo, São Paulo, 2016, p. 60.
15. Ibidem, p. 61.
16. MARCONDES, Laura de Toledo Ponzoni. Aplicação do código de defesa do consumidor ao comércio eletrônico. In: LOPEZ, Teresa Ancona Lopez (Coord.). *Sociedade de risco e direito privado*: desafios normativos, consumeristas e ambientais. São Paulo: Atlas, 2013, p. 411.

2. LEI GERAL DE PROTEÇÃO DE DADOS E PROTEÇÃO DO CONSUMIDOR

A Lei 13.709, isto é, a Lei Geral de Proteção de Dados (LGPD), foi promulgada em 14 de agosto de 2018[17] e entrou em vigor na data de 18 de setembro de 2020, com a finalidade primordial de dispor sobre o tratamento de dados pessoais, inclusive nos meios digitais, por pessoa natural ou pessoa jurídica de Direito Público ou Privado, com o objetivo de proteger os direitos fundamentais de liberdade e de privacidade, bem como também o livre desenvolvimento da personalidade da pessoa natural.[18]

Há muito tempo existia a necessidade em âmbito brasileiro da criação de algumas leis para promover a adaptação do sistema jurídico às novas demandas e desafios que apareceram em cena em decorrência do desenvolvimento tecnológico,[19] no entanto, enquanto tais leis não entravam em vigência na realidade jurídica brasílica, desde a segunda metade da década de 90,[20] na qual houve a expansão da internet no Brasil, inicialmente baseada no comércio eletrônico,[21] o país regulava o uso da internet aplicando a legislação já existente, uma vez que não havia arcabouços legais específicos adaptados às peculiaridades das novas tecnologias existentes.[22]

Em referência ao aludido, tem-se, como exemplo das legislações que tratavam da proteção de dados pessoais antes da entrada da LGPD em vigor, o Código Brasileiro de Telecomunicações de 1962, o Código de Defesa do Consumidor de 1990 e a Lei de Registro Positivo de 2011, todos estes com a característica em comum de não terem em seu bojo o objetivo central de proteção de dados pessoais, de forma que este assunto era abordado apenas em disposições esparsas.[23]

Não obstante, observa-se também a Lei 12.965, de 13 de abril de 2014, denominada de Marco Civil da Internet, a qual, até a elaboração da LGPD, personificou-se como sendo a principal disposição normativa no cenário brasileiro em referência à proteção de dados pessoais no meio virtual, tendo como objetivo principal regulamentar a neutralidade da rede, segundo os artigos 3º, IV e 9º; a privacidade da rede, mediante dos artigos 3º, II, 8º e 11, § 3º, bem como também a guarda de registros, como disposto nos artigos 10, 13, 17 e 22.[24]

---

17. SANTOS, Queila Rocha Carmona; BENACCHIO, Marcelo. A proteção de dados pessoais de saúde nos meios digitais como instrumento de defesa da dignidade da pessoa humana. In: LUCCA, Newton de. (Coord.). *Direito & Internet IV*. Sistema de Proteção de Dados Pessoais. São Paulo: Quartier Latin, 2019, p. 205-224.
18. BRASIL. Lei 13.709, de 14 de agosto de 2018. *Lei Geral de Proteção de Dados Pessoais (LGPD)*. Diário Oficial da União, Brasília, DF, 15 ago. 2018.
19. LAW, Thomas. *A Lei Geral de Proteção de Dados*: uma análise comparada ao novo modelo chinês. 2020. 306 f. Tese (Doutorado). Curso de Doutorado em Direito Comercial, Pontifícia Universidade Católica de São Paulo, São Paulo, 2020, p. 222.
20. VARGAS, José Israel. A informação e as redes eletrônicas. *Ciência da Informação*, v. 23. n. 1, 1994.
21. BARROS, Samuel. Os desafios das consultas públicas online: lições do Marco Civil da Internet. The challenges of online public consulations: lessons from the Civil Rights Framework for the Internet. *Liinc em Revista*, v. 12, n. 1, 2016.
22. LESSING, Lawrence. The law of the horse: What cyber law might teach. *Herv. L. Rev.*, v. 113, p. 501, 1999.
23. CUEVA, Ricardo Vilas Boas. A insuficiente proteção de dados pessoais no Brasil. *Revista de Direito Civil Contemporâneo – RDCC: Journal of Contemporary Private Law*, n. 13, p. 59-67, 2017.
24. MONTE, Mariana Almeida. *Geoblocking e geopricing*: quando os dados pessoais se tornam meios de discriminação contra os consumidores. 2020. 29 f. TCC (Graduação). Curso de Direito, Universidade Federal Rural do Semiárido, Mossoró, 2020, p. 9.

Assim, entende-se que a Lei Geral de Proteção de Dados pode ser considerada a primeira lei em solo brasileiro que se concentra de forma exclusiva neste tema, e que pode ser aplicada sem nenhuma distinção a qualquer procedimento que diga respeito aos dados pessoais, sendo realizado *online* ou *off-line,* de forma que se atribui à LGPD um caráter geral no tratamento desse nicho temático.[25]

Nesse ínterim, esclarece-se que a Lei Geral de Proteção de Dados tem a finalidade e objetivo de proteger a pessoa e a sua dita personalidade[26] e não os seus dados de maneira propriamente dita, uma vez que o conceito da palavra "dado" pode ser entendido tão somente como uma informação em potencial, cuja ideia somente pode ser compreendida caso ela venha a ser comunicada, recebida e assimilada.[27]

Assim, tem-se que a LGPD visa à proteção, em sua generalidade, de muito mais do que apenas os dados das pessoas, uma vez que regula normas de anteparo à privacidade (artigo 2º, inciso I); à autodeterminação informativa (artigo 2º, inciso II); à liberdade de expressão, de informação, de comunicação e de opinião (artigo 2º, inciso III); à inviolabilidade da intimidade, da honra e da imagem (artigo 2º, inciso IV) e, dentro do mesmo eixo, visa também à proteção dos direitos humanos, do desenvolvimento da personalidade e da dignidade e o respeito pelas pessoas naturais (artigo 2º, inciso VII).[28]

Tais disposições normativas foram pensadas e editadas para promover a proteção dos indivíduos, bem como também para evitar a discriminação das pessoas em razão de suas características pessoais. No entanto, mesmo com a vigência das disposições anteriormente citadas, a realidade fática se encontra em uma constante de crescimento de casos em que consumidores são impedidos de adquirir produtos e serviços ou são submetidos a condições injustificadamente diferenciadas e discriminatórias, em razão de, por exemplo, sua nacionalidade ou localização no mundo, a partir dos seus dados coletados na internet.

3. A PROTEÇÃO DO CONSUMIDOR NO *E-COMMERCE* PERANTE AS PRÁTICAS DE *GEOBLOCKING* E *GEOPRICING*

A Constituição Federal de 1988 consagrou diversos princípios tidos como fundamentais, assim como direitos de cunho social, político e econômico, tendo como base os princípios relacionados aos direitos humanos e objetivando a proteção de todos os grupos no nicho social, de forma a equiparar os mais vulneráveis àqueles mais fortes e consolidados nas relações sociais.[29]

---

25. SCHWARTZ, Paul M.; PEIFER, Karl-Nikolaus. Transatlantic Data Privacy Law. *Geo. LJ,* v. 106, p. 115, 2017.
26. MONTE, Mariana Almeida. *Geoblocking e geopricing*: quando os dados pessoais se tornam meios de discriminação contra os consumidores. 2020. 29 f. TCC (Graduação). Curso de Direito, Universidade Federal Rural do Semiárido, Mossoró, 2020, p. 11.
27. WACKS, Raymond. *Personal information*: privacy and the Law. Oxford: Clarendon Press, 1989, p. 25.
28. MONTE, Mariana Almeida. *Geoblocking e geopricing*: quando os dados pessoais se tornam meios de discriminação contra os consumidores. 2020. 29 f. TCC (Graduação). Curso de Direito, Universidade Federal Rural do Semiárido, Mossoró, 2020, p. 11.
29. MOREIRA, Tatiana Artioli. *O comércio eletrônico e a proteção do consumidor no direito brasileiro.* 2016. 214 f. Dissertação (Mestrado em Direito). Faculdade de Direito. Pontifícia Universidade Católica de São Paulo, São Paulo, 2016, p. 93.

Observa-se, porém, que na supracitada legislação, foram contemplados direitos inerentes à proteção e defesa do consumidor. O artigo 5º, inciso XXXII, dispôs, de maneira expressa, que o Estado deverá promover a "defesa do consumidor" na forma da lei. Não obstante, nota-se também o artigo 170, inciso V, o qual assevera que a "defesa do consumidor" é um princípio geral da ordem econômica. De maneira complementar, o artigo 48 do Ato das Disposições Constitucionais Transitórias (ADCT) determinou que o Congresso Nacional, dentro de vinte dias da promulgação da Constituição Federal, elaborasse o Código de Defesa do Consumidor.[30]

O microssistema formado pela legislação consumerista, por sua vez, tem a finalidade de proporcionar o equilíbrio das partes das relações jurídicas de consumo mediante o reconhecimento da vulnerabilidade do consumidor e do estabelecimento de normas que visam a proteção das partes mais frágeis dentro das transações comerciais,[31] sejam elas físicas ou virtuais, uma vez que aos contratos celebrados em âmbito da internet, serão aplicadas as disposições legais do Código de Defesa do Consumidor.[32]

Como é perceptível no início do século XXI, o meio virtual ocupa um grande espaço na vida dos seres humanos, de forma que sua abrangência é ampliada a cada dia mais, em virtude das atuais exigências do corpo social. Prova disso, como explicitado anteriormente, foi a necessidade de se confirmar a cobertura do modelo comercial eletrônico pelas normas de proteção e defesa do consumidor instituídas pelo CDC.

Entretanto, a constante presença do *e-commerce* na vida das pessoas não traz apenas vantagens e benefícios. Não raras são as vezes em que os consumidores são lesados e prejudicados por práticas consideradas desleais e abusivas. Uma dessas situações, por exemplo, é o vazamento de dados das partes consumidoras para os fornecedores, em que estes, muitas vezes, a partir das informações acessadas, determinam os preços dos produtos e serviços conforme os dados pessoais dos consumidores, discriminando-os de acordo com as suas características individuais.

Dentro do âmbito das práticas discriminatórias em razão dos informes pessoais de cada consumidor, estão os denominados *geoblocking* e o *geopricing*. O primeiro, fazendo alusão a um bloqueio geográfico, refere-se à situação em que o fornecedor torna indisponíveis certos produtos ou serviços em virtude da localização geográfica dos consumidores.[33] O segundo, por sua vez, situa-se como sendo a precificação diferenciada dos produtos e serviços em razão da localidade geográfica na qual os consumidores se

---

30. Ibidem, p. 93 -94.
31. PFEIFFER, Roberto Augusto Castellanos. Proteção do consumidor e defesa da concorrência: paralelo entre práticas abusivas e infrações contra a ordem econômica. *Revista do Consumidor*, São Paulo, v. 76, p. 131, out. 2010, p. 131.
32. MARCONDES, Laura de Toledo Ponzoni. Aplicação do código de defesa do consumidor ao comércio eletrônico. In: LOPEZ, Teresa Ancona Lopez (Coord.). *Sociedade de risco e direito privado*: desafios normativos, consumeristas e ambientais. São Paulo: Atlas, 2013, p. 407.
33. MONTE, Mariana Almeida. *Geoblocking e geopricing*: quando os dados pessoais se tornam meios de discriminação contra os consumidores. 2020. 29 f. TCC (Graduação). Curso de Direito, Universidade Federal Rural do Semiárido, Mossoró, 2020, p. 15-16.

encontram.[34] É preciso ressaltar que a diferenciação de preço em razão da localização na qual o consumidor se encontra nem sempre será discriminatória, pois é possível, por exemplo, a majoração do preço total em razão do valor do frete ou do custo do transporte até o local de entrega do produto.[35]

Tanto o *geoblocking* como o *geopricing* vão contra diversas normas do Código de Defesa do Consumidor, uma vez que ferem o direito à liberdade de escolha e o direito à igualdade nas contratações do consumidor, de acordo com o artigo 6º, inciso II; exigem do consumidor vantagem manifestamente excessiva, em muitos casos, como disposto no artigo 39, inciso V e ainda, tais práticas se caracterizam como abusivas, mediante os dizeres do artigo 39, inciso X, uma vez que os fornecedores, nestas situações, tendem a elevar sem justa causa o preço de seus serviços em virtude da localidade do consumidor.[36]

Não obstante, em razão de que as partes consumidoras normalmente não detêm o conhecimento sobre a utilização da sua localização no globo como parâmetro utilizado para precificar produtos e serviços pelos quais manifestam interesse de compra, os artigos 6º, inciso III e 4º, *caput* do CDC, respectivamente em referência ao direito básico do consumidor à informação e ao direito de ter relações de consumo transparentes também são desrespeitados.[37]

Ademais, em casos de *geoblocking* e *geopricing*, há de se levar em consideração também o "princípio da vulnerabilidade" da figura do consumidor nas relações de consumo, exposto no artigo 4º, inciso I do CDC, o qual reconhece que todos os consumidores são vulneráveis, independentemente do fornecedor ou do objeto da relação de consumo, de modo que as defesas legais nesse âmbito se voltam para a sua proteção. O princípio da vulnerabilidade do consumidor é, portanto, uma presunção legal absoluta que serve como base para as aplicações do Código de Defesa do Consumidor.[38]

As práticas em comento relacionam-se concomitantemente com a vulnerabilidade *informacional*, quando os fornecedores utilizam determinados dados sem o conhecimento dos consumidores; *técnica*, pois além da falta de informação os consumidores não dominam os procedimentos de coleta e processamento dos seus dados; e *fática*, em razão da falta de equalização entre as partes, que faz com que o consumidor não tenha

---

34. GUIMARÃES, M. C. Geoblocking e geopricing: uma análise à luz da teoria do interesse público de Mike Feintuck. *Revista de Direito, Estado e Telecomunicações*. v. 11, n. 2. p. 87-106, out. 2019.
35. SARAIVA, Hemily Samila da Silva; ALVES, Fabrício Germano. Utilização indevida de dados pessoais do consumidor: *geopricing* e *geoblocking* e a ordem econômica. In: GUIMARÃES, Patrícia Borba Vilar; LANZILLO, Anderson Souza da Silva; XAVIER, Yanko Marcius de Alencar. *Desenvolvimento sustentável*: elementos para discussão no ambiente digital. Natal: Motres, 2022, p. 39.
36. MONTE, Mariana Almeida. *Geoblocking e geopricing*: quando os dados pessoais se tornam meios de discriminação contra os consumidores. 2020. 29 f. TCC (Graduação). Curso de Direito, Universidade Federal Rural do Semiárido, Mossoró, 2020, p. 16.
37. MONTE, Mariana Almeida. *Geoblocking e geopricing*: quando os dados pessoais se tornam meios de discriminação contra os consumidores. 2020. 29 f. TCC (Graduação). Curso de Direito, Universidade Federal Rural do Semiárido, Mossoró, 2020, p. 16.
38. MARQUES, Claudia Lima. *Contratos no Código de Defesa do Consumidor*: o novo regime das relações contratuais. 6. ed. São Paulo: Ed. RT, 2011, p. 324-331.

condições de competir com o fornecedor, do ponto de vista econômico ou intelectual, em relação ao tratamento de seus dados pessoais.[39]

Visualiza-se, portanto, que o acesso direto e irrestrito aos dados pessoais viola o direito à liberdade, de forma que a utilização de tais informações deliberadamente de maneira que discrimine injustificadamente o consumidor vem ganhando cada vez mais destaque no cenário de discussão jurídica atual, obtendo também uma relevante importância na elaboração de políticas, tanto de segurança interna quanto externa.[40]

Assim, observa-se a incidência das normas previstas no Código de Defesa do Consumidor para a proteção das pessoas vítimas das práticas de *geoblocking* e *geopricing*, uma vez que tais discriminações infringem regras expressas da legislação consumerista, violando, sobretudo, direitos fundamentais dos consumidores.

Para além das transgressões destas práticas ao CDC, é possível notar também a possível violação a alguns dispositivos da Lei Geral de Proteção de Dados, uma vez que as atividades do fornecedor tenham por objetivo a oferta ou o fornecimento de bens e serviços, conforme asseverado pelo artigo 3º, inciso II e que os dados pessoais da vítima tenham sido coletados em território nacional, como dito pelo artigo 3º, inciso III[41] da LGPD.

CONCLUSÃO

A evolução do corpo social proporcionou mudanças significativas na maneira em que os seres humanos fazem comércio. Antes tratado de forma a suprir as necessidades básicas dos indivíduos, o ato de consumir, hoje em dia, detém em si mesmo um fim muito mais individualizado, de forma que as pessoas buscam na aquisição e/ou utilização de produtos e serviços a sua mera satisfação, sem necessariamente levar em consideração a funcionalidade e a utilidade do item desejado, mas apenas o prazer advindo do seu consumo.

Grande parte dessa mudança de paradigmas em relação aos hábitos de consumo da população se deu em virtude da acepção ao modelo econômico capitalista, o qual proporciona a ideia de exacerbo do poder de compra às pessoas, permitindo que elas aumentem deliberadamente o número de aquisições.

Diante dos novos hábitos de consumo, as sociedades tornaram-se sociedades de hiperconsumo, na qual as relações jurídicas neste âmbito imperam e movimentam toda

---

39. SARAIVA, Hemily Samila da Silva; ALVES, Fabrício Germano. Utilização indevida de dados pessoais do consumidor: *geopricing* e *geoblocking* e a ordem econômica. In: GUIMARÃES, Patrícia Borba Vilar; LANZILLO, Anderson Souza da Silva; XAVIER, Yanko Marcius de Alencar. *Desenvolvimento sustentável*: elementos para discussão no ambiente digital. Natal: Motres, 2022, p. 41.
40. RODOTÀ, Stefano. *A vida na sociedade da vigilância*: a privacidade hoje. Organização, seleção e apresentação de Maria Celina Bodin de Moraes. Trad. Danilo Doneda e Luciana Cabral Doneda. Rio de Janeiro: Renovar, 2008, p. 13.
41. BRASIL. Lei 13.709, de 14 de agosto de 2018. *Lei Geral de Proteção de Dados Pessoais (LGPD)*. Diário Oficial da União, Brasília, DF, 15 ago. 2018.

uma cultura de consumo voltada para incentivar tais práticas. Nesse contexto, surgiu o modelo comercial eletrônico, responsável por levar mais praticidade e facilidade no ato da compra para os consumidores, em sua maioria totalmente reféns da vida caótica e agitada característica da era pós-moderna.

O comércio eletrônico traz diversas vantagens e benefícios tanto para fornecedores quando para consumidores, estes últimos sendo bastante privilegiados dentro dessa relação, uma vez que encontram dentro dessa relativamente nova forma comercial o comodismo esperado em não precisar estar presente fisicamente para realizar uma aquisição de um produto ou serviço e uma infinidade de itens à sua disposição, bem como uma grande variedade de preços para o consumidor escolher o que mais se encaixa nas suas condições financeiras.

No entanto, na mesma medida em que é vantajoso, o comércio eletrônico também exibe problemáticas que prejudicam a vivência do consumidor neste modelo comercial e a sua relação com o fornecedor. Um desses problemas é a discriminação que determinados grupos de consumidores sofrem, a partir da coleta indevida de seus dados pessoais pelos fornecedores, em razão da sua localização.

Tais práticas, conhecidas como *geoblocking* e *geopricing*, significam, respectivamente, o bloqueio e/ou a indisponibilidade deliberada de alguns produtos ou serviços para os consumidores em razão da sua localidade e a diferença na precificação de produtos ou serviços de acordo com a localização do consumidor.

Os problemas jurídicos associados a essas duas práticas acabam por configurar verdadeiras infringências à Lei Geral de Proteção de Dados e ao Código de Defesa do Consumidor, uma vez que violam direitos fundamentais consagrados aos consumidores, como por exemplo, o direito à liberdade de escolha e o direito à igualdade nas contratações do consumidor (artigo 6, II, CDC); o direito à informação (artigo 6º, III, CDC) e o direito de ter relações de consumo transparentes (artigo 4º, *caput*, CDC).

Não obstante, tais práticas também ferem o princípio basilar e norteador de toda a legislação consumerista brasileira, qual seja, o princípio da vulnerabilidade do consumidor (artigo 4º, I, CDC), o qual denota a fragilidade do consumidor em relação à figura fornecedora justamente por ter escasso meio de obter as informações sobre as negociações dadas no modelo comercial. Este princípio torna-se ainda mais importante no que diz respeito ao comércio eletrônico, justamente em razão da não obrigatoriedade da presença física e simultânea das partes para a negociação.

Conclui-se, portanto, que tais práticas perpetradas pelos fornecedores de má-fé configuram uma abusividade para com a figura do consumidor, além de infringirem várias disposições legais do CDC e da LGPD, perfazendo-se o *geoblocking* e o *geoprecing* em práticas que desrespeitam a liberdade, o direito à informação e a vulnerabilidade intrínseca ao consumidor.

Observa-se que mediante o constante crescimento do *e-commerce* e a adesão das pessoas a este modelo comercial, o *geoblocking* e o *geoprecing* estão se tornando cada vez mais comuns em âmbito social. No entanto, estes temas ainda devem ser objeto de diversas discussões atualmente, principalmente no que diz respeito à proteção do consumidor. Não obstante, visualiza-se ao longo de todo o estudo, que as legislações que podem ser aplicadas para a regulamentação das referidas práticas, isto é, o Código de Defesa do Consumidor e a Lei Geral de Proteção de Dados oferecem a proteção devida aos consumidores.

REFERÊNCIAS

BARBOSA, Lívia. *Sociedade de consumo*. Rio de Janeiro: Zahar, 2010.

BARROS, Samuel. Os desafios das consultas públicas online: lições do Marco Civil da Internet. The challenges of online public consulations: lessons from the Civil Rights Framework for the Internet. *Liinc em Revista*, v. 12, n. 1, 2016.

BAUMAN, Zygmunt. *Vida para o consumo*: a transformação das pessoas em mercadorias. Rio de Janeiro: Jorge Zahar, 2008.

BRASIL. Lei 13.709, de 14 de agosto de 2018. *Lei Geral de Proteção de Dados Pessoais (LGPD)*. Diário Oficial da União, Brasília, DF, 15 ago. 2018.

CUEVA, Ricardo Vilas Boas. A insuficiente proteção de dados pessoais no Brasil. *Revista de Direito Civil Contemporâneo – RDCC*: Journal of Contemporary Private Law, n. 13, 2017.

FINKELSTEIN, Maria Eugênia Reis. *Direito do comércio eletrônico*. 2. ed. Rio de Janeiro: Elesier, 2011.

GUIMARÃES, M. C. Geoblocking e geopricing: uma análise à luz da teoria do interesse público de Mike Feintuck. *Revista de Direito, Estado e Telecomunicações*. v. 11, n. 2. p. 87-106, out. 2019.

LAW, Thomas. *A Lei Geral de Proteção de Dados*: uma análise comparada ao novo modelo chinês. 2020. 306 f. Tese (Doutorado). Curso de Doutorado em Direito Comercial, Pontifícia Universidade Católica de São Paulo, São Paulo, 2020.

LESSING, Lawrence. The law of the horse: What cyber law might teach. *Harvard Law Review*, v. 113, 1999.

LIPOVESTSKY, Gilles. *A felicidade paradoxal*: ensaio sobre a sociedade do hiperconsumo. São Paulo: Companhia das Letras, 2007.

MARQUES, Claudia Lima. *Contratos no Código de Defesa do Consumidor*: o novo regime das relações contratuais. 6. ed. São Paulo: Ed. RT, 2011.

MARCONDES, Laura de Toledo Ponzoni. Aplicação do Código de Defesa do Consumidor ao comércio eletrônico. In: LOPEZ, Teresa Ancona Lopez (Coord.). *Sociedade de risco e direito privado*: desafios normativos, consumeristas e ambientais. São Paulo: Atlas, 2013.

MCKENDRICK, Neil; BREWER, John; PLMB, J. H. *The birth a consumer society*: the commercialization of eighteenth-century England. London: Europa Publications Limited, 1982.

MONTE, Mariana Almeida. *Geoblocking e geopricing*: quando os dados pessoais se tornam meios de discriminação contra os consumidores. 2020. 29 f. TCC (Graduação). Curso de Direito, Universidade Federal Rural do Semiárido, Mossoró, 2020.

MOREIRA, Tatiana Artioli. *O comércio eletrônico e a proteção do consumidor no direito brasileiro*. 2016. 214 f. Dissertação (Mestrado em Direito). Faculdade de Direito. Pontifícia Universidade Católica de São Paulo, São Paulo, 2016.

MORENO, Rocío de Rosselló. *El comercio electrónico y la protección de los consumidores*. Barcelona: Cedecs, 2001.

PFEIFFER, Roberto Augusto Castellanos. Proteção do consumidor e defesa da concorrência: paralelo entre práticas abusivas e infrações contra a ordem econômica. *Revista do Consumidor*, São Paulo, v. 76, p. 131, out. 2010.

RODOTÀ, Stefano. *A vida na sociedade da vigilância*: a privacidade hoje. Organização, seleção e apresentação de Maria Celina Bodin de Moraes. Trad. Danilo Doneda e Luciana Cabral Doneda. Rio de Janeiro: Renovar, 2008.

SANTOS, Eduardo Alexandre Amaral dos. *O Consumismo como um novo iluminismo*: A Panaceia do consumo na Contemporaneidade. Florianópolis, 2005. 72 p. Dissertação (Mestrado em Engenharia de Produção). Programa de Pós-graduação em Engenharia de Produção, UFSC, 2005.

SANTOS, Queila Rocha Carmona; BENACCHIO, Marcelo. A proteção de dados pessoais de saúde nos meios digitais como instrumento de defesa da dignidade da pessoa humana. In: LUCCA, Newton de (Coord.) *Direito & Internet IV*. Sistema de Proteção de Dados Pessoais. São Paulo: Quartier Latin, 2019.

SARAIVA, Hemily Samila da Silva; ALVES, Fabrício Germano. Utilização indevida de dados pessoais do consumidor: *geopricing* e *geoblocking* e a ordem econômica. In: GUIMARÃES, Patrícia Borba Vilar; LANZILLO, Anderson Souza da Silva; XAVIER, Yanko Marcius de Alencar. *Desenvolvimento sustentável*: elementos para discussão no ambiente digital. Natal: Motres, 2022.

SCHWARTZ, Paul M.; PEIFER, Karl-Nikolaus. Transatlantic Data Privacy Law. *Geo. LJ*, v. 106, 2017.

VARGAS, José Israel. A informação e as redes eletrônicas. *Ciência da Informação*, v. 23. n. 1, 1994.

WACKS, Raymond. *Personal information*: privacy and the Law. Oxford: Clarendon Press, 1989.

CAPITALISMO DE VIGILÂNCIA E A TUTELA COLETIVA ESTRUTURAL DO CONSUMIDOR NO CONTEXTO DA LEI GERAL DE PROTEÇÃO DE DADOS

Samira Viana Silva

Mestranda em Direitos Humanos com ênfase em Direito Processual Civil – PPGD/UFPA. Especialista em Direito Processual Civil – CESUPA. Bacharela em Direito – CESUPA. Advogada. Assessora Jurídica na ARCON/PA. E-mail: samiraviana7@gmail.com.

Gisele santos Fernandes Góes

Doutora em Direito Processual PUC/SP. Mestre em Direito UFPA. Professora de Direito Processual na UFPA. Procuradora Regional do Trabalho da PRT/8ª Região. E-mail: giselegoes@ufpa.br.

Dennis Verbicaro

Visiting Scholar em estágio Pós-Doutoral na Universidad Complutence de Madrid (UCM) e Universidad de Salamanca (USAL). Doutor em Direito do Consumidor pela Universidade de Salamanca (USAL). Mestre em Direito do Consumidor pela Universidade Federal do Pará. Professor da Graduação e da Pós-graduação *Stricto Sensu* (Mestrado e Doutorado) da Universidade Federal do Pará – UFPA e do Centro Universitário do Pará – CESUPA. Procurador do Estado do Pará e Advogado. E-mail: dennis@verbicaro.adv.br.

Sumário: Introdução – 1. Publicidade para o consumo e o agravamento da vulnerabilidade do consumidor – 2. Capitalismo de vigilância e direito à privacidade – 3. Processo estrutural e proteção de dados pessoais – Considerações finais – Referências.

INTRODUÇÃO

O homem, ao longo da história, sempre buscou alguém para servir, sejam deuses, imagens, dentre outros. Tanto a história bíblica quanto a própria mitologia mostram a necessidade do ser humano de servir a um senhor. Ocorre que, na atualidade, vive-se em uma sociedade voltada para o consumo, na qual o "senhor" dos indivíduos é o ato de consumir e as pessoas pensam que têm total liberdade para fazerem, consumirem e vestirem o que quiserem, quando, na verdade, a indústria cultural sempre está por trás, manipulando as escolhas dos indivíduos, vindo de cima para baixo, a fim de levar à homogeneização, adaptação e integração das massas aos valores do capitalismo.[1]

---

1. VERBICARO, Dennis; VERBICARO, Loiane. A indústria Cultural e o caráter fictício da individualidade na definição do conceito de consumidor – comunidade global. *Revista Jurídica Cesumar*. v. 17, p. 107-131, Maringá, jan.-abr. 2017.

Étienne de La Boétie[2] aponta que a liberdade é um bem muito importante e desejável, mas que quando é perdida, traz à vida do indivíduo uma série de males concomitantemente, e os bens que sobram perdem o sentido, sendo corrompidos pela servidão.[3] Os autores[4] aduzem que o modo de produção das sociedades capitalistas é pautado na padronização, o que acabou gerando um indivíduo ilusório, o que chamam de caráter fictício da individualidade, isto é, a subjetividade humana passou pela estandardização do capitalismo, de modo que as pessoas pensam que estão exercendo sua liberdade, mas acabam todos sendo indivíduos genéricos, abstratos e substituíveis e pior: acomodados.

Entretanto, o mesmo capitalismo que moldou seres genéricos, foi-se aperfeiçoando à medida que a sociedade se tornou mais complexa. Assim, surgiu o capitalismo de vigilância, que utiliza os dados pessoais, gostos, interações e quaisquer informações que compartilhemos na *internet* para transforma-los em dados comportamentais que são reutilizados para fornecer às pessoas publicidades específicas e, assim, incentivar o consumo.[5] Observa-se, então, que o capitalismo se adaptou à forma como a sociedade se comporta e passou a realizar novas formas de dominação, massificação e manipulação.

Desde 2020 entrou em vigor a LGPD, da qual emergiu o direito à proteção de dados pessoais. Todavia, este novo direito entra em conflito com o capitalismo de vigilância, que se utiliza, de maneira indevida, dos dados pessoais dos usuários indevidamente para direcionar anúncios e auferir lucros. Como seria possível resolver este conflito diante do claro choque entre este novo direito e esta nova forma de acumulação do capital?

Tem-se como alternativa o processo estrutural, que é uma técnica processual que visa dar tratamento a litígios estruturais, que nada mais são que "litígios coletivos decorrentes do modo como uma estrutura burocrática [...] opera. O funcionamento da estrutura é que causa, permite ou perpetua a violação que dá origem ao litígio coletivo".[6]

O presente trabalho visa, portanto, examinar o processo estrutural (*structural injunction*) com vistas a verificar de que maneira a tutela coletiva estrutural pode ser um instrumento de mitigação do capitalismo de vigilância, nas relações de consumo, com fundamento na Lei Geral de Proteção de Dados (LGPD).

A hipótese da pesquisa é de que o processo estrutural pode ser uma técnica processual hábil a reestruturar as políticas de grandes empresas para que o capitalismo de vigilância seja mitigado. A LGPD está em vigor e as empresas e multinacionais tiveram de se adaptar a este novo regramento, mas, ainda assim, muitas continuam se utilizando dos velhos padrões e não garantem transparência ao consumidor/titular de dados sobre o que fazem com seus dados pessoais.

2. LA BOÉTIE, Étienne. *Discurso sobre a Servidão Voluntária*. Trad. Evelyn Tesche. São Paulo: Edipro, 2017.
3. VERBICARO, Dennis; VERBICARO, Loiane, op. cit.
4. Ibidem.
5. ZUBOFF, Shoshana. *A Era do Capitalismo de Vigilância*: a luta por um futuro humano na nova fronteira do poder. Trad. George Schlesinger. Rio de Janeiro: Intrínseca, 2020.
6. VITORELLI, Edilson. *Processo Civil Estrutural*: teoria e prática. Salvador: JusPodivm, 2020, p. 52.

A primeira seção tem como objetivo analisar de que forma a publicidade para o consumo digital na hipermodernidade contribuiu para o agravamento da vulnerabilidade comportamental do consumidor. A segunda seção, por outro lado, buscará explicitar o conceito de capitalismo de vigilância a fim de demonstrar a forma como ele viola o direito de privacidade dos usuários nas relações de consumo, além de como ele contribuiu para o surgimento das vulnerabilidades tecnológica e algorítmica.

Por fim, serão examinadas as características do processo estrutural com o intuito de verificar de que forma esta espécie de processo pode colaborar para a reestruturação das políticas de proteção de dados de empresas que trabalham com tratamento de dados, com vistas a mitigar os efeitos deletérios do capitalismo de vigilância.

O método utilizado na presente pesquisa é o hipotético-dedutivo. Tal método se utiliza de um problema para chegar a uma hipótese, a qual será testada e, se não for falseada, chegar-se-á a sua corroboração.

Os procedimentos a serem utilizados são a pesquisa legislativa da LGPD e a pesquisa bibliográfica de autores imprescindíveis no estudo do processo estrutural, como Arenhart,[7] Osna[8] e Jobim,[9] bem como autores indispensáveis no estudo do capitalismo de vigilância e na relação entre a LGPD e os direitos à privacidade e proteção de dados pessoais, como Zuboff e Rodotà.

1. PUBLICIDADE PARA O CONSUMO E O AGRAVAMENTO DA VULNERABILIDADE DO CONSUMIDOR

No entendimento de Verbicaro, Rodrigues e Ataíde,[10] o consumo é um fenômeno ambivalente, uma vez que representa um dos maiores símbolos da globalização e fator essencial para o desenvolvimento econômico, mas também acabou agravando a vulnerabilidade comportamental do consumidor, na medida em que o assédio de consumo se instalou na sociedade.

Para os referidos autores, o assédio de consumo se caracteriza pela realização de condutas comerciais agressivas, que interferem na liberdade de escolha do consumidor e atenta contra seu psiquismo, o qual é subjugado por estratégias de manipulação e acaba sendo levado a ceder às pressões do mercado.[11]

---

7. ARENHART, Sergio Cruz. Processo multipolar, participação e representação de interesses concorrentes. In: ARENHART, Sérgio Cruz; JOBIM, Marco Félix; OSNA, Gustavo (Org.) *Processos Estruturais*. 4. ed. Salvador: JusPodivm, 2022.
8. OSNA, Gustavo. Nem "tudo", nem "nada" – Decisões Estruturais e Efeitos Jurisdicionais Complexos. In: ARENHART, Sérgio Cruz; JOBIM, Marco Félix; OSNA, Gustavo (Org.) *Processos Estruturais*. 4. ed. Salvador: JusPodivm, 2022.
9. JOBIM, Marco Félix. *Medidas Estruturantes na Jurisdição Constitucional*: Da Suprema Corte Estadunidense ao Supremo Tribunal Federal. 2. ed. Porto Alegre: Livraria do Advogado, 2021.
10. VERBICARO, Dennis; RODRIGUES, Lays; ATAÍDE, Camille. Desvendando a vulnerabilidade comportamental do consumidor: uma análise jurídico-psicológica do assédio de consumo. *Revista de Direito do Consumidor*. v. 119, p. 349-384, São Paulo, set.-out. 2018.
11. Ibidem.

Como é cediço, o Código de Defesa do Consumidor (CDC) prevê a existência de dois tipos de publicidades prejudiciais ao consumidor, que seriam a enganosa, a qual veicula informações falsas ou, na modalidade por omissão, deixa de prestar informações essenciais ao consumidor acerca do produto ou serviço.

O outro tipo de publicidade previsto no CDC é a abusiva, a qual ocorre quando o fornecedor, por intermédio de meios de comunicação, utiliza-se levianamente do medo, da superstição, ou induz o consumidor a tomar atitudes prejudiciais à sua saúde ou segurança, incita a violência, a discriminação, ou ainda se aproveita da deficiência de julgamento e experiência da criança. Este tipo de publicidade é muito prejudicial, pois pode trazer à tona o surgimento de necessidades artificiais de consumo, as quais "são atendidas por uma publicidade de cunho abusivo que busca atingir carências afetivas dos seres humanos ao oferecer supostas soluções para uma infelicidade (artificialmente criada) através do consumo de determinados produtos".[12]

Segundo Campello, Verbicaro e Maranhão,[13] a globalização e avanço da tecnologia modificaram completamente os meios publicitários, de modo que as publicidades passaram a ser mais cativantes e específicas para cada indivíduo, o qual passou a perceber os bens de consumo não mais como produtos, mas como experiências a serem vivenciadas. Muitos fornecedores ganharam muito dinheiro nos últimos tempos oferecendo no mercado as mais diversas experiências, justamente porque a publicidade feita atualmente visa manipular a mente humana.[14]

Maslow[15] criou a teoria das necessidades humanas, na qual as necessidades fisiológicas são as mais prepotentes necessidades dentre todas, na medida em que uma pessoa que esteja em situação de extrema vulnerabilidade provavelmente tem como seu principal motivador as necessidades fisiológicas, as quais acabam "mascarando" a existência de outras necessidades, as quais ficam em segundo plano.[16]

Quando estas necessidades que haviam sido esquecidas são satisfeitas, surgem outras ainda maiores e assim sucessivamente, o que remete à existência de uma hierarquia de relativa prepotência entre as necessidades básicas, isto é, o organismo deixa de ser dominado por necessidades relativamente mais fisiológicas, dando espaço para a emergência de outras mais sociais que estavam esquecidas.[17] Nesta teoria, as necessidades fisiológicas são seguidas pelas de segurança, depois de pertencimento, estima e autorrealização.[18]

---

12. CAMPELLO, Cynthia; VERBICARO, Dennis; MARANHÃO, Ney. Necessidades Artificiais de Consumo e agravamento da vulnerabilidade obreira: análise à luz do capitalismo predatório e da indústria cultural. *Revista de Direito do Trabalho*. v. 211, p. 4. São Paulo, maio-jun. 2020.
13. Ibidem.
14. MASLOW, Abraham H. *Motivação e Personalidade*. Trad. de Orlando Nogueira. 2. ed. New York: Harper & Row, 1970.
15. Ibidem.
16. Ibidem.
17. MASLOW, Abraham H, op. cit.
18. Ibidem.

Ocorre que, na atualidade, o indivíduo passa a consumir não para a satisfação de suas necessidades fisiológicas, e sim suas artificiais.[19] E isto se torna um ciclo vicioso na medida em que a mesma indústria cultural que vende um produto para o consumidor – o qual compra porque quer se sentir autorrealizado, a partir de uma imagem de sucesso artificialmente criada pela indústria – o torna obsoleto, e passa a oferecer um novo produto "da moda" como um símbolo de um ideal de felicidade artificialmente criado e que o indivíduo deve perseguir.[20]

Assim, o assédio de consumo, especialmente a partir da publicidade abusiva, além de alterar forçadamente a hierarquia das necessidades humanas, difundiu a existência de um suposto risco, de modo que o consumidor acredita que poderão haver consequências negativas se ele fizer uma opção equivocada.[21]

É notório, portanto, que a publicidade para o consumo atingiu diretamente a liberdade dos indivíduos e sua capacidade de escolha. Nos últimos anos, com o avanço da tecnologia e uma maior modernização das redes sociais, a vulnerabilidade do consumidor acabou se tornando mais agravada ainda, uma vez que o consumo digital vem seguindo uma tendência de crescimento. Até pessoas que não têm muita experiência com a internet e redes sociais e, mesmo com suas desconfianças, têm se aventurado no mundo digital e realizado suas compras e interações.

Surge, então, a vulnerabilidade digital, a qual "pode ser compreendida como o estado de predisposição a risco nos cyberespaços, que favorece a aparição de iniquidades, assimetrias de poder, diminuições da cidadania, além de violações à privacidade, à intimidade e à autodeterminação informativa".[22]

Conforme dito anteriormente, o ato de consumir tornou-se o "senhor" das pessoas, isto é, o consumo passou a comandar a vida humana, de modo que as pessoas vivem para consumir os mais diversos produtos, serviços e experiências. Étienne de La Boétie traz uma interessante reflexão acerca da servidão voluntária:

> Por ora, gostaria de compreender como é possível que tantos homens, tantos burgos, tantas cidades, tantas nações tolerem, por vezes, um tirano sozinho, cujo único poder é aquele que lhe conferem; cujo poder de lesá-los depende apenas da vontade que têm de tolerá-lo [...] Coisa espantosa, certamente, mas tão comum que cumpre mais lamentar que abismar-se, ao ver centenas de milhões de homens servindo miseravelmente, com o pescoço sob jugo, obrigados não por uma força maior, mas simplesmente (ao que parece) encantados e seduzidos pelo nome de um homem só [...].[23]

---

19. VERBICARO, Dennis; RODRIGUES, Lays; ATAÍDE, Camille. Desvendando a vulnerabilidade comportamental do consumidor: uma análise jurídico-psicológica do assédio de consumo. *Revista de Direito do Consumidor*: São Paulo, v. 119, p. 349-384, set./out. 2018.
20. CAMPELLO, Cynthia; VERBICARO, Dennis; MARANHÃO, Ney. Necessidades Artificiais de Consumo e agravamento da vulnerabilidade obreira: análise à luz do capitalismo predatório e da indústria cultural. *Revista de Direito do Trabalho*. v. 211, p. 79-92, São Paulo, maio-jun. 2020.
21. VERBICARO, Dennis; RODRIGUES, Lays; ATAÍDE, Camille, op. cit.
22. AZEVEDO, Júlio Camargo de. Vulnerabilidade digital: conceito e dimensões estruturantes. In: SOUSA, José Augusto Garcia de; PACHECO, Rodrigo Baptista; MAIA, Maurilio Casas. *Acesso à justiça na era da tecnologia*. São Paulo: JusPodivm, 2022, p. 243.
23. LA BOÉTIE, Étienne. *Discurso sobre a Servidão Voluntária*. Trad. de Evelyn Tesche. São Paulo: Edipro, 2017, p. 34-35.

Com isto, resta bastante claro que a sociedade atual se tornou não simplesmente escrava, mas uma serva voluntária do consumo, ou seja, o consumo comanda a sociedade e a vida das pessoas porque elas aceitam servi-lo voluntariamente.

Viu-se que, anteriormente, a grande responsável pela modificação dos padrões de consumo era a indústria cultural, a qual se utilizava de publicidade abusiva nos meios televisivos principalmente para manipular os consumidores e os induzirem às necessidades artificiais de consumo. A indústria cultural, portanto, permitia que o ato de consumir continuasse no topo das necessidades humanas; a indústria cultural era quem estava por trás deste "senhor" chamado consumo.

Contudo, como a sociedade passou e está passando por novas transformações na forma de consumir, de modo que os indivíduos passaram a consumir de maneira massificada no ambiente virtual, nota-se que agora quem também está por trás do consumo é o capitalismo de vigilância. Este passou a ser – juntamente com a indústria cultural – o sustentáculo do consumo na vida e cotidiano da sociedade. Na próxima seção, será examinado o conceito de capitalismo de vigilância a fim de verificar como este tem violado o direito à privacidade dos usuários.

2. CAPITALISMO DE VIGILÂNCIA E DIREITO À PRIVACIDADE

Rodotà,[24] ao falar sobre a vida na sociedade de vigilância, aponta que no final do século XIX e início do século XX, as utopias positivas deram lugar às negativas, de modo que a angústia acerca do futuro tomou conta, mas esta não implicava na recusa do futuro em si e a percepção dos riscos do progresso tecnológico caminhava ao lado da consciência da impossibilidade de deter tal progresso, mesmo que este não tenha mais somente prognósticos positivos.[25]

A partir deste momento, será tratada a temática do capitalismo de vigilância, que, como previu Rodotà,[26] surgiu do desenvolvimento tecnológico que não pode ser contido, além de ser algo que não traz prognósticos positivos. De início, cumpre destacar que o capitalismo de vigilância se utiliza, de maneira totalmente unilateral, ou seja, sem a consciente concordância dos usuários, da "experiência humana como matéria-prima gratuita para a tradução em dados comportamentais".[27]

Em outras palavras, o capitalismo de vigilância se vale de dados comportamentais que são extraídos das interações dos usuários na *internet* para prever seus comportamentos futuros e, consequentemente, empregar tais predições para promover anúncios que se coadunem com o que cada indivíduo demonstrou desejar no momento

---

24. RODOTÀ, Stefano. *A vida na sociedade da vigilância: a privacidade hoje*. Trad. Daniel Doneda e Luciana Cabral Doneda. Rio de Janeiro: Renovar, 2008.
25. Ibidem.
26. Ibidem.
27. ZUBOFF, Shoshana. *A Era do Capitalismo de Vigilância*: a luta por um futuro humano na nova fronteira do poder. Tradução de George Schlesinger. Rio de Janeiro: Intrínseca, 2020, p. 18.

– mesmo que essa evidência tenha ocorrido de maneira implícita – para conseguir realizar vendas.[28]

Segundo Zuboff,[29] o capitalismo de vigilância representa uma nova espécie de poder econômico que veio a preencher o vazio; cada curtida, busca e cliques fortuitos são considerados bens a serem rastreados, examinados e monetizados por uma grande empresa. À medida que o capitalismo de vigilância foi emergindo e as pessoas começaram a perceber, a justificativa utilizada pelas empresas foi no sentido de que as violações aos dados pessoais eram necessárias para que os serviços de *internet* gratuitos fossem mantidos, uma vez que o preço a se pagar por esses bens digitais era a privacidade, o que acabou distraindo os usuários.[30]

A autora assevera que o capitalismo de vigilância, enquanto nova forma de mercado, tem uma lógica de acumulação única na qual a vigilância dos dados comportamentais é a mola propulsora na transformação de investimento em lucro.[31] Zuboff[32] afirma que o momento onde nossas necessidades são atendidas é o momento em que a nossa vida é roubada na incessante busca por dados comportamentais para o lucro de terceiros.

Em que pese o capitalismo de vigilância seja inconcebível fora do mundo digital, a ideologia e política neoliberal foram o hábitat no qual esta nova forma de acumulação de capital conseguiu florescer, ou seja, o neoliberalismo foi a base para que o capitalismo de vigilância pudesse ser construído, de modo que "informação e conexão são utilizadas como moeda de troca por dados comportamentais que financiam o crescimento e lucratividade deste tipo de capitalismo".[33]

No entendimento de Verbicaro,[34] o neoliberalismo consiste em uma ideologia econômica e social a qual define diversos aspectos da vida em sociedade, como o modelo de mercado, o papel do Estado, a maneira de interação e adequação da sociedade e do indivíduo à dinâmica do mercado, além de promover uma intensa defesa do livre mercado para concorrência, a fim de que haja a maior eficiência e competitividade. Entretanto, este modelo concorrencial acabou atingindo todas as esferas da vida humana[35] e por isso acabou sendo o solo fértil para o florescimento do capitalismo de vigilância, na medida em que a privacidade se tornou matéria-prima para a lucratividade.

Muito embora o capitalismo de vigilância não tenha abandonado leis capitalistas fundamentais (produção competitiva, maximização de lucros, produtividade etc.), esta

---

28. Ibidem.
29. Ibidem.
30. Ibidem.
31. Ibidem.
32. Ibidem.
33. ZUBOFF, Shoshana, op. cit., p. 70.
34. VERBICARO, Loiane Prado. Pandemia e o colapso do neoliberalismo. *Voluntas Revista Internacional de Filosofia*. v. 11, p. 1-9, Santa Maria, 2020.
35. Ibidem.

dinâmica do capitalismo "tradicional" passa a operar no contexto de uma nova lógica de acumulação de capital que introduz novas leis para o capitalismo.[36]

Segundo Zuboff,[37] "[...] o *Google* tornou-se o pioneiro, descobridor, desenvolvedor, experimentador, principal praticante, exemplo e centro de difusão do capitalismo de vigilância". A referida autora demonstra que nos estágios iniciais de desenvolvimento da plataforma *Google*, os *feedbacks* dados pelos usuários eram destinados para o aperfeiçoamento das funções de busca, produzindo um equilíbrio de poder, na medida em que a plataforma de buscas precisava dos usuários para aprender mais sobre elas e as pessoas precisavam da busca.[38] Isto permitia que os algoritmos de busca do *Google* aprendessem mais e, por conseguinte, produzissem melhores resultados.[39]

Assim, é imperioso notar que neste estágio inicial de desenvolvimento, os dados comportamentais dos usuários eram aproveitados apenas a seu favor, isto é, os dados forneciam valor sem custos, e esse valor era reinvestido em aperfeiçoamento dos serviços, o que também não possuía custos.[40] Observa-se, portanto, que os usuários, no entendimento da autora, não são produtos e sim fontes de suprimento de matéria-prima.[41]

Ocorre que este ciclo de reinvestimento do valor comportamental, em que pese fosse algo muito bom, ainda não poderia ser considerado como capitalismo, logo, como a pressão por lucro aumentou bastante, a plataforma Google precisou modificar suas estratégias.[42] A estratégia implementada foi no sentido de que o *Google* manusearia os dados comportamentais armazenados, o que somado ao poder e expertise da companhia, resultaria em uma combinação de anúncios com buscas, de modo que os anúncios não estariam mais ligados a alguma palavra-chave na pesquisa, mas agora os anúncios seriam feitos de maneira específica e direcionada para cada usuário.[43]

A lógica do *Google* foi a seguinte: os dados comportamentais que eram aplicados apenas para o aperfeiçoamento do serviço passaram a ser manobrados para que publicidades fossem dirigidas especificamente aos indivíduos.[44] Alguns dados continuaram sendo via de aprimoramento do serviço, contudo, outros seriam reaproveitados para aumentar o lucro dos anúncios, tanto para o *Google* quanto para os anunciantes.[45] Esta outra finalidade – diferente do aprimoramento do serviço – representa um superávit comportamental, ou seja, o que consiste na operacionalização dos dados comportamentais para melhorar a lucratividade dos anúncios.[46]

---

36. ZUBOFF, Shoshana. *A Era do Capitalismo de Vigilância*: a luta por um futuro humano na nova fronteira do poder. Trad. George Schlesinger. Rio de Janeiro: Intrínseca, 2020.
37. Ibidem, p. 86.
38. Ibidem.
39. Ibidem.
40. ZUBOFF, Shoshana, op. cit.
41. Ibidem.
42. ZUBOFF, Shoshana. *A Era do Capitalismo de Vigilância*: a luta por um futuro humano na nova fronteira do poder. Trad. George Schlesinger. Rio de Janeiro: Intrínseca, 2020.
43. Ibidem.
44. Ibidem.
45. Ibidem.
46. Ibidem.

De acordo com Caribé,[47] outro exemplo de empresa que "pavimentou" o capitalismo de vigilância foi a Amazon, a qual se utilizou dos dados comportamentais dos clientes sobre preferências de livros, quais eram mais procurados, comprados, compartilhados e colocados na lista de desejos. Observando o comportamento dos clientes, a Amazon objetivava oferecer livros com maior chance de serem comprados, a partir da extração de dados para indicação específica a cada cliente.[48] Atualmente, a Amazon tem o Kindle, que é um leitor de e-books, o qual também se utiliza da lógica do capitalismo de vigilância para extrair dados dos hábitos de leitura dos clientes, como os livros de interesse, horário de leitura, compartilhamentos, dentre outros.[49]

Ocorre que o capitalismo de vigilância viola de maneira avassaladora os direitos à privacidade e à proteção de dados pessoais, porquanto a humanidade existente em cada pessoa, isto é, seus comportamentos, gostos, desejos e, até mesmo, pensamentos são descobertos e utilizados como matéria-prima, de forma gratuita, para que os capitalistas de vigilância obtenham lucros exponenciais.

Diante desta nova lógica de acumulação de capital, os direitos dos usuários são completamente violados e ignorados, pois o argumento central das empresas é no sentido de que as violações a esses direitos seriam imprescindíveis para que os usuários obtivessem serviços de *internet* gratuitos,[50] quando, na verdade, o preço pago por tais serviços é altíssimo, visto que a vida das pessoas é constantemente saqueada "em busca de dados comportamentais, e tudo isso para o lucro alheio".[51]

No âmbito virtual, é extremamente comum atualmente a existência de contratos virtuais. Aplicativos de celular que se dizem gratuitos, na verdade, impõem ao usuário a aceitação de termos e condições de uso estipuladas unilateralmente pelo desenvolvedor do aplicativo, sem possibilidade de modificação, de modo que caso a pessoa não aceite alguns dos termos, é impedida de realizar o *download* do aplicativo. Aceitando os termos, o usuário baixa o "app" e começam a aparecer constantemente diversos anúncios, que são dirigidos para aquele consumidor com base nos dados comportamentais que já foram captados, tratados e revertidos em anúncios.

Atualmente, uma grande parte dos apps existentes pedem para o usuário aceitar que o próprio aplicativo possa rastrear aquele dispositivo móvel, para que tenha acesso à sua localização, contatos, dentre outros. Estes são apenas alguns dos exemplos existentes acerca do capitalismo de vigilância, o qual tem-se espraiado pelo mundo e vem vigiando a vida e comportamento dos indivíduos para transformar tais informações em dinheiro, sem se importar com a privacidade dos usuários.

---

47. CARIBÉ, José Carlos Rebello. Uma perspectiva histórica e sistêmica do capitalismo de vigilância. *Revista Inteligência Empresarial*, v. 41, p. 5-13. Disponível em: https://inteligenciaempresarial.emnuvens.com.br/rie/article/view/20. Acesso em: 28 jul. 2022.
48. Ibidem.
49. Ibidem.
50. ZUBOFF, Shoshana. *A Era do Capitalismo de Vigilância*: a luta por um futuro humano na nova fronteira do poder. Trad. George Schlesinger. Rio de Janeiro: Intrínseca, 2020.
51. Ibidem.

Os direitos dos usuários são ignorados devido extremas assimetrias de conhecimento e poder, enquanto a vida humana é traduzida em dados, expropriada e modificada a partir de novas formas de controle social, a serviço dos capitalistas de vigilância e na ausência de consciência dos usuários, os quais, segundo Zuboff,[52] não têm meios de combater este processo.[53]

Uma das estratégias de controle social manejadas pelos capitalistas de vigilância é a modulação. De acordo com Machado,[54] a modulação é um exercício de poder que se fixa na mente das pessoas, de modo que o medo da punição é substituído por dispositivos de modulação de condutas nas quais as tecnologias que controlam trazem sensação de conforto, resolvem problemas, melhoram as experiências, dentre outros.

Uma das características da modulação é justamente no sentido de conferir uma sensação de liberdade para o indivíduo enquanto o mantém aprisionado; o Facebook, por exemplo, oferece um ambiente onde o usuário é incentivado a compartilhar informações e se expressar, mas ao mesmo tempo toma essa liberdade, ao fornecer aos usuários apenas informações que os algoritmos decidiram ser mais relevantes para cada usuário.[55]

Os contratos de adesão que os usuários assinam, ao clicar muitas vezes em "eu aceito os termos de uso" ou ao aceitar os famosos "*cookies*" acabam por respaldar as empresas de que supostamente haveria uma concordância por parte do usuário, para que seus direitos fossem violados. Entretanto, tais contratos são completamente viciados, por conterem vícios de vontade, uma vez que são aceitos de maneira não consciente, sem que as pessoas entendam efetivamente todos os riscos do contrato entabulado entre as partes.

Verbicaro e Martins[56] afirmam que os aplicativos se enquadram em uma relação de consumo porque o fornecedor consegue vantagens indiretas pela coleta de dados dos consumidores para fins lucrativos, como por intermédio da filtragem colaborativa, na qual o desenvolvedor do app vende os relatórios de uso dos consumidores para empresas interessadas em saber de seus hábitos e preferências de consumo.

Para Azevedo,[57] o capitalismo de vigilância permite que toda experiência humana seja traduzida em dados que se convertem em estratégias de predição sobre preferências e comportamentos, que são vendidas pelas *Big Techs*, em troca de manipulações guiadas do comportamento.

Diante de todo este cenário assustador, em que os algoritmos têm induzido o comportamento humano para o consumo, resta bastante claro que o capitalismo de

---

52. Ibidem.
53. Ibidem.
54. MACHADO, Débora. A modulação de comportamento nas plataformas digitais. *In*: SOUZA, Joyce; AVELINO, Rodolfo; SILVEIRA, Sérgio Amadeu da. *A sociedade de controle*: manipulação e modulação nas redes digitais. São Paulo: Hedra, 2018.
55. Ibidem.
56. VERBICARO, Dennis; MARTINS, Ana Paula Pereira. A contratação Eletrônica de aplicativos Virtuais no Brasil e a nova dimensão da privacidade do consumidor. *Revista de Direito do Consumidor*: v. 116, p. 369-391, São Paulo, mar. abr. 2018.
57. AZEVEDO, Júlio Camargo de. Vulnerabilidade digital: conceito e dimensões estruturantes. In: SOUSA, José Augusto Garcia de; PACHECO, Rodrigo Baptista; MAIA, Maurilio Casas. *Acesso à justiça na era da tecnologia*. São Paulo: JusPodivm, 2022.

vigilância contribuiu – e muito – para o agravamento da vulnerabilidade informacional, que consiste no "estado de insegurança e predisposição ao uso indevido e não consentido de dados nos cyberespaços, franqueando violações à privacidade, à intimidade e à autodeterminação informativa dos indivíduos".[58]

Verbicaro, Maranhão e Calandrini[59] aduzem que o direito à informação nas relações de consumo – previsto no art. 6º, inciso III, do CDC – gera ao fornecedor o dever de esclarecer ao consumidor todas as informações necessárias para a correta e segura fruição do produto ou serviço, inclusive os seus riscos e benefícios.

Ocorre que este é um direito que é violado constantemente no âmbito virtual, de modo que as pessoas não são informadas acerca da destinação dos seus dados pessoais, justamente porque a extração, tratamento e monetização de dados pessoais é a "mina de ouro" do capitalismo de vigilância, assim, as grandes empresas não respeitam mesmo os ditames da LGPD, o que agrava consideravelmente a vulnerabilidade dos consumidores sob o ponto de vista informacional.

Muito embora a LGPD regulamente a respeito da proteção dos dados pessoais – que é um direito fundamental previsto constitucionalmente –, há um baixo índice de adequação das plataformas digitais à LGPD em função da fragilidade na atuação da Autoridade Nacional de Dados.[60] Assim, é importante analisar, na próxima seção, o que poderia ser feito para que a LGPD possa ganhar mais força e seja, de fato, observada pelas grandes empresas.

3. PROCESSO ESTRUTURAL E PROTEÇÃO DE DADOS PESSOAIS

Souza, Magrani e Carneiro[61] apontam que o compartilhamento de dados está ocupando um papel de grande destaque nas mais diversas relações. Nas relações consumeristas, por exemplo, se um indivíduo vai à farmácia comprar um medicamento qualquer, o atendente certamente pedirá o CPF do consumidor, dado o qual será coletado, armazenado e utilizado e, se o armazenamento é feito na nuvem ou em programa ligado à internet, o tratamento de dados será online.[62]

Conforme visto na seção anterior, os dados pessoais fazem girar modelos de negócios e, como são dados pessoais, revelam aspectos das personalidades, identidades,

---

58. AZEVEDO, Júlio Camargo de. Vulnerabilidade digital: conceito e dimensões estruturantes. In: SOUSA, José Augusto Garcia de; PACHECO, Rodrigo Baptista; MAIA, Maurilio Casas. *Acesso à justiça na era da tecnologia*. São Paulo: JusPodivm, 2022, p. 359-360.
59. VERBICARO, Dennis; MARANHÃO, Ney; CALANDRINI, Jorge. O impacto do capitalismo de plataforma no agravamento da vulnerabilidade algorítmica do consumidor e do trabalhador. *Revista de Direito do Trabalho*. v. 223, p. 277-305, São Paulo, maio-jun. 2022.
60. Ibidem.
61. SOUZA, Carlos Affonso; MAGRANI, Eduardo; CARNEIRO, Giovana. Lei Geral de Proteção de Dados Pessoais: uma transformação na tutela dos dados pessoais. In: MULHOLLAND, Caitlin (Org.). *A LGPD e o novo marco normativo no Brasil*. Porto Alegre: Arquipélago, 2020.
62. SOUZA, Carlos Affonso; MAGRANI, Eduardo; CARNEIRO, Giovana. Lei Geral de Proteção de Dados Pessoais: uma transformação na tutela dos dados pessoais. In: MULHOLLAND, Caitlin (Org.). *A LGPD e o novo marco normativo no Brasil*. Porto Alegre: Arquipélago, 2020.

preferências e rotinas dos titulares.[63] Diante da aprovação do GDPR (*General Data Protection Regulation*) na Europa e de diversos escândalos de vazamento de dados pessoais, o Brasil sancionou em 2018 a LGPD, a qual se encontra em vigor desde 2020.

Esta Lei tem como objetivo a proteção da liberdade, da privacidade e o livre desenvolvimento da personalidade da pessoa natural, mas o fundamento principal – tanto que foi elencado primeiro – é a privacidade.[64] Rodotà[65] traz uma importante definição sobre a privacidade:

> Na sociedade da informação tendem a prevalecer definições funcionais da privacidade que, de diversas formas, fazem referência à possibilidade de um sujeito conhecer, controlar, endereçar, interromper o fluxo das informações a ele relacionadas. Assim, a privacidade pode ser definida mais precisamente, em uma primeira aproximação, como o direito de manter o controle sobre as próprias informações.[66]

Para o autor, o ambiente jurídico-institucional também se modificou, porque houve o desenvolvimento tecnológico, de modo que hoje o foco não está mais somente na privacidade, mas se passou a vislumbrar uma noção mais completa de "proteção de dados", o que ultrapassa a esfera dos problemas ligados à tutela da intimidade e vida privada individualmente consideradas.[67]

Com o advento da LGPD, os agentes de tratamento de dados somente poderiam guardar os dados dos seus usuários se a coleta e uso dos dados fosse feita para uma finalidade específica, que deveria ser comunicada ao titular de dados de maneira clara e transparente, bem como mediante o seu consentimento. Entretanto, tem-se visto que mesmo com as importantes disposições trazidas pela LGPD, as velhas práticas continuam e os agentes de tratamento de dados continuam não prestando informações adequadas e muitas vezes sequer dão ao usuário a oportunidade de consentir ou não com o tratamento de dados de maneira livre e informada.

Diante desta problemática, de que maneira seria possível dar mais efetividade ao regramento e principiologia da LGPD? Conforme visto anteriormente, no entendimento de Zuboff,[68] os usuários que são atingidos pelo capitalismo de vigilância não têm meios para combater este processo.[69] Caribé[70] assevera que:

---

63. Ibidem.
64. BRASIL. Lei 13.709, de 14 de agosto de 2018. Dispõe sobre o tratamento de dados pessoais, inclusive nos meios digitais, por pessoa natural ou por pessoa jurídica de direito público ou privado, com o objetivo de proteger os direitos fundamentais de liberdade e de privacidade e o livre desenvolvimento da personalidade da pessoa natural. Disponível em: https://www.planalto.gov.br/ccivil_03/_ato2015-2018/2018/lei/l13709.htm.
65. RODOTÀ, Stefano. *A vida na sociedade da vigilância*: a privacidade hoje. Trad. Daniel Doneda e Luciana Cabral Doneda. Rio de Janeiro: Renovar, 2008.
66. Ibidem.
67. Ibidem.
68. ZUBOFF, Shoshana. *A Era do Capitalismo de Vigilância*: a luta por um futuro humano na nova fronteira do poder. Trad. George Schlesinger. Rio de Janeiro: Intrínseca, 2020.
69. Ibidem.
70. CARIBÉ, José Carlos Rebello. Uma perspectiva histórica e sistêmica do capitalismo de vigilância. *Revista Inteligência Empresarial*, v. 41, p. 5-13. Disponível em: https://inteligenciaempresarial.emnuvens.com.br/rie/article/view/20. Acesso em: 28 jul. 2022.

Considerando que os dados são o principal ativo do capitalismo de vigilância, impor limitações à sua extração, transporte, processamento e armazenamento, tem sido objeto de políticas de dados pessoais. A Europa é pioneira, e já possui um marco legal para proteção de dados pessoais conhecida por GDPR. No Brasil, a Lei Geral de Proteção de Dados Pessoais (LGPD) sancionada em 2018, entrará em vigor em 2020.

De fato, Zuboff[71] tem razão ao dizer que os usuários – sozinhos – não têm meios para combater o capitalismo de vigilância, considerando que as plataformas digitais não têm-se adequado às regras da LGPD. Além disso, os legitimados ativos à propositura de ações coletivas permanecem inertes em relação a esta temática.

O Ministério Público e a Defensoria Pública, por exemplo, que são legitimados cruciais na defesa dos direitos dos consumidores, não têm voltado sua atenção à vulnerabilidade do consumidor/usuário diante das grandes empresas capitalistas de vigilância, visto que não se tem notícia do ajuizamento de ações coletivas visando responsabilização dessas empresas por utilização e tratamento indevido de dados pessoais.

Verifica-se, desse modo, que a forma como esta estrutura de poder funciona permite a violação a direitos dos usuários. Portanto, há um litígio estrutural que permeia a situação, haja vista que os litígios estruturais são "litígios coletivos decorrentes do modo como uma estrutura burocrática, usualmente pública, opera. O funcionamento da estrutura é que causa, permite ou perpetua a violação que dá origem ao litígio coletivo".[72]

Destaque-se que os litígios estruturais usualmente envolvem políticas públicas, por isso são usualmente de natureza pública, mas é perfeitamente possível a existência de litígios estruturais no âmbito privado, como, por exemplo, casos de falência ou recuperação judicial.[73] Segundo Vitorelli,[74] litígios estruturais podem objetivar a mudança de comportamento de estruturas particulares, inclusive as que são integralmente privadas e que são essenciais para a sociedade, não podendo ser simplesmente eliminadas, como é no caso que se discute no presente trabalho.

Necessário elucidar que o litígio estrutural, quando se torna judicializado, origina o processo estrutural, que nada mais é que "um processo coletivo no qual se pretende, pela atuação jurisdicional, a reorganização de uma estrutura, pública ou privada, que causa, fomenta ou viabiliza a ocorrência de uma violação a direitos, pelo modo como funciona".[75]

Em regra, os litígios envolvendo consumidores são de natureza global, ou seja, litígios nos quais não se atinge de forma direta ou especial os interesses de qualquer

---

71. ZUBOFF, Shoshana, op. cit.
72. VITORELLI, Edilson. *Processo Civil Estrutural*: teoria e prática. Salvador: JusPodivm, 2020, p. 52.
73. DIDIER JR, Fredie; ZANETI JR, Hermes; OLIVEIRA, Rafael Alexandrino. Elementos para uma teoria do processo estrutural aplicada ao processo civil brasileiro. *Revista de Processo*: São Paulo, v. 303, p. 45-81, maio 2020.
74. VITORELLI, Edilson. *Processo Civil Estrutural*: teoria e prática. Salvador: JusPodivm, 2020.
75. Ibidem, p. 60.

pessoa,[76] pois, a título de exemplificação, um comercial televisivo que viola o direito de consumidores, afeta a sociedade de modo geral.

Todavia, no caso em discussão há um litígio estrutural porque segundo Arenhart,[77] uma das principais características elementares do litígio estrutural é a sua multipolaridade, de modo que no conflito estrutural há a formação de diversos núcleos de opiniões, posições e interesses a respeito da temática discutida, sendo muitas vezes tais posições antagônicas.[78]

Esses núcleos de interesse se dividem entre as empresas que criaram e perpetuam o capitalismo de vigilância, as empresas capitalistas de vigilância (aquelas que vendem e lucram às custas dos dados pessoais dos usuários extraídos pelas primeiras empresas), que são as verdadeiras clientes do capitalismo de vigilância e os usuários. Sobre esta última categoria, subdivide-se em tipos a serem expostos a seguir.

Os usuários se dividem entre: a) os usuários de pouca instrução, os quais não sabem da existência do capitalismo de vigilância e, consequentemente, não tem ciência de que seus direitos estão sendo violados; b) os usuários de maior instrução, que sabem da existência do capitalismo de vigilância ou, pelo menos, desconfiam que são vigiados na *internet*, mas se beneficiam das vantagens da *internet* e não se importam com a violação de direitos; c) os usuários de maior instrução que se importam com a violação de direitos decorrente do capitalismo de vigilância e lutam pelos direitos à privacidade e proteção de dados pessoais; d) os usuários de maior instrução que além de se importarem com a violação de direitos e lutarem pelos direitos acima mencionados, lutam pelo direito de serem esquecidos.

Há, pelo menos, tais interesses em jogo. Dessa forma, é inegável a existência de um litígio estrutural na situação ora discutida, e o Judiciário pode ajudar na reorganização dessas estruturas burocráticas, pela via do processo estrutural, a fim de que não somente as violações a direito sejam cessadas, mas que as empresas adotem uma nova lógica de funcionamento e tratamento de dados, seguindo efetivamente o que a LGPD dispõe.

Nesse contexto, a LGPD, a qual estabelece princípios e regras assegurando o direito à proteção de dados pessoais, representa um avanço – mesmo que tardio – acerca do tratamento de dados no Brasil.

A referida Lei inova no ordenamento jurídico, pois, de início, é destinada exclusivamente à proteção de dados de pessoas físicas,[79] bem como tutelou o direito à proteção de dados de maneira mais específica – anteriormente, era tratado apenas de maneira reflexa[80] – além de ter disposto, mesmo que de maneira pouco clara, um regramento

---

76. Ibidem.
77. ARENHART, Sergio Cruz. Processo multipolar, participação e representação de interesses concorrentes. In: ARENHART, Sérgio Cruz; JOBIM, Marco Félix; OSNA, Gustavo (Org.) *Processos Estruturais*. 4. ed. Salvador: JusPodivm, 2022.
78. Ibidem.
79. BRANCO, Sérgio. As hipóteses de aplicação da LGPD e as definições legais. In: MULHOLLAND, Caitlin (Org.). *A LGPD e o novo marco normativo no Brasil*. Porto Alegre: Arquipélago, 2020.
80. SCHREIBER, Anderson. Responsabilidade Civil na Lei Geral de Proteção de Dados Pessoais. In: MENDES, Laura Schertel; DONEDA, Daniel; SARLET, Ingo Wolfgang; RODRIGUES JR., Otavio Luiz (Org.). *Tratado de Proteção de Dados Pessoais*. Rio de Janeiro: Forense, 2021.

acerca da responsabilidade civil por danos sofridos em decorrência do tratamento de dados pessoais.[81]

Em seu art. 42, a LGPD traz uma importante previsão, no sentido de que o dano coletivo, seja moral ou patrimonial, decorrente da má utilização de dados pelo controlador ou operador de dados, será a eles imputado. Isto dá azo não somente para que os possíveis legitimados ingressem com ação coletiva em face dos controladores e operadores de dados, para fins de responsabilização por dano moral coletivo, por exemplo, mas também para que seja ajuizada ação coletiva de natureza estrutural, a fim de que, por meio de um processo estrutural, o *"modus operandi"* das empresas controladoras de dados seja reorganizado, sob pena de responsabilização na esfera civil.

Ocorre que, diante da inação dos legitimados coletivos para proteção dos usuários em face das práticas abusivas cometidas pelos capitalistas de vigilância, os consumidores/usuários se tornam ainda mais vulneráveis.

De acordo com Soares,[82] quanto mais concertada a atuação dos legitimados extraordinários, maiores são as chances de os consumidores conseguirem decisões favoráveis,

> seja cominando o cumprimento forçado de obrigações legais e contratuais, seja revendo práticas abusivas, seja impingindo ao segmento empresarial condenações pecuniárias com forte apelo pedagógico, resultados esses mais tangíveis em demandas coletivas, que nas individuais.[83]

Todavia, o autor demonstra, com base no Relatório Justiça em Números, que a tutela coletiva do consumidor vem sendo subutilizada pelos legitimados extraordinários,[84] os quais têm permanecido inertes diante dos comportamentos ilegais cometidos pelos fornecedores.

Voltemos ao exemplo anterior: em caso de uma publicidade televisiva que viola o CDC, os legitimados costumam ajuizar ações civis públicas para responsabilização dos fornecedores, inclusive por dano moral coletivo. Mesmo assim, aquela ação não causa o efeito pedagógico esperado na empresa contra a qual foi ajuizada a ação e tampouco para os concorrentes, pois fazendo uma análise econômica dos riscos, essas empresas lucram muito mais com este tipo de publicidade e eventuais condenações no Judiciário acabam sendo um risco que "vale a pena" correr, porque nem sempre a responsabilização vem e, quando vem, é inferior ao lucro.

No entender de Soares:[85]

> [...] muito dificilmente uma ação civil pública tem um desfecho meritório e é ainda mais raro identificar a execução ou mesmo cumprimento de uma sentença condenatória, o que acaba por favorecer o

---
81. Ibidem.
82. SOARES, Dennis Verbicaro. A tutela processual coletiva do consumidor a partir da atuação concertada dos legitimados ativos. *Revista Jurídica Cesumar*. v. 17, p. 741-772, Maringá, set.-dez. 2017.
83. VERBICARO, Dennis; VERBICARO, Loiane. A indústria Cultural e o caráter fictício da individualidade na definição do conceito de consumidor – comunidade global. *Revista Jurídica Cesumar*. v. 17, p. 745-746. Maringá, jan.-abr. 2017.
84. Ibidem.
85. SOARES, Dennis Verbicaro, op. cit., p. 755-756.

fornecedor que, agindo na infralegalidade, se locupleta indevidamente à custa do consumidor por práticas abusivas e outros comportamentos ilícitos.

No caso do capitalismo de vigilância, no qual as empresas lucram com base na utilização não consentida devidamente dos dados pessoais dos usuários, não há a mesma atuação dos legitimados coletivos e, mesmo se houvesse uma atuação "tradicional", em ajuizar uma ação civil pública para condenação em dano moral coletivo, ainda assim as empresas persistiriam cometendo o mesmo tipo de prática indevida, pois o lucro é exponencialmente maior.

Assim, considerando a recalcitrância dos fornecedores nessas situações mais visíveis – como no exemplo da publicidade abusiva na televisão –, bem como considerando a inação dos legitimados coletivos para a responsabilização dos fornecedores e capitalistas de vigilância, é necessária uma atuação mais criativa por parte do Judiciário, a fim de dar um tratamento adequado a este problema estrutural.

Desta feita, o que se está a defender neste trabalho é que a utilização do processo estrutural pode ser uma forma de mitigação do capitalismo de vigilância, devido a reestruturação que as empresas controladoras de dados podem sofrer, no âmbito de um processo coletivo estrutural, tomando como base para a reestruturação a LGPD.

De acordo com Roque,[86] ações coletivas em matéria de dados pessoais podem envolver vários tipos de pedidos, como o pagamento de danos morais e materiais, que determinados dados sejam deletados ou que seu compartilhamento com outras empresas seja cessado. Entretanto, nenhum desses pedidos têm natureza estrutural. Roque[87] afirma que a situação se torna complexa quando a ação coletiva busca transformações estruturais na forma de tratamento de dados pessoais, como a determinação a fim de que o tratamento de dados pessoais sensíveis em uma grande empresa seja ajustado aos limites que a LGPD trouxe.[88]

Diferentemente do que se pode vir a pensar, a LGPD não pretende frear o desenvolvimento tecnológico e econômico, inclusive porque ela prevê como fundamentos o desenvolvimento econômico e tecnológico, a livre iniciativa, a livre concorrência e a defesa do consumidor.[89]

Contudo, para que a proteção de dados pessoais e a livre iniciativa caminhem harmoniosamente, certamente será necessária uma reforma estrutural, visto que a LGPD, sozinha, não conseguiu conter os efeitos deletérios do capitalismo de vigilância. Para que estes possam ser detidos e a vida dos usuários *online* possa ter mais segurança, a reforma estrutural das grandes empresas e plataformas digitais é uma medida impres-

---

86. ROQUE, André. A tutela coletiva dos dados pessoais na Lei Geral de Proteção de Dados Pessoais (LGPD). *Revista Eletrônica de Direito Processual*. v. 20, p. 01-19, Rio de Janeiro, maio-ago. 2019.
87. Ibidem.
88. Ibidem.
89. SOUZA, Carlos Affonso; MAGRANI, Eduardo; CARNEIRO, Giovana. Lei Geral de Proteção de Dados Pessoais: uma transformação na tutela dos dados pessoais. *In*: MULHOLLAND, Caitlin (Org.). *A LGPD e o novo marco normativo no Brasil*. Porto Alegre: Arquipélago, 2020.

cindível. Para isso, é necessária uma atuação criativa por parte do Judiciário, a partir do gerenciamento de uma ação individual materialmente estruturante.[90]

Segundo Jobim,[91] o direito e o processo devem acompanhar o momento cultural de uma sociedade e, consequentemente, quando um deles rompe com a tradição que está enraizada no âmbito social, a decisão judicial e o direito somente se revelarão efetivos quando medidas de estruturação forem realizadas. Trazendo esta afirmação para o ambiente deste artigo, compete destacar que o Poder Judiciário deve acompanhar as mudanças sociais, de modo a perceber os efeitos ruins do capitalismo de vigilância e tomar soluções diferentes, de reestruturação, para garantir não somente a efetividade do direito, mas também para mitigar os efeitos trazidos pelo capitalismo de vigilância.

Para Marçal,[92] mesmo diante do veto ao art. 333 do CPC, que previa a conversão de ação individual em coletiva, é possível o gerenciamento de uma ação individual que seja materialmente estrutural, pela cooperação entre Judiciário, Ministério Público, Defensoria Pública para a identificação de demandas individuais materialmente estruturais para que um dos legitimados coletivos ingresse na ação.[93] Outra proposta trazida pelo autor é a reunião de demandas individuais por conexão para julgar conjuntamente demandas individuais que, globalmente consideradas, podem resultar em transformações estruturais.[94] Este tipo de medida criativa é o que o Judiciário e os legitimados coletivos precisam fazer em prol da proteção dos dados pessoais dos usuários, que são tão importantes nos dias atuais.

Entretanto, como preceitua Osna,[95] as medidas estruturantes devem "equalizar os efeitos gerais (econômicos e institucionais) das decisões complexas",[96] de modo que se pensar nos impactos da decisão é uma medida imprescindível para que a jurisdição possa atuar de maneira efetiva.[97] Com isso, o que se quer dizer é: no caso do capitalismo de vigilância, as medidas estruturais são de extrema importância, contudo, o julgador (ou conjunto de julgadores) deve pensar em soluções criativas, prevendo as consequências dessa decisão, e aplicando as medidas estruturantes gradualmente, a fim de evitar efeitos negativos para a sociedade e para o mercado, sem deixar de lado o cerne das medidas, que é a proteção dos dados pessoais dos usuários.

---

90. MARÇAL, Felipe Barreto. Processos Estruturantes (Multipolares, Policêntricos ou Multifocais): gerenciamento processual e modificação da estrutura judiciária. *Revista de Processo*. v. 289, p. 423-448, São Paulo, maio 2019.
91. JOBIM, Marco Félix. *Medidas Estruturantes na Jurisdição Constitucional*: Da Suprema Corte Estadunidense ao Supremo Tribunal Federal. 2. ed. Porto Alegre: Livraria do Advogado, 2021.
92. MARÇAL, Felipe Barreto. Processos Estruturantes (Multipolares, Policêntricos ou Multifocais): gerenciamento processual e modificação da estrutura judiciária. *Revista de Processo*. v. 289, p. 423-448, São Paulo, maio 2019.
93. Ibidem.
94. Ibidem.
95. OSNA, Gustavo. Nem "tudo", nem "nada" – Decisões Estruturais e Efeitos Jurisdicionais Complexos. In: ARENHART, Sérgio Cruz; JOBIM, Marco Félix; OSNA, Gustavo (Org.) *Processos Estruturais*. 4. ed. Salvador: JusPodivm, 2022.
96. Ibidem.
97. Ibidem.

CONSIDERAÇÕES FINAIS

O presente artigo tratou do capitalismo de vigilância e sua relação antagônica com a LGPD, de modo a mostrar a forma como o consumidor tem sido tratado pelo capitalismo de vigilância. Assim, a problemática do trabalho consistiu em verificar de que maneira o processo estrutural pode auxiliar para que a LGPD seja cumprida e os efeitos ruins do capitalismo de vigilância sejam evitados.

Na primeira seção, discutiu-se como a publicidade tem se utilizado do assédio de consumo para induzir os consumidores a consumir mais e como isso agravou a vulnerabilidade dos consumidores, além do fato de que a publicidade abusiva tem manipulado a mente humana e invertido a hierarquia das necessidades humanas, criando necessidades artificiais aos consumidores. Como a tecnologia se desenvolveu, a indústria cultural ganhou um grande aliado, que é o capitalismo de vigilância, o qual propicia novas formas de dominação dos consumidores por conta das assimetrias de informação e desconhecimento.

Na segunda seção, tratou-se especificamente acerca do capitalismo de vigilância, sobre como surgiu, como se relaciona com o neoliberalismo, além de tratar do superávit comportamental e de como as predições de comportamento permitem a lucratividade dos capitalistas de vigilância. Examinou-se, ainda, como o capitalismo de vigilância viola os direitos dos usuários e controla a sociedade, além de como agravou a vulnerabilidade informacional dos consumidores.

Por fim, analisou-se a LGPD, seus objetivos, finalidades e, considerando o fato de que ela não tem sido integralmente respeitada no Brasil, foi trazido o processo estrutural como uma técnica processual hábil a permitir a reestruturação das políticas de tratamento de dados das grandes empresas e plataformas digitais.

Limberger, Saldanha e Horn[98] defendem que a internet, mesmo sendo um veículo de comunicação que está em ascensão, não funciona como fator de integração e identidade nacional. As diversas iniciativas de participação e deliberação plural cívica por meio da internet demonstram que a internet tem potencial para funcionar como meio que vise o desenvolvimento e aprimoramento da democracia, entretanto, essas iniciativas acabam funcionando em virtude de interesses públicos estanques.[99]

Os usuários dão mais atenção e utilizam mais a internet para fazer compras, mantendo o padrão comportamental de consumo vigente, focado para o atendimento de necessidades artificiais, desejos e prazeres, do que para as possibilidades de participação democrática existentes na internet.[100]

---

98. LIMBERGER, Têmis; SALDANHA, Jânia; Horn. Luiz Fernando del Rio. Do dilema paradoxal tecnocívico: inclusão consumerista digital quantitativa versus qualitativa. *Revista de Direito do Consumidor*. v. 114, p. 195-226, São Paulo, 2017.
99. Ibidem.
100. LIMBERGER, Têmis; SALDANHA, Jânia; Horn. Luiz Fernando del Rio. Do dilema paradoxal tecnocívico: inclusão consumerista digital quantitativa versus qualitativa. *Revista de Direito do Consumidor*. v. 114, p. 195-226, São Paulo, 2017.

Entretanto, diante do contexto vivido atualmente com o capitalismo de vigilância, e considerando a vulnerabilidade do consumidor neste contexto pela inação dos legitimados coletivos para a proteção dos direitos dos usuários, a adoção de soluções criativas pelo próprio Judiciário, a fim de se gerenciar demandas individuais que sejam materialmente estruturais, se torna imprescindível, pois existem mecanismos processuais à disposição do magistrado visando a realização deste gerenciamento e, consequentemente, o tratamento de problema estrutural.

REFERÊNCIAS

ARENHART, Sergio Cruz. Processo multipolar, participação e representação de interesses concorrentes. In: ARENHART, Sérgio Cruz; JOBIM, Marco Félix; OSNA, Gustavo (Org.) *Processos Estruturais*. 4. ed. Salvador: JusPodivm, 2022.

AZEVEDO, Júlio Camargo de. Vulnerabilidade digital: conceito e dimensões estruturantes. In: SOUSA, José Augusto Garcia de; PACHECO, Rodrigo Baptista; MAIA, Maurilio Casas. *Acesso à justiça na era da tecnologia*. São Paulo: JusPodivm, 2022.

BRANCO, Sérgio. As hipóteses de aplicação da LGPD e as definições legais. In: MULHOLLAND, Caitlin (Org.). *A LGPD e o novo marco normativo no Brasil*. Porto Alegre: Arquipélago, 2020.

BRASIL. *Lei 13.709*, de 14 de agosto de 2018. Dispõe sobre o tratamento de dados pessoais, inclusive nos meios digitais, por pessoa natural ou por pessoa jurídica de direito público ou privado, com o objetivo de proteger os direitos fundamentais de liberdade e de privacidade e o livre desenvolvimento da personalidade da pessoa natural. Disponível em: https://www.planalto.gov.br/ccivil_03/_ato2015-2018/2018/lei/l13709.htm. Acesso em: 22 jul. 2022.

CAMPELLO, Cynthia; VERBICARO, Dennis; MARANHÃO, Ney. Necessidades Artificiais de Consumo e agravamento da vulnerabilidade obreira: análise à luz do capitalismo predatório e da indústria cultural. *Revista de Direito do Trabalho*. v. 211, p. 79-92, São Paulo, maio-jun. 2020.

CARIBÉ, José Carlos Rebello. Uma perspectiva histórica e sistêmica do capitalismo de vigilância. *Revista Inteligência Empresarial*, v. 41, p. 5-13. Disponível em: https://inteligenciaempresarial.emnuvens.com.br/rie/article/view/20. Acesso em: 28 jul. 2022.

DIDIER JR, Fredie; ZANETI JR, Hermes; OLIVEIRA, Rafael Alexandrino. Elementos para uma teoria do processo estrutural aplicada ao processo civil brasileiro. *Revista de Processo*, v. 303, p. 45-81, São Paulo, maio 2020.

JOBIM, Marco Félix. *Medidas Estruturantes na Jurisdição Constitucional:* Da Suprema Corte Estadunidense ao Supremo Tribunal Federal. 2. ed. Porto Alegre: Livraria do Advogado, 2021.

LA BOÉTIE, Étienne. *Discurso sobre a Servidão Voluntária*. Trad. Evelyn Tesche. São Paulo: Edipro, 2017.

LIMBERGER, Têmis; SALDANHA, Jânia; Horn. Luiz Fernando del Rio. Do dilema paradoxal tecnocívico: inclusão consumerista digital quantitativa *versus* qualitativa. *Revista de Direito do Consumidor*. v. 114, p. 195-226, São Paulo, 2017.

MACHADO, Débora. A modulação de comportamento nas plataformas digitais. In: SOUZA, Joyce; AVELINO, Rodolfo; SILVEIRA, Sérgio Amadeu da. *A sociedade de controle:* manipulação e modulação nas redes digitais. São Paulo: Hedra, 2018.

MARÇAL, Felipe Barreto. Processos Estruturantes (Multipolares, Policêntricos ou Multifocais): gerenciamento processual e modificação da estrutura judiciária. *Revista de Processo*. v. 289, p. 423-448, São Paulo, maio 2019.

MASLOW, Abraham H. *Motivação e Personalidade*. Trad. Orlando Nogueira. 2. ed. New York: Harper & Row, 1970.

OSNA, Gustavo. Nem "tudo", nem "nada" – Decisões Estruturais e Efeitos Jurisdicionais Complexos. In: ARENHART, Sérgio Cruz; JOBIM, Marco Félix; OSNA, Gustavo (Org.) *Processos Estruturais*. 4. ed. Salvador: JusPodivm, 2022.

RODOTÀ, Stefano. *A vida na sociedade da vigilância: a privacidade hoje*. Trad. Daniel Doneda e Luciana Cabral Doneda. Rio de Janeiro: Renovar, 2008.

ROQUE, André. A tutela coletiva dos dados pessoais na Lei Geral de Proteção de Dados Pessoais (LGPD). *Revista Eletrônica de Direito Processual*. v. 20, p. 01-19, Rio de Janeiro, maio-ago. 2019.

SCHREIBER, Anderson. Responsabilidade Civil na Lei Geral de Proteção de Dados Pessoais. In: MENDES, Laura Schertel; DONEDA, Daniel; SARLET, Ingo Wolfgang; RODRIGUES JR., Otavio Luiz (Org.). *Tratado de Proteção de Dados Pessoais*. Rio de Janeiro: Forense, 2021.

SOARES, Dennis Verbicaro. A tutela processual coletiva do consumidor a partir da atuação concertada dos legitimados ativos. *Revista Jurídica Cesumar*. v. 17, p. 741-772, Maringá, set.-dez. 2017.

SOUZA, Carlos Affonso; MAGRANI, Eduardo; CARNEIRO, Giovana. Lei Geral de Proteção de Dados Pessoais: uma transformação na tutela dos dados pessoais. In: MULHOLLAND, Caitlin (Org.). *A LGPD e o novo marco normativo no Brasil*. Porto Alegre: Arquipélago, 2020.

VERBICARO, Dennis; MARANHÃO, Ney; CALANDRINI, Jorge. O impacto do capitalismo de plataforma no agravamento da vulnerabilidade algorítmica do consumidor e do trabalhador. *Revista de Direito do Trabalho*. v. 223, p. 277-305, São Paulo, maio-jun. 2022.

VERBICARO, Dennis; MARTINS, Ana Paula Pereira. A contratação Eletrônica de aplicativos Virtuais no Brasil e a nova dimensão da privacidade do consumidor. *Revista de Direito do Consumidor*. v. 116, p. 369-391, São Paulo, mar.-abr. 2018.

VERBICARO, Dennis; RODRIGUES, Lays; ATAÍDE, Camille. Desvendando a vulnerabilidade comportamental do consumidor: uma análise jurídico-psicológica do assédio de consumo. *Revista de Direito do Consumidor*. v. 119, p. 349-384, São Paulo, set.-out. 2018.

VERBICARO, Dennis; VERBICARO, Loiane. A indústria Cultural e o caráter fictício da individualidade na definição do conceito de consumidor – comunidade global. *Revista Jurídica Cesumar*. v. 17, p. 107-131, Maringá, jan.-abr. 2017.

VERBICARO, Loiane Prado. Pandemia e o colapso do neoliberalismo. *Voluntas Revista Internacional de Filosofia*. v. 11, p. 1-9, Santa Maria, 2020.

VITORELLI, Edilson. *Processo Civil Estrutural*: teoria e prática. Salvador: JusPodivm, 2020.

ZUBOFF, Shoshana. *A Era do Capitalismo de Vigilância*: a luta por um futuro humano na nova fronteira do poder. Trad. George Schlesinger. Rio de Janeiro: Intrínseca, 2020.

INTERNET E PROTEÇÃO DE DADOS PESSOAIS NAS RELAÇÕES INTERNACIONAIS DE CONSUMO: ALGUNS CONTORNOS E CONTEXTOS

Daniela Copetti Cravo

Doutora e Pós-Doutora em Direito pela Universidade Federal do Rio Grande do Sul – UFRGS. Diretora Acadêmica da Escola Superior de Direito Municipal – ESDM. Coordenadora do GT de implementação da LGPD na Procuradoria Geral do Município de Porto Alegre. Procuradora do Município de Porto Alegre (PGM/POA). E-mail: danielacopetticravo@hotmail.com.

José Luiz de Moura Faleiros Júnior

Doutorando em Direito Civil pela Universidade de São Paulo – USP/Largo de São Francisco. Doutorando em Direito, na área de estudo 'Direito, Tecnologia e Inovação', pela Universidade Federal de Minas Gerais – UFMG. Mestre e Bacharel em Direito pela Universidade Federal de Uberlândia – UFU. Especialista em Direito Digital, em Direito Civil e Empresarial. Associado do Instituto Avançado de Proteção de Dados – IAPD. Membro do Instituto Brasileiro de Estudos de Responsabilidade Civil – IBERC. Advogado e Professor. E-mail: jfaleiros@usp.br.

Sumário: Introdução – 1. Contratos eletrônicos de consumo no panorama internacional; 1.1 Aspectos específicos relacionados ao princípio da confiança; 1.2 Desenvolvimento algorítmico, automatização de contratações e proteção de dados pessoais – 2. Alguns contornos e contextos específicos; 2.1 Extraterritorialidade do direito à portabilidade de dados; 2.2 Precificação algorítmica e compras em portais eletrônicos estrangeiros; 2.3 Transferência internacional de dados, contratos e certificações – Considerações finais – Referências.

INTRODUÇÃO

A transformação digital há tempos já propicia importantes discussões sobre a reformulação do comércio em função da popularização e da sofisticação da Internet, além de acarretar mudanças estruturais na própria modelagem das relações jurídicas contratuais, cada vez mais imediatas (ou até instantâneas) e propulsionadas por peculiaridades que somente a tecnologia poderia viabilizar.

Extrapolar fronteiras é uma das características que o comércio eletrônico do século XXI apresenta, facilitando a aproximação entre fornecedores e consumidores de nacionalidades distintas e sem as limitações tradicionalmente visualizadas no comércio internacional. Transações são feitas com muita facilidade, via Internet, de modo que contratos são firmados com absoluta rapidez em interações que, via de regra, são totalmente automatizadas e, por isso, deveriam observar parâmetros específicos para evitar o acirramento de riscos que são, intrinsecamente, de difícil aferição.

Contratos eletrônicos de consumo firmados nesse inovador contexto são preponderantemente caracterizados pela quase instantaneidade, pela automatização (produzida por algoritmos de inteligência artificial) e pela grande quantidade de dados pessoais que se passa a tratar para ampliar exponencialmente a exploração do comércio eletrônico a nível internacional. Isso ocorre com enorme pujança, mas também revela disparidades, idiossincrasias e situações de risco que podem elevar a vulnerabilidade do consumidor.

Com base nessas premissas, o presente estudo fará breve averiguação, a partir de pesquisa bibliográfica lastreada no método dedutivo, acerca dos contornos particulares que os contratos eletrônicos de consumo adquirem no panorama internacional do comércio via Internet. Serão pontuadas, em linhas mais específicas, embora sem a pretensão de esgotar o tema, as situações peculiares da portabilidade de dados para o exterior, a precificação algorítmica e a transferência internacional de dados.

1. CONTRATOS ELETRÔNICOS DE CONSUMO NO PANORAMA INTERNACIONAL

Vivencia-se, em pleno século XXI, o apogeu da ampla conectividade estudada por Klaus Schwab.[1] No epítome da Quarta Revolução Industrial, diversos debates jurídicos já se elasteceram para conjugar bem mais do que as regras contidas no Código de Defesa do Consumidor (Lei 8.078/1990), haja vista ser evidente que o ritmo irrefreável da inovação tecnológica acarreta mudanças profundas nos modelos tradicionais de regulação pela lei e de engessamento das estruturas econômicas. O comércio eletrônico é exemplo disso, pois reflete a rapidez dessas mudanças.

Segundo Antonia Espíndola Longoni Klee, "a Internet configura um novo meio, permitindo a conexão de pessoas nas mais diversas situações, com os mais diversos propósitos. A inter-relação é de tal modo facilitada que se costuma falar em desterritorialização das relações celebradas por meio eletrônico".[2] Noutros termos, a proteção do consumidor poderá ser dividida em momentos díspares: antes e depois da aparição do comércio eletrônico, tornando necessárias novas soluções para problemas que surgem[3] e que, a partir de então, são desafiados por novas fronteiras do implemento de algoritmos, que podem gerar discriminação e, eventualmente, acirrar vulnerabilidades.

Falar sobre contratos eletrônicos de consumo impõe uma breve retomada de conceitos que o direito já explora desde o alvorecer da 'sociedade em rede' da década de 1990, marcada pela ascensão da Internet e que, nos dizeres do sociólogo Jan van Dijk – um dos primeiros a explorar o conceito –, sempre marcou o descompasso anunciado entre inovação e regulação, que impõe 'períodos de transição' até que sua compreensão mais aprofundada permita ao Estado o exercício de seu poder regulamentar a partir das leis.[4]

---
1. SCHWAB, Klaus. *A quarta revolução industrial*. Trad. Daniel Moreira Miranda. São Paulo: Edipro, 2016. p. 115.
2. KLEE, Antonia Espíndola Longoni. *Comércio eletrônico*. São Paulo: Ed. RT, 2014. p. 227.
3. LORENZETTI, Ricardo Luís. *Comércio eletrônico*. Trad. Fabiano Menke. São Paulo: Ed. RT, 2004. p. 354.
4. VAN DIJK, Jan. *The network society*. 2. ed. Londres: Sage Publications, 2006, p. 128. Comenta: "The law and justice have lagged behind new technology in almost every period in history. This is understandable, as new technology

Essa mesma visão foi, em 1996, esmiuçada pelo grande expoente do conceito sociológico da 'sociedade em rede', o espanhol Manuel Castells, sempre enfático ao dizer que "como uma tendência histórica, funções e processos dominantes na sociedade da informação estão cada vez mais organizados em torno de redes",[5] concluindo, na sequência, que "as redes constituem a nova morfologia social de nossas sociedades, e a difusão da lógica de rede modifica substancialmente a operação e os resultados nos processos de produção, experiência, poder e cultura".[6]

Sendo tantos os impactos das redes, não fugiria dessa nova dinâmica a estruturação jurídica dos contratos e dos processos de manifestação de vontade a partir da Internet. Como lembra Caitlin Mulholland, "os contratos serão ainda os mesmos contratos realizados no "mundo real", isto é, contratos de consumo habituais, tais como os de fornecimento de bens e serviços, modificando-se somente a forma ou o meio atráves do qual eles se realizam e se executam".[7]

Mais do que nunca, o direito privado tem sido instado a esclarecer os aspectos jurídicos concernentes às contratações levadas a efeito eletronicamente. Falava-se, inicialmente, em contratos informáticos e em contratos telemáticos,[8] mas os problemas não eram apenas terminológicos: havia grande dificuldade de se compreender a extensão ultrafronteiriça da Internet e os inegáveis impactos que ela representou, desde sua gênese, para a estruturação teórica em torno da declaração de vontade na rede.

É o que explica Lorenzetti:

> A interpretação acima mencionada é problemática, uma vez que o "consentimento eletrônico" se daria entre presentes, pois as declarações são instantâneas, e entre ausentes, nas regras do Direito Internacional Privado, que são frequentes na Internet, uma vez que são celebrados contratos entre sujeitos localizados em lugares muito distantes e em diferentes países. A problemática é gerada porque se trata de definir conceitualmente o que é "declaração", "presença física", quando, na realidade,

---

must become established in society before legislation can be applied to it. Furthermore, the consequences of new technology are not always clear right away. That is why the legal answer usually has the character of a reaction or an adjustment of existing principles. In civil society, this character is enhanced by the principle of civil law, in which individuals initially act freely and the law subsequently makes corrections".

5. CASTELLS, Manuel. *The rise of the network society*. 2. ed. Oxford/West Sussex: Wiley-Blackwell, 2010. (The information age: economy, society, and culture, v. 1), p. 500, tradução livre. No original: "(...) as an historical trend, dominant functions and processes in the Information Age are increasingly organized around networks".
6. CASTELLS, Manuel. *The rise of the network society*. 2. ed. Oxford/West Sussex: Wiley-Blackwell, 2010. (The information age: economy, society, and culture, v. 1), p. 500, tradução livre. No original: "Networks constitute the new social morphology of our societies, and the diffusion of networking logic substantially modifies the operation and outcomes in processes of production, experience, power, and culture".
7. MULHOLLAND, Caitlin. *Internet e contratação*: panorama das relações contratuais eletrônicas de consumo. Rio de Janeiro: Renovar 2006, p. 87-88.
8. DE LUCCA, Newton. *Aspectos jurídicos da contratação informática e telemática*. São Paulo: Saraiva, 2003, p. 20. Anota, elucidando até mesmo a terminologia originalmente utilizada na Itália, na França e na Espanha: "Na doutrina peninsular, por exemplo, pelo genérico nome de *contratti d'informatica* são designados tanto os *contratti di utilizzazione del computer* – nos quais os bens ou serviços informáticos constituem o objeto do contrato – quanto os *contratti informatici*, vale dizer, aqueles em que a informática constitui um meio de representação ou de expressão da vontade, o mesmo acontecendo tanto na doutrina francesa, com a dicotomia *contrats informatiques* e *contrats télématiques*, quanto na doutrina espanhola, com a distinção entre *contratación informática* e *contratación por médios informáticos*."

é um problema de atribuição do risco de comunicação, como veremos a seguir. A questão central é, então, determinar com precisão o momento de execução do contrato e a legislação aplicável, por meio de uma regra coerente.[9]

No Brasil, a doutrina sinaliza que, "sendo o consumo parte essencial do cotidiano do ser humano e o consumidor o sujeito em que se encerra todo o ciclo econômico, não poderia tal matéria restar esquecida pelos profissionais do direito, homens públicos e cientistas".[10] Não por outra razão, floresceu a disciplina do comércio eletrônico,[11] fortemente influenciada pela interpretação conglobante do princípio da confiança[12] e dos deveres colhidos da boa-fé objetiva.

Surgiu, então, a doutrina dos contratos eletrônicos e, então, novos desafios foram revelados exatamente para que a disciplina jurídica pudesse manter sua higidez, em observância à desejada confiança. Os desafios à definição de parâmetros no direito internacional privado[13] foram trabalhados a partir da Lei modelo sobre o comércio eletrônico da UNCITRAL (Comissão das Nações Unidas para o Direito Comercial Internacional);[14] por sua vez, as primeiras dúvidas sobre as assinaturas digitais surgiram e desencadearam reflexões sobre como poderiam ser implementadas.[15]

---

9. LORENZETTI, Ricardo Luis. *Tratado de los contratos*. Santa Fe: Rubinzal-Culzoni, 2000, t. 3, p. 850-851, tradução livre. No original: "La mencionada interpretación es problemática, puesto que el "consentimiento electrónico" sería entre presentes porque las declaraciones son instantáneas, y entre ausentes para las reglas del Derecho Internacional Privado, lo cual es frecuente en Internet, ya que los contratos se celebran entre sujetos situados en lugares muy distantes, y en países diferentes. La problematicidad se genera porque se trata de definir conceptualmente lo que es "declaración", "presencia física", cuando en realidad, se trata de un problema de atribución del riesgo de las comunicaciones, como lo veremos seguidamente. La cuestión central es, entonces, determinar con precisión el momento de perfeccionamiento del contrato y la legislación aplicable, mediante una regla coherente."
10. AMARAL, Luiz Otávio de Oliveira. *Teoria geral do direito do consumidor*. São Paulo: Ed. RT, 2010, p. 19.
11. MARQUES, Claudia Lima. Normas de proteção do consumidor (especialmente, no comércio eletrônico) oriundas da União europeia e o exemplo de sua sistematização no Código Civil alemão de 1896 – notícia sobre as profundas modificações no BGB para incluir a figura do consumidor. *Revista de Direito Privado*, v. 1, n. 4, p. 70. São Paulo, out. 2000. Em sua investigação, a autora analisa os impactos ultrafronteiriços da Internet sobre o comércio eletrônico – na mesma linha do que pontua o já citado Lorenzetti, uma vez que "a distância física pode causar insegurança quanto às informações, a qualidade e as garantias para esse contrato."
12. Confira-se, por todos: MARQUES, Claudia Lima. *Confiança no comércio eletrônico e a proteção do consumidor*: um estudo dos negócios jurídicos de consumo no comércio eletrônico. São Paulo: Ed. RT, 2004, p. 35; MIRANDA, José Gustavo Souza. A proteção da confiança nas relações obrigacionais. *Revista de Informação Legislativa*, a. 38, n. 153, p. 137 et seq. Brasília, jan.-mar. 2002.
13. COTEANU, Cristina. *Cyber consumer law and unfair trading practices*. Londres: Routledge, 2016, p. 46.
14. DE LUCCA, Newton. Títulos e contratos eletrônicos: o advento da informática e seu impacto no mundo jurídico. In: DE LUCCA, Newton; SIMÃO FILHO, Adalberto (Coord.). *Direito & Internet*: aspectos jurídicos relevantes. Bauru: Edipro, 2000, p. 45-53.
15. No Brasil, o tema foi estruturado na Medida Provisória 2.200-2, de 24 de agosto de 2001, que "[i]nstitui a Infraestrutura de Chaves Públicas Brasileira – ICP-Brasil, transforma o Instituto Nacional de Tecnologia da Informação em autarquia, e dá outras providências." O tema foi densamente analisado – e com pioneirismo – por Fabiano Menke, que, em 2005, anotou: "O desenvolvimento dos estudos da criptografia assimétrica possibilitou o seu emprego na assinatura digital, espécie de assinatura eletrônica que constitui, em conjugação com os certificados digitais, meio consideravelmente seguro e eficaz de identificação em ambientes virtuais, bem assim de atribuição de autoria de documentos eletrônicos". MENKE, Fabiano. *Assinatura eletrônica no direito brasileiro*. São Paulo: Ed. RT, 2005, p. 151. Porém, nos anos que se seguiram, o tema avançou e culminou na edição da Medida Provisória 983, de 16 de junho de 2020, posteriormente convertida na Lei 14.063, de 23 de setembro de 2020, que estruturou uma classificação tripartite para as assinaturas eletrônicas, em seu artigo 4º: (i) assinatura

Os contratos eletrônicos de consumo foram, enfim, consolidados na disciplina consumerista como desdobramentos integrados ao ordenamento pela boa-fé objetiva, que cumpre tríplice função: interpretativa (art. 113, CC), de controle (art. 187, CC) e de integração (art. 422, CC). Dessa forma, "a contratação eletrônica na Internet envolve uma verdadeira transformação nas experiências de consumo, atraindo o consumidor como poder de novidade e animação de si".[16]

O tema é repleto de peculiaridades, a ponto de a doutrina cunhar o termo ciberconsumidor[17] para se referir ao usuário-internauta que firma contratos eletrônicos de consumo. E a razão pela qual essa leitura crítica do direito do consumidor é tão importante para que se avance rumo à estruturação das peculiaridades das contratações internacionais na Internet parte do próprio conceito de "fornecedor" contido no art. 3º do Código de Defesa do Consumidor: "é toda pessoa física ou jurídica, pública ou privada, nacional ou estrangeira, bem como os entes despersonalizados, que desenvolvem atividade de produção, montagem, criação, construção, transformação, importação, exportação, distribuição ou comercialização de produtos ou prestação de serviços".

A menção às pessoas físicas ou jurídicas estrangeiras consta expressamente do dispositivo e, por essa razão, a contratação realizada virtualmente demandará uma leitura mais aprofundada do CDC em razão da vigência da Lei Geral de Proteção de Dados Pessoais (Lei 13.709, de 14 de agosto de 2018), que revelou notável preocupação com o tratamento dos dados pessoais de consumidores.[18]

Sobre isso, convém registrar que a LGPD faz menção expressa, em seu artigo 45, ao Código de Defesa do Consumidor, e impõe considerar a necessidade de franco diálogo entre essas duas fontes para a completa e adequada integração normativa nas relações de consumo concretizadas pela Internet.[19]

1.1 Aspectos específicos relacionados ao princípio da confiança

A proteção da confiança é, de longa data, preocupação viva no direito. Conforme ensina António Menezes Cordeiro,[20] o seu maior ou menor grau de eficiência depen-

---

eletrônica simples (inc. I); (ii) assinatura eletrônica avançada (inc. II); (iii) assinatura eletrônica qualificada (inc. III). Para mais detalhes: MENKE, Fabiano. A MP 983 e a classificação das assinaturas eletrônicas: comparação com a MP 2.200-2. *CryptoID*, 29 jun. 2020. Disponível em: https://cryptoid.com.br/banco-de-noticias/a-mp-983-e-a-classificacao-das-assinaturas-eletronicas-comparacao-com-a-mp-2-200-2-por-fabiano-menke/. Acesso em: 29 ago. 2022.
16. MARTINS, Guilherme Magalhães. *Contratos eletrônicos de consumo*. 3. ed. São Paulo: Atlas, 2016, p. 118.
17. OLIVEIRA, Elsa Dias. *A proteção dos consumidores nos contratos celebrados através da Internet*. Coimbra: Almedina, 2002, p. 57.
18. MARTINS, Guilherme Magalhães. Artigo 45. In: MARTINS, Guilherme Magalhães; LONGHI, João Victor Rozatti; FALEIROS JÚNIOR, José Luiz de Moura (Coord.). *Comentários à Lei Geral de Proteção de Dados Pessoais (Lei 13.709/2018)*. Indaiatuba: Foco, 2022, p. 423-430.
19. MARTINS, Guilherme Magalhães. Responsabilidade civil, acidente de consumo e a proteção do titular de dados na Internet. In: FALEIROS JÚNIOR, José Luiz de Moura; LONGHI, João Victor Rozatti; GUGLIARA, Rodrigo (Coord.). *Proteção de dados pessoais na sociedade da informação*: entre dados e danos. Indaiatuba: Foco, 2021, p. 77-90.
20. CORDEIRO, António Menezes. *Tratado de Direito Civil Português*. 3. ed. Coimbra: Almedina, 2007, t. I, p. 410.

derá, justamente, da realidade socioeconômica que vier a ser verificada: quando se pretende privilegiar um sistema de manutenção estática dos bens, a confiança adquire menor relevo, ao passo em que, constatada uma preponderância à sua livre circulação, a confiança é mais intensamente protegida.

Diante da realidade ora em exame, marcada sobremaneira pela dinamicidade da circulação da riqueza, é imperioso que se incrementem os níveis de tutela da confiança, privilegiando a satisfação dos interesses e expectativas globalmente envolvidos nas relações jurídicas negociais.[21]

No comércio eletrônico, ainda mais quando verificada em um dos polos a figura do consumidor,[22] do sujeito hipossuficiente, presente o desequilíbrio do vínculo contratual que necessita ser recomposto pelo direito, a confiança necessita ser especialmente privilegiada.[23]

É inerente ao contato negocial a busca, por ambas as partes, do favorecimento dos seus interesses, o que, conforme destaca parte da doutrina, "sempre implica em propostas e actos que desfavoreçam a contraparte, pois não haverá vantagem a mais para uma delas se não houver desvantagem para a outra".[24] Dita realidade agrava-se ainda mais em um meio em que o lucro intenso é o mote principal, sendo os meios agressivos de contato negocial a forma de atingir esse objetivo.[25]

---

21. TEIXEIRA NETO, Felipe; FALEIROS JÚNIOR, José Luiz de Moura. Contratos eletrônicos de consumo nos 30 anos do Código de Defesa do Consumidor: reflexões à luz das experiências brasileira e portuguesa. *Revista Eletrônica de Direito do Centro Universitário Newton Paiva*, n. 41, p. 148. Belo Horizonte, maio-ago. 2020.
22. AMARAL, Luiz Otávio de Oliveira. *Teoria geral do direito do consumidor*. São Paulo: Ed. RT, 2010, p. 19. E o autor esclarece que, "sendo o consumo parte essencial do cotidiano do ser humano e o consumidor o sujeito em que se encerra todo o ciclo econômico, não poderia tal matéria restar esquecida pelos profissionais do direito, homens públicos e cientistas".
23. A este respeito, Paulo Mota Pinto, alicerçado na doutrina de Holger Fleischer, destaca a necessidade premente da proteção da confiança, "seja esta uma *confiança individual*, que [*rectius*, de] cada consumidor, seja antes uma '*confiança coletiva*' num mercado de comércio à distância que funcione bem". Isso traria ao fornecedor "além de um dever de *verdade*, também deveres 'positivos', de acção, no sentido da *informação* e do *esclarecimento*" (grifos do original). *Cf.* PINTO, Paulo Mota. Princípios relativos aos deveres de informação no comércio à distância. *Estudos de Direito do Consumidor*, n. 5, p. 188. Coimbra, 2003.
24. BRITO, Igor Rodrigues. Dever de informação nos contratos à distância e ao domicílio. *Estudos de Direito do Consumidor*, Coimbra, n. 7, 2005, p. 495.
25. Nesse contexto, nota-se a especial relevância das legislações de consumo, em especial do CDC brasileiro, inspirado na Resolução 39/248, de 16 de abril de 1985, que é fruto das discussões do Conselho Social Econômico da Assembleia Geral das Nações Unidas. A propósito, "[e]ste último édito internacional da *vulnerabilidade* como característica *ôntica* do consumidor (desequilíbrio econômico, jogo de força depauperado, necessidade de consumo equitativo e sustentável) foi adotado globalmente. Para tanto, teve o mérito de traçar, entre outras, as seguintes diretrizes aos países signatários: *i)* proteção aos consumidores frente aos riscos e prejuízos à saúde e segurança; *ii)* promoção e proteção dos interesses econômicos dos consumidores; *iii)* acesso à informação adequada para escolha; *iv)* educação para o consumidor; *v)* reparação e compensação do consumidor; *vi)* liberdade de constituição de grupos e organizações para a defesa coletiva. (...) essas diretrizes supranacionais tornar-se-iam os chamados direitos básicos positivados em diversas legislações". MARTINS, Fernando Rodrigues. Constituição, direitos fundamentais e direitos básicos do consumidor. In: MARTINS, Fernando Rodrigues; LOTUFO, Renan (Org.) *20 anos do Código de Defesa do Consumidor*. São Paulo: Saraiva, 2011, p. 167.

Essa é a experiência vivenciada no comércio eletrônico internacional[26] e, nomeadamente, na disciplina dos contratos eletrônicos, pois a distância permite a construção de uma realidade acerca do produto ou serviço e da confiabilidade/seriedade do fornecedor que nem sempre são reais, acarretando grande nebulosidade contratual, já que as partes contratantes "não têm rosto".[27-28]

A citada nebulosidade tende a ser sanada por meio do incremento dos deveres de informação, os quais, por isso mesmo, dada a relevância especial que encerram, não poderão ser apenas formais, mas efetivos, trazendo ao consumidor um conteúdo consistente e permitindo-lhe a absorção e reflexão a respeito para, só então, viabilizar a formação da vontade negocial.[29] Os deveres de esclarecimento incidentes nas relações de consumo do comércio eletrônico deverão, pois, ser regulados pelo Código de Defesa do Consumidor,[30] não obstante as necessidades especiais de esclarecimento que estas relações envolvam, particularmente na Internet.

---

26. Segundo Dan Wei, "In the globalized world, the foundation and the development of international consumer law need reconceptualization and new philosophical formulations. All trade and services should be eventually to the benefit of consumers, and consumer confidence leads to constant economic growth and sustainable development". WEI, Dan. Consumer protection in the global context: The present status and some new trends. In: MARQUES, Claudia Lima; WEI, Dan (Ed.). *Consumer law and socioeconomic development*: national and international dimensions. Cham: Springer, 2017, p. 1.
27. A expressão pode ser encontrada em MARQUES, Claudia Lima. A proteção do consumidor de produtos e serviços estrangeiros no Brasil: primeiras observações sobre os contratos à distância no comércio eletrônico. *Revista da Faculdade de Direito da Universidade Federal do Rio Grande do Sul*, v. 21, p. 69. Porto Alegre, mar. 2002.
28. Ciente disso é que a União Europeia, ao propor a regulamentação de alguns aspectos do comércio eletrônico, o que o fez por meio da Diretriz 2000/31/CE, do Parlamento Europeu e do Conselho, fixa como um dos objetivos da atividade harmonizadora do direito dos seus Estados-membros a necessidade de garantia da segurança e da confiança do consumidor, o que se reflete na legislação portuguesa em decorrência da transposição das normas de direito comunitário. Neste sentido aponta o *Considerando* 5 da referida Diretriz, segundo o qual "[a] fim de garantir a segurança jurídica e a confiança do consumidor, é essencial que a presente directiva estabeleça um quadro geral claro, que abranja certos aspectos legais do comércio eletrônico no mercado interno".
29. Para a doutrina portuguesa, considera-se irrelevante o conceito de consumidor para o estudo do direito do consumo, pois o foco de referida investigação reside na relação de consumo em si, e não propriamente na pessoa do consumidor. Sobre isso, confira-se ALMEIDA, Carlos Ferreira de. *Direito do consumo*. Coimbra: Almedina, 2005, *passim*. O mesmo autor explica, noutro trabalho e sob o ponto de vista econômico, que é imprescindível a análise do conceito jurídico de 'consumo', visto, em Portugal, como a função de satisfação das necessidades – núcleo de estudo das ciências econômicas. No campo sociológico, o consumidor ocuparia uma estrutura de mercado dentro da qual lhe são fornecidos bens e serviços por seu valor de troca, e busca-se adquiri-los em harmonia com o 'valor de uso' que, socialmente, se lhes atribui. (ALMEIDA, Carlos Ferreira de. *Os direitos dos consumidores*. Coimbra: Almedina, 1982, p. 204-221).
30. É importante lembrar que o advento da referida lei propiciou a instituição de verdadeiro microssistema, fruto do fenômeno da 'descodificação', que marcou a superação do período em que os grandes códigos, como o *Code Civil* francês, de 1804, e o *Bürgerliches Gesetzbuch* alemão, de 1900, e vários outros editados ao longo dos séculos XIX e XX, que previam a universalidade de condutas jurígenas, dando ensejo a uma nova era de atomização normativa. Sobre isso, ver IRTI, Natalino. *L'età della decodificazione*. 2. ed. Milão: Giuffrè, 1986, passim. No Brasil, esse mesmo fenômeno é notado até mesmo na distinção terminológica, que deu ensejo à delimitação da nomenclatura 'Código' de Defesa do Consumidor, ao invés de simplesmente 'lei', como ocorreu em Portugal. (DE LUCCA, Newton. *Direito do consumidor*: aspectos práticos. Perguntas e respostas. São Paulo: Ed. RT, 1995, p. 35-36.)

1.2 Desenvolvimento algorítmico, automatização de contratações e proteção de dados pessoais

Sendo o comércio eletrônico um ambiente de inegável reestruturação das relações comerciais[31] – cada vez mais massificadas[32] e permeadas pela assimetria técnica do ciberconsumidor leigo[33] –, uma das grandes inconveniências do regime do Código de Defesa do Consumidor é a ausência de sanção pelo descumprimento dos deveres de informação, mesmo aqueles genericamente previstos no seu artigo 31, fazendo com que toda e qualquer controvérsia a eles relativa deva ser solucionada *a posteriori*, em eventual demanda ajuizada pelo consumidor em decorrência de outras vicissitudes do negócio.[34]

Sem dúvidas, esta foi uma das razões para que o direito privado, influenciado pela expansão dos direitos fundamentais,[35] inclusive por expressa determinação constitucional, passasse a contemplar a defesa do consumidor como princípio fundamental, consagrando passo essencial para a consolidação do chamado "direito privado solidário".[36]

O impacto das 'redes' descritas por van Dijk e Castells ecoa nesse universo, pois é nelas que surge um novo 'ambiente', capaz de interferir na própria estruturação de bases do direito privado e da configuração dos mercados (agora chamados de

---

31. CARVALHO, Jorge Morais. O direito português dos contratos eletrónicos. *Res Severa Verum Gaudium*, v. 3, n. 2, p. 87, Porto Alegre, 2018. Anota: "As regras aplicáveis aos contratos de consumo celebrados através da Internet são muito variadas, destacando-se, numa perspectiva da sua aplicação na prática, os regimes dos contratos celebrados à distância e das cláusulas contratuais gerais. Com efeito, os contratos celebrados através da Internet são sempre contratos celebrados à distância e são formados praticamente sempre na sequência de declaração contratual emitida pelo profissional, que inclui cláusulas que não podem ser negociadas pelo consumidor."
32. CANTO, Rodrigo Eidelvein do. *A vulnerabilidade dos consumidores no comércio eletrônico*: reconstrução da confiança na atualização do Código de Defesa do Consumidor. São Paulo: Ed. RT, 2015, p. 34.
33. A expressão é sugerida pela doutrina portuguesa, tendo aparecido nos escritos de Elsa Dias Oliveira, que, em síntese, descreve aquele "celebra contratos através da Internet [...], [é] corretamente designado por consumidor internauta ou por ciber-consumidor". (OLIVEIRA, Elsa Dias. *A proteção dos consumidores nos contratos celebrados através da Internet*. Coimbra: Almedina, 2002, p. 57.) No Brasil, de modo semelhante, a terminologia foi apresentada, com pioneirismo, por Claudia Lima Marques, se reportando aos estudos de Thibault Verbiest. (MARQUES, Claudia Lima. *Confiança no comércio eletrônico e a proteção do consumidor*: um estudo dos negócios jurídicos de consumo no comércio eletrônico. São Paulo: Ed. RT, 2004. p. 57.) Ainda, pode-se mencionar o conceito bastante assertivo de Pedro Modenesi, que descreve o ciberconsumidor como "o civil ou leigo que adquire produto ou serviço, pela Internet, de um fornecedor (empresário ou profissional)." (MODENESI, Pedro. Contratos eletrônicos de consumo: aspectos doutrinário, legislativo e jurisprudencial. In: MARTINS, Guilherme Magalhães; LONGHI, João Victor Rozatti (Coord.). *Direito digital*: direito privado e Internet. 3. ed. Indaiatuba: Foco, 2020, p. 472).
34. Em sentido contrário, Claudia Lima Marques sustenta que o Código do Consumidor prevê uma sanção para o descumprimento do dever de informar do fornecedor na medida em que, em seu artigo 18, equipara essa omissão de esclarecimento a vício do produto. Não se pode concordar com essa afirmação, ao menos em parte, já que dizer que a falta de informação equivale a vício do produto não chega a representar uma sanção em si, pois relega o exame da sua ocorrência a momento posterior, apenas no caso de o consumidor vir a interpor uma demanda judicial discutindo inadequações ou desconformidade do produto ou serviço. (MARQUES, Claudia Lima. *Contratos no Código de Defesa do Consumidor*. 4. ed. São Paulo: Ed. RT, 2002, p. 659.)
35. CANARIS, Claus-Wilhelm. *Direitos fundamentais e direito privado*. Trad. Ingo Wolfgang Sarlet e Paulo Mota Pinto. Coimbra: Almedina, 2003, passim.
36. BENJAMIN, Antonio Herman V.; MARQUES, Claudia Lima; BESSA, Leonardo Roscoe. *Manual de direito do consumidor*. 7. ed. São Paulo: Ed. RT, 2016, p. 27.

'mercados ricos em dados', ou *data-rich markets*, na expressão de Mayer-Schönberger e Ramge[37]).

São mercados que se sofisticam exatamente em razão da crescente automatização. Fala-se na pujança do implemento algorítmico e na ascensão da Internet das Coisas (*Internet of Things*, ou simplesmente IoT), o que denota desafios novos e verdadeiramente complexos.[38]

Em verdade, o uso dessas novas tecnologias também inaugura novas possibilidades para que práticas abusivas sejam perpetradas exatamente porque surgem esses novos nexos de centralização do poder[39] (pela arquitetura, como sempre anteviu Lessig[40]); porém, ainda que lhes falte clareza absoluta ou previsões mais específicas e atualizadas em relação a esse novo cenário, os dispositivos do CDC brasileiro são capazes de tutelar tais contingências, mesmo que se trate de uma lei de 1990.[41]

2. ALGUNS CONTORNOS E CONTEXTOS ESPECÍFICOS

2.1 Extraterritorialidade do direito à portabilidade de dados

Considerando que os dados tendem a fluir de forma transfronteiriça na economia digital, muitas legislações de proteção de dados pessoais têm adotado elementos de extraterritorialidade como uma forma de garantir a efetividade da sua tutela. Tal situação acaba tendo impacto nos contratos internacionais de consumo, objeto do presente estudo.

---

37. MAYER-SCHÖNBERGER, Viktor; RAMGE, Thomas. *Reinventing capitalism in the age of big data*. Nova York: Basic Books, 2018, p. 7. Comentam: "The key difference between conventional markets and data-rich ones is the role of information flowing through them, and how it gets translated into decisions. In data-rich markets, we no longer have to condense our preferences into price and can abandon the oversimplification that was necessary because of communicative and cognitive limits."
38. ALMEIDA, Vitor; RAPOZO, Ian Borba. Dilemas da proteção do consumidor em face da Internet das Coisas (IoT). In: MARTINS, Guilherme Magalhães; MARTINS, Fernando Rodrigues; SANTOS, Lindojon Gerônimo Bezerra dos (Coord.). *Direito do consumidor na sociedade da informação*. Indaiatuba: Foco, 2022, p. 273.
39. WU, Tim. *The master switch*: the rise and fall of information empires. Nova York: Vintage, 2010, p. 300.
40. Lawrence Lessig descrevia uma extrapolação regulatória decorrente do "poder pela arquitetura". Essa visão é sintetizada por Andrew Murray: "An attempt to extend the traditional model of regulatory analysis into Cyberspace was made by Lawrence Lessig in his monograph Code and Other Laws of Cyberspace. In this Lessig seeks to identify four 'modalities of regulation': (1) law, (2) market, (3) architecture, and (4) norms which may be used individually or collectively either directly or indirectly by regulators. Each modality thus has a role to play in regulating your decision. Lessig suggests that the true regulatory picture is one in which all four modalities are considered together. Regulators will design hybrid regulatory models choosing the best mix of the four to achieve the desired outcome." MURRAY, Andrew. Conceptualising the post-regulatory (cyber)state. In: BROWNSWORD, Roger; YEUNG, Karen (Ed.). *Regulating technologies*: legal futures, regulatory frames and technological fixes. Oxford: Hart Publishing, 2008, p. 291-292. Sugere-se a leitura, ademais, da obra original: LESSIG, Lawrence. *Code, and other laws of cyberspace 2.0*. 2. ed. Nova York: Basic Books, 2006, p. 123.
41. ROSA, Luiz Carlos Goiabeira; FALEIROS JÚNIOR, José Luiz de Moura; VERSIANI, Rodrigo Luiz da Silva. A proteção do consumidor diante das práticas publicitárias abusivas do comércio eletrônico. *Revista da Faculdade Mineira de Direito*, v. 23, n. 45, p. 238, Belo Horizonte, 2020.

Com efeito, uma jurisdição baseada apenas no princípio da territorialidade se torna cada vez menos evidente na era digital.[42] Exemplo dessa tendência extraterritorial foi trazida no Regulamento Geral sobre a Proteção de Dados (RGPD),[43] cujas normas podem alcançar agentes que não têm presença na União Europeia, desde que os dados de um residente dessa sejam processados em decorrência da oferta de um produto ou serviço, ou quando o comportamento de um indivíduo na União Europeia esteja sendo monitorado.[44-45]

Além dessas hipóteses, o artigo 3º do RGPD expressamente prevê a sua aplicação ao tratamento de dados pessoais efetuado no "contexto das atividades" de um estabelecimento situado no território da União, independentemente de o tratamento ocorrer dentro ou fora dessa. Ademais, o RGPD também é aplicável aos casos em que haja a incidência do direito de um Estado-Membro por força do direito internacional público.

Assim, o Regulamento Geral de Proteção de Dados dá uma grande ênfase ao seu âmbito de aplicação, o que muitos vêm chamando expressamente de aplicação extraterritorial do Regulamento. Ou seja, se, durante a vigência da Diretiva 95/46/EC, a União Europeia vinha aplicando suas leis de proteção de dados amparada numa "territorialidade ampliada"; agora, o futuro parece prometer a consagração da extraterritorialidade.

Ressalva-se, no entanto, que não se trata de uma extraterritorialidade "pura" ou extremada. Verifica-se, em regra, uma extraterritorialidade limitada a casos em que haja uma certa conexão com a União Europeia – seja com a oferta de bens ou serviços, seja no contexto das atividades.[46]

Destaca-se que essa extraterritorialidade tem o potencial de gerar efeitos diretos aos negócios no mundo todo.[47] Assim, agentes de tratamento que se enquadrem nas hipóteses previstas no Regulamento, mesmo que o tratamento se dê fora do território da União Europeia, estarão sujeitos aos deveres e as responsabilidades previstos no RGPD.

Destarte, é possível que certos agentes que desenvolvam atividades fora da União Europeia sejam obrigados a promover direitos dos titulares dos dados, tal como o da

---

42. DE HERT, Paul; CZERNIAWSKI, Michal. Expanding the European data protection scope beyond territory: Article 3 of the General Data Protection Regulation in its wider context. *International Data Privacy Law*, v. 6, n. 3, p. 230-243, ago. 2016.
43. ZEITER, Anna. The New General Data Protection Regulation of the EU and its Impact on IT Companies in the U.S. *Stanford – Vienna Transatlantic Technology Law Forum*, p. 1-34, 2014.
44. BOARDMAN, Ruth; MULLOCK, James; MOLE, Ariane. *Guide to the General Data Protection Regulation*. Londres: Bird & Bird, 2017.
45. Exemplo dessa tendência extraterritorial, além do RGPD, é também a Lei Geral de Proteção de Dados Brasileira (LGPD), que não só dispõe sobre sua aplicabilidade ao tratamento realizado no território brasileiro, como prevê que suas normas incidirão nas atividades de tratamento que tenham por objetivo a oferta ou o fornecimento de bens ou serviços no seu território ou quando os dados objeto do tratamento tenham sido coletados no território nacional ou sejam de indivíduos aqui localizados.
46. KUNER, Christopher, Extraterritoriality and Regulation of International Data Transfers in EU Data Protection Law. *International Data Privacy Law*, p. 235-245, 2015.
47. SVANTESSON, Dan. A "layered approach" to the extraterritoriality of data privacy laws. *International Data Privacy Law*. 3, p. 278-286, 2013.

portabilidade de dados, que é uma das grandes novidades e inovações do RGPD, mesmo que esse direito não seja exigível na lei do país onde o agente está localizado.

O direito à portabilidade de dados tem como essência permitir o reuso dos dados, em uma nova atividade de tratamento. Com isso, os titulares se sentem mais estimulados a usar novos serviços e funcionalidades, especialmente aqueles que tenham políticas que mais lhe agradem, inclusive no que toca à proteção de dados.

Tal direito permite, pois, que o titular determine como se dará a circulação dos seus dados, que será condicionada ao seu requerimento e ao exercício de sua vontade. Trata-se evidentemente da consagração da autodeterminação informativa, tão essencial para a tutela do corpo eletrônico. Ademais, por meio da portabilidade, o titular passa também a usufruir dos seus dados, podendo utilizá-los nas suas atividades domésticas para atingir objetivos pessoais.

Salienta-se que a aplicação extraterritorial do direito à portabilidade pode acarretar a transferência internacional de dados.[48] Nesse caso, para que haja a transmissão dos dados, deverá haver a garantia de uma proteção adequada.

A exigência dessa proteção adequada tem o condão de estimular uma harmonização das tutelas em todo o mundo, pressuposto importante para o livre fluxo de dados na economia e no comércio internacional. Ao mesmo tempo, tem o potencial de fomentar uma proteção mínima a todas as pessoas, por influência externa, independentemente do país em que elas estejam localizadas.

Note-se que essas hipóteses de garantia de uma proteção mínima ou adequada de proteção de dados também é outra forma de exportar o Direito da União Europeia e de aplicação extraterritorial da lei.[49-50] Além disso, no longo prazo, também promove harmonização e convergência das tutelas em todo o mundo, pressuposto necessário para fins de transferência internacional.[51]

Destarte, a aplicação do direito à portabilidade de dados de forma extraterritorial acaba estimulando a extensão desse direito em outras jurisdições. Tal realidade pode gerar uma situação de igualdade competitiva às empresas, independentemente de onde elas estejam localizadas.

---

48. ZANFIR-FORTUNA, Gabriela, The Right to Data Portability in the Context of the EU Data Protection Reform. *International Data Privacy Law*, v. 2, n. 3, p. 1-14, 2012.
49. KUNER, Christopher, Extraterritoriality and Regulation of International Data Transfers in EU Data Protection Law. *International Data Privacy Law*, p. 235-245, 2015.
50. Para Schultz, a Internet, muito mais do que outros contextos, reclama um retorno à abordagem da lei natural para os conflitos de lei, um retorno à Savigny e à Von Bar, em que conflitos de lei são parte de um sistema internacional único, não puramente parte da lei doméstica. SCHULTZ, Thomas. Caving Up the Internet: Jurisdiction, Legal Orders, and the Private/Public International Law Interface. *The European Journal of International Law*. v. 19, p. 799-839, 2008.
51. BIONI, Bruno; MENDES, Laura. Regulamento Europeu de Proteção de Dados Pessoais e a Lei Geral Brasileira de Proteção de Dados: mapeando convergências na direção de um nível de equivalência. In: FRAZÃO, Ana; TEPEDINO, Gustavo; OLIVA, Milena Donato. (Org.). *Lei Geral de Proteção de Dados e suas repercussões no direito brasileiro*. São Paulo: Thomson Reuters, 2019, p. 797-819.

Isso porque empresas que tenham conexão com o mercado europeu terão que obrigatoriamente seguir o mesmo padrão e nível de proteção de dados praticados por organizações europeias.[52] Além disso, haverá o estímulo para a adoção proativa das empresas de direitos e facilidades a todos os seus usuários, mesmo que alguns desses não tenham o direito assegurado pela legislação a eles aplicáveis, o que é positivo em termos de bem-estar do consumidor.

Ou seja, há um fomento à adoção de boas práticas (ou adoção de medidas *privacy-friendly*), mesmo que essas não sejam ainda mandatórias. Nesse sentido, destaca-se a propensão de uma norma de proteção de dados (como é o caso do RGPD) de exercer influência exógena em outro sistema.[53]

Por fim, enfatiza-se os efeitos positivos de uma harmonização nas legislações. Por meio dessa, seria possível uma livre circulação de dados, o que beneficiaria, em última análise, o comércio internacional.[54]

2.2 Precificação algorítmica e compras em portais eletrônicos estrangeiros

É preciso destacar, ainda no contexto das práticas abusivas que têm o condão de contaminar contratos eletrônicos de consumo, a chamada discriminação algorítmica de preços (*algorithmic price discrimination*), descrita com certo pioneirismo, em janeiro de 2020, a partir de estudo de Rachel Cummings, Nikhil Devanur, Zhiyi Huang e Xiangning Wang. A prática consiste no implemento de técnicas de mineração de dados (*data mining*) para o mapeamento de interesses de navegação (a partir dos chamados *cookies*[55]), em conjugação com dados georreferenciais para o fim de que, traçando o perfil do potencial consumidor, seja viabilizada a elevação ou redução do preço final do produto ou serviço que lhe é apresentado.[56] Em termos mais simples, seria uma geodiscriminação mais sofisticada, que conjuga a localização do usuário com outros dados de navegação que permitem categorizá-lo para além de sua posição geográfica.

O potencial de discriminação de preços, nessas práticas, depende de variáveis dinâmicas e dos substratos valorados (com maior ou menor 'peso') nos algoritmos que

---

52. Tal situação tem levado a União Europeia a ser denominada como Reguladora Global (YOUNG, Alasdair. The European Union as a global regulator? Context and comparison, *JEPP*, v. 22, n. 9, 2015.). Trata-se da exportação do Direito da União Europeia e das suas políticas internas para outros mercados e ordenamentos jurídicos. FONSECA, Maria da Graça. *A Extraterritorialidade do regime geral de proteção de dados pessoais da União Europeia*. Tese (Doutorado em Direito). Universidade Nova de Lisboa, Lisboa, Portugal, 2019.
53. Cf. DONEDA, Danilo. *Da Privacidade à Proteção de Dados*. Rio de Janeiro: Renovar, 2006.
54. FONSECA, Maria da Graça. *A Extraterritorialidade do regime geral de proteção de dados pessoais da União Europeia*. Tese (Doutorado em Direito). Universidade Nova de Lisboa, Lisboa, Portugal, 2019.
55. Sobre os *cookies* e seus impactos quanto ao direito à privacidade, conferir: ZIMMERMAN, Rachel K. The way "cookies" crumble: Internet privacy and data protection in the Twenty-First Century. *NYU Journal on Legislation and Public Policy*, v. 4, p. 439-464, Nova York, 2000.
56. CUMMINGS, Rachel; DEVANUR, Nikhil R.; HUANG, Zhiyi; WANG, Xiangning. Algorithmic Price Discrimination. *Proceedings of the Thirty-First Annual ACM-SIAM Symposium on Discrete Algorithms*, p. 2432-2451, Nova York, jan. 2020. Disponível em: https://cpb-us-w2.wpmucdn.com/sites.gatech.edu/dist/c/679/files/2019/11/APD.pdf. Acesso em: 29 ago. 2022.

operacionalizam a mineração e o processamento de dados. E, além da violação flagrante às relações de consumo e à boa-fé que deve reger as contratações eletrônicas, tem-se em pauta uma questão fundamentalmente ética,[57] pois seria possível programar o algoritmo para indicar preços mais elevados para usuários perfilados como 'pessoas com maior poder aquisitivo'.

Enfim, nesses casos, o consumidor é exposto a um algoritmo sofisticado, que é capaz de adaptar os termos contratuais para melhorar ou piorar as condições apresentadas, maculando a transparência da transação.[58] Tudo se reconfigura e ocorre verdadeira manipulação na formalização do contrato eletrônico de consumo. Ocorre a 'quebra' do dever de informação, corolário do princípio da transparência[59] e da boa-fé objetiva. Pratica-se, ao fim e ao cabo, violação fatal ao princípio da neutralidade da rede (art. 9º do Marco Civil da Internet[60]), que impõe justamente a não-discriminação.[61-62]

2.3 Transferência internacional de dados, contratos e certificações

O Capítulo V da LGPD inaugura tema de especial relevância para a compreensão dos impactos da proteção de dados pessoais na dinâmica internacional dos contratos eletrônicos de consumo. Sem dúvidas, a sociedade da informação passa por seu apogeu em tempos nos quais as relações jurídicas são realizadas com maior pujança e inegável participação de colaboradores de diversas nacionalidades. As atividades de tratamento de dados, da mesma forma, envolvem a circulação de dados, aparentemente, sem controle fronteiriço ou clareza de jurisdição.[63] Não é incomum que empresas tratem dados que passam por servidores variados, situados em diferentes países e regidos por legislações diferentes.

Nesse contexto, a compreensão da própria Internet como substrato resultante do conjunto global de redes de computadores que funcionam de maneira interoperável e

---

57. SCHOLZ, Lauren H. Algorithmic contracts. *Stanford Technology Law Review*, v. 20, n. 2, p. 144, Stanford, set.-dez. 2017.
58. VAN OOIJEN, Iris; VRABEC, Helena U. Does the GDPR enhance consumers' control over personal data? An analysis from a behavioural perspective. *Journal of Consumer Policy*, v. 42, p. 92 et seq, Berlin/Heidelberg: Springer-Verlag, 2019.
59. Sobre o tema, confira-se: KRETZMANN, Renata Pozzi. *Informação nas relações de consumo*: o dever de informar do fornecedor e suas repercussões jurídicas. Belo Horizonte: Casa do Direito, 2019, item 1.3; BARROS, João Pedro Leite. Os contratos de consumo celebrados pela Internet. Um estudo de direito comparado luso-brasileiro. In: ATAÍDE, Rui Paulo Coutinho de Mascarenhas; BARATA, Carlos Lacerda (Coord.). *Estudos de direito do consumo*. Lisboa: AAFDL, 2017, v. 5, p. 509-512.
60. "Art. 9º O responsável pela transmissão, comutação ou roteamento tem o dever de tratar de forma isonômica quaisquer pacotes de dados, sem distinção por conteúdo, origem e destino, serviço, terminal ou aplicação."
61. PARENTONI, Leonardo. Network neutrality: what is internet made of, how is it changing and how does it affect your life? *Revista da Faculdade de Direito da UFMG*, n. Especial, 2nd Conference Brazil-Italy, p. 195-243, Belo Horizonte, 2017.
62. BELLI, Luca; DE FILIPPI, Primavera. General introduction: towards a multistakeholder approach to network neutrality. In: BELLI, Luca; DE FILIPPI, Primavera (Ed.). *Net neutrality compendium*: human rights, free competition and the future of the Internet. Cham: Springer, 2016, p. 11-12.
63. GOLDSMITH, Jack; WU, Tim. *Who controls the Internet?* Illusions of a borderless world. Oxford: Oxford University Press, 2006, p. 13.

dinâmica impõe considerar que não há o controle absoluto da rede por nenhum governo. Não é por outra razão que é tão debatida a ideia de consideração da Internet como *Commons*.[64]

Fato é que a afirmação soberana de um Estado envolve seu labor legislativo e a edição de marcos regulatórios para suas jurisdições. Naturalmente, a proliferação de leis protetivas dos dados pessoais por todo o globo reflete desafios jurídicos inegáveis quanto à proteção de direitos no contexto das atividades de compartilhamento informacional.

Questões como as decisões sobre adequação, os compromissos assumidos pelo controlador para viabilizar a transferência internacional, além de outras hipóteses, constam expressamente da LGPD e impõem especificidades para o fluxo transfronteiriço de dados pessoais. O artigo 5º, inciso XV, da lei conceitua a transferência internacional de dados para um país estrangeiro ou organismo internacional do qual o Brasil seja membro. O conceito é vago e, naturalmente, demanda interpretação sistemática da lei e de seus outros dispositivos.[65] Cita-se, nesse ponto, que o inciso subsequente (XVI) do artigo 5º descreve a transferência internacional como hipótese de uso compartilhado de dados. O artigo 3º também é de fundamental cognição, pois define que a atividade deve ter por objetivo a oferta de bens ou serviços com finalidade econômica, que a operação de tratamento deve ser realizada em território nacional e/ou que os dados que são objeto de tratamento devem ser coletados no território nacional (art. 3º, inc. I a III).[66]

Ademais, é importante lembrar que a lei estabelece os casos em que a LGPD não se aplica ao tratamento de dados pessoais (art. 4º, ao qual fazemos remissão). Sua leitura, conjugada aos aspectos acima descritos, permite concluir que a transferência internacional é a atividade de transferência ou compartilhamento para um país estrangeiro, entre pessoas físicas ou jurídicas de direito público ou privado, incluindo organismos internacionais dos quais o Brasil seja membro, de dados coletados em território nacional e/ou cujo tratamento tenha sido realizado no país.

A LGPD não possui critérios tão diretos quanto os do art. 45(2) do RGPD, a exemplo da exigência de decisão de adequação por parte da autoridade nacional,[67] mas estabelece que a sua autorização (inc. V) é uma das possibilidades para a transferência internacional de dados. Outra conclusão que se extrai é a de que algumas bases legais para o tratamento de dados pessoais são apresentadas como hipóteses de transferência internacional. Por exemplo: a proteção da vida ou da incolumidade física do titular ou

---

64. Conferir, por todos, as críticas de Mark Raymond a essa proposta: RAYMOND, Mark. Puncturing the myth of the Internet as a Commons. *Georgetown Journal of International Affairs*, Washington, D.C., n. 14, p. 53-64, 2013. Em sentido mais amplo, conferir HOLMAN, JoAnne; MCGREGOR, Michael. The Internet as Commons: The Issue of Access. *Communication Law and Policy*, v. 10, n. 3, p. 267-289, jun. 2010.
65. FRAJHOF, Isabella; SOMBRA, Thiago Luis. A transferência internacional de dados pessoais. In: MULHOLLAND, Caitlin (Org.). *A LGPD e o novo marco normativo no Brasil*. Porto Alegre: Arquipélago Editorial, 2020, p. 268.
66. COLOMBO, Cristiano. Artigo 3º. In: MARTINS, Guilherme Magalhães; LONGHI, João Victor Rozatti; FALEIROS JÚNIOR, José Luiz de Moura (Coord.). *Comentários à Lei Geral de Proteção de Dados Pessoais (Lei 13.709/2018)*. Indaiatuba: Foco, 2022, p. 423-430.
67. VOIGT, Paul; VON DEM BUSSCHE, Axel. *The EU General Data Protection Regulation (GDPR)*: a practical guide. Cham: Springer, 2017, p. 116.

de terceiro (art. 33, IV c/c art. 7º, VII), o consentimento (art. 33, VIII c/c art. 7º, I) e o cumprimento de obrigação legal ou regulatória pelo controlador, a execução de contrato ou de procedimentos preliminares relacionados a contrato do qual seja parte o titular, a pedido do titular dos dados, e o exercício regular de direitos em processo judicial, administrativo ou arbitral (art. 33 c/c art. 7º, II, V e VI).

O consentimento é a base legal mais curiosa a lastrear eventual transferência internacional, pois sua utilização implicará o exercício de uma série de prerrogativas que podem tornar sua implementação complexa para o controlador (que, via de regra, será também o fornecedor de produtos ou serviços), especialmente em contratações eletrônicas, tipicamente reconhecidas pela singeleza da externalização da vontade.

Em sequência ao que prevê o artigo 33, inciso I, da LGPD, o artigo 34 descreve os critérios a serem considerados pela ANPD para aferir o nível de adequação do país estrangeiro ou do organismo internacional a ponto de considerá-lo suficiente[68] para lastrear a operação de transferência internacional, o que gera reverberações sobre a validade de determinada transação comercial internacional de consumo: (i) as normas gerais e setoriais da legislação em vigor no país de destino ou no organismo internacional; (ii) a natureza dos dados; (iii) a observância dos princípios gerais de proteção de dados pessoais e direitos dos titulares previstos nesta Lei; (iv) a adoção de medidas de segurança previstas em regulamento; (v) a existência de garantias judiciais e institucionais para o respeito aos direitos de proteção de dados pessoais; e (vi) outras circunstâncias específicas relativas à transferência.

O artigo 33, inciso II, descreve a possibilidade de transferência internacional em casos nos quais se demonstre, como garantias, que há cumprimento dos princípios, direitos do titular e do regime de proteção de dados pessoais definido na lei. Isso se torna mais claro nas alíneas do inciso, que preveem: a) cláusulas contratuais específicas para determinada transferência; b) cláusulas-padrão contratuais; c) normas corporativas globais; d) selos, certificados e códigos de conduta regularmente emitidos.

Tais comprovações têm a função de demonstrar a adesão a parâmetros de *accountability*[69] por controladores e operadores acreditados por agentes de certificação exter-

---

68. FRAJHOF, Isabella Z.; KREMER, Bianca. Artigo 34. In: MARTINS, Guilherme Magalhães; LONGHI, João Victor Rozatti; FALEIROS JÚNIOR, José Luiz de Moura (Coord.). *Comentários à Lei Geral de Proteção de Dados Pessoais (Lei 13.709/2018)*. Indaiatuba: Foco, 2022, p. 348.
69. Situando o contexto de invocação do termo, Nelson Rosenvald destaca o seguinte: "No *common law* há um termo que se ajusta perfeitamente ao clássico sentido civilístico da responsabilidade. Trata-se da *"liability"*. Várias teorias desenvolvem a *liability* no contexto da responsabilidade civil. Em comum, remetem à uma indenização cujo núcleo consiste em um nexo causal entre uma conduta e um dano, acrescida por outros elementos conforme o nexo de imputação concreto, tendo em consideração as peculiaridades de cada jurisdição. Porém, este é apenas um dos sentidos da responsabilidade. Ao lado dela, colocam-se três outros vocábulos: *"responsibility"*, *"accountability"* e *"answerability"*. (...) Avançando para a *"accountability"*, ampliamos o espectro da responsabilidade, mediante a inclusão de parâmetros regulatórios preventivos, que promovem uma interação entre a liability do Código Civil com uma regulamentação voltada à governança de dados, seja em caráter *ex ante* ou *ex post*." ROSENVALD, Nelson. A polissemia da responsabilidade civil na LGPD. *Migalhas de Proteção de Dados*, 6 nov. 2020. Disponível em: https://www.migalhas.com.br/coluna/migalhas-de-protecao-de-dados/336002/a-polissemia-da-responsabilidade-civil-na-lgpd. Acesso em: 29 ago. 2022.

nos.[70] São certificações relevantes e respeitadas em âmbito internacional, com valoração suficiente para fins de viabilizar a transferência internacional.

Trata-se de aspecto importantíssimo para o contexto geral da lei no que diz respeito ao esperado *compliance*. Sobre esse ponto, o Considerando 100 do RGPD europeu traz mais clareza ao uso de selos e marcas de proteção de dados como meios de "reforçar a transparência e o cumprimento do presente regulamento", com o objetivo de permitir "aos titulares avaliar rapidamente o nível de proteção de dados proporcionado pelos produtos e serviços em causa". Na lei brasileira, não se tem detalhamentos sobre o conteúdo mínimo que se poderia esperar para programas de governança e boas práticas no contexto das relações trabalhistas. O próprio artigo 50 da LGPD, quando trata do tema, o faz de forma facultativa, abrindo margem à interpretação.[71]

CONSIDERAÇÕES FINAIS

Inegavelmente, avanços como os novos debates em torno dos contratos eletrônicos de consumo, ou mesmo a metamorfose do comércio eletrônico, que é cada vez mais automatizado e balizado por algoritmos que catalisam atividades econômicas para além dos limites territoriais, são importantes sinais de uma transformação mais ampla e que concerne à própria (re)configuração das relações de consumo.

Não há dúvidas de que a globalização – fenômeno irrefreável – é fortemente catalisada pela transformação digital. Algoritmos e decisões automatizadas, por exemplo, são elementos centrais de modelos negociais balizados pela imediatez. Alcançam públicos variados, em países diferentes e as contratações se operam quase que instantaneamente, demandando cuidadosa aferição dos contornos da proteção de dados pessoais dos consumidores envolvidos nessas operações.

Como se viu, em relação ao direito à portabilidade de dados, a aplicação desse direito de forma extraterritorial acaba estimulando a sua extensão a outras jurisdições e a transferência internacional de dados. Tal realidade pode gerar uma situação de igualdade competitiva às empresas, independentemente de onde elas estejam localizadas, e a promoção do bem-estar dos consumidores.

Ademais, no que diz respeito à precificação algorítmica, ressaltou-se a importância de que sejam consideradas situações potencialmente discriminatórias, como o surgimento de vieses. Temas como a perfilização e a tutela jurídica dos dados de navegação (*cookies*) concernem exatamente a isso e demandam cuidadosa averiguação do ponto de vista regulatório.

---

70. SIMÃO FILHO, Adalberto; RODRIGUES, Janaina de Souza Cunha. Certificarte: a arte da certificação em LGPD. *Migalhas de Proteção de Dados*, 11 set. 2020. Disponível em: https://www.migalhas.com.br/coluna/migalhas-de-protecao-de-dados/333202/certificarte--a-arte-da-certificacao-em-lgpd. Acesso em: 29 ago. 2022.
71. PEROLI, Kelvin; FALEIROS JÚNIOR, José Luiz de Moura. Artigo 50. *In*: MARTINS, Guilherme Magalhães; LONGHI, João Victor Rozatti; FALEIROS JÚNIOR, José Luiz de Moura (Coord.). *Comentários à Lei Geral de Proteção de Dados Pessoais (Lei 13.709/2018)*. Indaiatuba: Foco, 2022, p. 461-476.

Finalmente, tratou-se brevemente da importância do tema ao qual é dedicado o Capítulo V da LGPD: a transferência internacional de dados, que tem o condão de realçar a proteção de dados pessoais de consumidores – se bem realizada – ou de gerar máculas – se ausentes as condicionantes que lhe dão sustentação. De modo geral, as balizas que desbordam do princípio da confiança continuam a ser inegáveis pilares para a reconfiguração dessas relações jurídicas.

REFERÊNCIAS

ALMEIDA, Carlos Ferreira de. *Direito do consumo*. Coimbra: Almedina, 2005.

ALMEIDA, Carlos Ferreira de. *Os direitos dos consumidores*. Coimbra: Almedina, 1982.

ALMEIDA, Vitor; RAPOZO, Ian Borba. Dilemas da proteção do consumidor em face da Internet das Coisas (IoT). In: MARTINS, Guilherme Magalhães; MARTINS, Fernando Rodrigues; SANTOS, Lindojon Gerônimo Bezerra dos (Coord.). *Direito do consumidor na sociedade da informação*. Indaiatuba: Foco, 2022.

AMARAL, Luiz Otávio de Oliveira. *Teoria geral do direito do consumidor*. São Paulo: Ed. RT, 2010.

BARROS, João Pedro Leite. Os contratos de consumo celebrados pela Internet. Um estudo de direito comparado luso-brasileiro. In: ATAÍDE, Rui Paulo Coutinho de Mascarenhas; BARATA, Carlos Lacerda (Coord.). *Estudos de direito do consumo*. Lisboa: AAFDL, 2017. v. 5.

BELLI, Luca; DE FILIPPI, Primavera. General introduction: towards a multistakeholder approach to network neutrality. In: BELLI, Luca; DE FILIPPI, Primavera (Ed.). *Net neutrality compendium:* human rights, free competition and the future of the Internet. Cham: Springer, 2016.

BENJAMIN, Antonio Herman V.; MARQUES, Claudia Lima; BESSA, Leonardo Roscoe. *Manual de direito do consumidor*. 7. ed. São Paulo: Ed. RT, 2016.

BIONI, Bruno; MENDES, Laura. Regulamento Europeu de Proteção de Dados Pessoais e a Lei Geral Brasileira de Proteção de Dados: mapeando convergências na direção de um nível de equivalência. In: FRAZÃO, Ana; TEPEDINO, Gustavo; OLIVA, Milena Donato. (Org.). *Lei Geral de Proteção de Dados e suas repercussões no direito brasileiro*. São Paulo: Thomson Reuters, 2019.

BOARDMAN, Ruth; MULLOCK, James; MOLE, Ariane. *Guide to the General Data Protection Regulation*. Londres: Bird & Bird, 2017.

BRITO, Igor Rodrigues. Dever de informação nos contratos à distância e ao domicílio. *Estudos de Direito do Consumidor*, n. 7, Coimbra, 2005.

CANARIS, Claus-Wilhelm. *Direitos fundamentais e direito privado*. Trad. Ingo Wolfgang Sarlet e Paulo Mota Pinto. Coimbra: Almedina, 2003.

CANTO, Rodrigo Eidelvein do. *A vulnerabilidade dos consumidores no comércio eletrônico:* reconstrução da confiança na atualização do Código de Defesa do Consumidor. São Paulo: Ed. RT, 2015.

CARVALHO, Jorge Morais. O direito português dos contratos eletrónicos. *Res Severa Verum Gaudium*, v. 3, n. 2, p. 68-92, Porto Alegre, 2018.

CASTELLS, Manuel. *The rise of the network society*. 2. ed. Oxford/West Sussex: Wiley-Blackwell, 2010. (The information age: economy, society, and culture, v. 1).

COLOMBO, Cristiano. Artigo 3º. In: MARTINS, Guilherme Magalhães; LONGHI, João Victor Rozatti; FALEIROS JÚNIOR, José Luiz de Moura (Coord.). *Comentários à Lei Geral de Proteção de Dados Pessoais (Lei 13.709/2018)*. Indaiatuba: Foco, 2022.

CORDEIRO, António Menezes. *Tratado de Direito Civil Português*. 3. ed. Coimbra: Almedina, 2007. t. I.

COTEANU, Cristina. *Cyber consumer law and unfair trading practices*. Londres: Routledge, 2016.

CUMMINGS, Rachel; DEVANUR, Nikhil R.; HUANG, Zhiyi; WANG, Xiangning. Algorithmic Price Discrimination. *Proceedings of the Thirty-First Annual ACM-SIAM Symposium on Discrete Algorithms*, Nova York, p. 2432-2451, jan. 2020. Disponível em: https://cpb-us-w2.wpmucdn.com/sites.gatech.edu/dist/c/679/files/2019/11/APD.pdf. Acesso em: 29 ago. 2022.

DE HERT, Paul; CZERNIAWSKI, Michal. Expanding the European data protection scope beyond territory: Article 3 of the General Data Protection Regulation in its wider context. *International Data Privacy Law*, v. 6, n. 3, ago. 2016.

DE LUCCA, Newton. *Aspectos jurídicos da contratação informática e telemática*. São Paulo: Saraiva, 2003.

DE LUCCA, Newton. *Direito do consumidor*: aspectos práticos. Perguntas e respostas. São Paulo: Ed. RT, 1995.

DE LUCCA, Newton. Títulos e contratos eletrônicos: o advento da informática e seu impacto no mundo jurídico. In: DE LUCCA, Newton; SIMÃO FILHO, Adalberto (Coord.). *Direito & Internet*: aspectos jurídicos relevantes. Bauru: Edipro, 2000.

DONEDA, Danilo. *Da Privacidade à Proteção de Dados*. Rio de Janeiro: Renovar, 2006.

FONSECA, Maria da Graça. *A Extraterritorialidade do regime geral de proteção de dados pessoais da União Europeia*. Tese (Doutorado em Direito). Universidade Nova de Lisboa, Lisboa, Portugal, 2019.

FRAJHOF, Isabella Z.; KREMER, Bianca. Artigo 34. In: MARTINS, Guilherme Magalhães; LONGHI, João Victor Rozatti; FALEIROS JÚNIOR, José Luiz de Moura (Coord.). *Comentários à Lei Geral de Proteção de Dados Pessoais (Lei 13.709/2018)*. Indaiatuba: Foco, 2022.

FRAJHOF, Isabella; SOMBRA, Thiago Luis. A transferência internacional de dados pessoais. In: MULHOLLAND, Caitlin (Org.). *A LGPD e o novo marco normativo no Brasil*. Porto Alegre: Arquipélago Editorial, 2020.

GOLDSMITH, Jack; WU, Tim. *Who controls the Internet?* Illusions of a borderless world. Oxford: Oxford University Press, 2006.

HOLMAN, JoAnne; MCGREGOR, Michael. The Internet as Commons: The Issue of Access. *Communication Law and Policy*, v. 10, n. 3, p. 267-289, jun. 2010.

KLEE, Antonia Espíndola Longoni. *Comércio eletrônico*. São Paulo: Ed. RT, 2014.

KRETZMANN, Renata Pozzi. *Informação nas relações de consumo*: o dever de informar do fornecedor e suas repercussões jurídicas. Belo Horizonte: Casa do Direito, 2019.

KUNER, Christopher, Extraterritoriality and Regulation of International Data Transfers in EU Data Protection Law. *International Data Privacy Law*, p. 235-245, 2015.

LESSIG, Lawrence. *Code, and other laws of cyberspace 2.0*. 2. ed. Nova York: Basic Books, 2006.

LORENZETTI, Ricardo Luís. *Comércio eletrônico*. Trad. Fabiano Menke. São Paulo: Ed. RT, 2004.

LORENZETTI, Ricardo Luis. *Tratado de los contratos*. Santa Fe: Rubinzal-Culzoni, 2000, t. 3.

MARQUES, Claudia Lima. A proteção do consumidor de produtos e serviços estrangeiros no Brasil: primeiras observações sobre os contratos à distância no comércio eletrônico. *Revista da Faculdade de Direito da Universidade Federal do Rio Grande do Sul*, v. 21, Porto Alegre, mar. 2002.

MARQUES, Claudia Lima. *Confiança no comércio eletrônico e a proteção do consumidor*: um estudo dos negócios jurídicos de consumo no comércio eletrônico. São Paulo: Ed. RT, 2004.

MARQUES, Claudia Lima. *Contratos no Código de Defesa do Consumidor*. 4. ed. São Paulo: Revista dos Tribunais, 2002.

MARQUES, Claudia Lima. Normas de proteção do consumidor (especialmente, no comércio eletrônico) oriundas da União europeia e o exemplo de sua sistematização no Código Civil alemão de 1896 – notícia sobre as profundas modificações no BGB para incluir a figura do consumidor. *Revista de Direito Privado*, v. 1, n. 4, São Paulo, out. 2000.

MARTINS, Fernando Rodrigues. Constituição, direitos fundamentais e direitos básicos do consumidor. In: MARTINS, Fernando Rodrigues; LOTUFO, Renan (Org.) *20 anos do Código de Defesa do Consumidor.* São Paulo: Saraiva, 2011.

MARTINS, Guilherme Magalhães. Artigo 45. In: MARTINS, Guilherme Magalhães; LONGHI, João Victor Rozatti; FALEIROS JÚNIOR, José Luiz de Moura (Coord.). *Comentários à Lei Geral de Proteção de Dados Pessoais (Lei 13.709/2018).* Indaiatuba: Foco, 2022.

MARTINS, Guilherme Magalhães. *Contratos eletrônicos de consumo.* 3. ed. São Paulo: Atlas, 2016.

MARTINS, Guilherme Magalhães. Responsabilidade civil, acidente de consumo e a proteção do titular de dados na Internet. In: FALEIROS JÚNIOR, José Luiz de Moura; LONGHI, João Victor Rozatti; GUGLIARA, Rodrigo (Coord.). *Proteção de dados pessoais na sociedade da informação*: entre dados e danos. Indaiatuba: Foco, 2021.

MAYER-SCHÖNBERGER, Viktor; RAMGE, Thomas. *Reinventing capitalism in the age of big data.* Nova York: Basic Books, 2018.

MENKE, Fabiano. A MP 983 e a classificação das assinaturas eletrônicas: comparação com a MP 2.200-2. *CryptoID,* 29 jun. 2020. Disponível em: https://cryptoid.com.br/banco-de-noticias/a-mp-983-e-a-classificacao-das-assinaturas-eletronicas-comparacao-com-a-mp-2-200-2-por-fabiano-menke/. Acesso em: 29 ago. 2022.

MIRANDA, José Gustavo Souza. A proteção da confiança nas relações obrigacionais. *Revista de Informação Legislativa,* Brasília, a. 38, n. 153, jan.-mar. 2002.

MODENESI, Pedro. Contratos eletrônicos de consumo: aspectos doutrinário, legislativo e jurisprudencial. In: MARTINS, Guilherme Magalhães; LONGHI, João Victor Rozatti (Coord.). *Direito digital*: direito privado e Internet. 3. ed. Indaiatuba: Foco, 2020.

MULHOLLAND, Caitlin. *Internet e contratação*: panorama das relações contratuais eletrônicas de consumo. Rio de Janeiro: Renovar 2006.

MURRAY, Andrew. Conceptualising the post-regulatory (cyber)state. In: BROWNSWORD, Roger; YEUNG, Karen (Ed.). *Regulating technologies*: legal futures, regulatory frames and technological fixes. Oxford: Hart Publishing, 2008.

OLIVEIRA, Elsa Dias. *A protecção dos consumidores nos contratos celebrados através da Internet.* Coimbra: Almedina, 2002.

PARENTONI, Leonardo. Network neutrality: what is internet made of, how is it changing and how does it affect your life? *Revista da Faculdade de Direito da UFMG,* n. Especial, 2nd Conference Brazil-Italy, p. 195-243, Belo Horizonte, 2017.

PEROLI, Kelvin; FALEIROS JÚNIOR, José Luiz de Moura. Artigo 50. In: MARTINS, Guilherme Magalhães; LONGHI, João Victor Rozatti; FALEIROS JÚNIOR, José Luiz de Moura (Coord.). *Comentários à Lei Geral de Proteção de Dados Pessoais (Lei 13.709/2018).* Indaiatuba: Foco, 2022.

PINTO, Paulo Mota. Princípios relativos aos deveres de informação no comércio à distância. *Estudos de Direito do Consumidor,* n. 5, Coimbra, 2003.

RAYMOND, Mark. Puncturing the myth of the Internet as a Commons. *Georgetown Journal of International Affairs,* Washington, D.C., n. 14, p. 53-64, 2013.

ROSA, Luiz Carlos Goiabeira; FALEIROS JÚNIOR, José Luiz de Moura; VERSIANI, Rodrigo Luiz da Silva. A proteção do consumidor diante das práticas publicitárias abusivas do comércio eletrônico. *Revista da Faculdade Mineira de Direito,* v. 23, n. 45, p. 235-255, Belo Horizonte, 2020.

ROSENVALD, Nelson. A polissemia da responsabilidade civil na LGPD. *Migalhas de Proteção de Dados,* 6 nov. 2020. Disponível em: https://www.migalhas.com.br/coluna/migalhas-de-protecao-de-dados/336002/a-polissemia-da-responsabilidade-civil-na-lgpd. Acesso em: 29 ago. 2022.

SCHOLZ, Lauren H. Algorithmic contracts. *Stanford Technology Law Review*, v. 20, n. 2, p. 128-168, Stanford, set.-dez. 2017.

SCHULTZ, Thomas. Caving Up the Internet: Jurisdiction, Legal Orders, and the Private/Public International Law Interface. *The European Journal of International Law*. v. 19, p. 799-839, 2008.

SCHWAB, Klaus. *A quarta revolução industrial*. Trad. Daniel Moreira Miranda. São Paulo: Edipro, 2016.

SIMÃO FILHO, Adalberto; RODRIGUES, Janaina de Souza Cunha. Certificarte: a arte da certificação em LGPD. *Migalhas de Proteção de Dados*, 11 set. 2020. Disponível em: https://www.migalhas.com.br/coluna/migalhas-de-protecao-de-dados/333202/certificarte--a-arte-da-certificacao-em-lgpd. Acesso em: 29 ago. 2022.

SVANTESSON, Dan. A "layered approach" to the extraterritoriality of data privacy laws. *International Data Privacy Law*. 3, p. 278-286, 2013.

TEIXEIRA NETO, Felipe; FALEIROS JÚNIOR, José Luiz de Moura. Contratos eletrônicos de consumo nos 30 anos do Código de Defesa do Consumidor: reflexões à luz das experiências brasileira e portuguesa. *Revista Eletrônica de Direito do Centro Universitário Newton Paiva*, n. 41, p. 145-171, Belo Horizonte, maio-ago. 2020.

VAN DIJK, Jan. *The network society*. 2. ed. Londres: Sage Publications, 2006.

VAN OOIJEN, Iris; VRABEC, Helena U. Does the GDPR enhance consumers' control over personal data? An analysis from a behavioural perspective. *Journal of Consumer Policy*, v. 42, p. 91-107, Berlin/Heidelberg: Springer-Verlag, 2019.

VOIGT, Paul; VON DEM BUSSCHE, Axel. *The EU General Data Protection Regulation (GDPR)*: a practical guide. Cham: Springer, 2017.

WEI, Dan. Consumer protection in the global context: The present status and some new trends. In: MARQUES, Claudia Lima; WEI, Dan (Ed.). *Consumer law and socioeconomic development*: national and international dimensions. Cham: Springer, 2017.

WU, Tim. *The master switch*: the rise and fall of information empires. Nova York: Vintage, 2010.

YOUNG, Alasdair. The European Union as a global regulator? Context and comparison, *JEPP*, v. 22, n. 9, 2015.

ZANFIR-FORTUNA, Gabriela, The Right to Data Portability in the Context of the EU Data Protection Reform. *International Data Privacy Law*, v 2, n. 3, p. 1-14, 2012.

ZEITER, Anna. The New General Data Protection Regulation of the EU and its Impact on IT Companies in the U.S. *Stanford – Vienna Transatlantic Technology Law Forum*, p. 1-34, 2014.

ZIMMERMAN, Rachel K. The way "cookies" crumble: Internet privacy and data protection in the Twenty-First Century. *NYU Journal on Legislation and Public Policy*, Nova York, v. 4, p. 439-464, 2000.

ESTUDOS SOBRE OS IMPACTOS DA LEI GERAL DE PROTEÇÃO DE DADOS NA IMPLEMENTAÇÃO DA CULTURA DE PRIVACIDADE NO BRASIL

Natália Talia Andrade de Oliveira

Graduada em Direito pela Universidade Federal de Roraima, integrante do Núcleo de Estudos e Pesquisas Olevário Tames – NEPOT/UFRR. E-mail: nataliandradede@gmail.com.

Douglas Verbicaro Soares

Doutor em Pasado y Presente de los Derechos Humanos e Mestre em Estudos Interdisciplinares de Género en la Especialidad Jurídica, ambos pela Universidade de Salamanca (USAL/Espanha). Integra como pesquisador o grupo de pesquisa (CNPq): Núcleo de Estudos e Pesquisas Ovelário Tames/NEPOT (UFRR). Atua como Coordenador do Núcleo de Prática Jurídica e Direitos Humanos – NPJDH na Universidade Federal de Roraima, do Curso de Doutorado em Direito – Dinter UERJ/UFRR e, também, do Laboratório de Direitos Humanos, Gênero e Sexualidade da UFRR. É professor do magistério superior no Curso de Direito e do Programa de Pós-Graduação Sociedade e Fronteiras – PPGSOF da UFRR. E-mail: douglas_verbicaro@yahoo.com.br.

Sumário: Introdução – 1. Lei Geral de Proteção de Dados; 1.1 A privacidade como um direito fundamental; 1.1.1 A evolução da privacidade até a proteção de dados; 1.2 Conceitos, sujeitos e processos trazidos pela LGPD; 1.3 Contexto internacional anterior à LGPD (GDPR X LGPD);1.4 A evolução jurídica da proteção de dados no Brasil – Considerações finais – Referências.

INTRODUÇÃO

Houve, nos últimos anos, uma expansão crescente da produção e do uso de dados digitais, isso porque as tecnologias começaram a fazer cada vez mais parte do nosso dia a dia e a troca de informações pessoais passou a ser um registro constante dentro deste contexto. Entretanto, o espaço virtual é uma rede aberta e, com muita facilidade, qualquer pessoa de qualquer ponto do planeta pode ter acesso a um grande fluxo de informações, possibilitando aos usuários que gerem dados e estabeleçam relações por meio deles na rede. Dessa forma, dados ganharam uma importância nova, já que envolvem, muitas vezes, informações e interesse, econômicos, políticos e sociais.

Com o avanço da internet e a exposição de dados, a necessidade por um estudo e a análise jurídica, normativa, sociológica se fez necessário, porque a evolução pela ausência de pesquisas afundo sobre o presente tema, pela importância do estudo da utilização e proteção jurídica de dados pessoais, tendo em vista que constituem parte da circulação de riquezas no mundo atual.

Dessa forma, o presente trabalho estuda a Lei 13.709, de 14 de agosto de 2018, Lei Geral de Proteção de Dados, mais conhecida como LGPD, a qual entrou em vigor no ano de 2020. Esta lei regulamenta a forma pela qual as organizações, estatais ou privadas, atuarão em relação a captação, armazenamento e descarte de dados de pessoa física identificada ou identificável.

É indispensável que todos os setores que gerenciam dados de alguma forma, adotem medidas técnicas propostos pela referida lei para garantir o tratamento de dados de forma segura. Isso refletirá diretamente nas chances de ocorrência de incidentes como o de vazamento de dados, muito comum no Brasil. Situações como a do Supremo Tribunal Federal, que recentemente foi alvo de ataques cibernéticos e consequente vazamento de dados de milhares de brasileiros são corriqueiras. Empresas privadas também ficam em evidência acerca do vazamento de dados dos particulares, como Netshoes, Banco Inter e Banco Nubank.

A presente lei busca a prevenção e proteção dos dados do titular, com medidas preventivas e diretivas quanto ao tratamento de informações relacionadas a um determinado indivíduo. A LGPD, ao entrar em vigor, mudou o cenário de como o tratamento de dados será feito. Nunca houve, na história legislativa do Brasil, um diploma que cuidasse inteiramente da utilização dos dados pessoais. A lei específica, em seu art. 5º, I, que dado pessoal é toda e qualquer informação relacionada a pessoa natural identificada ou identificável. Ocorre que os setores públicos e privados necessitam estar adequados a esta nova Lei para que não ocorra casos de perda, obstrução ou venda de dados sem o consentimento do titular.

A metodologia deste trabalho foi desenvolvida com base em estudos teóricos baseados em materiais bibliográficos composto por doutrinas, matérias acerca de casos concretos, artigos, estatísticas e entendimentos jurisprudenciais. Nesse sentido, apresenta-se, de forma qualitativa, um levantamento bibliográfico, o qual foi realizado com base nos dados do Google Acadêmico (Google Scholar), do SCIELO (Scientific Eletronic Library Online).

Essa pesquisa tem como objetivo aprofundar o estudo a respeito da Lei 13.709/2018, mais conhecida como LGPD, a qual entrou em vigor no ano de 2020, para solucionar a problemática causada pela vasta exposição de dados pessoais na sociedade atual, que norteou este estudo.

1. LEI GERAL DE PROTEÇÃO DE DADOS

A Lei Geral de Proteção de Dados é uma lei que foi aprovada e publicada em 2018. No entanto, só entrou em vigor em setembro do ano de 2020. Essa lei foi inserida no Ordenamento Jurídico brasileiro com o intuito de trazer maior segurança para os dados pessoais, que são utilizados em larga escala, assim como para resguardar os direitos dos titulares.

> Trata-se de uma lei geral porque incide sobre qualquer atividade de tratamento de dados pessoais, que supre as lacunas existentes na legislação brasileira e resolve a falta de sistematização sobre proteção

de dados, que até então, era regulada pontualmente por leis específicas (como o Código de Defesa do Consumidor, a Lei do Cadastro Positivo e o Marco Civil da Internet).[1]

Dessa forma, por trazer normas gerais protetivas, após a sua entrada em vigor, qualquer outro ato normativo (lei, decreto, medida provisória, resolução, portaria etc.) que fale sobre dados pessoais deverá se atentar ao disposto da LGPD, tendo a sua aplicação subsidiária e supletiva. O principal objeto desta legislação é a proteção de dados pessoais, que significa segurança durante qualquer processo que envolva a utilização de dados pessoais.

> LGPD surge com o intuito de proteger direitos fundamentais como privacidade, intimidade, honra, direito de imagem e dignidade. Pode-se pontuar também que a necessidade de leis específicas para a proteção dos dados pessoais aumentou com o rápido desenvolvimento e a expansão da tecnologia no mundo, como resultado dos desdobramentos da globalização, que trouxe como uma de suas consequências o aumento da importância da informação. Isso quer dizer que a informação passou a ser um ativo de alta relevância para governantes e empresários: quem tem acesso aos dados, tem acesso ao poder.[2]

Ela foi inspirada na GDPR (General Data Protection Resolution), legislação da União europeia que tem como objetivo garantir direitos fundamentais de liberdade e de privacidade e o livre desenvolvimento da pessoa natural (art. 1º da LGPD) com a busca da prevenção e a repressão de práticas de atividades ilícitas que violem dados pessoais. Além disso, contém 65 artigos, divididos em 10 capítulos, sendo alguns divididos em seções, aqui não cabe trazer todo o escopo da legislação pois fugiria o foco do tema central deste trabalho, portanto falaremos apenas dos pontos principais da legislação, focando a atenção aos 6 primeiros artigos, que são fundamentais para entender a lei como um todo.[3]

> Os primeiros 6 artigos da LGPD são fundamentais para a interpretação e aplicação de toda a lei, ao disporem sobre o seu objeto (art. 1º), os seus fundamentos (art. 2º), as regras de aplicação subjetiva e territorial da lei (art. 3º), as exceções à incidência da LGPD (art. 4º), os seus conceitos básicos, o Glossário da LGPD – (art. 5º) e os princípios do tratamento de dados pessoais (art. 6º).[4]

No art. 1º fica claro os objetivos da legislação, que constituem o cuidado e tutela de direitos fundamentais como o de liberdade, privacidade e do livre desenvolvimento da pessoa natural. O primeiro, compreende as liberdades individuais dos titulares de dados, bem como as liberdades exercidas pelos agentes de tratamento de dados pessoais do mercado.[5]

Nesse sentido, é nítido que com o desenvolvimento tecnológico, crescimento das redes, e larga troca de dados na internet, a LGPD tem seu papel na proteção desses

---

1. CARDOSO, Oscar Valente. *Introdução à Lei Geral de Proteção de Dados*. E-book kindle, 2020, p. 50.
2. PINHEIRO, Patrícia Peck. *Proteção de Dados Pessoais:* Comentários à Lei 13.709/2018 (LGPD). Editora Saraiva, 2021, p. 30.
3. CARDOSO, Oscar Valente. *Introdução à Lei Geral de Proteção de Dados*. E-book kindle, 2020.
4. Ibidem, p. 50.
5. Idem.

dados, no entanto, a legislação se aplica também no meio físico. Assim, ela abrange o tratamento de todos os dados pessoais, independentemente de onde eles se encontram.

> Pensando nisso, a atuação das empresas no contexto digital trouxe consigo a necessidade de criação de mecanismos de regulação e proteção dos dados pessoais daqueles que utilizam serviços, compras ou realizam qualquer tipo de transação on-line que envolve o fornecimento de informações pessoais. Toda situação ou ação realizada no ambiente virtual faz parte da realidade de qualquer pessoa, portanto os direitos garantidos no "mundo offline" devem ser assegurados também no espaço virtual. Em virtude disso, é importante apontar que a lei brasileira não protege somente os dados pessoais nos meios digitais.[6]

Além disso, o art. 2º da legislação traz como fundamentos da disciplina proteção de dados:

> I – O respeito à privacidade; II – a autodeterminação informativa; III – a liberdade de expressão, de informação, de comunicação e de opinião; IV – a inviolabilidade da intimidade, da honra e da imagem; V – o desenvolvimento econômico e tecnológico e a inovação; VI – a livre-iniciativa, a livre concorrência e a defesa do consumidor; e VII – os direitos humanos, o livre desenvolvimento da personalidade, a dignidade e o exercício da cidadania pelas pessoas naturais.[7]

Para Cardoso,[8] um dos pilares para melhor entendimento e aplicação da referida legislação são seus fundamentos, previstos no art. 2º e os seus princípios, dispostos no art. 6º da lei, de modo que todos os artigos, parágrafos, incisos e alíneas da LGPD são direcionados com base em, pelo menos um fundamento (para todas as regras) ou um princípio (para o tratamento dos dados pessoais). Dessa forma, todo o tratamento de dado pessoal deve ser realizado com máxima observância à LGPD. O art. 5º, inciso X da LGPD traz o conceito de tratamento:

> Art. 5º Para os fins desta Lei, considera-se:
> (...)
> X – tratamento: toda operação realizada com dados pessoais, como as que se referem a coleta, produção, recepção, classificação, utilização, acesso, reprodução, transmissão, distribuição, processamento, arquivamento, armazenamento, eliminação, avaliação ou controle da informação, modificação, comunicação, transferência, difusão ou extração.[9]

Antes de tudo, é necessário entender o conceito de "proteção de dados", o qual está intimamente ligado com a "privacidade". Para Paulo,[10] o tema proteção de dados é algo muito recente, mas está diretamente relacionado à ideia de Privacidade, de modo que o interesse em manter dados pessoais protegidos é consequência do interesse na guarda

---

6. PINHEIRO, Patrícia Peck. *Proteção de Dados Pessoais*: Comentários à Lei 13.709/2018 (LGPD). Editora Saraiva, 2021, p. 29.
7. BRASIL. *Lei 13.709, de 14 de agosto de 2018*. Disponível em: http://www.planalto.gov.br/ccivil_03/_ato2015-2018/2018/lei/l13709.htm. Acesso em: 10 out. 2021.
8. CARDOSO, Oscar Valente. *Introdução à Lei Geral de Proteção de Dados*. E-book kindle, 2020.
9. BRASIL. *Lei 13.709, de 14 de agosto de 2018*. Disponível em: http://www.planalto.gov.br/ccivil_03/_ato2015-2018/2018/lei/l13709.htm. Acesso em: 10 out. 2021.
10. PAULO, Matheus Adriano. *Aspectos destacados da Legislação Brasileira e Europeia sobre Proteção de Dados*: uma análise comparativa dos institutos da Cooperação Internacional, das Sanções Administrativas e do Controle Judicial na Proteção de Dados na União Europeia e no Brasil. Editora dialética, e-book kindle, 2021.

da privacidade, na vida privada e na inviolabilidade da intimidade. Por isso, é necessário que se entenda, primeiramente, o que é a privacidade no Ordenamento Jurídico atual e a sua evolução no mundo até os dias atuais, que aparece como o primeiro fundamento da LGPD (art. 2º, inciso I) e como um direito fundamental na Constituição Federal de 1988 (CRFB/88), em seu art. 5º XII.

1.1 A privacidade como um direito fundamental

A privacidade é um direito fundamental que consta na Constituição Federal, em seu art. 5º, dos incisos X a XII. A privacidade em si não consta no *caput*, mas Sampaio (2020) relembra que, para a corrente positivista, este direito está conexo ao direito à vida, e portanto, se torna uma diretriz para os próximos incisos, que tratam sobre proteção à privacidade e intimidade (X); garantia da casa como "asilo inviolável" do indivíduo (o que nos remete à doutrina anglo-saxã segundo a qual o lar é o castelo do indivíduo); e garantia o sigilo da correspondência (XII).

A privacidade é um bem jurídico cuja inviolabilidade foi elevada ao status de direito fundamental pelas principais constituições democráticas do mundo.[11] A privacidade no Ordenamento Jurídico brasileiro é o gênero do qual advém ramificações da esfera pessoal de cada pessoa natural, como a intimidade, vida privada, honra, imagem e, claro, dados pessoais. Também está relacionada a não interferência do Estado na vida privada, o que consta um direito de personalidade também mencionado no código Civil em seu art. 21 o qual leciona que "a vida privada da pessoa natural é inviolável, e o juiz, a requerimento do interessado, adotará as providências necessárias para impedir ou fazer cessar ato contrário a esta normal".[12]

Por ser, então, um direito de personalidade, ela funciona como um fundamento para a LGPD, de modo que toda pessoa natural tem o direito de ter aspectos da sua vida, incluindo seus dados pessoais, privados, tendo em vista a quantidade de informações pessoais que circulam hoje em dia.

> O cruzamento de dados pessoais cadastrais, análises de comportamento em redes sociais, compras com cartão de credito, tempo de permanência em páginas de internet, meros registros de acesso a aplicações, informações de geolocalização ou de consumo de energia podem estabelecer parâmetros fidedignos para identificar e traçar perfis consistentes de indivíduos, seus gostos e interesses, seja para direcionar um produto ou serviço, para validar uma contratação profissional, seja para identificar um potencial criminoso.[13]

Assim, a tutela da privacidade como um fundamento da LGPD traz maior segurança para o titular de dados, visto que seus dados passaram a ser protegidos também sob o manto da privacidade.

---

11. BLUM, Renato Opice; MALDONADO, Viviane Nóbrega (Coord.). *Lei Geral de Proteção de Dados Comentada*. São Paulo: Thomson Reuters. Revistas dos Tribunais, 2019.
12. CARDOSO, Oscar Valente. *Introdução à Lei Geral de Proteção de Dados*. E-book kindle, 2020, p. 56.
13. BLUM, Renato Opice; MALDONADO, Viviane Nóbrega (Coord.). *Lei Geral de Proteção de Dados Comentada*. São Paulo: Thomson Reuters. Revistas dos Tribunais, 2019, p. 28.

1.1.1 A evolução da privacidade até a proteção de dados

A proteção da Privacidade em sua plenitude se deu de forma gradativa no seu quesito subjetivo, de modo que esta era notada apenas em sua faceta física, concreta. Pode-se perceber isso por meio das construções jurídicas de várias nações ao longo dos anos. Para Paulo,[14] a privacidade que se conhece atualmente não é a mesma dos séculos atrás, e nas suas palavras.

> Inicia-se falando da privacidade em 1824, onde a Constituição do Império reconhecia um certo direito à privacidade, ao proteger o "segredo da carta" e a "inviolabilidade da casa". No entanto, naquele momento, a privacidade estava submetida a um conceito mais lastreado na propriedade, ou seja, a Carta Magna protegia o meio físico e não o conteúdo em si. Por isso, vê-se apenas referência ao sigilo da correspondência e à inviolabilidade do domicílio. Perceba-se que não havia uma proteção da privacidade por si só, pelo seu conteúdo ou por um aspecto mais subjetivo, o que se protegia ali era a invasão, o ato de romper barreiras físicas.[15]

No século XIX já se questionava a privacidade, tendo em vista o grande número de censos do governo, especialmente na américa colonial de 1860, o qual era marcado pelo censo de 142 questões sobre a população entrevistada, cujas respostas eram todas divulgadas e públicas.[16]

Com a proibição das publicações ilegais das informações pessoais, os Estados Unidos foi palco para muitos casos jurídicos que discutiram a privacidade dos norte-americanos. Solove[17] menciona alguns casos como o de Boyd v. United States em 1886, no qual a Corte se posicionou em favor da liberdade e segurança pessoal e propriedade privada em relação ao interesse do Estado pela produção de provas documentais. Outro caso de grande importância foi o Union Pacific Railway v. Botsford, 1891, onde o objeto foi a intimidade do corpo da demandante.

> A semelhança é demonstrada examinando-se o primeiro na linha de casos de direito à privacidade da Corte, sua decisão de 1891 no caso Union Pacific Railway Co. v. Botsford. Lá, o Tribunal considerou que uma demandante em uma ação civil não poderia ser obrigada a se submeter a um exame cirúrgico: "Para obrigar qualquer pessoa, especialmente a mulher, a desnudar o corpo, ou submetê-lo ao toque de um estrangeiro, sem autoridade legal, é uma indignidade, um assalto e uma transgressão". A Corte ainda enfatizou a importância do direito de ser deixado em paz que Warren e Brandeis usaram em seu artigo um ano antes.[18]

Antes disso, em 1881, houve o caso De May v. Roberts, 1881, de grande repercussão no qual o médico teria autorizado que um rapaz, solteiro e que não era médico, assistisse ao parto de uma mulher. A privacidade da mulher foi considerada violada pela Corte,

---

14. PAULO, Matheus Adriano. *Aspectos destacados da Legislação Brasileira e Europeia sobre Proteção de Dados*: uma análise comparativa dos institutos da Cooperação Internacional, das Sanções Administrativas e do Controle Judicial na Proteção de Dados na União Europeia e no Brasil. Editora dialética, e-book kindle, 2021
15. Ibidem, p. 20.
16. SAMPAIO, Vinícius. *Proteção de Dados Pessoais, da Privacidade ao Interesse Coletivo*. Ed. Lumen Juris, e-book kindle, 2020.
17. SOLOVE, Daniel J. *Understanding Privacy*. Harvard University Press, 2008.
18. SOLOVE, Daniel J. *Understanding Privacy*. Harvard University Press, 2008, p. 168.

que decidiu pela sua proteção, justamente por se tratar de um momento muito individual e íntimo, onde apenas convidados e médicos poderiam participar.[19]

Porém a semente para a visão subjetiva da privacidade surgiu em 1890, por meio de um artigo publicado em uma revista norte-americana chamada *Harvard Law Review*, por Samuel Warren e Louis Brandeis. Este artigo é considerado um marco para o desenvolvimento da privacidade nos EUA e no mundo. Nele, os juristas autores defendem o direito de a pessoa ficar sozinha, o *right to be let alone*.[20]

Para Doneda,[21] um dos pontos que mais chamou a atenção neste artigo, trazendo para os dias atuais, foi a interligação entre a proteção do direito à privacidade com o desenvolvimento tecnológico, de modo que este direito se estabelece em vários ordenamentos jurídicos.

Cardoso[22] afirma que um dos motivos pelos quais os autores produziram tal artigo foi a utilização das recém-inventadas câmeras fotográficas em cerimônias, cujos convidados tinham suas fotos expostas em jornais, resultando na então invasão das suas privacidades. Verifica-se, então, que a evolução da privacidade, inicialmente, em seu caráter genuinamente físico, acompanhou a evolução tecnológica.

> Esse progresso torna possíveis novas formas de veiculação e obtenção de informações sobre as pessoas, sendo o vetor principal que proporcionou a demanda pela elaboração de um direito à privacidade, que veio a se consolidar em diversos ordenamentos jurídicos desde então.[23]

Cardoso[24] (2020) também afirma que o crescimento tecnológico é um fator preponderante para que o cuidado com a privacidade fosse se desenvolvendo.

> Tendo em vista que os dados pessoais dizem respeito à vida privada da pessoa natural e permitem a obtenção de informação sobre a sua personalidade, o acesso e a realização de outras atividades sobre eles são condicionadas ao respeito à privacidade do titular. Contudo, o direito à privacidade é fluído (o que foi destacado desde a sua elaboração em 1890 por Samuel Warren e Louis Brandeis), que recebe uma alta carga de influência das mudanças sociais, culturais, econômicas, políticas e legislativas, entre outras. Com a difusão e popularização da internet, houve uma redução dos limites à privacidade e, até mesmo, o desenvolvimento de uma cultura de exposição, de uma busca por reconhecimento, fama e ganhos financeiros. Isso leva à necessidade de atualização do conceito de privacidade, inclusive na proteção de dados.[25]

Assim, com a quantidade de dados pessoais que passaram a ser compartilhados diante do largo crescimento da tecnologia, a privacidade permeou também sobre essas

---

19. Ibidem.
20. DONEDA, Danilo. *Da Privacidade à Proteção de Dados Pessoais*: fundamentos da Lei Geral de Proteção de Dados. 3 ed. São Paulo: Ed. RT, 2021
21. Idem.
22. CARDOSO, Oscar Valente. *Introdução à Lei Geral de Proteção de Dados*. E-book kindle, 2020.
23. DONEDA, Danilo. *Da Privacidade à Proteção de Dados Pessoais*: fundamentos da Lei Geral de Proteção de Dados. 3. ed. São Paulo: Ed. RT, 2021, p. 25.
24. CARDOSO, Oscar Valente. *Introdução à Lei Geral de Proteção de Dados*. E-book kindle, 2020.
25. CARDOSO, Oscar Valente. *Introdução à Lei Geral de Proteção de Dados*. E-book kindle, 2020, p. 57.

informações. Mas não foi preciso aguardar o século XXI chegar para que a coleta de dados pessoais fosse realizada em massa, e de forma indevida.

Sampaio[26] aponta que em algumas tragédias na história, a utilização de dados pessoais e prejuízo à privacidade contribuiu para a violação de direitos fundamentais, como genocídios, migração forçada, prisão indevida etc.

A Alemanha Nazista é um exemplo. Conforme Luebke e Milton, mencionados por Sampaio[27], em 1933, o governo utilizou cerca de 500.000 pesquisadores, incluindo professores, veteranos de guerra, pessoas desempregadas e membros da SS, para realizarem pesquisa com a população, na qual continha perguntas específicas para as mulheres. Os questionamentos eram referentes a data de seu casamento e a quantidade de filhos, pois o objetivo era conduzir políticas de eugenia positiva, para incentivar os arianos, considerados como uma "raça superior" a procriarem.

Sampaio[28] também traz como exemplo, por meio de Selter e Anderson o Holocausto. A Central de Estatística da Holanda mantinha um programa de registro populacional e de pesquisa social, conhecido como "do berço ao túmulo". Em 1941, ele foi adaptado para manter registros gerais e mapeamento de ciganos e judias. Esse sistema contribuiu para a captura dessas pessoas e consequente exportação para os campos de concentração.

Todos esses acontecimentos e decisões jurídicas de grande repercussão foram bases para, não só a solidificação da privacidade, mas também para a preocupação com a proteção de dados. Porém, o primeiro aparato legislativo específico sobre privacidade e a devida proteção de dados foi na Alemanha, com a Lei de Proteção de Dados do Land alemão de Hesse, de 1970.

Para Sampaio[29] "a proteção de dados pessoais consiste em uma forma mais extensiva", de modo que não se trata somente da proteção de informações específicas sobre uma pessoa natural, mas também à uma pessoa ainda não identificada, mas que pode ser identificada ou identificável. É por essa razão que muitos outros dados se tornam pessoais como histórico de pesquisa, geolocalização, informações comportamentais na internet etc.

Segundo Bioni,[30] o motivo pelo qual a disciplina proteção de dados começou a tomar evidência como um tema de grande importância, foi a automatização em larga escala trazido pela tecnologia, no tratamento de dados pessoais, que significa um cenário de risco para as pessoas donas de tais dados.

---

26. SAMPAIO, Vinícius. *Proteção de Dados Pessoais, da Privacidade ao Interesse Coletivo*. Ed. Lumen Juris, e-book kindle, 2020.
27. Idem.
28. Idem.
29. SAMPAIO, Vinícius. *Proteção de Dados Pessoais, da Privacidade ao Interesse Coletivo*. Ed. Lumen Juris, e-book kindle, 2020, p. 25.
30. BIONI, Bruno Ricardo. *Proteção de Dados Pessoais*: A função e os limites do consentimento. Editora Forense, 2019.

O próprio artigo já mencionado de Warren e Brandeis, *The Right to Privacy*, de 1890, traz consigo a ligação clara entre a proteção do direito à privacidade e o avanço tecnológico, de modo que sem este progresso não haveria tanta necessidade de elaboração de normas que viessem a tomar a privacidade como um direito em vários ordenamentos jurídicos do mundo.[31]

Se naquele tempo as câmeras fotográficas cujas fotos eram expostas já eram preocupação relacionada à privacidade para os juristas, hoje, conforme explica Sarlet,[32] a proteção de dados pessoais deve ser vista não só um direito advindo e relacionado com o direito à privacidade, mas também compreendido como um direito fundamental, tendo em vista os riscos que foram surgindo ao longo dos anos para confidencialidade e privacidade, graças a expansão imensurável da troca de informação entre pessoas, grupos, governos e nações.

Essa troca constante de informações, atualmente, chama-se de Big Data, que é a junção de todos os rastros que deixamos na internet, acessos, históricos, em todos os dispositivos como celulares, computadores, *tablet*, os quais são processados e enviados para quem tem interesse, seja para publicidade, seja para melhorar produtos e serviços, por grandes companhias a pequenas empresas.[33] Sarlet[34] ainda pontua:

> Estes movimentos transfronteiriços colocam obstáculos à interoperabilidade da informação em suas diversas modalidades. Nesta nova dimensão, torna-se imperioso enquadrar juridicamente a proteção de dados pessoais como um direito fundamental global, em outras palavras, direito humano, cujo âmbito de proteção tende a se expandir.

A autora ainda reforça que a proteção de dados se resume a proteção humana, considerando a tutela do livre desenvolvimento da personalidade, bem como pela garantia da autodeterminação informacional, segundo fundamento da LGPD, a qual será explicada em capítulo posterior. No Ordenamento Jurídico brasileiro atual, a proteção de dados é prevista como direito fundamental em razão da EC 115/2022.

1.2 Conceitos, sujeitos e processos trazidos pela LGPD

A LGPD é uma legislação que traz muita novidade para a sociedade e para o universo jurídico. Isso torna-se perceptível quando o legislador inseriu um artigo (art. 5º) com um glossário esclarecendo o significado de cada termo novo. E antes da análise dos

---

31. DONEDA, Danilo. *Da Privacidade à Proteção de Dados Pessoais*: fundamentos da Lei Geral de Proteção de Dados. 3. ed. São Paulo: Ed. RT, 2021.
32. SARLET, Gabrielle Bezerra Sales. Notas sobre a Proteção dos Dados Pessoais na Sociedade Informacional na Perspectiva do Atual Sistema Normativo Brasileiro em: LIMA, Cíntia Rosa Pereira de (Coord.). *Comentários à Lei Geral de Proteção de Dados*. Grupo Almedina (Portugal), 2020.
33. PAULO, Matheus Adriano. *Aspectos destacados da Legislação Brasileira e Europeia sobre Proteção de Dados*: uma análise comparativa dos institutos da Cooperação Internacional, das Sanções Administrativas e do Controle Judicial na Proteção de Dados na União Europeia e no Brasil. Editora dialética, e-book kindle, 2021
34. SARLET, Gabrielle Bezerra Sales. Notas sobre a Proteção dos Dados Pessoais na Sociedade Informacional na Perspectiva do Atual Sistema Normativo Brasileiro em: LIMA, Cíntia Rosa Pereira de (Coord.). *Comentários à Lei Geral de Proteção de Dados*. Grupo Almedina (Portugal), 2020, p. 27.

demais fundamentos da LGPD, necessário se faz conhecê-los, para melhor compreensão da aplicabilidade da lei e inserção da cultura de privacidade.

Os conceitos, figuras e processos são: titular; dados pessoais; dados pessoais sensíveis; dados anonimizados; anonimização de dados; tratamento de dados; agentes de tratamento de dados; controlador e operador; encarregado de dados e a Autoridade Nacional de Proteção de Dados (ANPD).[35]

O primeiro conceito a ser entendido e o mais simples é o do titular de dados, que pela legislação é a pessoa natural detentora dos dados pessoais objeto do tratamento. São os direitos fundamentais do titular que serão protegidos pela LGPD. Dados pessoais, por sua vez, são o objeto a ser protegido pela legislação. A LGPD os conceitua como informação relacionada a pessoa natural identificada ou identificável.

Cardoso[36] aponta que quando a lei fala sobre o titular identificado, denota-se uma maneira de identificação direta, quando o dado é capaz de identificar o seu titular; e de maneira indireta, quando o titular é identificável através do cruzamento de dados.

Assim, uma informação que isolada não pode identificar o seu titular, não é um dado pessoal, mas se quando cruzada, comparada, estudada com outras informações, for possível fazer a ligação com o titular, este se torna identificável, e aquelas informações são dados pessoais.

Isso significa que o Brasil adotou o conceito expansionista de dado pessoal, pelo qual não somente a informação relativa à pessoa diretamente identificada estará protegida pela Lei, mas também aquela informação que possa – tem o potencial de – tornar a pessoa identificável.[37]

Pinheiro[38] exemplifica tipos de informações que são dados pessoais que podem identificar o titular ou torná-lo identificável, "Não se limitando, portanto, a nome, sobrenome, apelido, idade, endereço residencial, ou eletrônico, podendo incluir dados de localização, placas de automóvel, perfis de compras, número do *Internet Protocol* (IP), dados acadêmicos, histórico de compras, entre outros. Sempre relacionados à pessoa natural viva".

O próximo conceito é o de dados pessoais sensíveis, que conforme a legislação (art. 5º, II), são dados pessoais sobre origem racial ou étnica, convicção religiosa, opinião política, filiação a sindicato ou a organização de caráter religioso, filosófico ou político, dado referente à saúde ou à vida sexual, dado genético ou biométrico, quando vinculado a uma pessoa natural.[39]

---

35. BRASIL. *Lei 13.709, de 14 de agosto de 2018*. Disponível em: http://www.planalto.gov.br/ccivil_03/_ato2015-2018/2018/lei/l13709.htm. Acesso em: 10 out. 2021.
36. CARDOSO, Oscar Valente. *Introdução à Lei Geral de Proteção de Dados*. E-book kindle, 2020.
37. BLUM, Renato Opice; MALDONADO, Viviane Nóbrega (Coord.). Lei Geral de Proteção de Dados Comentada. São Paulo: Thomson Reuters. Revistas dos Tribunais, 2019.
38. PINHEIRO, Patrícia Peck. *Proteção de Dados Pessoais*: Comentários à Lei 13. 709/2018 (LGPD). São Paulo: Saraiva, 2021, p. 16.
39. CARDOSO, Oscar Valente. *Introdução à Lei Geral de Proteção de Dados*. E-book kindle, 2020.

Os dados sensíveis são submetidos a um cuidado especial no tratamento de dados, diferente do tratamento de dados pessoais comuns. Isso porque, conforme Maciel (ver ano) define, dados sensíveis são aqueles que podem causar danos significativos para os direitos fundamentais do titular, capazes de causar algum tipo de discriminação ao titular. Maldonado e Blum (2019) explicam que a coleta de outros dados além dos citados na LGPD pode gerar um tratamento de dados pessoais sensíveis e exemplifica:

> Também será considerado dado sensível, citando outro exemplo, quando a análise de geolocalização em uma aplicação no smartphone ou por meio de um chip instalado no automóvel (dados pessoais indiretos), consiga traçar o comportamento do titular a tal ponto que possa inferir se ele é judeu em razão da quantidade de vezes e do tempo que ele permanece em uma sinagoga, das sextas-feiras que deixa o trabalho antes do pôr do sol em razão do *shabat* e da quantidade de vezes que compra produtos *kosher* em lojas especializadas.[40]

Dado anonimizado, pela legislação, consiste em dado relativo a titular que não possa ser identificado, considerando a utilização de meios técnicos razoáveis e disponíveis na ocasião de seu tratamento. Esse conceito demonstra que um dado anonimizado não pode ser considerado como um dado pessoal, visto que agora é uma informação que não consegue mais identificar o titular.

Bioni[41] conceitua da seguinte forma:

> Diante do próprio significado do termo, anônimo seria aquele que não tem nome nem rosto. Essa inaptidão pode ser fruto de um processo pelo qual é quebrado o vínculo entre os dados e seus respectivos titulares, o que é chamado de anonimização. Esse processo pode se valer de diferentes técnicas que buscam eliminar tais elementos identificadores de uma base de dados variando entre a a) supressão; b) generalização; c) randomização e; d) pseudoanomimização.

Porém, dados pseudonimizados, que ocorre quando o tratamento é realizado por meio do qual um dado perde a possibilidade de associação, direta ou indireta, a um indivíduo, senão pelo uso de informação adicional mantida separadamente pelo controlador em ambiente controlado e seguro, continuam sendo dados pessoais, pois sobre uma pessoa natural identificável.[42]

A figura do controlador é a pessoa natural ou jurídica, de direito público ou privado que faz o controle sobre como vai ocorrer o tratamento dos dados pessoais. Ela determina os propósitos e os meios de como os dados pessoais vão ser processados.

Já o operador é a pessoa natural ou jurídica, de direito público ou privado, que realiza o tratamento de dados pessoais em nome do controlador. Paulo[43] ressalva que "tanto

---

40. BLUM, Renato Opice; MALDONADO, Viviane Nóbrega (Coord.). *Lei Geral de Proteção de Dados comentada*. São Paulo: Thomson Reuters. Revistas dos Tribunais, 2019, p. 87.
41. BIONI, Bruno Ricardo. *Proteção de Dados Pessoais*: A função e os limites do consentimento. Editora Forense, 2019, p. 71.
42. BLUM, Renato Opice; MALDONADO, Viviane Nóbrega (Coord.). Lei Geral de Proteção de Dados Comentada. São Paulo: Thomson Reuters. *Revistas dos Tribunais*, 2019.
43. PAULO, Matheus Adriano. *Aspectos destacados da Legislação Brasileira e Europeia sobre Proteção de Dados*: uma análise comparativa dos institutos da Cooperação Internacional, das Sanções Administrativas e do Controle Judicial na Proteção de Dados na União Europeia e no Brasil. Editora dialética, e-book kindle, 2021, p. 40.

o controlador como o operador devem manter registro das operações de tratamento, especialmente baseado no legítimo interesse". Dessa forma, recomenda-se o registro em todas as situações, até mesmo para ressalva de responsabilidades.

Os agentes de tratamento são o controlador e o operador de dados. Na prática são todas as pessoas naturais ou jurídicas que tratam dados pessoais com cunho econômico. Vê-se um impacto gigantesco em todos os setores de mercado, bem como no setor público, visto que cada um deles assume um papel de controlador ou de operador a depender do caso concreto. Este cenário será discutido em capítulo posterior.

A LGPD também criou a figura do encarregado de dados (art. 5º, IX), também conhecido como *Data Protection Officer* (DPO), nomenclatura exportada da GDPR. Pela legislação, o encarregado é a pessoa indicada pelo controlador e operador para atuar como canal de comunicação entre o controlador, os titulares dos dados e a Autoridade Nacional de Proteção de Dados (ANPD)[44] (BRASIL, 2018).

Assim, ele será a figura responsável pela resolução de questões atinentes a proteção de dados de cada agente de tratamento, verificando-se mais uma mudança para os agentes de tratamento. Paulo[45] acerca do encarregado de dados, conclui que "tratamento dos dados se dará pelos agentes de tratamento, que tratam dados de titulares, e estão indiretamente vinculados também ao encarregado, que ficará responsável pela intermediação das comunicações entre o agente de tratamento denominado "controlador", o titular dos dados e o órgão regulador".

A LGPD também conceitua "tratamento de dados", o qual já fora visto no início desta pesquisa. Por fim, a LGPD criou um órgão federal: a Autoridade Nacional de Proteção de Dados (ANPD), a qual é responsável por zelar, implementar e fiscalizar o cumprimento desta Lei em todo o território nacional. Suas atribuições estão contidas no capítulo IX da referida lei.

1.3 Contexto internacional anterior à LGPD (GDPR X LGPD)

Em 2018, a Lei Geral de Proteção de Dados (LGPD) foi aprovada, no entanto, teve sua semente criada em 2010. De Souza Neto[46] menciona que foram necessários muitos escândalos no mundo para que outros países como os da Europa criassem um primeiro código internacional e vinculante sobre proteção de dados, a GDPR, na qual a LGPD foi inspirada. O autor destaca dois casos que repercutiram mundialmente.

O primeiro é o caso Edward Snowden, um ex-analista da *National Security Agency* (NSA), que em 2013 denunciou o governo dos Estados Unidos por utilizarem tecnologia

---

44. BRASIL. *Lei 13.709, de 14 de agosto de 2018*. Disponível em: http://www.planalto.gov.br/ccivil_03/_ato2015-2018/2018/lei/l13709.htm. Acesso em: 10 out. 2021.
45. PAULO, Matheus Adriano. *Aspectos destacados da Legislação Brasileira e Europeia sobre Proteção de Dados*: uma análise comparativa dos institutos da Cooperação Internacional, das Sanções Administrativas e do Controle Judicial na Proteção de Dados na União Europeia e no Brasil. Editora dialética, e-book kindle, 2021, p. 40.
46. DE SOUZA NETO, José Luiz. *A proteção de Dados Pessoais na Era da Informação*. E-book kindle, 2020.

de vigilância global para espionar tanto os estadunidenses quanto pessoas da Europa e da América Latina. Inclusive, as autoridades estariam vigiando conversas de governantes de alguns países, incluindo o Brasil, que naquele tempo era Dilma Rousseff.[47]

Outro caso de grande repercussão trazido pelo autor foi o envolvendo a Cambridge Analytica, uma empresa bilionária, responsável por análise de dados e por gerir a campanha para presidência de Donald Trump em 2016. Foi descoberto que esta teve acesso à dados pessoais de mais de 50 milhões de pessoas, através da plataforma *facebook*, por meio de testes de personalidade lançados no site.

Ainda, a empresa estudou e cruzou tais dados para criar perfis de possíveis eleitores e assim, disparar anúncios específicos para cada tipo de perfil, permitindo influenciar na escolha dos eleitores nas urnas. Para além, a atuação da empresa teria influenciado na saída do Reino Unido da União Europeia em 2016, o Brexit.

Nesse cenário, o mundo passou a tomar novas providências legislativas, incluindo a União Europeia, que por sua vez, já entendia a necessidade dessa proteção de dados pessoais e aprovou em 2016 o *General Data Protection Regulation* (GDPR), uma lei não apenas regional, mas também internacional de proteção de dados que auxilia na cooperação internacional de proteção de dados e serviu de base para o texto da LGPD (2020).

Apesar de aprovada em 2016, a GDPR só entrou em vigor em 2018, mesmo ano em que o Brasil aprovou a LGPD, por unanimidade, a qual só entrou em vigor em 2020. Doneda[48] comenta sobre o curto lapso temporal entre a aprovação e vigência entre as duas leis:

> Estas são, precisamente, as razões pelas quais o Brasil e a União Europeia introduziram, quase que simultaneamente, as reformas legislativas às quais o livro do Professor Doneda é dedicado: justamente no sentido de adaptar os seus marcos normativos de proteção de dados para os desafios e oportunidades da era digital. Em 25 de maio de 2018, o Regulamento Geral de Proteção de Dados (GDPR) entrou em vigor na União Europeia, enquanto, poucos meses depois, a Lei Geral de Proteção de Dados (LGPD) foi aprovada por unanimidade no Congresso Nacional no Brasil.

O tema privacidade e proteção de dados passou a funcionar como vias estratégicas para participações em acordos comerciais internacionais que envolvem trocas de informações. O autor ainda explica:

> Em um momento no qual o Mercosul e a União Europeia acabam de concluir o maior acordo comercial bilateral jamais negociado, acrescente convergência entre seus respectivos sistemas de proteção da privacidade também oferece novas oportunidades para facilitar ainda mais as trocas comerciais e outras formas de cooperação que envolvam a transferência de dados, inclusive por meio do assim chamado reconhecimento da adequação.[49]

---

47. Ibidem.
48. DONEDA, Danilo. *Da Privacidade à Proteção de Dados Pessoais*: fundamentos da Lei Geral de Proteção de Dados. 3. ed. São Paulo: Ed. RT, 2021, p. 15.
49. Ibidem, p. 16.

O Brasil, então, ao aprovar uma legislação sobre proteção de dados, tendo como referência a União Europeia, demonstra-se preocupado a cooperação internacional, mormente o atual cenário em que o mundo se encontra: uma sociedade conectada, com transferência de dados do Brasil para outros países ou vice-versa.[50]

Desse modo, verifica-se que a LGPD, apesar de ser uma lei nacional, também causa um impacto internacional acerca da imagem do Brasil frente aos demais países que já possuem sua cultura de privacidade instalada e em constante evolução.

1.4 A evolução jurídica da proteção de dados no Brasil

A Lei Geral de Proteção de Dados foi aprovada em 2018, mas como já visto no início deste trabalho, quando se analisou os fundamentos desta lei, a privacidade se encontrava já prevista na Constituição Federal.

Ocorre que a LGPD é a primeira legislação que trata especificamente sobre a proteção de dados pessoais no Brasil. Antes dela, foram aprovadas leis que tratavam esparsamente, em alguns de seus artigos, sobre proteção de dados, algumas já mencionadas ao longo desta pesquisa. Como afirma Lima:[51]

> Neste ponto, é oportuno lembrar que até a elaboração da LGPD o Brasil tratava as questões de dados pessoais em mais de 30 leis esparsas, como na Lei Geral de Telecomunicações, na Lei do Cadastro Positivo, na Lei do Acesso à Informação, no Marco Civil da Internet, dentre outras. Obviamente, com o início da vigência da LGPD, essas normas anteriores não serão consideradas revogadas, mas sim coexistirão de maneira harmônica, cabendo à Autoridade Nacional de Proteção de Dados e ao Poder Judiciário promover a devida resolução dos conflitos que surgirem, aplicando no caso concreto a norma que melhor garantir os direitos das pessoas humanas atingidas.

Esta pesquisa abordará as mais contribuintes para a proteção de dados no Brasil. De Souza Neto[52] traz, primeiramente, o Código de Defesa do Consumidor (Lei 8.078/1990), que prevê em seu art. 43 e parágrafos seguintes alguns direitos que remetem à proteção de dados como:

> Art. 43 O consumidor, sem prejuízo do disposto no art. 86, terá acesso às informações existentes em cadastros, fichas, registros e dados pessoais e de consumo arquivados sobre ele, bem como sobre as suas respectivas fontes.
>
> § 1º Os cadastros e dados de consumidores devem ser objetivos, claros, verdadeiros e em linguagem de fácil compreensão, não podendo conter informações negativas referentes a período superior a cinco anos.
>
> § 2º A abertura de cadastro, ficha, registro e dados pessoais e de consumo deverá ser comunicada por escrito ao consumidor, quando não solicitada por ele.

---

50. PAULO, Matheus Adriano. *Aspectos destacados da Legislação Brasileira e Europeia sobre Proteção de Dados*: uma análise comparativa dos institutos da Cooperação Internacional, das Sanções Administrativas e do Controle Judicial na Proteção de Dados na União Europeia e no Brasil. Editora dialética, e-book kindle, 2021.
51. LIMA, Caio César Carvalho. Objeto, aplicação material e aplicação territorial. In: BLUM, Renato Opice; MALDONADO, Viviane Nóbrega (Coord.). *Comentários ao GDPR: regulamento geral de proteção de dados da União Europeia*. São Paulo: Thomson Reuters Brasil, 2018, p. 27.
52. DE SOUZA NETO, José Luiz. *A proteção de Dados Pessoais na Era da Informação*. E-book kindle, 2020.

§ 3º O consumidor, sempre que encontrar inexatidão nos seus dados e cadastros, poderá exigir sua imediata correção, devendo o arquivista, no prazo de cinco dias úteis, comunicar a alteração aos eventuais destinatários das informações incorretas.

§ 4º Os bancos de dados e cadastros relativos a consumidores, os serviços de proteção ao crédito e congêneres são considerados entidades de caráter público[53] (BRASIL, 1990).

De Souza Neto ainda aponta que tais direitos entregues aos consumidores exerceram papel de grande importância para o controle de seus dados pessoais.

> Ainda que aplicável somente às relações de consumo, não se pode ignorar que o DCD estabeleceu importantes diretrizes para que o consumidor possa exercer o direito de controlar suas informações pessoais, estipulando as condições de manutenção das informações e determinando prazo máximo para seu armazenamento dos dados.[54]

Leal[55] também afirma que o CDC/90 foi um marco infraconstitucional para o desenvolvimento do conceito de privacidade e proteção de dados, responsável por alimentar um julgado REsp 22.337-8/RS do Supremo Tribunal de Justiça, em 1995, o qual decidia sobre privacidade como exclusão de terceiros e sobre a autodeterminação informativa como um direito fundamental.

> A inserção de dados pessoais do cidadão em bancos de informações tem se constituído em uma das preocupações do Estado moderno, onde o uso da Informática e a possibilidade de controle unificados das diversas atividades da pessoa, nas múltiplas situações de vida, permite o conhecimento de sua conduta pública e privada, até nos mínimos detalhes, podendo chegar à devassa de atos pessoais, invadindo área que deveria ficar restrita à sua intimidade; ao mesmo tempo, o cidadão, objeto dessa indiscriminada colheita de informações, muitas vezes, sequer sabe da existência de tal atividade, ou não dispõe de eficazes meios para conhecer o seu resultado, retificá-lo ou cancelá-lo. E assim como o conjunto dessas informações pode ser usado para fins lícitos, públicos ou privados, na prevenção ou repressão de delitos, ou habilitando o particular a celebrar contratos com pleno conhecimento de causa, também pode servir ao Estado ou ao particular para alcançar fins contrários à moral ou ao Direito, como instrumento de perseguição política ou opressão econômica.[56]

Além do CDC, um pouco mais de 20 anos depois, houve a Lei do Cadastro Positivo (Lei 12.414/2011), a qual é responsável por disciplinar a formação e consulta a bancos de dados com informações de adimplemento, de pessoas naturais ou de pessoas jurídicas, para formação de histórico de crédito.

Em 2019, ela sofreu uma alteração pela Lei Complementar 166, onde trouxe algumas alterações como:

---

53. BRASIL. *Lei 8.078, de 11 de setembro de 1990*. Código de Defesa do Consumidor. Dispõe sobre a proteção do consumidor e dá outras providências. Disponível em: http://www.planalto.gov.br/ccivil_03/Leis/L8078.htm. Acesso em: 11 out. 2021.
54. DE SOUZA NETO, José Luiz. *A proteção de Dados Pessoais na Era da Informação*. E-book kindle, 2020 p. 34.
55. LEAL, Dionis Janner. A Lei Geral de Proteção de Dados Pessoais (LGPD) e os impactos nas empresas privadas, em: FORTES, Vinícius Borges, FRANZOSI, Julia Benetti, SARTURI, Mariana, ROSA, Cássio Abreu. *Dimensões do Direito e da Tecnologia na Contemporaneidade*. Ed. Deviant, e-book kindle, 2020.
56. AGUIAR JR., RUY ROSADO. STJ, 4ª Turma, REsp 22.337-8-RS, julgado em 13.02.1995.

a) autorização para que o gestor (responsável pelos bancos de dados) abra cadastro com informações de adimplemento dos consumidores, sem prévia autorização destes; b) autorização para o compartilhamento dos cadastros com os outros bancos de dados; e c) autorização para que os gestores disponibilizem aos consulentes nota ou pontuação de crédito e o histórico de crédito dos consumidores, neste último caso, mediante autorização.[57]

O novo texto normativo demonstra a preocupação com a autodeterminação informativa do titular de dados, visto que ele passa a ter maior transparência e controle das suas informações pessoais conforme se verifica nas mudanças acima citadas.

No entanto, conforme afirma De Souza Neto,[58] ainda que se observe tal valorização da proteção dos dados do titular, com o texto atual, este não possui mais o direito de escolher acerca da abertura de seu cadastro ou não (antes era necessário o consentimento do titular), causando o autor chama de paradoxo a ideia de proteção conferida pelas leis de dados pessoais.

Em 2011 também foi sancionada a Lei 12. 527/2011, Lei de Acesso à Informação (LAI), que em seu art. 4º, inciso I conceitua informação como dados, processados ou não, que podem ser utilizados para produção e transmissão de conhecimento, contidos em qualquer meio, suporte ou formato; e em seu inciso IV trouxe o conceito de informação pessoal, definida como aquela relacionada à pessoa natural identificada ou identificável.

Outra legislação de forte contribuição para o progresso da proteção de dados foi o Marco Civil da Internet (MCI), aprovada em 2014. Bioni[59] afirma que esta lei se utilizou de métodos principiológicos para proteger os direitos e garantias dos usuários, de modo a evitar obrigações de técnicas normativas que limitassem a utilização pelo usuário na internet.

A proteção dos dados pessoais e da privacidade dos usuários pode ser vista especialmente no art. 7º da referida lei, o qual assegura direitos como I – inviolabilidade da intimidade e da vida privada, sua proteção e indenização pelo dano material ou moral decorrente de sua violação; II – inviolabilidade e sigilo do fluxo de suas comunicações pela internet, salvo por ordem judicial, na forma da lei; III – inviolabilidade e sigilo de suas comunicações privadas armazenadas, salvo por ordem judicial; VII – não fornecimento a terceiros de seus dados pessoais, inclusive registros de conexão, e de acesso a aplicações de internet, salvo mediante consentimento livre, expresso e informado ou nas hipóteses previstas em lei; e demais incisos.

Além deste, a lei traz diversos outros como o art. 10º que estabelece medidas para a proteção de dados pessoais, o art. 11º que prevê sanções caso haja violação de seu texto. O art. 16 no qual há proibição da guarda de registro de acesso a outras aplicações da internet sem o consentimento do titular.

---

57. DE SOUZA NETO, José Luiz. *A proteção de Dados Pessoais na Era da Informação*. E-book kindle, 2020, p. 35.
58. Idem.
59. BIONI, Bruno Ricardo. *Proteção de Dados Pessoais:* A função e os limites do consentimento. Editora Forense, 2019.

Para De Souza Neto,[60] "o MCI deixou várias lacunas acerca de certos conceitos como o de dados pessoais, dados pessoais sensíveis e dados anonimizados, que foram supridos pelo Decreto 8. 8771/2016". Todavia, apesar de tais espaços deixados por esta legislação, ela foi de grande importância para os usuários, também titulares de dados, pois se utilizou efetivamente da autodeterminação informativa, inserida na LGPD.

CONSIDERAÇÕES FINAIS

De acordo com a pesquisa, é possível verificar o quanto a Lei Geral de Proteção de Dados é relevante para o acompanhamento do avanço da sociedade na vasta troca de dados pessoais que ocorre. Além disso, acontecimentos internacionais e a necessidade de o Brasil inserir-se na lista de países que legislam sobre tal tema também contribuíram para aprovação da referida lei como o texto de maior importância legislativa para o respeito à privacidade e à proteção de dados no Brasil.

No entanto, a maioria dos titulares de dados pouco se importam de entregar seu CPF quando lhe solicitam, sem qualquer preocupação sobre como este dado será utilizado. Isso significa que a construção de uma cultura de privacidade no Brasil não se dará apenas pela vigência da LGPD, mas em conjunto com o seu conhecimento por parte dos titulares de dados.

Na medida em que eles conhecem seus direitos e a importância dos seus dados pessoais, toda a sociedade é impactada, visto que todos os setores (públicos e privados) são geridos por pessoas que também são titulares de dados.

A partir disso, inicia-se um ciclo no qual por um lado, estes titulares, conhecedores de seus direitos, ao verificarem certos problemas com seus dados pessoais, como abusos, vazamentos de dados ou qualquer outro incidente de segurança, passam a reivindicá-los e por outro, os agentes de tratamento são obrigados a observá-los.

Este ciclo contribuirá para a implementação e conhecimento sobre da LGPD, e consequentemente, da cultura de privacidade no Brasil, de modo que as atitudes tomadas por todos (agentes de tratamento e titulares de dados) serão tanto de modo a prevenir prejuízos aos direitos de personalidade dos titulares, bem como de punir as ilicitudes cometidas pelos controladores e operadores de dados, os dois objetivos da lei.

Mas para isso, o papel educativo das autoridades competentes sobre os direitos dos titulares de dados e as obrigações dos agentes de tratamento, somada à fiscalização e devida apuração de infrações cometidas devem ser praticadas para se chegar ao caminho de um país que toma a privacidade e proteção de dados como um de seus pilares.

De acordo com os resultados da pesquisa foi possível verificar a importância da Lei Geral de Proteção de Dados para o acompanhamento do avanço da sociedade contemporânea, com a vasta troca de dados pessoas e a necessidade de o Brasil se inserir na lista de países que legislam sobre tal tema, para aprovação da referida lei como o texto de maior importância legislativa para o respeito à privacidade e à proteção de dados no Brasil.

---

60. DE SOUZA NETO, José Luiz. *A proteção de Dados Pessoais na Era da Informação*. E-book kindle, 2020, p. 39.

REFERÊNCIAS

AGUIAR JR, Ruy Rosado. STJ, 4ª Turma, *REsp 22.337-8-RS*, julgado em 13.02.1995. Disponível em: https://www.gov.br/cgu/pt-br/acesso-a-informacao/institucional/eventos/anos-anteriores/2017/5-anos-da-lei-de-acesso/arquivos/mesa-3-maria-claudia.pdf. Acesso em: 12 out. 2021.

BIONI, Bruno Ricardo et al (Coord.). *Tratado de Proteção de Dados Pessoais*. Editora Forense, 2021.

BIONI, Bruno Ricardo. *Proteção de Dados Pessoais:* A função e os limites do consentimento. Forense, 2019.

BLUM, Renato Opice; MALDONADO, Viviane Nóbrega (Coord.). *Comentários ao GDPR: Regulamento Geral de Proteção de Dados da União Europeia*. São Paulo: Thomson Reuters Brasil, 2018.

BLUM, Renato Opice; MALDONADO, Viviane Nóbrega (Coord.). *Lei Geral de Proteção de Dados Comentada*. São Paulo: Thomson Reuters. Revistas dos Tribunais, 2019.

BRASIL. *Constituição Federal* (1988). Constituição da República Federativa do Brasil: promulgada em 5 de outubro de 1988.

BRASIL. *Lei 10.406, 10 de janeiro de 2002*. Institui o Código Civil. Diário Oficial da União, Brasília, DF, 11 jan. 2002. Disponível em: http://www.planalto.gov.br/ccivil_03/Leis/2002/L10406compilada.htm. Acesso em: 10 out. 2021.

BRASIL. *Lei 12.414, de 9 de junho de 2011*. Disponível em: http://www.planalto.gov.br/ccivil_03/_ato2011-2014/2011/lei/l12414.htm. Acesso em: 11 out. 2021.

BRASIL. *Lei 12.527, de 18 de novembro de 2011*. Disponível em: http://www.planalto.gov.br/ccivil_03/_ato2011-2014/2011/lei/l12527.htm. Acesso em: 11 out. 2021.

BRASIL. *Lei 12.965, de 23 de abril de 2014*. Disponível em: http://www.planalto.gov.br/ccivil_03/_ato2011-2014/2014/lei/l12965.htm. Acesso em: 11 out. 2021.

BRASIL. *Lei 13.709, de 14 de agosto de 2018*. Disponível em: http://www.planalto.gov.br/ccivil_03/_ato2015-2018/2018/lei/l13709.htm. Acesso em: 10 out. 2021.

BRASIL. *Lei 8.078, de 11 de setembro de 1990*. Código de Defesa do Consumidor. Dispõe sobre a proteção do consumidor e dá outras providências. Disponível em: http://www.planalto.gov.br/ccivil_03/Leis/L8078.htm. Acesso em: 11 out. 2021.

CARDOSO, Oscar Valente. *Introdução à Lei Geral de Proteção de Dados*. E-book kindle, 2020.

DE SOUZA NETO, José Luiz. *A proteção de Dados Pessoais na Era da Informação*. E-book kindle, 2020.

DONEDA, Danilo. *Da Privacidade à Proteção de Dados Pessoais*: fundamentos da Lei Geral de Proteção de Dados. 3. ed. São Paulo: Ed. RT, 2021.

LEAL, Dionis Janner. A Lei Geral de Proteção de Dados Pessoais (LGPD) e os impactos nas empresas privadas. In: FORTES, Vinícius Borges, FRANZOSI, Julia Benetti, SARTURI, Mariana, ROSA, Cássio Abreu. *Dimensões do Direito e da Tecnologia na Contemporaneidade*. Ed. Deviant, e-book kindle, 2020.

LIMA, Caio César Carvalho. Objeto, aplicação material e aplicação territorial. In: BLUM, Renato Opice; MALDONADO, Viviane Nóbrega (Coord.). *Comentários ao GDPR: regulamento geral de proteção de dados da União Europeia*. São Paulo: Thomson Reuters Brasil, 2018.

MACIEL, Rafael. *Manual prático sobre Lei Geral de Proteção de Dados Pessoais. Atualizado com a Medida Provisória 869/18*. RM Digital Education, e-book kindle, 2019.

PAULO, Matheus Adriano. *Aspectos destacados da Legislação Brasileira e Europeia sobre Proteção de Dados*: uma análise comparativa dos institutos da Cooperação Internacional, das Sanções Administrativas e do Controle Judicial na Proteção de Dados na União Europeia e no Brasil. Editora dialética, e-book kindle, 2021.

PINHEIRO, Patrícia Peck. *Proteção de Dados Pessoais:* Comentários à Lei 13. 709/2018 (LGPD). Editora Saraiva, 2021.

SAMPAIO, Vinícius. *Proteção de Dados Pessoais, da Privacidade ao Interesse Coletivo.* Ed. Lumen Juris, e-book kindle, 2020.

SARLET, Gabrielle Bezerra Sales. Notas sobre a Proteção dos Dados Pessoais na Sociedade Informacional na Perspectiva do Atual Sistema Normativo Brasileiro em: LIMA, Cíntia Rosa Pereira de (Coord.). *Comentários à Lei Geral de Proteção de Dados.* Grupo Almedina (Portugal), 2020.

SOLOVE, Daniel J. *Understanding Privacy.* Harvard University Press, 2008.

COOKIES – ASPECTOS JURÍDICOS DA EXPERIÊNCIA DO USUÁRIO NA *INTERNET*

João Pedro Leite Barros

Doutor em Direito Civil pela Universidade de Brasília. Mestre em Direito Civil pela Universidade de Lisboa. Coordenador da área de Direito Civil do Instituto Iberoamericano de Estudos Jurídicos – IBEROJUR. Membro da Comissão Especial de Defesa do Consumidor do Conselho Federal da Ordem dos Advogados do Brasil. Professor e Advogado. E-mail: barroseleite@gmail.com

Débora Fernandes Maranhão

Pós-Graduanda em Direito Digital e Proteção de Dados Pessoais pelo Instituto Brasileiro de Ensino, Desenvolvimento e Pesquisa. Bacharela em Direito pela Universidade de Brasília. Pesquisadora do CEDIS IDP – Privacy Lab. Advogada. E-mail: debora. fmaranhao@gmail.com.

Sumário: Introdução – 1. Como os *cookies* funcionam; 1.1 *Cookies* necessários – 2. O perigo de *cookies* e de *cookies* necessários para o usuário – 3. Discussão jurídica concreta sobre *cookies* – 4. A legislação e os *cookies* – Conclusão – Referências.

INTRODUÇÃO

Os *cookies* estão presentes em diversos momentos da experiência de um usuário na *internet*. Embora não sejam visíveis, eles moldaram a forma como o indivíduo interage com a interface virtual. Muitas funcionalidades de um *site* só são possíveis porque há *cookies* em funcionamento. Contudo, a fim de proteger-se juridicamente é importante que o usuário saiba como funcionam os *cookies* e como direitos e deveres estão associados à sua utilização.

Cada *cookie* armazena dados referentes à visita de um sítio eletrônico específico, ou seja, é um arquivo de texto que identifica a página acessada e o usuário que a acessou.[1] Foi diante das várias possibilidades de uso desta e outras tecnologias que capturam e tratam dados, que surgiram normas para resguardar o indivíduo do tratamento inadequado de suas informações pessoais. Por isso, é interessante verificar como estas normas jurídicas se aplicam em relação ao uso dos *cookies* e quão protegido está o usuário ao navegar na *internet*.

Esta regulação do tratamento de dados culminou na adoção do *banner* (o aviso de cookies) para coletar o consentimento e fornecer informação sobre o uso de *cookies* em determinados sites. Porém, certos *cookies,* os necessários, dispensam a obtenção de

---

1. PRATES, Cristina Cantú. Privacidade e Intimidade na Internet: A Legalidade dos Cookies e Spam. *Revista FMU Direito*, v. 28, n. 42, p. 31, 2014.

consentimento, o que pode fazer com que o usuário esteja sendo submetido a riscos desconhecidos. Além disso, o uso inadequado de *cookies* tende a gerar diversos outros perigos, como se observará.

Neste cenário, sabendo também que há usuários que acreditam que rejeitar os *cookies* impedirá a navegação no *site*,[2] é mandatório o esforço de fornecer conhecimento para que este usuário tome a decisão consciente de aceitar ou rejeitar *cookies*. Assim, esta breve discussão pretende informar o papel dos *cookies*, em especial os necessários, com o principal objetivo de esclarecer conceitos técnicos e suscitar discussões para contribuir com a proteção do indivíduo no meio virtual.

1. COMO OS *COOKIES* FUNCIONAM

Patricia Peck[3] define *cookies* como "absorventes de textos com informações sobre o comportamento dos usuários na rede. Permitem que servidores gravem informações de seu interesse em outro microcomputador remoto. Podem ou não ser configurados no browser".

Eles são pequenos arquivos que os *sites* armazenam nos dispositivos de seus visitantes para identificar cada um e relembrar algumas de suas informações.[4] Os *cookies* tornam a navegação mais rápida e eficiente porque gravam preferências como, por exemplo, a língua que o usuário usa para interagir, senhas e informações de login,[5] também geram dados para melhoria da plataforma e são responsáveis por salvar itens em carrinhos de compra e favoritos. Além disso, são frequentemente usados para armazenar e transportar dados porque eles não podem ser rastreados.[6]

Existem diversas classificações para os *cookies*[7] (que podem se inserir em mais de uma categoria), como: (i) persistentes: ficam registrados por determinado período e não são apagados quando o navegador é fechado; (ii) de sessão: são apagados quando o navegador é fechado; (iii) de origem: são instalados pelo próprio *site* ao visitá-lo e não podem ser lidos por outros *sites*; (iv) de terceiros: quando um serviço externo define os *cookies* de um *site*; (v) analíticos: geram informações de funcionamento do sistema, para aprimoramento; (vi) funcionais: são, por exemplo, os *cookies* de autenticação (para iniciar uma sessão e concordar com as políticas do *site*), são necessários para o funcionamento da página e dispensam o consentimento; e (vii) necessários: são indispensáveis para o funcionamento do navegador.

---

2. BIONI, Bruno Ricardo. *Proteção de dados pessoais*: a função e os limites do consentimento. 2. ed. Rio de Janeiro: Forense, 2020. p. 182.
3. PINHEIRO, Patricia Peck. *Direito digital*. 7. ed. São Paulo: Saraiva Educação, 2021. p. 363.
4. COFONE, Ignacio N. The way the cookie crumbles: Online tracking meets behavioural economics. *International Journal of Law and Information Technology*, v. 25, n. 1, p. 2, 2016.
5. COFONE, Ignacio N. The way the cookie crumbles: Online tracking meets behavioural economics. *International Journal of Law and Information Technology*, v. 25, n. 1, p. 2, 2016.
6. SHUFORD, Erica et al. Measuring Personal Privacy Breaches Using Third-Party Trackers. *IEEE International Conference On Big Data Science And Engineering*, p. 1616, 2018.
7. *Cookies*. Disponível em: https://european-union.europa.eu/cookies_pt. Acesso em: 11 out. 2022.

Estas classificações referem-se à finalidade de cada *cookies*, tempo de vida e à origem, mas todos funcionam essencialmente como arquivos de informação. Em razão desses arquivos, o usuário pode acessar um *site* e, tempos depois, alguns comandos de configuração serão os mesmos, como se fosse uma memória para melhorar a experiência virtual, que será personalizada e mais eficiente.

Dito isto, para compreender melhor o funcionamento geral destes *cookies* é importante termos uma básica noção de conceitos técnicos da internet.[8] O HTTP (aqui, leigamente é usado como sinônimo de HTTPS)[9] estabelece uma comunicação segura com servidor web (*web server*) e permite a comunicação de dados no *World Wide Web* (WWW). Quando um usuário clica em uma URL (*Uniform Resource Locator*), a informação da URL é utilizada pelo *web browser* (navegador), que se conecta com um servidor web – por meio do HTTP – e faz um pedido; o servidor, por sua vez, responde ao pedido do usuário carregando as informações de um *site*. Com uma nova URL, novas informações aparecem independentemente daquelas URLs clicadas anteriormente.

O *cookie*, neste cenário, é um pequeno pedaço de informação que auxilia o *web server* a criar uma memória. Com o *cookie*, quando um *web server* responde ao pedido do usuário, ele pode armazenar informações no navegador para rastrear os dados do pedido anterior. Por isso, ao clicar em uma nova URL, o *site* pode já ter algumas informações de uma visita anterior.[10] As informações armazenadas podem promover a identificação pessoal de determinado usuário e, ainda, rastreá-lo para fins de publicidade.

Utilizados para esta finalidade de rastreio (*tracking*), os *cookies* de terceiro são chamados de "*third-party trackers*" na literatura inglesa, termo que já introduz a atuação desse tipo de *cookie*. Eles advêm de empresas de publicidade[11] e são gravados durante a navegação de um usuário na *internet*. Transitando entre *sites* distintos, os *third-party trackers* conseguem capturar a movimentação do usuário e rastrear o seu comportamento, identificando suas preferências e qual publicidade seria mais adequada para convencê-lo a tomar a decisão de compra.

Ainda neste âmbito de que os *cookies* observam as preferências do usuário, os *cookies* são chamados de "*testemunhos de conexão*" pela Diretiva 2002/58/CE, o que pode ilustrar sua forma de atuação. De fato, tratar dos *cookies* como espécie de "testemunha" revela muito sobre o que o usuário deve pensar ao navegar pela *internet*. Aquela sensação

---

8. Esta parte técnica, trazida de forma superficial, foi extraída do estudo de Kenneth LaCroix, Yin L. Loo, Young B. Choi, Cf.: LACROIX, Kenneth; LOO, Yin L.; CHOI, Young B. Cookies and Sessions: A Study of What They Are, How They Work and How They Can Be Stolen. *Proceedings – 2017 International Conference on Software Security and Assurance, ICSSA 2017*, p. 20-24, 2017. Alguns termos foram mantidos em inglês porque é possível que o usuário tenha sido introduzido a estes conceitos em inglês durante sua navegação na internet.
9. HTTPS é o termo mais comum ao usuário; é uma extensão segura do HTTP. Cf.: Hostmidia. Disponível em: https://www.hostmidia.com.br/blog/o-que-e-https/. Acesso em: 12 out. 2022.
10. LACROIX, Kenneth; LOO, Yin L.; CHOI, Young B. Cookies and Sessions: A Study of What They Are, How They Work and How They Can Be Stolen. *Proceedings – 2017 International Conference on Software Security and Assurance, ICSSA 2017*, p. 21, 2017.
11. SHUFORD, Erica et al. Measuring Personal Privacy Breaches Using Third-Party Trackers. *IEEE International Conference On Big Data Science And Engineering*, p. 115, 2018.

de estar sendo vigiado é real e provavelmente porque há *cookies* (que não são vistos ou conhecidos) captando dados e identificando cada passo do indivíduo no mundo virtual.

Contudo, para utilizar um *cookie* de terceiro, ele terá que se tornar visível e compreensível ao usuário porque é imperativo obter seu consentimento. Ao abrir um *banner* (aviso de *cookies*) de um *site*, as opções mais frequentes são "rejeitar, aceitar ou abrir configurações". Contudo, embora a escolha geralmente esteja nas mãos do usuário, nem sempre é possível personalizar as configurações de *cookies* por inteiro. Isso porque há certos *cookies* que não podem ser rejeitados, pois se autoproclamam como *cookies* estritamente necessários. A rejeição desses arquivos prejudicaria o próprio funcionamento de um *site*.

1.1 *Cookies* necessários

Os *cookies* necessários são aqueles que não precisam de consentimento, porque eles são imprescindíveis ao funcionamento do *site* que o usuário deseja visitar; por sua vez, os *cookies* de rastreamento exigem o consentimento, uma vez que realizam a captura de dados pessoais para fins que extrapolam o estritamente primordial.

Sendo mais claro: os cookies necessários permanecerão ativos, ante a sua imprescindibilidade, ainda que o usuário opte por rejeitá-los.

O conceito do que seria "necessário" é abrangente e discricionário, sendo, na prática, uma carta coringa na interpretação do fornecedor. O mais adequado seria considerar a definição de "estritamente necessário" do ponto de vista do usuário, ou seja, sem o *cookie* necessário o usuário seria impedido de certas atividades no *site*.[12] São considerados necessários, por exemplo, aqueles *cookies* utilizados para autenticação e manutenção do registro em uma plataforma.[13] Alguns *sites* incluem como *cookie* necessário aquele que armazena informações de carrinho de compras,[14] outros podem utilizá-lo para limitar a quantidade de conteúdo gratuito que um visitante pode acessar.[15]

Na prática, os *cookies* necessários não são corretamente delimitados; assim, cada *site* pode entender como necessárias funcionalidades diversas, de acordo com o serviço que oferecem. O *site* https://www.gov.br/pt-br, por exemplo, tem uma política de *cookies* e informa adequadamente o usuário sobre os *cookies* utilizados e suas funções. Em relação aos *cookies* necessários, eles ficam permanentemente ativados com o aviso: "Esses cookies permitem funcionalidades essenciais, tais como segurança, verificação de identidade e

---

12. Cookies et traceurs : comment mettre mon site web en conformité? Disponível em: https://www.cnil.fr/fr/cookies-et-autres-traceurs/regles/cookies/comment-mettre-mon-site-web-en-conformite. Acesso em: 13 out. 2022.
13. Privacidade em linha. Disponível em: https://europa.eu/youreurope/business/dealing-with-customers/data--protection/online-privacy/index_pt.htm. Acesso em: 02 out. 2022.
14. SANCHEZ-ROLA, Iskander et al. Can I opt out yet? GDPR and the global illusion of cookie control. *AsiaCCS 2019*, p. 340-351, 2019.
15. Cookies et traceurs: comment mettre mon site web en conformité? Disponível em: https://www.cnil.fr/fr/cookies-et-autres-traceurs/regles/cookies/comment-mettre-mon-site-web-en-conformite. Acesso em: 13 out. 2022.

gestão de rede. Esses cookies não podem ser desativados em nossos sistemas. Embora sejam necessários, você pode bloquear esses cookies diretamente no seu navegador, mas isso pode comprometer sua experiência e prejudicar o funcionamento do site".

Este mesmo *site*[16] informa que utiliza *cookies* essenciais para atividades como: registrar o aceite do *banner* de *cookies* na página inicial; identificar que um usuário está logado; manter a opção de língua, selecionada pelo usuário; registrar o contraste da tela, escolhido pelo usuário; notificar o usuário quando ele usa um navegador antigo ou incompatível; viabilizar a criptografia; fornecer proteção contra *spam*; e registrar recursos para balanceamento de carga otimizando a experiência do usuário.

A despeito da transparência e arquitetura de alguns *sites* que se adequaram à LGPD e ao Regulamento Geral de Proteção de Dados – RGPD,[17] permitindo que o titular tenha o poder sobre seus dados e sua privacidade, durante a navegação – o usuário ainda pode se deparar com muitas transgressões aos seus direitos. Não é obrigatório que o usuário seja notificado da existência dos *cookies* necessários, mas tampouco é claro o que pode ser considerado necessário em cada nicho. Assim, o cidadão, na *internet*, pode estar sendo submetido a variadas ameaças invisíveis.

2. O PERIGO DE *COOKIES* E DE *COOKIES* NECESSÁRIOS PARA O USUÁRIO

Do ponto de vista da LGPD, os *cookies* consistem em forma de tratamento de dados. A partir disto, se os *cookies* necessários dispensam o consentimento, eles precisam de outra base legal para seu funcionamento. Em geral, a base legal utilizada para os *cookies* necessários será o legítimo interesse, tendo em vista ser um tratamento de dados imprescindível para a prestação do serviço desejado pelo usuário, que é o titular dos dados.

Contudo, esta discussão atinge quesitos sensíveis quanto à discricionariedade das plataformas em conceituarem quais são seus *cookies* necessários, permitindo que alguns operadores aleguem que certos tipos de *cookie* são absolutamente necessários, mas, na verdade, não o são. Neste cenário, se o *site* trabalha com *cookies* e os traveste de necessários, eles acabam não podendo ser recusados pelo usuário.

E há possíveis danos na utilização deliberada de *cookies* disfarçados como necessários. Isso porque existem *sites* que armazenam *cookies* intitulando-os como "necessários" e compartilham deliberadamente seus valores para terceiros.[18] Sabendo que estes *cookies* essenciais são armazenados sem necessidade de consentimento do usuário, o vazamento dos dados pode estar associado ao rastreio do usuário sem seu conhecimento.

---

16. Termos de uso. Disponível em: https://www.gov.br/pt-br/termos-de-uso. Acesso em: 14 out. 2022.
17. Regulamento (UE) 2016/679 do Parlamento Europeu e do Conselho, de 27 de abril de 2016, relativo à proteção das pessoas singulares no que diz respeito ao tratamento de dados pessoais e à livre circulação desses dados e que revoga a Diretiva 95/46/CE (Regulamento Geral sobre a Proteção de Dados).
18. PAPADOGIANNAKIS, Emmanouil et al. User tracking in the post-cookie era: How websites bypass gdpr consent to track users. *The Web Conference 2021 – Proceedings of the World Wide Web Conference, WWW 2021*, p. 2138, 2021.

Em estudo empírico[19] identificou-se que, mesmo após a vigência do RGPD, desde 2016, não raro ocorre o vazamento de *first-party ID* e sincronização de ID, que são usados para transmitir um *cookie* ao carregar um *site*. O compartilhamento dessas informações entre plataformas pode auxiliar *cookies* de terceiros (*third-party*) a rastearem um usuário criando uma identidade universal baseada nas configurações do dispositivo que aquele usuário utiliza para navegar na *internet*. Assim, ainda que o usuário rejeite *cookies*, informações secundárias, como a resolução da tela, fonte da letra ou *plugins* instalados podem ser suficientes para criar um identificador que permita rastrear as atividades de um indivíduo específico.

Prosseguindo, mais alertas devem ser feitos, porque este mesmo estudo analisou se os *sites*, em geral, respeitavam a escolha do usuário que rejeitou *cookies*. Contudo, a conclusão é que alguns *sites* desenvolveram formas mais avançadas de rastreio que agem antes mesmo de o usuário manifestar sua vontade de aceitar ou rejeitar *cookies*. Em números, o estudo reportado obteve como resultado que 75% das atividades de rastreio ocorriam antes de o usuário ter oportunidade de rejeitar os *cookies*.

Disto isto, não só a utilização de *cookies* em si pode acarretar perigo, como também a negligência dos operadores de *sites* que violam a letra da lei. A experiência do titular de direitos no ciberespaço ainda esbarra em descaso com direitos e obrigações legais. No Brasil, estas práticas inadequadas também podem ser experienciadas pelo usuário, por exemplo, em *sites* que apenas informam que a plataforma usa *cookies*, mas não descrevem quais tipos, funções e período de funcionamento, ou em outros *sites* que sequer informam que utilizam algum *cookie*.[20]

Neste cenário temerário, deve-se observar que os *cookies* armazenam dados do usuário e o identificam para personalizar sua experiência, mas também podem ser usados para diferenciar negativamente um indivíduo. Em que pese a personalização da experiência ser benéfica em certos aspectos, às vezes, um indivíduo está sendo discriminado para ser desfavorecido.[21] É o caso da utilização de *cookies* para praticar *geo-pricing* e *geo-blocking*.[22] As plataformas rastreiam um indivíduo e o discriminam por geolocalização, oferecendo produtos e serviços a preços mais elevados, como no caso da compra de passagens aéreas.[23]

---

19. PAPADOGIANNAKIS, Emmanouil et al. User tracking in the post-cookie era: How websites bypass gdpr consent to track users. *The Web Conference 2021 – Proceedings of the World Wide Web Conference, WWW 2021*, p. 2130-2141, 2021.
20. CARVALHO, Ana Paula Gambogi. O consumidor e o direito à autodeterminação informacional: considerações sobre os bancos de dados eletrônicos. *Revista de Direito do Consumidor*, v. 46, p. 77-119, 2003.
21. Sobre o tema, confira: MARANHÃO, Fernandes Débora; BARROS, João Pedro Leite. Direito à Privacidade na Publicidade Comportamental Eletrônica. Um Estudo de Direito Comparado Luso-Brasileiro. *Revista de Direito do Consumidor* – RDC. n. 142. p. 157.
22. FORTES, Pedro Rubim Borges; OLIVEIRA, Pedro Farias; MARTINS, Guilherme Magalhães. O Consumidor Contemporâneo No Show de Truman: a geodiscriminação digital como prática ilícita no direito. *Revista de Direito do Consumidor*, v. 124, p. 235- 260. 2019.
23. FRAZÃO, Ana. *Geopricing* e *geoblocking*, Disponível em: http://www.professoraanafrazao.com.br/files/publicacoes/2018-08-15-Geo_pricing_e_geo_blocking_As_novas_formas_de_discriminacao_de_consumidores_e_os_desafios_para_o_seu_enfrentamento.pdf. Acesso em: 19 out. 2022.

Não bastasse isso, outro estudo[24] feito em 2021 identificou que na União Europeia, em geral, os usuários não aceitam os *cookies* mas estão insatisfeitos com os avisos de consentimento e inseguros sobre sua efetividade. Cerca de 30% dos usuários pensavam que o conteúdo do *site* só poderia ser acessado se houvesse concordância com os *cookies*. Contudo, aproximadamente 12% dos participantes daquele estudo acreditam que avisos de *cookies*[25] não previnem a coleta de dados.

Estes dados sugerem que há pouco conhecimento sobre o que são e como funcionam os *cookies*. Parte desse problema poderia ser sanada com a devida informação e nível adequado de transparência dos avisos de *cookies*. Se o usuário não compreende[26] quais *cookies* serão instalados em sua máquina e por qual motivo, a transparência não está adequada.

Importantíssimo também é avaliar a arquitetura da rede, porque o *design* do aviso de *cookies* pode manipular a decisão tomada pelo usuário.[27] A forma como o aviso está disposto no *site* pode induzir o usuário a aceitar os *cookies* ou a ignorar o aviso. Na prática, os avisos de *cookies* não são padronizados, pelo contrário, são consideravelmente distintos e muitos não permitem que o usuário aplique a configuração que realmente deseja, limitando-o às predefinições[28] originais. Além disso, o texto do aviso pode levar o usuário a crer que a qualidade do serviço do *site* irá decair se os *cookies* forem rejeitados. Como já mencionado, alguns usuários aceitam *cookies* porque não sabem que apenas os necessários comprometem o funcionamento da plataforma.

Seja pela possibilidade de vazamento de dados; pela nomeação incorreta como "necessário", a *cookie* verdadeiramente dispensável; pela possibilidade de identificar o indivíduo apenas com os dados de *cookies* necessários; pela possibilidade de manipulação da aceitação dos *cookies*; pela falta de transparência com o usuário; os *cookies*, ainda que apenas os necessários, demandam cautela por parte do legislador e por parte do usuário.

A experiência de navegar pela *internet* de forma personalizada pode sim ser mais agradável, mas deve estar em consonância com as normas de proteção de dados e privacidade do cidadão brasileiro. É de se esperar que o avanço da tecnologia gradativamente imponha novos desafios jurídicos, mas que devem ser respondidos no mesmo tom, sem maximizar a inerente vulnerabilidade do titular de direitos.

---

24. KRETSCHMER, Michael; PENNEKAMP, Jan; WEHRLE, Klaus. Cookie Banners and Privacy Policies: Measuring the Impact of the GDPR on the Web. *ACM Transactions on the Web*, v. 15, n. 4, 2021.
25. Aviso de cookies são elementos desenvolvidos para gerar transparência e coletar o consentimento quando da utilização de cookies. Cf.: KRETSCHMER, Michael; PENNEKAMP, Jan; WEHRLE, Klaus. Cookie Banners and Privacy Policies: Measuring the Impact of the GDPR on the Web. *ACM Transactions on the Web*, v. 15, n. 4, 2021.
26. Sobre o tema, já mencionamos em outra oportunidade: "De maneira simplificada, a extensão e a profundidade das informações transmitidas pelo fornecedor deverão ser tanto maiores quanto menor for a experiência do consumidor e o seu grau de discernimento e conhecimento, tendo em conta sempre a concreta compreensão do consumidor acerca dos elementos informativos transmitidos". BARROS, João Pedro Leite. *Direito à Informação. Repercussões no Direito do Consumidor*. São Paulo: Editora Foco, 2022. p. 58 e ss.
27. BIONI, Bruno Ricardo. *Proteção de dados pessoais*: a função e os limites do consentimento. 2. ed. Rio de Janeiro: Forense, 2020. p. 182.
28. DEGELING, Martin et al. We Value Your Privacy. Now Take Some Cookies: Measuring the GDPR's Impact on Web Privacy. *Network and Distributed Systems Security (NDSS) Symposium 2019*, v. 42, n. 5, p. 345-346, 2019.

3. DISCUSSÃO JURÍDICA CONCRETA SOBRE *COOKIES*

Ao julgar o processo (C-673/17) relativo ao litígio entre a Federação das Organizações e Associações de Consumidores da Alemanha e a empresa Planet 49, o Tribunal de Justiça da União Europeia enfrentou questão interessante sobre o consentimento e sua aplicação nos *cookies* com a caixa de seleção previamente preenchidas.

Em síntese, estava em xeque a validade do consentimento dos participantes em um jogo promocional promovido pela Planet 49, para transmitir e possibilitar o acesso os dados pessoais por seus parceiros,[29] bem como para possibilitar o armazenamento das informações e acessar as informações armazenadas nos dispositivos dos participantes.

Ou seja, era necessário aferir se o uso por uma empresa de uma "caixa de seleção" previamente marcada para obtenção de consentimento, com fins de instalação de *cookies*, seria compatível com os requisitos de consentimento válido disposto na RGPD.

Na decisão, o TJUE pontuou que os Estados-Membros devem garantir que o armazenamento de informações ou a possibilidade de acesso a informações já armazenadas no dispositivo de um assinante ou de seu utilizador, só deverão ser permitidas se o consumidor tiver fornecido o seu consentimento prévio com base em informações explícitas e completas.

Sendo mais claro: o consentimento pressupõe proatividade do consumidor e não pode se valer de um comportamento passivo, tendo sempre em conta *a ratio* das atividades de tratamento de dados. Constou da decisão o seguinte excerto: "o consentimento a que essas disposições se referem não é validamente dado quando o armazenamento de informações ou o acesso a informações já armazenadas no equipamento terminal do utilizador de um sítio Internet, por intermédio de cookies, são autorizados mediante uma opção pré-validada que esse utilizador deve desmarcar para recusar o seu consentimento".

Sobre o tema, Voigt e Bussche[30] aludem que é exigido um ato afirmativo patente do titular dos dados, que pode ser traduzido em três opções: (i) sinalizar ou não uma "caixa desmarcada" ao acessar um determinado *site* da Internet; (ii) escolher as configurações técnicas de um navegador de Internet que permite o uso de *cookies*; (iii) qualquer outra manifestação ou conduta que indique visivelmente a aceitação daquilo proposto pelo fornecedor. Portanto, um modelo de *opt-out* geralmente não é permitido.

---

29. As cláusulas eram as seguintes: "Concordo que alguns patrocinadores e parceiros de cooperação me informem por via postal ou telefónica ou por correio eletrónico/SMS sobre ofertas dos seus ramos de negócio. Posso aqui indicá-los pessoalmente; se não o fizer, a escolha dos mesmos é feita pelo organizador. Posso revogar o meu consentimento a qualquer momento. Mais informações aqui" e (...) "Concordo que o serviço de análise Web Remintrex seja instalado no meu terminal, o que implica que o organizador do jogo promocional, a [Planet49], instalará cookies depois da inscrição no jogo, o que permitirá à Planet49 uma avaliação dos meus hábitos de navegação e utilização de Websites de parceiros publicitários, possibilitando assim uma publicidade orientada para os meus interesses por parte da Remintrex. Posso bloquear de novo os cookies a qualquer momento. Leia mais pormenores aqui."
30. Sobre o tema, confira: VOIGT, Paul; BUSSCHE, Axel von dem. *The EU General Data Protection Regulation (GDPR). A practical guide.* [s.l.]: Springer, 2017. p. 94-95.

Sobre esse aspecto, o parecer do advogado-geral Szupnar[31] cita que, empiricamente, a maioria das pessoas raramente modificam as configurações que estão dispostas no *site*, ou seja, via de regra, o padrão indicado é aceito sem ajustes, fenômeno conhecido como "default inertia".

Vale fazer um adendo. Há situações em que o consumidor, muitas vezes sem o conhecimento técnico sobre o assunto, ainda se depara com inúmeras opções de escolhas/ ofertas, que acabam por embaralhar seu discernimento, levando-o a optar pelo brocardo "é mais fácil decidir a não decidir" e aceitar a oferta/modelo padrão.

Aliás, a doutrina[32] ilustra que muitas vezes ao tomar as decisões os consumidores raramente realizam uma busca aprofundada das informações que estão disponíveis, nem tampouco processam todas as informações que recebem.

Ao invés disso, os adquirentes corriqueiramente confiam em informações parciais aceitáveis para fazê-los com que efetuem a compra ou o acesso ao *site*, no chamado processo satisfatório.[33] Essas informações parciais são, em regra, a confiança no comerciante, o preço e as principais características do produto ou serviço. Isto implica em dizer que a responsabilidade é ainda mais aguçada do fornecedor, notadamente na forma em que as informações forem disponibilizadas.

Com efeito, os Professores Richard Thaler e Cass Sustein já alertavam para o protagonismo dos "arquitetos de escolhas",[34] ou seja, fornecedores que projetam, de forma deliberada ou não, a maneira como as informações são apresentadas aos consumidores.

Nesse sentido, o conhecimento do consumidor decorrente das inúmeras informações transmitidas e pormenorizadas é ilusório,[35] uma vez que a mente humana não foi projetada para armazenar elevada quantidade de informação ao mesmo tempo.

Sendo objetivo: simplificar as informações apresentadas aos consumidores é a forma mais concreta e eficaz para lidar com a "sobrecarga de escolhas"[36] e permitir que o consumidor opte de forma consciente.[37]

Nesse contexto, a melhor maneira de evitar os embustes promovidos por parte dos fornecedores nas transações online, notadamente no comércio eletrônico de

---

31. Confira: C-673/17, Planet49 (AG Opinion), fls. 36-37.
32. Sobre o tema, confira: HILLMAN, Robert; RACHLINSKI, Jeffrey. Standard-Form Contracting in the Electronic Age. *Cornell Law Faculty Publications*, v. 77, n. 2, p. 20 e ss. 2002; EISENBERG, Melvin Aron. The Limits of Cognition and the Limits of Contract. *Stanford Law Review*, v. 47, p. 212 e ss. 1995.
33. Cf.: EISENBERG, Melvin Aron. The Limits of Cognition and the Limits of Contract. *Stanford Law Review*, v. 47, p. 215 e ss., 1995.
34. Sobre o tema, confira: SUNSTEIN, Cass; THALER, Richard. *Nudge*: Improving decisions about Health, Wealth and Happiness. USA: Penguim Books, 2008, p. 12 e ss.
35. Sobre o tema, confira: SLOMAN, Steven; FERNBACH, Philip. *The knowledge illusion*. New York: Riverhed books, 2017, p. 8 e ss.
36. Confira: OCDE. Use of Behavioural Insights in Consumer Policy. 2017.
37. Sobre o tema, confira: SUNSTEIN, Cass. *Too Much Information. Understanding what you don't want to know.* Cambridge: MIT Press, 2020. p 79 e ss.

consumo, é a conscientização:[38] uma pessoa informada é, por consequência, uma pessoa prevenida.

Feito esse recorte, finalmente, o TJUE ratificou a amplitude do dever de informação prestado pelo tratamento junto ao titular dos dados, confirmando que o usuário dever ser informado sobre a duração do funcionamento dos cookies e à possibilidade ou não do acesso dos dados por terceiros.

4. A LEGISLAÇÃO E OS *COOKIES*

É coerente considerar os *cookies* como dados pessoais, uma vez que eles geram um identificador único para cada usuário que, em conjunto com outros dados (por exemplo, e-mail) pode identificar o titular de dados.[39] Muitas vezes, identificar cada usuário é precisamente o objetivo da utilização dessa tecnologia e, por isso, estão sujeitos às normas de proteção dos dados pessoais.

Assim, entendendo os *cookies* como dados pessoais, é possível observá-los à luz do Regulamento Europeu (RGPD), na União Europeia, e da LGPD, no Brasil. A princípio, é válido destacar que nem o RGPD, nem a LGPD, mencionam expressamente os *cookies*, cabendo extrair a compreensão jurídica como sendo um tratamento de dados regular.

Na Europa, antes do RGPD, a legislação se moldou para se adequar aos *cookies*.[40] Em 1995, iniciou um movimento normativo para regular o ciberespaço, com a Diretiva 95/46/EC que tratava dos dados pessoais da pessoa natural e inseriu conceitos como transparência e consentimento. Esta Diretiva foi seguida pela Diretiva 2002/58/EC, "*ePrivacy Directive*", que agregou com a ideia de consentimento informado e a possibilidade de o usuário recusar o tratamento de seus dados, o *opt-out*. Em 2009, a Diretiva 2002/58/EC foi emendada pela Diretiva 2009/136/EC, que versou essencialmente sobre os *cookies*, passando a exigir – para além do consentimento informado – o consentimento explícito. Só então esta regulação culminou no RGPD, em 2016.

Mais detalhadamente, é interessante notar que o art. 5º, 3, da Diretiva 2002/58/EC, prevê uma espécie de tratamento de dados em meio virtual que dispensa a informação e consentimento do usuário. A hipótese é aplicada ao caso de um armazenamento ou acesso técnico de dados com a finalidade exclusiva de efetuar ou facilitar a transmissão de uma comunicação ou "*que sejam estritamente necessários para fornecer um serviço no âmbito da sociedade de informação que tenha sido explicitamente solicitado pelo assinante ou pelo utilizador*".[41] Portanto, poderia se entender que os *cookies* necessários não

---

38. Sobre o tema, confira: SIBONY, Olivier. *Você está prestes a cometer um erro terrível*. Como lutar contra as armadilhas do pensamento e tomar as melhores decisões. Rio de Janeiro: Objetiva, 2021. p. 135 e ss.
39. PIEROBON, Cristiano. Publicidade Digital e LGPD: regulação e *fair play*. Revista de Direito e as Novas Tecnologias, v. 11, 2021.
40. Confira a sucessão de normas na União Europeia em: KRETSCHMER, Michael; PENNEKAMP, Jan; WEHRLE, Klaus. Cookie Banners and Privacy Policies: Measuring the Impact of the GDPR on the Web. *ACM Transactions on the Web*, v. 15, n. 4, 2021.
41. Directiva 2002/58/CE. Disponível em: https://eur-lex.europa.eu/legal-content/PT/TXT/PDF/?uri=CELEX:32002L0058&from=EN. Acesso em: 3 out. 2022.

precisariam ser informados ao usuário, muito embora, atualmente, esta seja considerada uma boa prática.

Prosseguindo, no Documento de Trabalho 02/2013[42] já há um norte para a obtenção de consentimento em relação aos *cookies*. Porém, foi mantida a desnecessidade de aceite para execução de *cookies* necessários ao funcionamento de uma plataforma, impondo que o usuário deve ter uma escolha apenas quando o *cookie* fornece "vantagens adicionais" ao operador do *site*. Neste ponto, o documento até exemplifica um abuso no consentimento de *cookies* não necessários, como é o caso dos serviços públicos, em que o usuário não tem uma alternativa, senão utilizá-lo e, por isso, acaba não tendo escolha quanto ao emprego e uso de *cookies*.

Disto, extrai-se a notável tentativa europeia de conceituar os *cookies* que dispensam o consentimento. Existe certo grau de conceituação, mas o texto das normas citadas conduz à conclusão de que os *cookies* necessários irão variar de acordo com o produto ou serviço prestado. Isso porque, para cada um haverá diferente necessidade de captação e tratamento de dados, indispensáveis à manutenção de um serviço. Embora o RGPD seja a norma mais destacada no âmbito da proteção de dados, não fez progressos no conceito dos *cookies* necessários.

Contudo, apesar de não ter delimitado os *cookies* necessários, o RGPD ainda demonstra ser fundamental para melhoria da experiência do usuário na *internet*. Isto, pois, após o RGPD foi possível notar que mais sites passaram a utilizar o "aviso de cookies",[43] que tendem a conferir transparência e informação para a utilização de *cookies* em geral. Interessante pontuar que este resultado pode estar associado à previsão de multas substanciais em caso de tratamento de dados dos usuários sem o devido consentimento.[44] Então, em que pese a inexistência de um conceito normativo estrito para os *cookies* que se baseiam apenas no legítimo interesse, a previsão de multas pode compelir o cumprimento da lei e das boas práticas.

Note-se que, em uma avaliação[45] do impacto da conformidade ao RGPD nos *sites* que utilizavam *cookies* – na qual foram analisados os 500 *sites* mais populares em cada um dos países que compunham a União Europeia – a conclusão dos pesquisadores é que a *internet* se tornou mais transparente com a vigência do RGPD, embora ainda tenham

---

42. Documento de Trabalho 02/2013 dando orientações sobre a obtenção de consentimento para testemunhos de conexão (cookies). Disponível em: https://www.gpdp.gov.mo/file/Documents%20of%20European%20Union/PT/%E7%AC%AC02_2013%E8%99%9F%E5%B7%A5%E4%BD%9C%E6%96%87%E4%BB%B6_%E7%8D%B2%E5%8F%96%E6%9C%89%E9%97%9CCookie%E4%B9%8B%E5%90%-8C%E6%84%8F%E7%9A%84%E6%8C%87%E5%BC%95_PT.pdf. Acesso em: 11 out. 2022.
43. BIONI, Bruno Ricardo *Proteção de dados pessoais*: a função e os limites do consentimento. 2. ed. Rio de Janeiro: Forense, 2020. p. 182.
44. PAPADOGIANNAKIS, Emmanouil et al. User tracking in the post-cookie era: How websites bypass gdpr consent to track users. *The Web Conference 2021 – Proceedings of the World Wide Web Conference, WWW 2021*, p. 2130, 2021.
45. DEGELING, Martin et al. We Value Your Privacy. Now Take Some Cookies: Measuring the GDPR's Impact on Web Privacy. *Network and Distributed Systems Security (NDSS) Symposium 2019*, v. 42, n. 5, p. 345-346, 2019.

sido encontrados problemas de conformidade ao regulamento, especialmente sobre as opções de *opt-out*.

Em adendo, estes problemas de *opt-out* estão relacionados à dificuldade que o usuário encontra para revogar o consentimento e também para aplicar a configuração de *cookies* da forma que considera ideal. Nesta quadra, é difícil compreender o porquê a conformação com a norma legal não é buscada, já que, para adicionar um *banner* eficiente de *opt-out* em um *site*, basta acionar um *plugin* (uma extensão).[46]

O RGPD é uma norma que criou nortes para as outras que surgiram em sequência, como a LGPD, no Brasil.[47] Então, observar que, na prática, o RGPD foi efetivo pode ilustrar o que deveria ser esperado da LGPD no Brasil.

Até 2014, a legislação infraconstitucional brasileira que era utilizada para proteger o usuário da *internet* da utilização invasiva de *cookies* (de monitoramento e rastreio) era a Lei 8.078/90 (Código de Defesa do Consumidor – CDC). Em seu art. 43, § 2º, o CDC estabelece que a inclusão de dados do consumidor em bancos de dados por meio de cadastro, ficha ou registro, deve ser-lhe comunicada.[48]

Em termos de *cookies*, a legislação principal (LGPD) surgiu apenas em 2018. Cabe destacar que o art. 3º, I, da LGPD sedimenta que esta lei brasileira é utilizada quando a operação de tratamento de dados é realizada no Brasil, ou seja, se o titular dos dados estava no Brasil no momento da coleta de seus dados. Veja-se que, ainda que a operação demandasse transferência internacional de dados, a LGPD resguarda o mesmo nível de proteção ao titular, conforme art. 4º, IV.

Na dicção do art. 7º, § 6º, da LPGD, a dispensa da exigência de consentimento não desobriga os agentes de tratamento das demais obrigações, especialmente da observância dos princípios gerais e da garantia dos direitos do titular. Nesta senda, a funcionalidade do *cookie* deve ser pensada como uma coleta e tratamento de dados baseado no legítimo interesse, o qual só pode utilizar os dados pessoais estritamente necessários para a finalidade pretendida. De toda sorte, o controlador deve ser transparente sobre o tratamento dos dados, conforme art. 10, § 2º, da LGPD. Ou seja, os *cookies* necessários não dispensam a transparência no Brasil.

Outrossim, a adequação à LGPD envolve também observar que os dados devem ser eliminados após o seu tratamento, vide art. 16. Ao subsumir o dispositivo para a realidade dos *cookies*, conclui-se que o período de atividade de um cookie não pode ir além da finalidade e da duração do tratamento de dados. Portanto, os *cookies* não podem

---

46. DEGELING, Martin et al. We Value Your Privacy. Now Take Some Cookies: Measuring the GDPR's Impact on Web Privacy. *Network and Distributed Systems Security (NDSS) Symposium 2019*, v. 42, n. 5, p. 345-346, 2019.
47. BIONI, Bruno Ricardo.; MENDES, Laura. Regulamento Europeu de Proteção de Dados Pessoais e a Lei Geral brasileira de Proteção de Dados: mapeando convergências na direção de um nível de equivalência. In: FRAZÃO, Ana; TEPEDINO, Gustavo; OLIVA, Milena. (Coord.). *Lei Geral de Proteção de Dados Pessoais e suas repercussões no Direito Brasileiro.* São Paulo: Thomson Reuters Brasil, 2019.
48. PRATES, Cristina Cantú. Privacidade e Intimidade na Internet: A Legalidade dos *Cookies* e Spam. *Revista FMU Direito*, v. 28, n. 42, p. 37, 2014.

durar indefinidamente, mas o usuário apenas poderá observar essa duração se contar com a transparência e honestidade do controlador do *site*.

Caminhando para o fim, tendo em vista que uma das razões para adequação ao GPDR é a previsão de multas consideráveis, como referido, é interessante comparar as sanções previstas na LGPD e no RGPD. Na LGPD, o art. 52 e no RGPD o art. 83 são as principais disposições sobre as sanções aplicáveis em caso de violação.

Na LGPD, em relação às multas pecuniárias por descumprimento quanto ao consentimento ou tratamento inadequado dos dados, está assim prevista:

> II – multa simples, de até 2% (dois por cento) do faturamento da pessoa jurídica de direito privado, grupo ou conglomerado no Brasil no seu último exercício, excluídos os tributos, limitada, no total, a R$ 50.000.000,00 (cinquenta milhões de reais) por infração; III – multa diária, observado o limite total a que se refere o inciso II.

No RGPD, sobre a mesma violação, é apresentada a seguinte sanção:

> 5. A violação das disposições a seguir enumeradas está sujeita, em conformidade com o n. 2, a coimas até 20 000 000 EUR ou, no caso de uma empresa, até 4 % do seu volume de negócios anual a nível mundial correspondente ao exercício financeiro anterior, consoante o montante que for mais elevado: [...] 6. O incumprimento de uma ordem emitida pela autoridade de controlo a que se refere o artigo 58°, n. 2, está sujeito, em conformidade com o n. 2 do presente artigo, a coimas até 20 000 000 EUR ou, no caso de uma empresa, até 4 % do seu volume de negócios anual a nível mundial correspondente ao exercício financeiro anterior, consoante o montante mais elevado.

Além das astreintes, a LGPD prevê outras hipóteses de sanção, como a eliminação dos dados pessoais a que se refere a infração ou a suspensão do exercício da atividade de tratamento dos dados pessoais a que se refere a infração pelo período máximo de 6 (seis) meses. Ainda, o infrator pode ser punido com a proibição parcial ou total do exercício de atividades relacionadas a tratamento de dados.

Desta forma, o que se nota é que a LGPD prevê uma multa similar nos termos, mas, em valores, menor que a do RGPD para a mesma infração. Na verdade, o RGPD até tem uma multa em patamar semelhante ao da LGPD (vide art. 83, 4), mas ela se aplica a outras situações que não a obtenção do consentimento, que é a matéria pertinente quando se trata de *cookies*.

Ademais, a LGPD ainda preconiza outras sanções além da pecuniária, o que pode enfraquecer ainda mais a efetividade da multa cominatória. Não é o objetivo deste estudo analisar detalhadamente as multas, mas tão somente indicar que há diferenças consideráveis entre a LGPD e o RGPD. Isto pode ter consequências positivas (ou negativas), mas torna-se um ponto de alerta porque já houve estudo[49] indicando que as multas substanciais podem ter influenciado na observância de maior adequação ao RGPD.

---

49. PAPADOGIANNAKIS, Emmanouil et al. User tracking in the post-cookie era: How websites bypass gdpr consent to track users. *The Web Conference 2021 – Proceedings of the World Wide Web Conference, WWW 2021*, p. 2130, 2021.

Então, passa-se a refletir se o arcabouço sancionador está sendo efetivo na imposição dos direitos e deveres da LGPD, tal qual foi o RGPD.

Neste ângulo, a Autoridade Nacional de Proteção de Dados brasileira (ANPD) pode ser peça fundamental na implementação das normas da LGPD, vez que a aplicação das sanções está sob sua competência, segundo o art. 52 da LGPD. O papel que assumirá a recém-criada autoridade brasileira ditará o nível de proteção do titular de dados, pois a ANPD é o órgão da administração pública responsável por zelar, implementar e fiscalizar o cumprimento desta LGPD em todo o território nacional.[50]

Veja-se que a CNIL (*Commission nationale de l'informatique et des libertés* – Autoridade francesa de proteção de dados)[51] emitiu alguns alertas sobre os *cookies*, explicitando que a opção por rejeitar os *cookies* deve ser tão fácil de proceder quanto a opção por aceitá-los. Esclarecendo: posicionar um botão de "configurações" ao lado da opção de aceitar os *cookies* é uma forma de persuadir o usuário a aceitar os *cookies* – já que a opção de rejeição implicaria o acesso e necessário ajuste nas configurações. Um outro elemento crucial ressaltado pela *Federal Trade Comission* (FTC)[52] é garantir que o usuário tenha escolha e controle sobre seus dados.

No Brasil, em 18/10/2022, a ANPD publicou o "Guia Orientativo: *Cookies* e Proteção de Dados Pessoais",[53] relevante instrumento que visa informar e proteger o cidadão brasileiro no âmbito da utilização de *cookies*. Neste guia, é dado mais um passo na compreensão e delimitação do que podem ser os cookies necessários:

> as atividades abrangidas como estritamente necessárias incluem aquelas relacionadas à funcionalidade específica do serviço, ou seja, sem elas o usuário não seria capaz de realizar as principais atividades do site ou aplicação. Essa categoria se restringe ao essencial para prestar o serviço solicitado pelo titular, não contemplando finalidades não essenciais, que atendam a outros interesses do controlador.

A ANPD reforça que "não é recomendável a utilização de banners de cookies com opções de autorização pré-selecionadas ou a adoção de mecanismos de consentimento tácito". Deve haver consentimento expresso do usuário, porque não se pode pressupor a existência de um consentimento influenciado pela disposição do *banner*. Isto é, o *banner* que deixa opção de *cookie* selecionada antes da marcação pelo usuário ou o que informa o uso de cookies e tem apenas o botão de "ok" para o usuário continuar a navegação, não estão, nas duas situações, adequados às normas de proteção de dados.

---

50. Art. 5º, XIX, da LGPD.
51. *Nouvelles règles pour les cookies et autres traceurs* : bilan de l'accompagnement de la CNIL et actions à venir. Disponível em: https://www.cnil.fr/fr/nouvelles-regles-cookies-et-autres-traceurs-bilan-accompagnement--cnil-actions-a-venir. Acesso em: 13 out. 2022.
52. FEDERAL TRADE COMMISSION. *Cross-device tracking*: an FTC staff report. Washington: FTC, 2017.
53. ANPD. *Guia Orientativo*: Cookies e Proteção de Dados Pessoais. Disponível em: https://www.gov.br/anpd/pt-br/documentos-e-publicacoes/guia-orientativo-cookies-e-protecao-de-dados-pessoais.pdf. Acesso em: 18 out. 2022.

Apesar do progresso que promove a ANPD, ao instruir a adequada utilização de *cookies*, o cidadão ainda pode enfrentar inimigos invisíveis no ciberespaço. A adequação, na verdade, é um caminho em construção no Brasil que há pouco começou a contar com a atuação da ANPD em prol dos direitos do usuário. Possivelmente o usuário também se deparará com boas práticas que se destinam a elevar a transparência das informações, a exemplo de: (i) Políticas de Privacidade e de *Cookies*; (ii) Avisos de Privacidade; (iii) Aviso de uso de *cookies*; (iv) Divulgação de direitos e maneira de exercê-los; e (iv) Canais de esclarecimento de dúvidas, como FAQs.[54]

CONCLUSÃO

Em regra, vê-se que os *cookies* carregam em si um legado de controvérsia,[55] pois geram opiniões contraditórias entre alertar suas falhas e enaltecer sua capacidade de aprimorar a experiência do usuário ao navegar pela *internet*. De toda sorte, o uso de *cookies* necessários, por conceito, é imprescindível ao funcionamento de um *site*. Porém, ao não poder recusá-los, o usuário fica refém desta tecnologia que clama atenção especial para defesa de direitos na *internet*.

Estes *cookies* necessários dispensam o consentimento, mas a transparência é indispensável à luz da LGPD. A despeito disso, o que se nota é que, ainda com regulação específica, o usuário tem pouco controle dos *cookies* instalados em seus dispositivos.[56] Isto se apresenta, muitas vezes, pela inadequação do *banner*, já que o *design* do aviso pode influenciar diretamente na escolha do usuário ao aceitar ou rejeitar *cookies*.

Ainda, quanto aos *cookies* necessários, verifica-se que mesmo com a LGPD, subsiste a falta de delimitação estrita daquilo que pode ser considerado efetivamente necessário, gerando o risco de uso indevido de *cookies* sem obtenção do consentimento do usuário. Neste cenário de inadequação, a atuação da ANPD ganha destaque, pois seu fortalecimento leva à implementação da LGPD, seja preventivamente, com cartilhas educativas mandatórias ou em caráter proativo, através da imposição de multas às práticas inadequadas, visando o resguardo de direitos do usuário.

Muito embora tenham sido listados aspectos negativos do uso de *cookies*, não se pode ignorar que eles têm seu papel na agradabilidade da experiência do usuário. Então, espera-se que este breve estudo tenha colaborado na informação sobre os *cookies* e, sobretudo, alertado o usuário para navegação consciente na *internet*. Ao fim, mais necessária que a utilização de *cookies* é a proteção dos direitos do usuário.

---

54. PECK, Patrícia; LIMA. Adrianne; Basílio Alexandre et al. *Direito Digital aplicado 5.0* – especial Administração Pública. In: PINHEIRO, Patricia Peck (Coord.). São Paulo : Thomson Reuters Brasil, 2022. RB-4.7
55. JONES, Meg Leta. Cookies: a legacy of controversy. Internet Histories, v. 4, n. 1, p. 87-104, 2020. Disponível em: https://doi.org/10.1080/24701475.2020.1725852.
56. MARINO, Bill. Privacy concerns and the prevalence of third-party tracking cookies on ARL library homepages. *Reference Services Review*, v. 49, n. 2, p. 115-131, 2021.

REFERÊNCIAS

ANPD. Guia Orientativo: Cookies e Proteção de Dados Pessoais. Disponível em: https://www.gov.br/anpd/pt-br/documentos-e-publicacoes/guia-orientativo-cookies-e-protecao-de-dados-pessoais.pdf. Acesso em: 18 out. 2022.

BARROS, João Pedro Leite. *Direito à Informação. Repercussões no Direito do Consumidor*. São Paulo: Editora Foco, 2022.

BIONI, Bruno Ricardo *Proteção de dados pessoais*: a função e os limites do consentimento. 2. ed. Rio de Janeiro: Forense, 2020.

BIONI, Bruno Ricardo.; MENDES, Laura. Regulamento Europeu de Proteção de Dados Pessoais e a Lei Geral brasileira de Proteção de Dados: mapeando convergências na direção de um nível de equivalência. In: FRAZÃO, Ana; TEPEDINO, Gustavo; OLIVA, Milena. (Coord.). *Lei Geral de Proteção de Dados Pessoais e suas repercussões no Direito Brasileiro*. São Paulo: Thomson Reuters Brasil, 2019.

CARVALHO, Ana Paula Gambogi. O consumidor e o direito à autodeterminação informacional: considerações sobre os bancos de dados eletrônicos. *Revista de Direito do Consumidor*, v. 46, p. 77-119, 2003.

CNIL. Nouvelles règles pour les cookies et autres traceurs : bilan de l'accompagnement de la CNIL et actions à venir. Disponível em: https://www.cnil.fr/fr/nouvelles-regles-cookies-et-autres-traceurs-bilan-accompagnement-cnil-actions-a-venir. Acesso em: 13 out. 2022.

COFONE, Ignacio N. The way the cookie crumbles: Online tracking meets behavioural economics. *International Journal of Law and Information Technology*, v. 25, n. 1, p. 38-62, 2016.

COOKIES e GDPR: o que é realmente necessário? Disponível em: https://www.iubenda.com/pt-br/help/44099-cookies-e-gdpr-o-que-e-realmente-necessario. Acesso em: 2 out. 2022.

COOKIES ET TRACEURS: comment mettre mon site web en conformité? Disponível em https://www.cnil.fr/fr/cookies-et-autres-traceurs/regles/cookies/comment-mettre-mon-site-web-en-conformite. Acesso em: 13 out. 2022.

COOKIES. Disponível em: https://european-union.europa.eu/cookies_pt. Acesso em: 11 out. 2022.

DEGELING, Martin et al. We Value Your Privacy. Now Take Some Cookies: Measuring the GDPR's Impact on Web Privacy. *Network and Distributed Systems Security (NDSS) Symposium*, v. 42, n. 5, p. 345-346, 2019.

EISENBERG, Melvin Aron. The Limits of Cognition and the Limits of Contract. *Stanford Law Review*, v. 47, p. 211-240, 1995.

FEDERAL TRADE COMMISSION. *Cross-device tracking*: an FTC staff report. Washington: FTC, 2017.

FORTES, Pedro Rubim Borges; OLIVEIRA, Pedro Farias; MARTINS, Guilherme Magalhães. O Consumidor Contemporâneo No Show de Truman: a Geodiscriminação Digital Como Prática Ilícita No Direito. *Revista de Direito do Consumidor*, v. 124, p. 235- 260. 2019.

FRAZÃO. Ana. *Geo pricing e geo blocking*, Disponível em: http://www.professoraanafrazao.com.br/files/publicacoes/2018-08-15-Geo_pricing_e_geo_blocking_As_novas_formas_de_discriminacao_de_consumidores_e_os_desafios_para_o_seu_enfrentamento.pdf. Acesso em: 19 out. 2022.

HILLMAN, Robert; RACHLINSKI, Jeffrey. Standard-Form Contracting in the Electronic Age. *Cornell Law Faculty Publications*, v. 77, n. 2, 2002, p. 20 e ss.; EISENBERG, Melvin Aron. The Limits of Cognition and the Limits of Contract. Stanford Law Review, v. 47, 1995.

JONES, Meg Leta. *Cookies*: a legacy of controversy. Internet Histories, v. 4, n. 1, p. 87-104, 2020. Disponível em: https://doi.org/10.1080/24701475.2020.1725852. Acesso em: 19 out 2022.

KENNETH LACROIX, Yin L. LOO, Young B. Choi, Cf.: LACROIX, Kenneth; LOO, Yin L.; CHOI, Young B. Cookies and Sessions: A Study of What They Are, How They Work and How They Can Be Stolen. *Proceedings - 2017 International Conference on Software Security and Assurance, ICSSA 2017*, p. 20-24, 2017.

KRETSCHMER, Michael; PENNEKAMP, Jan; WEHRLE, Klaus. Cookie Banners and Privacy Policies: Measuring the Impact of the GDPR on the Web. *ACM Transactions on the Web*, v. 15, n. 4, 2021.

LACROIX, Kenneth; LOO, Yin L.; CHOI, Young B. Cookies and Sessions: A Study of What They Are, How They Work and How They Can Be Stolen. *Proceedings – 2017 International Conference on Software Security and Assurance, ICSSA 2017*, p. 20-24, 2017.

MARANHÃO, Fernandes Débora; BARROS, João Pedro Leite. Direito à Privacidade na Publicidade Comportamental Eletrônica. Um Estudo de Direito Comparado Luso-Brasileiro. *Revista de Direito do Consumidor – RDC*. n. 142. p. 157.

MARINO, Bill. Privacy concerns and the prevalence of third-party tracking cookies on ARL library homepages. *Reference Services Review*, v. 49, n. 2, p. 115-131, 2021.

PAPADOGIANNAKIS, Emmanouil et al. User tracking in the post-cookie era: How websites bypass GDPR consent to track users. *The Web Conference 2021 – Proceedings of the World Wide Web Conference, WWW 2021*, p. 2130-2141, 2021.

PIEROBON, Cristiano. *Publicidade digital e LGPD*: regulação e *fair play*. *Revista de Direito e as Novas Tecnologias*, v. 11, 2021.

PINHEIRO, Patricia Peck.; LIMA. Adrianne; Basílio Alexandre et al. Direito Digital aplicado 5.0 – especial Administração Pública. In: PINHEIRO, Patricia Peck (Coord.). São Paulo: Thomson Reuters Brasil, 2022.

PINHEIRO, Patricia Peck. *Direito digital*. 7. ed. São Paulo: Saraiva Educação, 2021.

PRATES, Cristina Cantú. Privacidade e Intimidade na Internet: A Legalidade dos Cookies e Spam. *Revista FMU Direito*, v. 28, n. 42, p. 29-45, 2014.

PRIVACIDADE EM LINHA. Disponível em: https://europa.eu/youreurope/business/dealing-with-customers/data-protection/online-privacy/index_pt.htm. Acesso em: 2 out. 2022.

SANCHEZ-ROLA, Iskander et al. Can i opt out yet? GDPR and the global illusion of cookie control. *AsiaCCS 2019*, p. 340-351, 2019.

SHUFORD, Erica *et al*. Measuring Personal Privacy Breaches Using Third-Party Trackers. *IEEE International Conference On Big Data Science And Engineering*, p. 1615–1618, 2018.

SIBONY, Olivier. *Você está prestes a cometer um erro terrível*. Como lutar contra as armadilhas do pensamento e tomar as melhores decisões. Rio de Janeiro: Objetiva, 2021.

SLOMAN, Steven; FERNBACH, Philip. *The knowledge illusion*. New York: Riverhed books, 2017.

SUNSTEIN, Cass; THALER, Richard. *Nudge*: Improving decisions about Health, Wealth and Happiness. USA: Penguim Books, 2008.

SUNSTEIN, Cass. *Too Much Information. Understanding what you don't want to know*. Cambridge: MIT Press, 2020.

VOIGT, Paul; BUSSCHE, Axel von dem. *The EU General Data Protection Regulation (GDPR)*. A practical guide. [s.l.]: Springer, 2017.

What are the rules on cookies and similar technologies? Disponível em: https://ico.org.uk/for-organisations/guide-to-pecr/guidance-on-the-use-of-cookies-and-similar-technologies/what-are-the-rules-on-cookies-and-similar-technologies/#rules9. Acesso em: 13 out. 2022.

O DIÁLOGO DAS FONTES E O REGULAR TRATAMENTO DE DADOS[1]

Flávio Henrique Caetano de Paula Maimone

Doutorando e Mestre em Direito Negocial pela UEL (Universidade Estadual de Londrina). Diretor do Brasilcon. Advogado. E-mail: flavio@csg.adv.br.

Ana Claudia Corrêa Zuin Mattos do Amaral

Doutora em Direito Civil Comparado pela Pontifícia Universidade Católica de São Paulo (PUC-SP). Mestre em Direito Negocial pela Universidade Estadual de Londrina. Professora Adjunta do Curso de Direito e Docente Permanente do Programa de Doutorado e Mestrado em Direito Negocial da Universidade Estadual de Londrina. E-mail: anaclaudiazuin@live.com.

Sumário: Introdução – 1. Notas sobre os dados pessoais e a LGPD – 2. Percepções acerca do consentimento na LGPD – 3. Consentimento em legislações esparsas e sua relação com a LGPD: um necessário diálogo das fontes – Conclusões – Referências.

INTRODUÇÃO

Os avanços vertiginosos da tecnologia e da comunicação elevaram o papel da rede mundial de computadores que se tornou (e continua a se tornar cada vez mais) um propício ambiente para ofertas, anúncios e transações. Situações e realidades que permitiram que a famigerada publicidade em massa ganhasse companhia da dirigida.

De fato, o notório aumento da conectividade fomenta o acesso aos dados sobre potenciais consumidores, posto que se permite uma reunião de variados dados pessoais e, por consequência, uma veloz formação de perfis (individualizados) de consumo e se estabelece a possibilidade de anúncios dirigidos para públicos específicos e até pessoas determinadas.

Assim, o mercado tem condições de acessar e processar dados que as pessoas naturais disponibilizam (por exemplo, nome, número de documento, localização geográfica, preterições e preferências das mais diversas, inclusive referentes a produtos e serviços). Circunstância que, de um lado, pode afetar a segurança, a privacidade, a concorrência, a intimidade e, de outro (por consequência), levou os Estados a despertarem para necessidade de implementar regramentos e marcos às práticas de tratamento de dados pessoais.

O Brasil está nesse caminho e promulgou a Lei 13.709, de 14 de agosto de 2018 (também conhecida como Lei Geral de Proteção de Dados Pessoais/LGPD), a qual trata

---

1. Artigo atualizado do originalmente publicado pela *Revista de Direito do Consumidor*, v. 132.

da proteção de dados pessoais, da preservação da privacidade, da necessidade de se atentar para a boa-fé e para os princípios e regras contidos em suas disposições normativas, bem como os requisitos e hipóteses para a realização do tratamento de dados pessoais.

Nesse cenário, o consentimento da pessoa natural recebeu destacada importância para a regularidade do tratamento de dados pessoais, figurando como uma significativa hipótese[2] para cumprir com tal mister, a ser perquirido em diálogo com outras fontes legislativas e de que forma esse diálogo pode contribuir na proteção de dados pessoais.

1. NOTAS SOBRE OS DADOS PESSOAIS E A LGPD

Os dados pessoais recebem tratamento legal de forma esparsa e, com a promulgação da Lei Geral de Proteção de Dados Pessoais, também específica. Com efeito, a Constituição Federal estabelece, a partir da Emenda Constitucional 115, de 2022, a proteção de dados como direito fundamental: "LXXIX – é assegurado, nos termos da lei, o direito à proteção dos dados pessoais, inclusive nos meios digitais".

Antes mesmo da inserção desse novo e expresso direito fundamental, destacava-se a necessidade de "interpretar o direito à privacidade na Constituição Federal" e, nessa linha, defendia-se o "direito fundamental à proteção de dados pessoais, como uma dimensão da inviolabilidade da intimidade e da vida privada, nos termos da Constituição".[3]

Sob essa perspectiva, a previsão constitucional inserta no artigo 5º, inciso X, já expressava "o direito à privacidade, que se reflete na inviolabilidade da intimidade, da vida privada, da honra e da imagem das pessoas".[4]

Portanto, ao tratar da proteção de dados pessoais, se está a tratar de direitos fundamentais, tanto aqueles já referendados quanto outros como o contido no inciso XXXII do artigo 5º que dispõe sobre o direito fundamental de promoção da defesa do consumidor (ocasião em que haverá aplicabilidade também da Lei 8.078/1990).

Nessa seara, o Código de Defesa do Consumidor (CDC) estabelece normas tocantes aos bancos de dados e cadastros de consumidores.[5] Pode-se citar, igualmente, a Lei do Cadastro Positivo[6] e o Marco Civil da Internet,[7] com quem a LGPD poderá ser simultaneamente aplicada, além do próprio Código Civil e tantas outras fontes.

> O ordenamento jurídico brasileiro já contava com algumas normas setoriais de proteção de dados (Código de Defesa do Consumidor – CDC, Lei do Cadastro Positivo e Marco Civil da Internet), mas não

---

2. A LGPD estabelece as hipóteses em que se permite o tratamento de base de dados, em seu artigo 7º, com dez incisos, dentre as quais o consentimento (inciso I) e a proteção de crédito (X). Além dessas dez hipóteses, pode-se acrescentar, ainda, a dispensa de consentimento (dentre outros: art. 7º, § 4º).
3. MENDES, Laura Schertel. *Privacidade, proteção de dados e defesa do consumidor*: linhas gerais de um novo direito fundamental. São Paulo: Saraiva, 2014. s/p (*e-book*).
4. TEIXEIRA, Tarcisio. *Curso de direito e processo eletrônico*: Doutrina, jurisprudência e prática. 3. ed. rev. atual. e ampl. São Paulo: Saraiva, 2015. p. 73.
5. Ver Seção VI do Capítulo V do CDC, que trata das práticas comerciais.
6. Lei 12.414/2011 recentemente alterada pela Lei Complementar 166/2019 (em vigor a partir de julho de 2019).
7. Lei 12.965/2014.

havia uma lei aplicável horizontalmente a todos os setores econômicos e também ao setor público, como é o caso da LGPD. Outra inovação que também não estava presente ainda no nosso sistema jurídico é a ideia de que todo o tratamento de dados deve se amparar em uma base legal.[8]

A LGPD, pois, é essa lei com aplicabilidade horizontal com normas gerais de proteção de dados pessoais (exclusivamente de pessoas naturais). Antes, contudo, de prosseguir com investigação da LGPD em si, interessante anotar que a Lei brasileira tem como referência a europeia, qual seja, o Regulamento Geral de Proteção de Dados (conhecido como GDPR – sigla para sua denominação na língua inglesa: *General Data Protection Regulation*). Tanto GDPR quanto LGPD estabelecem que são dados pessoais os de pessoas naturais que sejam (ou possam vir a ser) identificadas.[9]

Verifica-se, ainda, que a LGPD – além dessa inequívoca inspiração na GDPR – recebeu influências do CDC[10] em diversos de seus dispositivos, como por exemplo as excludentes de responsabilidade[11] e o diálogo das fontes.[12]

Ressalta-se que a LGPD é irradiada pela Constituição Federal. Por conseguinte, a LGPD, ao proteger os dados pessoais, respeita a inviolabilidade da intimidade, protege direitos da personalidade[13] e, assim, a LGPD tem a finalidade de tutelar, dentre outros,[14] a privacidade das pessoas, com todos seus desdobramentos, tal qual a intimidade.

De fato, a LGPD estabelece (Art. 2º) o respeito à privacidade (inciso I), a liberdade (inciso III), a inviolabilidade da intimidade, da honra e da imagem (inciso IV) como

---

8. MENDES, Laura Schertel; DONEDA, Danilo. Comentário à nova Lei de Proteção de Dados (Lei 13.709/2018): o novo paradigma da proteção de dados no Brasil. *Revista de Direito do Consumidor*. v. 120. ano 27. p. 582. São Paulo: Ed. RT, nov.-dez. 2018.
9. Vide LGPD "Art. 5º Para os fins desta Lei, considera-se: I – dado pessoal: informação relacionada a pessoa natural identificada ou identificável"; e, GDPR (Artigo 4º):
"Para efeitos do presente regulamento, entende-se por: 1) «Dados pessoais», informação relativa a uma pessoa singular identificada ou identificável («titular dos dados»); é considerada identificável uma pessoa singular que possa ser identificada, direta ou indiretamente, em especial por referência a um identificador, como por exemplo um nome, um número de identificação, dados de localização, identificadores por via eletrônica ou a um ou mais elementos específicos da identidade física, fisiológica, genética, mental, econômica, cultural ou social dessa pessoa singular".
10. Nesse sentido: MENDES, Laura Schertel; DONEDA, Danilo. Reflexões iniciais sobre a nova Lei Geral de Proteção de Dados. *Revista de Direito do Consumidor*. v. 120. ano 27. p. 471. São Paulo: Ed. RT, nov.-dez. 2018.
11. Vide o CDC em seu Artigo 12, § 3º e a LGPD, em seu artigo 43.
12. Vide o CDC em seu Artigo 7 e a LGPD, em seu artigo 64.
13. Bruno Ricardo Bioni enquadra a proteção de dados pessoais na categoria jurídica dos direitos da personalidade (p. 59), um novo direito da personalidade (p. 60). Vide: BIONI, Bruno Ricardo. *Proteção de dados pessoais*: a função e os limites do consentimento. Rio de Janeiro: Forense, 2019.
14. Diz-se *dentre outros*, pois há previsões na LGPD que tutelam a igualdade e o direito à divergência e não discriminação, quando impõem hipóteses específicas para o tratamento desses dados, que por definição legal (Art. 5º, II, LGPD) prevê dado pessoal sensível aquele dado "sobre origem racial ou étnica, convicção religiosa, opinião política, filiação a sindicato ou a organização de caráter religioso, filosófico ou político, dado referente à saúde ou à vida sexual, dado genético ou biométrico, quando vinculado a uma pessoa natural". Nesse sentido: RODOTÀ, Stefano. *A vida na sociedade da vigilância* – a privacidade hoje. Rio de Janeiro: Renovar, 2008. p. 78-79, e; BIONI, op. cit., p. 85. Da mesma forma, tutela-se a liberdade. Nesse sentido: PINHEIRO, Patricia Peck. *Proteção de dados pessoais*: Comentários à Lei 13.709/2018 (LGPD). São Paulo: Saraiva Educação, 2018. s/p.

fundamentos[15] da disciplina de tratamento de dados.[16] Com base nesses fundamentos e observadas as hipóteses legais (artigo 7º), as atividades de tratamento de dados pessoais poderão ser realizadas. Todavia, para isso, deverão ser observados a boa-fé e os princípios, nos termos do artigo 6º da LGPD.[17]

É o caso do princípio da finalidade (inciso I), cujo respeito é fulcral para a regularidade do tratamento de dados que, a seu turno, guarda relação com os princípios da necessidade (inciso III) e da adequação (inciso II). É importante anotar que referidas disposições normativas justificam-se notadamente pela caracterização de dados como ativo econômico.

> Os dados pessoais dos consumidores revelaram-se igualmente como um elemento crítico para a promoção dos bens de consumo. O caráter estandardizado da abordagem publicitária sofreu um processo de mitigação, pelo qual a publicidade pode ser direcionada, especialmente no ambiente *online*, com base nas preferências do sujeito final da cadeia. E, como o avanço tecnológico, permitiu-se a criação de perfis cada vez mais intrusivos sobre o potencial consumidor, monitorando-se constantemente o seu comportamento.[18]

Nesse sentido, é imperioso que as atividades de tratamento respeitem a boa-fé tal qual estabelecido na LGPD[19] sob pena de se buscar exclusivamente o ativo econômico,

---

15. Além destes, para o escopo desse artigo, destaca-se a autodeterminação informativa que adiante será abordado. Segue artigo 2º: "Art. 2º A disciplina da proteção de dados pessoais tem como fundamentos: I – o respeito à privacidade; II – a autodeterminação informativa; III – a liberdade de expressão, de informação, de comunicação e de opinião; IV – a inviolabilidade da intimidade, da honra e da imagem; V – o desenvolvimento econômico e tecnológico e a inovação; VI – a livre-iniciativa, a livre concorrência e a defesa do consumidor; e VII – os direitos humanos, o livre desenvolvimento da personalidade, a dignidade e o exercício da cidadania pelas pessoas naturais".
16. Verifica-se que a LGPD considera como tratamento de dados uma série de atividades ligadas aos dados pessoais, vide seu artigo 5º: "X – tratamento: toda operação realizada com dados pessoais, como as que se referem a coleta, produção, recepção, classificação, utilização, acesso, reprodução, transmissão, distribuição, processamento, arquivamento, armazenamento, eliminação, avaliação ou controle da informação, modificação, comunicação, transferência, difusão ou extração".
17. "Art. 6º As atividades de tratamento de dados pessoais deverão observar a boa-fé e os seguintes princípios: I – finalidade: realização do tratamento para propósitos legítimos, específicos, explícitos e informados ao titular, sem possibilidade de tratamento posterior de forma incompatível com essas finalidades; II – adequação: compatibilidade do tratamento com as finalidades informadas ao titular, de acordo com o contexto do tratamento; III – necessidade: limitação do tratamento ao mínimo necessário para a realização de suas finalidades, com abrangência dos dados pertinentes, proporcionais e não excessivos em relação às finalidades do tratamento de dados; IV – livre acesso: garantia, aos titulares, de consulta facilitada e gratuita sobre a forma e a duração do tratamento, bem como sobre a integralidade de seus dados pessoais; V – qualidade dos dados: garantia, aos titulares, de exatidão, clareza, relevância e atualização dos dados, de acordo com a necessidade e para o cumprimento da finalidade de seu tratamento; VI – transparência: garantia, aos titulares, de informações claras, precisas e facilmente acessíveis sobre a realização do tratamento e os respectivos agentes de tratamento, observados os segredos comercial e industrial; VII – segurança: utilização de medidas técnicas e administrativas aptas a proteger os dados pessoais de acessos não autorizados e de situações acidentais ou ilícitas de destruição, perda, alteração, comunicação ou difusão; VIII – prevenção: adoção de medidas para prevenir a ocorrência de danos em virtude do tratamento de dados pessoais; IX – não discriminação: impossibilidade de realização do tratamento para fins discriminatórios ilícitos ou abusivos; X – responsabilização e prestação de contas: demonstração, pelo agente, da adoção de medidas eficazes e capazes de comprovar a observância e o cumprimento das normas de proteção de dados pessoais e, inclusive, da eficácia dessas medidas".
18. BIONI, Bruno Ricardo. Op. cit. p. 49.
19. Verifica-se prevista a observância à boa-fé e, por decorrência, a obrigação de obedecer aos deveres anexos de conduta, no mesmo sentido do que está presente no ordenamento jurídico brasileiro, com os Códigos Civil (CC) e do Consumidor.

ao arrepio da Lei. Não obstante, deve haver compatibilização do avanço tecnológico com a proteção dos titulares[20] dos dados. Para tal desiderato, a boa-fé é importante norte, uma vez que sua função primeira "como *standard* jurídico é propiciar o *direcionamento de comportamentos* no tráfico negocial"[21] (grifo original).

É esse padrão que deverá ser observado, posto que "a boa-fé tem atinência com a conduta concreta dos figurantes da relação jurídica".[22] Trata-se de um modelo prescritivo. "Os sujeitos de uma relação jurídica devem agir segundo a boa-fé, devem pautar suas relações pela lealdade".[23]

Ademais, a boa-fé tem a função criadora de deveres de conduta, quais sejam, os deveres de informação, cooperação e cuidado, sendo que "descumprir o dever anexo de informar o contratante sobre os riscos de um serviço a ser executado, ou sobre como usar um produto, significa inadimplir, mesmo que parcialmente",[24] ou seja, deve o agente de tratamento[25] informar[26] adequadamente o titular dos dados acerca dos seus direitos e dos riscos inerentes à atividade de tratamento de dados.

Pareado com o dever de informar, há tanto o de cooperação, o de "colaborar durante a execução do contrato, conforme o paradigma da boa-fé objetiva. Cooperar é agir com lealdade e não obstruir ou impedir",[27] quanto o de cuidado, uma "obrigação acessória no cumprimento do contrato tem (que) por fim preservar o cocontratante de danos à sua integridade".[28] Nessa perspectiva, os agentes de tratamento deverão observar a boa-fé e, pois, deverão colaborar com os titulares, preservar sua integridade.

Nota-se, por conseguinte, a coerência da Lei ao estabelecer dentre seus princípios o da transparência, disposto no inciso VI do artigo 6º, que é a "garantia, aos titulares, de informações claras, precisas e facilmente acessíveis sobre a realização do tratamento e os respectivos agentes de tratamento, observados os segredos comercial e industrial", sendo que a "informação incompleta ou falsa ou, ainda, a ausência de informação sobre dado essencial nos contratos redunda em deslealdade, gera vício de consentimento", impor-

---

20. Nos termos do artigo 5º inciso V, da LGPD, titular é "pessoa natural a quem se referem os dados pessoais que são objeto de tratamento".
21. MARTINS-COSTA, Judith. *A boa-fé no direito privado*: critérios para a sua aplicação. São Paulo: Marcial Pons, 2015. p. 263-264.
22. SILVA, Clóvis do Couto e. *A obrigação como* processo. Rio de Janeiro: Editora FGV, 2006. p. 35.
23. MARTINS-COSTA, Judith. Op. cit. p. 266.
24. MARQUES, Claudia Lima. *Contratos no Código de Defesa do Consumidor*: o novo regime das relações contratuais. 5. ed. rev., atual. e ampl. São Paulo: Ed. RT, 2005. p. 219-220.
25. A LGPD estabelece como agentes de tratamento as figuras do controlador e do operador, nos termos de seu artigo 5º, incisos VI, VII e IX: "[...] VI – controlador: pessoa natural ou jurídica, de direito público ou privado, a quem competem as decisões referentes ao tratamento de dados pessoais; VII – operador: pessoa natural ou jurídica, de direito público ou privado, que realiza o tratamento de dados pessoais em nome do controlador; [...] IX – agentes de tratamento: o controlador e o operador".
26. A relação do dever de informar, constante da LGPD, pode ser observada tocante ao CDC, mas também ao Código Civil. A respeito do tema, ver: FABIAN, Christoph. *O dever de informar no direito civil*. São Paulo: Ed. RT, 2002; e BARBOSA, Fernanda Nunes. *Informação*: direito e dever nas relações de consumo. São Paulo: Ed. RT, 2008.
27. MARQUES. Op. cit., p. 233.
28. Idem. p. 239.

tando, ainda, esclarecer que "o princípio da transparência no Direito do Consumidor (arts. 6º, III, 31 e 46 do CDC) integra, na interdisciplinaridade com o Direito Civil, o princípio da boa-fé objetiva".[29] Tem-se a positivação de deveres anexos de conduta[30] com os princípios positivados na Lei Geral de Proteção de Dados Pessoais.

> Uma análise minuciosa dos princípios da LGPD – que têm grande parte de seu centro gravitacional baseado na tutela integral do ser humano – revela a preocupação da norma com a participação do indivíduo no fluxo de suas informações pessoais. Verifica-se no texto legal uma cuidadosa caracterização do consentimento, seguindo a linha do GDPR e das normas mais atuais sobre o tema, além de uma série de disposições que oferecem regramento específico para concretizar, orientar e reforçar o controle dos dados através do consentimento.[31]

Nessa conjuntura, evidencia-se na LGPD a presença de dispositivos hábeis e aptos para cumprir com os direitos fundamentais e da personalidade tocantes aos dados pessoais, desde os fundamentos, passando pelos conceitos e hipóteses de tratamento até os princípios da Lei. Quadro em que se sobressai o papel do consentimento.

2. PERCEPÇÕES ACERCA DO CONSENTIMENTO NA LGPD

Pontua-se, nesse contexto, o conceito de consentimento estabelecido na Lei (artigo 5º, XII da LGPD) como a "manifestação livre, informada e inequívoca pela qual o titular concorda com o tratamento de seus dados pessoais para uma finalidade determinada" e, a partir deste, se pretende verificar sua relação com outros preceitos contidos na LGPD a fim de aclarar alguns dos variados contornos do consentimento, inclusive traçando paralelos com a legislação europeia de referência.

De acordo com o Regulamento europeu, o consentimento é uma "manifestação de vontade, livre, específica, informada e explícita, pela qual o titular dos dados aceita, mediante declaração ou ato positivo inequívoco, que os dados pessoais que lhe dizem respeito sejam objeto de tratamento", nos termos do artigo 4º, item 11 da GDPR. Em ambos diplomas, verifica-se a importância do consentimento informado.

> E creio útil ressaltar como a disciplina do *informed consent* se exprime também em regras sobre a circulação de informações, visto que se manifesta em uma série de disposições que prescrevem quais devam ser as informações fornecidas ao interessado para que seu consentimento seja validamente

---

29. MORAIS, Ezequiel. *A boa-fé objetiva pré-contratual*: deveres anexos de conduta. São Paulo: Thomson Reuters Brasil, 2019. p. 102.
30. Anote-se que, além da previsão expressa de dever de observância à boa-fé, há previsões de probidade e retidão no tratamento, como o dever prestar informações claras e facilmente acessíveis. Neste sentido, o princípio da finalidade, pelo qual a realização do tratamento deve ter "propósitos legítimos, específicos, explícitos e informados ao titular, sem possibilidade de tratamento posterior de forma incompatível com essas finalidades". É a retidão, a probidade e eticidade tratadas no Código Civil. Da mesma maneira, os princípios da segurança e da prevenção (artigo 6º, VII e VIII), reforçam o dever de cuidado. Em vários dispositivos da LGPD encontra-se um aspecto da observância à boa-fé, ratificando sua relevância no (e para o) tratamento de dados pessoais.
31. TEPEDINO, Gustavo; TEFFÉ, Chiara Spadaccini de. Consentimento e proteção de dados pessoais na LGPD. In: FRAZÃO, Ana; TEPEDINO, Gustavo; OLIVA, coord. *Lei geral de proteção de dados pessoais e suas repercussões no direito brasileiro* [livro eletrônico]. 2. ed. São Paulo: Thomson Reuters Brasil, 2020.

expresso. Essa valorização do consentimento resulta ulteriormente reforçada quando, como já recordado, se consolida um "direito à autodeterminação informativa".[32]

A LGPD, nessa seara, estabelece expressamente a autodeterminação informativa[33] como um dos fundamentos da proteção de dados pessoais. "Para que o indivíduo possa exercer o seu poder de autodeterminação informativa, faz-se necessário um instituto jurídico por meio do qual se expresse a sua vontade de autorizar ou não o processamento de dados pessoais: o consentimento".[34] Verifica-se que o consentimento, uma das bases legais para o tratamento de dados do titular, "representa instrumento de autodeterminação e livre construção da esfera privada. Permite diferentes escolhas e configurações em ferramentas tecnológicas, o que pode ter reflexos diretos na personalidade do indivíduo".[35]

> Mesmo antes da edição da LGPD construiu-se, no direito brasileiro, por influência do direito comparado, a noção de autodeterminação informativa, colocando sob a égide da decisão livre e racional da pessoa a quem os dados digam respeito (titular dos dados), o poder jurídico para determinar a possibilidade e finalidade de sua utilização, assim como seus limites. O exercício deste poder se define, sobretudo a partir da noção de consentimento do titular.[36]

Há exigência de que o consentimento seja livre, a revelar um "sentido de o titular poder escolher entre aceitar ou recusar a utilização de seu dado, sem intervenções ou situações que viciem o seu consentimento. Nessa linha, estabeleceu-se de forma expressa a vedação ao tratamento de dados pessoais mediante vício de consentimento",[37] conforme se verifica no texto da LGPD (artigo 8º, § 3º).

Assinala-se, destarte, o fundamento legal da autodeterminação informativa relacionado ao consentimento informado e, ainda, que essa informação deve ser apresentada previamente de forma clara, transparente e inequívoca, sem conteúdo enganoso tampouco abusivo, sob pena de o consentimento ser considerado nulo (artigo 9º, § 1º, LGPD).

Além disso, deve o consentimento ser inequívoco. Adianta-se que o ônus da prova de conformidade do consentimento cabe ao controlador (artigo 8º, § 2º, LGPD). Verifica-se que, também nesse ponto, há semelhança com a GDPR que estabelece no artigo 7º, item 1 que "o responsável pelo tratamento deve poder demonstrar que o titular dos dados deu o seu consentimento para o tratamento dos seus dados pessoais". Tanto em uma legislação quanto noutra, não é o titular aquele quem detém o ônus da prova.

Até o momento, tem-se, então, que o consentimento precisa ser inequívoco, livre e informado, conforme a autodeterminação informativa – fundamento da lei brasileira na disciplina de tratamento de dados. Saliente-se, que quando o tratamento de dados tiver

---

32. RODOTÀ, Stefano. Op. cit., p. 75.
33. Sobre autodeterminação afirmativa e sua relação com proteção de dados pessoais, ver: LIMBERGER, Têmis. *O direito à intimidade na era da informática*: a necessidade de proteção dos dados pessoais. Porto Alegre: Livraria do Advogado Editora, 2007.
34. MENDES. Op. cit., s/p.
35. TEPEDINO; TEFFÉ. Op. cit.
36. MIRAGEM, Bruno. A Lei Geral de Proteção de Dados (Lei 13.709/2018) e o direito do consumidor. *Revista dos Tribunais*. v. 1009, nov. 2019.
37. TEPEDINO; TEFFÉ. Op. cit.

o consentimento como hipótese legal (artigo 7º, I, LGPD) deve a informação (inserta no próprio conceito de consentimento) ser prestada previamente (artigo 9º, § 1º, LGPD). Reforça-se. O consentimento é manifestação com informação prestada de forma prévia (além de transparente, clara e inequívoca).[38] O consentimento para que seja informado, por consequência, é prévio.[39]

Outro ponto que desperta olhares é a vinculação do consentimento com a finalidade. Além de princípio disposto na Lei, a finalidade consta inserida no conceito de consentimento que, pois, não pode ser geral, mas específico e determinado. Nada impede que o controlador altere a finalidade do tratamento. Todavia, para isso deverá previamente informar o titular de dados que tem o direito de revogar o consentimento (artigo 9º, § 2º, LGPD).

Anote-se que, nesse caso, a LGPD, paradoxalmente, não exigiu anuência. Dispôs que a informação é prévia e, no silêncio do titular, mantém-se o tratamento com a finalidade diversa da inicialmente consentida, uma vez que o titular poderia apenas revogar o consentimento quando discordar das alterações. Pode-se afirmar que se trata de exceção à regra e que não guarda coerência com o conceito de consentimento[40] tampouco com os princípios da LGPD. Parece, no caso, ter havido escolha (equivocada) pelo meio mais fácil e prático, porém não pelo mais condizente com a Lei.

Todavia, há que considerar o conteúdo jurídico da informação, sendo, âmbito constitucional, relacionada ao exercício de direitos e na seara do direito civil, "a informação relaciona-se com o dever daquele que presta a outrem uma informação".[41]

Nesse aspecto, ainda é preciso dizer que a LGPD estabelece que deve haver clareza na informada manifestação de vontade do titular. Seja por escrito ou outro meio que assim demonstre (artigo 8º, *caput*, LGPD).

Tem-se, pois, que o consentimento é a manifestação livre e previamente informada, com transparência e de forma inequívoca, conferida para determinada finalidade. Com semelhanças, reitera-se, com a regulamentação europeia.

---

38. Melhor seria se contivesse no conceito de consentimento que ele é prévio, tal qual se está manifestação livre e informada. De toda sorte, se ele é manifestação informada e se a informação deve se dar de forma prévia, o próprio consentimento deve ser prévio ao tratamento de dados.
39. Nessa seara, Bruno Miragem (op. cit.) afirma que: "Embora a norma não seja explícita a respeito, deve-se entender que tais informações, quando se trate de tratamento que se submeta a consentimento prévio, deverão ser prestadas antes da manifestação de vontade do titular dos dados. É conclusão a que se chega tanto em termos lógicos – uma vez que são informações necessárias à própria viabilidade do exercício do direito de acesso em muitos casos, quanto pela interpretação do § 1º do mesmo art. 9º da LGPD, o qual refere que 'na hipótese em que o consentimento é requerido, esse será considerado nulo caso as informações fornecidas ao titular tenham conteúdo enganoso ou abusivo ou não tenham sido apresentadas previamente com transparência, de forma clara e inequívoca.' As informações em questão, a toda evidência, são aquelas do *caput* do mesmo artigo".
40. Rememore-se que o conceito de consentimento contém a manifestação dada para finalidade determinada que pode vir a ser alterada pelo controlador desde que este informe previamente ao titular. Noutros campos da LGPD, o silêncio no consentimento não aproveita ao controlador. É o caso do estabelecido no artigo 8º, primeira parte do § 4º: "O consentimento deverá referir-se a finalidades determinadas".
41. KRETZMANN, Renata Pozzi. *Informação nas relações de consumo*: o dever de informar do fornecedor e suas repercussões jurídicas. Belo Horizonte: Casa do Direito, 2019. p. 18-19.

Interessante frisar outras semelhanças entre as legislações brasileira e europeia. Consoante a GDPR, no mencionado artigo 7º que disciplina as condições aplicáveis ao consentimento, estabeleceu-se (item 2) que o consentimento contido em declaração escrita deverá estar apresentado claramente em distinção em relação aos demais itens declarados. Da mesma forma, a LGPD preconiza (artigo 8º, § 1º) nessas circunstâncias que o consentimento deverá constar de cláusula destacada das demais inseridas no contrato.

Noutra senda, a LGPD autoriza o titular de dados a promover a revogação do consentimento a qualquer momento, de forma facilitada e gratuita, (artigo 8º, § 5º), ao passo que a GDPR garante ao titular, a qualquer momento, retirar o consentimento com igual facilidade da outorga e acrescenta que a informação sobre o direito de retirada deve acontecer antes do consentimento (artigo 7º, item 3).

É preciso elucidar que a revogabilidade do consentimento sem justificação possibilita ao titular de dados o exercício do "direito à autodeterminação informativa de forma efetiva e sem limites. Afinal, o consentimento é o meio pelo qual o indivíduo exerce, além do controle preventivo, também um controle posterior".[42]

A legislação brasileira, contudo, autoriza a dispensa[43] de consentimento nos casos em que os dados objeto do tratamento recebam manifesta publicidade disponibilizada pelo seu titular.[44] Ainda assim, os direitos do titular e os princípios da lei permanecem-lhe garantidos.[45] Por conseguinte, os dados manifestamente públicos para uma finalidade específica somente poderão receber tratamento para referida finalidade, de forma adequada e condizente com a necessidade (artigo 7º, §§ 4º e 6º, LGPD).

Nesse cenário de difícil verificação abstrata, acredita-se que a obtenção do consentimento é, no mínimo, aconselhável, pois, conforme observado anteriormente, a LGPD estabelece que o consentimento deve se dar por escrito (em cláusula destacada das demais – Art. 8º, *caput*, primeira parte e § 1º) ou por meio hábil a demonstrar a manifestação de vontade do titular (Art. 8º, *caput*, final), sendo vedado o tratamento obtido por vício de consentimento (§ 3º). "Para a validade do consentimento, exige-se o cumprimento de uma série de requisitos, como a liberdade, a transparência e a especificidade".[46]

Ademais, é importante investigar a natureza dos dados pessoais, uma vez que se forem sensíveis, o consentimento deve ocorrer "de forma específica e destacada" (artigo

---

42. MENDES, Laura Schertel. A vulnerabilidade do consumidor quanto ao tratamento de dados pessoais. In: MARQUES, Claudia Lima; GSELL, Beate (Org.). *Novas tendências do direito do consumidor*: Rede Alemanha-Brasil de pesquisas em direito do consumidor. São Paulo: Ed. RT, 2015. p. 193.
43. Conforme antes mencionado na nota de rodapé "1".
44. Observando-se que mesmo nessa hipótese, nos termos do § 2º do artigo 18 da LGPD, "O titular pode opor-se a tratamento realizado com fundamento em uma das hipóteses de dispensa de consentimento, em caso de descumprimento ao disposto nesta Lei".
45. "Art. 7º [...] § 4º É dispensada a exigência do consentimento previsto no caput deste artigo para os dados tornados manifestamente públicos pelo titular, resguardados os direitos do titular e os princípios previstos nesta Lei".
46. MENDES, op. cit. s/p.

11, I, LGPD), sendo dados sensíveis[47] "aqueles referentes à origem racial ou étnica, às opiniões políticas, às convicções religiosas ou filosóficas, à filiação sindical ou associativa, bem como os relativos à saúde ou sexualidade", ou seja, aqueles cuja natureza demandem especial proteção, com potencial de discriminação.[48]

Noutro percurso, é preciso rememorar que o consentimento é uma dentre dez hipóteses legais para o tratamento de dados e, ainda, afirmar que os dados pessoais podem ser anonimizados (e, assim, seu tratamento autorizado) bem como que a LGPD não se aplica para algumas situações em que há tratamento de dados pessoais.

A LGPD estabelece a possibilidade de tratamento de dados anonimizados, assim considerados aqueles, nos termos do inciso III do artigo 5º, relativos "a titular que não possa ser identificado, considerando a utilização de meios técnicos razoáveis e disponíveis na ocasião de seu tratamento", observada ainda a possibilidade de anonimização de dados,[49] cuja característica retira a incidência da LGPD, uma vez que – além dos conceitos em si de dados pessoais e dados anonimizados – consta da primeira parte do *caput* do artigo 12 que dados anonimizados não são considerados dados pessoais.

Assente-se que a LGPD disciplina hipóteses de não aplicabilidade (artigo 4º). É o caso de tratamento de dados pessoais realizado por pessoa natural para finalidades tão somente particulares e não econômicas (artigo 4º, I), bem como dos realizados exclusivamente para fins acadêmicos ou jornalísticos e artísticos (inciso II), para fins exclusivos de segurança pública ou do Estado, defesa nacional, em atividades de investigação e repressão penais (inciso III) e, ainda, para aquelas

> IV – provenientes de fora do território nacional e que não sejam objeto de comunicação, uso compartilhado de dados com agentes de tratamento brasileiros ou objeto de transferência internacional de dados com outro país que não o de proveniência, desde que o país de proveniência proporcione grau de proteção de dados pessoais adequado ao previsto nesta Lei.

Excetuadas as situações de não aplicabilidade, de anonimização, de incidência de outras hipóteses para o tratamento e de dispensa de consentimento, a hipótese legal de consentimento para o regular tratamento de dados deve ser satisfeita, nos termos da Lei e, portanto, o tratamento de dados regular deve ser precedido de informações claras, adequadas e ostensivas (Art. 9º, *caput*). De fato, "a própria noção do que seja um tratamento de dados pessoais justo e lícito é vinculada ao consentimento do indivíduo".[50]

---

47. Tal qual está na LGPD (artigo 5º, II): "dado pessoal sobre origem racial ou étnica, convicção religiosa, opinião política, filiação a sindicato ou a organização de caráter religioso, filosófico ou político, dado referente à saúde ou à vida sexual, dado genético ou biométrico, quando vinculado a uma pessoa natural".
48. LIMBERGER, op. cit., p. 203.
49. Vide artigo 5º, inciso XI: "anonimização: utilização de meios técnicos razoáveis e disponíveis no momento do tratamento, por meio dos quais um dado perde a possibilidade de associação, direta ou indireta, a um indivíduo". A GDPR também estabelece a anonimização, nos termos de seu artigo 3º, item 10: "10) "Anonimizar mediante mascaramento de elementos de dados", tornar invisíveis para os utilizadores os elementos dos dados suscetíveis de identificar diretamente o seu titular".
50. BIONI, op. cit., p. 119.

Nada obstante se encontrarem traçados (alguns) contornos do consentimento, assenta-se a consequência pela sua inobservância ou violação. A LGPD, como visto, impõe o consentimento manifestado livremente dirigido para uma finalidade determinada, com informação prévia, clara e inequívoca. Destaca-se a consequência de nulidade do consentimento quando: genérico (artigo 8º, § 4º); quando houver conteúdo abusivo ou enganoso nas informações prestadas; ou quando as informações não respeitarem a exigência de apresentação prévia, transparente, inequívoca e com clareza (artigo 9º, § 1º).[51]

Logo, além do consentimento livre e previamente informado, o controlador deverá estabelecer como padrão de conduta[52] a boa-fé, em conformidade com os princípios e fundamentos legais para, assim, garantir o regular tratamento de dados.

Como se não bastasse a dificuldade de interpretação da LGPD em si, seja pela novidade, seja pela presença de normas gerais, muitos serão os casos em que a LGPD estará acompanhada de outras normas.

3. CONSENTIMENTO EM LEGISLAÇÕES ESPARSAS E SUA RELAÇÃO COM A LGPD: UM NECESSÁRIO DIÁLOGO DAS FONTES

Como mencionado alhures, os dados pessoais recebem abordagens em outras legislações esparsas, como o Código de Defesa do Consumidor, a Lei do Cadastro Positivo e o Marco Civil da Internet. A aplicação de pluralidade de leis de forma simultânea e coerente recebe o nome de diálogo das fontes.

Para Claudia Lima Marques, a expressão *diálogo das fontes* é autoexplicativa e traduz a presença de mais de uma lógica sendo observadas a partir de fontes diversas, "em uma aplicação conjunta e harmoniosa guiada pelos valores constitucionais".[53] Assim:

> Entende-se por diálogo das fontes a aplicação simultânea de mais de uma lei a um caso concreto. Ou seja, para solução de determinada situação em que, potencialmente, mais de uma lei estabeleça resposta, todas as fontes legislativas aplicáveis ao caso são potencialmente buscadas. Para que isso aconteça, a solução almejada deve ser orientada pela Constituição Federal, com o objetivo de realizar o máximo possível o direito fundamental envolvido.[54]

Com efeito, deve-se ter em mente que há pluralidade de fontes legislativas referentes a dados pessoais que podem ser simultaneamente aplicadas. É o caso do Marco Civil da Internet que disciplina o acesso à internet declarando-o como essencial ao exercício

---

51. Acrescente-se que as violações à LGPD, inclusive referentes ao consentimento, ensejam tanto a responsabilização e ressarcimento de danos (artigo 42) quanto as sanções administrativas (artigo 52) que podem ser a eliminação dos dados (inciso VI) ou seu bloqueio até regularização (inciso V), a publicização da infração (inciso IV), multas diárias (inciso III) ou simples (inciso II) de até R$50.000.000,00 por infração, e ou advertência (inciso I), podendo ser aplicadas isolada ou cumulativamente (§ 1º).
52. Seja na hipótese legal de consentimento, seja em relação às demais.
53. MARQUES, Claudia Lima. O "diálogo das fontes" como método da nova teoria geral do direito: um tributo a Erik Jayme. In: MARQUES, Claudia Lima (Coord.). *Diálogo das fontes*: do conflito à coordenação de normas do direito brasileiro. São Paulo: Ed. RT, 2012. p. 27.
54. MAIMONE, Flávio Henrique Caetano de Paula. *Responsabilidade civil na LGPD*: Efetividade na proteção de dados pessoais. Indaiatuba, SP: Editora Foco, 2022. p. 22.

da cidadania e, para tanto, assegura direitos aos usuários, dentre os quais o direito de condicionar o fornecimento de dados pessoais às hipóteses legais e ao consentimento livre, expresso e informado do usuário (artigo 7º, VII), bem como quando referente sobre coleta, uso, armazenamento e tratamento de dados pessoais, que o consentimento expresso ocorrerá de forma destacada das demais cláusulas contratuais (artigo 7º, IX).

> Quanto à comercialização dos dados coletados, o art. 7º prevê que é direito do usuário o não fornecimento a terceiros de seus dados pessoais, inclusive registros de conexão, e de acesso a aplicações de internet, salvo mediante consentimento livre, expresso e informado ou nas hipóteses previstas em lei. A vedação ao fornecimento de dados pode ser aplicável independentemente de a cessão a terceiro ser a título oneroso ou gratuito.[55]

Nota-se que essas previsões do Marco Civil da Internet podem ser aplicadas simultaneamente com as da LGPD, posto que não se vislumbra antinomia legal. Ao contrário, o Marco Civil da Internet preceitua a proteção de dados pessoais como princípio do uso da internet (artigo 3º, III), além da proteção da privacidade (artigo 3º, II), fundamento da LGPD. Afirma-se, dessa forma, que – em relação ao consentimento – há coerência normativa nos diplomais legais examinados.

Por sua vez, a Lei do Cadastro Positivo "disciplina a formação e consulta a bancos de dados com informações de adimplemento, de pessoas naturais ou de pessoas jurídicas, para formação de histórico de crédito" e sofreu recentíssima alteração por lei complementar. A Lei, antes da alteração, estabelecia o consentimento informado com prévia autorização como requisito para abertura de cadastro em instrumento específico ou em cláusula apartada (artigo 4º da Lei 12.414/2011), similar ao Marco Civil e à LGPD.

A esse respeito, destacava-se que esse dispositivo apresentava "disposição de extrema relevância para o consumidor (potencial cadastrado) no tocante à proteção dos seus direitos da personalidade: exige-se o *consentimento informado* para o tratamento de informações positivas"[56] (grifos originais). Entretanto, a Lei do Cadastro Positivo foi modificada substancialmente no que se refere à abertura de cadastro e ao consentimento.

Deveras, a Lei Complementar 166, de 8 de abril de 2019 revogou a necessidade de consentimento.[57] Percebe-se na drástica alteração que até mesmo há possibilidade de compartilhamento de informações cadastrais entre bancos de dados e, ainda, que o titular de dados – somente após aberto o cadastro – será comunicado em até trinta dias (novo § 4º do artigo 4º) da abertura e somente se já não existir aberto um cadastro em

---

55. TEIXEIRA, Tarcisio. *Comércio eletrônico: conforme o Marco Civil da Internet e a regulamentação do e-commerce no Brasil.* São Paulo: Saraiva, 2015. p. 95-96.
56. BESSA, Leonardo Roscoe. *Cadastro positivo: comentários à Lei 12.414, de 09 de junho de 2011.* São Paulo: Ed. RT, 2011.
57. O artigo 4º mencionado acima passa a ter a seguinte redação: Art. 4º O gestor está autorizado, nas condições estabelecidas nesta Lei, a: I – abrir cadastro em banco de dados com informações de adimplemento de pessoas naturais e jurídicas; II – fazer anotações no cadastro de que trata o inciso I do caput deste artigo; III – compartilhar as informações cadastrais e de adimplemento armazenadas com outros bancos de dados; e IV – disponibilizar a consulentes: a) a nota ou pontuação de crédito elaborada com base nas informações de adimplemento armazenadas; e b) o histórico de crédito, mediante prévia autorização específica do cadastrado.

outro banco de dados. Hipótese em que fica dispensada a comunicação (novo § 5º). Entretanto, as alterações na Lei, ao menos, reservaram ao cadastrado o direito de cancelar o cadastro assim que solicitado (da mesma forma, pode solicitar a reabertura do cadastro).

Pode-se questionar se há antinomia legislativa, porém, a LGPD estabeleceu não apenas o consentimento como base legal para o tratamento regular dos dados pessoais, como também se autorizou "para a proteção de crédito, inclusive quanto ao disposto na legislação pertinente" (inciso X do artigo 7º). Todavia, é importante observar que a base legal que autoriza o tratamento não outorga autorização para todo e qualquer tratamento tampouco para que se proceda de qualquer forma em relação aos dados pessoais obtidos legalmente.

Nesse aspecto, é crucial atentar para o dever de cumprimento de deveres de boa-fé, com os princípios da LGPD e todas as suas regras estabelecidas. Portanto, o banco de dados obterá e tratará os dados para a proteção de crédito e somente o fará para a finalidade clara e específica, atendidos os demais princípios, como o da prevenção, segurança, não discriminação, transparência, adequação e necessidade, destacando-se o princípio da finalidade, pelo qual "depreende-se que a coleta de dados pessoais deverá ter um propósito específico, previamente definido e informado ao titular, sendo vedada a utilização dos mesmos dados pessoais posteriormente à sua coleta para outra finalidade".[58]

Sobretudo, por se tratar, no mais das vezes, de relações nas quais incidirá também o CDC, que "trata especificamente da questão de armazenamento de dados pessoais dos consumidores em seu art. 43",[59] os chamados cadastros negativos de crédito. Não por acaso, a defesa do consumidor é fundamento da LGPD (artigo 2º, VI).

Estima-se, de tal modo, que há inúmeras situações em que incidirão tanto a Lei Geral de Proteção de Dados Pessoais, quanto o Marco Civil da Internet, a Lei do Cadastro Positivo e o CDC – sem perder de vista o próprio Código Civil e tantas outras normas como os Estatutos do Idoso e da Criança e do Adolescente –, cujas leituras demandarão do intérprete adequado senso de buscar a aplicação correta ao caso concreto sem se distanciar do sentido e dos fundamentos de cada disposição normativa, norteadas pela Constituição Federal.

É o que Claudia Lima Marques[60] denomina de diálogo das fontes, para quem, trata-se de "método da nova teoria geral do direito muito útil e pode ser usada na aplicação de todos os ramos do direito, privado e público, nacional e internacional, como instrumento útil ao aplicador da lei no tempo, em face do pluralismo pós-moderno de fontes", CDC, LGPD, Marco Civil da Internet, Lei do Cadastro Positivo, Código Civil e tantas outras.

---

58. BODIN DE MORAES, Maria Celina; QUEIROZ, João Quinelato de. Autodeterminação informativa e responsabilização proativa: novos instrumentos de tutela da pessoa humana na LGPD. *Cadernos Adenauer*, n. 3. Proteção de dados pessoais: privacidade versus avanço tecnológico. Rio de Janeiro: Fundação Konrad Adenauer, outubro 2019. p. 120.
59. GOULART, Guilherme Damasio. Por uma visão renovada dos arquivos de consumo. *Revista de Direito do Consumidor*. v. 107. ano 25. p. 448. São Paulo: Ed. RT, set.-out. 2016.
60. MARQUES. Op. cit., 2012. p. 21.

Ademais, as previsões da LGPD ainda dialogam com os princípios constitucionais e direitos fundamentais pertinentes, bem como com a proteção que tanto o Código Civil como o Código de Defesa do Consumidor dispensam às situações existenciais dos usuários. Daí por que renúncias e transações sobre os dados, ainda mais quando realizadas sem as informações necessárias e sem contrapartida minimamente razoável, não são válidas não apenas em razão das disposições específicas da LGPD, mas, também, à luz das disposições de outros diplomas legislativos, tais como o art. 11 do Código Civil. Afinal, o eixo valorativo da LGPD é a proteção da pessoa humana e de suas situações existenciais relevantes, o que deve ser levado em consideração para a interpretação de todas as suas demais disposições.[61]

Efetivamente, há inegável pluralismo de fontes legislativas e, para que permaneçam harmonicamente coexistentes no ordenamento jurídico, o método do diálogo das fontes revela-se adequado, posto que representado por essa concomitante vigência e aplicabilidade normativa a uma mesma situação. A literatura jurídica reconhece no diálogo das fontes um "método da teoria geral do direito" que "eleva a visão do intérprete para o *telos* do conjunto sistemático de normas e dos valores constitucionais",[62] uma "espécie de interpretação sistemática, fundado na unidade do ordenamento e supremacia da Constituição, cuja contribuição original resulta da diretriz de compatibilização de normas e sua aplicação simultânea ao caso, sob o signo da complementaridade".[63]

> Há sem dúvida um aporte "político" e de teoria geral nos instrumentos sobre a aplicação das leis, como se depreende dos arts. 1º e 2º da Lei de Introdução de 1942, que mudou de nome em dezembro de 2010, para Lei de Introdução às Normas do Direito Brasileiro, mas não de conteúdo. Da mesma forma, na ideia de que as leis hoje não são mais "castelos" estanques e compartimentados "feudos" de uma só lei, mas que, sob a ordem dos valores constitucionais, as leis a aplicar podem compartilhar "finalidade e *ratio*" para alcançar um resultado justo e de acordo com aquela sociedade e o sistema de valores positivados na Constituição ou recebido nos direitos humanos, mesmo que uma norma esteja presente em fontes diversas, lei especial, microssistema ou lei geral – logo, tem um componente de política de aplicação e interpretação do sistema.[64]

Nesse trilho, atrai-se para o presente estudo a conclusão de Gustavo Tepedino e Milena Donato Oliva, ao analisarem a proteção do consumidor no ordenamento brasileiro, quando se tem relação de consumo em situação em que há incidência de lei especial: "[u]ma vez presentes seus pressupostos de aplicação, o CDC incide ainda que haja legislação especial para reger a atividade, tendo em vista ser norma de ordem pública e tutelar direito constitucionalmente protegido".[65] Claudia Lima Marques observa, ainda, que a teoria do diálogo das fontes se trata "de uma visão atualizada e coerente do

---

61. FRAZÃO, Ana. Objetivos e alcance da Lei Geral de Proteção de Dados. In: FRAZÃO, Ana; TEPEDINO, Gustavo; OLIVA (Coord.). *Lei geral de proteção de dados pessoais e suas repercussões no direito brasileiro* [livro eletrônico] / 2. ed. São Paulo: Thomson Reuters Brasil, 2020.
62. MARQUES, Claudia Lima. *Diálogo das fontes*. p. 66.
63. MIRAGEM, Bruno. *Eppur si muove*: diálogo das fontes como método de interpretação sistemática no direito brasileiro. *In*: MARQUES, Claudia Lima (Coord.). *Diálogo das fontes*: do conflito à coordenação de normas no direito brasileiro. São Paulo: Ed. RT, 2012. p. 109.
64. MARQUES, Claudia Lima. *Diálogo das fontes*. p. 25.
65. TEPEDINO, Gustavo; OLIVA, Milena Donato. A proteção do consumidor no ordenamento brasileiro. In: MARQUES, Claudia Lima; MIRAGEM, Bruno (Coord.). *Diálogo das fontes*: novos estudos sobre a coordenação e aplicação das normas no direito brasileiro. São Paulo: Thomson Reuters Brasil, 2020. p. 394.

antigamente nominado 'conflito de leis no tempo', e neste sentido serve a toda a teoria geral do direito".[66]

Por esse ângulo, o tratamento de dados pode ser a "finalidade ou *ratio*" de diversas leis em dadas circunstâncias nas quais o intérprete deverá se orientar pelos valores constitucionais e direitos fundamentais, não para escolher qual lei aplicar, mas para aplicar, em conjunto de forma coordenada pelos valores constitucionais, as diferentes fontes legislativas para alcançar um resultado adequado e justo.

CONCLUSÕES

O ordenamento jurídico brasileiro caminha para acompanhar o de tantos outros países que buscam construir mecanismos de regulação e proteção de dados pessoais. No caso brasileiro, além de contar com normas esparsas e discutir proposta de emenda à Constituição para positivar a proteção de dados pessoais como direito fundamental, promulgou-se a LGPD, com disposições normativas que tratam horizontalmente a proteção de dados pessoais, notadamente estabelecendo seus fundamentos e princípios que orientam e instrumentalizam adequado tratamento que somente pode acontecer em uma das hipóteses ou bases legais, dentre as quais percebe destacado relevo o consentimento.

Inspirada na GDPR, a LGPD dispõe sobre as características do consentimento, que precisa ser inequívoco, livre e informado, conforme a autodeterminação informativa. Atesta-se que o consentimento é a manifestação livre e previamente informada, com transparência e de forma inequívoca conferida para determinada e específica finalidade.

Reconhece-se o papel de coerência na LGPD que permite a revogabilidade do consentimento sem justificação, possibilitando ao titular dos dados o exercício da autodeterminação informativa bem como do controle da preservação de sua privacidade (fundamentos capitais da Lei).

Além da LGPD, outras disposições normativas incidem sobre tratamento de dados, com ou sem consentimento como a Lei do Cadastro Positivo e, nesse aspecto, é imprescindível atentar para o dever de cumprimento de deveres de boa-fé, com os princípios da LGPD e todas as suas regras estabelecidas pelo banco de dados que obterá e tratará os dados para a proteção de crédito, para que o faça tão somente para a finalidade clara e específica, atendidos os demais princípios e regras.

Nesse caso e noutros tantos, incidirá também o CDC, o Marco Civil da Internet, o Código Civil, em um pluralismo de fontes que deve se orientar na Constituição Federal, com seus valores e direitos fundamentais para que se promova adequada e justa solução, coerente com o sistema vigente. É o fenômeno denominado de diálogo das fontes, que permite observar o tratamento de dados como "finalidade ou *ratio*" dessas e tantas outras diversas leis a serem aplicadas em conjunto, de forma coordenada pelos valores constitucionais. Assim, as diferentes fontes legislativas servirão de instrumento coordenado para alcançar um resultado adequado e justo, fomentando a proteção de dados pessoais.

---

66. MARQUES, Claudia Lima. *Diálogo das fontes*. p. 66.

REFERÊNCIAS

BARBOSA, Fernanda Nunes. *Informação*: direito e dever nas relações de consumo. São Paulo: Ed. RT, 2008.

BESSA, Leonardo Roscoe. *Cadastro positivo: comentários à Lei 12.414, de 09 de junho de 2011*. São Paulo: Ed. RT, 2011.

BIONI, Bruno Ricardo. *Proteção de dados pessoais*: a função e os limites do consentimento. Rio de Janeiro: Forense, 2019.

BODIN DE MORAES, Maria Celina; QUEIROZ, João Quinelato de. Autodeterminação informativa e responsabilização proativa: novos instrumentos de tutela da pessoa humana na LGPD. *Cadernos Adenauer*, n. 3. *Proteção de dados pessoais: privacidade versus avanço tecnológico*. Rio de Janeiro: Fundação Konrad Adenauer, outubro 2019.

FABIAN, Christoph. *O dever de informar no direito civil*. São Paulo: Ed. RT, 2002.

FERRAZ JÚNIOR, Tércio Sampaio. Sigilo de dados: o direito à privacidade e os limites à função fiscalizadora do Estado. *Revista da Faculdade de Direito*. Universidade de São Paulo, 88, 439-459. Recuperado de http://www.revistas.usp.br/rfdusp/article/view/67231.

FRAZÃO, Ana. Objetivos e alcance da Lei Geral de Proteção de Dados. In: FRAZÃO, Ana; TEPEDINO, Gustavo; OLIVA (Coord.). *Lei geral de proteção de dados pessoais e suas repercussões no direito brasileiro* [livro eletrônico]. 2. ed. São Paulo: Thomson Reuters Brasil, 2020.

GOULART, Guilherme Damasio. Por uma visão renovada dos arquivos de consumo. *Revista de Direito do Consumidor*. v. 107. ano 25. p. 447-482. São Paulo: Ed. RT, set.-out. 2016.

KRETZMANN, Renata Pozzi. *Informação nas relações de consumo: o dever de informar do fornecedor e suas repercussões jurídicas*. Belo Horizonte: Casa do Direito, 2019.

LIMBERGER, Têmis. *O direito à intimidade na era da informática*: a necessidade de proteção dos dados pessoais. Porto Alegre: Livraria do Advogado Editora, 2007.

MAIMONE, Flávio Henrique Caetano de Paula. *Responsabilidade civil na LGPD*: Efetividade na proteção de dados pessoais. Indaiatuba, SP: Editora Foco, 2022.

MARQUES, Claudia Lima. *Contratos no Código de Defesa do Consumidor*: o novo regime das relações contratuais. 5. ed. rev., atual. e ampl. São Paulo: Ed. RT, 2005.

MARQUES, Claudia Lima. O "diálogo das fontes" como método da nova teoria geral do direito: um tributo a Erik Jayme. In: MARQUES, Claudia Lima (Coord.). *Diálogo das fontes*: do conflito à coordenação de normas do direito brasileiro. São Paulo: Ed. RT, 2012.

MARTINS-COSTA, Judith. *A boa-fé no direito privado*: critérios para a sua aplicação. São Paulo: Marcial Pons, 2015.

MENDES, Laura Schertel. A vulnerabilidade do consumidor quanto ao tratamento de dados pessoais. In: MARQUES, Claudia Lima; GSELL, Beate (Org.). *Novas tendências do direito do consumidor*: Rede Alemanha-Brasil de pesquisas em direito do consumidor. São Paulo: Ed. RT, 2015.

MENDES, Laura Schertel. *Privacidade, proteção de dados e defesa do consumidor*: linhas gerais de um novo direito fundamental. São Paulo: Saraiva, 2014. s/p.

MENDES, Laura Schertel; DONEDA, Danilo. Comentário à nova Lei de Proteção de Dados (Lei 13.709/2018): o novo paradigma da proteção de dados no Brasil. *Revista de Direito do Consumidor*. v. 120. ano 27. p. 555-587. São Paulo: Ed. RT, nov.-dez. 2018.

MENDES, Laura Schertel; DONEDA, Danilo. Reflexões iniciais sobre a nova Lei Geral de Proteção de Dados. *Revista de Direito do Consumidor*. v. 120. ano 27. p. 469-483. São Paulo: Ed. RT, nov.-dez. 2018.

MIRAGEM, Bruno. A Lei Geral de Proteção de Dados (Lei 13.709/2018) e o Direito do Consumidor. *Revista dos Tribunais*. v. 1009, nov. 2019.

MIRAGEM, Bruno. *Eppur si muove*: diálogo das fontes como método de interpretação sistemática no direito brasileiro. In: MARQUES, Claudia Lima (Coord.). *Diálogo das fontes: do conflito à coordenação de normas no direito brasileiro*. São Paulo: Ed. RT, 2012. p. 67-109.

MORAIS, Ezequiel. *A boa-fé objetiva pré-contratual*: deveres anexos de conduta. São Paulo: Thomson Reuters Brasil, 2019.

PINHEIRO, Patricia Peck. *Proteção de dados pessoais*: Comentários à Lei 13.709/2018 (LGPD). São Paulo: Saraiva Educação, 2018. s/p.

RODOTÀ, Stefano. *A vida na sociedade da vigilância* – A privacidade hoje. Rio de Janeiro: Renovar, 2008.

SILVA, Clóvis do Couto e. *A obrigação como* processo. Rio de Janeiro: Editora FGV, 2006.

TEIXEIRA, Tarcisio. *Comércio eletrônico: conforme o Marco Civil da Internet e a regulamentação do e-commerce no Brasil*. São Paulo: Saraiva, 2015.

TEIXEIRA, Tarcisio. *Curso de direito e processo eletrônico*: Doutrina, jurisprudência e prática. 3. ed. rev. atual. e ampl. São Paulo: Saraiva, 2015.

TEPEDINO, Gustavo; OLIVA, Milena Donato. A proteção do consumidor no ordenamento brasileiro. In: MARQUES, Claudia Lima; MIRAGEM, Bruno (Coord.). *Diálogo das fontes*: novos estudos sobre a coordenação e aplicação das normas no direito brasileiro. São Paulo: Thomson Reuters Brasil, 2020.

TEPEDINO, Gustavo; TEFFÉ, Chiara Spadaccini de. Consentimento e proteção de dados pessoais na LGPD. In: FRAZÃO, Ana; TEPEDINO, Gustavo; OLIVA (Coord.). *Lei Geral de proteção de dados pessoais e suas repercussões no direito brasileiro* [livro eletrônico]. 2. ed. São Paulo: Thomson Reuters Brasil, 2020.

A (DES) NECESSIDADE DE PROVA DO DANO PARA CONFIGURAR DANO MORAL POR VIOLAÇÃO DA LGPD À LUZ DO CASO CYRELA

Alexandre Pereira Bonna

Doutor em Direito (UFPA, com período sanduíche na University of Edinburgh). Mestre em Direito (UFPA). Diretor Adjunto IBERC. Professor. Advogado. E-mail: alexandre.bonna@prof.cesupa.br.

Sumário: Introdução – 1. As principais formas de violação da LGPD – 2. O debate sobre a necessidade de dano-prejuízo para o dano moral – 3. Possíveis soluções – Conclusão – Referências.

INTRODUÇÃO

Roberto Vilela Coelho adquiriu imóvel da Cyrela em novembro de 2018, a qual inseriu no contrato o compartilhamento de dados apenas para fins de inclusão no Cadastro Positivo, mas, a partir daí, o consumidor começou a receber mensagens oferecendo serviços bancários, de arquitetura e de mobília para apartamentos, motivo pelo qual propôs ação de indenização por danos morais, obtendo sentença de procedência. Contudo, no dia 24 de agosto de 2021, o Tribunal de Justiça do Estado de São Paulo, ao julgar a apelação 1080233-94.2019.8.26.0100, decidiu prover o recurso da Cyrela para o fim de afastar a condenação por dano moral no valor de R$ 10.000,00.

Destaca-se que o caso em tela perpassou por diversas nuances de cunho material e processual, tais como ausência de nexo causal e vigência da LGPD à época dos fatos, culpa exclusiva do consumidor etc. Entretanto, dentro do recorte da presente pesquisa, o ponto nevrálgico a ser analisado é o argumento da empresa no sentido de que "o autor não demonstrou nenhum dano sofrido a ser indenizado, já que as mensagens enviadas não possuíram conteúdo ofensivo, o que acarretou mero aborrecimento", o qual foi encampado também pelo TJSP,[1] conforme pode se inferir integralmente nesse trecho do voto da Desembargadora Relatora Maria do Carmo Honório:

> Como se não bastasse isso, não restou comprovado nenhum fato do qual se possa inferir o efetivo dano por conduta ilícita da ré, e, sem a demonstração deste, não há fundamento para imposição da obrigação de indenizar.
>
> As alegadas ligações, mensagens e e-mails recebidos pelo autor, ainda que de forma reiterada e apesar de causar incomodo, não caracterizam, por si só, violação de intimidade. Na realidade, nas circunstâncias apresentadas, elas não ultrapassaram a esfera do mero aborrecimento.

---

1. VIAPIANA, Tábata. TJ-SP reforma sentença e isenta construtora por vazamento de dados de cliente. *Conjur*. Disponível em https://www.conjur.com.br/dl/acordao-cyrela.pdf. Acesso em: 22 out 2022.

Isso pode ser inferido da mera análise da documentação acostada aos autos, uma vez que as mensagens que o são simples convites para eventos e apresentação de produtos ou serviços, nas quais não consta qualquer informação de um suposto relacionamento do fornecedor com a apelante Cyrela, muito menos palavras inconvenientes ou ofensivas.

É verdade que que podem ser presumidos, em razão de sua notoriedade, de tal modo que ao autor basta a alegação. Outros, porém, como no caso dos autos, devem ser provados. Ocorre que o simples encaminhamento de por e-mail ou WhatsApp, conforme já ressaltado, não é conduta susceptível de causar dano moral.

O consumidor, no caso, independentemente da autoria das mensagens, não sofreu nenhum ônus excepcional, a não ser aquele que todo ser humano tem que aprender a suportar por viver numa sociedade tecnológica, frenética e massificada, sob pena da convivência social ficar insuportável.

Trata-se, pois, de episódio do qual não resultou nenhuma interferência excepcional no comportamento do autor e que não rompeu o seu equilíbrio psicológico. Assim, ausentes os pressupostos da responsabilidade civil, é de rigor a improcedência do pedido inicial.

Pois bem. De forma clássica, há uma relação entre o dever de indenizar e a constatação do elemento dano, como consequência do princípio de não lesar outrem (*neminem laedere*), sendo inócuo falar em obrigação de reparar (responsabilidade civil) o dano sem a existência do mesmo. No Brasil, o pressuposto ficou mais fortalecido a partir do artigo 927 do Código Civil Brasileiro, segundo o qual aquele que causar dano a outrem, fica obrigado a repará-lo. Adicionalmente, com a evolução das hipóteses de responsabilidade objetiva, passou-se à clássica assertiva: há responsabilidade civil sem culpa, mas nunca sem dano, sob pena de enriquecimento sem causa de uma das partes.

Nesse espectro, se tornou uma máxima a referida proposição, sempre tendo como pressuposto a inarredável constatação de uma consequência lesiva no patrimônio material ou existencial para a imposição de um dever de indenizar, que tem por objeto o reestabelecimento do momento anterior à ocorrência do dano e/ou a compensação do dano irreparável sofrido, como destaca Sérgio Cavalieri Filho:[2]

> Se o motorista, apesar de ter avançado o sinal, não atropela ninguém, nem bate em outro veículo; se o prédio desmorona por falta de conservação pelo proprietário, mas não atinge nenhuma pessoa ou outros bens, não haverá o que indenizar. (...) O ato ilícito nunca será aquilo que os penalistas chamam de crime de mera conduta; será sempre um delito material, com resultado de dano. Sem dano pode haver responsabilidade penal, mas não há responsabilidade civil.

Nessa linha, o dano, sob uma perspectiva, é a lesão a um interesse juridicamente protegido (dano-evento); por outra perspectiva, o dano será a consequência da lesão (dano-prejuízo). A conclusão a que chega Silvana José Gomes Flumignan[3] é a de que a consolidação jurídica do dano necessita da constatação de ambas as esferas do dano: "para a caracterização (...) do dever de ressarcir, ambos precisam estar presentes. Quanto a este ponto não há exceção". Portanto, em matéria de dano moral, seria inarredável que a pessoa que teve seus dados pessoais vazados demonstrasse intercorrências danosas,

---

2. CAVALIERI FILHO, Sérgio. *Programa de responsabilidade civil*. 10. ed. São Paulo: Atlas, 2012, p. 76-77.
3. FLUMIGNAN, Silvano José Gomes. *Dano-evento e dano-prejuízo*. Dissertação de mestrado. São Paulo: USP, 2009.

tais como perturbações excessivas em seu bem-estar, humilhações, prejuízos em seus negócios, exposições demasiadas de aspectos íntimos, vergonha etc.

Assim, o presente artigo tem por objetivo investigar o (des)acerto da decisão judicial em comento, mormente considerando que a questão invariavelmente será definida pelo STJ e é papel da doutrina refletir sobre os caminhos dogmáticos possíveis. Para tanto, irá primeiramente apresentar as principais formas de violação da LGPD, para em seguida expor do ponto de vista teórico as problemáticas envolvendo a necessidade de comprovação do prejuízo para configurar o dever de indenizar. Por fim, serão apresentadas conclusões sob a perspectiva desse autor.

1. AS PRINCIPAIS FORMAS DE VIOLAÇÃO DA LGPD

Os dados pessoais são fatos e/ou representações sobre uma pessoa física ou jurídica, passíveis de coleta, armazenamento e transferência a terceiros,[4]-[5] tais como número de telefone, endereço, conta bancária, nome completo, CPF, profissão, identificador online (IP), preferências, hábitos, desejos, buscas e compras recentes, localização, opiniões, padrão de vida, "origem racial ou étnica, convicção religiosa, opinião política, filiação a sindicato ou a organização de caráter religioso, filosófico ou político, dado referente à saúde ou à vida sexual, dado genético ou biométrico" (art. 5º, II, LGPD) etc. Em suma, tudo aquilo que é capaz de apresentar as principais características que individualizam aquela pessoa.

Nesse viés, é possível transformar a privacidade em mercadorias (quando tais informações são vendidas para outras empresas ou publicitários), expondo informações que o sujeito gostaria de reservar apenas para si ou seus familiares (doenças, deformidades, conta bancária, débitos, contatos pessoais etc.), permitindo que os indivíduos tenham sua vida real afetada em razão de terceiros terem tido acesso a tais fatos de forma indevida.

No inciso X do art. 5º da LGPD, tratamento é toda operação realizada com dados pessoais, inclusive a coleta, produção, recepção, classificação, utilização, acesso, reprodução, transmissão, distribuição, processamento, arquivamento, armazenamento, eliminação, avaliação ou controle da informação, modificação, comunicação, transferência, difusão ou extração. Já consentimento, de acordo com o inciso XII do mesmo artigo, é a manifestação livre, informada e inequívoca pela qual o titular concorda com o tratamento de seus dados pessoais para uma finalidade determinada, livre manifestação esta que de acordo com o art. 8º da citada lei deve ser escrito e em destaque das demais cláusulas ou por qualquer outro meio que demonstre de forma clara a vontade do agente.[6]

Apenas com esse conjunto normativo, somado ao art. 5º, *caput* (igualdade) e inciso X (privacidade), da CF/88, já seria possível inferir a ilicitude de qualquer conduta que

---

4. SANTOS, Antônio Jeová. *Dano moral indenizável*. 5. ed. Salvador: JusPodivm, 2015, p. 351.
5. Nesse sentido, dispõe a LGPD: Art. 5º: Para os fins desta Lei, considera-se: I – dado pessoal: informação relacionada a pessoa natural identificada ou identificável (....)
6. Nesse mesmo sentido: art. 7º: O tratamento de dados pessoais somente poderá ser realizado nas seguintes hipóteses: I – mediante o fornecimento de consentimento pelo titular.

pudesse armazenar e manipular os dados do titular sem o seu consentimento ou desvirtuando da anuência dada, como se aproveitar dos dados pessoais para focar campanhas publicitárias de diversos fornecedores. Mas, como se não bastasse, o art. 6º da LGPD ainda reza que o tratamento dos dados pessoais deve observar a finalidade (propósitos legítimos, específicos e informados ao titular, sem possibilidade de tratamento posterior de forma incompatível com essas finalidades), necessidade (limitação do tratamento ao mínimo necessário para a realização de suas finalidades), segurança (medidas técnicas e administrativas aptas a proteger os dados pessoais de acessos não autorizados), e não discriminação (impossibilidade de realização do tratamento para fins discriminatórios ilícitos ou abusivos).

Ademais, a LGPD exige que o controlador possua provas de que o consentimento foi obtido em conformidade com a lei (art. 8º, p. 2), além do que quaisquer autorizações genéricas (sem uma finalidade especificada previamente) serão nulas de pleno direito (art. 8º, p. 4º), podendo o referido consentimento ser revogado a qualquer momento de forma simples e gratuita (art. 8º, p. 5º). Quando o tratamento de dados pessoais for condição para o fornecimento de produto ou de serviço ou para o exercício de direito, o titular será informado com destaque sobre esse fato (art. 9º, p. 3º).

Dentre os direitos mais comuns de serem violados do titular de dados estão: a) direito ao consentimento livre, expresso e informado, que não se resume aos padrões de "termos de uso" ou "políticas", nem ao "Li e aceito"; b) direito de retificação de registros desatualizados, incompletos ou inexatos; c) direito de exclusão e revogação do consentimento; d) direito de portabilidade de dados fornecidos a um controlador para transmissão a outro fornecedor de produtos ou serviços; e) nuances específicas sobre dados de crianças e adolescentes e dados sensíveis; f) direito de explicação e esclarecimentos.

O caso tratado no presente artigo diz respeito a violação da finalidade para a qual o consumidor concedeu anuência, porém, em razão da discussão aqui tratada ter relação com a possibilidade de configuração do dano moral por mera violação da LGPD, sem prova de outra consequência lesiva, importante deixar registradas as formas mais comuns de violações de dados pessoais.

2. O DEBATE SOBRE A NECESSIDADE DE DANO-PREJUÍZO PARA O DANO MORAL

Nem sempre se pode exigir a prova de uma consequência lesiva concreta (dano-prejuízo) para configurar o dever se indenizar. Assevera-se que as sensações de determinadas consequências lesivas, como sofrimento, dor, vexame, dentre outros, se revelam, algumas vezes, como efeitos possíveis da ofensa a um bem jurídico existencial, mas não podem se impor como condição inarredável para a configuração do dano moral indenizável. Do contrário, seria preciso exigir, para a compensação por dano moral, que o consumidor que comesse um pão com um mosquito fosse hipersensível a ponto de manifestar espanto; que o trabalhador que sofresse constantes ameaças fosse frágil a ponto de se sentir humilhado; que o bebe prematuro com braço amputado fosse precoce a ponto de gritar de dor; que a mulher que sofresse uma apalpada em partes íntimas fosse atingida a ponto de sentir-se envergonhada; que o vizinho que fosse vítima de filmagem em momentos íntimos fosse reservado a ponto de externar seu sentimento de humilhação. Não, o dano moral não é isso, pois, embora essas consequências relativas as condições pessoais da vítima possam ser levadas em conta no momento de majorar o valor indenizatório, em nada têm relevância no momento de definir se houve ou não o dano moral indenizável, como ensina Carlos Roberto Gonçalves:[7]

> O direito não repara qualquer padecimento, dor ou aflição, mas aqueles que forem decorrentes da privação de um bem jurídico sobre o qual a vítima teria interesse reconhecido juridicamente [...] o dano moral não é a dor, a angústia, o desgosto, a aflição espiritual, a humilhação, o complexo que sofre a vítima do evento danoso, pois esses estados de espírito constituem o conteúdo, ou melhor, a consequência do dano.

No âmbito do STJ, infere-se uma tendência pela prescindibilidade da prova da consequência lesiva para fazer *jus* à indenização por dano moral (dano moral *in re ipsa*), especialmente em casos de violação da integridade psíquica e física: a) cabimento de dano moral *in re ipsa* em casos de agressão doméstica, não se mostrando razoável a exigência de instrução probatória para avaliar o dano psíquico, o grau de humilhação ou diminuição da autoestima, na medida em que a própria conduta do agressor já está imbuída de menosprezo à dignidade e ao valor da mulher como pessoa, ou seja, os danos morais dela derivados são evidentes e nem têm mesmo como ser demonstrados;[8] b) cabimento de dano moral *in re ipsa* por recusa indevida de cobertura de plano de saúde;[9] c) cabimento do dano moral *in re ipsa* para qualquer vítima de crimes, explanando que o dano moral nestes casos decorre da própria conduta tipificada como crime, não havendo necessidade de prova de qualquer dano;[10] d) cabimento do dano moral *in re ipsa* em consequência de atraso de voo, de onde se presume do próprio fato o desconforto e aflição do passageiro;[11] e) cabimento do dano moral *in re ipsa* pela morte de parente, sendo presumido o trauma e o sofrimento dos familiares mais próximos.[12]

Contudo, quando o STJ não exige a prova da consequência lesiva nos casos acima, não se pode concluir que há dano moral sem consequência lesiva, mas sim que em face de algumas situações é possível que esta seja presumida. Em outras palavras, uma mãe não precisa provar que sofreu pela morte de um filho, pois em situações dessa magnitude é possível presumir o descalabro lesivo. Portanto, sob um viés estritamente compensatório da responsabilidade civil a mera tentativa de praticar o dano, o dano-evento, não é

---

7. GONÇALVES, Carlos Roberto. *Responsabilidade civil*. 11. ed. São Paulo: Saraiva, 2009, p. 616.
8. Resp 1675874/MS, julgado pela Terceira Seção, acórdão publicado dia 08.03.2018, Relator Ministro Rogerio Schietti Cruz.
9. Resp 1.583.117/RS, julgado pela Quarta Turma, acórdão publicado dia 22.03.2018, Relator Ministro Lázaro Guimarães.
10. AgInt no REsp 1694713/MS, julgado pela Sexta Turma, acórdão publicado dia 16.10.2017, Ministra Relatora Maria Thereza de Assis Moura.
11. Resp 299.532/SP, julgado pela Quarta Turma, acórdão publicado dia 23.11.2009, Relator Ministro Honildo Amaral de Mello Castro.
12. Resp 1.165.102/RJ, julgado pela Quarta Turma, acórdão publicado dia 07.12.2016, Relator Ministro Raúl Araújo.

suficiente para que surja a obrigação de indenizar, exceto quando for possível presumir o dano-prejuízo, o que só vem sendo admitido em situações excepcionais.

Ademais, fora desses casos e de outros mais graves, na esteira de uma função unicamente compensatória, a configuração do dano moral indenizável necessita de uma consequência lesiva que atinja injustamente um interesse existencial tutelado pelo Direito, independentemente da violação ter atingido primeiramente um bem patrimonial ou moral. No caso da LGPD, a violação especialmente da privacidade não seria suficiente para configurar o dever de indenizar.

Portanto, para vislumbrar o dano moral ressarcível é preciso identificar a ofensa a um direito ou interesse existencial tutelado juridicamente somado a uma consequência efetivamente lesiva. Nesse sentido, o dano já não se identifica apenas com a lesão a um interesse de índole patrimonial ou extrapatrimonial, ou a um interesse que é pressuposto daquele, como destaca Ramon Daniel Pizarro:[13] "sino que es la consecuencia prejudicial o menoscabo que se desprende de la aludida lesión. Entre la lesión y el menoscabo existe una relación de causa a efecto. El daño resarcible es esto último". Vale dizer, "a simples possibilidade de dano, a situação meramente hipotética, não chegará a ser dano moral.[14]

É verdade que este autor e a professora Pastora Leal, em artigo intitulado "Responsabilidade civil sem dano-prejuízo"[15] defenderam a tese da viabilidade – para casos de extrema gravidade, marcados por profundo desrespeito aos direitos alheios e reiteração de condutas danosas – de condenação a uma verba indenizatória mesmo sem a consolidação do dano-prejuízo.

Contudo, tal investigação estava assentada na função punitiva/educativa/preventiva/pedagógica da responsabilidade civil, a qual também já abordamos nos artigos "A fundamentação ética dos *punitive damages* e do dever de prevenir danos",[16] "Requisitos objetivos e subjetivos do *punitive damages*: critérios à aplicação no direito brasileiro",[17] "Análise crítica da indenização punitiva e responsabilidade objetiva no Brasil à luz da teoria de Jules Coleman",[18] assim como no livro "Indenização punitiva (*punitive*

---

13. PIZARRO, Ramon Daniel. *Daño moral*: el daño moral en las diversas ramas del Derecho. Hammurabi: Buenos Aires, 1996, p. 46.
14. SANTOS, Antônio Jeová. *Dano moral indenizável*. 5. ed. Salvador: JusPodivm, 2015, p. 73.
15. LEAL, Pastora do Socorro Teixeira; BONNA, Alexandre Pereira. Responsabilidade civil sem dano-prejuízo? *Revista Eletrônica Direito e Política*, Programa de Pós-Graduação Stricto Sensu em Ciência Jurídica da UNIVALI, v. 12, n. 2, Itajaí, 2º quadrimestre de 2017.
16. LEAL, Pastora do Socorro Teixeira; BONNA, Alexandre Pereira. A fundamentação ética dos punitive damages e do dever de prevenir danos. *Revista FIDES*, v. 8, p. 18-28, 2017.
17. LEAL Pastora do Socorro Teixeira; BONNA, Alexandre Pereira. Requisitos objetivos e subjetivos do punitive damages: critérios à aplicação no direito brasileiro. *IV Congresso Internacional de Direito Civil Constitucional*: da dogmática à efetividade, 2016, Rio de Janeiro. Anais do IV Congresso Internacional de Direito Civil Constitucional: da dogmática à efetividade. 2016.
18. BONNA, Alexandre Pereira. Análise crítica da indenização punitiva e responsabilidade objetiva no brasil à luz da teoria de Jules Coleman. In: ROSENVALD, Nelson; MILAGRES, Marcelo (Org.). *Responsabilidade civil*: novas tendências. Indaiatuba: Foco Jurídico, 2017, v. 1 p. 97-108.

damages) e os danos em massa".[19] Desta feita, apenas sob essa perspectiva é imaginável abraçar essa tese, ou seja, quando além do interesse em compensar, a responsabilidade civil se preocupa com o grau de censurabilidade da conduta do ofensor e o objetivo de prevenir danos.

Portanto, é possível o juiz, pelo conhecimento prático e regras de experiência,[20] justificar ser presumida a referida lesão concreta (*in re ipsa*), ou seja, trata-se de um dano moral "a guisa de uma presunção natural, uma presunção *hominis*, que decorre das regras da experiência comum".[21] Nesse sentido, já decidiu o Superior Tribunal de Justiça, no julgamento do Recurso Especial 1.292.141/SP, com acórdão publicado dia 12.12.2012, no qual o voto vencedor da Ministra Nancy Andrighi estabeleceu que:

> Dispensa-se a comprovação de dor e sofrimento, sempre que demonstrada a ocorrência de ofensa injusta à dignidade da pessoa humana. (...) A violação de direitos individuais relacionados à moradia, bem como da legítima expectativa de segurança dos recorrentes, caracteriza dano moral *in re ipsa* a ser compensado.

No caso acima, os autores ajuizaram ação de indenização por danos morais contra a Petróleo Brasileiro S/A em virtude de rompimento de gasoduto de propriedade da mesma durante obras em uma rodovia, o que formou uma nuvem de gás sobre os bairros vizinhos, o que obrigou os ofendidos a deixarem suas casas às pressas. Outras situações lesivas podem ser imaginadas que independem de exteriorização de sentimentos ou sensações, como a de um consumidor que encomenda bolo para comer com sua família e se depara com uma barata. Mesmo que não comam o bolo, há um desvalor que atinge a subjetividade do ofendido a ponto de caracterizar não apenas a lesão a um interesse juridicamente protegido, mas também a lesão existencial concreta, especialmente sopesando o momento de desprazer que experimentou, o que inclusive se caracterizaria de forma presumida pelo conhecimento prático de um juiz.

Contudo, dentro de uma perspectiva eminentemente compensatória, o dano moral ressarcível necessita obrigatoriamente de uma consequência lesiva decorrente da lesão a um interesse extrapatrimonial ou patrimonial, nem que seja ao menos essa consequência lesiva presumida por intermédio do conhecimento prático do juiz. Nesse sentido, destaca Ramon Daniel Pizarro:[22]

> No resulta adecuado definir el daño moral resarcible como mera lesión a un derecho extrapatrimonial, o a un interés legitimamente protegido; o a un interés no patrimonial (o espiritual) que es presupuesto de un derecho subjetivo. Habrá que estar siempre, además, a la repercusión que la acción provoca en la persona. El daño moral importa, pues, una minoración en la subjetividad de la persona, derivada de la lesión a un interés no patrimonial. O, com mayor precisión, una modificación disvaliosa del espíritu

---

19. BONNA, Alexandre Pereira. *Punitive damages (indenização punitiva) e os danos em massa*. Rio de Janeiro: Lumen Juris, 2015.
20. Art. 375, CPC: O juiz aplicará as regras de experiência comum subministradas pela observação do que ordinariamente acontece.
21. CAVALIERI FILHO, Sérgio. *Programa de responsabilidade civil*. 10. ed. São Paulo: Atlas, 2012, p. 83.
22. PIZARRO, Ramon Daniel. *Daño moral*: el daño moral en las diversas ramas del Derecho. Hammurabi: Buenos Aires, 1996, p. 46-47.

en el desenvolvimiento de su capacidad de entender, querer o sentir, consecuencia de uma lesión a un interés no patrimonial, que habrá de traducirse en un modo de estar diferente de aquel al que se hallaba antes del hecho, como consecuencia de éste y anímicamente prejudicial.

Assim sendo, não se pode, numa perspectiva eminentemente compensatória da responsabilidade civil (e não punitiva) admitir que a simples tentativa de violação dos bens da pessoa humana se caracterize como um dano indenizável, porque somente a consideração do interesse lesionado resulta insuficiente para demonstrar a existência de dano moral. É preciso, portanto, da ação danosa e do consequente "ámbito del desvalor subjetivo que genera".[23] Se assim fosse, condutores de veículos em alta velocidade em perímetros urbanos deveriam indenizar os pedestres postos em perigo, mesmo que não atinjam nenhum deles, assim como o banco que possui política de enganar idosos deveria, antes mesmo de conseguir um idoso para assinar o contrato, mesmo sem êxito em suas investidas, pagar indenização por danos morais.

3. POSSÍVEIS SOLUÇÕES

Feitas as colocações preliminares, indaga-se que menoscabo em sua dimensão existencial o consumidor que teve dados telefônicos vazados e recebeu algumas mensagens oferecendo serviços e/ou produtos? Coloque-se na pessoa do autor da ação e reflita em que dimensão extrapatrimonial sua vida foi efetivamente prejudicada, especialmente o equilíbrio psicológico, pelo simples vazamento de contatos. Em outras, apesar de a privacidade ter sido invadida pela falta de controle de informações pessoais do consumidor, não há, regra geral, uma consequência lesiva pela simples violação da LGPD, abrindo-se exceção quando há dados sensíveis violados ou quando os dados não são sensíveis, quando sob a ótica da presente pesquisa deve ser a de presunção do dano moral (*in re ipsa*), como regra geral. Trocando em miúdos, quando se tratar de dado não sensível, o juiz deverá exigir o ônus da prova da consequência lesiva do autor, ao passo que quando se tratar de dado sensível, o ônus de provar que não houve consequência lesiva é do réu. Afinal, o dano moral é instituto umbilicalmente ligado a dignidade da pessoa humana e ao movimento de soerguimento do ser humano após experiências de aniquilação do mesmo (nazismo, stalinismo, inquisição, ditaduras, escravidão), não sendo possível inflá-lo futilmente, sob pena de perdermos a importância dessa categoria, banalizando-a e tornando a vida em sociedade insuportável, a ponto de um atraso de voo de 20 min configurar desvio produtivo e um produto viciado que tenha que ser consertado em loja se convolar em violação da integridade psíquica.

Em um primeiro momento, poder-se-ia pensar que a responsabilidade civil adquiriria contornos assépticos com a realidade social e deixaria de cumprir com uma função nobre de cunho preventivo. Esse raciocínio não deve prosperar por dois motivos: a) essa suposta insensibilidade da responsabilidade civil só existe na dimensão do estudo da indenização compensatória, de modo que se o juiz/jurista admitir o patamar da indeni-

---

23. Ibidem, p. 54.

zação punitiva/preventiva/pedagógica/educativa, poderá aplicar sem maiores problemas indenização para tais casos onde resta ausente o dano-prejuízo e presente tão somente o dano-evento; b) mesmo dentro da perspectiva eminentemente compensatória, nada obsta que o Procon e a Autoridade Nacional de Proteção de Dados apliquem sanções administrativas previstas legalmente,[24]-[25] assim como nada impede que o Judiciário promova a chamada tutela inibitória diante de condutas que, mesmo sem concretizar dano-prejuízo a ninguém, atentam quanto normas mínimas de segurança e qualidade. Conforme determinam os arts. 536 e 537 do Código de Processo Civil Brasileiro (Lei Federal 13.105/2015), visando a coagir psicologicamente o réu a compreender que é mais vantajoso respeitar os direitos alheios que permanecer os ameaçando, pode o juiz, sem prejuízo de outras medidas indutivas, fixar multa de modo a desestimular o ofensor:

> Art. 536. No cumprimento de sentença que reconheça a exigibilidade de obrigação de fazer ou de não fazer, o juiz poderá, de ofício ou a requerimento, para a efetivação da tutela específica ou a obtenção de tutela pelo resultado prático equivalente, determinar as medidas necessárias à satisfação do exequente.
>
> § 1º Para atender ao disposto no caput, o juiz poderá determinar, entre outras medidas, a imposição de multa (...)
>
> Art. 537. A multa independe de requerimento da parte e poderá ser aplicada na fase de conhecimento, em tutela provisória ou na sentença, ou na fase de execução, desde que seja suficiente e compatível com a obrigação e que se determine prazo razoável para cumprimento do preceito.

Acrescenta o art. 139 do Código citado como poder do juiz, inclusive para forçar o cumprimento de obrigações pecuniárias, a adoção de todas as medidas indutivas, coercitivas, mandamentais ou sub-rogatórias: "Art. 139. O juiz dirigirá o processo conforme as disposições deste Código, incumbindo-lhe: (...) IV – determinar todas as medidas indutivas, coercitivas, mandamentais ou sub-rogatórias necessárias para assegurar o cumprimento de ordem judicial, inclusive nas ações que tenham por objeto prestação pecuniária.

---

24. LGPD – Lei 13.709/2018. Art. 52, da LGPD: Os agentes de tratamento de dados, em razão das infrações cometidas às normas previstas nesta Lei, ficam sujeitos às seguintes sanções administrativas aplicáveis pela autoridade nacional: I – advertência, com indicação de prazo para adoção de medidas corretivas; II – multa simples, de até 2% (dois por cento) do faturamento da pessoa jurídica de direito privado, grupo ou conglomerado no Brasil no seu último exercício, excluídos os tributos, limitada, no total, a R$ 50.000.000,00 (cinquenta milhões de reais) por infração; III – multa diária, observado o limite total a que se refere o inciso II; IV – publicização da infração após devidamente apurada e confirmada a sua ocorrência; V – bloqueio dos dados pessoais a que se refere a infração até a sua regularização; VI – eliminação dos dados pessoais a que se refere a infração; VII – (Vetado); VIII – (Vetado); IX – (Vetado); X – suspensão parcial do funcionamento do banco de dados a que se refere a infração pelo período máximo de 6 (seis) meses, prorrogável por igual período, até a regularização da atividade de tratamento pelo controlador; XI – suspensão do exercício da atividade de tratamento dos dados pessoais a que se refere a infração pelo período máximo de 6 (seis) meses, prorrogável por igual período; XII – proibição parcial ou total do exercício de atividades relacionadas a tratamento de dados.
25. LGPD – Lei 13.709/2018. Art. 56, CDC: As infrações das normas de defesa do consumidor ficam sujeitas, conforme o caso, às seguintes sanções administrativas, sem prejuízo das de natureza civil, penal e das definidas em normas específicas: I – multa; II – apreensão do produto; III – inutilização do produto; IV – cassação do registro do produto junto ao órgão competente; V – proibição de fabricação do produto; VI – suspensão de fornecimento de produtos ou serviço; VII – suspensão temporária de atividade; VIII – revogação de concessão ou permissão de uso; IX – cassação de licença do estabelecimento ou de atividade; X – interdição, total ou parcial, de estabelecimento, de obra ou de atividade; XI – intervenção administrativa; XII – imposição de contrapropaganda.

Portanto, se uma construtora está deixando de cumprir a proteção de dados, não há necessidade de fixar, a princípio, indenização por dano moral, pois pode o juiz, em ação coletiva destinada a solucionar tal ilegalidade, impor, além de multa, a medida de embargo (suspensão) da atividade, até que os *softwares* estejam adequados e funcionários treinados; se um jovem universitário todos os dias avança o sinal vermelho e dirige em alta velocidade nos arredores de uma faculdade, pode o juiz, em ação ajuizada pela Faculdade ou por qualquer aluno que está tendo seus direitos ameaçados, estabelecer multa ou até mesmo a apreensão da carteira de motorista até que o mesmo realize curso sobre direção defensiva; se um parque de diversões deixou de realizar no ano corrente a manutenção dos brinquedos, pode o juiz, além da fixação de multa por dia de descumprimento, determinar a paralisação das atividades; se uma indústria farmacêutica está em vias de pôr em circulação remédio que não passou nos testes de segurança, do mesmo modo o Judiciário tem o poder de estabelecer multa diária, determinar a busca e apreensão dos referidos produtos.

Em todas essas hipóteses podem os órgãos administrativos e jurisdicionais estabelecerem multas e quaisquer medidas indutivas para forçar o cumprimento de obrigações pecuniárias, de fazer (conduta positiva do ofensor) e não fazer (conduta negativa do ofensor), contudo, jamais fixar indenização compensatória, exceto no caso de vislumbrar-se que a violação do interesse existencial acarretou de fato uma lesão concreta, pelo que, de modo a conferir coerência a jurisprudência sobre o tema, o famigerado caso da inscrição indevida em cadastro de restrição de crédito deve ser revista, de modo configurar dever de indenizar apenas nos casos em que o consumidor comprovar descalabro efetivo em sua vida pessoal ou comercial. De igual modo, o chamado dano moral por utilização da imagem para fins comerciais como dano *in re ipsa* deve ser esvaziado para o fim de aloca-lo na função da responsabilidade civil de restituição de lucros ilícitos.

Mesmo que se saiba que o valor da multa possa ser alto e devido ao exequente (a vítima em potencial), conforme dispõe o art. 537, § 2º do referido Código,[26] a isto não se pode denominar de indenização por dano moral, como também pactua Ramon Daniel Pizarro:[27]

> La obligación de ressarcir el perjuicio causado, que presupone daño en sentido estricto, requiere algo más que la mera lesión (o amenaza de lesión): que medie un perjuicio en su espiritualidad (daño moral). Tal consecuencia – insistimos – representa el daño resarcible y no mera manifestación posible de aquél o su contenido. Sin consecuencia prejudicial – aun que medie lesión a un interés – no hay daño resarcible.

Logo, tais medidas inibitórias objetivando a enfrentar o perigo de dano e a iminência de situações lesivas a partir da cessação ou desestímulo da atividade ou da conduta atentatória aos direitos alheios são de suma importância para prevenir consequências lesivas e se amoldam ao princípio da inafastabilidade da jurisdição, a qual, como clara-

---

26. CPC – Lei 13.105/2015. Art. 537. (...) § 2º O valor da multa será devido ao exequente.
27. PIZARRO, Ramon Daniel. *Daño moral*: el daño moral en las diversas ramas del Derecho. Hammurabi: Buenos Aires, 1996, p. 59-60.

mente disposto no texto constitucional, envolve qualquer lesão ou ameaça a direito (art. 5º, XXXV, CF/88). Além disso, tais medidas inibitórias, estimuladas pela mera ameaça a direitos, podem ser requeridas não só por qualquer vítima potencial, como por todos os legitimados para a Ação Civil Pública que vise a tutelar interesses difusos, coletivos ou individuais homogêneos, como se depreende da leitura do art. 129, III, da CF/88 e arts. 1º e 5º da Lei da Ação Civil Pública (Lei Federal 7.347/85) e art. 81, parágrafo único, III, do Código de Defesa do Consumidor (Lei 8.078/90):

> Art. 129. São funções institucionais do Ministério Público:
>
> III – promover o inquérito civil e a ação civil pública, para a proteção do patrimônio público e social, do meio ambiente e de outros interesses difusos e coletivos;
>
> Art. 1º. Regem-se pelas disposições desta Lei (...) as ações de responsabilidade por danos morais e patrimoniais causados:
>
> IV – a qualquer outro interesse difuso ou coletivo.
>
> Art. 5º. Têm legitimidade para propor a ação principal e a ação cautelar:
>
> I – o Ministério Público;
>
> II – a Defensoria Pública;
>
> III – a União, os Estados, o Distrito Federal e os Municípios;
>
> IV – a autarquia, empresa pública, fundação ou sociedade de economia mista;
>
> V – a associação (...)
>
> Art. 81. A defesa dos interesses e direitos dos consumidores e das vítimas poderá ser exercida em juízo individualmente, ou a título coletivo.
>
> Parágrafo único. A defesa coletiva será exercida quando se tratar de:
>
> (...)
>
> III – interesses ou direitos individuais homogêneos, assim entendidos os decorrentes de origem comum.

Em matéria de ações coletivas - marcadas pela legitimidade extraordinária, onde o autor da ação (Ministério Público, por exemplo) não é o titular do direito pleiteado em juízo, embora tenha legitimidade para defender direito alheio - há uma interpenetração e complementariedade de vários diplomas legais, tais como a Lei do Mandado de Segurança (Lei 12.016/2009), da Ação Popular (Lei 4.717/1965), da Ação Civil Pública (Lei 7.347/1985) e do Código de Defesa do Consumidor (Lei 8.078/90), pelo que a tutela coletiva direitos não se limita aos danos sofridos por consumidores, se estendendo a todo grupo de pessoas que esteja sofrendo ou na iminência suportar danos, como trabalhadores, pensionistas e contribuintes.

De forma didática e clara, há duas situações em que não está presente o dano moral: a) quando o interesse existencial não é protegido juridicamente; b) quando o interesse existencial é protegido juridicamente, mas a violação se deu em uma intensidade mínima e compatível com aborrecimentos do cotidiano. Quando a primeira hipótese, sabe-se que o conceito de dano está umbilicalmente ligado à noção de interesse juridicamente protegido, uma vez que quando o direito reivindica para si a tutela de um bem sabe-se que o respeito por esses interesses (agora juridicamente protegidos) se torna obrigatório e coercitivo, excluindo razões pessoais para descumpri-lo. É por isso que as pessoas podem frustrar o interesse patrimonial de uma padaria a partir da inauguração de outra no mesmo bairro com mais qualidade e menor preço; que os amigos do bairro podem quebrar o interesse econômico do único advogado daquela localidade de ser contratado para as demandas judiciais; que os vizinhos de alguém que deseje receber bom dia e boa noite todos os dias podem violar esse interesse extrapatrimonial; que a namorada de alguém pode dizer que não irá ao cinema hoje e desapontar o parceiro quanto a esse projeto; que os familiares podem se desobrigar de ligar uns para os outros para desejar feliz aniversário, quebrando expectativas de lembranças.

Isto é assim porque todos os interesses patrimoniais ou extrapatrimoniais acima identificados não são juridicamente protegidos e qualquer achatamento dos mesmos não se revela como dano injusto (contrário ao direito). De outro lado, a ninguém é dada a escolha de violar sem justificativa a integridade física ou psíquica de outrem; de frustrar o interesse dos nubentes de que a festa ocorra como o pactuado com a casa de recepção; de achatar a pretensão de um empregado de receber seus salários na data aprazada e possuir condições adequadas de segurança no trabalho; de ignorar o desejo de um consumidor de que um imóvel adquirido esteja em harmonia com o projeto; de vilipendiar a intimidade de outrem a partir da publicação de vídeos íntimos em rede social. Isto se explica porque acima se encontram interesses protegidos juridicamente, e, portanto, gozam de autoridade, coercibilidade e excluem outras razões pessoais para a ação.

Quanto ao segundo caso de não cabimento do dano moral, é possível verificar a violação de um bem existencial e não ser o caso de reconhecer o direito à indenização, especialmente quando a intensidade da violação de um interesse existencial protegido juridicamente for tão baixa a ponto de se comparar com intercorrências inerentes à vida humana, no que doutrina e jurisprudência convencionaram a chamar de mero dissabor ou mero aborrecimento.

Desta feita, é inerente à vida humana o conflito de interesses, o choque de ideias, a beligerância e até mesmo animosidade decorrente das diferenças entre as pessoas. Por mais paradoxal que seja, é bom que haja um nível mínimo de conflitos, discordâncias e desacordos, uma vez que dessa forma o ser humano passa a ter empatia pelo outro, passa a se colocar no papel do outro no sentido de buscar compreensão das diferenças e do respeito das mesmas. Assim, pessoas, ideias e interesses se chocam, isso é a vida, de modo que "aborrecimentos comuns do dia a dia, meros dissabores normais e próprios do convívio social, não são suficientes para originar danos morais indenizáveis".[28]

Deste modo, o mero dissabor ou mero aborrecimento veio sendo construído pela jurisprudência brasileira em casos concretos, onde "se reconhece a ocorrência de um ilícito que causou uma interferência na situação jurídica extrapatrimonial do indivíduo,

---

28. Trecho do voto do Relator do Recurso Especial 1652567/PA, Ministro Ricardo Villas Bôas Cuevas, em julgamento realizado perante o Superior Tribunal de Justiça, com acórdão publicado dia 29.08.2017.

mas se nega que essa interferência seja tamanha, a ponto de existir dano moral".[29] Nesse sentido, acentua Ernest Weinrib que não é qualquer dano ou desvantagem que será considerada uma injustiça para os propósitos da compensação por danos.[30]

Assim, mesmo havendo violação a um interesse tutelado, é possível rechaçar a indenização por danos morais de gravames que se equiparam a miudezas do cotidiano, a problemas corriqueiros que todos enfrentam nas batalhas do dia. Nessa linha, um atraso de voo de 15 minutos causa um dano existencial que se compara ao elevador parado de um prédio que force os condôminos a subirem de escada; atraso na informação de que, em virtude da incompatibilidade curricular, a estudante retornaria significativos períodos do curso de enfermagem em sua transferência universitária;[31] desconto em conta corrente de parcela de mensalidade relativa a revista que não teve o contrato renovado;[32] o dano por paralisação do serviço de internet por alguns minutos é comparável à porta que se encontra emperrada, tornando necessário acionar um chaveiro; o vício de um eletrodoméstico que foi adquirido e teve que ser levado à loja para a substituição é equiparável à uma entrada fechada da faculdade que exige a volta no quarteirão à pé para entrar pela entrada liberada. Em todos estes casos eventual pedido de dano moral deve ser julgado improcedente, sob pena de suportar-se o crescimento da hipersensibilidade que torne inviável a vida em sociedade, como explica Antônio Jeová Santos:[33]

> Há pessoas que diante de qualquer pretexto, ficam vermelhas, raivosas, enfurecidas. Não se pode dizer que não houve lesão a algum sentimento. Seria proteger alguém que não suporta nenhum aborrecimento trivial, o entendimento que o dano moral atinge qualquer gesto que cause mal-estar. Simples desconforto não justifica indenização. Existe um mínimo de incômodos, inconvenientes ou desgostos que, pelo dever de convivência social, há um dever geral de suportá-los. Existe um piso de inconvenientes que o ser humano tem de tolerar, sem que exista o autêntico dano moral.

Outros exemplos de mero dissabor/aborrecimento são fornecidos por esse mesmo autor: se um motorista xinga outro depois de uma manobra arriscada ao volante, não se vá inferir que adveio dano moral; desabafo de cliente com o funcionário mais próximo e que passe mais tempo ouvindo-a; árbitro de futebol que, no estádio ouve de torcedores enraivecidos adjetivos pouco recomendáveis.[34]

---

29. VERBICARO, Dennis; PENNA E SILVA, João Vitor; LEAL, Pastora do Socorro Teixeira. O mito da indústria do dano moral e a banalização da proteção jurídica do consumidor pelo Judiciário brasileiro. *Revista de Direito do Consumidor*. v. 114. ano 26. p. 75-99. São Paulo: Ed. RT, nov.-dez. 2017.
30. WEINRIB, Ernest. *Corrective Justice*. Londres: Oxford University Press, 2012.
31. Trata-se de julgado do Superior Tribunal de Justiça, que, no julgamento do Recurso Especial 1655126/RJ, com acórdão publicado dia 14/08/2017, de Relatoria da Ministra Nancy Andrighi, asseverou que "nem toda frustração de expectativas no âmbito das relações privadas importa em dano à personalidade, pois é parcela constitutiva da vida humana contemporânea a vivência de dissabores e aborrecimentos".
32. Nesse sentido já decidiu o Tribunal de Justiça de São Paulo, no julgamento da Apelação 0000898-32.2013.8.26.0495, de Relatoria do Desembargador Caio Marcelo Mendes de Oliveira e acórdão publicado dia 21.08.2014.
33. SANTOS, Antônio Jeová. *Dano moral indenizável*. 5. ed. Salvador: JusPodivm, 2015, p. 79-81.
34. SANTOS, Antônio Jeová. *Dano moral indenizável*. 5. ed. Salvador: JusPodivm, 2015, p. 81.

CONCLUSÃO

Nessa perspectiva, conclui a presente pesquisa que: a) violação de dado pessoal lato sensu, em regra, só gera dever de indenizar com prova da consequência lesiva pelo titular dos dados; b) violação de dado pessoal sensível gera, regra geral, dever de indenizar com consequência lesiva presumida; c) a inexistência de indenização por dano moral não afasta a possibilidade de medidas inibitórias e sanções administrativas; d) a inscrição indevida do consumidor em cadastro de restrição de crédito não gera dano moral, a menos que o autor prove uma consequência lesiva concreta; e) deve ser revista a jurisprudência de dano moral presumido do direito de imagem com fins comerciais para seu deslocamento para a restituição de lucros ilícitos.

REFERÊNCIAS

BONNA, Alexandre Pereira. *Punitive damages (indenização punitiva) e os danos em massa*. Rio de Janeiro: Lumen Juris, 2015.

BONNA, Alexandre Pereira. Análise crítica da indenização punitiva e responsabilidade objetiva no brasil à luz da teoria de Jules Coleman. In: ROSENVALD, Nelson; MILAGRES, Marcelo (Org.). *Responsabilidade civil*: novas tendências. Indaiatuba: Foco Jurídico, 2017. v. 1.

CAVALIERI FILHO, Sérgio. *Programa de responsabilidade civil*. 10. ed. São Paulo: Atlas, 2012.

FLUMIGNAN, Silvano José Gomes. *Dano-evento e dano-prejuízo*. Dissertação de mestrado. São Paulo: USP, 2009.

GONÇALVES, Carlos Roberto. *Responsabilidade civil*. 11. ed. São Paulo: Saraiva, 2009.

LEAL, Pastora do Socorro Teixeira; BONNA, Alexandre Pereira. Responsabilidade civil sem dano-prejuízo? *Revista Eletrônica Direito e Política*, Programa de Pós-Graduação *Stricto Sensu* em Ciência Jurídica da UNIVALI, Itajaí, v. 12, n. 2, 2º quadrimestre de 2017.

LEAL, Pastora do Socorro Teixeira; BONNA, Alexandre Pereira. Requisitos objetivos e subjetivos do punitive damages: critérios à aplicação no direito brasileiro. *IV Congresso Internacional de Direito Civil Constitucional*: da dogmática à efetividade, 2016, Rio de Janeiro. Anais do IV Congresso Internacional de Direito Civil Constitucional: da dogmática à efetividade, 2016.

LEAL, Pastora do Socorro Teixeira; BONNA, Alexandre Pereira. A fundamentação ética dos punitive damages e do dever de prevenir danos. *Revista FIDES*, v. 8, p. 18-28, 2017.

PIZARRO, Ramon Daniel. *Daño moral*: el daño moral en las diversas ramas del Derecho. Hammurabi: Buenos Aires, 1996.

SANTOS, Antônio Jeová. *Dano moral indenizável*. 5. ed. Salvador: JusPodivm, 2015.

VERBICARO, Dennis; PENNA E SILVA, João Vitor; LEAL, Pastora do Socorro Teixeira. O mito da indústria do dano moral e a banalização da proteção jurídica do consumidor pelo Judiciário brasileiro. *Revista de Direito do Consumidor*. v. 114. ano 26. p. 75-99. São Paulo: Ed. RT, nov.-dez, 2017.

VIAPIANA, Tábata. TJ-SP reforma sentença e isenta construtora por vazamento de dados de cliente. *Conjur*. Disponível em https://www.conjur.com.br/dl/acordao-cyrela.pdf. Acesso em: 22.10.2022.

WEINRIB, Ernest. *Corrective Justice*. Londres: Oxford University Press, 2012.

A PROTEÇÃO DA PRIVACIDADE PELO DIREITO ANTITRUSTE: UMA ANÁLISE SOBRE O POSSÍVEL ENQUADRAMENTO DA EXPLORAÇÃO EXCESSIVA DE DADOS COMO INFRAÇÃO À ORDEM ECONÔMICA NOS TERMOS DA LEI 12.529/2011

Daniela Scheuermann Celada

Graduada em Direito pela Universidade Federal do Rio Grande do Sul (UFRGS). Assessora no Ofício do Ministério Público Federal junto ao CADE. Intercambista no 41º Programa de Intercâmbio do CADE (PinCADE). dani_s.celada@hotmail.com.

Natasha Siqueira Mendes de Nóvoa

Graduanda em Direito na Universidade Federal do Pará (UFPA). Bolsista de Iniciação Científica em Direito do Consumidor (CNPq). Membro do Grupo de Pesquisa Consumo e Cidadania (CNPq). Intercambista no 41º Programa de Intercâmbio do CADE (PinCADE). natasha-novoa@hotmail.com 91-988273838.

Sumário: Introdução – 1. Intersecção entre proteção de dados e direito da concorrência; 1.1 O caso alemão facebook *vs.* Bundeskartellamt; 1.2 A exploração de dados em pauta no CADE – 2. Possíveis infrações à Lei 12.529/11 a partir da coleta e uso dos dados pessoais – 3. Falhas de mercado relacionadas à privacidade: deve o direito antitruste intervir? – 4. O digital *markets* ACT e a regulação *ex ante* das condutas em mercados digitais – Conclusão – Referências.

INTRODUÇÃO

No Brasil, é um desafio falar de um objetivo único da defesa da concorrência, já que a própria legislação concorrencial elenca uma gama de objetivos que devem ser tutelados, considerados e sopesados, de modo que o debate entre concorrência e privacidade é, indubitavelmente, sensível.

A Constituição Federal do Brasil (art. 170) dispõe que a livre concorrência (inc. IV) é um princípio da ordem econômica (ordem essa fundada na valorização do trabalho humano e na livre-iniciativa), ao lado de uma série de outros princípios, como a função social da propriedade (inc. III) e a defesa do consumidor (inc. V). Nesse sentido, Bruno Becker e Marcela Mattiuzzo[1] apresentam uma análise do debate sobre os objetivos do

---

1. MATIUZZO, Marcela. Becker, Bruno. *Plataformas Digitais e a Superação do Antitruste Tradicional*. Defesa da Concorrência em Plataformas digitais. FGV Direito. São Paulo, Brasil, 2020, p. 44.

direito da concorrência no século XXI, indicando a tensão existente entre aqueles que propõem um foco restrito sobre o impacto no bem-estar do consumidor (*consumer welfare*) e aqueles que propõem um objetivo mais amplo de preservação do processo competitivo e da diversidade no mercado. Reconhece-se, portanto, a existência de três grupos que, embora distintos em suas metodologias de análise, têm em comum o fato de aceitarem a premissa de que o bem-estar do consumidor é de fato o objetivo central que deve ser perseguido pela defesa da concorrência: a escola pós-Chicago, os neoschumpeterianos e os adeptos da economia comportamental.

Partindo-se do pressuposto de que o bem-estar do consumidor é o principal objetivo do direito antitruste, surge, então, o desafio de analisar quais as novas barreiras para o *consumer welfare standard*, especialmente no contexto da economia digital, que trouxe um novo ativo comercial para a concorrência: os dados pessoais, também considerados a "nova moeda"[2] ou "novo petróleo".[3]

Assim, desde que o capitalismo de plataforma[4] permitiu que as empresas, por meio virtual, oferecessem seus serviços ou produtos por um preço monetário "zero" em um lado do mercado – estando, na outra metade do sinalagma contratual, a atenção dos consumidores,[5] e o fornecimento de informações pessoais[6] – vislumbra-se que as plataformas podem ter incentivos para adotar estratégias que limitem a portabilidade dos dados e intensifiquem a sua coleta, com o objetivo de obter vantagem competitiva no mercado, uma vez que os dados pessoais podem potencializar os efeitos de rede e servir para comercializar com terceiros e aprimorar os serviços e/ou produtos principais dos grandes *players*.[7]

Juntamente com o aumento do influxo de dados pessoais, crescem as preocupações relacionadas à privacidade e ao poder concentrado das plataformas digitais, consideradas *gatekeepers*. Como resposta a essas preocupações, diversas legislações e regulamentos estão sendo adotados no mundo todo. No Brasil, destaca-se a Lei Geral de Proteção de Dados (LGPD), que buscou propiciar ao cidadão mais autonomia no que diz respeito ao

---

2. VESTAGER, Margrethe. *Competition in a big data world*. 2016. Disponível em: https://ec.europa.eu/commission/commissioners/2014-2019/vestager/announcements/competition-big-dataworld_en. Acesso em: 04 mar. 2022.
3. THE ECONOMIST. The world's most valuable resource is no longer oil, but data. 2017. Disponível em: https://www.economist.com/leaders/2017/05/06/the-worlds-most-valuable-resource-is-no-longer-oil-but-data. Acesso em: 04 mar. 2022.
4. SRNICEK, Nick. *Platform capitalism*. Cambridge: Polity Press, 2017.
5. NEWMAN, John M. Antitrust in Zero-Price Markets: Foundations. *University of Pennsylvania Law Review*, v. 164, 2015.
6. GERADIN, Damien; KUSCHEWSKY, Monica. *Competition Law and Personal Data*: Preliminary Thoughts on a Complex Issue. 2013. Disponível em: https://papers.ssrn.com/sol3/papers.cfm?abstract_id=2216088. Acesso em: 10 mar. 2022.
7. KATZ, Michael L.; SHAPIRO, Carl. Network externalities, competition and compatibility. *The American economic review*, v. 75, n. 3, p. 424-440. 1985.

controle e gerenciamento de seus dados, consoante com o direito à autodeterminação informacional[8] e ao livre desenvolvimento da personalidade.[9]

Observa-se que, nos mercados digitais, a referida "autodeterminação informacional" muitas vezes não é eficiente devido a falhas de mercado. As assimetrias informacionais entre prestadores de serviços e usuários são inerentes às plataformas digitais, sendo bem documentado que os usuários não são capazes de fazer escolhas bem informadas nessas condições e, portanto, o consentimento e a ideia de que o consumidor é um ator econômico informado e racional deve ser vista com cautela.[10]

Além disso, devido ao chamado *"privacy paradox"* ("paradoxo da privacidade"), é duvidoso até que ponto os usuários realmente valorizam sua privacidade. A maioria dos consumidores defende mais privacidade, mas raramente age de acordo com essa preferência. De acordo com a Comissão Europeia, apenas 18% dos usuários leem os termos de uso online, enquanto 1/3 os ignora completamente.[11] Assim, mesmo que haja um consenso de que a privacidade representa, cada vez mais, uma dimensão de qualidade para os consumidores, contribuindo para o seu bem-estar,[12] não é possível chegar a uma conclusão sobre qual seria um nível ótimo de privacidade a ser buscado e protegido.[13] Ademais, o próprio mercado não oferece o nível de privacidade desejável para alguns consumidores, uma vez que isso pode não ser economicamente vantajoso para os prestadores de serviços.[14]

Existem várias possibilidades para abordar as questões relacionadas à privacidade no direito brasileiro, incluindo regimes regulatórios *ex ante* e *ex post*. Os regimes *ex ante*, a exemplo da Lei Geral de Proteção de Dados e o Código de Defesa do Consumidor, identificam a conduta indesejável antes que os efeitos nocivos ocorram. Por outro lado,

---

8. A expressão deriva de jurisprudência da Corte Constitucional Alemã acerca da coleta de dados pessoais dos cidadãos alemães prevista na Lei do Censo de 1983, que entendeu existir direito autônomo dos titulares a manter o controle sobre seus dados pessoais, como decorrência de um direito geral à personalidade. Esse direito estaria associado à capacidade do titular de decidir acerca da divulgação e utilização de seus dados pessoais. Ver: MENKE, Fabiano. As origens alemãs e o significado da autodeterminação informativa, in: MENKE, Fabiano; DRESCH, Rafael de Freitas Valle. *Lei Geral de Proteção de Dados*. Aspectos Relevantes, Indaiatuba: Editora Foco, 2021, p. 13-21.
9. MORAES, Maria Celina Bodin de. *Na medida da pessoa humana*: estudos de direito civil. Rio de Janeiro: Renovar, 2010, p. 141.
10. CHIRITA, Anca. The Rise of Big Data and the Loss of Privacy. In: BAKHOUM, Mor et al (Ed.). *Personal data in competition, consumer protection and intellectual property law*: Towards a holistic approach? MPI Studies on Intellectual Property and Competition Law, Springer, 2018.
11. COMISSÃO EUROPEIA. Special Eurobarometer 431: Data Protection. Disponível em: http://ec.europa.eu/public_opinion/archives/ebs/ebs_431_en.pdf. Acesso em: 08 abr. 2022.
12. SWIRE, Peter. *Protecting Consumers*: Privacy Matters in Antitrust Analysis. 2007. Disponível em: https://www.americanprogress.org/issues/economy/news/2007/10/19/3564/protecting-consumersprivacymatters-in-antitrust-analysis/. Acesso em: 08 mar. 2022.
13. ACQUISTI, Alessandro; TAYLOR, Curtis; WAGMAN, Liad. *The economics of privacy*. Disponível em: https://pubs.aeaweb.org/doi/pdfplus/10.1257/jel.54.2.442. Acesso em: 12 maio 2022.
14. BOTTA, Marco; WIEDEMANN, Klaus. The Interaction of EU Competition, Consumer, and Data *Protection Law in the Digital Economy*: The Regulatory Dilemma in the Facebook Odyssey. Disponível em: https://journals.sagepub.com/doi/full/10.1177/0003603X19863590. Acesso em: 1º abr. 2022.

a aplicação *ex post* do direito da concorrência também pode ser vista como uma maneira de endereçar falhas de mercado relacionadas à privacidade.

Tomando como base norteadora o bem-estar do consumidor, o presente artigo tentará avaliar se há espaço para a aplicação *ex post* do direito da concorrência ou se a regulamentação *ex ante* deve continuar a ser a única ferramenta nos mercados digitais.

1. INTERSECÇÃO ENTRE PROTEÇÃO DE DADOS E DIREITO DA CONCORRÊNCIA

Do ponto de vista econômico, o direito da concorrência e o direito a proteção de dados têm lógicas diferentes, mas perseguem objetivos relacionados.

A Lei de Defesa da Concorrência é expressamente orientada pelos ditames da defesa dos consumidores,[15] e, em linhas gerais, busca promover a competição nos mercados por meio da repressão do abuso de poder econômico, seja através do controle de condutas anticompetitivas, seja através da análise dos atos de concentração (fusões e aquisições), para um equilíbrio entre eficiência e competitividade dos mercados, de um lado, e o aumento do bem-estar do consumidor, do outro. O exercício abusivo de poder de mercado pode resultar em preços muito elevados e/ou em consumidores não atendidos apesar de estarem dispostos a pagar um preço acima dos custos marginais (*deadweight loss*). Se há pouca concorrência, os consumidores não têm escolha a não ser aceitar os preços e condições oferecidos. A empresa dominante, por sua vez, não tem incentivos para oferecer condições melhores. Existindo maior pressão competitiva, o problema desaparece. O direito da concorrência visa proteger os interesses dos consumidores pela garantia da concorrência nos mercados.

Assim, embora a política de defesa da concorrência seja orientada pelo bem-estar do consumidor (*consumer welfare standard*) e, portanto, também os proteja, é tarefa do arcabouço jurídico-institucional de defesa do consumidor e da proteção de dados tutelar seus interesses contra os efeitos negativos decorrentes de falhas de mercado relacionadas a assimetrias de informação e problemas comportamentais. As assimetrias informacionais levam os consumidores a aceitarem termos e condições desfavoráveis mesmo que as empresas não tenham posição dominante, e mesmo que existam concorrentes no mercado oferecendo condições mais favoráveis. Esse tipo de dano ao bem-estar do consumidor, ao contrário do dano resultante do exercício de poder de mercado, dificilmente será resolvido apenas aumentando a concorrência. O problema é mitigado por regras que estabelecem padrões elevados de consentimento e limites à coleta e processamento de dados.

---

15. "Art. 1º Esta Lei estrutura o Sistema Brasileiro de Defesa da Concorrência – SBDC e dispõe sobre a prevenção e a repressão às infrações contra a ordem econômica, orientada pelos ditames constitucionais de liberdade de iniciativa, livre concorrência, função social da propriedade, defesa dos consumidores e repressão ao abuso do poder econômico."

Nos mercados digitais, não faltam razões de aproximação entre essas diferentes searas do direito. Inclusive, o CADE já destacou que considera importante buscar uma cooperação ativa com a Autoridade Nacional de Proteção de Dados Pessoais (ANPD) e a Secretaria Nacional do Consumidor (Senacon),[16] tendo, inclusive, celebrado um Acordo de Cooperação Técnica (ACT) com a ANPD visando reforçar o estudo sobre as instituições de proteção de dados e de defesa da concorrência, elaborando sugestões e possibilidades de interação entre os dois órgãos.[17] Além disso, é de se destacar a atuação conjunta das três instituições na análise de conformidade da política de privacidade do WhatsApp em relação às legislações nacionais.[18] Nota-se, assim, que existem várias maneiras possíveis de levar em conta a importância dos dados pessoais pela autoridade concorrencial.

Quando tratamos dessa intersecção no âmbito do controle repressivo concorrencial, importa ter em mente que uma mesma conduta pode ser caracterizada como uma infração sob a perspectiva de bens jurídicos distintos, podendo estar sujeita à diversas punições envolvendo diferentes instituições na sua persecução, de modo que é possível que autoridades antitruste investiguem possíveis efeitos de violações de dados pessoais. É possível, por exemplo, que determinada forma de uso de dados seja entendida como uma conduta exclusionária em relação aos concorrentes, ou que os dados sejam tratados como uma "*essential facilty*" em condições em que seu acesso seja considerado indispensável para garantir a concorrência no mercado.[19]

Notavelmente, como será visto em maiores detalhes no item subsequente, a Autoridade Concorrencial Alemã, Bundeskartellamt, recentemente se deparou com uma investigação envolvendo a proteção de dados em plataforma digital, corroborando com esta intersecção entre as áreas e desencadeando uma controversa discussão internacional. Na oportunidade, a autoridade entendeu que o Facebook exerceu abusivamente seu poder de mercado ao condicionar o uso de sua rede social à permissão de acumular ilimitadamente todo tipo de dados gerados pelo uso de sites de terceiros e mesclá-los com a conta do usuário no Facebook, uma vez que tal conduta possibilitaria ganhar indevidamente uma vantagem competitiva, alavancar o poder de mercado, e expandir para mercados adjacentes, em prejuízo à concorrência.

---

16. BRASIL. Conselho Administrativo de Defesa Econômica (Org.). *BRICS in the digital economy*: competition policy in practice, 2019, p. 23. Disponível em: https://cdn.cade.gov.br/Portal/centrais-deconteudo/publicacoes/brics-in-the-digital-economy/brics-digital-economy-cade.pdf.
17. BRASIL. Autoridade Nacional de Proteção de Dados. Conselho Administrativo de Defesa Econômica. Acordo de cooperação técnica 05/2021.
18. Brasil. Ministério público federal. MPF, Cade, ANPD e Senacon recomendam que WhatsApp adie entrada em vigor da nova política de privacidade. 2021. Disponível em: http://www.mpf.mp.br/pgr/noticias-pgr/mpf-cade-anpd-e-senacon-recomendam-que-whatsapp-adie-entrada-em-vigor-da-nova-politica-de-privacidade. Acesso em 22.08.2022.
19. GREAF, Inge. *Data as Essential Facility*: Competition and Innovation on Online Platforms. Tese (Doutorado), Faculty of Law. KU Leuven, 2016. Disponível em: https://core.ac.uk/download/pdf/34662689.pdf. Aceso em: 10 mar. 2022.

Sob outro enfoque, é possível avaliar a coleta de dados como um abuso de posição dominante em detrimento dos consumidores, fazendo uma analogia com a imposição de preços excessivos. Não obstante, o preço excessivo, puro e simples, não é considerado infração concorrencial (entre outros motivos pela grande dificuldade dessa avaliação).[20] Outrossim, há que se considerar que (i) os mesmos dados podem ser reutilizados várias vezes para acessar diferentes plataformas; (ii) a mesma informação pode ser coletada e usada por diferentes prestadores de serviços simultaneamente; e (iii) o verdadeiro valor dos dados é gerado a partir do que é inferido pelos algoritmos analíticos, e não do conjunto de informações fornecidas em si – não apenas a quantidade de dados, mas também o seu tipo, qualidade, capacidade de armazenagem e processamento são relevantes em um modelo de negócios movido a dados. Portanto, é difícil concluir que o fornecimento de dados pessoais pode ser entendido de forma análoga à uma transferência monetária, quando sua real utilidade não é clara.

Por outro lado, é possível entender o fornecimento de dados como a outra metade do sinalagma contratual, e a imposição de termos de coleta de dados excessiva como "*unfair trading terms*", conduta passível de enquadramento no art. 36, § 3º, XII da Lei 12.529/2011 (Lei de Defesa da Concorrência) – "dificultar ou romper a continuidade ou desenvolvimento de relações comerciais de prazo indeterminado em razão de recusa da outra parte em submeter-se a cláusulas e condições comerciais injustificáveis ou anticoncorrenciais". Essa questão merece uma análise mais aprofundada, especialmente em atenção à tentativa pioneira da Autoridade Concorrencial Alemã em enquadrar a exploração de dados como conduta unilateral abusiva, e às investigações abertas contra a política de privacidade do WhatsApp por autoridades da concorrência de países como a Índia,[21] Argentina,[22] Turquia[23] e Itália.[24]

Nessa perspectiva, observa-se que, em ecossistemas intensivos em dados, algumas autoridades internacionais do antitruste demonstram a preocupação com o potencial impacto anticompetitivo do tratamento de dados, em especial no que se refere à coleta excessiva e o seu compartilhamento, que podem ser fatores determinantes no fechamento do mercado. Nota-se, portanto, que independente do resultado das investigações, a proteção de dados já expressa uma pauta no antitruste, não havendo como ignorar a presença de zonas de penumbra entre os dois campos normativos.

---

20. BARRETO, Alexandre; MAHON, Ana Luiza. *LGPD e Defesa da Concorrência*: o caso Facebook. Disponível em: https://noticias.uol.com.br/opiniao/coluna/2021/04/24/lgpd-e-defesa-da-concorrencia-o-caso-facebook.htm?cmpid=copiaecola. Acesso em: 08 abr. 2022.
21. REUTERS. *India antitrust watchdog orders probe into WhatsApp's new privacy policy*. Disponível em: https://www.reuters.com/article/us-india-facebook-whatsapp-idUSKBN2BG1Y2. Acesso em: 20 mar. 2022.
22. ARGENTINA. Resolución 492/2021 de 05.05.2021. Disponível em: https://www.boletinoficial.gob.ar/detalleAviso/primera/244442/20210517. Acesso em: 08 abr. 2022.
23. BLOOMBERG. *Turkey starts antitrust investigation into WhatsApp, Facebook*. Disponível em: https://www.bloomberg.com/news/articles/2021-01-11/turkey-starts-antitrust-investigation-into-whatsapp-facebook-kjsgfexa. Acesso em: 08 abr. 2022.
24. AUTORITA GARANTE PER LA CONCORRENZA E IL MERCATO (Itália). Facebook fined 10 million Euros by the ICA for unfair commercial practices for using its subscribers' data for commercial purposes. Disponível em: https://en.agcm.it/en/media/press-releases/2018/12/Facebook-fined-10-million-Euros-by-the-ICA-for-unfair-commercial-practices-for-using-its-subscribers'-data-for-commercial-purposes. Acesso em: 08 abr. 2022.

1.1 O caso alemão Facebook *vs.* Bundeskartellamt

Em fevereiro de 2019, a autoridade antitruste alemã, Bundeskartellamt, concluiu que o Facebook é dominante no mercado de redes sociais na Alemanha e condenou da empresa por abuso de posição dominante por "condicionar o uso de sua rede social à permissão de acumular ilimitadamente todo tipo de dados gerados pelo uso de sites de terceiros e mesclá-los com a conta do usuário no Facebook".[25] Os termos de uso estipulavam que o Facebook teria o direito de coletar os dados fornecidos pelos usuários não apenas em sua plataforma, mas também no site de parceiros que usam as ferramentas de negócios do Facebook; esses dados poderiam ser coletados independentemente de o usuário estar logado em uma conta do Facebook. A autoridade considerou que isso seria uma infração da lei de defesa de concorrência, e o raciocínio se baseou em uma violação do Artigo 6(1) do *General Data Protection Regulation* (GDPR) da União Europeia, uma vez que os usuários não deram consentimento efetivo para a prática. Entendeu-se que a violação seria um exercício abusivo do poder de mercado; assim, o abuso derivaria diretamente da violação de regras de proteção de dados.

O referido caso ainda não foi encerrado. A decisão foi afastada, em sede de recurso, pelo Tribunal Regional Superior de Düsseldorf (DHRC). O DHRC enfatizou que nem toda vantagem econômica constitui uma restrição da concorrência, e, embora não tenha descartado que os dados coletados poderiam levar a um aumento das barreiras de entrada, apontou que, devido às particularidades do Facebook como uma plataforma de múltiplos lados com fortes efeitos de rede, a real barreira à entrada seria a atração de uma massa crítica de usuários. Ainda segundo o DHRC, a violação da legislação de proteção de dados deve ser estabelecida por órgão especializado em proteção de dados, e não pela autoridade concorrencial. O Tribunal notou que é preciso cautela para não permitir uma expansão demasiada do poder e competência da autoridade concorrencial, o que a permitiria interpretar todos os ramos do direito. No entendimento da Corte, essa divisão de poder é crucial para o funcionamento eficaz do mercado, e não deve ser posta de lado apenas porque a instituição responsável pela proteção de dados consente ou presta assistência voluntária na investigação. O DHRC asseverou que violações à privacidade, assim como demais danos ao consumidor, podem ser levados em conta na análise de uma conduta, mas a mera violação de normas de um ramo do direito não é suficiente para caracterizar um abuso de posição dominante. Segundo o Tribunal, a Autoridade Concorrencial não demonstrou o dano à concorrência decorrente do comportamento do Facebook.[26]

---

25. BUNDESKARTELLAMT. *Bundeskartellamt prohibits Facebook from combining user data from different sources*, Press Release, 07.02.2019. Disponível em: https://www.bundeskartellamt.de/SharedDocs/Meldung/EN/Pressemitteilungen/2019/07_02_2019_Facebook.html. Acesso em: 25 mar. 2022.
26. ALEMANHA, Bundeskartellamt. *Facebook, Exploitative business terms pursuant to Section 19(1) GWB for inadequate data processing B6-22/16*, 2019. Disponível em: http://www.bundeskartellamt.de/SharedDocs/Entscheidung/EN/Entscheidungen/Missbrauchsaufsicht/2019/B6-22-16.pdf%3F__blob%3DpublicationFile%26v%3D5. Acesso em: 12 jan. 2022.

Em 23 de junho de 2020, o Tribunal Federal da Alemanha (Bundesgerichtshof), anulou o julgamento do DHRC. Na oportunidade, a Corte confirmou o resultado do julgamento realizado pela Autoridade Concorrencial Alemã, mas, em vez de relacionar o abuso de posição dominante à uma violação da lei de proteção de dados, elaborou uma teoria do dano baseada na autodeterminação informacional como princípio do direito constitucional alemão. O Tribunal baseou-se no conceito de restrição da liberdade de escolha do consumidor, considerando o interesse daqueles usuários que não querem ser excluídos do Facebook, mas que valorizam a limitação da coleta e processamento de dados ao mínimo necessário para o funcionamento da rede social.

O raciocínio do Tribunal foi baseado no fato de que os usuários não têm a opção de usar a rede social sem fornecer um acesso potencialmente irrestrito aos seus dados pessoais, incluindo aqueles coletados através de websites de terceiros. O consentimento, portanto, é prejudicado, e os usuários são obrigados a "pagar" por um serviço que não desejam, um serviço que gera dados e personalização com base na atividade do usuário fora da rede social em questão:[27]

> Os usuários não têm a opção de decidir se querem usar a rede com mais "personalização da experiência do usuário" – o que está ligado a um acesso potencialmente irrestrito do Facebook também às informações do seu uso de internet fora da rede do Facebook – ou de consentir apenas com uma personalização baseada nos dados que eles fornecem no facebook.com. (tradução livre).

Segundo o Tribunal, não há dúvidas de que os termos de uso do Facebook têm efeitos anticompetitivos, uma vez que a imposição da referida política de privacidade não ocorreria em condições de concorrência saudável e efetiva. Ressaltou, ainda, que os resultados anticompetitivos da conduta são intensificados pelos efeitos de rede, que por sua vez levam a um efeito de aprisionamento (*lock-in*). Como resultado, os usuários ficam ainda mais dispostos a aceitar condições desvantajosas. Em condições de concorrência efetiva, isto é, sem os altos custos de troca decorrentes do efeito de aprisionamento, os consumidores teriam mais opções no mercado de redes sociais, de modo a poder escolher entre modelos com um padrão de coleta de dados menos invasivo.[28]

O Tribunal também entendeu que, uma vez que o comportamento do Facebook claramente prejudica os consumidores de uma forma que não seria possível em condições normais de concorrência, nenhum outro nexo de causalidade precisa ser comprovado para caracterizar o abuso. No entanto, seguindo essa abordagem, as falhas de mercado não relacionadas ao exercício de posição dominante podem ser sancionadas pelo direito da concorrência, o que não corresponde aos seus objetivos.

---

27. ALEMANHA. Corte Federal de Justiça (Bundesgerichtshof – BGH). Decision of the Federal Supreme Court (Bundesgerichtshof) of 23 June 2020 – Case KVR 69/19. para 58. Disponível em: https://link.springer.com/article/10.1007/s40319-020-00991-2. Acesso em: 08 abr. 2022.
28. ALEMANHA. Corte Federal de Justiça (Bundesgerichtshof – BGH). Decision of the Federal Supreme Court (Bundesgerichtshof) of 23 June 2020 – Case KVR 69/19. para 86. Disponível em: https://link.springer.com/article/10.1007/s40319-020-00991-2. Acesso em: 08 abr. 2022.

Cabe notar que, recentemente, o DHRC encaminhou o caso à *European Court of Justice*, que pode ser chamada para interpretar o GDPR e as possíveis restrições da concorrência decorrentes da violação da proteção de dados, sendo ainda incerto o desfecho final do caso.

1.2 A exploração de dados em pauta no Cade

No Brasil, também houve um aumento da discussão antitruste em plataformas digitais,[29] especialmente no período pós Pandemia, com a vigência da Lei Geral de Proteção de Dados e a consequente aproximação dos estudos entre concorrência e privacidade. Ainda que o tema não tenha sido objeto de uma análise meticulosa, o Cade já abordou o tema em ao menos em três casos recentes.

O primeiro caso refere-se ao Ato Concentração 08700.000059/2021-55,[30] que tratou da aquisição, pelo Magalu Pagamentos, de 100% (cem por cento) do capital social total das Empresas Hub. Em sede de recurso, o terceiro interessado Mercado Pago argumentou que a análise do referido AC deveria se nortear pela perspectiva de *Data-Driven Merger* ("aquisição movida a dados"). Ainda segundo a companhia, nesse tipo de aquisição, é preciso considerar que há um elevado número de dados pessoais envolvidos na operação, de modo que essa junção da base deve ser analisada com maior cautela. Assim, o principal argumento do terceiro interessado foi que a Magalu não estaria interessada nos serviços da Hub, mas sim em sua base de dados, e que essa motivação deveria ser levada em consideração na análise concorrencial.

No entanto, durante a 174ª Sessão Ordinária de Julgamento,[31] a Conselheira Relatora, Paula Azevedo, considerou que os dados discutidos não poderiam ser repassados pela Hub à Magalu, uma vez que a operação não autorizaria que a Hub descumprisse obrigações contratuais, legais e regulatórias. Desse modo, ela entendeu que estaria vedada a disposição, transferência ou tratamento dos dados da Hub pela Magalu sem a anuência dos titulares, voto esse que foi acompanhado por unanimidade pelo Plenário, que negou provimento ao recurso interposto pela terceira interessada e manteve a decisão de aprovação da operação sem restrições proferida pela Superintendência-Geral, no Despacho 383/2021.

O segundo caso é referente ao Ato de Concentração 08700.003969/2020-17,[32] cujo objeto residiu na aquisição de Software pela STNE Participações S.A. (Stone) da Linx S.A. As terceiras interessadas, Cielo S.A, Banco Safra e Adyen do Brasil LTDA tentaram impedir a operação com o argumento de que a Stone passaria a deter acesso a dados de varejistas, o que poderia trazer vantagens competitivas indevidas no mercado afetado.

---

29. BRASIL, Conselho Administrativo de Defesa Econômica. Inquérito Administrativo 08700.001797/2022-09. Ato de Concentração 08700.000059/2021-55. Ato de Concentração 08700.006373/2020-61.
30. BRASIL. Conselho Administrativo de Defesa Econômica. Ato de Concentração 08700.000059/2021-55.
31. BRASIL. Conselho Administrativo de Defesa Econômica. 175º Sessão Ordinária de Julgamento. Ato de Concentração 08700.000059/2021-55. SEI 0894661.
32. BRASIL. Conselho Administrativo de Defesa Econômica. Ato de Concentração 08700.003969/2020-17.

O Conselheiro Relator Sérgio Ravagnani, no entanto, entendeu que a operação não permitiria à Stone o acesso à estratégia comercial dos concorrentes que faziam uso dos Softwares de gestão da Linx. Ainda segundo o Relator, todas as informações que a Stone passaria a ter acesso em decorrência da operação já estariam sendo compartilhadas entre instituições financeiras, com a devida autorização dos titulares dos dados.[33] Apesar disso, houve um alerta à preocupação antitruste em relação ao aprimoramento dos meios de obtenção processamento e uso de dados pessoais, uma vez que, ainda que o Tribunal tenha entendido pelos benefícios que o compartilhamento de dados poderia trazer aos consumidores, a discussão fomentou o debate sobre a importância de se pensar a privacidade no antitruste.

Por fim, destaca-se o Ato de Concentração 08700.006373/2020-61,[34] que teve a Claro e a Serasa como requerentes. O principal objeto da operação envolveu o fornecimento de insumos pela Claro (i.e., informações de crédito da sua base de clientes) para o desenvolvimento e oferecimento de novos serviços de informações de crédito pela Serasa. A operação envolveu discussões sobre a habilitação de terceiro interessado, a definição de contrato associativo, e também trouxe a pauta sobre proteção de dados pessoais, muito ressaltada pelo MPF-Cade. O Tribunal discutiu a necessidade de avocação do caso para aprofundar a instrução do Ato de Concentração, uma vez que não estaria claro a amplitude dos dados envolvidos, como o exemplo de questões sobre a anuência do usuário e principalmente a possibilidade de fechamento de mercado, considerando ser dois grandes *Players* em seus respectivos setores.

Entretanto, por ser um tema relativamente novo, ainda há incertezas quanto à possível relevância dessas questões na análise concorrencial, de modo que não há, ainda, um precedente sólido sobre essa interseção no cenário nacional. Mas espera-se que seja cada vez mais comum no Cade a apresentação de denúncias em mercado de plataformas digitais que envolvam questões de dados pessoais. Como exemplo, tem-se a denúncia da Associação Brasileira de Benefícios ao Trabalhador (ABBT) em face do Ifood, que questiona o modelo de vale-alimentação do aplicativo, criado para conceder benefícios de alimentos ao trabalhador. Dentre os seus argumentos, a Representante alega que o aplicativo possui uma vantagem competitiva frente aos demais concorrentes, na medida em que a plataforma possui acesso a informações pessoais dos consumidores, obtidas durante o ingresso dos usuários na plataforma, o que possibilitaria o direcionamento de preferências, seja de horário, valores ou de restaurantes, a cada usuário. Assim, a ABTT alega que nem todas as concorrentes possuem esses mecanismos, de modo que o acesso aos dados dos clientes indubitavelmente demonstraria uma vantagem anticoncorrencial.

O Cade, então, instaurou inquérito administrativo em desfavor do Ifood para apurar as supostas infrações à ordem econômica, dentre elas, "o uso indevido da base

---

33. BRASIL. Conselho Administrativo de Defesa Econômica. Ato de Concentração 08700.003969/2020-17. SEI 0921675.
34. BRASIL. Conselho Administrativo de Defesa Econômica. Ato de Concentração 08700.006373/2020-61. SEI 0843320.

de dados obtida de sua plataforma *delivery* para prospectar sua atuação no mercado de vale-benefícios".[35] Os autos ainda estão em fase de inquérito, de modo que não há como prever a postura que será adotada pela autarquia, no entanto, é bastante relevante considerar que temas envolvendo a proteção de dados pessoais estão sendo utilizados, de forma direta, para sustentar denúncias de cunho concorrencial. A interseção entre o direito antitruste e a proteção da privacidade já é uma realidade no Brasil, cabe somente entender como ambas podem caminhar na mesma direção.

2. POSSÍVEIS INFRAÇÕES À LEI 12.529/11 A PARTIR DA COLETA E USO DOS DADOS PESSOAIS

A represália por parte de empresa com posição dominante que eventualmente deixe de contratar com aqueles que se insurjam em face de novo termo de contratação pode caracterizar a conduta prevista no art. 36, § 3º, XII, da Lei 12.529/2011, posto que romper-se-á a continuidade das relações comerciais em razão da recusa da outra parte em se submeter a cláusulas injustificáveis. Nesse sentido, é possível argumentar que uma plataforma que decida atualizar os seus termos de uso de modo a forçar o consumidor a se sujeitar à uma coleta de dados excessiva pode estar cometendo referida infração. Ainda, em tese, políticas de privacidade no formato "pegar ou largar" podem ser entendidas como recusa a prestação de serviços dentro das condições normais aos usos e costumes comerciais, conduta passível de ser enquadrada no art. 36, § 3º, XI da Lei 12.529/2011.

No entanto, considerando a necessidade de demonstrar o nexo causal entre a imposição das cláusulas "injustificáveis" e a posição dominante, é difícil sustentar esses argumentos. Há de se questionar a razoabilidade de entender que uma empresa dominante estaria cometendo abuso se, por exemplo, as cláusulas impostas por ela também são impostas por outras empresas por falta de incentivos ao oferecimento de padrões de privacidade mais elevados (porque, por exemplo, os consumidores não agem de acordo com essa preferência). Ademais, não são claros os efeitos que determinada política de privacidade pode ter sobre a concorrência, e obrigar uma plataforma a melhorar os seus termos de uso não necessariamente assegurará que a concorrência será reestabelecida em um dado mercado.

Se, por um lado, é possível argumentar que os termos de uso podem ser desproporcionas e injustificáveis para o fornecimento do serviço, por outro, a plataforma pode justificar a quantidade de dados coletados pela necessidade de monetizar suas atividades, para sustentar seu modelo de negócios e, ainda, para alcançar a alta qualidade de seus serviços.

Cabe relembrar que, na análise de uma conduta, devem ser demonstrados seus efeitos reais ou potenciais, uma vez que "pela regra da razão, somente são consideradas

---

35. OFÍCIO 3613/2022/DIAP/CGP/DAP/Cade. Disponível em: https://sei.cade.gov.br/sei/modulos/pesquisa/md_pesq_documento_consulta_externa.php?HJ7F4wnIPj2Y8B7Bj80h1lskjh7ohC8yMfhLoDBLddYDLm-LEFd8FUGatIW77ci0IfWzvTfcyVfTeZhnguYwBs18-ZsSMj2iDcR1I8Y-9k4A3YDjqZ4MMO1fi9q4v0qr2. Acesso em: 12 jul. 2022.

ilegais as práticas que restringem a concorrência de forma não razoável."[36] A metodologia desenvolve-se em etapas, a saber: (1) identificação da natureza e definição do seu enquadramento legal; (2) verificação da existência de evidências suficientes das condutas nos autos; (3) delimitação do mercado relevante; (4) estimativa das participações no mercado relevante; (5) análise das condições concorrenciais, efetivas e potenciais, no mercado relevante; (7) exame de possíveis ganhos de eficiência econômica e outros benefícios gerados pela conduta; e (8) avaliação final dos efeitos anticompetitivos, ao menos concretamente potenciais, e das eficiências econômicas. Adotados esses parâmetros, somente deveriam ser condenadas condutas cujos efeitos anticompetitivos fossem demonstrados e, ainda assim, não fossem suficientemente contrabalançados por possíveis benefícios/eficiências.

Como visto, as teorias do dano que tratam de alterações de políticas de privacidade são muito controversas. É interessante a tentativa do Tribunal Federal Alemão de enquadrar a conduta como uma prática análoga à *"tying"*, a qual retira do consumidor a liberdade e a oportunidade de adquirir o bem que deseja (os serviços principais da plataforma) sem que seja compelido a adquirir outro bem ou serviço (a personalização "excessiva" resultante da análise de dados).[37] Tal conduta (quando acompanhada de efeitos anticompetitivos) encontra vedação no art. 36, § 3º, XVIII, da Lei 12.529/2011 ("subordinar a venda de um bem à aquisição de outro ou à utilização de um serviço, ou subordinar a prestação de um serviço à utilização de outro ou à aquisição de um bem"), e tem como possíveis efeitos (a) ganho de participação no mercado do produto vinculado, que é resumido pela teoria da alavancagem, (b) o fechamento do mercado do produto vinculado ou aumento de barreiras no mercado do produto vinculado, dificultando a entrada de novos agentes, (c) a discriminação dos preços, com a exploração do adquirente e (d) o contorno de eventual fiscalização dos preços em mercados regulados.[38] Contudo, a abordagem do Tribunal permanece questionável, pois, sem a devida demonstração dos efeitos, há o risco de enquadrar na proibição legal qualquer alteração ou personalização adicional incluída no serviço da plataforma, o que teria efeitos negativos ao bem-estar dos consumidores e à inovação.

3. FALHAS DE MERCADO RELACIONADAS À PRIVACIDADE: DEVE O DIREITO ANTITRUSTE INTERVIR?

As políticas de privacidade das plataformas podem ser tratadas na seara da defesa do consumidor, da proteção de dados e, em tese, também no âmbito do direito da concorrência. Essas áreas se comunicam em muitos pontos, embora tenham lógicas e institutos

---

36. FORGIONI, Paula. *Os fundamentos do Antitruste*. 10. ed. São Paulo: Ed. RT, 2018. p. 207.
37. ALEMANHA. Corte Federal de Justiça (Bundesgerichtshof – BGH). Decision of the Federal Supreme Court (Bundesgerichtshof) of 23 June 2020 – Case KVR 69/19. para 86. Disponível em: https://link.springer.com/article/10.1007/s40319-020-00991-2. Acesso em: 08 abr. 2022.
38. COPETTI CRAVO, Daniela. Venda casada: é necessária a dúplice repressão? *Rev. Defesa da Concorrência*. Brasília, n. 1, p. 52-70, 2013. Disponível em: http://revista.cade.gov.br/index.php/revistadefesadaconcorrencia/article/view/46/13. Acesso em: 02 nov. 2018.

diferentes. A doutrina é muito dívida a respeito da possibilidade e/ou necessidade do direito antitruste endereçar as questões relacionadas à privacidade através medidas de repressão claras e incisivas.

Conforme exposto, até o momento, as tentativas de investigar as políticas de dados de empresas dominantes sob a perspectiva do direito da concorrência são consideradas pouco convincentes. Cabe notar que, ao analisar uma conduta semelhante àquela tratada no caso alemão Facebook v. Bundeskartellamt, a autoridade italiana, *Autorita Garante per la Concorrenza e il Mercato*, que tem competência tanto em matéria de direito da concorrência quanto em matéria de direito do consumidor, condenou o Facebook por entender que este infringiu o código de defesa do consumidor ao enganar os consumidores e compartilhar, sem consentimento expresso e prévio, os dados dos usuários do Facebook com sites/aplicativos de terceiros para fins comerciais e vice-versa. Conforme aduzem Wiedemann e Botta, a autoridade poderia ter fundamentado a decisão fazendo referência ao direito antitruste, mas não o fez.[39]

Há que se considerar que qualquer aplicação do direito da concorrência a questões relacionadas à proteção de dados pode enfrentar sérios problemas legais. Se as autoridades de proteção de dados e de defesa da concorrência tiverem, simultaneamente, a competência para avaliar os termos das plataformas, isso pode causar insegurança jurídica e prejudicar uma interpretação uniforme das leis de proteção de dados.

Ainda, é importante considerar o princípio *non bis in idem*. Segundo o raciocínio adotado pela Autoridade Concorrencial Alemã, o Facebook poderia ser considerado responsável por uma violação da lei de defesa da concorrência *e* de proteção de dados pessoais. É plenamente possível a hipótese de violação concomitante da LGPD e da Lei da Concorrência, ocasião em que o infrator poderá ser punido em ambas as esferas. Mas, para tanto, a autoridade teria de provar que os bens jurídicos protegidos em ambas as violações são diferentes. Desse modo, seria necessário demonstrar o dano à concorrência para além do interesse protegido pela lei de proteção de dados.

Confiar às autoridades de defesa da concorrência a investigação de abusos em setores que demandam elevado grau de especialização técnica, como o de proteção de dados pessoais, pode levar à identificação de falsos positivos. É preciso cuidado com o risco de caracterizar uma situação pró-competitiva como conduta abusiva, uma vez que isso pode prejudicar o bem-estar do consumidor e trazer resultados opostos aos objetivos perseguidos Direito da Concorrência. Daí a importância de analisar os efeitos pró-concorrenciais de determinada conduta, assim como a capacidade de eventuais remédios propostos efetivamente promoverem maior concorrência.

Ademais, os remédios oferecidos pelo Direito Concorrencial não são projetados para lidar com questões específicas de proteção de dados, ao contrário da regulação

---

39. BOTTA, Marco; WIEDEMANN, Klaus. *The Interaction of EU Competition, Consumer, and Data Protection Law in the Digital Economy*: The Regulatory Dilemma in the Facebook Odyssey. Disponível em: https://journals.sagepub.com/doi/full/10.1177/0003603X19863590. Acesso em: 1º abr. 2022.

específica, qual seja, a LGPD. Portanto, a eficácia da aplicação de sanções no âmbito do Direito da Concorrência nesses casos é questionável. A intervenção do Direito Antitruste só se justifica na medida em que uma avaliação competitiva baseada em efeitos consiga demonstrar a natureza anticompetitiva da política de privacidade adotada, levando em conta, também, os possíveis benefícios e eficiências decorrentes da coleta de dados, como melhor qualidade e personalização.

4. O DIGITAL *MARKETS* ACT E A REGULAÇÃO *EX ANTE* DAS CONDUTAS EM MERCADOS DIGITAIS

Considerando os obstáculos para a aplicação *ex post* do direito da concorrência para tratar falhas de mercado em mercados digitais, discute-se, ao redor do mundo, a necessidade de criar regulações específicas para controlar esse setor, especialmente no que diz respeito ao uso de dados pessoais pelas plataformas online. Nesse sentido, o paradoxo que se coloca é que, por um lado, a ausência de regulação pode permitir que as plataformas se tornem conglomerados demasiadamente grandes, ao ponto de impossibilitar que a autoridade antitruste contenha abusos de posição dominante; por outro lado, os obstáculos criados por eventuais regulações podem inibir inovações e trocar falhas de mercado por falhas de governo.[40]

A União Europeia adotou a estratégia da regulação. Em 05 de julho de 2022, o Parlamento Europeu aprovou o acordo provisório sobre a Lei dos Mercados Digitais, o Digital Markets Act (DMA). Como principal objetivo, o acordo visa garantir "mercados competitivos e justos no setor digital em toda a União onde os gatekeepers estão presentes, em benefício dos usuários empresariais e dos consumidores finais".[41]

O DMA define "gatekeeper" como toda plataforma que: (i) teve um volume de negócios anual de pelo menos 7,5 mil milhões de euros na União Europeia (UE) nos últimos três anos; (ii) teve uma avaliação de mercado de pelo menos 75 mil milhões de euros; (iii) controla um ou mais serviços da plataforma principal em pelo menos três estados membros (mercados e lojas de aplicativos, mecanismos de pesquisa, redes sociais, serviços em nuvem, serviços de publicidade, assistentes de voz e navegadores da web).

A regulação europeia estabelece um amplo rol de práticas proibidas para os *gatekeepers* em seus Artigos 5 e 6. Em linhas gerais, os *gatekeepers* devem permitir que outros agentes de mercado utilizem suas plataformas sem discriminação e sem condicionar a utilização de um de seus serviços a outros. *Gatekeepers* não podem favorecer os seus próprios serviços (*self-preferencing*) ou combinar dados coletados de um ou mais de seus próprios serviços. Notadamente, em seu Artigo 5(2), o DMA estabelece, entre outras proibições, que um "*gatekeeper*" deve:

---

40. Sobre falhas de governo e teoria da regulação, ver: SAMPAIO, Patricia. Regulação e concorrência – A atuação do Cade em setores de infraestrutura. São Paulo: Saraiva, 2013, capítulo 2; WILLIAMS JR., Ernest W.; COASE, Ronald H. The regulated industries: discussion. *American Economic Review*. v. 54. n. 3. maio 1964.
41. UNIÃO EUROPEIA. Digital Market Act (DMA). 2022. Disponível em: https://ec.europa.eu/commission/presscorner/detail/en/ip_20_2347. Acesso em: 02 jul. 2022.

abster-se de combinar dados pessoais provenientes dos serviços da plataforma principal com dados pessoais de qualquer outro serviço oferecido pelo *gatekeeper* ou com dados pessoais de serviços de terceiros, e abster-se de conectar usuários finais a outros serviços do *gatekeeper* para combinar dados pessoais, a menos que tenha sido fornecida ao usuário uma escolha específica e este tenha dado o seu consentimento nos termos do Regulamento (UE) 2016/67.

O DMA adota um formato "*one size fits all*", isto é, suas proibições são aplicáveis automaticamente e de maneira uniforme para todos os serviços das plataformas abrangidas, independentemente das especificidades de cada modelo de negócio e das condições de mercado e concorrência. A propósito, essa abordagem é alvo de críticas porque dificilmente conseguirá se manter compatível com as transformações nos mercados online.

Como forma de garantir à Comissão Europeia a discricionariedade para impor deverem adicionais aos *gatekeepers*, tendo em vista as peculiaridades de cada mercado, as obrigações estabelecidas no Artigo 6 são vagas e, conforme o próprio texto do artigo refere, "suscetíveis a especificações adicionais". Diversos autores aduzem que, ao menos em relação a essas obrigações, a Comissão deveria estar aberta a analisar demonstrações de eficiências.[42] Contudo, o texto aprovado pelo Parlamento sinalizou, no final do Considerando 23, que "quaisquer justificativas econômicas que envolvam definição de mercado ou que busquem demonstrar eficiências derivadas de um tipo específico de comportamento da empresa devem ser descartadas, uma vez que não são relevantes para a designação como gatekeeper".

Dessa forma, a regulação setorial busca se afastar da lógica antitruste e dos ônus excessivos envolvidos em enquadrar uma conduta como infração à ordem econômica nos termos da legislação concorrencial. Embora algumas obrigações previstas no DMA de fato contribuem significativamente para ampliar a contestabilidade nos mercados digitais, é possível que sua aplicação como regras *per se* gerem efeitos indesejáveis.

É incerto, portanto, se as medidas adotadas pelo DMA são as mais adequadas, ou se podem exceder os custos e problemas causados pelas falhas de mercado que almejam sanar. Independentemente disso, certo é que a abordagem da União Europeia tem o potencial de revolucionar o setor digital em todo o mundo e deve servir de inspiração para outros países.

CONCLUSÃO

A análise feita no presente artigo demonstrou as fragilidades das tentativas de remediar falhas de mercado relacionadas à privacidade e assimetrias informacionais a partir do instrumental do Direito Antitruste. O Direito Concorrencial tem um papel importante a desempenhar garantindo o bem-estar dos consumidores nos mercados digitais, o que em última análise pode significar também a garantia de mais privacidade. Não se nega que, de fato, as sobreposições substanciais entre essas áreas do direito

---

42. EUROPE. CENTRE ON REGULATION IN EUROPE (CERRE). The European Proposal for a Digital Markets Act – a first assessment, 2021, p. 22.

exigem que as autoridades competentes coordenem e cooperem suas atividades, em vez de operar em silos fechados. Contudo, não se pode esquecer que, apesar das razões de aproximação entre essas áreas, o Direito da Concorrência não é a solução para todos os problemas, e as políticas de defesa da concorrência, de proteção de dados e de defesa do consumidor apresentam lógicas próprias que devem ser observadas.

O cuidado que se precisa ter é para que o Direito Antitruste não passe a ser utilizado como ferramenta para tentar compensar a aplicação falha de outros institutos jurídicos, sob pena de comprometer a segurança jurídica e, consequentemente, a inovação e o bem-estar do consumidor. Ademais, enquanto se aguarda a evolução da compreensão acerca dos mercados digitais e dos impactos das novas regulações no setor, entende-se ser preferível uma postura mais conservadora, haja vista que os custos de uma conduta erroneamente condenada podem vir a ser mais altos e prejudiciais do que os custos de um *overenforcement*.

REFERÊNCIAS

ACQUISTI, Alessandro; TAYLOR, Curtis; WAGMAN, Liad. *The economics of privacy*. Disponível em: https://pubs.aeaweb.org/doi/pdfplus/10.1257/jel.54.2.442. Acesso em: 12 maio 2022.

ALEMANHA. BUNDESKARTELLAMT. Bundeskartellamt prohibits Facebook from combining user data from different sources, *Press Release,* 07.02.2019. Disponível em: https://www.bundeskartellamt.de/SharedDocs/Meldung/EN/Pressemitteilungen/2019/07_02_2019_Facebook.html. Acesso em: 25 mar. 2022.

ALEMANHA. Corte Federal de Justiça (Bundesgerichtshof – BGH). *Decision of the Federal Supreme Court (Bundesgerichtshof) of 23 June 2020* – Case KVR 69/19. Disponível em: https://link.springer.com/article/10.1007/s40319-020-00991-2. Acesso em: 08 abr. 2022.

ARGENTINA. *Resolución 492/2021* de 05/05/2021. Disponível em: https://www.boletinoficial.gob.ar/detalleAviso/primera/244442/20210517. Acesso em: 08 abr. 2022.

AUTORITA GARANTE PER LA CONCORRENZA E IL MERCATO (Itália). *Facebook fined 10 million Euros by the ICA for unfair commercial practices for using its subscribers' data for commercial purposes*. Disponível em: https://en.agcm.it/en/media/press-releases/2018/12/Facebook-fined-10-million-Euros-by-the-ICA-for-unfair-commercial-practices-for-using-its-subscribers'-data-for-commercial-purposes. Acesso em: 08 abr. 2022.

BARRETO, Alexandre; MAHON, Ana Luiza. *LGPD e Defesa da Concorrência*: o caso Facebook. Disponível em: https://noticias.uol.com.br/opiniao/coluna/2021/04/24/lgpd-e-defesa-da-concorrencia-o-caso-facebook.htm?cmpid=copiaecola. Acesso em: 08 abr. 2022.

BLOOMBERG. *Turkey starts antitrust investigation into WhatsApp, Facebook*. Disponível em: https://www.bloomberg.com/news/articles/2021-01-11/turkey-starts-antitrust-investigation-into-whatsapp-facebook-kjsgfexa. Acesso em: 08 abr. 2022.

BOTTA, Marco; WIEDEMANN, Klaus. The Interaction of EU Competition, Consumer, and Data Protection Law in the Digital Economy: *The Regulatory Dilemma in the Facebook Odyssey*. Disponível em: https://journals.sagepub.com/doi/full/10.1177/0003603X19863590. Acesso em: 1º abr. 2022.

BOTTA, Marco; WIEDEMANN, Klaus. The Interaction of EU Competition, Consumer, and Data Protection Law in the Digital Economy: *The Regulatory Dilemma in the Facebook Odyssey*. Disponível em: https://journals.sagepub.com/doi/full/10.1177/0003603X19863590. Acesso em: 1º abr. 2022.

BRASIL. CONSELHO ADMINISTRATIVO DE DEFESA ECONÔMICA. Ato de Concentração 08700.006373/2020-61. SEI 0843320.

BRASIL. CONSELHO ADMINISTRATIVO DE DEFESA ECONÔMICA. Ato de Concentração 08700.000059/2021-55. BRASIL. SEI 0894661.

BRASIL. CONSELHO ADMINISTRATIVO DE DEFESA ECONÔMICA. Ato de Concentração 08700.003969/2020-17. SEI 0921675.

BRASIL. CONSELHO ADMINISTRATIVO DE DEFESA ECONÔMICA. (Ed.). *Benchmarking internacional sobre as instituições de Defesa da Concorrência e de Proteção de Dados*. Disponível em: https://cdn.cade.gov.br/Portal/centrais-de-conteudo/publicacoes/estudos-economicos/documentos-de-trabalho/2021/Documento%20de%20Trabalho%20-%20Benchmarking-internacional-Defesa-da-Concorrecia-e-Proteacao-de-dados.pdf. Acesso em: 03 out. 2021.

BRASIL. Conselho Administrativo de Defesa Econômica. (Ed.). *Concorrência em mercados digitais*: uma revisão dos trabalhos especializados. Disponível em: https://cdn.cade.gov.br/Portal/centrais-de-conteudo/publicacoes/estudos-economicos/documentos-de-trabalho/2020/documento-de-trabalho-n-05-2020-concorrencia-em-mercados-digitais-uma-revisao-dos-relatorios-especializados.pdf. Acesso em: 03 out. 2021.

BUNDESKARTELLAMT. Bundeskartellamt prohibits Facebook from combining user data from different sources, *Press Release*, 07/02/2019. Disponível em: https://www.bundeskartellamt.de/SharedDocs/Meldung/EN/Pressemitteilungen/2019/07_02_2019_Facebook.html. Acesso em: 25 jun. 2020.

BUNDESKARTELLAMT. Bundeskartellamt prohibits Facebook from combining user data from different sources, *Press Release*, 07.02.2019. Disponível em: https://www.bundeskartellamt.de/SharedDocs/Meldung/EN/Pressemitteilungen/2019/07_02_2019_Facebook.html. Acesso em: 25 jun. 2020.

CHIRITA, Anca. The Rise of Big Data and the Loss of Privacy. In: BAKHOUM, Mor et al (Ed.). Personal data in competition, consumer protection and intellectual property law: Towards a holistic approach? *MPI Studies on Intellectual Property and Competition Law*, Springer, 2018.

COMISSÃO EUROPEIA. *Special Eurobarometer 431*: Data Protection. Disponível em: http://ec.europa.eu/public_opinion/archives/ebs/ebs_431_en.pdf. Acesso em: 08 abr. 2022.

COMPETITION AND MARKETS AUTHORITY (Reino Unido). *Final report*: Completed acquisition by Face-book, Inc (now Meta Platforms, Inc) of Giphy, Inc. Disponível em: https://assets.publishing.service.gov.uk/media/61a64a618fa8f5037d67b7b5/Facebook__Meta__GIPHY_-_Final_Report_1221_.pdf. Acesso em: 20 ago. 2021.

EUROPE. CENTRE ON REGULATION IN EUROPE (CERRE). *The European Proposal for a Digital Markets Act* – a first assessment, 2021.

FTC. *Dissenting Statement of Commissioner Pamela Jones Harbour, in the matter of Google/DoubleClick*, FTC File 071-0170.GERADIN, Damien; KUSCHEWSKY, Monica. Competition Law and Personal Data: Preliminary Thoughts on a Complex Issue. 2013. Disponível em: https://papers.ssrn.com/sol3/papers.cfm?abstract_id=2216088. Acesso em: 10 jun. 2020.

GREAF, Inge. *Data as Essential Facility*: Competition and Innovation on Online Platforms. Tese (Doutorado), KU Leuven, 2016. Disponível em: https://core.ac.uk/download/pdf/34662689.pdf. Aceso em: 10 mar. 2022.

KATZ, Michael L.; SHAPIRO, Carl. Network externalities, competition and compatibility. *The American economic review*, v. 75, n. 3, 1985.

MACEDO, Alexandre Cordeiro. Some thoughts about the Intersection between Data Protection and Competition Law: A View from Brazil. *Journal of Antitrust Enforcement*, v. 9, n. 2, p. 197-202. jun. 2021.

MATIUZZO, Marcela. Becker, Bruno. *Plataformas Digitais e a Superação do Antitruste Tradicional. Defesa da Concorrência em Plataformas digitais*. FGV Direito. São Paulo, Brasil. 2020.

MENKE, Fabiano. As origens alemãs e o significado da autodeterminação informativa, in: MENKE, Fabiano; DRESCH, Rafael de Freitas Valle. *Lei Geral de Proteção de Dados. Aspectos Relevantes*, Indaiatuba: Editora Foco, 2021.

MORAES, Maria Celina Bodin de. *Na medida da pessoa humana*: estudos de direito civil. Rio de Janeiro: Renovar, 2010.

NEWMAN, John M. Antitrust in Zero-Price Markets: Foundations. *University of Pennsylvania Law Review*, v. 164, 2015.

OCDE (Org.). *Quality considerations in digital zero-price markets*. November 2018. Disponível em: https://one.oecd.org/document/DAF/COMP(2018)14/en/pdf. Acesso em: 3 mar. 2019.

OHLHAUSEN, Maureen K.; OKULIAR, Alexander. Competition, consumer protection and the right (approach) to privacy. *Antitrust Law Journal*, 6 fev. 2015, p. 36. Disponível em: https://ssrn.com/abstract=2561563. Acesso em: 9 maio 2020.

REUTERS. *India antitrust watchdog orders probe into WhatsApp's new privacy policy*. Disponível em: https://www.reuters.com/article/us-india-facebook-whatsapp-idUSKBN2BG1Y2. Acesso em: 20 mar. 2022.

SRNICEK, Nick. *Platform capitalism*. Cambridge: Polity Press, 2017.

STUCKE, Maurice E.; GRUNES, Allen P. *Big Data and Competition Policy*. 2016. Disponível em: https://www.researchgate.net/publication/308970973_Big_Data_and_Competition_Policy. Acesso em: 14 out. 2020.

SWIRE, Peter. Protecting Consumers: *Privacy Matters in Antitrust Analysis*. 2007. Disponível em https://www.americanprogress.org/issues/economy/news/2007/10/19/3564/protecting-consumersprivacymatters-in-antitrust-analysis/. Acesso em: 08 mar. 2019.

THE ECONOMIST. *The world's most valuable resource is no longer oil, but data*. 2017. Disponível em: https://www.economist.com/leaders/2017/05/06/the-worlds-most-valuable-resource-is-no-longer-oil-but--data. Acesso em: 10 out. 2020.

UNIÃO EUROPEIA. Proposal for a Regulation of the European Parliament and of the Council on contestable and fair markets in the digital sector (Digital Markets Act). Disponível em: https://eur-lex.europa.eu/legal-content/en/TXT/?uri=COM%3A2020%3A842%3AFIN. Acesso em: 08 abr. 2022.

UNIÃO EUROPEIA. *Digital Market Act (DMA)*. 2022. Disponível em: https://ec.europa.eu/commission/presscorner/detail/en/ip_20_2347. Acesso em: 02 jul. 2022.

VESTAGER, Margrethe. *Competition in a big data world*. 2016. Disponível em: https://ec.europa.eu/commission/commissioners/2014-2019/vestager/announcements/competition-big-dataworld_en. Acesso em: 04 out. 2020.

INTELIGÊNCIA ARTIFICIAL
E DIREITO DO CONSUMIDOR

INTELIGÊNCIA ARTIFICIAL, PERFIS E CONTROLE DE FLUXOS INFORMACIONAIS: A FALTA DE PARTICIPAÇÃO DOS TITULARES, A OPACIDADE DOS SISTEMAS DECISÓRIOS AUTOMATIZADOS E O REGIME DE RESPONSABILIZAÇÃO

Guilherme Magalhães Martins

Doutor e Mestre pela Universidade do Estado do Rio de Janeiro. Pós-doutor em Direito Comercial pela Faculdade de Direito da Universidade de São Paulo. Professor associado de Direito Civil da Universidade Federal do Rio de Janeiro. Professor do Programa de Pós-Graduação da Universidade Federal Fluminense. Segundo vice-presidente do BRASILCON. Procurador de Justiça, RJ. E-mail: gui_mart@terra.com.br.

Guilherme Mucelin

Doutor com período sanduíche na Universidade Nova de Lisboa (Bolsista CAPES/PDSE), e Mestre pela Universidade Federal do Rio Grande do Sul (UFRGS). Especialista em Direito do Consumidor pela Universidade de Coimbra. Especialista em Droit comparé et européen des contrats et de la consommation pela Université de Savoie Mont-Blanc e UFRGS. Especialista em Direito Internacional Público e Privado pela UFRGS. Membro associado do BRASILCON. Bolsista CAPES/DS. E-mail: mucelin27@gmail.com.

Sumário: Introdução – 1. Dimensão digital: espaço, pessoas e controle automatizado de fluxos; 1.1 Espaço de fluxos informacionais e a natureza privada de seu gerenciamento; 1.2 Representação digital das pessoas e controle automatizado de seus fluxos – 2. Controle de fluxos dos titulares e tópicos a serem aprimorados; 2.1 Controle de fluxos dos titulares na LGPD: perfilização e decisões automatizadas; 2.2 Transparência, participação e responsabilização no controle de fluxos informacionais: tópicos a serem aprimorados via Marco Regulatório da IA no Brasil – Considerações finais – Referências.

INTRODUÇÃO

O desenvolvimento e o aprimoramento de tecnologias, das mais rudimentares às mais sofisticadas, sempre tiveram um papel central na estruturação da sociedade.[1] Contemporaneamente, vivencia-se um período de transformação digital, uma (r)evolução cujas implicações estão começando a ser compreendidas, debatidas e, juridicamente, reguladas. Nas últimas décadas, a democratização do acesso à internet, o amplo emprego de tecnologias cada vez mais móveis, autônomas e *smart* – como a Inteligência Artificial (IA), nosso recorte temático – na indústria, nos mercados, no Poder Público e no exercício da vida civil em geral permitiram a digitalização de diversas atividades e relações humanas.

---

1. Nesse sentido, Castells: "a sociedade não pode ser entendida ou representada sem suas ferramentas tecnológicas". (CASTELLS, Manuel. *A Sociedade em Rede*. São Paulo: Paz e Terra, 1999. p. 43).

Os pilares do avanço tecnológico mudam a cada dia. Combinar bases de reconhecimento facial com o barateamento dos microdrones pode levar a uma anônima força global de precisão e letalidade sem precedentes. O que pode matar pode também curar; robôs podem largamente expandir o acesso à medicina, demandando um maior investimento em pesquisa e desenvolvimento. Todos esses desenvolvimentos mudam o equilíbrio entre máquinas e humanos nos dias que correm.[2]

Observa Klaus Schwab que, além de velocidade e da amplitude, a quarta revolução industrial é única por causa da crescente harmonização e integração de muitas descobertas e disciplinas crescentes. As inovações tangíveis resultantes da interdependência entre tecnologias distintas deixam de ser mera ficção científica.[3]

Consequência dessas mudanças, dada a alta penetrabilidade da tecnologia em toda a sociedade, foi a proliferação da produção de dados em formato digital de diversas naturezas e de técnicas e aparatos capazes de captá-los, processá-los e analisá-los. Esse desenvolvimento foi o que favoreceu o estabelecimento de uma economia que tem como matéria-prima esses mesmos dados, passando a se estruturar e a funcionar sob uma lógica de fluxos informacionais, os quais, por sua vez, são promovidos, gerenciados e controlados por agentes privados, notadamente grandes companhias tecnológicas e plataformas das mais diversas.

Os titulares de dados pessoais, nesse sentido, tornam-se parte integrante desses fluxos, por meio de um conjunto de dados inferidos e estruturados que lhes dão uma identificação própria ou determinam atributos relevantes de grupos (os perfis), onde são alocados e etiquetados de acordo com parâmetros definidos por esses agentes, atribuindo um peso diferenciado aos interesses de natureza eminentemente econômica de quem detém o poder de condução da dimensão digital em detrimento dos interesses patrimoniais e existenciais dos respectivos titulares.

Nessa conjuntura, os titulares de dados perdem parcela de sua autodeterminação informativa ao não definirem satisfatoriamente os seus fluxos informacionais, os quais são intrinsecamente relacionados a outros fluxos, como os de pessoas, de capital e de mercadorias, por meio de decisões automatizadas, de modo que os agentes privados passam a ser *gatekeepers* não só do consumo, mas de toda a experiência humana que se desdobra em ambas as dimensões, digital e analógica, as quais são simbioticamente dependentes de dados.

A partir disso, pergunta-se: a Lei Geral de Proteção de Dados (LGPD) apresenta, em relação a perfis e decisões automatizadas levadas a cabo por IA, salvaguardas adequadas aos titulares? Para desenvolver o tema, a metodologia hipotético-dedutiva é utilizada, partindo-se de aspectos gerais do tema em direção a uma abordagem mais específica que confirme ou refute a hipótese de trabalho, qual seja, a inexistência de salvaguardas suficientes em relação às dificuldades aqui apontadas. Para tanto, o capítulo foi dividido em duas grandes partes, cada uma subdividida em dois itens. A primeira dedica-se à (1.1)

---

2. PASQUALE, Frank. *New laws of robotics;* defending human expertise at the age of AI. Cambridge: The Belknap Press of Harvard University Press, 2020. p. 01.
3. SCHWAB, Klaus. *A quarta revolução industrial.* Trad. Daniel Moreira Miranda. São Paulo: Edipro, 2016. p. 19.

identificação da dimensão digital como um espaço de fluxos informacionais e da natureza de seu gerenciamento, bem como à (1.2) configuração da representação digital das pessoas como fluxos informacionais controlados por meio de IA; a segunda, debruça-se sobre (2.1) a definição de perfis, bem como a sua aplicação em decisões automatizadas segundo a LGPD, a fim de (2.2) se identificarem os principais tópicos, dentre outros enfoques possíveis, que devem ser aprimorados no que tange à IA. Vejamos.

1. DIMENSÃO DIGITAL: ESPAÇO, PESSOAS E CONTROLE AUTOMATIZADO DE FLUXOS

A dimensão digital das sociedades, representada por fluxos informacionais, não é um espaço neutro nem de liberdade saudável como era proclamada há décadas. Esse espaço de fluxos é, outrossim, gerenciado privatisticamente a partir do emprego das tecnologias e processos que são desenvolvidos. O progressivo e constante desenvolvimento tecnológico, nativo do setor privado, nesse sentido, oportunizou novos desdobramentos e novas funcionalidades às tecnologias de controle de fluxos, culminando na Inteligência Artificial, cujas aplicações pretendem melhorar as condições de vida e o bem-estar geral da população.

Os titulares de dados e os seus fluxos informacionais correspondentes estão nesse espaço em que, pelos auspícios de uma visão liberal de liberdade econômica e da natureza privada de seu gerenciamento, bem como por conta de técnicas como a perfilização, poucos atores sociais determinam as oportunidades de vida e acessos a produtos, serviços e conteúdos dos mais diversos, com efeitos primários nos interesses de milhões de pessoas. Essa é uma consideração crucial para que a pretensa melhoria de condições de vida não se torne instrumento de dominação, discriminação e estratificação social.

1.1 Espaço de fluxos informacionais e a natureza privada de seu gerenciamento

Desde a sua concepção, a internet evoluiu de um mero *meio* de comunicação[4] para um amplo *espaço* onipresente de vivência cognitivamente construído,[5] marcado pelo tempo real.[6] Neste espaço, relações, interações e transações são estabelecidas entre os diversos atores sociais em diferentes partes do globo, fazendo com que o *online* e *off-line* se entrelacem,[7] determinando o reconhecimento de nova dimensão – a digital – que se

---

4. "This capacity for instantaneous information and connection has come to form the background of our experience astonishingly quickly. That is to say, our informational tools have rapidly become our informational environment" (WILLIAMS, James. *Stand out of our light*: freedom and resistance in the attention economy. Cambridge: Cambridge University Press, 2018. p. 14).
5. LÉVY, Pierre. *A emergência do ciberespaço e as mutações culturais*. Palestra realizada no Festival Usina de Arte e Cultura, promovido pela Prefeitura Municipal de Porto Alegre em Outubro de 1994. Tradução: Suely Rolnik. Revisão da tradução transcrita: João Batista Francisco e Carmem Oliveira. Disponível em: https://bit.ly/3KFjAwE. Acesso em: 20 mar. 2022. p. 1.
6. MARTINS, Guilherme Magalhães. *Contratos eletrônicos de consumo*. 3. ed. São Paulo: Atlas, 2016. p. 23.
7. HOFFMANN-RIEM, Wolfgang. *Teoria geral do direito digital*: transformação digital, desafios para o Direito. Rio de Janeiro: Forense, 2021. p. 52.

acopla, convive e é interdependente em relação às dimensões sensorialmente e racionalmente concebidas, embora apresente notáveis diferenças que lhe dão aspectos próprios.

O espaço, segundo Castells, constitui-se no suporte material de práticas sociais de tempo compartilhado, que reúne as práticas simultâneas no tempo, as quais, conforme as suas articulações, lhe dão determinado sentido funcional – ideia essa tradicionalmente assimilada à contiguidade física. Com o desenvolvimento das Tecnologias da Informação e da Comunicação (TICs), todavia, tornou-se possível observar a existência de um outro suporte para as práticas sociais que não depende da contiguidade, mas de fluxos de diferentes naturezas.[8]

Fluxos são definidos genericamente como sequências intencionais, repetitivas e programáveis de interações e de intercâmbio entre as diferentes posições, fisicamente desarticuladas na rede, ocupadas pelos atores sociais, expressando processos que dominam a vida econômica, política e simbólica contemporânea. Em torno deles, emergem as estruturas e as organizações sociais do século XXI. Entretanto, eles não dimanam em um vácuo, mas em um espaço, cujo suporte é o conjunto de elementos que lhes dá sustentáculo, bem como favorece a possibilidade material de sua articulação simultânea: fala-se sobre o *espaço de fluxos*.[9]

Esse novo espaço é compreendido, nesse sentido, como "a organização material das práticas sociais de tempo compartilhado que funciona por meio de fluxos",[10] caracterizado pela mobilidade informacional, pelo emprego das TICs e da IA e pela cada vez mais intensa interação humano-máquina.[11] A rede de comunicação é a configuração fundamental do espaço de fluxos. Do ponto de vista tecnológico, a dimensão digital não é um lugar espacial em que pessoas entram e saem, mas um conjunto de códigos e *softwares* com padrões e protocolos mais ou menos uniformes que permite a usuários conectados à internet criar, transmitir e receber dados e informações a partir de uma rede de comunicação[12] e de interação.

O espaço de fluxos está localizado nessa rede eletrônica comunicativa, onde nenhum lugar subsiste por si mesmo e as posições são definidas pelos intercâmbios de fluxos. De um lado, os fluxos são estrategicamente definidos e coordenados com o objetivo de controlar a interação dos elementos componentes da rede e, de outro, se especificam e constroem uma série de atividades e de plataformas que atuam em uma função chave, obedecendo a uma hierarquia organizacional dinâmica.[13]

É descrito pela combinação de, ao menos, três camadas, cujo conjunto constitui essa nova percepção socioespacial: (1) a primeira é a sua *infraestrutura tecnológica*, a base material dos processos e das práticas sociais predominantes da sociedade em rede,

---

8. CASTELLS, Manuel. *A sociedade em rede*. São Paulo: Paz e Terra, 1999. p. 501.
9. CASTELLS, Manuel. *A sociedade em rede*. São Paulo: Paz e Terra, 1999. p. 500.
10. CASTELLS, Manuel. *A sociedade em rede*. São Paulo: Paz e Terra, 1999. p. 501.
11. JIN, Biao et al. A literature review on the space of flows. *Arabian Journal of Geosciences*, v. 14, p. 5. 2021.
12. LEMLEY, Mark A. Place and Cyberspace. *California Law Review*, v. 91, n. 2, p. 521-522;525, mar. 2003.
13. CASTELLS, Manuel. *A sociedade em rede*. São Paulo: Paz e Terra, 1999. p. 502.

cuja arquitetura e conteúdo são determinados por diferentes formas de poder existentes; (2) a segunda é constituída por seus *nós*, que são grandes centros de importantes funções estratégicas e centros de comunicação, funcionalmente operando por uma lógica desprovida de "lugar"; e (3) a terceira corresponde à *organização espacial das elites gerenciais dominantes*, as quais exercem as funções de direção, articulando e, em certa medida, controlando esse mesmo espaço.[14]

Para Cohen, o espaço de fluxos de Castells é um espaço em redes que inclui e, em parte, é produzido por atividades analógicas e digitais e pelas interconexões entre essas dimensões.[15] O espaço de fluxos não é (só) a internet, mas a internet configura uma parcela relevante – ou mesmo essencial – do espaço de fluxos,[16] em que IA, *Big Data* e *Data Analytics* desempenham papel crucial para a circulação constante, dinâmica e controlada de informações e dados. A dimensão digital da sociedade, dessa forma, é composta pelas mesmas três camadas do espaço de fluxos, mas funcionalmente especializadas e estruturadas em diferentes empresas, organizações e instituições que, em rede, interagem assimetricamente entre si de acordo com as funções que desempenham e os interesses que perseguem.

Especificamente na dimensão digital, a segunda camada – os nós – pode ser entendida como as diversas plataformas e *apps* existentes, cada uma especializada em um nicho, como as de *e-commerce*, *streaming*, compartilhamento, *feeds* de conteúdos etc. A terceira camada – elites gerenciais dominantes – pode ser aqui caracterizada como as *Big Techs*, principais fontes da arquitetura da dimensão digital, servindo de base para a criação de outros *apps*, de outras plataformas ou páginas,[17] inclusive do setor público,[18] além de serem, em rigor, os atores sociais com maior poderio econômico no que tange a investimentos em infraestrutura e desenvolvimentos tecnológicos de ponta, como a IA (parte da primeira camada), o que lhes dá um poder de condução e de gerenciamento dos fluxos informacionais.

O espaço de fluxos é moldado, sem dúvidas, pelos mais recentes desenvolvimentos tecnológicos, em particular os relacionados à análise e tratamento de dados, como é o caso da IA, que promete modificar o *status quo* e revolucionar a experiência humana em nível global.[19]

Inexistindo consenso sobre sua definição,[20] interessa-nos mais a sua utilização no setor privado e os possíveis efeitos que são juridicamente relevantes. Por esse aspecto funcional, IA configura-se em "uma prática sociotecnológica de empresas (ou outros atores) usando ferramentas de aprendizado de máquina para gerar conhecimento a partir de grandes quantidades de dados", empregando-a "para otimizar certos processos e rea-

---

14. CASTELLS, Manuel. *A sociedade em rede*. São Paulo: Paz e Terra, 1999. p. 501.
15. COHEN, Julie E. Cyberspace as/and space. *Columbia Law Review*, v. 107, n. 1, p. 238-239, jan. 2007.
16. CASTELLS, Manuel. Grassrooting the space of flows. *Urban Geography*, v. 20, n. 4, p. 294-302, 1999. p. 295.
17. SRNICEK, Nick. *Platform capitalism*. Cambridge: Polity Press, 2017. p. 54.
18. "Em outras palavras, a interseção entre o público e o privado leva a pensar como evitar que os valores públicos estão sujeitos às determinações dos interesses empresariais privados" – tradução nossa. (POLLICINO, Oreste; DE GREGORIO, Giovanni. Constitutional Law in the Algorithmic Society. In: MICKLITZ, Hans-W. et al (Ed.). *Constitutional Challenges in the Algorithmic Society*. Cambridge: Cambridge University Press, 2022. p. 3-24. p. 11).
19. LEE, Kai-Fu; QIUFAN, CHEN. *AI 2041*: ten visions for our future. Nova Iorque: Currency, 2021. p. 15.
20. Fetzer, ao iniciar seu livro, alerta que um dos aspectos mais fascinantes da IA é que a natureza precisa de seu conteúdo é surpreendentemente difícil de ser definida. (FETZER, James H. *Artificial Intelligence*: Its Scope and Limits. Dordrecht: Springer, 1990. p. 3).

lizar novos tipos de ações, por exemplo, para prever o comportamento do consumidor (indivíduo/grupo), influenciá-lo, tomar decisões etc."[21] Aliás, a capacidade de tomar decisões (sem intervenção humana) é um dos principais atributos da IA.[22]

Seus campos de aplicação atuais são diversos[23] e a IA faz parte da estrutura da dimensão digital e já está presente no comércio eletrônico, nas plataformas de *streaming*, em aplicativos, *sites* e em toda a sorte de *softwares* e *apps* utilizados cotidianamente, tanto no âmbito profissional quanto pessoal, de modo que o seu emprego se torna ubíquo, invisível e, por isso, de difícil percepção. Dada a sua alta e crescente aderência, as atividades econômicas exercidas pelas redes de produção e de fornecimento dessa tecnologia ultrapassam a mera esfera de *business*, porque se inserem em instituições públicas e privadas, em transações das mais diversas e em práticas e relações sociais e culturais, contribuindo para o fluxo constante de informações e dados bem como para o seu controle de forma automatizada e em tempo real.

Fluxos informacionais são então conceituados como *processos*, os quais abrangem a captura, o armazenamento, o processamento, a utilização e a transmissão de dados e informações de diversificadas naturezas entre os diferentes nós e as "elites tecnológicas", que estão normalmente alocados na segunda e na terceira camada do espaço de fluxos, servindo para regular, guiar ou bloquear, por meio de um gerenciamento informacional, outros fluxos, como o de pessoas e de mercadorias[24] – é uma espécie de mão[25] invisível (algorítmica) não só do mercado, mas da experiência humana em ambas as dimensões, digital e analógica.

Questiona-se se os matemáticos de fato estão tornando o mundo um lugar melhor. Os algoritmos são usados em várias situações para nos ajudar a compreender melhor o mundo; resta avaliar os benefícios obtidos, se isso implica dissecar as coisas que amamos e perder nossa integridade pessoal.[26]

A IA, assim como outras tecnologias, não é neutra. Se, tecnicamente, ela é composta por processos e algoritmos que extraem valor de dados e, sobre eles, define importantes situações, em uma perspectiva sociológica é correto refletir que tais tecnologias constituem processos decisórios que têm a capacidade de impactar tanto o indivíduo em si considerado, como a sociedade, seus valores democráticos e constitucionais. Essa circunstância não é somente resultado da opacidade desses sistemas, mas está firmemente

---

21. MICKLITZ, Hans-W. et al. *Consumer law and artificial intelligence*: Challenges to the EU consumer law and policy stemming from the business' use of artificial intelligence. Florença: European University Institute, 2018. p. 6-7.
22. BRASIL. Ministério da Ciência, Tecnologia e Inovações. *Estratégia Brasileira de Inteligência Artificial – EBIA*. Brasília: Governo Federal. jul. 2021. p. 18-19.
23. Veja exemplos de aplicação da inteligência artificial, que variam desde videogames ao setor bancário: TAUMAR, Sandeep. Artificial Intelligence: Revolution, Definitions, Ethics, and Foundation. In: KUMAR, Puneet et al. *Artificial Intelligence and Global Society*: impact and practices. Londres: CRC, 2021. p. 3-7.
24. JIN, Biao et al. A literature review on the space of flows. *Arabian J. of Geosciences*, v. 14, p. 8. 2021.
25. Aqui, tomamos emprestado o termo de Lessig: "the invisible hand of cyberspace is building an architecture that is quite the opposite of its architecture at its birth. This invisible hand, pushed by government and by commerce, is constructing an architecture that will perfect control and make highly efficient regulation possible" (LESSIG, Lawrence. *Code version 2.0*. Nova Iorque: Basic Books, 2006. p. 5).
26. SUMPTER, David. *Dominados pelos números*. Trad. Anna Maria Sotero e Marcello Neto. Rio de Janeiro: Bertrand Brasil, 2019. p. 13.

ligada à prevalência de empresas e agentes privados que programam e desenvolvem a IA, o que inaugura "um novo sistema para exercer poderes (privados)"[27] em paralelo ao poder estatal, sendo fonte de inquietações em respeito aos direitos fundamentais, seu manejo, sua interpretação e sua extensão.

De fato, é evidente que esse poder econômico que alguns atores privados angariaram na dimensão digital decorreu das potencialidades das tecnologias digitais e do alto grau de liberdade reconhecida pelas democracias constitucionais ao setor privado, possibilitando que este se transforme em uma miríade de *gatekeepers* informacionais, cujas atividades de controle e gerenciamento de fluxos têm impacto primário na vida cotidiana das pessoas.[28]

A liberdade econômica, que possibilitou a concentração de poderes privados na condução da dimensão digital, logo transformou-se em outras formas de poder realocadas em alguns poucos atores, especialmente considerando uma intervenção mínima do Estado nas atividades mercadológicas, celebrada pela famigerada Declaração de Direitos de Liberdade Econômica.[29] Este *mix* de lógicas mercantis com processos automatizados de decisão privados espraiados por todo o tecido social deixou de ser uma questão somente de lucros para se tornar uma questão de autoridade, a qual impõe um "modelo privado" de (des)proteção e de governança aos titulares nos fluxos (controlados) que lhes dizem respeito.

O controle dos fluxos informacionais pode ser traduzido, seguramente, como uma forma de dominação, na medida em que os códigos culturais são fagocitados por poucos atores sociais, permitindo-lhes acessar – e moldar – a estrutura do poder nas sociedades, alterando dinâmicas, significados e lugares.[30] E esse poder é silencioso e despercebido, não-coercitivo, atuando não contra o outro, mas a partir dele, caracterizando-se como uma oportunidade de imposição da vontade sem resistência, fazendo que a comunicação (e a ação) flua a uma determinada direção pré-programada. Han afirma que "o poderoso deve ser livre para escolher um determinado procedimento e impô-lo",[31] assim como é a utilização da IA em diversos setores.

Essa assertiva vai ao encontro da advertência feita por Zuboff, quando observa que os elementos fundamentais da civilização (linguagem, bens culturais, tradições, instituições, regras e leis) são digitalizados e codificados, retornando ao tecido social na forma

---

27. POLLICINO, Oreste; DE GREGORIO, Giovanni. Constitutional Law in the Algorithmic Society. In: MICKLITZ, Hans-W. et al. (Ed.). *Constitutional Challenges in the Algorithmic Society*. Cambridge: Cambridge University Press, 2022. p. 3-24. p. 5-6.
28. POLLICINO, Oreste; DE GREGORIO, Giovanni. Constitutional Law in the Algorithmic Society. In: MICKLITZ, Hans-W. et al (Ed.). *Constitutional Challenges in the Algorithmic Society*. Cambridge: Cambridge University Press, 2022. p. 3-24. p. 11.
29. Art. 2º São princípios que norteiam o disposto nesta Lei: I – a liberdade como uma garantia no exercício de atividades econômicas; (...) III – a intervenção subsidiária e excepcional do Estado sobre o exercício de atividades econômicas; (...). (BRASIL. *Lei 13.874, de 20 de setembro de 2019*. Disponível em: http://www.planalto.gov.br/ccivil_03/_ato2019-2022/2019/lei/L13874.htm. Acesso em: 22 mar. 2022).
30. CASTELLS, Manuel. *A sociedade em rede*. São Paulo: Paz e Terra, 1999. p. 505.
31. HAN, Byung-Chul. *O que é poder?* Rio de Janeiro: Vozes, 2019. [*e-book*].

de algoritmos inteligentes,[32] utilizados, dentre outras funções, para controlar o fluxo de informações e, consequentemente, outros fluxos, sem que haja limitações suficientes à liberdade ou mesmo escrutínio público daqueles que impõem o seu procedimento, a sua tecnologia e, assim, determinam as oportunidades e os acessos, os direitos e as liberdades dos "sujeitados".

Daí que parece ser acertada a afirmação de Castells: "o espaço de fluxos prospera em processamento de informações e funções de controle",[33] inclusive sobre as pessoas e suas representações digitais.

1.2 Representação digital das pessoas e controle automatizado de seus fluxos

Para que seja possível a representação de quaisquer objetos, ambientes ou pessoas na dimensão digital, condição necessária é a desmaterialização da fisicalidade, proporcionada, contemporaneamente, por um ambiente em que coexistem diversos aparatos tecnológicos e sensores[34] conectados à rede que têm a capacidade de capturar e transmitir dados e informações entre si[35] e entre eles e os diversos servidores e bases de dados.

Devido à crescente onipresença de produtos/serviços inteligentes (inclusive vestíveis), bem como ao progressivo desenvolvimento da Internet das Coisas, da internet 5G, do poder de armazenamento e da IA, essa porta de entrada, antes limitada a telas,[36] alarga-se gradualmente, de modo que *tudo*, potencialmente, transforma-se em terminais aptos a captarem dados de forma constante. Daí compreendermos que, neste estágio a ser implementado, não haverá mais porta: as dimensões serão fundidas, integradas e complementadas pela evolução de metaversos.

Com efeito, isso tem por consequência uma mudança quantitativa na relação com os gerenciadores dos fluxos informacionais, posto que dados passam a ser coletados 24 horas por dia, 7 dias por semana.[37] Essa é, contudo, uma visão parcial que empobrece a análise jurídica do fenômeno. A partir da quantidade, muda-se também a qualidade dessa relação e a precisão dos direcionamentos dos fluxos informacionais dos componentes da rede. Solove afirma que, com o compartilhamento de informações pessoais entre o setor priva-

---

32. ZUBOFF, Shoshana. *The age of Surveillance Capitalism*: the fight for a human future at the new frontier of power. Nova Iorque: Public Affairs, 2019. [e-book].
33. CASTELLS, Manuel. *A sociedade em rede*. São Paulo: Paz e Terra, 1999. p. 490.
34. É nesse sentido que "ações, movimentos, interações, comunicações, condições de ambiência, sinais vitais e uma infinidade de eventos já são capturados e armazenados de forma que possam ser recuperados para construir ou reconstruir o ritmo e a face da dinâmica social" (WEISS, Marcos Cesar. Sociedade sensoriada: a sociedade da transformação digital. *Estudos Avançados*, v. 33, n. 95, p. 209, 2019).
35. MAGRANI, Eduardo. *Entre dados e robôs*. Ética e privacidade na era da hiperconectividade. Porto Alegre: Arquipélago, 2019. p. 19.
36. Nesse sentido: "Dall'invenzione degli schermi, siamo stati invitati a occupare sempre di più un nuovo ambiente spaziale e temporale. Il terzo spazio può essere solo virtuale e nonostante ciò è abbastanza occupato da tutti noi. Di cosa è fatto? Dei dati disponibili in tutte le combinazioni on e off line." (ROSSIGNAUD, Maria Pia; KERCKHOVE, Derrick de. *Oltre Orwell*: il gemello digitale. Roma: Castelvecchi, 2020. p. 13).
37. HELBERGER, Natali. *Profiling and Targeting Consumers in the Internet of Things* – A New Challenge for Consumer Law. 2016. Disponível em: https://papers.ssrn.com/sol3/papers.cfm?abstract_id=2728717. Acesso em: 15 ago. 2019. p. 3.

do e o público, torna-se possível a formação de dossiês sobre cada indivíduo, os quais são utilizados de maneiras que afetam e moldam profundamente os indivíduos e a sociedade.[38]

Tais dossiês recebem diferentes nomes em razão da diversidade de análises e dos campos científicos que se propõem a analisá-los. Kerckhove e Rossignaud, por exemplo, os denominam de gêmeos digitais (*gemello digitale*), "o nosso eu interno que vai para fora", por conta dos "desenvolvimentos tecnológicos [que] trazem o eu para dentro da máquina";[39] Ford, a seu turno, denomina de sósia digital (*Doppelgänger*)[40] e, mais recentemente, há menções sobre avatares; de toda a sorte, trata-se de uma figura retórica nascida na transformação digital que descreve a vida das pessoas contida em dados, representando a figura humana nos mínimos detalhes na dimensão digital em todos os seus aspectos, inclusive suas vulnerabilidades (até mesmo aquelas desconhecidas pelo "possuidor" de determinados fatores de vulnerabilização).

Solove, para quem os fluxos informacionais servem para descrever justamente esse movimento dos dados, afirma que os dossiês são construídos por três tipos de fluxos informacionais que ligam negócios, organizações e entidades governamentais (segunda e terceira camadas da dimensão digital). O primeiro se dá entre grandes bases de dados de empresas do setor privado; o segundo, entre bases de dados do governo e as privadas, no sentido de que muitos atores privados constroem e/ou enriquecem seus bancos de dados a partir de informações de registros públicos; o terceiro, em caminho inverso, os fluxos emanam do setor privado para agências governamentais e agentes da lei.[41] Justamente em razão desse funcionamento em rede – proposital ou funcionalmente – em que fluxos informacionais sobre as pessoas emanam e se combinam dinamicamente para descobrir novos dados e novas informações, é que se tem adjetivado a fase atual do sistema econômico vigente de capitalismo de vigilância.[42]

Detalhes precisos das nossas vidas são colhidos, armazenados, recuperados e processados diariamente através de grandes bases de dados informáticas pertencentes

---

38. SOLOVE, Daniel J. *The digital person*: technology and privacy in the information age. Nova Iorque/Londres: New York University Press, 2004. p. 3.
39. ROSSIGNAUD, Maria Pia; KERCKHOVE, Derrick de. *Oltre Orwell*: il gemello digitale. Castelvecchi: Roma, 2020. p. 13.
40. FORD, Richard T. Save the robots: Cyber profiling and your so-called life. *Stanford Law Review*, s.v., p. 1575, 2000.
41. SOLOVE, Daniel J. *The digital person*: technology and privacy in the information age. Nova Iorque/Londres: New York University Press, 2004. p. 3-4.
42. Capitalismo de vigilância é definido como: "1. A new economic order that claims human experience as free raw material for hidden commercial practices of extraction, prediction, and sales; 2. A parasitic economic logic in which the production of goods and services is subordinated to a new global architecture of behavioral modification; 3. A rogue mutation of capitalism marked by concentrations of wealth, knowledge, and power unprecedented in human history; 4. The foundational framework of a surveillance economy; 5. As significant a threat to human nature in the twentyfirst century as industrial capitalism was to the natural world in the nineteenth and twentieth; 6. The origin of a new instrumentarian power that asserts dominance over society and presents startling challenges to market democracy; 7. A movement that aims to impose a new collective order based on total certainty; 8. An expropriation of critical human rights that is best understood as a coup from above: an overthrow of the people's sovereignty". (ZUBOFF, Shoshana. *The age of Surveillance Capitalism*: the fight for a human future at the new frontier of power. Nova Iorque: Public Affairs, 2019. [*e-book*]).

a grandes corporações e órgãos governamentais. Assim pode ser vislumbrada a "sociedade de vigilância".[43]

Levando-se isso em consideração e a natureza privatística da condução da dimensão digital, cabe questionarmos qual a posição das pessoas no espaço de fluxos informacionais. Se elas não estão na primeira camada (componentes tecnológicos), nem na segunda (nós), nem na terceira (elites gerenciais), onde estão?

Os usuários consomem conteúdos que, massivamente, não foram produzidos diretamente pelas plataformas, mas que foram gratuitamente disponibilizados por outros titulares ou capturados diretamente da Internet, rearranjados e disponibilizados de uma outra forma, sem remuneração. O ganho para aqueles que disponibilizam conteúdo muitas vezes não é monetário, mas pode ser expressado no aumento da relevância de um material profissionalmente criado, ou por novas oportunidades de publicidade e venda, ou pela valorização pessoal no mercado da imagem nas redes sociais, o que envolve um cálculo econômico, ainda que indireto.[44]

É certo que as pessoas utilizam de aparatos contados para as diversas atividades do cotidiano, mas uma virada focal permitirá compreender a natureza das pessoas no espaço de fluxos: as pessoas não usam as máquinas, as máquinas usam as pessoas. Em uma sociedade a caminho da integração digital,[45] toda a vez que houver qualquer interação *na* ou *com* a dimensão digital, isso será gravado e "lembrado" para o futuro, de modo que as pessoas se tornam "servomecanismos" de aparatos e processos tecnológicos porque deixam de ser usuários e tornam-se "alimento" da própria tecnologia, apesar de existir e persistir a ilusão de controle.[46] Isso guarda íntima relação com a afirmação feita por Soro no Parlamento Italiano: as pessoas são seus dados,[47] os quais se movimentam na rede.

Cheney-Lippold ensina que essa afirmação, em verdade, diz respeito a como algoritmos montam e controlam os dados e os futuros (que denomina serem) algorítmicos e como a perfilização realizada por eles substituem a linguagem politizada de raça, gênero e classe por um vocabulário (tecnológico e automatizado) que fala *pelas* e *sobre* as pessoas, sem a sua participação ou mesmo sem a compreensão do funcionamento dos processos tecnológico subjacentes.[48] Os dossiês são representações, não há dúvidas.

---

43. LYON, David. *The Electronic Eye;* the rise of surveillance society. Oxford: Blackwell, 1994. p. 03.
44. CAMARGO, Gustavo Xavier de. *Dados pessoais, vigilância e controle:* como proteger Direitos Fundamentais em um mundo dominado por plataformas digitais? Rio de Janeiro: Lumen Juris, 2021. p. 68.
45. OCDE. *Going digital:* making the transformation work for growth and well-being. 2017. Disponível em: https://bit.ly/38VqUXb. Acesso em: 20 mar. 2022.
46. ROSSIGNAUD, Maria Pia; KERCKHOVE, Derrick de. *Oltre Orwell:* il gemello digitale. Roma: Castelvecchi, 2020. p. 16.
47. SORO, Antonello. *Vulnerable Person:* Data Protection and Digital Society. Apresentação ao Parlamento Italiano do Relatório Anual de 2015 da Autoridade Italiana de Proteção de Dados (IDPA). Roma, 23 de junho de 2015. Disponível em: https://bit.ly/36c5Zhg. Acesso em: 21 mar. 2022.
48. CHENEY-LIPPOLD, John. *We are data.* Nova Iorque: New York University Press, 2017. p. 14.

Assim como o corpo humano necessita de alimentos e é governado pelas leis da física, o corpo eletrônico[49] é nutrido pelo constante fluxo de dados e é governado pelas leis dos códigos, ou seja, o gêmeo digital vai se perfectibilizando, de um lado, quando se delega à tecnologia poderes (especialmente cognitivos e decisórios) e, de outro e por conta disso, passa-se a depender dessas mesmas tecnologias progressivamente, gerando mais dados. A coleta de informações acerca dos usuários da *web* passou a ser realizada desenfreadamente, a ponto de se classificar cada indivíduo segundo suas escolhas, preferências e interesses colhidos acerca do comportamento da pessoa na Internet, numa constante vigilância.[50]

Se as pessoas são seus dados, e os dados movimentam-se (o que pode ser facilitado pela atividade de *data brokers*), é possível determinar que, na dimensão digital, as pessoas *são* fluxos informacionais que se agrupam e reagrupam (corpos eletrônicos dividuais[51]) de acordo com as normas constantes nos algoritmos das IA aplicadas nos diferentes nós. Um raciocínio semelhante pode ser encontrado no mercado de consumo, em particular no que toca os serviços "gratuitos" *online*, no já clássico jargão "se você não está pagando, você não é o consumidor, é o produto".

A principal diferença entre os mercados convencionais e os mercados ricos em dados é o papel desempenhado pela informação em cada qual, e de que maneira isso transparece nas decisões. Nos mercados ricos em dados, a eficiência transacional é assegurada por um processo descentralizado de decisões,[52] com base nos perfis dos titulares.

Interessantemente, o Facebook publicou uma postagem em que consta expressamente a pergunta "Se eu não estou pagando pelo Facebook, eu sou o produto?" A plataforma respondeu "não" – seu produto, em sua visão, é a mídia social e a habilidade de as pessoas se conectarem e se informarem.[53] Mas, para que isso possa ocorrer, é *imprescindível* o compartilhamento de inúmeros dados pessoais, que são utilizados justamente para criar os dossiês, os quais são destinados a fomentar uma economia digital que prima e tenta a todo custo preservar a atenção e o tempo de permanência dos usuários para, novamente, criar mais dados e aperfeiçoar os mesmos dossiês.

Assim é que os usuários da rede são, em verdade, fluxos informacionais direcionáveis por IA de acordo com os interesses de uma dada plataforma, o que marcará a promoção ou a rejeição de determinados fluxos fora da dimensão digital, como se pode perceber

---

49. RODOTÀ, Stefano. Data protection as a fundamental right. In: GUTWIRTH, Serge et al. *Reinventing Data Protection?* Netherlands: Springer, 2009. p. 77-82. p. 80.
50. LYON, David. *Surveillance society*. Buckingham: Open University Press, 2001. p. 44.
51. Na sociedade do controle, Deleuze já enxergava esse atributo: "A linguagem numérica do controle é feita de cifras, que marcam o acesso à informação, ou a rejeição. Não se está mais diante do par massa-indivíduo. Os indivíduos tornaram-se 'dividuais', divisíveis, e as massas tornaram-se amostras, dados, mercados ou 'bancos'". (DELEUZE, Gilles. *Post-Scriptum sobre as Sociedades de Controle*. 1990. Disponível em: https://bit.ly/3JGTUP4. Acesso em: 25 mar. 2022).
52. MAYER-SCHÖNBERGER, Viktor; RAMGE, Thomas. *Reinventing capitalism in the Age of Big Data*. New York: Basic Books, 2018. p. 07 [e-book]
53. META. *Hard Questions*: What Information Do Facebook Advertisers Know About Me? 23 abr. 2018. Disponível em: https://about.fb.com/news/2018/04/data-and-advertising/. Acesso em: 15 abr. 2022.

nos casos de dificultação de acessos relativas ao mercado de trabalho, à educação, ao crédito, ao consumo, à jurisdição e a tantas outras oportunidades.[54]

Neste ponto, Chagal-Feferkorn e Elkin-Koren sinalizam que a *Lex Informatica*, um modelo de governança *online*, conforme proposto por Reidenberg,[55] passou por um *upgrade* devido à Inteligência Artificial, o que denominaram de *Lex IA*. Por esta expressão, compreendem um tipo *sui generis* de ordem privada, em que se ignora a escolha autônoma das partes na composição de interesses e de normas que regularão determinada atividade ao se basear na (pretensa) personalização da dimensão digital realizada *para* e não *pelo* usuário. E como tal, levanta desafios, como a falta de participação dos interessados (titulares de dados) na deliberação das "normas" (códigos e decisões automatizadas) aplicáveis, além da opacidade desses sistemas autônomos,[56] o que requer reflexões sobre o alcance da legislação de proteção de dados existente, bem como um refinamento e aperfeiçoamento de propostas legislativas que pretendem regular a IA.

2. CONTROLE DE FLUXOS DOS TITULARES E TÓPICOS A SEREM APRIMORADOS

O controle privado de fluxos informacionais correspondentes aos titulares de dados significa determinar acessos e oportunidades às pessoas. Na ótica do Direito, tais fluxos são caracterizados como perfis, os quais são aplicados em importantes decisões que, via de regra, são autoexecutáveis por meio de um processo decisório opaco e não participativo, representando desafios quando o assunto é desafiar o processo e o resultado de determinada decisão.

A LGPD, nesse sentido, trouxe algumas salvaguardas aos interessados, como o direito à revisão e à explicação, mas pouco instrumentalizando-os. Para além de questões envolvendo privacidade e participação humana pelo lado de quem emprega as decisões automatizadas, outros tópicos merecerão aqui destaque: a opacidade dos sistemas de IA, a não participação de quem sobre algo é decidido e a sua relação com o possível novo regime de responsabilização dos agentes de Inteligência Artificial.

2.1 Controle de fluxos dos titulares na LGPD: perfilização e decisões automatizadas

No Direito, dossiês, corpos eletrônicos, gêmeos ou sósias digitais são enquadrados tecnicamente em outra denominação: *perfis*, os quais são formados pelo processo conhecido como perfilização.

---

54. Veja alguns exemplos: CHRISTL, Wolfie et al. *How companies use personal data against people.* Automated disadvantage, personalized persuasion, and the societal ramifications of the commercial use of personal information. Vienna: Working paper by Cracked Labs, 2017.
55. A *Lex Informatica*, segundo o autor, propiciava a criação de normas que não eram desenhadas por líderes, legisladores ou juízes, mas por capacidades tecnológicas e escolhas de design que garantiriam aos usuários da Internet a flexibilidade na conformação da sua experiência *online* baseada em suas preferências. (Veja: REIDENBERG, Joel R. Lex informatica: The formulation of information policy rules through technology. *Tex. Law Review*, v. 76, p. 553-594, 1997).
56. CHAGAL-FEFERKORN, Karni; ELKIN-KOREN, Niva. LEX AI: Revisiting Private Order by Design. *Berkeley Technology Law Journal*, California, n. 36, p. 102-148, 2021, passim.

De modo geral, pode-se conceituar perfilização como um conjunto de tecnologias e processos que são destinados a criar, descobrir ou construir conhecimento por meio de correlações matemáticas em grandes bases de dados. Conforma-se na aglutinação de diferentes aparatos tecnológicos (*hardwares*), como sensores, RFID-*tags*, biometrias e computadores e celulares, com diferentes técnicas de *data analytics* (*software*), como IA, *data mining, data aggregation* e *machine learning*. É essa simbiose entre *hardware* e *software* que torna possível a criação e a aplicação de perfis.[57]

Cabe salientar que a LGPD não trouxe definições sobre perfis ou perfilização, distanciando-se, neste ponto, do Regulamento Geral de Proteção de Dados da União Europeia (RGPD), Regulamento (UE) 2016/679 do Parlamento Europeu e do Conselho, de 27 de abril de 2016. Na legislação brasileira, há duas menções cambiantes em respeito aos perfis, uma quando trata de dados anonimizados (art. 12, § 2º – perfil comportamental) e a outra quando reconhece o direito do titular de solicitar a revisão de decisões unicamente automatizadas (art. 20, *caput*, perfil pessoal, profissional, de consumo e de crédito ou os aspectos de sua personalidade), mas nada há sobre a definição jurídica desses conceitos.

O RGPD preocupa-se com a questão conceitual da definição de perfis e da tomada de decisões automatizadas com base neles de modo expresso. O seu artigo 4(4), que trata sobre as definições aplicáveis, conceitua a prática de *profiling* como "qualquer forma de tratamento automatizado de dados pessoais que consiste em utilizar esses dados pessoais para avaliar certos aspectos pessoais de uma pessoa singular", exemplificando seus objetivos e utilizações principais, que versam sobre "analisar ou prever aspectos relacionados ao seu desempenho profissional, a sua situação econômica, saúde, preferências pessoais, interesses, fiabilidade, comportamento, localização ou deslocações".[58]

Antes mesmo do RGPD, o art. 15 da Diretiva 95/46/CE do Parlamento Europeu e do Conselho, de 24 de outubro de 1995, conhecida popularmente como Diretiva de Proteção de Dados Pessoais (DPD), tinha previsão expressa sobre o direito de não estar sujeito à prática de perfilização. A transposição desse artigo às leis nacionais se deu de maneiras divergentes e geralmente não abordava diretamente a temática do *profiling* e do *perfil* nem definia seus conceitos ou variações. Um dos ordenamentos que, de forma explícita, embora tangente, considerou o conceito de perfis foi a Lei Federal sobre Proteção de Dados suíça (FADP), de junho de 1992. No artigo 3º da referida Lei, sobre as definições, trouxe, no item (d), o perfil de personalidade (*Persönlichkeitsprofil*), que significa "um conjunto de dados que permite avaliar as características essenciais da per-

---

57. HILDEBRANDT, Mireille. Defining Profiling: A New Type of Knowledge? In: HILDEBRANDT, Mireille; GUTWIRT, Serge. *Profiling the European Citizen*: Cross-Disciplinary Perspectives. Heidelberg: Springer, 2008. p. 17-45. p. 18.
58. PARLAMENTO EUROPEU; CONSELHO DA EUROPA. *Regulamento (UE) 2016/679 do Parlamento Europeu e do Conselho* de 27 de abril de 2016 relativo à proteção das pessoas singulares no que diz respeito ao tratamento de dados pessoais e à livre circulação desses dados e que revoga a Diretiva 95/46/CE (Regulamento Geral sobre a Proteção de Dados). 2016. Disponível em: https://eur-lex.europa.eu/legal-content/PT/TXT/HTML/?uri=-CELEX:02016R0679-20160504&from=EN. Acesso em: 12 mar. 2022.

sonalidade de uma pessoa singular",[59] aproximando-se, de certa maneira, do disposto atualmente em nível da União.

Todavia, umas das principais fontes de inspiração para a conceituação trazida no RGPD foi a Recomendação CM/Rec (2010)13, adotada pelo Comitê de Ministros do Conselho da Europa em 23 de novembro de 2010, que, em seu apêndice, define *profile* e *profiling*. Conforme o documento, o primeiro significa um conjunto de dados que caracteriza uma categoria de indivíduos, e o segundo compreende uma técnica automatizada de processamento de dados que consiste na aplicação do perfil a um indivíduo, especialmente para, embasado nisso, tomar decisões que lhe digam respeito ou para analisar ou prever preferências, comportamentos e atitudes.[60]

González e Hert explicam esse processo distinguindo três etapas. Em primeiro lugar, há a coleta e a preparação de dados em larga escala, podendo ser transpostos ao formato digital, caso analógicos, e enriquecidos com outros constantes em outras bases de dados, como, por exemplo, conteúdos de compras, contas telefônicas, listas de locomoções em transportes públicos etc. Em segundo lugar, proceder-se-á às técnicas de *data mining* para encontrar correlações e padrões entre comportamentos e características individuais, criando perfis específicos, utilizando de estatística para calcular a probabilidade de ocorrência dos fatores encontrados. Nessa medida, o terceiro passo seria utilizar o perfil criado para outros indivíduos, ou seja, realizar inferências para deduzir características ou variáveis comportamentais que se referem ao passado, ao presente ou ao futuro em relação a outras variáveis que são observadas sobre o indivíduo.[61]

É interessante notar que a prática de *profiling* está embasada em correlações que se dão entre dados, sem preocupações a respeito das causas ou razões pelas quais o algoritmo chega àquela correlação determinada. Em outros termos, pragmaticamente, perfilização visa ao conhecimento que se define por seus efeitos e não por uma elaboração conceitual e teórica. Dessa maneira, os perfis podem ser enxergados como hipóteses estatísticas que emergem de processos de *data mining* realizados em grandes acervos de dados, as quais são testadas diretamente na sociedade quando aplicados os perfis.[62]

A prática de perfilização não pode ser corretamente compreendida, nesse raciocínio, sem que se considere seu contexto de aplicação e suas confluências sociais. Nesse sentido, Richardson é enfático ao estabelecer que a falha na incorporação dessas reflexões nas definições legais somente tem por efeito reforçar a pretensa legitimidade que ronda

---

59. SWISS CONFEDERATION. *Federal Act on Data Protection* (FADP). 19 jun. 1992. Disponível em: https://www.fedlex.admin.ch/eli/cc/1993/1945_1945_1945/en. Acesso em: 15 mar. 2022.
60. EUROPEAN DATA PROTECTION BOARD. *Guidelines 05/2020 on consent under Regulation 2016/679*. Adopted on 4 May 2020. Disponível em: https://edpb.europa.eu/sites/default/files/files/file1/edpb_guidelines_202005_consent_en.pdf. Acesso em: 14 mar. 2022. p. 9.
61. GIL GONZÁLEZ, Elena; DE HERT, Paul. Understanding the legal provisions that allow processing and profiling of personal data—an analysis of RGPD provisions and principles. *ERA Forum*, v. 19, p. 597-621, 2019. DOI: https://doi.org/10.1007/s12027-018-0546-z. p. 13.
62. HILDEBRANDT, Mireille. Profiling: From Data to Knowledge. The challenges of a crucial technology. *Datenschutz und Datensicherheit*, v. 30, n. 9, p. 548, 2006.

tecnologias baseadas em algoritmos, justo porque são fórmulas matemáticas que, em tese, encontram-se livres de subjetividades e vieses discriminatórios.[63]

Hildebrandt elaborou um conceito funcional e um conceito finalístico de *profiling*. O primeiro salienta aspectos mais técnicos, consubstanciando-se "[n]o processo de 'descobrir' correlações entre dados em bancos de dados que podem ser usados para identificar e representar um sujeito humano ou não humano (indivíduo ou grupo) e/ou a aplicação de perfis (conjuntos de dados correlacionados)", que se presta a "individualizar e representar um assunto ou para identificar um assunto como membro de um grupo ou categoria".[64]

Já o segundo, finalístico, destaca o propósito da destinação dada à utilização do *profiling*, já que, para a correta compreensão dessa prática, é necessário verificar quais são os seus objetivos quando empregados. Para além da individualização e da personalização de produtos e serviços, está subjacente a avaliação de riscos, de oportunidades e de acessos de pessoas individualmente consideradas e de grupos, o que acontece normalmente sobre o prisma avaliativo do controlador de dados, o qual coloca em precedência seus próprios interesses em relação aos dos titulares dos dados. Nesse sentido, define *profiling* por esse viés como "avaliação de riscos e/ou oportunidades para o controlador de dados (em relação a riscos e oportunidades relativas ao sujeito individual)".[65]

Mendes, no espectro do mercado de consumo, ensina que a construção de perfis se dá a partir da reunião e da correlação de inúmeros dados sobre uma pessoa, com o fim de se obter uma "imagem" detalhada e fidedigna – um *novo* elemento informativo – para a realização de previsões de padrões de comportamento, gostos, hábitos de consumo e preferências do consumidor. O perfil, dessa maneira, expressa uma completa e abrangente imagem sobre a personalidade do sujeito perfilado, o que garante vantagens para quem tem o poder sobre ele na tomada de decisões.[66]

Isso porque, na perfilização, podem ser utilizados diversificados dados de diferentes naturezas: os dados podem ser fornecidos diretamente pela pessoa em causa, como quando responde a um questionário *online*, dados observados sobre as pessoas, como dados de localização recolhidos por meio de um aplicativo, e dados obtidos ou inferidos, como um perfil já criado de uma pessoa e utilizado na tomada de decisão, como um escore de crédito empregado para a concessão ou não de crédito.[67]

---

63. RICHARDSON, Rashida. Defining and Demystifying Automated Decision Systems. *Maryland Law Review*, v. 81, 2022 (forthcoming). p. 4.
64. HILDEBRANDT, Mireille. Defining Profiling: A New Type of Knowledge? In: HILDEBRANDT, Mireille; GUTWIRT, Serge. *Profiling the European Citizen*: Cross-Disciplinary Perspectives. Heidelberg: Springer, 2008. p. 17-45. p. 19.
65. HILDEBRANDT, Mireille. Defining Profiling: A New Type of Knowledge? In: HILDEBRANDT, Mireille; GUTWIRT, Serge. *Profiling the European Citizen*: Cross-Disciplinary Perspectives. Heidelberg: Springer, 2008. p. 17-45. p. 20.
66. MENDES, Laura. *Privacidade, proteção de dados e defesa do consumidor*: linhas gerais de um novo direito fundamental. São Paulo: Saraiva, 2014. p. 111.
67. EUROPEAN DATA PROTECTION BOARD. *Guidelines 05/2020 on consent under Regulation 2016/679*. Adopted on 4 May 2020. Disponível em: https://edpb.europa.eu/sites/default/files/files/file1/edpb_guidelines_202005_consent_en.pdf. Acesso em: 14 mar. 2022.

Com a abundância de dados e a imensa variedade de rastros digitais fornecidos cotidianamente, a formação de *data points* em relação a seres humanos é enriquecida. Algumas companhias, nesse espectro, podem combinar dados de diversificadas fontes para a construção de perfis, o que pode dar origem a novos *insights* sobre comportamentos e características.[68] Por meio de *machine learning* e de IA, os dados podem ser – e normalmente são – destinados a inferir semelhanças entre os indivíduos por meio de correlações e, assim, multiplicar os fatores de reconhecimento de grupos que antes eram imperceptíveis e insuscetíveis de serem encontrados.

O Considerando 30 do RGPD preocupa-se com as conexões de identificadores e demais informações para a definição de perfis. Estabelece que as pessoas singulares podem ser associadas a identificadores por via eletrônica, os quais são fornecidos por diversos meios, como os respectivos aparelhos, aplicações, ferramentas e protocolos, a exemplo do protocolo internet (endereço de IP), *cookies*, ou outros, como os de radiofrequência. Sinaliza-se que esses identificadores potencialmente deixam vestígios que, combinados com identificadores únicos e outras informações recebidas pelos servidores, poderão ser utilizados para a definição de perfis e, especificamente, para a identificação de pessoas singulares.[69]

A pessoa torna-se identificável, conforme art. 4(1), do RGPD, quando ela pode ser identificada direta ou indiretamente, em especial quando há referência a um identificador, como nome, número de identificação, dados de localização ou outros elementos que sejam específicos de sua identidade física, fisiológica, genética, mental, econômica, cultural ou social dessa pessoa singular.[70] Conforme Schreurs et al, a fim de determinar a identificabilidade de determinado sujeito, deve-se levar em consideração todos os meios que possam ser utilizados pelo controlador ou por qualquer outro agente para

---

68. BÜCHI, Moritz et al. The chilling effects of algorithmic profiling: Mapping the issues. *Computer Law & Security Review*, v. 36, p. 105367, 2020. DOI: https://doi.org/10.1016/j.clsr.2019.105367. p. 8.
69. "As pessoas singulares podem ser associadas a identificadores por via eletrónica, fornecidos pelos respectivos aparelhos, aplicações e protocolos, tais como endereços IP (protocolo internet) ou testemunhos de conexão (cookie) ou outros identificadores, como as etiquetas de identificação por radiofrequência. Estes identificadores podem deixar vestígios que, em especial quando combinados com identificadores únicos e outras informações recebidas pelos servidores, podem ser utilizados para a definição de perfis e a identificação das pessoas singulares". (PARLAMENTO EUROPEU; CONSELHO DA EUROPA. *Regulamento (UE) 2016/679 do Parlamento Europeu e do Conselho* de 27 de abril de 2016 relativo à proteção das pessoas singulares no que diz respeito ao tratamento de dados pessoais e à livre circulação desses dados e que revoga a Diretiva 95/46/CE (Regulamento Geral sobre a Proteção de Dados). 2016. Disponível em: https://eur-lex.europa.eu/legal-content/PT/TXT/HTML/?uri=CELEX:02016R0679-20160504&from=EN. Acesso em: 12 mar. 2022).
70. Artigo 4º Definições. Para efeitos do presente regulamento, entende-se por: 1) «Dados pessoais», informação relativa a uma pessoa singular identificada ou identificável («titular dos dados»); é considerada identificável uma pessoa singular que possa ser identificada, direta ou indiretamente, em especial por referência a um identificador, como por exemplo um nome, um número de identificação, dados de localização, identificadores por via eletrónica ou a um ou mais elementos específicos da identidade física, fisiológica, genética, mental, econômica, cultural ou social dessa pessoa singular; (PARLAMENTO EUROPEU; CONSELHO DA EUROPA. *Regulamento (UE) 2016/679 do Parlamento Europeu e do Conselho* de 27 de abril de 2016 relativo à proteção das pessoas singulares no que diz respeito ao tratamento de dados pessoais e à livre circulação desses dados e que revoga a Diretiva 95/46/CE (Regulamento Geral sobre a Proteção de Dados). 2016. Disponível em: https://eur-lex.europa.eu/legal-content/PT/TXT/HTML/?uri=CELEX:02016R0679-20160504&from=EN. Acesso em: 12 mar. 2022.)

identificá-lo. Isso significa que não será considerado dado pessoal caso não haja um *link* razoável entre o dado e a pessoa a ser identificada.[71]

Nesse sentido, dados que se prestam para a identificação de determinado sujeito, mesmo que anonimizados (e aqui defendemos que os não pessoais também, em uma interpretação expansionista[72]) encontram, na norma brasileira, equiparação a dados pessoais.[73] O foco está – ou deveria estar – nas consequências da perfilização sobre os sujeitos, e não apenas na formação de modelos algorítmicos ou na base de dados em si. Posto de outra forma, vislumbra-se a importância não só do tratamento, mas da destinação dada, do seu uso e da repercussão nas esferas dos indivíduos. O próprio perfil é, quando permite identificar uma pessoa, um *novo* dado pessoal produzido pelos sistemas de IA.

Bioni afirma que a prática de *profiling* está intimamente associada à tomada de decisões que afetam a vida do titular do perfil em inúmeras oportunidades no contexto social. Por meio da definição de perfis, nesse sentido, cria-se uma espécie de bolha informacional (ou controle do fluxo informacional), uma mão invisível que direciona desde a interação do usuário com outros em redes sociais, a publicidade, até o acesso a conteúdos informativos ou recreativos, bem como a produtos e serviços no mercado de consumo e colocações no mercado de trabalho, afetando igualmente a teoria contratual de um modo geral.[74]

Isso guarda relação com o que Hoffmann-Riem chama de controle comportamental por meio de *gatekeepers* da informação, cujo ponto de partida considera ser a perfilização.[75] O Considerando 24 do RGPD vai no mesmo caminho e refere que o tratamento de dados pessoais de titulares estabelecidos na União Europeia realizado por responsáveis ou contratantes que estejam fora desse espaço deverá ser abarcado pelo Regulamento, caso tal tratamento esteja relacionado com o controle de comportamento que tenha se dado dentro da União. Para aferir essa qualidade, diz-se que haverá controle de comportamento quando os titulares forem seguidos na internet, de modo que seus

---

71. SCHREURS, Wim; HILDEBRANDT, Mireille; Kindt, Els; VANFLETEREN, Michaël. Cogitas, Ergo Sum. The Role of Data Protection Law and Non-discrimination Law in Group Profiling in the Private Sector. In: HILDEBRANDT, Mireille; GUTWIRT, Serge. *Profiling the European Citizen*: Cross-Disciplinary Perspectives. Heidelberg: Springer, 2008. p. 241-270. p. 246-247.
72. Segundo Bioni, "Garante-se, com isso, uma exegese que torna o § 2º do art. 12 aplicável e não "letra morta". E, sobretudo, coerente com o conceito de dado pessoal que foi desenhado e é vocacionado para expandir a proteção da pessoa natural com relação às situações nas quais a atividade de tratamento de dados – mesmo anonimizados – afeta o livre desenvolvimento da sua personalidade. Caso contrário, prevalecendo uma interpretação literal do dispositivo em questão, a própria lei e um dos seus fundamentos seriam esvaziados". (BIONI, Bruno Ricardo. *Proteção de Dados Pessoais*. A Função e os Limites do Consentimento. Rio de Janeiro: Grupo Gen, 2021. p. 78).
73. Art. 12. Os dados anonimizados não serão considerados dados pessoais para os fins desta Lei, salvo quando o processo de anonimização ao qual foram submetidos for revertido, utilizando exclusivamente meios próprios, ou quando, com esforços razoáveis, puder ser revertido. (...) § 2º Poderão ser igualmente considerados como dados pessoais, para os fins desta Lei, aqueles utilizados para formação do perfil comportamental de determinada pessoa natural, se identificada. (BRASIL. *Lei n. 13.709, de 14 de agosto de 2018*. Disponível em: http://www.planalto.gov.br/ccivil_03/_ato2015-2018/2018/lei/l13709.htm. Acesso em: 15 mar. 2022).
74. BIONI, Bruno Ricardo. *Proteção de Dados Pessoais*. A Função e os Limites do Consentimento. Rio de Janeiro: Grupo Gen, 2021. p. 89.
75. HOFFMANN-RIEM, Wolfgang. *Teoria geral do direito digital*: transformação digital, desafios para o Direito. Rio de Janeiro: Forense, 2021. p. 83.

dados depois de tratados formem perfis destinados à tomada de decisões ou à análise de preferências, hábitos e atitudes.[76]

Em termos gerais, o *profiling* consiste em dois processos complementares: a inferência de um conjunto de características de um indivíduo ou um grupo de indivíduos, ou seja, o *processo de criação do perfil*; e tratar esse indivíduo ou grupo de indivíduos à luz dessas características encontradas, isto é, o *processo de aplicação do perfil*.[77] Colocado de outra forma, significa a coleta e o tratamento de dados sobre um indivíduo ou grupo de indivíduos, cujo objetivo é a avaliação de características ou de aspectos comportamentais, a fim de analisar ou prever determinados atributos, como capacidades cognitivas, interesses ou comportamentos presumíveis.[78]

Uma questão problemática é a perfilização de grupo não-distributiva. Essa prática é mais comum e se caracteriza por não serem todos os seus membros constituintes que dividem de certo atributo ou característica, o que o deixa com uma natureza probabilística ainda maior. Isto é, mesmo que alguns dos membros do grupo perfilado não partilhem de determinado atributo, eles serão tratados como se o partilhassem, independentemente das condições individuais.

Nesse sentido, não necessariamente o perfil do grupo definirá o sujeito enquanto pessoa individualmente considerada e isso pode ter efeitos relevantes, o que levanta, desde já, preocupações com questões discriminatórias, injustas e estratificadoras. Além do que, em uma perspectiva coletiva, alguns institutos jurídicos, como o da privacidade, têm seus contornos alterados,[79] bem como dados referentes a grupos são anonimizados e, por isso, as leis de proteção de dados a eles não se aplicam, mesmo que as pessoas estejam sendo julgadas com base neles. Nesse tema, vale citar, há desenvolvimentos doutrinários no sentido de haver um direito a inferências razoáveis.[80]

Com essas informações, sejam elas fidedignas ou não, mesmo que na base da probabilidade, os que utilizam sistemas de IA, de modo geral, tomam importantes decisões sobre os sujeitos, mesmo que haja margens de erro por vezes significativas. Essas decisões automatizadas baseadas em perfis, conceitualmente, não constituem um elemento unitário, referentes apenas a um tipo de decisão, já que admitem diferenciados tipos com

---

76. PARLAMENTO EUROPEU; CONSELHO DA EUROPA. *Regulamento (UE) 2016/679 do Parlamento Europeu e do Conselho* de 27 de abril de 2016 relativo à proteção das pessoas singulares no que diz respeito ao tratamento de dados pessoais e à livre circulação desses dados e que revoga a Diretiva 95/46/CE (Regulamento Geral sobre a Proteção de Dados). 2016. Disponível em: https://eur-lex.europa.eu/legal-content/PT/TXT/HTML/?uri=-CELEX:02016R0679-20160504&from=EN. Acesso em: 12 mar. 2022.
77. BYGRAVE, Lee A. Article 4(4). Profiling. In: KUNER, Christopher; BYGRAVE, Lee A. *The EU General Data Protection Regulation (RGPD)*: A commentary. Oxford: Oxford University Press, 2020. p. 127-132. p. 130.
78. GRUPO DE TRABALHO DO ARTIGO 29. PARA A PROTEÇÃO DE DADOS. *Orientações sobre as decisões individuais automatizadas e a definição de perfis para efeitos do Regulamento (UE) 2016/679*. Adotadas em 3 de outubro de 2017 com a última redação revista e adotada em 6 de fevereiro de 2018. Disponível em: https://ec.europa.eu/newsroom/article29/items/612053. Acesso em: 15 mar. 2022. p. 8.
79. MAVRIKI, Paola; KARYDA, Maria. Automated data-driven profiling: threats for group privacy. *Information & Computer Security*, v. 28, n. 2, p. 191, 2020. DOI: https://doi.org/10.1108/ICS-04-2019-0048.
80. WACHTER, Sandra; MITTELSTADT, Brent. A right to reasonable inferences: re-thinking data protection law in the age of big data and AI. *Colum. Bus. L. Rev.*, p. 494-620, 2019.

diferenciados graus de impactos nos interesses sobre quem algo é decidido (recomendações de músicas podem não ser significativamente impactantes, mas uma negativa de um crédito poderá ser), o que é extremamente subjetivo. Contudo, partilham de um elemento comum: uma ou mais tarefas cognitivas que levam a um resultado decisório são delegados à IA[81] que, no atual estágio do desenvolvimento tecnológico, não consegue entender, interpretar ou valorar os *inputs,* os objetivos que devem perseguir uma decisão tampouco avaliar os impactos no sujeito[82] e, mesmo assim, são autoexecutáveis.

É precisamente nesse momento que o fluxo informacional se transforma em ação que barrará ou promoverá outros fluxos, como também se pode observar na definição oferecida pelo criticado Projeto de Lei 21/2020, em tramitação na Câmara dos Deputados, segundo o qual a IA seria um "sistema baseado em processo computacional que pode, para um determinado conjunto de objetivos definidos pelo homem, fazer previsões e recomendações ou tomar decisões que influenciam *ambientes reais ou virtuais*"[83] – grifo nosso.

Em nível legislativo, cabe mencionar que não há no RGPD nem na LGPD menções expressas ao conceito de decisão automatizada. A Diretiva das Decisões Automatizadas (*Directive on Automated Decision-Making*) do Canadá, de 1º de abril de 2019, que regula certos aspectos desse tipo de decisão em âmbito de direito público, trouxe uma definição: é qualquer tecnologia baseada em estatística, linguística e ciência da computação que utiliza sistemas baseados em regras, regressão, análise preditiva, aprendizado de máquina, aprendizado profundo e redes neurais, que auxilie ou substitua o julgamento dos tomadores de decisão humanos.[84]

Há no Brasil, todavia, no Senado Federal, o Projeto de Lei 4.496/2019, proposto pelo Sr. Senador Styvenson Valentim, que pretende alterar a *lex data* brasileira exatamente neste ponto. Nas motivações, elenca que o art. 20 da LGPD carece de aperfeiçoamento para dar ao comando legal a efetividade necessária, posto que, na Lei não definiu o que seriam as decisões automatizadas e fundamenta-se no direito de a pessoa ter "informações claras e adequadas a respeito dos critérios e dos procedimentos utilizados para a decisão automatizada".

Dessa forma, acrescentaria, no art. 5º, que trata sobre as definições, o inciso XX, conceituando amplamente "decisão automatizada" como o processo de escolha, classificação, aprovação, rejeição, atribuição de nota, medida, pontuação ou escore, cálculo de risco ou de probabilidade ou outro semelhante que seja realizado por tratamento de

---

81. BRKAN, Maja. Do algorithms rule the world? Algorithmic decision-making and data protection in the framework of the RGPD and beyond. *International Journal of Law and Information Technology*, v. 27, n. 2, p. 93, 2019.
82. KARANASIOU, Argyro P.; PINOTSIS, Dimitris A. A study into the layers of automated decision-making: emergent normative and legal aspects of deep learning. *International Review of Law, Computers & Technology*, p. 6, 2017.
83. CÂMARA DOS DEPUTADOS. *Projeto de Lei 21/2020*. Disponível em: https://www.camara.leg.br/proposicoesWeb/prop_mostrarintegra;jsessionid=node01q6xoytrpswe0ivwtf54p0d8e6163223.node0?codteor=1853928&filename=PL+21/2020. Acesso em: 15 abr. 2022.
84. GOVERNMENT OF CANADA. *Directive on Automated Decision-Making*. 2019. Disponível em: https://www.tbs-sct.gc.ca/pol/doc-eng.aspx?id=32592#appA. Acesso em: 12 jan. 2022.

dados pessoais utilizando-se regras, cálculos, instruções, algoritmos, análises estatísticas, inteligência artificial, aprendizado de máquina ou outra técnica computacional.[85]

Mesmo com a recente atividade legislativa, adverte-se sobre a crescente preocupação com sistemas de IA que avaliam e determinam decisões, resultante do potencial impacto que tais decisões podem ter em relação a pessoas, grupos e a sociedade como um todo.[86] Os desafios são vários, mas gostaríamos de focar na opacidade desses sistemas, a não participação dos titulares nos processos decisórios e o regime de responsabilização previsto no projeto de Marco Regulatório da IA no Brasil.

2.2 Transparência, participação e responsabilização no controle de fluxos informacionais: tópicos a serem aprimorados via Marco Regulatório da IA no Brasil

Atualmente, os sistemas de decisões automatizadas apresentam riscos sociais e econômicos mais relevantes que nunca, os quais transformam-se em preocupações para o Direito no que toca a proteção e a salvaguarda dos titulares de dados pessoais sobre quem algo é automatizadamente decidido. Dificilmente haverá informações sobre o *design*, as instruções, as lógicas subjacentes e até mesmo sobre a existência desse mecanismo decisório, o que torna difícil – para não dizer impossível – contestá-lo, a ele se opor, corrigi-lo e, de um modo geral, participar ativamente do processo que leva a determinado resultado.

De fato, esse contexto de opacidade, referido por Pasquale como algoritmos sendo "*black boxes*", tem o potencial de se tornar em um instrumento não de eficiência e de personalização de produtos, serviços, conteúdos e *layouts* em benefício das pessoas – como normalmente é proclamada a decisão automatizada –, mas sim de vieses, preconceitos, discriminações, esteriotipações e segregação social ao ratificar e reforçar as mazelas sociais existentes e representadas nos dados e nas programações dos códigos,[87] levando-se em consideração ainda os profissionais que os escrevem: homens brancos, cis, héteros, *geeks* e com estruturas culturais heteropatriarcais[88] ou, em outros termos, o "*white guy problem*".[89] É, como visto, um problema opacidade que leva à falta de participação e de representação, resultando na desvalorização do pluralismo, o que começa na própria

---

85. SENADO FEDERAL. *Projeto de Lei n. 4496/2019*. Disponível em: https://bit.ly/36pvf3L. Acesso em: 15 mar. 2022.
86. DREYER, Stephan; SCHULZ, Wolfgang. *The General Data Protection Regulation and Automated Decisionmaking*: Will it deliver? Potentials and limitations in ensuring the rights and freedoms of individuals, groups and society as a whole. UE: Bertelsmann Stiftung, 2019. p. 13.
87. CASTETS-RENARD, Céline. Accountability of Algorithms in the RGPD and Beyond: A European Legal Framework on Automated Decision-Making. *Fordham Intellectual Property, Media & Entertainment Law Journal*, v. 30, n. 1, p. 100, outono 2019.
88. CONSTANZA-CHOCK, Sasha. Design Practices: "Nothing about us without us". *Design Justice*, fev. 2020. Disponível em: https://bit.ly/36naYvG. Acesso em: 13 abr. 2022.
89. CRAWFORD, Kate. Artificial Intelligence's White Guy Problem. *The New York Times*, jun. 2016. Disponível em: https://nyti.ms/3uT3l9Z. Acesso em: 13 abr. 2022.

contratação de especialistas em tecnologia e termina com os resultados enviesados que anulam ou tentam anular a diversidade,[90] individual e coletivamente.[91]

Consideram-se, na Proposta de Regulamento do Parlamento Europeu e do Conselho, que estabelece regras harmonizadas em matéria de IA, sistemas que apresentam risco elevado aqueles que são concebidos para identificação biométrica, para determinar acesso a instituições de ensino e de formação profissional, para a avaliação e admissão de estudantes, para recrutamento e seleção de recursos humanos, para a tomada de decisões referentes a relações de trabalho, para avaliar a capacidade de endividamento ou estabelecer classificações de crédito, dentre outros.[92]

Em nosso recorte, cabe referir que a Proposta proíbe a colocação no mercado, em serviço ou utilização de sistemas de IA que empreguem técnicas subliminares que "contornem a consciência de uma pessoa para distorcer substancialmente o seu comportamento", bem como "*explore quaisquer vulnerabilidades* de um grupo específico de pessoas associadas à sua idade ou deficiência física ou mental, a fim de distorcer substancialmente o comportamento de uma pessoa pertencente a esse grupo" (grifo nosso), já que isso potencialmente causa ou é capaz de causar danos físicos ou psicológicos ao interessado ou a outras pessoas.[93]

Todavia, a vulnerabilidade, quando se trata de IA, não fica reservada a grupos. O grupo é a própria sociedade, de modo que, em eventual avaliação de risco, deverá se ter como critério, assim como é para a proposta da União, a "*posição de vulnerabilidade das pessoas potencialmente prejudicadas ou adversamente afetadas em relação ao utilizador de um sistema de IA*", porque há "um *desequilíbrio de poder ou de conhecimento, a circunstâncias económicas ou sociais, ou à idade*"[94] (grifo nosso).

Nestes casos em que houver impactos significativos ao titular de dados objeto da decisão automatizada, revelando-se suas vulnerabilidades, dois renovados valores jurídicos devem ser impostos com rigidez: transparência e participação. Aliás, a "participação dos parceiros sociais será um fator crucial para assegurar uma abordagem da IA centrada no ser humano".[95] Ora, nada adianta abrir as "caixas-pretas" se não houver a possibilidade *real* de, a partir disso, poder ter algum grau de ingerência na decisão ou

---

90. KLINGER, Ulrike; SVENSSON, Jakob. The power of code: women and the making of the digital world. *Information, Communication and Society*, s.l., v. 24, n. 14, p. 2075-2090, 2021. Passim.
91. Veja, por todos: O'NEIL, Cathy. *Weapons of math destruction*: how big data increases inequality and threatens democracy. Nova Iorque: Crown, 2016.
92. COMISSÃO EUROPEIA. *Proposta de Regulamento do Parlamento Europeu e do Conselho que estabelece regras harmonizadas em matéria de inteligência artificial (Regulamento Inteligência Artificial) e altera determinados atos legislativos da União.* Bruxelas, 21 abr. 2021. Disponível em: https://eur-lex.europa.eu/legal-content/PT/TXT/HTML/?uri=CELEX:52021PC0206&from=EN. Acesso em: 18 abr. 2022.
93. Artigos 1(a) e (b). (COMISSÃO EUROPEIA. *Proposta de Regulamento do Parlamento Europeu e do Conselho que estabelece regras harmonizadas em matéria de inteligência artificial (Regulamento Inteligência Artificial) e altera determinados atos legislativos da União.* Bruxelas, 21 abr. 2021. Disponível em: https://eur-lex.europa.eu/legal-content/PT/TXT/HTML/?uri=CELEX:52021PC0206&from=EN. Acesso em: 18 abr. 2022).
94. COMISSÃO EUROPEIA. *Livro Branco sobre a inteligência artificial* – Uma abordagem europeia virada para a excelência e a confiança. Bruxelas, 19 fev. 2020. Disponível em: https://eur-lex.europa.eu/legal-content/PT/TXT/HTML/?uri=CELEX:52020DC0065&from=EN. Acesso em: 18 abr. 2022.
95. COMISSÃO EUROPEIA. *Livro Branco sobre a inteligência artificial* – Uma abordagem europeia virada para a excelência e a confiança. Bruxelas, 19 fev. 2020. Disponível em: https://eur-lex.europa.eu/legal-content/PT/TXT/HTML/?uri=CELEX:52020DC0065&from=EN. Acesso em: 18 abr. 2022.

mesmo ter a oportunidade de não estar a ela sujeito, como consta no GDPR mas não na LGDP. Seria como abrir a caixa de pandora, ver os males se espraiarem pela Terra e fazer com que a esperança, único traço positivo, permanecesse na caixa.

Não que a LGDP não tenha tratado da matéria. Tratou, mas de forma muito tímida considerando o impacto das decisões automatizadas sobre os indivíduos. Como referido, limitou-se a equiparar dados anonimizados a pessoais quando destinados à formação do perfil (art. 12, § 2º), bem como concedeu ao titular o direito de solicitar revisão das decisões tomadas unicamente por meios automatizados que afetem seus interesses (art. 20), mas lhe retirou eficácia e operacionalização quando fora vetada a revisão humana (um duplo grau *algorítimico*?). Trouxe também um possível direito à explicação (art. 20, § 1º), mas igualmente carece de aperfeiçoamento para ter resultados práticos e protetivos satisfatórios, ainda mais considerando a preservação dos segredos comercial e industrial.

Pasquale e Citron[96] compreendem que tais valores estão contidos na noção de *devido processo informacional*. No Brasil, o tema ganhou relevância e foi reconhecido no julgamento da Ação Direta de Inconstitucionalidade 6.389, conhecida como "Caso IBGE". No voto do Min. do Supremo Tribunal Federal, Gilmar Mendes, destacou-se que é possível identificar como corolário da dimensão subjetiva do direito à proteção de dados a preservação do devido processo informacional, que é "voltado a conferir ao indivíduo o direito de evitar exposições de seus dados sem possibilidades mínimas de controle, sobretudo em relação a práticas de tratamento de dados capazes de sujeitar o indivíduo a julgamentos preditivos e peremptórios".[97]

Segundo Bioni, para que seja possível atenuar a assimetria informacional e desequilíbrios advindos de relações de poder, o devido processo informacional mostra-se cada vez mais necessário, posto que se presta, mesmo em relações entre privados, a assegurar a simetria e proporcionalidade de uma forma mais ampla, evitando ações arbitrárias e intrusivas tomadas em relações ao sujeito que tem pouca ou nenhuma capacidade de se defender efetivamente.[98]

É justamente por isso que há a necessidade de melhor compreender a IA e o processo que leva aos resultados das decisões dela provenientes – o sistema não pensa, ele funciona[99] a partir de programações realizadas por humanos e, nesse sentido, é necessária a atribuição de responsabilidades pelos riscos criados.[100]

---

96. Assim para Citron e Pasquale: "(…) the underlying values of due process – transparency, accuracy, accountability, participation, and fairness – should animate the oversight of scoring systems given their profound impact on people's lives". (CITRON, Danielle Keats; PASQUALE, Frank A. The Scored Society: Due Process for Automated Predictions. Washington, *Washington Law Review*, v. 89, n. 1, p. 20, 2015.

97. BRASIL. Supremo Tribunal Federal. Ação Direta de Inconstitucionalidade n. 6.389. Requerente: Partido Socialista Brasileiro. Relatora: Min. Rosa Weber. Brasília, 07 maio 2020. DJe 12 nov. 2020.

98. BIONI, Bruno. *Devido processo informacional*: um salto teórico-dogmático necessário? 2020. Disponível em: https://bit.ly/3jL4EBr. Acesso em: 14 abr. 2022.

99. BEETZ, Jürgen. *Digital*: wie Computer denken. Berlin: Springer-Verlag, 2019. p. 9.

100. COMISSÃO EUROPEIA. *Proposta de Regulamento do Parlamento Europeu e do Conselho que estabelece regras harmonizadas em matéria de inteligência artificial (Regulamento Inteligência Artificial) e altera determinados atos legislativos da União*. Bruxelas, 21 abr. 2021. Disponível em: https://eur-lex.europa.eu/legal-content/PT/TXT/HTML/?uri=CELEX:52021PC0206&from=EN. Acesso em: 18 abr. 2022.

O Projeto de Lei 21/2020 (Marco Legal da Inteligência Artificial), que estabelece princípios, direitos e deveres para o uso de IA no Brasil, representou uma oportunidade para a questão da IA, das decisões automatizadas, da transparência e da participação e, consequentemente, de responsabilização – a qual não fora bem aproveitada. O art. 7º, inciso II, do referido PL, por exemplo, parafraseou o art. 20, § 2º, da LGPD, dando ênfase, no inciso subsequente, aos dados sensíveis. O art. 10, VI, determinou diretrizes aos entes federativos no uso da IA, no sentido de estabelecerem mecanismos de governança multiparticipativa, transparente, colaborativa e democrática, com o envolvimento do governo, do setor privado, da sociedade civil e da comunidade acadêmica. Também trouxe como dever àqueles que se utilizam desses sistemas "responder, na forma da lei, pelas decisões tomadas por um sistema de inteligência artificial" (art. 9º, V).

De acordo com a proposta normativa, o regime padrão de responsabilização pelos danos causados pela IA é subjetiva (art. 6º, VI). Uma vez encaminhada para o Senado, civilistas e juristas brasileiros assinaram uma carta aberta com o objetivo de tecer considerações críticas a respeito do citado regime, afirmam que, com isso, impuseram-se aos cidadãos os custos do desenvolvimento de aplicações de IA sem a garantia de reparabilidade quando necessário. Isso porque criaria um cenário de irresponsabilização generalizada, na medida em que se torna impossível a produção de prova pelas vítimas no que tange à culpa dos agentes que atuam na cadeia de desenvolvimento e operação de tais sistemas.[101]

Mendes[102] afirma que, no PL 21/2020, onde há maior concretude normativa, é também onde há maiores fraturas com o ordenamento jurídico brasileiro. Isso pode ser visto justamente nas normas relativas à transparência, indicando uma tentativa de restringir o direito à explicação da LGPD e o direito básico à informação do consumidor (art. 6º, III, CDC); outro exemplo é a responsabilização que, sendo subjetiva, contraria a responsabilidade por risco conforme consta no art. 927, do Código Civil.[103]

Os juristas que subscreveram a carta sugeriram uma modificação no conteúdo do art. 6º, VI, do PL 21/2020, que passaria a levar em consideração "a tipologia da inteligência artificial, o risco gerado e seu grau de autonomia em relação ao ser humano, além da natureza dos agentes envolvidos, a fim de se determinar, em concreto, o regime de

---

101. ESPECIALISTAS criticam responsabilidade subjetiva prevista no PL do marco da IA. *ConJur*, 27 out. 2021. Disponível em: https://www.conjur.com.br/2021-out-27/especialistas-questionam-artigo-pl-marco-legal-ia. Acesso em: 18 abr. 2022.

102. LAURA Schertel Mendes: Projeto de Lei da Inteligência Artificial: armadilhas à vista. *Fumus Boni Iuris*, 26 nov. 2021. Disponível em: https://blogs.oglobo.globo.com/fumus-boni-iuris/post/laura-schertel-mendes-pl-da-inteligencia-artificial-armadilhas-vista.html. Acesso em: 18 abr. 2022.

103. Art. 6º São direitos básicos do consumidor: (...) III – a informação adequada e clara sobre os diferentes produtos e serviços, com especificação correta de quantidade, características, composição, qualidade, tributos incidentes e preço, bem como sobre os riscos que apresentem; (BRASIL. *Lei 8.078, de 11 de setembro de 1990*. Disponível em: http://www.planalto.gov.br/ccivil_03/leis/l8078compilado.htm. Acesso em: 18 abr. 2022.)

Art. 927. Aquele que, por ato ilícito (arts. 186 e 187), causar dano a outrem, fica obrigado a repará-lo. (BRASIL. *Lei 10.406, de 10 de janeiro de 2002*. Disponível em: http://www.planalto.gov.br/ccivil_03/leis/l8078compilado.htm. Acesso em: 18 abr. 2022.)

responsabilidade civil aplicável", abrindo margem para, casuisticamente, definir a forma de responsabilização mais apta a reparar, integralmente, os lesados das atividades da IA.[104]

Ainda há tempo de endereçar essas questões – transparência (real e não retórica), participação (individual e representativa) e responsabilidade no Marco Regulatório da Inteligência Artificial. Nesse sentido, os trabalhos da recente Comissão Especial[105] instaurada no Senado na temática, presidida pelo Ministro Ricardo Villas Bôas Cueva, do Superior Tribunal de Justiça, com relatoria da professora Laura Schertel Mendes, cujo objetivo é elaborar a minuta do texto substitutivo do Projeto de Lei 21/2020, representa a *esperança* nessa caixa – a ser aberta – de Pandora.

CONSIDERAÇÕES FINAIS

A dimensão digital e suas camadas constitutivas estão em constante evolução – novos desenvolvimentos tecnológicos, convergência com os já existentes, novos players, novas utilidades descobertas e tantas outras em potencial ainda por se revelar. É um desafio, em verdade, ao Direito na busca por soluções adequadas aos problemas que se desenvolvem online e que colocam os titulares de dados em posição de ainda maior assimetria, desvelando a sua vulnerabilidade.

A liberdade econômica e um senso de liberalismo oportunizaram – como um incremento a esse desafio – a emergência de poderosos atores sociais, notadamente as plataformas digitais e as "elites gerenciais", as quais governam, controlam, gerenciam e determinam o sentido dos fluxos informacionais da dimensão digital que, por sua vez, entrelaçam-se com outros fluxos da dimensão analógica e determinam uma simbiose, uma interdependência entre as dimensões que passam, progressivamente, por um processo de integração, até a linha conceitual divisória entre o lá (bits) e o cá (carbono) esmaecer e perder relevância na ordem de conceitos e na ordem de efeitos.

Nesse sentido, averiguar a "posição" das pessoas naturais nesta sociedade que, ao mesmo tempo, é da informação e é de redes é imprescindível para que seja possível clarificar quem proteger contra o quê. Titulares de dados pessoais são, efetivamente, seus dados estruturados e analisados: seu corpo eletrônico dividual, seus fluxos informacionais – sua principal representação no ambiente online e, em inúmeros contextos sociais, também offline. Nas Ciências Jurídicas, esses fluxos informacionais mais ou menos estruturados relativos a uma pessoa ou a grupos chama-se perfil: um agregado de dados que se presta a "descobrir", por inferências e correlações não causais (mas probabilísticas), todos os aspectos da vida privada de uma pessoa, do comportamento ao deslocamento, das relações afetivas às condições de saúde.

---

104. ESPECIALISTAS criticam responsabilidade subjetiva prevista no PL do marco da IA. *ConJur*, 27 out. 2021. Disponível em: https://www.conjur.com.br/2021-out-27/especialistas-questionam-artigo-pl-marco-legal-ia. Acesso em: 18 abr. 2022.
105. SENADO FEDERAL. *Ato do Presidente do Senado Federal 4, de 2022*. Brasília, 17 fev. 2022. Disponível em: https://legis.senado.leg.br/sdleg-getter/documento?dm=9087218&ts=1647551369960&disposition=inline. Acesso em: 18 abr. 2022.

Em poder dessas informações, os responsáveis e os envolvidos nos tratamentos desses dados para esses fins transformam o poder que uma vez fora econômico em outros tipos de poder intrusivos na vida privada das pessoas. O ponto central, nestes casos, será a destinação dada ao perfil para embasar uma decisão automatizada, que poderá ter por efeito consequências nas esferas jurídicas dos interessados, os quais, sem ter a possibilidade real transparência e de participação, terminam por não desafiar nem o processamento dos dados nem a decisão automatizada que levou a determinado resultado, dificultando-se ainda mais as intensamente debatidas formas de reparação de danos causados por IA.

Essas são as questões problemáticas identificadas aqui: opacidade, não participação e dificuldades no que toca à responsabilização, especialmente na matéria de Inteligência Artificial – a mão invisível não só do mercado, mas da experiência humana que se desdobra nas dimensões entrelaçadas digital e analógica. Todavia, devemos ser positivos e fortes nos ideais que acreditamos e buscar, a todo o custo, os valores programados pela Constituição Federal de 1988. É um desafio, mas ao mesmo tempo é uma oportunidade de se encontrarem respostas jurídicas adequadas e equilibradas que sejam aptas a tutelar ativamente os titulares e promover, concomitantemente, o progresso da economia digital.

REFERÊNCIAS

BEETZ, Jürgen. *Digital*: wie Computer denken. Berlin: Springer-Verlag, 2019.

BIONI, Bruno Ricardo. *Proteção de Dados Pessoais*. A Função e os Limites do Consentimento. Rio de Janeiro: Grupo Gen, 2021.

BIONI, Bruno. *Devido processo informacional*: um salto teórico-dogmático necessário? 2020. Disponível em: https://bit.ly/3jL4EBr. Acesso em: 14 abr. 2022.

BRASIL. *Lei 10.406, de 10 de janeiro de 2002*. Disponível em: http://www.planalto.gov.br/ccivil_03/leis/l8078compilado.htm. Acesso em: 18 abr. 2022.

BRASIL. *Lei 13.709, de 14 de agosto de 2018*. Disponível em: http://www.planalto.gov.br/ccivil_03/_ato2015-2018/2018/lei/l13709.htm. Acesso em: 15 mar. 2022.

BRASIL. *Lei 13.874, de 20 de setembro de 2019*. Disponível em: http://www.planalto.gov.br/ccivil_03/_ato2019-2022/2019/lei/L13874.htm. Acesso em: 22 mar. 2022.

BRASIL. *Lei 8.078, de 11 de setembro de 1990*. Disponível em: http://www.planalto.gov.br/ccivil_03/leis/l8078compilado.htm. Acesso em: 18 abr. 2022.

BRASIL. Ministério da Ciência, Tecnologia e Inovações. *Estratégia Brasileira de Inteligência Artificial – EBIA*. Brasília: Governo Federal. Jul. 2021.

BRASIL. Supremo Tribunal Federal. Ação Direta de Inconstitucionalidade n. 6.389. Requerente: Partido Socialista Brasileiro. Relatora: Min. Rosa Weber. Brasília, 07 maio 2020. DJe 12 nov. 2020.

BRKAN, Maja. Do algorithms rule the world? Algorithmic decision-making and data protection in the framework of the RGPD and beyond. *International Journal of Law and Information Technology*, v. 27, n. 2, p. 91-121, 2019.

BÜCHI, Moritz et al. The chilling effects of algorithmic profiling: Mapping the issues. *Computer Law & Security Review*, v. 36, p. 105367, 2020.

BYGRAVE, Lee A. Article 4(4). Profiling. In: KUNER, Christopher; BYGRAVE, Lee A. *The EU General Data Protection Regulation (RGPD)*: A commentary. Oxford: Oxford University Press, 2020.

CÂMARA DOS DEPUTADOS. *Projeto de Lei 21/2020*. Disponível em: https://www.camara.leg.br/proposicoesWeb/prop_mostrarintegra;jsessionid=node01q6xoytrpswe0ivwtf54p0d8e6163223.node0?codteor=1853928&filename=PL+21/2020. Acesso em: 15 abr. 2022.

CAMARGO, Gustavo Xavier de. *Dados pessoais, vigilância e controle*: como proteger Direitos Fundamentais em um mundo dominado por plataformas digitais? Rio de Janeiro: Lumen Juris, 2021.

CASTELLS, Manuel. *A Sociedade em Rede*. São Paulo: Paz e Terra, 1999.

CASTELLS, Manuel. Grassrooting the space of flows. *Urban Geography*, v. 20, n. 4, p. 294-302, 1999.

CASTETS-RENARD, Céline. Accountability of Algorithms in the RGPD and Beyond: A European Legal Framework on Automated Decision-Making. *Fordham Intellectual Property, Media & Entertainment Law Journal*, v. 30, n. 1, p. 91-138, outono 2019.

CHAGAL-FEFERKORN, Karni; ELKIN-KOREN, Niva. LEX AI: Revisiting Private Order by Design. *Berkeley Technology Law Journal*, California, n. 36, p. 102-148, 2021.

CHENEY-LIPPOLD, John. *We are data*. Nova Iorque: New York University Press, 2017.

CHRISTL, Wolfie et al. *How companies use personal data against people*. Automated disadvantage, personalized persuasion, and the societal ramifications of the commercial use of personal information. Vienna: Working paper by Cracked Labs, 2017.

CITRON, Danielle Keats; PASQUALE, Frank A. The Scored Society: Due Process for Automated Predictions. Washington, *Washington Law Review*, v. 89, n. 1, p. 1-34, 2015.

COHEN, Julie E. Cyberspace as/and space. *Columbia Law Review*, v. 107, n. 1, p. 210-256, jan. 2007.

COMISSÃO EUROPEIA. *Livro Branco sobre a inteligência artificial* – Uma abordagem europeia virada para a excelência e a confiança. Bruxelas, 19 fev. 2020. Disponível em: https://eur-lex.europa.eu/legal-content/PT/TXT/HTML/?uri=CELEX:52020DC0065&from=EN. Acesso em: 18 abr. 2022.

COMISSÃO EUROPEIA. *Proposta de Regulamento do Parlamento Europeu e do Conselho que estabelece regras harmonizadas em matéria de inteligência artificial (Regulamento Inteligência Artificial) e altera determinados atos legislativos da União*. Bruxelas, 21 abr. 2021. Disponível em: https://eur-lex.europa.eu/legal-content/PT/TXT/HTML/?uri=CELEX:52021PC0206&from=EN. Acesso em: 18 abr. 2022.

CONSTANZA-CHOCK, Sasha. Design Practices: "Nothing about us without us". *Design Justice*, fev. 2020. Disponível em: https://bit.ly/36naYvG. Acesso em: 13 abr. 2022.

CRAWFORD, Kate. Artificial Intelligence's White Guy Problem. *The New York Times*, jun. 2016. Disponível em: https://nyti.ms/3uT3l9Z. Acesso em: 13 abr. 2022.

DELEUZE, Gilles. *Post-Scriptum sobre as Sociedades de Controle*. 1990. Disponível em: https://bit.ly/3JGTUP4. Acesso em: 25 mar. 2022.

DREYER, Stephan; SCHULZ, Wolfgang. *The General Data Protection Regulation and Automated Decisionmaking*: Will it deliver? Potentials and limitations in ensuring the rights and freedoms of individuals, groups and society as a whole. UE: Bertelsmann Stiftung, 2019.

ESPECIALISTAS criticam responsabilidade subjetiva prevista no PL do marco da IA. *ConJur*, 27 out. 2021. Disponível em: https://www.conjur.com.br/2021-out-27/especialistas-questionam-artigo-pl-marco--legal-ia. Acesso em: 18 abr. 2022.

EUROPEAN DATA PROTECTION BOARD. *Guidelines 05/2020 on consent under Regulation 2016/679*. Adopted on 4 May 2020. Disponível em: https://edpb.europa.eu/sites/default/files/files/file1/edpb_guidelines_202005_consent_en.pdf. Acesso em: 14 mar. 2022. p. 9.

FETZER, James H. *Artificial Intelligence*: Its Scope and Limits. Dordrecht: Springer, 1990.

FORD, Richard T. Save the robots: Cyber profiling and your so-called life. *Stanford Law Review*, s.v., p. 1573-1584, 2000.

GIL GONZÁLEZ, Elena; DE HERT, Paul. Understanding the legal provisions that allow processing and profiling of personal data – an analysis of RGPD provisions and principles. *ERA Forum*, v. 19, p. 597-621, 2019. DOI: https://doi.org/10.1007/s12027-018-0546-z.

GOVERNMENT OF CANADA. *Directive on Automated Decision-Making*. 2019. Disponível em: https://www.tbs-sct.gc.ca/pol/doc-eng.aspx?id=32592#appA. Acesso em: 12 jan. 2022.

GRUPO DE TRABALHO DO ARTIGO 29. PARA A PROTEÇÃO DE DADOS. *Orientações sobre as decisões individuais automatizadas e a definição de perfis para efeitos do Regulamento (UE) 2016/679*. Adotadas em 3 de outubro de 2017 com a última redação revista e adotada em 6 de fevereiro de 2018. Disponível em: https://ec.europa.eu/newsroom/article29/items/612053. Acesso em: 15 mar. 2022.

HAN, Byung-Chul. *O que é poder?* Rio de Janeiro: Vozes, 2019. [*e-book*].

HELBERGER, Natali. *Profiling and Targeting Consumers in the Internet of Things* – A New Challenge for Consumer Law. 2016. Disponível em: https://papers.ssrn.com/sol3/papers.cfm?abstract_id=2728717. Acesso em: 15 ago. 2019.

HILDEBRANDT, Mireille. Defining Profiling: A New Type of Knowledge? In: HILDEBRANDT, Mireille; GUTWIRT, Serge. *Profiling the European Citizen*: Cross-Disciplinary Perspectives. Heidelberg: Springer, 2008.

HILDEBRANDT, Mireille. Profiling: From Data to Knowledge. The challenges of a crucial technology. *Datenschutz und Datensicherheit*, v. 30, n. 9, p. 548-552, 2006.

HOFFMANN-RIEM, Wolfgang. *Teoria geral do direito digital*: transformação digital, desafios para o Direito. Rio de Janeiro: Forense, 2021.

JIN, Biao et al. A literature review on the space of flows. *Arabian Journal of Geosciences*, v. 14, p. 1-24- 2021.

KARANASIOU, Argyro P.; PINOTSIS, Dimitris A. A study into the layers of automated decision-making: emergent normative and legal aspects of deep learning. *International Review of Law, Computers & Technology*, p. 1-18, 2017.

KLINGER, Ulrike; SVENSSON, Jakob. The power of code: women and the making of the digital world. *Information, Communication and Society*, s.l., v. 24, n. 14, p. 2075-2090, 2021.

LEE, Kai-Fu; QIUFAN, CHEN. *AI 2041*: ten visions for our future. Nova Iorque: Currency, 2021.

LEMLEY, Mark A. Place and Cyberspace. *California Law Review*, v. 91, n. 2, p. 521-542, mar. 2003.

LESSIG, Lawrence. *Code version 2.0*. Nova Iorque: Basic Books, 2006.

LÉVY, Pierre. *A emergência do ciberespaço e as mutações culturais*. Palestra realizada no Festival Usina de Arte e Cultura, promovido pela Prefeitura Municipal de Porto Alegre em Outubro de 1994. Tradução: Suely Rolnik. Revisão da tradução transcrita: João Batista Francisco e Carmem Oliveira. Disponível em: https://bit.ly/3KFjAwE. Acesso em: 20 mar. 2022.

LYON, David. *Surveillance society*. Buckingham: Open University Press, 2001.

LYON, David. *The Electronic Eye;* the rise of surveillance society. Oxford: Blackwell, 1994.

MAGRANI, Eduardo. *Entre dados e robôs*. Ética e privacidade na era da hiperconectividade. Porto Alegre: Arquipélago, 2019.

MARTINS, Guilherme Magalhães. *Contratos eletrônicos de consumo*. 3. ed. São Paulo: Atlas, 2016.

MARTINS, Guilherme Magalhães. *Responsabilidade civil por acidente de consumo na Internet*. 3. ed. São Paulo: Ed. RT, 2020.

MAVRIKI, Paola; KARYDA, Maria. Automated data-driven profiling: threats for group privacy. *Information & Computer Security*, v. 28, n. 2, p. 183-197, 2020. DOI: https://doi.org/10.1108/ICS-04-2019-0048.

MAYER-SCHÖNBERGER, Viktor; RAMGE, Thomas. *Reinveinting capitalism in the Age of Big Data*. New York: Basic Books, 2018. [*e-book*]

MENDES, Laura. *Privacidade, proteção de dados e defesa do consumidor*: linhas gerais de um novo direito fundamental. São Paulo: Saraiva, 2014.

MENDES, Laura Schertel. Projeto de Lei da Inteligência Artificial: armadilhas à vista. *Fumus Boni Iuris*, 26 nov. 2021. Disponível em: https://blogs.oglobo.globo.com/fumus-boni-iuris/post/laura-schertel-mendes-pl-da-inteligencia-artificial-armadilhas-vista.html. Acesso em: 18 abr. 2022.

META. *Hard Questions*: What Information Do Facebook Advertisers Know About Me? 23 abr. 2018. Disponível em: https://about.fb.com/news/2018/04/data-and-advertising/. Acesso em: 15 abr. 2022.

MICKLITZ, Hans-W. et al. *Consumer law and artificial intelligence*: Challenges to the EU consumer law and policy stemming from the business' use of artificial intelligence. Florença: European University Institute, 2018.

MUCELIN, Guilherme. Sistemas Reputacionais de Consumo na Economia do Compartilhamento: confiança e regulação. In: MARQUES, Claudia Lima et al. *Direito, Globalização e Responsabilidade nas Relações de Consumo*. Anais do XXVII Congresso Nacional do CONPEDI. Porto Alegre-RS: CONPEDI, 2018.

O'NEIL, Cathy. *Weapons of math destruction*: how big data increases inequality and threatens democracy. Nova Iorque: Crown, 2016.

OCDE. *Going digital*: making the transformation work for growth and well-being. 2017. Disponível em: https://bit.ly/38VqUXb. Acesso em: 20 mar. 2022.

PARLAMENTO EUROPEU; CONSELHO DA EUROPA. *Regulamento (UE) 2016/679 do Parlamento Europeu e do Conselho* de 27 de abril de 2016 relativo à proteção das pessoas singulares no que diz respeito ao tratamento de dados pessoais e à livre circulação desses dados e que revoga a Diretiva 95/46/CE (Regulamento Geral sobre a Proteção de Dados). 2016. Disponível em: https://eur-lex.europa.eu/legal-content/PT/TXT/HTML/?uri=CELEX:02016R0679-20160504&from=EN. Acesso em: 12 mar. 2022.

PASQUALE, Frank. *New laws of robotics;* defending human expertise at the age of AI. Cambridge: The Belknap Press of Harvard University Press, 2020.

POLLICINO, Oreste; DE GREGORIO, Giovanni. Constitutional Law in the Algorithmic Society. In: MICKLITZ, Hans-W. et al (Ed.). *Constitutional Challenges in the Algorithmic Society*. Cambridge: Cambridge University Press, 2022.

REIDENBERG, Joel R. Lex informatica: The formulation of information policy rules through technology. *Tex. Law Review*, v. 76, p. 553-594, 1997.

RICHARDSON, Rashida. Defining and Demystifying Automated Decision Systems. *Maryland Law Review*, v. 81, 2022 (forthcoming).

RODOTÀ, Stefano. Data protection as a fundamental right. In: GUTWIRTH, Serge et al. *Reinventing Data Protection?* Netherlands: Springer, 2009.

ROSSIGNAUD, Maria Pia; KERCKHOVE, Derrick de. *Oltre Orwell*: il gemello digitale. Roma: Castelvecchi, 2020.

SCHREURS, Wim; HILDEBRANDT, Mireille; Kindt, Els; VANFLETEREN, Michaël. Cogitas, Ergo Sum. The Role of Data Protection Law and Non-discrimination Law in Group Profiling in the Private Sector. In: HILDEBRANDT, Mireille; GUTWIRT, Serge. *Profiling the European Citizen*: Cross-Disciplinary Perspectives. Heidelberg: Springer, 2008.

SCHWAB, Klaus. *A quarta revolução industrial*. Trad. Daniel Moreira Miranda. São Paulo: Edipro, 2016.

SENADO FEDERAL. *Ato do Presidente do Senado Federal 4, de 2022*. Brasília, 17 fev. 2022. Disponível em: https://legis.senado.leg.br/sdleg-getter/documento?dm=9087218&ts=1647551369960&disposition=inline. Acesso em: 18 abr. 2022.

SENADO FEDERAL. *Projeto de Lei 4496/2019*. Disponível em: https://bit.ly/36pvf3L. Acesso em: 15 mar. 2022.

SOLOVE, Daniel J. *The digital person*: technology and privacy in the information age. Nova Iorque/Londres: New York University Press, 2004.

SORO, Antonello. *Vulnerable Person*: Data Protection and Digital Society. Apresentação ao Parlamento Italiano do Relatório Anual de 2015 da Autoridade Italiana de Proteção de Dados (IDPA). Roma, 23 de junho de 2015. Disponível em: https://bit.ly/36c5Zhg. Acesso em: 21 mar. 2022.

SRNICEK, Nick. *Platform capitalism*. Cambridge: Polity Press, 2017.

SUMPTER, David. *Dominados pelos números*. Trad. Anna Maria Sotero e Marcello Neto. Rio de Janeiro: Bertrand Brasil, 2019.

SWISS CONFEDERATION. *Federal Act on Data Protection* (FADP). 19 jun. 1992. Disponível em: https://www.fedlex.admin.ch/eli/cc/1993/1945_1945_1945/en. Acesso em: 15 mar. 2022.

TAUMAR, Sandeep. Artificial Intelligence: Revolution, Definitions, Ethics, and Foundation. In: KUMAR, Puneet et al. *Artificial Intelligence and Global Society*: impact and practices. Londres: CRC, 2021.

WACHTER, Sandra; MITTELSTADT, Brent. A right to reasonable inferences: re-thinking data protection law in the age of big data and AI. *Colum. Bus. L. Rev.*, p. 494-620, 2019.

WEISS, Marcos Cesar. Sociedade sensoriada: a sociedade da transformação digital. *Estudos Avançados*, v. 33, n. 95, p. 203-214, 2019.

WILLIAMS, James. *Stand out of our light*: freedom and resistance in the attention economy. Cambridge: Cambridge University Press, 2018.

ZUBOFF, Shoshana. *The age of Surveillance Capitalism*: the fight for a human future at the new frontier of power. Nova Iorque: Public Affairs, 2019. [e-book].

O REGIME DE RESPONSABILIDADE CIVIL APLICÁVEL À INTELIGÊNCIA ARTIFICIAL NO DIREITO BRASILEIRO

Marcos Ehrhardt Jr.

Doutor em Direito pela Universidade Federal de Pernambuco (UFPE). Professor de Direito Civil da Universidade Federal de Alagoas (UFAL) e do Centro Universitário Cesmac. Editor da Revista Fórum de Direito Civil (RFDC). Vice-Presidente do Instituto Brasileiro de Direito Civil (IBDCIVIL). Membro Fundador do Instituto Brasileiro de Direito Contratual (IBDCont) e do Instituto Brasileiro de Estudos de Responsabilidade Civil (IBERC). Advogado. E-mail: contato@marcosehrhardt.com.br.

Milton Pereira de França Netto

Mestrando em Direito pelo Centro Universitário Cesmac. Pós-Graduado em Direito Processual Civil pela Universidade de Santa Cruz do Sul (UNISC). Advogado. E-mail: mpfn1989@gmail.com.

Sumário: Introdução – 1. A contemporânea ascensão da inteligência artificial: aplicações, características e regulação; 1.1 Conceito e Principais Técnicas de Inteligência Artificial; 1.2 Graduação e Características dos Sistemas de IA; 1.3 A Regulação da Responsabilidade Civil Aplicável à Inteligência Artificial – 2. A perspectiva multifuncional da responsabilidade civil – 3. Os fundamentos da responsabilidade civil no Brasil – 4. Propostas de regulação da responsabilidade civil aplicável à inteligência artificial; 4.1 A proposta europeia de regulamentação da responsabilidade civil associada à inteligência artificial; 4.2 A Regulação Brasileira da Inteligência Artificial; 4.2.1 A Estratégia Brasileira de Inteligência Artificial (EBIA); 4.2.2 O Projeto de Lei 21/2020 – Conclusão – Referências.

INTRODUÇÃO

A inteligência artificial constitui um dos principais elementos catalisadores da inovação na modernidade, norteando a 4ª Revolução Industrial em curso. Presente nas ferramentas de personalização de conteúdo das grandes plataformas sociais, nos sistemas de gerenciamento de trânsito das *smart cities* e até mesmo na realização de operações cirúrgicas robóticas, tal advento disruptivo expande-se rapidamente pelas esferas particular e governamental.

Figurando na 39ª posição do "Índice Global de IA 2021", fornecido pela agência de notícias britânica Tortoise Media,[1] e liderando o "Índice de Contratação em IA 2021", divulgado pela Universidade de Stanford,[2] o Brasil constitui um fértil terreno ao desenvolvimento do setor.

---

1. TORTOISE MEDIA. Intelligence. Global AI. *Global AI Index*, 2021. Disponível em: https://www.tortoisemedia.com/intelligence/global-ai/. Acesso em: 12 dez. 2021.
2. UNIVERSIDADE DE STANFORD. AI Hiring Index. *The AI Index 2021 Annual Report*. Stanford University: Stanford, 2021. Disponível em: https://aiindex.stanford.edu/wp-content/uploads/2021/11/2021-AI-Index-Report_Master.pdf. Acesso em: 11º dez. 2021.

Como reflexo desse diagnóstico, emergem as primeiras tentativas nacionais de regulação da matéria, por intermédio: a) da Estratégia Brasileira de Inteligência Artificial (EBIA), instituída pela Portaria 4.617/2021 do Ministério da Ciência, Tecnologia e Inovações (MCTI) (BRASIL, 2021a), e, mais notadamente; b) do Projeto de Lei 21/2020, recentemente aprovado pela Câmara dos Deputados.[3]

As intensas controvérsias acerca do norteamento imposto à área da responsabilidade civil centralizam os debates acerca de tal proposição legislativa, sobretudo quando ponderadas as contemporâneas tendências de multifuncionalização do instituto e de consagração de um modelo objetivo baseado no elemento do risco.

Diante de um cenário de incertezas, o presente artigo objetiva, por intermédio da metodologia dedutiva, aliada à revisão bibliográfica e à pesquisa documental, analisar o regime de responsabilidade civil aplicável à área da inteligência artificial e verificar o atual disciplinamento normativo conferido à matéria no espaço brasileiro.

Almeja-se, a princípio, demonstrar a correlação existente entre a inovação e o processo de desenvolvimento, e abordar a configuração da inteligência artificial no contexto da sociedade de riscos moderna. Em seguida, o estudo efetua a apreciação das principais espécies e características dessa tecnologia, avaliando as críticas suscitadas a uma maior normatização do setor.

Delineados tais atributos, busca examinar as plúrimas funções atribuíveis à responsabilidade civil hodierna, levantando as suas possíveis aplicações aos episódios danosos decorrentes da utilização de sistemas de IA; e os fundamentos que subsidiam o seu regime objetivo, enraizado na tradição jurídica brasileira a partir da teoria do risco.

Faz-se, então, a inspeção dos posicionamentos firmados sobre a matéria na "Proposta de Regulamento do Regime de Responsabilidade Civil Aplicável à IA", inserida na Resolução do Parlamento Europeu 2020/2014 (INL), onde se adota um modelo tripartite baseado em sua tipologia.[4] E, em complemento, efetiva-se a varredura das proibições alusivas aos casos de riscos inaceitáveis, previstos na "Proposta de Regulamento do Parlamento Europeu e do Conselho 2021/0106", harmonizadora das regras alusivas à inteligência artificial.[5]

---

3. BRASIL. Câmara dos Deputados. *Projeto de Lei 21/2020* (Texto Original), de 4 de fevereiro de 2020. Estabelece princípios, direitos e deveres para o uso da inteligência artificial no Brasil e dá outras providências. Disponível em: https://www.camara.leg.br/proposicoesWeb/prop_mostrarintegra?codteor=1853928. Acesso em: 20 nov. 2021.
4. UNIÃO EUROPEIA. Parlamento Europeu. *Resolução do Parlamento Europeu 2020/2014 (INL)*, de 20 de outubro de 2020. Contém recomendações à Comissão sobre o regime de responsabilidade civil aplicável à inteligência artificial. Disponível em: https://www.europarl.europa.eu/doceo/document/TA-9-2020-0276_PT.html. Acesso em: 11 nov. 2021.
5. UNIÃO EUROPEIA. Parlamento Europeu. *Proposta de Regulamento do Parlamento Europeu e do Conselho 2021/0106*, de 21 de abril de 2021. Estabelece regras harmonizadas em matéria de inteligência artificial (regulamento inteligência artificial). Disponível em: https://eur-lex.europa.eu/resource.html?uri=cellar:e0649735-a372-11eb-9585-01aa75ed71a1.0004.02/DOC_1&format=PDF. Acesso em: 1º dez. 2021.

A derradeira porção do trabalho explora a regulação conferida à temática no âmbito brasileiro, esmiuçando as diretrizes firmadas pelos eixos transversais da citada "Estratégia"; e culmina em uma detida análise do Projeto de Lei 21/2020, com a apuração de seu célere histórico de tramitação, das principais críticas atribuídas à sua atual redação e de possíveis soluções para a correção dos pontos controvertidos detectados.

1. A CONTEMPORÂNEA ASCENSÃO DA INTELIGÊNCIA ARTIFICIAL: APLICAÇÕES, CARACTERÍSTICAS E REGULAÇÃO

A inteligência artificial expande-se aos mais diversos segmentos da sociedade. Onipresente nas plataformas sociais e de *streaming*, na arquitetura de cidades inteligentes, nos aparatos da telemedicina e em tantas outras incontáveis aplicações, reveste as estruturas dos setores público e privado, aprimorando a *performance* de suas organizações.

Imerso na corrida global inovadora, o Brasil vivencia um crescente interesse por tal área, justificado por seu promissor potencial lucrativo. Levantamentos acerca da modernização da seara consumerista, fornecidos pelo Instituto de Pesquisa Capgemini,[6] colocam-no como a segunda nação com mais interações diárias entre clientes e soluções de IA.

A aptidão dos algoritmos para identificar preferências, personalizar conteúdos/anúncios e direcionar hábitos de compra alimenta uma verdadeira mina de ouro digital. A exploração das ferramentas de IA atinge 25% das empresas brasileiras, com US$ 454 milhões tendo sido destinados ao segmento em 2021.[7]

A análise dos futuros impactos econômicos da inteligência artificial sobre a economia, efetuada em relatório emitido pelo Parlamento Europeu, corrobora tal percepção ao projetar os ganhos em distintas regiões globais, decorrentes desse nicho, no ano de 2030.[8]

Sem maiores surpresas, antecipa a liderança chinesa, com receitas estimadas na casa dos US$ 7 trilhões (26% do PIB), seguida pela previsão de US$ 3,7 trilhões (14,5% do PIB) a serem auferidos pela América do Norte no período. Vislumbra, ao final, a importância de US$ 0,5 trilhão (5,4%), projetada ao espaço latino-americano.

O delineamento da curva ascendente da IA permite o exame de como essa inovação disruptiva apresenta o potencial de sacramentar o desenvolvimento das nações que a implementam com sabedoria, impulsionando as suas produtividades de maneira duradoura. Diante do seu inevitável alastramento, faz-se necessário esclarecer como ela funciona.

---

6. INSTITUTO DE PESQUISA CAPGEMINI. *The art of customer-centric artificial intelligence*: How organizations can unleash the full potential of AI in the customer experience. 2020. Disponível em: https://www.capgemini.com/wp-content/uploads/2020/07/AI-in-CX_CRI-Report_16072020_V4.pdf. Acesso em: 10 nov. 2021.

7. METAVERSO, veículos autônomos, segurança cibernética e mais: seis tendências de Inteligência Artificial para 2022. *Yahoo! Finanças*, 19 de dezembro de 2021. Disponível em: https://br.financas.yahoo.com/noticias/metaverso-veiculos-autonomos-seguranca-cibernetica-e-mais-6-tendencias-da-inteligencia-artificial-para-2022-080038947.html. Acesso em: 10 nov. 2021.

8. UNIÃO EUROPEIA. Parlamento Europeu. *Impactos Econômicos da Inteligência Artificial (IA)*, de julho de 2019. Disponível em: https://www.europarl.europa.eu/RegData/etudes/BRIE/2019/637967/EPRS_BRI(2019)637967_EN.pdf. Acesso em: 10 nov. 2021.

1.1 Conceito e Principais Técnicas de Inteligência Artificial

Numa visão moderna, compete à inteligência artificial o estudo do *design* de agentes e sistemas inteligentes,[9] capazes de reproduzir, digitalmente, uma estrutura de decisão semelhante à humana.[10]

A conceituação emana de seu aprimoramento ao longo de sete décadas, desde o surgimento dos primeiros computadores, atravessando o advento do Teste de Turing, seguido da incorporação de extensões físicas aos sistemas até sua utilização em jogos, como o xadrez. Com o intento de replicar as aptidões de *experts* humanos, surgiram os sistemas especialistas, e, nas últimas décadas, consolidaram-se as técnicas de aprendizado de máquina – AM *(machine learning – ML)* e de aprendizado profundo – AP *(deep learning – DP)*.[11]

A capacidade de assimilar exemplos fornecidos caracteriza os algoritmos de aprendizado de máquina. Assim, a partir da inserção de dados lecionadores, traça-se o melhor caminho para se chegar a um resultado desejado, sem uma programação específica nesse sentido. Após etapas de treinamento e aperfeiçoamento, origina-se um modelo aplicável a situações análogas futuras.[12]

Por sua vez, o aprendizado profundo simboliza o seu nicho evolutivo, fundado na simulação das redes neurais humanas, de forma artificial. Nele, torna-se possível o processamento de uma incomensurável quantidade de dados, que percorrem diversas camadas avaliadoras interligadas.[13] A técnica oferece o suporte indispensável ao impulsionamento das áreas do processamento de imagens e da análise comportamental.[14]

1.2 Graduação e Características dos Sistemas de IA

Constata-se a atual predominância de uma IA fraca, ainda incapaz de fielmente reproduzir as nuances de consciência e percepção humanas. Mesmo provida de uma elevada capacidade de depuração de dados, ela representa uma "força bruta" que ainda não iguala tal poderio intelectual. Projeta-se o atingimento deste por intermédio da

---

9. BORGESIUS, F. Zuirderveen. *Discrimination, artificial intelligence, and algorithmic decision-making*. Strasbourg: Council of Europe, Directorate General of Democracy, 2018. Disponível em: https://rm.coe.int/discrimination-artificial-intelligence-and-algorithmic-decision-making/1680925d73. Acesso em: 10 maio 2021.
10. HOFFMAN-RIEM, Wolfgang. *Teoria geral do direito digital*: transformação digital: desafios para o direito. Rio de Janeiro: Forense, 2021, p. 35-37.
11. NETTO, Milton Pereira de França; EHRHARDT JUNIOR, M. A. A. A Inteligência Artificial e os Riscos da Discriminação Algorítmica. In: Marcos Ehrhardt Júnior; Marcos Catalan; Pablo Malheiros. (Org.). *Direito Civil e Tecnologia*. Belo Horizonte: Fórum, 2021, t. II, p. 719-737.
12. HOFFMAN-RIEM, Wolfgang. *Teoria geral do direito digital*: transformação digital: desafios para o direito. Rio de Janeiro: Forense, 2021, p. 35-37.
13. CALABRICH, Bruno Freire de Carvalho. Discriminação algorítmica e transparência na Lei geral de proteção de dados pessoais. *RDTec* – revista de direito e as novas tecnologias, v. 8, Jul./Set. 2020. Disponível em: https://dspace.almg.gov.br/bitstream/11037/38411/1/Bruno%20Freire%20de%20Carvalho%20Calabrich.pdf. Acesso em: 12 jul. 2021.
14. SILVA, Fabrício Machado da et al. *Inteligência artificial*. Porto Alegre: SAGAH, 2019.

computação quântica, mediante uma IA forte; e a sua eventual superação por máquinas superinteligentes.[15]

Sacramentada a capacidade de funcionamento autônomo dos sistemas de IA, a tornar dispensável a presença humana, a citada graduação apresenta-se útil ao entendimento do atributo da previsibilidade. O usual reconhecimento dessa tecnologia como criativa emana do ineditismo das soluções que oferece, inimagináveis por seus criadores e usuários.[16]

No entanto, à luz do vigente estágio de desenvolvimento, essa percepção carece de complementação. O fornecimento de *outputs* inesperados decorre de sua superior capacidade de processamento de dados, somada a um desprendimento em relação aos vieses cognitivos que limitam o raciocínio humano.[17]

Dado que os *softwares* de IA ainda não produzem decisões verdadeiramente originais, por estarem condicionados aos dados que lhes são fornecidos, a rotulação referente à criatividade desapareceria à proporção que os resultados gerados poderiam ser, em tese, previstos.

Apesar da relevância de uma precisa delimitação formal, a prática expressa a incapacidade dos desenvolvedores e operadores de lidar com comportamentos atípicos desses sistemas. Assim, riscos tecnicamente previsíveis tornam-se inesperados diante da inaptidão humana em identificá-los, e, junto aos perigos já conhecidos e àqueles projetados pela evolução da computação quântica, reivindicam uma maior atenção no disciplinamento da responsabilidade civil aplicável à IA, em especial quanto às funções preventiva e precaucional.

Tal diligência igualmente compreende as variáveis relacionadas à opacidade e à explicabilidade. Diante das intricadas engrenagens digitais que possibilitam o seu funcionamento, a inteligência artificial é retratada como uma verdadeira caixa-preta, tida como uma incógnita aos seus próprios progenitores.

Em muitas ocasiões, eles acabam contribuindo com a generalizada sensação de anestesiamento perante tais sistemas, ao suprimirem a publicização dos algoritmos que utilizam. A ausência de transparência reverbera sobre a auditabilidade, em um obscuro ciclo que inibe o monitoramento e a fiscalização por agentes externos.

As dificuldades de compreensão partilhadas por profissionais e estudiosos da área tornam-se obstáculos insuperáveis ao cidadão comum. Como resposta ao vácuo de conhecimento específico, defende-se um dever de explicabilidade, materializado na tradução de indecifráveis linhas de código a uma linguagem inteligível ao público leigo, que o habilite a participar das tomadas de decisão sobre o assunto.

---

15. SILVA, Fabrício Machado da et al. *Inteligência artificial*. Porto Alegre: SAGAH, 2019.
16. SCHERER, Matthew U., Regulating Artificial Intelligence Systems: Risks, Challenges, Competencies, and Strategies. *Harvard Journal of Law & Technology*, v. 29, n. 2, 2016. Disponível em: https://ssrn.com/abstract=2609777. Acesso em: 15 set. 2021.
17. Ibidem.

1.3 A Regulação da Responsabilidade Civil Aplicável à Inteligência Artificial

Como visto, as soluções de inteligência artificial alastram-se aos mais diversos segmentos públicos e privados, instrumentalizando a realização de serviços e atividades que abrangem uma enorme quantidade de indivíduos. Tal expansão tangencia, internamente, a enigmática configuração de seus sistemas, capazes de atuar de forma autônoma, vinculados a riscos inesperados (previsíveis e/ou imprevisíveis) e munidos de uma estrutura obscura e de difícil compreensão, tanto aos olhares leigos quanto àqueles treinados.

A conjugação dos mencionados fatores possibilita o surgimento de danos massificados e complexos no volátil contexto da sociedade de riscos, levando os ordenamentos jurídicos de cada país a conceber um norteamento à segura utilização da inteligência artificial.

Matthew U. Scherer[18] defende uma abordagem tripartite para lidar com essas questões e disciplinar a área, que engloba: a) a formulação de uma legislação sobre o assunto; b) a atuação de agências reguladoras; e c) a aplicação jurisprudencial da responsabilidade civil.

O ceticismo em relação ao trio de soluções, geralmente hasteado por empresas inovadoras, baseia-se na noção de que excessivas normatizações criariam óbices aos investimentos na área de Pesquisa e Desenvolvimento (P&D), estagnando o processo de evolução tecnológica.

Clamando por uma atuação subsidiária do Estado, elas defendem a mera regulação das áreas da propriedade e dos contratos, a resguardar a valorização de um produto ou serviço inovador em relação aos demais empreendedores.[19]

Nesse sentido, uma valiosa descoberta efetuada por um empresário resta amparada durante certo período, em que concentra a sua exploração financeira e a obtenção de lucro. Após a assimilação do invento e a nivelação pelos seus concorrentes, retorna-se ao patamar de estabilidade inicial até que novas criações originem subsequentes ondas de inovação.[20]

Embora o resguardo à propriedade intelectual, inegavelmente, contribua para a perpetuação do interesse empresarial modernizador, fomentando avanços científicos e tecnológicos, parece evidente que análogas medidas protetivas devem ser elaboradas para tutelar os consumidores (usuários) e terceiros afetados por esses inventos, especialmente na área da responsabilidade civil, que lida diretamente com eventuais episódios lesivos.

---

18. SCHERER, Matthew U., Regulating Artificial Intelligence Systems: Risks, Challenges, Competencies, and Strategies. *Harvard Journal of Law & Technology*, v. 29, n. 2, 2016. Disponível em: https://ssrn.com/abstract=2609777. Acesso em: 15 set. 2021.
19. COOTER, Robert. Direito e desenvolvimento: inovação, informação e a pobreza das nações. Versão adaptada em língua portuguesa: Luciano Benetti Timm. *Revista de Direito Público da Economia*. RDPE, ano 5, n. 17, p. 165-190, Belo Horizonte, jan.-mar. 2007. Disponível em: https://bit.ly/3x7M0bT. Acesso em: 17 dez. 2021.
20. TIROLE, Jean. *Economics for the Common Good*. New Jersey: Princeton University Press, 2017, p. 430-431.

Marcos Catalan[21] desconstrói a falaciosa argumentação de que a regulação desse instituto constituiria uma burocratização inibidora do processo de inovação. Ao defender uma atuação preventiva em relação aos riscos de desenvolvimento, o autor esclarece que o seu adequado disciplinamento contribui para a instauração de um ambiente de confiança entre as partes.

Como consequência, estimula-se o consumo e se reduzem as incertezas, ocasionando o aumento da concorrência e a estabilização do mercado. A adição desses fatores, em última análise, impulsiona o surgimento de mais inovações.

Sopesando o embate entre as abordagens protetivas (dos vulneráveis) e consequencialistas (socioeconômicas), ressalta a inexistência de uma exclusiva solução à controvérsia. Sua apreciação deve ocorrer sob a égide do Estado Democrático de Direito, que acoberta a pessoa humana e os valores sociais; e do Direito de Danos, destinado à proteção integral da vítima.[22]

Por sua vez, a consecução desta envolve a superação da interpretação unidimensional da responsabilidade civil como um banal instrumento ressarcitório. Com a contemporânea elevação da vítima a um papel de protagonismo, supera-se o paradigma da exclusiva restituição pecuniária, mediante a ascensão da modalidade de reparação *in natura* (específica) e a abertura a novas funções (preventiva, precaucional, punitiva, restituitória e promocional), discutidas nos âmbitos doutrinário e jurisprudencial.

A edificação de uma reponsabilidade atenta às peculiaridades dos riscos/danos vinculados à inteligência artificial e aos preceitos de polifuncionalidade mencionados respalda a sua sincronização à velocidade de aprimoramento dessa tecnologia. Entretanto, consoante aduzido mais à frente, o disciplinamento brasileiro mostra-se bastante ultrapassado.

2. A PERSPECTIVA MULTIFUNCIONAL DA RESPONSABILIDADE CIVIL

As transformações tecnológicas inerentes à moderna sociedade de risco acarretam o florescimento de novas e diversificadas espécies de perigos e danos. Tal curso de ação deflagra a insuficiência da tradicional configuração reparatória da responsabilidade civil, suscitando discussões acerca do estabelecimento de novas funções que a complementem.

Reflexões acerca do potencial destrutivo das redes soam longínquas atualmente, tingidos por uma expansão tecnológica ainda mais impressionante – centrada na inteligência artificial, imersa ao fenômeno do *Big Data* e catalisadora da interconectividade própria da Internet das Coisas (*Internet of Things – IoT*).

Fornecer respostas a mutáveis questões acerca desses adventos representa uma árdua tarefa, considerada a provável obsolescência das alternativas que venham a ser

---

21. CATALAN, Marcos. O desenvolvimento nanotecnológico e o dever de reparar os danos ignorados pelo processo produtivo. *Revista de Direito do Consumidor*, v. 19, p. 113-153, São Paulo, abr.-jun. 2010.
22. Idem.

ofertadas. A específica análise da problemática que circunda a responsabilidade civil aplicável à inteligência artificial elucida tal perspectiva, com a simplista solução fornecida pelo PL 21/2020 a despertar reações perplexas dos estudiosos do assunto.

Embora a multifuncionalidade não traduza uma panaceia eliminadora da totalidade de dúvidas e angústias associadas às incertezas do futuro, ela certamente auxilia na elaboração de uma estrutura mais efetiva de proteção à vítima.

O intento basilar da responsabilidade civil consiste em reparar os prejuízos a ela causados. Sob o vigente prisma da reparação integral, preza pelo retorno ao *status quo ante*, devolvendo-a ao estágio patrimonial anterior ao evento lesivo. A impossibilidade fática desse regresso, nomeadamente em hipóteses de danos extrapatrimoniais, motiva a indicação de que apenas uma aproximação ao marco inicial seria possível.

Cícero Dantas Bisneto[23] empreende uma reavaliação das formas de exercício da reparação. Verificando a insuficiência de sua vertente pecuniária, mensurada pela extensão do prejuízo causado, nas hipóteses de violações aos direitos da personalidade, defende a instauração de uma reparação adequada à figura da vítima. A expansão das plataformas sociais, viabilizadas por algoritmos de IA, transportam tais lesões a um nível incomensurável.

Nessa senda, tal adequação conjuga o ressarcimento em dinheiro com as modalidades de reparação *in natura* (específica),[24] como opções disponíveis ao intérprete a serem aplicadas de acordo com a situação concreta. Medidas alternativas à satisfação do lesado, como o direito de resposta, o pedido de desculpas e a publicação de sentenças, ganham força.[25]

As reformulações internas ao encargo reparatório, combinadas às modificações trazidas pela consolidação do modelo objetivo apreciado mais adiante, evidenciam a necessária atualização do instituto aos novos tempos, marcados pela erupção de inéditos danos complexos e massificados, como os decorrentes do funcionamento de sistemas de IA.

Nesse ambiente disruptivo, aflora o reconhecimento doutrinário de plúrimas faces à responsabilidade civil, entre as quais sobressaem as seguintes funções: a) reparatória; b) preventiva (e precaucional); c) punitiva; d) restituitória; e e) promocional, que apresentam graus de aceitação e aplicabilidade distintos.

A aproximação entre a dupla inicial de funções acontece pela releitura da visão clássica da temática sob o espectro do Direito de Danos. Focado no protagonismo da

---

23. DANTAS BISNETO, Cícero. Reparação não pecuniária de danos extrapatrimoniais. *Revista de Direito da Responsabilidade*, Ano 2, p. 653-675, 2020. Disponível em: https://civilistica.emnuvens.com.br/redc/article/view/688 . Acesso em: 12 nov. 2021.

24. Observa-se, também, a possibilidade de sua aplicação aos casos de danos infligidos a bens corpóreos infungíveis, a exemplo da avaria ou destruição de veículo de colecionador.

25. DANTAS BISNETO, Cícero. Reparação não pecuniária de danos extrapatrimoniais. *Revista de Direito da Responsabilidade*, Ano 2, p. 653-675, 2020. Disponível em: https://civilistica.emnuvens.com.br/redc/article/view/688 . Acesso em: 12 nov. 2021.

vítima, ele ambiciona a prevenção ou a reparação integral dos prejuízos que lhe foram causados, em substituição ao interesse de apenas se condenar o ofensor.[26]

Nutrida pelas transformações ocasionadas pela constitucionalização do direito civil, a ressignificação preventiva oferece o aparato necessário para se lidar com danos graves e, geralmente, irreversíveis. Esses atingem a esfera individual da personalidade, com irreparáveis golpes aos direitos alusivos à intimidade, vida privada, honra e imagem; ou vultosas coletividades, a exemplo das lesões ambientais e consumeristas, de difícil reparação.[27]

Consoante ilustrado por Paulo Lôbo,[28] daí emerge uma responsabilidade sem dano, que reprime a adoção de comportamentos lesivos e transforma esse elemento estruturante numa consequência a ser evitada ou atenuada, sob a orientação de determinados padrões de conduta. Presente em instrumentos como a remoção de conteúdo ofensivo de natureza íntima, previsto pelo art. 21 do Marco Civil da Internet (Lei 12.965/2014), ela coroa os valores ligados à primazia da vítima e à solidariedade social.

A aplicação de tal função ao âmbito da inteligência artificial carece de uma prévia diferenciação entre: a) prevenção, vinculada a danos previsíveis, devidamente conhecidos e comprovados, a exemplo dos riscos nucleares; e b) precaução, onde se conjectura acerca de um hipotético risco futuro (risco do risco), projetável, mas ainda não confirmável, como aquele associado aos alimentos transgênicos ou à nanotecnologia. Nesse caso, calham medidas proporcionais, antecipadas e aptas a coibir danos irreparáveis[29].

Por conseguinte, levando-se em conta a complexidade dos sistemas de IA, munidos de áreas mapeadas pela atual *expertise* técnica e de vastos trechos ainda desconhecidos, ambas as categorias detêm aplicação. Nichos extensivamente estudados, como a segurança da informação, atrairiam a prevenção; já problemas distantes, relacionados aos gravames causados pela computação quântica, por exemplo, exigiriam o posicionamento precaucional.

Nelson Rosenvald[30] reitera a necessidade de se superar a atrasada interpretação unívoca da responsabilidade, apenas guiada pelo verniz compensatório. Desse modo, ao sugestionar o seu redirecionamento para uma confrontação ao ato ilícito, reverbera a importância de tal agir previdente e acresce a complementar função punitiva.

Nesse sentido, caberia a essa espécie, sob a influência da jurisprudência britânica e norte-americana, responder ao chamado social pela reprimenda ao ofensor, justificado pela materialização de uma conduta altamente reprovável. A aplicação brasileira

---

26. VIEIRA, A. B. C.; EHRHARDT JÚNIOR, M. O direito de danos e a função preventiva: desafios de sua efetivação a partir da tutela inibitória em casos de colisão de direitos fundamentais. *Revista IBERC*, v. 2, n. 2, 1 set. 2019. Disponível em: https://revistaiberc.responsabilidadecivil.org/iberc/article/view/56. Acesso em: 10 nov. 2021.
27. Ibidem.
28. LÔBO, Paulo. *Direito civil*. 7. ed. São Paulo: Saraiva Educação, 2019. v. 2: obrigações, p. 343.
29. TRONCOSO, M.I. 2010. El principio de precaución y la responsabilidad civil. *Revista de Derecho Privado*. 18 (jun. 2010), p. 205–220. Disponível em: https://revistas.uexternado.edu.co/index.php/derpri/article/view/407. Acesso em: 10 nov. 2021.
30. ROSENVALD, Nelson. Responsabilidade civil: compensar, punir e restituir. *Revista IBERC*, v. 2, n. 2, 1 set. 2019. Disponível em: https://revistaiberc.responsabilidadecivil.org/iberc/article/view/48. Acesso em: 10 out. 2021.

conclama a majoração do *quantum* indenizatório fixado na compensação de danos morais, munida do preceito pedagógico de desestimular a sua reincidência e a prática de ilícitos pelos demais.[31]

O escopo antecipativo adstrito à imposição da pena privada circunda a feição preventiva, mas com ela não se confunde: o seu objetivo primordial reside em aplicar uma punição *(punishment)* a um comportamento indesejado já realizado, tendo a subsidiária aptidão de inibir atuações similares. Ao seu turno, a prevenção molda-se à teoria do valor do desestímulo, sob a lógica de dissuadir *(deterrence)* eventos lesivos futuros, de caráter individual ou coletivo.[32]

Contempla-se a incidência punitiva nas situações em que empresas de tecnologia, de maneira desidiosa e repetitiva, desobedecem a padrões regulatórios acerca da coleta e utilização de dados no aprendizado de máquina.[33] No que toca à adaptação brasileira, moldada aos danos extrapatrimoniais, a reiterada exposição de informações sensíveis dos usuários de uma plataforma justificaria a aplicação da punição.

Engendradas pelo empenho doutrinário em presentear soluções adaptadas às circunstâncias hodiernas, as funções restituitória e promocional encerram a pluralidade analisada. Perseguindo o sucesso de experiências inglesas, aquela visa converter, à vítima, as vantagens econômicas ilicitamente obtidas pelo ofensor em seu detrimento. No Brasil, a aplicação partiria de adaptações ao enriquecimento sem causa (arts. 884 a 886, CC).[34]

Trabalha-se, aqui, a lógica de danos baseados no lucro *(gain-based damages)*, em contraposição à tradicional persecução reparatória dos danos baseados no prejuízo *(loss-based damages)*. Quando o custeio de ações indenizatórias pelo ofensor mostrar-se bastante inferior aos lucros de sua intervenção, incidiria a primeira espécie.[35]

O *disgorgement* simboliza a metafórica regurgitação dos lucros indevidamente auferidos pelo agressor, sem que haja a dilapidação do patrimônio da vítima. Em vez de se pleitear a mera condenação daquele em perdas e danos, transfere-se a excessiva vantagem econômica auferida à sua verdadeira motivadora.[36]

---

31. ROSENVALD, Nelson; KUPERMAN, Bernard Korman. Restituição de ganhos ilícitos: há espaço no Brasil para o disgorgement? *Revista Fórum de Direito Civil* – RFDC, ano 6, n. 14, p. 11-31, Belo Horizonte, jan.-abr. 2017. Disponível em: https://revistas.unifacs.br/index.php/redu/article/view/5283/3367. Acesso em: 10 out. 2021.
32. EHRHARDT JR., Marcos Augusto de A.. Em busca de uma teoria geral da responsabilidade civil. In: EHRHARDT JR, Marcos. (Org.). *Os 10 anos do Código Civil*: evolução e perspectivas. Belo Horizonte: Fórum, 2012, v. 1, p. 325-356.
33. PASQUALE, Frank A. Data-Informed Duties in AI Development. *Columbia Law Review*, U of Maryland Legal Studies, Research Paper n. 2019-14, 2019. Disponível em: https://ssrn.com/abstract=3503121. Acesso em: 10 nov. 2021.
34. ROSENVALD, Nelson; KUPERMAN, Bernard Korman. Restituição de ganhos ilícitos: há espaço no Brasil para o disgorgement? *Revista Fórum de Direito Civil* – RFDC, ano 6, n. 14, p. 11-31, Belo Horizonte, jan.-abr. 2017. Disponível em: https://revistas.unifacs.br/index.php/redu/article/view/5283/3367. Acesso em: 10 out. 2021.
35. ROSENVALD, Nelson. Você conhece o disgorgement? 2015. Disponível em: https://www.nelsonrosenvald.info/single-post/2015/11/10/voc%C3%AA-conhece-o-disgorgement. Acesso em: 10 nov. 2021.
36. ROSENVALD, Nelson; KUPERMAN, Bernard Korman. Restituição de ganhos ilícitos: há espaço no Brasil para o disgorgement? *Revista Fórum de Direito Civil* – RFDC, ano 6, n. 14, p. 11-31, Belo Horizonte, jan.-abr. 2017. Disponível em: https://revistas.unifacs.br/index.php/redu/article/view/5283/3367. Acesso em: 10 out. 2021.

A exploração lucrativa não autorizada do nome e imagem de uma famosa artista lastreou a aplicação brasileira desse raciocínio.[37] Por sua parte, a segunda categoria tangencia os *restitutionary damages*, em que apenas se devolve a porção do patrimônio do lesado deslocada, como nos casos de exploração da propriedade industrial alheia sem fins comerciais.

Avista-se a possibilidade de uma maior aplicação da pretensão restituitória a cenários similares, que alberguem a usurpação lucrativa de soluções de inteligência artificial. Neles, os danos não decorreriam de riscos associados aos sistemas em si, cujo controle representa incumbência de um agente humano, mas de sua indevida utilização com fins comerciais.

A derradeira função promocional propõe uma interpretação teleológica da responsabilidade à luz do ditame constitucional da solidariedade. Complementando as habituais sanções negativas, que condenam o ofensor ao pagamento de indenização à vítima, pretende estimular o adimplemento espontâneo daquele por meio de sanções positivas, que lhe confiram alguma vantagem ou reduzam um prejuízo.[38]

Detectada a junção do engajamento do primeiro à abertura comunicativa da segunda, prêmios impulsionadores de condutas exemplares seriam distribuídos, robustecendo o primário desígnio de amparo à vítima através de uma genuína concretização da reparação integral, executada de forma mais efetiva.[39]

Tal voluntariedade traria simultâneos benefícios ao ofensor, quanto à sua imagem e percepção pública, e ao lesado, garantindo-lhe um célere adimplemento. Situações de prejuízos a interesses transindividuais, atrelados a direitos difusos ou coletivos, são vistas como possíveis terrenos para a sua aplicação, a exemplo da tragédia de Brumadinho.[40]

A proatividade de uma empresa de tecnologia na reparação de danos massificados, associados a produtos de inteligência artificial defeituosos, também poderia ser recompensada, seguindo a linha de congratulação de bons comportamentos. Sem embargo das benesses extraíveis de cada espécie e das aplicações práticas colecionadas acima, ainda se capta uma tímida aderência do sistema jurídico brasileiro à representação polifuncional da responsabilidade civil.

Maiores avanços podem ser notados em relação às feições preventiva e precaucional, lastreadas a nível legal e constitucional;[41] embora ainda sejam contestadas, pelos mais puristas, por assentarem uma responsabilização despojada do elemento do dano.

---

37. VALENTE, Fernanda. STJ reconhece lucro da intervenção e manda empresa restituir lucro a atriz. Vantagens Patrimoniais. *Conjur Revista Jurídica*, de 08 de outubro de 2018. Disponível em: https://www.conjur.com.br/2018-out-08/empresa-restituir-lucro-usar-imagem-atriz-autorizacao. Acesso em: 12 nov. 2021.
38. REIS JÚNIOR, A. Aplicações da função promocional na responsabilidade civil ambiental. *Revista IBERC*, v. 3, n. 1, 3 abr. 2020. Disponível em: https://revistaiberc.responsabilidadecivil.org/iberc/article/view/104. Acesso em: 11 nov. 2021.
39. Ibidem.
40. Ibidem.
41. Nesse sentido, as previsões do art. 225 da CF/88 e do art. 497 do CPC.

Apesar de pavimentada pelo STJ como instrumento pedagógico em hipóteses de violações significativas à esfera de direitos da personalidade, a função punitiva recebe críticas que orbitam entre: a) a inexistência de previsão normativa avalizadora da aplicação de penas privadas; b) o descumprimento ao art. 944 do CC/02, que impõe a mensuração da indenização pela extensão do dano; e c) a instauração de uma indústria lotérica de danos morais.[42]

Por fim, as noviças modalidades restituitória e promocional lidam com similares problemas acerca do princípio da reserva legal. Ademais, aquela traz consigo as dificuldades de se transplantar institutos customizados a outros grupos sociais e de se identificar a real contribuição das partes ao lucro obtido. Já a última enfrenta como óbice a percepção de que não se deveria presentear o ofensor por apenas estar cumprindo a sua obrigação, aliada à difícil materialização das noções éticas em que se ancora.

A assimilação dos diversos reflexos (sociais, econômicos e culturais) desencadeados pelas novas tecnologias, atrelada a um necessário *update* das configurações originais da responsabilidade tradicional, sob uma ótica multifuncional, ainda se encontra em estágio embrionário no Brasil, distante do amadurecimento europeu.

Pesadas as particularidades da inteligência artificial, afiguram-se passíveis de aplicabilidade imediata, em adição ao escopo reparatório, as funções preventiva e precaucional, vitais no combate aos riscos conhecidos e misteriosos comportados por tal *black box*. Esforços jurisprudenciais futuros podem fortalecer a função promocional, que se valeria dos diversos códigos de conduta e boas práticas, disponíveis para a sua aferição.

A apressada tentativa de regulação promovida por meio do Projeto de Lei 21/2020 retarda qualquer progresso nesse sentido. Como se verá mais adiante, ele instala uma anacrônica leitura da responsabilidade, que desvirtua toda a construção brasileira a respeito de seus fundamentos.

Desprestigia, assim, a incidência do regime objetivo, consolidado como uma bússola norteadora da sociedade de risco contemporânea; e ignora as complementares funções antecipativas do instituto.

3. OS FUNDAMENTOS DA REPONSABILIDADE CIVIL NO BRASIL

A avaliação da inconsistente estrutura fornecida pelo PL 21/2020 reclama a prévia compreensão dos fundamentos da responsabilidade civil, que constituem os aspectos centrais da polêmica em torno de suas recentes alterações. Embora persista o dissenso quanto à relação que desempenham (predominância ou complementaridade), os elementos da culpa e do risco constituem os modernos alicerces do instituto.

---

42. As críticas destacadas nesse parágrafo foram abordadas, com maior profundidade, no *Webinar* "As Funções da Responsabilidade", promovido pelo Instituto Brasileiro de Ensino, Desenvolvimento e Pesquisa (IDP), com as ilustres participações das Profas. Thaís Pascoaloto e Fernanda Ivo Pires, e dos Profs. Nelson Rosenvald e Antônio dos Reis. Disponível em: https://www.youtube.com/watch?v=6aVlqXQMyHQ. Acesso em: 10 nov. 2021.

A tônica individualista do modelo subjetivo, ratificado pelo Código Beviláqua, reivindicava a comprovação da ausência do dever de cuidado esperado como condicionante do êxito do pleito indenizatório. Embora reproduzida pelos arts. 186 e 927 do CC/02, ela passa a ter o seu escopo reduzido; com a massificação e a complexificação das relações sociais, inicia-se a sua depleção, impulsionada pelo avanço da ideia de culpa presumida.[43]

A superação de tal monopólio coincide com o desenvolvimento de um regime objetivo, isento das amarras da culpa e amplificador da proteção à vítima. A sua instrumentalização envolve a noção de risco, cujo embasamento já alcançou as vantagens auferidas em certas atividades (risco proveito), as particularidades das tarefas que regem determinado ofício (risco profissional) e a equânime repartição dos prejuízos estatais (risco integral).[44]

Não obstante, prevalece a leitura do risco criado, na qual se atribui, àquele que desenvolve a atividade, o encargo relativo aos perigos que ela usualmente comporta, nos termos do parágrafo único do art. 927 do CC/02. Juntamente às hipóteses expressas na lei, reveste a aplicação do modelo objetivo, que exige da vítima o exclusivo apontamento da conduta, do nexo causal e do dano.

Ao explorar a problemática consumerista incidente sobre a área da nanotecnologia, Marcos Catalan[45] diferencia a última espécie do risco do desenvolvimento. Esse respaldaria a ação indenizatória baseada na posterior detecção da nocividade de determinado produto ou serviço. O fornecedor responderia pelos prejuízos, ainda que, no instante de sua formulação, tenham sido observados os padrões de saúde e segurança constituintes do Estado da Arte.

De análoga maneira, a projeção dessa categoria, tradicionalmente filiada ao setor farmacológico, poderia alcançar as soluções de IA à medida que as suas intricadas codificações representam uma incógnita aos usuários e aos seus próprios desenvolvedores. Embora os prognósticos de antagonismo simbolizados nas obras de ficção científica ainda pareçam distantes, a futura descoberta de aspectos lesivos silentes exprime uma certeza.

Por fielmente retratar a tensão entre os anseios por inovação e a proteção de direitos fundamentais, a temática da responsabilidade civil aufere relevância nas tentativas de regulação da inteligência artificial. Nesse cenário, faz-se imperioso verificar o atendimento, pelos diplomas nacionais e estrangeiros, dos contemporâneos movimentos defensores de múltiplas funções e do enquadramento objetivo do instituto analisado, essenciais ao resguardo da vítima.

4. PROPOSTAS DE REGULAÇÃO DA RESPONSABILIDADE CIVIL APLICÁVEL À INTELIGÊNCIA ARTIFICIAL

Como visto, a estruturação de um ambiente propício ao desenvolvimento de soluções de inteligência artificial reclama alicerces incentivadores da inovação, per-

---

43. SILVA PEREIRA, Caio Mário da; TEPEDINO, Gustavo. *Responsabilidade Civil*. 12. ed. rev., atual. e ampl. Rio de Janeiro: Forense, 2018, p. 323-336.
44. Ibidem.
45. CATALAN, Marcos. O desenvolvimento nanotecnológico e o dever de reparar os danos ignorados pelo processo produtivo. *Revista de Direito do Consumidor*, v. 19, p. 113-153, São Paulo, abr.-jun. 2010.

meados nas garantias alusivas à propriedade e aos contratos, que atraem e resguardam investimentos no setor.

Por outro lado, também envolve fundações protetivas em relação aos usuários, consumidores e terceiros afetados. Elas atuam como verdadeiras barreiras perante os potenciais riscos trazidos por essa tecnologia disruptiva, revestindo uma função preventiva/precaucional; e sob a forma de mecanismos ressarcitórios efetivos, que consagram o princípio da reparação integral, aproximam a vítima do estágio prévio, nos casos em que o dano não pode ser evitado.

Visto que a presente análise circunda tais bases, a obtenção de um melhor entendimento do panorama brasileiro de regulação da matéria perpassa, a princípio, a compreensão das discussões empreendidas no Velho Continente, vanguardista nesse quesito.

4.1 A PROPOSTA EUROPEIA DE REGULAMENTAÇÃO DA RESPONSABILIDADE CIVIL ASSOCIADA À INTELIGÊNCIA ARTIFICIAL

A Resolução do Parlamento Europeu 2020/2014 (INL), de 20 de outubro de 2020, fruto de debates ao longo da última década,[46] traz recomendações destinadas à Comissão Europeia e incorpora uma proposta de regulamento que disciplina, de maneira específica, o regime de responsabilidade civil aplicável à inteligência artificial.[47]

Celebra, já em seus "considerandos", a perspectiva multifuncional do instituto, salientando as citadas feições reparatória e preventiva como complementares. Reitera que a responsabilidade tem o condão de trazer segurança jurídica a todos os atores que orbitam os sistemas de IA, pela harmonização entre a adequada tutela da vítima e a preparação de uma atmosfera convidativa a inovações voltada, sobretudo, às pequenas e médias empresas (considerando 1).

Almeja-se, portanto, conciliar a reparação integral do dano à proporcional responsabilização desses *players*, escudando-os de impactos econômicos excessivos e capazes de obstruir o surgimento de inovações futuras.

Ao examinar a complexidade e a obscuridade das soluções de IA, a resolução aponta os empecilhos postos à vítima na identificação dos agentes envolvidos e dos atos motivadores da lesão, que usualmente frustram o seu ressarcimento. Como resposta,

---

46. O contexto apresentado sucede à publicação das Diretrizes Éticas para a Inteligência Artificial Confiável, destinadas a nortear o equilibrado desenvolvimento dos sistemas de IA, pelo Grupo Europeu de Ética na Ciência e Novas Tecnologias, com a chancela da Comissão Europeia. Para o maior aprofundamento sobre o documento, recomenda-se a leitura de: SILVA, Gabriela Buarque Pereira; EHRHARDT JÚNIOR, Marcos. Diretrizes éticas para a Inteligência Artificial confiável na União Europeia e a regulação jurídica no Brasil. *Revista IBERC*, v. 3, n. 3, p. 1-28, Belo Horizonte, set.-dez. 2020. Disponível em: https://revistaiberc.responsabilidadecivil.org/iberc/article/view/133. Acesso em: 24 fev. 2022.
47. UNIÃO EUROPEIA. Parlamento Europeu. *Resolução do Parlamento Europeu 2020/2014 (INL)*, de 20 de outubro de 2020. Contém recomendações à Comissão sobre o regime de responsabilidade civil aplicável à inteligência artificial. Disponível em: https://www.europarl.europa.eu/doceo/document/TA-9-2020-0276_PT.html. Acesso em: 11 nov. 2021.

indica a padronização de preceitos éticos e o estabelecimento de regimes indenizatórios equitativos e concretos (considerandos 3 e 4).

A proposta de regulamentação enfatiza a inaplicabilidade de personalidade jurídica aos sistemas de inteligência artificial, reiterando que as suas práticas costumeiras envolvem a mencionada modalidade de IA fraca, incapaz de reproduzir fielmente a consciência humana, presente em atividades que são, em sua imensa maioria, inofensivas (considerando 5).

Diante da desnecessidade de uma total revisão dos modelos existentes, ela organiza a responsabilidade sob três perspectivas distintas: a) do operador, que representa o seu foco central e se atrela à tipologia dos sistemas de IA; b) de terceiros usuários, que se valem dessa tecnologia para prejudicar outras pessoas, sujeitando-se à modalidade subjetiva; e c) do produtor, em que se aplica a Diretiva Europeia 85/374/CEE às hipóteses em que o produto de IA é defeituoso.[48]

O cerne de sua imputação reside na figura do operador (de *front-end* ou *back-end*[49]), que controla os riscos presentes em suas etapas de operação e funcionamento. A definição do regime de responsabilidade aplicável a esse agente considera a espécie de sistema de IA empregado, enquadrado como de alto risco, caso listado em anexo específico periodicamente atualizado; ou, de maneira residual, como de menor risco.

Observa-se que os sistemas de alto risco funcionam de maneira autônoma e apresentam a capacidade de lesar uma ou mais pessoas, aleatoriamente e além do razoavelmente esperado. Tal potencialidade danosa justifica a veiculação do regime objetivo à conduta do operador, fundado na responsabilização daqueles que assumem os riscos associados a certa atividade (considerando 8 e art. 3º, alínea "c" e item 1). Tem-se como exemplo da modalidade o acidente envolvendo um micro-ônibus elétrico autônomo na Vila dos Atletas, durante a recente edição dos Jogos Olímpicos de Tóquio.[50]

Nesses casos, a serem expressamente listados em um anexo específico, admite-se apenas a excludente da causa maior. São fixados tetos de € 2 milhões para as ações indenizatórias em casos de morte, danos à saúde ou à integridade física, ajuizáveis em até trinta anos do evento prejudicial; e de € 1 milhão para os demais danos patrimoniais ou extrapatrimoniais significativos, atrelados à prescrição de dez anos, contados de sua ocorrência, ou de trinta anos do início da operação do sistema (arts. 5º e 7º).

Por outro lado, tem-se a residual incidência da responsabilidade subjetiva aos prejuízos menos gravosos decorrentes dos demais sistemas, nos quais se exige a com-

---

48. Nas hipóteses em que o singular operador também se apresente como produtor do sistema de IA, o regulamento proposto prevaleceria sobre a Diretiva 85/374/CEE (art. 11).
49. Em uma explicação simplificada, caberia aos operadores de *front-end* lidar com recursos mais visíveis ao usuários e aos operadores de *back-end* gerenciar atividades de suporte ao sistema. Para maior aprofundamento, recomenda-se a seguinte leitura: https://www.totvs.com/blog/developers/back-end/. Acesso em: 1º dez. 2021.
50. JUDOCA japonês é atropelado por ônibus autônomo na Vila dos Atletas. *GE*, Tóquio, 27 de agosto de 2021. Paralímpiadas. Disponível em: https://ge.globo.com/paralimpiadas/noticia/judoca-japones-e-atropelado-por-onibus-autonomo-na-vila-dos-atletas.ghtml. Acesso em: 1º dez. 2021.

provação do elemento da culpa, presumida em relação ao operador ofensor. A quantificação e a configuração prescricional dessas hipóteses seguiriam as determinações do Estado-membro onde se materializa o dano (arts. 8º e 9º).

Pode-se conceber a aplicação da categoria aos casos de danos alusivos à equivocada remoção ou restrição de conteúdo performada por algoritmos de plataformas digitais, como *Facebook*, *Instagram* e *YouTube*.[51] O afastamento do dever indenizatório demandaria a comprovação, por parte do operador, de que atuou com diligência ou de que a ativação do sistema ocorreu por ato de terceiro; ou ainda, pela configuração de motivo de força maior.

Ao final, a proposta elucida que a eventual multiplicidade de operadores ensejaria uma responsabilização solidária, cabendo à vítima decidir a qual deles interpelar. Ao escolhido, caberia o exercício regressivo proporcional perante os demais, baseado no grau de controle do risco usufruído por cada um, desde que a vítima já houvesse sido integralmente indenizada (arts. 11 e 12, itens 1 e 2).

O pioneirismo europeu materializa um extenso histórico analítico da inteligência artificial em um sólido documento que intenta uniformizar o tratamento da matéria no âmbito da responsabilidade civil, considerando os insurgentes danos em seus Estados-membros.

Críticas podem ser levantadas em relação ao acolhimento conferido à vítima nas hipóteses de danos gerados por sistemas de menor risco, onde se exigiria a evidenciação do elemento da culpa; e em relação à limitação da quantificação indenizatória, especialmente quando os prejuízos atingirem, de forma simultânea, vários indivíduos.

Afigura-se inquestionável, porém, o cuidado na esquematização da resolução, que esclarece a necessidade de equilíbrio entre inovação e proteção, delimitando os regimes aplicáveis de maneira organizada e com atenção à terminologia técnica.

Convém salientar a recente tentativa de recrudescimento da normatização da inteligência artificial, veiculada na Proposta de Regulamento do Parlamento Europeu e do Conselho 2021/0106, destinada à harmonização da matéria. Centrada no elemento do risco, promove a sua hierarquização a partir de três categorias: a) riscos inaceitáveis; b) riscos elevados; e c) riscos baixos ou mínimos.[52]

---

51. Outrossim, cabe mencionar a antagônica hipótese de responsabilização de provedores de pesquisa na Internet pela não-remoção de conteúdos indesejados, publicados por terceiros e capazes de gerar danos aos indivíduos neles retratados. A detida análise de tal controversa aplicação da função reparatória, usualmente vinculada à consagração do direito ao esquecimento, pode ser encontrada em: SILVA, Gabriela Buarque Pereira; EHRHARDT JUNIOR, Marcos. Direitos fundamentais e os algoritmos do Google: quais os rumos da responsabilidade civil decorrente da inteligência artificial? *Pensar – Revista de Ciências Jurídicas*, v. 26, p. 1, 2021. Disponível em: https://periodicos.unifor.br/rpen/article/view/11670. Acesso em: 24 fev. 2022.
52. UNIÃO EUROPEIA. Parlamento Europeu. *Proposta de Regulamento do Parlamento Europeu e do Conselho 2021/0106*, de 21 de abril de 2021. Estabelece regras harmonizadas em matéria de inteligência artificial (regulamento inteligência artificial). Disponível em: https://eur-lex.europa.eu/resource.html?uri=cellar:e0649735-a372-11eb-9585-01aa75ed71a1.0004.02/DOC_1&format=PDF. Acesso em: 1º dez. 2021.

Como aspecto distintivo em relação à citada resolução, inova ao estabelecer uma vedação ao emprego de sistemas de IA que comportem riscos inaceitáveis (art. 5º), aptos a deturpar os valores defendidos pela União Europeia.

Tal proibição alcança as soluções que se valem de técnicas subliminares para manipular o comportamento de uma pessoa; ou que explorem vulnerabilidades de determinados grupos, vinculadas à idade ou deficiência, para distorcer o seu comportamento, podendo gerar danos materiais ou psicológicos.

Complementam o rol restritivo os usos de sistemas de *Social Score*, voltados à avaliação da credibilidade de um indivíduo a partir de seu comportamento ou de atributos pessoais; e de identificação biométrica a distância, em tempo real, com fins de manutenção da ordem pública em espaços abertos.

O documento excepciona a operação de tais sistemas de vigilância em massa para a investigação de vítimas específicas de crime, em especial de crianças desaparecidas; a prevenção de ameaças iminentes a pessoas ou de ataques terroristas; e para a investigação de foragidos, que são alvo de mandados de detenção pela prática de graves delitos.

Caso devidamente adaptadas às idiossincrasias locais, as lições fornecidas pelos documentos europeus mostrar-se-iam extremamente enriquecedoras aos legisladores e administradores brasileiros, dadas as recentes pressões por uma mobilização regulatória da área da inteligência artificial.

No entanto, a realidade nacional falha na assimilação desses ensinamentos, levantando fundadas preocupações em relação à mitigação da esfera protetiva.

4.2 A Regulação Brasileira da Inteligência Artificial

Ainda que contemporâneas às orientações europeias, as tentativas nacionais de disciplinamento da matéria não poderiam parecer mais assíncronas. Executadas por intermédio da Estratégia Brasileira de Inteligência Artificial (EBIA) e do Projeto de Lei 21/2020, elas vêm traçando um futuro incerto para a responsabilidade civil, que se revela extremamente gravoso para os potenciais vítimas de danos ligados aos sistemas de IA.

4.2.1 A Estratégia Brasileira de Inteligência Artificial (EBIA)

A Estratégia Brasileira de Inteligência Artificial (EBIA), instituída pela Portaria 4.617/2021 do Ministério da Ciência, Tecnologia e Inovações (MCTI), é uma política pública de inovação que busca definir uma estrutura para o fomento da área no Brasil e as diretrizes éticas que balizam a sua implementação.[53]

---

53. BRASIL. Ministério da Ciência, Tecnologia e Inovações. *Estratégia Brasileira De Inteligência Artificial* (EBIA). Instituída pela Portaria MCTI n. 4.617/2021, de 06 de abril de 2021. Disponível em: https://www.gov.br/mcti/pt-br/acompanhe-o-mcti/transformacaodigital/arquivosinteligenciaartificial/ia_estrategia_diagramacao_4-979_2021.pdf. Acesso em: 20 nov. 2021.

Confeccionada a partir da percepção técnica especializada, aliada ao intercâmbio de experiências nacionais e estrangeiras, e complementada pelas contribuições *online* fornecidas pela sociedade; ela divide a temática em três eixos transversais: a) legislação, regulação e uso ético; b) governança da IA; e c) aspectos internacionais.

Tais áreas tangenciam seis segmentos verticais: a) educação; b) força de trabalho e capacitação; c) pesquisa, desenvolvimento e inovação (PD&I) e empreendedorismo; d) aplicação nos setores produtivos; e) aplicação no poder público; e f) segurança pública.

Ao estabelecer as nuances de seu primeiro eixo transversal (legislação, regulação e uso ético), a "Estratégia" salienta, à luz do firmado na proposta europeia, que as atuais discussões prezam, além do binômio inovação-proteção, pela segurança jurídica. A consolidação desta decorreria da estruturação de efetivos instrumentos de responsabilização, aplicáveis aos envolvidos nas variadas atividades associadas aos sistemas de IA autônomos.[54]

Aproxima-se de uma abordagem concreta da responsabilidade civil quando estabelece uma conexão entre a função reparatória e o instituto da revisão humana. Nesse sentido, sugere a exclusiva aplicação dele aos casos de decisões automatizadas dotadas de um maior potencial lesivo, a exemplo daquelas proferidas em ambientes alfandegários e de embarque em aeroportos.[55]

Eventuais falhas em tais cenários ensejariam a simultânea reparação dos prejuízos gerados à vítima. Como contraponto, situações frugais relacionadas à indevida utilização da tecnologia, como a confusão na exibição de anúncios publicitários customizados, não subsidiariam a aplicação desses mecanismos.

Firma-se, de maneira geral, uma cautelosa postura de disciplinamento da inteligência artificial, sob o receio de levantar indesejados obstáculos à inovação. Ao contemplar o clamor pela regulação da área, a "Estratégia" assevera que ela "deve ser desenvolvida com ponderação e com tempo suficiente para permitir que várias partes identifiquem, articulem e implementem os principais princípios e as melhores práticas".[56]

Apesar da expressividade da advertência, a incoerente proposição de um marco legal da inteligência artificial permeia o Poder Legislativo. Com a ratificação de sua tramitação em regime de urgência, o Projeto de Lei 21/2020 foi recentemente aprovado pela Câmara.

No que concerne ao estabelecimento de uma governança de inteligência artificial nos segmentos público e privado, a EBIA reforça a necessidade de combate à discriminação algorítmica, recomendando a implementação de instrumentos de rastreabilidade e auditabilidade pelas instituições que manuseiam tal tecnologia.

---

54. Ibidem.
55. Ibidem.
56. Ibidem, p. 22

Não obstante a aplicação dessas ferramentas suceda à decisão da "máquina", também se expressa um cuidado preparatório, materializado por uma maior atenção em relação aos dados fornecidos para o treinamento dos sistemas de IA.[57]

Em seguida, endereça a ideia de *accountability*, que engloba a prestação de contas e a responsabilidade. A EBIA defende um comportamento previdente, com a criteriosa averiguação de sistemas que possam trazer elevados perigos à coletividade, a exemplo da área da cybervigilância. Como consequência, entende que a delimitação regulatória da responsabilidade deve ponderar o risco em questão, apresentando aplicação pontual.[58]

O derradeiro eixo transversal, associado aos "aspectos internacionais", reverbera a necessidade de uma postura atuante e colaborativa do Estado brasileiro no compartilhamento de informações e experiências associadas a esse nicho tecnológico junto aos demais países e organizações.[59]

Conforme será visto a seguir, os ensinamentos em matéria de responsabilidade civil aplicável a sistemas de inteligência artificial, colhidos no espaço europeu após extensos debates sobre o assunto, não foram devidamente absorvidos pelo Brasil.

Em que pesem as deficiências da "Estratégia", tais como o caráter genérico de suas normas, a insuficiência do diagnóstico que fornece e a sua configuração como um mecanismo de *soft law* de aplicabilidade reduzida, a política acerta ao ligar a responsabilidade ao elemento do risco e às situações concretas, ao enfatizar a importância da feição preventiva e ao alertar acerca da paciência indispensável à formulação de uma lei específica sobre a inteligência artificial.

Por seu turno, o legislador pátrio opta, em notória incongruência, por um modelo subjetivo abstrato de reparação no PL 21/2020 que destoa dos norteamentos estrangeiros e das úteis (embora reduzidas) sugestões fornecidas pela EBIA sobre o assunto.

4.2.2 O Projeto de Lei 21/2020

O Projeto de Lei 21/2020, concebido como futuro marco legal da inteligência artificial no Brasil, teve a sua proposta originariamente apresentada na data de 04.02.2020, pelo deputado Eduardo Bismarck.[60] Consideráveis modificações foram feitas desde então, com a redação substitutiva, assinada pela relatora, deputada Luisa Canziani, sendo aprovada pelo Plenário da Câmara, após tramitação em regime de urgência, em 29.09.2021.[61]

---

57. Ibidem.
58. BRASIL. Ministério da Ciência, Tecnologia e Inovações. *Estratégia Brasileira De Inteligência Artificial* (EBIA). Instituída pela Portaria MCTI n. 4.617/2021, de 06 de abril de 2021. Disponível em: https://www.gov.br/mcti/pt-br/acompanhe-o-mcti/transformacaodigital/arquivosinteligenciaartificial/ia_estrategia_diagramacao_4-979_2021.pdf. Acesso em: 20 nov. 2021.
59. Ibidem.
60. BRASIL. Câmara dos Deputados. *Projeto de Lei 21/2020* (Texto Original), de 4 de fevereiro de 2020. Estabelece princípios, direitos e deveres para o uso da inteligência artificial no Brasil e dá outras providências. Disponível em: https://www.camara.leg.br/proposicoesWeb/prop_mostrarintegra?codteor=1853928. Acesso em: 20 nov. 2021.
61. BRASIL. Câmara dos Deputados. *Projeto de Lei 21/2020* (Redação do Substitutivo), de 29 de setembro de 2021. Estabelece fundamentos, princípios e diretrizes para o desenvolvimento e a aplicação da inteligência

As vozes críticas ao instrumento, em uníssono, repudiam a celeridade imposta à sua apreciação. Considerado o lapso temporal de 19 meses até o aceno positivo da Casa Legislativa, parece razoável esperar que desfrute de um período de tramitação consideravelmente inferior àqueles conferidos à LGPD (oito anos) e ao Marco Civil da Internet (sete anos).[62]

O mencionado aviso de prudência explicitado na EBIA não aparenta ter surtido efeito. De forma semelhante, a noção de que, mesmo sob o vanguardismo europeu, ainda não se detecta um posicionamento definitivo sobre o assunto[63] reforça a perplexidade em relação à ligeireza do processo brasileiro.

As significativas repercussões sobre os variados recortes da sociedade demandam, em qualquer tentativa de normatização da IA, a conjugação de uma criteriosa avaliação técnica à democrática oitiva dos setores impactados; inexistente nos diminutos debates empreendidos até aqui.[64]

Tal escassez dialógica pode ser justificada, em parte, por um desequilíbrio no binômio inovação-proteção citado. Pressões oriundas do segmento econômico-tecnológico, em especial sob a forma de *lobbies* movidos por *startups* desenvolvedoras e operadoras, ditaram o intenso ritmo adotado no Brasil.

Quando se considera a noção de arena política (*policy arena*), em que diferentes grupos convergem e conflitam de acordo com os seus interesses,[65] e a quantificação das possíveis benesses e prejuízos futuros resultantes de uma política regulatória da IA, sobretudo no que diz respeito ao tratamento ofertado à responsabilidade civil, faz-se compreensível a motivação por trás da aceleração da votação.

De forma geral, as avaliações civilistas sobre o projeto mostram-se pessimistas. Ao explorar o seu potencial fragmentador, Anderson Schreiber[66] percebe uma indesejada

---

artificial no Brasil; e dá outras providências. Disponível em: https://www.camara.leg.br/proposicoesWeb/prop_mostrarintegra?codteor=2083275. Acesso em: 20 nov. 2021.

62. SCHERTEL MENDES, Laura. Projeto de Lei da Inteligência Artificial: armadilhas à vista. *Fumus Boni Iuris*. Blogs. *O Globo*, 2021. Disponível em: https://blogs.oglobo.globo.com/fumus-boni-iuris/post/laura-schertel-mendes-pl-da-inteligencia-artificial-armadilhas-vista.html. Acesso em: 1º dez. 2021

63. MEDON, Felipe. Danos causados por inteligência artificial e a reparação integral posta à prova: por que o Substitutivo ao PL 21/2020 deve ser alterado urgentemente? Migalhas de Responsabilidade Civil. Colunas. *Migalhas*, 2021. Disponível em: https://www.migalhas.com.br/coluna/migalhas-de-responsabilidade-civil/351200/danos-causados-por-inteligencia-artificial-e-a-reparacao-posta-a-prova. Acesso em: 1º dez. 2021.

64. SCHREIBER, Anderson. PL da Inteligência Artificial cria fratura no ordenamento jurídico brasileiro. Opinião e Análise. Colunas. *Jota*, 2021. Disponível em: https://www.jota.info/opiniao-e-analise/colunas/coluna-do-anderson-schreiber/pl-inteligencia-artificial-cria-fratura-no-ordenamento-juridico-02112021. Acesso em: 1º dez. 2021.

65. FREY, Klaus. Políticas Públicas: Um Debate Conceitual e Reflexões Referentes à Prática da Análise de Políticas Públicas no Brasil. *Planejamento e Políticas Públicas*, [S. l.], n. 21, 2009. Disponível em: //www.ipea.gov.br/ppp/index.php/PPP/article/view/89. Acesso em: 1º dez. 2021.

66. SCHREIBER, Anderson. PL da Inteligência Artificial cria fratura no ordenamento jurídico brasileiro. Opinião e Análise. Colunas. *JOTA*, 2021. Disponível em: https://www.jota.info/opiniao-e-analise/colunas/coluna-do-anderson-schreiber/pl-inteligencia-artificial-cria-fratura-no-ordenamento-juridico-02112021. Acesso em: 1º dez. 2021.

dualidade em seu conteúdo, onde normas descontextualizadas convivem com novidades importadas, desvirtuando a noção de coesão jurídica.

Perspectiva análoga é firmada por Laura Schertel Mendes[67] ao explicitar a "crise de identidade" que assola o documento. A indecisão acerca de sua configuração como uma mera carta de valores, desprovida de imperatividade e especificidade, ou como um sólido instrumento norteador do uso da inteligência artificial, acaba por macular a sua recepção e as prospecções de sua aplicação futura.

A desconstrução dos argumentos liberais partidários da eliminação ou mitigação de uma regulação da inteligência artificial constitui o eixo central da análise de Ana Frazão.[68] Baseados na já refutada noção de que um supostamente excessivo disciplinamento legal obstruiria a inovação, eles encontram a sua verdadeira razão de ser no agir estratégico das grandes empresas, economicamente beneficiadas pelo obscurantismo em suas escusas práticas.

Em contraponto ao engodo indicativo de uma generalizada ignorância sobre o assunto, a qual justificaria a citada hesitação normativa, a autora sublinha o exponencial crescimento das pesquisas e estudos sobre os efeitos lesivos da inteligência artificial. Diante dos riscos elevados trazidos por essa tecnologia, defende uma adequada regulação da área, garantindo a segurança jurídica indispensável à atuação competitiva de empresas pequenas e recém-criadas junto às predatórias gigantes tecnológicas.[69]

A despeito da assertividade dos posicionamentos listados, a comparação das redações originária e atual do PL 21/2020 permite a verificação de pontuais melhorias, particularmente quanto ao aprimoramento do linguajar técnico empregado em seus dispositivos iniciais.[70] Avança-se, inclusive, perante o generalismo da EBIA, em que a IA é concebida como um todo.

O projeto oferece algumas bem-vindas simplificações às descrições e complementações às lacunas, que modificam o seu primeiro esboço. Nessa senda, a conceituação do que representa um sistema de inteligência artificial é expandida, exigindo-se dele a capacidade de aprender a perceber, interpretar e interagir com o ambiente externo. Itens enumeradores de suas técnicas e de sua aptidão classificatória também são acrescentados (art. 2º, *caput*, e parágrafo único).

---

67. SCHERTEL MENDES, Laura. Projeto de Lei da Inteligência Artificial: armadilhas à vista. *Fumus Boni Iuris*. Blogs. *O Globo*, 2021. Disponível em: https://blogs.oglobo.globo.com/fumus-boni-iuris/post/laura-schertel-mendes-pl-da-inteligencia-artificial-armadilhas-vista.html. Acesso em: 1º dez. 2021
68. FRAZÃO, Ana. Marco da Inteligência Artificial em análise: Já não foram mapeados riscos suficientes para justificar uma regulação adequada e com efeitos práticos. Colunas. Opinião e Análise. *JOTA*, 2021. Disponível em: https://www.jota.info/opiniao-e-analise/colunas/constituicao-empresa-e-mercado/marco-inteligencia-artificial-15122021. Acesso em: 17 dez. 2021.
69. Ibidem.
70. MEDON, Felipe. Danos causados por inteligência artificial e a reparação integral posta à prova: por que o Substitutivo ao PL 21/2020 deve ser alterado urgentemente? Migalhas de Responsabilidade Civil. Colunas. *Migalhas*, 2021. Disponível em: https://www.migalhas.com.br/coluna/migalhas-de-responsabilidade-civil/351200/danos-causados-por-inteligencia-artificial-e-a-reparacao-posta-a-prova. Acesso em: 1º dez. 2021.

Multiplicam-se, consideravelmente, os fundamentos incidentes sobre as suas etapas de desenvolvimento e aplicação (art. 4º). Nesse aspecto, a lógica envolve o balanceio de incentivos econômicos, como a livre-iniciativa, a livre concorrência e a eliminação de amarras aos modelos de negócio; e medidas protetivas associadas à segurança, privacidade e ao resguardo de dados pessoais, ao combate à discriminação algorítmica e à atenção a preceitos éticos e aos direitos humanos.

O projeto aventa a observância a parâmetros de conformidade, que podem ser extraídos de códigos de conduta e guias de boas práticas formulados pelos próprios agentes; bem como a assimilação de medidas técnicas que respeitem os padrões internacionais e incentivem comportamentos virtuosos (art. 7º, VII e XII), criando um sólido ambiente para os sistemas de IA.

Subsídios axiológicos para a função preventiva poderiam ser extraídos desses documentos.[71] A complementação emergiria dos princípios que regem a formulação e a operação de soluções de IA, em especial daqueles concernentes à finalidade benéfica e à centralidade do ser humano (art. 5º, I e II), que dialogam com a citada função, em que se atribui o protagonismo à vítima.

Tem-se uma aproximação ao campo da responsabilidade quando indicadas as máximas de "segurança e prevenção" e "inovação responsável" (art. 5º, VI e VII). As primeiras preconizam a utilização de ferramentas variadas (técnicas, organizacionais e administrativas) para monitorar e atenuar os riscos associados ao manuseio desses sistemas.

Já última prevê a responsabilização dos agentes envolvidos nas citadas etapas pelos seus resultados, sopesadas as contribuições individuais, o contexto específico e as tecnologias acessadas. O dispositivo acerta ao atrelar a sua delimitação às circunstâncias fáticas.

Sob uma ótica acentuadamente positiva, melhorias isoladas poderiam ser apontadas em relação ao texto-base do projeto, geralmente considerado como uma limitada carta de valores. Já sob uma perspectiva cética, as discrepâncias em relação à proposta europeia de regulação específica da responsabilidade são gritantes.

O documento estrangeiro fornece todo o substrato necessário à operacionalização do modelo de responsabilidade civil sugerido à área da inteligência artificial. São demarcados: os prazos prescricionais, as causas excludentes e atenuantes, os tetos indenizatórios e os comportamentos dos agentes humanos que ensejam a reparação.

Os valores que inundam a peça brasileira acabam sendo abordados, de maneira otimizada, já nos "considerandos" da proposta estrangeira. Essa adota uma aplicação tripartite da responsabilidade (operação, relações de consumo e atividades de terceiros), direcionando o encargo ao ator responsável pelo gerenciamento dos riscos.

---

71. As bases para o reconhecimento de uma função promocional da responsabilidade, ainda pouco discutida no Brasil, também poderiam advir de tais previsões. Nesse sentido, atuações ótimas dos agentes em relação aos citados parâmetros poderiam atenuar os encargos reparatórios a ele atribuídos.

Logo, o regime a ser empregado conforma-se à espécie de sistema detectada concretamente por lá. Sistemas de alto risco clamam pela adoção da modalidade objetiva, enquanto a responsabilidade subjetiva é reservada aos demais danos vinculados a tal tecnologia.

Convém esclarecer que não se está defendendo a transplantação da estrutura regulamentadora europeia em sua inteireza, uma vez que, à luz do direito comparado, a importação de elementos externos reivindica a prévia avaliação do contexto nacional e a verificação de possíveis rejeições.

O que se busca, verdadeiramente, é a edificação de um disciplinamento pátrio que absorva as virtudes lastreadas no Velho Continente e respeite a própria tradição jurídica brasileira. Entretanto, ao se destrinçar a celeuma instaurada em relação ao art. 6º do PL 21/2020, tido como guia para a regulação estatal da aplicação da IA, o mencionado ceticismo converte-se num flagrante pessimismo.

Nota-se, *prima facie*, a adoção de um posicionamento aparentemente compatível à tônica da responsabilidade civil nacional, quando se condiciona a formulação e a utilização de sistemas de IA à avaliação dos riscos concretos (art. 6º, III).

Assim, o marco legal determina a consideração deles nas ponderações sobre a premência de regulação desses sistemas e o nível de intervenção a ser empregado, traçando-se paralelos em relação aos possíveis ganhos socioeconômicos e ao conjunto de riscos proporcionados por sistemas análogos baseados em tecnologias distintas (art. 6º, III, a, b).

Ademais, firma que, nas hipóteses de riscos diminutos, competiria à Administração Pública fomentar a inovação, aplicando regulações mais flexíveis. Por sua vez, ao se deparar com riscos elevados, ela poderia solicitar maiores informações acerca das medidas de segurança e prevenção (art. 6º, §§ 2º e 3º).

A conjugação dos mencionados princípios e diretrizes, ainda que suscetível a eventuais correções ou complementações, parecia trilhar o caminho para a adoção de um modelo de responsabilidade objetiva, ao sustentar uma gestão baseada no risco concreto, em consonância com as previsões do parágrafo único do art. 927 do CC/02.

Mesmo que a consagração desse regime não igualasse o caráter analítico do posicionamento europeu, ela reservaria um amparo mínimo à vítima e eliminaria a necessidade de comprovação do elemento da culpa ao se buscar a reparação de eventuais prejuízos originados por sistemas de IA.

Entretanto, o legislador pátrio ruma em direção oposta, ao definir a diretriz específica alusiva à responsabilidade:

> Art. 6º [...] VI – responsabilidade: as normas sobre responsabilidade dos agentes que atuam na cadeia de desenvolvimento e operação de sistemas de inteligência artificial deverão, salvo disposição legal em contrário, pautar-se na *responsabilidade subjetiva* e levar em consideração a efetiva participação desses agentes, os danos específicos que se deseja evitar ou remediar e a forma como esses agentes podem demonstrar adequação às normas aplicáveis, por meio de esforços razoáveis compatíveis com os padrões internacionais e as melhores práticas de mercado. (Grifo nosso).

A expressa discordância de proeminentes civilistas e juristas brasileiros ao citado item motivou a assinatura de uma carta aberta ao Senado Federal, com correções essenciais sugeridas ao seu texto.[72]

Constata-se que a versão original do PL 21/2020 apenas determinava que os agentes de desenvolvimento e operação responderiam, na forma legal e em consonância com as funções desempenhadas, pelas decisões tomadas pelos sistemas de IA.[73] Não se delimitava um regime reparatório, assim como não constavam referências à função preventiva ou precaucional.

O tratamento conferido à matéria passava longe do ideal, mas não se mostrava tão nocivo quanto o do presente texto, munido de equívocos entorpecedores, a começar pela imprecisão dos termos empregados; eles norteiam os vindouros legisladores para a exigência de comprovação do elemento da culpa, a qual, todavia, pode ser facilmente afastada por qualquer norma em sentido adverso.[74]

Verifica-se inexatidão quando o inciso define os agentes que podem ser responsabilizados. Como bem elucida Filipe Medon,[75] a cadeia dos sistemas de IA engloba uma multiplicidade de atores aptos a interferir em seu funcionamento, desde os *designers* e operadores até os programadores e usuários. Falta uma maior especificidade para a sua melhor identificação, como ocorre na canalização europeia na figura do operador.

A "irresponsabilização generalizada", suscitada no mencionado documento enviado ao Senado, materializa-se na consolidação de um modelo abstrato subjetivo, onde a avaliação da atuação culposa das cinzentas figuras dos agentes ocorre a partir de parâmetros questionáveis.

Nele, tem-se a apreciação: a) de suas efetivas participações no resultado lesivo, as quais são dificilmente mensuráveis, dada a complexidade inerente aos sistemas de IA; b) do dano que se pretendia evitar ou remediar, em vez de direcionar o enfoque ao risco; e c) da conformidade dos agentes às normas aplicáveis, consoante padrões internacionais e práticas de mercado, instituindo uma espécie de *compliance* abordado previamente.

Como consequência, são construídos insuperáveis obstáculos à figura da vítima, relegada a uma posição de vulnerabilidade informacional[76] que a impossibilita de corre-

---

72. IRRESPONSABILIZAÇÃO generalizada: Especialistas criticam responsabilidade subjetiva prevista no PL do marco da IA. *Revista Consultor Jurídico*, de 27 de outubro de 2021. Disponível em: https://www.conjur.com.br/2021-out-27/especialistas-questionam-artigo-pl-marco-legal-ia. Acesso em: 2 dez. 2021
73. Art. 9º, V, e P. único, do texto original do PL 21/2020.
74. SCHREIBER, Anderson. PL da Inteligência Artificial cria fratura no ordenamento jurídico brasileiro. Opinião e Análise. Colunas. *Jota*, 2021. Disponível em: https://www.jota.info/opiniao-e-analise/colunas/coluna-do-anderson-schreiber/pl-inteligencia-artificial-cria-fratura-no-ordenamento-juridico-02112021. Acesso em: 1º dez. 2021.
75. MEDON, Felipe. Danos causados por inteligência artificial e a reparação integral posta à prova: por que o Substitutivo ao PL 21/2020 deve ser alterado urgentemente? Migalhas de Responsabilidade Civil. Colunas. *Migalhas*, 2021. Disponível em: https://www.migalhas.com.br/coluna/migalhas-de-responsabilidade-civil/351200/danos-causados-por-inteligencia-artificial-e-a-reparacao-posta-a-prova. Acesso em: 1º dez. 2021.
76. SCHREIBER, Anderson. PL da Inteligência Artificial cria fratura no ordenamento jurídico brasileiro. Opinião e Análise. Colunas. *JOTA*, 2021. Disponível em: https://www.jota.info/opiniao-e-analise/colunas/coluna-do-anderson-schreiber/pl-inteligencia-artificial-cria-fratura-no-ordenamento-juridico-02112021. Acesso em: 1º dez. 2021.

tamente identificar os agentes envolvidos e de comprovar os comportamentos desidiosos que contribuíram ao resultado lesivo, ferindo-se, assim, a garantia da reparação integral.

As dificuldades tangenciam as questões: a) da transparência, diante da reduzida divulgação de informações acerca dos meandros dos sistemas de IA ao público-usuário; e b) da explicabilidade, porquanto a exposição inteligível do funcionamento dessas soluções, em uma linguagem acessível a tais destinatários, inexiste na prática. A assimetria de conhecimento técnico destacada na resolução europeia foi solenemente ignorada.

Ao tecer uma resposta ao descaso brasileiro, onde o lesado assume os encargos financeiros do fomento a práticas inovadoras, a mobilização civilista acerta ao enfatizar o simultâneo enfraquecimento da função precaucional, antecipadora dos riscos potenciais ainda desconhecidos relacionados aos sistemas de IA[77]. Os árduos esforços em se tentar extrair uma atuação previdente de dispositivos esparsos acabam dilacerados por tal inciso.

Desta forma, tendo em vista que as discussões acerca da temática ainda não se encerraram, o grupo de juristas sugere a incorporação de uma redação idêntica à recomendada pela rejeitada Emenda ao Substitutivo 7, apresentada pelo deputado Bohn Gass:[78]

> Artigo 6º: VI – responsabilidade: normas sobre responsabilidade dos agentes que atuam na cadeia de desenvolvimento e operação de sistemas de inteligência artificial devem, salvo disposição legal em contrário, levar em consideração a tipologia da inteligência artificial, o risco gerado e seu grau de autonomia em relação ao ser humano, além da natureza dos agentes envolvidos, a fim de se determinar, em concreto, o regime de responsabilidade civil aplicável. (Grifos nossos).

Ela rompe com o deslize proveniente da instauração de um regime abstrato e firma os assentos para a definição da espécie aplicável, consoante as peculiaridades de cada situação concreta. Num panorama de constante aperfeiçoamento tecnológico e automatização das decisões,[79] a adaptação das ferramentas tradicionais de responsabilidade, concebidas sob uma ótica analógica, ao contexto digital, torna-se imprescindível.

Desse modo, caso venham a ser acatadas as modificações indicadas, a elaboração normativa passaria a considerar a tipologia da inteligência artificial e a respeitar as singularidades inerentes às suas variadas categorias.

Algoritmos de classificação de perfis e de customização de conteúdo, por exemplo, apresentariam nuances próprias a serem medidas. As subespécies internas a cada uma

---

77. Irresponsabilização generalizada: Especialistas criticam responsabilidade subjetiva prevista no PL do marco da IA. *Revista Consultor Jurídico*, de 27 de outubro de 2021. Disponível em: https://www.conjur.com.br/2021-out-27/especialistas-questionam-artigo-pl-marco-legal-ia. Acesso em: 2 dez. 2021.
78. BRASIL. Câmara dos Deputados. *Emenda Modificativa 7*, de 29 de setembro de 2021. Disponível em: https://www.camara.leg.br/proposicoesWeb/prop_mostrarintegra?codteor=2082094&filename=EMP+7+%3D%3E+PL+21/2020. Disponível em: 1º dez. 2021.
79. SCHERTEL MENDES, Laura. Projeto de Lei da Inteligência Artificial: armadilhas à vista. *Fumus Boni Iuris*. Blogs. *O Globo*, 2021. Disponível em: https://blogs.oglobo.globo.com/fumus-boni-iuris/post/laura-schertel-mendes-pl-da-inteligencia-artificial-armadilhas-vista.html. Acesso em: 1º dez. 2021.

delas também mereceriam atenção, pois poderiam elencar distintos graus de autonomia perante o homem.[80]

Medon[81] esclarece tal aspecto ao diferenciar veículos autônomos (espécie de sistema) que demandam a salvaguarda humana do condutor, daqueles que a dispensam (graus distintos de autonomia). O autor igualmente enfatiza a relevância da correta identificação da proveniência dos agentes envolvidos, para a aplicação da régua subjetiva ou objetiva. Fornecedores, particularmente, ensejariam o regime objetivo consumerista.

A sugestão de alteração brasileira enfatiza a necessidade de investigação dos riscos criados pelos sistemas de IA, embora não reproduza a literalidade da proposta europeia, na qual são enquadrados como altos ou baixos e inseridos em regimes distintos àquele aplicável aos danos ao consumidor.

Como visto, o projeto de lei nacional até utiliza tais nomenclaturas quando especifica as possíveis medidas a serem implementadas pela Administração Pública, mas a abertura sugerida na carta ao item alusivo à responsabilidade (art. 6º, VI) pode figurar como oportuna, protegendo-o da obsolescência diante de irrefreáveis avanços tecnológicos.

Por fim, identifica-se no PL 21/2020 a repetição de disposições do CDC e da CF/88, pacificando a aplicação do regime de responsabilidade objetiva, respectivamente, aos danos causados por sistemas de IA em relações de consumo e pelos agentes da Administração Pública. Cabe, no último caso, o exercício do direito de regresso estatal pela comprovação do seu dolo ou culpa.

Embora integre o rol de objeções levantadas pelos seus críticos, tal pleonasmo jurídico representa o menor de seus problemas. A pesarosa consagração de uma responsabilidade subjetiva pelo inciso VI de seu art. 6º ambiciona o crescimento econômico em curto prazo, ao inegavelmente favorecer as empresas que desenvolvem essa tecnologia, quase que as eximindo de deveres reparatórios, preventivos e precaucionais.

Contudo, a visualização de uma prosperidade longeva, fincada na segurança jurídica e na criação de um espaço de confiança mútua entre empresas e usuários, não se afigura factível no presente momento. Embora a atualização regulatória em face das modificações trazidas pela inteligência artificial detenha relevância sob tal enfoque, ela não pode ocorrer de forma precipitada, sem o devido esgotamento das discussões sobre o tema.[82]

Caberia ao legislador brasileiro, em uma alegórica inversão de papéis, simular os trejeitos da proeminente técnica do aprendizado de máquina, que, a partir da assimilação

---

80. MEDON, Felipe. Danos causados por inteligência artificial e a reparação integral posta à prova: por que o Substitutivo ao PL 21/2020 deve ser alterado urgentemente? Migalhas de Responsabilidade Civil. Colunas. *Migalhas*, 2021. Disponível em: https://www.migalhas.com.br/coluna/migalhas-de-responsabilidade-civil/351200/danos-causados-por-inteligencia-artificial-e-a-reparacao-posta-a-prova. Acesso em: 1º dez. 2021.
81. Idem.
82. A superação deste preocupante cenário atravessa a instalação de uma comissão de juristas, a ser presidida pelo ministro do Superior Tribunal de Justiça (STJ) Villas Bôas Cuevas, sob o desígnio de assistir o Senado Federal na elaboração de minuta de substitutivo aos PL 5.051/2019, 21/2020 e 872/2021, apta a uniformizar e aperfeiçoar o disciplinamento nacional da inteligência artificial. (MINISTRO preside comissão de juristas que ajudará Senado a regulamentar IA. *Revista Consultor Jurídico*, de 18 de fevereiro de 2022. Disponível em: https://www.conjur.com.br/2022-fev-18/villas-boas-cueva-preside-comissao-senado-regulamentar-ia. Acesso em: 23 fev. 2022).

de exemplos fornecidos, fabrica modelos que solucionam problemas futuros. Assim, as instruções delineadas pela proposta europeia e pelos civilistas brasileiros pavimentariam o trajeto para a necessária correção de curso na configuração da responsabilidade civil aplicável à inteligência artificial pelo PL 21/2020.

Nela, a definição do regime observaria as peculiaridades da situação concreta, consagraria o modelo objetivo enraizado à contemporânea sociedade de riscos e cimentaria a percepção multifuncional do instituto, pautada pela garantia da reparação integral e pelo engajamento preventivo e precaucional.

CONCLUSÃO

A inovação representa um veículo essencial ao desenvolvimento, aparelhando o incremento da produtividade dos países de maneira longeva. Nos dias atuais, tal transformação qualitativa perpassa a inteligência artificial, força-motriz da 4ª Revolução Industrial, caracterizada pela tentativa de digitalmente espelhar o intelecto humano.

A expansão dessa tecnologia disruptiva aos mais diversos segmentos públicos e privados demanda uma maior atenção regulatória, sobretudo quando consideradas as suas intricadas particularidades.

Ainda que graduada como uma IA fraca, ela apresenta uma coleção de atributos (autonomia, imprevisibilidade futura, opacidade e diminutas transparência e explicabilidade) incitadora de elevados perigos, que podem, facilmente, materializar-se em danos massificados e complexos.

Sob a ótica da sociedade de riscos contemporânea, constata-se, na multifuncionalidade da responsabilidade civil e na adoção de um modelo reparatório objetivo, possíveis alternativas a tal problemática. A plurivalência do instituto, inicialmente edificada no campo doutrinário a partir da assimilação de experiências estrangeiras, comporta interessantes opções asseguradoras da reparação integral da vítima, influenciada pela releitura conferida pelo Direito de Danos.

Não obstante as funções restituitória, promocional e punitiva carecerem dos subsídios normativos necessários à sua incidência, atesta-se como viável a aplicação das atribuições preventiva e precaucional à área da IA. Com elas, torna-se possível lidar, antecipadamente, com riscos já conhecidos ou de possível ocorrência (riscos dos riscos).

Diante da proeminência do aspecto ressarcitório, observa-se a reparação *in natura* como um importante instrumento ao adequado amparo do lesado, potencializado pela adoção de um regime objetivo de responsabilidade. A eliminação da necessidade de comprovação da culpa torna-se extremamente benéfica a tal sujeito, especialmente quando consideradas as obscuras características dos sistemas de IA mencionadas.

Contudo, as escolhas firmadas ao longo da regulação brasileira navegam por um arriscado caminho. Sem embargo das incipientes orientações presentes na política pública da EBIA, os problemas centrais residem no Projeto de Lei 21/2020, tido como futuro marco legal da IA, recentemente aprovado pela Câmara dos Deputados.

Em adição à sua apressada tramitação e à generalidade de seu conteúdo, tem-se na configuração da responsabilidade civil o seu aspecto mais controverso. Embora as disposições iniciais do documento sinalizem para uma análise concreta do instituto, pautada pelo elemento do risco, a infeliz preferência por um modelo abstrato subjetivo (art. 6º, VI) condena a vítima a uma total apatia.

A inércia na obtenção da reparação resulta das dificuldades em se identificar corretamente o agente causador da lesão e compreender o engenhoso funcionamento das soluções de IA. Ademais, como salientado pelos civilistas brasileiros na citada carta endereçada ao Senado, restam ignoradas as funções preventiva e precaucional, com a transferência dos encargos pelo uso desses sistemas aos usuários e terceiros prejudicados.

O notório desprezo às importantes lições constantes nas propostas regulatórias europeias também preocupa. Defendendo uma visão polifuncional, fundada na divisão entre sistemas de alto risco (reponsabilidade objetiva), de baixo risco (responsabilidade subjetiva) e consumerista (responsabilidade objetiva), o vanguardismo estrangeiro inova ao estipular a categoria de riscos inaceitáveis, pela qual se proíbe o emprego de sistemas de IA capazes de transgredir os valores da União Europeia, como aqueles de vigilância em massa e de alteração comportamental.

Embora não se mostre pertinente uma completa transplantação dos ensinamentos colhidos no Velho Continente, parece salutar a incorporação de um regime de responsabilidade que seja: a) analogamente pautado pelo risco; b) compatível à tipologia e ao grau de autonomia do sistema de inteligência artificial, detectados em cada situação concreta; e c) acompanhado por uma atuação preventiva/precaucional.

A incorporação dessas soluções demanda a extensão dos debates promovidos sobre o tema. Apenas assim é possível converter o flagrante pessimismo que circunda o PL 21/2020 numa esperançosa projeção da inovação no Brasil, calcada no fomento modernizador, na proteção de direitos fundamentais e na segurança jurídica.

Torna-se necessário, portanto, tomar um passo para trás, para que dois possam ser desferidos à frente, pois, como bem assevera Felipe Medon,[83] "se for para ter uma norma ruim, melhor não ter norma alguma".

REFERÊNCIAS

BORGESIUS, F. Zuirderveen. *Discrimination, artificial intelligence, and algorithmic decision-making*. Strasbourg: Council of Europe, Directorate General of Democracy, 2018. Disponível em: https://rm.coe.int/discrimination-artificial-intelligence-and-algorithmic-decision-making/1680925d73. Acesso em: 10 maio 2021.

---

83. MEDON, Felipe. Danos causados por inteligência artificial e a reparação integral posta à prova: por que o Substitutivo ao PL 21/2020 deve ser alterado urgentemente? Migalhas de Responsabilidade Civil. Colunas. *Migalhas*, 2021. Disponível em: https://www.migalhas.com.br/coluna/migalhas-de-responsabilidade-civil/351200/danos-causados-por-inteligencia-artificial-e-a-reparacao-posta-a-prova. Acesso em: 1º dez. 2021.

BRASIL. Câmara dos Deputados. *Emenda Modificativa 7*, de 29 de setembro de 2021. Disponível em: https://www.camara.leg.br/proposicoesWeb/prop_mostrarintegra?codteor=2082094&filename=EMP+7+%3D%3E+PL+21/2020. Disponível em: 1º dez. 2021.

BRASIL. Câmara dos Deputados. *Projeto De Lei 21/2020* (Redação do Substitutivo), de 29 de setembro de 2021. Estabelece fundamentos, princípios e diretrizes para o desenvolvimento e a aplicação da inteligência artificial no Brasil; e dá outras providências. Disponível em: https://www.camara.leg.br/proposicoesWeb/prop_mostrarintegra?codteor=2083275. Acesso em: 20 nov. 2021.

BRASIL. Câmara dos Deputados. *Projeto De Lei 21/2020* (Texto Original), de 4 de fevereiro de 2020. Estabelece princípios, direitos e deveres para o uso da inteligência artificial no Brasil e dá outras providências. Disponível em: https://www.camara.leg.br/proposicoesWeb/prop_mostrarintegra?codteor=1853928. Acesso em: 20 nov. 2021.

BRASIL. Ministério da Ciência, Tecnologia e Inovações. *Estratégia Brasileira de Inteligência Artificial* (EBIA). Instituída pela Portaria MCTI 4.617/2021, de 06 de abril de 2021. Disponível em: https://www.gov.br/mcti/pt-br/acompanhe-o-mcti/transformacaodigital/arquivosinteligenciaartificial/ia_estrategia_diagramacao_4-979_2021.pdf. Acesso em: 20 nov. 2021.

CALABRICH, Bruno Freire de Carvalho. Discriminação algorítmica e transparência na Lei geral de proteção de dados pessoais. *RDTec* – revista de direito e as novas tecnologias, v. 8, Jul./Set. 2020. Disponível em: https://dspace.almg.gov.br/bitstream/11037/38411/1/Bruno%20Freire%20de%20Carvalho%20Calabrich.pdf. Acesso em: 12 jul. 2021.

CATALAN, Marcos. O desenvolvimento nanotecnológico e o dever de reparar os danos ignorados pelo processo produtivo. *Revista de Direito do Consumidor*, v. 19, p. 113-153, São Paulo, abr.-jun. 2010.

COOTER, Robert. Direito e desenvolvimento: inovação, informação e a pobreza das nações. Versão adaptada em língua portuguesa: Luciano Benetti Timm. *Revista de Direito Público da Economia*. RDPE, ano 5, n. 17, p. 165-190, Belo Horizonte, jan.-mar. 2007. Disponível em: https://bit.ly/3x7M0bT. Acesso em: 17 dez. 2021.

DANTAS BISNETO, Cícero. Reparação não pecuniária de danos extrapatrimoniais. *Revista de Direito da Responsabilidade*, Ano 2, p. 653-675, 2020. Disponível em: https://civilistica.emnuvens.com.br/redc/article/view/688 . Acesso em: 12 nov. 2021.

EHRHARDT JR., Marcos Augusto de A. Em busca de uma teoria geral da responsabilidade civil. In: EHRHARDT JR, Marcos. (Org.). *Os 10 anos do Código Civil*: evolução e perspectivas. Belo Horizonte: Fórum, 2012. v. 1.

FRANÇA NETTO, Milton Pereira de; EHRHARDT JUNIOR, M. A. A. A Inteligência Artificial e os Riscos da Discriminação Algorítmica. In: Marcos Ehrhardt Júnior; Marcos Catalan; Pablo Malheiros. (Org.). *Direito Civil e Tecnologia*. Belo Horizonte: Fórum, 2021. t. II.

FRAZÃO, Ana. Marco da Inteligência Artificial em análise: Já não foram mapeados riscos suficientes para justificar uma regulação adequada e com efeitos práticos. Colunas. Opinião e Análise. *Jota*, 2021. Disponível em: https://www.jota.info/opiniao-e-analise/colunas/constituicao-empresa-e-mercado/marco-inteligencia-artificial-15122021. Acesso em: 17 dez. 2021.

FREY, Klaus. Políticas Públicas: Um Debate Conceitual e Reflexões Referentes à Prática da Análise de Políticas Públicas no Brasil. *Planejamento e Políticas Públicas*, [S. l.], n. 21, 2009. Disponível em: //www.ipea.gov.br/ppp/index.php/PPP/article/view/89. Acesso em: 1º dez. 2021.

HOFFMAN-RIEM, Wolfgang. *Teoria geral do direito digital*: transformação digital: desafios para o direito. Rio de Janeiro: Forense, 2021.

INSTITUTO DE PESQUISA CAPGEMINI. *The art of customer-centric artificial intelligence*: How organizations can unleash the full potential of AI in the customer experience. 2020. Disponível em: https://www.capgemini.com/wp-content/uploads/2020/07/AI-in-CX_CRI-Report_16072020_V4.pdf. Acesso em: 10 nov. 2021.

IRRESPONSABILIZAÇÃO generalizada: Especialistas criticam responsabilidade subjetiva prevista no PL do marco da IA. *Revista Consultor Jurídico*, de 27 de outubro de 2021. Disponível em: https://www.conjur.com.br/2021-out-27/especialistas-questionam-artigo-pl-marco-legal-ia. Acesso em: 2 dez. 2021.

JUDOCA japonês é atropelado por ônibus autônomo na Vila dos Atletas. *GE*, Tóquio, 27 de agosto de 2021. Paralímpiadas. Disponível em: https://ge.globo.com/paralimpiadas/noticia/judoca-japones-e-atropelado-por-onibus-autonomo-na-vila-dos-atletas.ghtml. Acesso em: 1º dez. 2021.

LÔBO, Paulo. *Direito civil*. 7. ed. São Paulo: Saraiva Educação, 2019. v. 2: obrigações.

MEDON, Felipe. Danos causados por inteligência artificial e a reparação integral posta à prova: por que o Substitutivo ao PL 21/2020 deve ser alterado urgentemente? Migalhas de Responsabilidade Civil. Colunas. *Migalhas*, 2021. Disponível em: https://www.migalhas.com.br/coluna/migalhas-de-responsabilidade-civil/351200/danos-causados-por-inteligencia-artificial-e-a-reparacao-posta-a-prova. Acesso em: 1º dez. 2021.

METAVERSO, veículos autônomos, segurança cibernética e mais: seis tendências de Inteligência Artificial para 2022. *Yahoo! Finanças*, 19 de dezembro de 2021. Disponível em: https://br.financas.yahoo.com/noticias/metaverso-veiculos-autonomos-seguranca-cibernetica-e-mais-6-tendencias-da-inteligencia-artificial-para-2022-080038947.html. Acesso em: 10 nov. 2021.

MINISTRO preside comissão de juristas que ajudará Senado a regulamentar IA. *Revista Consultor Jurídico*, de 18 de fevereiro de 2022. Disponível em: https://www.conjur.com.br/2022-fev-18/villas-boas-cueva-preside-comissao-senado-regulamentar-ia. Acesso em: 23 fev. 2022.

PASQUALE, Frank A. Data-Informed Duties in AI Development. *Columbia Law Review*, U of Maryland Legal Studies, Research Paper n. 2019-14, 2019. Disponível em: https://ssrn.com/abstract=3503121. Acesso em: 10 nov. 2021.

REIS JÚNIOR, A. Aplicações da função promocional na responsabilidade civil ambiental. *Revista IBERC*, v. 3, n. 1, 3 abr. 2020. Disponível em: https://revistaiberc.responsabilidadecivil.org/iberc/article/view/104. Acesso em: 11 nov. 2021.

ROSENVALD, Nelson. Responsabilidade civil: compensar, punir e restituir. *Revista IBERC*, v. 2, n. 2, 1º set. 2019. Disponível em: https://revistaiberc.responsabilidadecivil.org/iberc/article/view/48. Acesso em: 10 out. 2021.

ROSENVALD, Nelson. Você conhece o *disgorgement*? 2015. Disponível em: https://www.nelsonrosenvald.info/single-post/2015/11/10/voc%C3%AA-conhece-o-disgorgement. Acesso em: 10 nov. 2021.

ROSENVALD, Nelson; KUPERMAN, Bernard Korman. Restituição de ganhos ilícitos: há espaço no Brasil para o disgorgement? *Revista Fórum de Direito Civil* – RFDC, ano 6, n. 14, p. 11-31, Belo Horizonte, jan.-abr. 2017. Disponível em: https://revistas.unifacs.br/index.php/redu/article/view/5283/3367. Acesso em: 10 out. 2021.

SCHERER, Matthew U., Regulating Artificial Intelligence Systems: Risks, Challenges, Competencies, and Strategies. *Harvard Journal of Law & Technology*, v. 29, n. 2, 2016. Disponível em: https://ssrn.com/abstract=2609777. Acesso em: 15 set. 2021.

SCHERTEL MENDES, Laura. Projeto de Lei da Inteligência Artificial: armadilhas à vista. *Fumus Boni Iuris*. Blogs. *O Globo*, 2021. Disponível em: https://blogs.oglobo.globo.com/fumus-boni-iuris/post/laura-schertel-mendes-pl-da-inteligencia-artificial-armadilhas-vista.html. Acesso em: 1º dez. 2021.

SCHREIBER, Anderson. PL da Inteligência Artificial cria fratura no ordenamento jurídico brasileiro. Opinião e Análise. Colunas. *Jota*, 2021. Disponível em: https://www.jota.info/opiniao-e-analise/colunas/coluna-do-anderson-schreiber/pl-inteligencia-artificial-cria-fratura-no-ordenamento-juridico-02112021. Acesso em: 1º dez. 2021.

SILVA, Fabrício Machado da et al. *Inteligência artificial*. Porto Alegre: SAGAH, 2019.

SILVA, Fabrício Machado da et al. *Inteligência artificial*. Porto Alegre: SAGAH, 2019.

SILVA, Gabriela Buarque Pereira; EHRHARDT JUNIOR, Marcos. Direitos fundamentais e os algoritmos do Google: quais os rumos da responsabilidade civil decorrente da inteligência artificial?. *Pensar – Revista de Ciências Jurídicas*, v. 26, p. 1, 2021. Disponível em: https://periodicos.unifor.br/rpen/article/view/11670. Acesso em: 24 fev. 2022

SILVA, Gabriela Buarque Pereira; EHRHARDT JÚNIOR, Marcos. Diretrizes éticas para a Inteligência Artificial confiável na União Europeia e a regulação jurídica no Brasil. *Revista IBERC*, v. 3, n. 3, p. 1-28, Belo Horizonte, set.-dez. 2020. Disponível em: https://revistaiberc.responsabilidadecivil.org/iberc/article/view/133. Acesso em: 24 fev. 2022.

SILVA PEREIRA, Caio Mário da; TEPEDINO, Gustavo. *Responsabilidade Civil*. 12. ed. rev., atual. e ampl. Rio de Janeiro: Forense, 2018, p. 323-336.

TIROLE, Jean. *Economics for the Common Good*. New Jersey: Princeton University Press, 2017, p. 430-431.

TORTOISE MEDIA. Intelligence. Global AI. *Global AI Index*, 2021. Disponível em: https://www.tortoisemedia.com/intelligence/global-ai/. Acesso em: 12 dez. 2021.

TRONCOSO, M.I. 2010. El principio de precaución y la responsabilidad civil. *Revista de Derecho Privado*. 18 (jun. 2010), p. 205-220. Disponível em: https://revistas.uexternado.edu.co/index.php/derpri/article/view/407. Acesso em: 10 nov. 2021.

UNIÃO EUROPEIA. Parlamento Europeu. *Impactos Econômicos da Inteligência Artificial (IA)*, de julho de 2019. Disponível em: https://www.europarl.europa.eu/RegData/etudes/BRIE/2019/637967/EPRS_BRI(2019)637967_EN.pdf. Acesso em: 10 nov. 2021.

UNIÃO EUROPEIA. Parlamento Europeu. *Proposta de Regulamento do Parlamento Europeu e do Conselho 2021/0106*, de 21 de abril de 2021. Estabelece regras harmonizadas em matéria de inteligência artificial (regulamento inteligência artificial). Disponível em: https://eur-lex.europa.eu/resource.html?uri=cellar:e0649735-a372-11eb-9585-01aa75ed71a1.0004.02/DOC_1&format=PDF. Acesso em: 1º dez. 2021.

UNIÃO EUROPEIA. Parlamento Europeu. *Resolução do Parlamento Europeu 2020/2014 (INL)*, de 20 de outubro de 2020. Contém recomendações à Comissão sobre o regime de responsabilidade civil aplicável à inteligência artificial. Disponível em: https://www.europarl.europa.eu/doceo/document/TA-9-2020-0276_PT.html. Acesso em: 11 nov. 2021.

UNIVERSIDADE DE STANFORD. AI Hiring Index. *The AI Index 2021 Annual Report*. Stanford University: Stanford, 2021. Disponível em: https://aiindex.stanford.edu/wp-content/uploads/2021/11/2021-AI-Index-Report_Master.pdf. Acesso em: 11º dez. 2021.

VALENTE, Fernanda. STJ reconhece lucro da intervenção e manda empresa restituir lucro a atriz. Vantagens Patrimoniais. *Conjur Revista Jurídica*, de 08 de outubro de 2018. Disponível em: https://www.conjur.com.br/2018-out-08/empresa-restituir-lucro-usar-imagem-atriz-autorizacao. Acesso em: 12 nov. 2021.

VIEIRA, A. B. C.; EHRHARDT JÚNIOR, M. O direito de danos e a função preventiva: desafios de sua efetivação a partir da tutela inibitória em casos de colisão de direitos fundamentais. *Revista IBERC*, v. 2, n. 2, 1 set. 2019. Disponível em: https://revistaiberc.responsabilidadecivil.org/iberc/article/view/56. Acesso em: 10 nov. 2021.

DANOS ENVOLVENDO VEÍCULOS AUTÔNOMOS: A EQUIPARAÇÃO DE TERCEIRO COMO CONSUMIDOR PARA A RESPONSABILIDADE CIVIL

Luma Cavaleiro de Macêdo Scaff

Doutora em Direito Financeiro pela Universidade de São Paulo. Mestre em Direitos Humanos pela Universidade de São Paulo. Graduada em Direito pela Universidade Federal do Pará. Professora da graduação e pós-graduação (mestrado e doutorado acadêmico – PPGD e mestrado profissional – PPGDDA em Direito) da Universidade Federal do Pará. Ex-pesquisadora bolsista da Fundação Ford. Membro da Rede de Pesquisa Junction Amazonian Biodiversity Units Research Network Program (JAMBU-RNP). Líder do Grupo de Pesquisa Financiando Direitos (CNPq). Advogada. E-mail: lumascaff@yahoo.com.br.

Janaina Vieira Homci

Doutoranda e Mestra em Direito pela Universidade Federal do Pará – UFPA. Especialista em Direito aplicado aos serviços de saúde – Estácio. MBA em Direito Civil e Processo Civil pela FGV Rio. Pesquisadora vinculada ao CNPq no Grupo de Pesquisa "Consumo e Cidadania" – UFPA/CESUPA. Professora Universitária e Advogada. Email: janainanasvieira@gmail.com.

Luiz Felipe da Fonseca Pereira

Doutorando e Mestre em Direito pela Universidade Federal do Pará – UFPA. Graduado em Direito pela UFPA com período sanduíche na Faculdade de Direito da Universidade de Coimbra – Portugal. Professor de Direito Público e Digital na UFPA e instituições privadas. Consultor e Pesquisador no projeto *Elos* do Ministério da Ciência, Tecnologia e Inovações e Pnud-ONU Brasil. Vice-líder do Grupo de Pesquisa Financiando Direitos (CNPq). Advogado. E-mail: felip.fons02@gmail.com.

> "A tecnologia move o mundo"
> Steve Jobs

Sumário: Introdução – 1. Inteligência artificial e automação de veículos automotores – 2. Regime de responsabilidade civil consumerista: a vulnerabilidade do consumidor diante de tecnologias disruptivas – 3. Responsabilidade civil em face de danos causados por carros autônomos aos consumidores diretos e por equiparação – Considerações finais – Referências.

INTRODUÇÃO

Considerando o contexto atual de hiperconectividade, a inteligência artificial – IA, enquanto algoritmo dotado de inteligência artificial, conquistam espaço e investimentos mediante múltiplas formas de utilidade e de aplicação em diferentes áreas, alterando aspectos sociais, democráticos e mercadológicos. Nesse cenário, destaca-se a utilização de inteligência artificial em veículos automotores com intuito de facilitar à mobilidade. Logo, sistemas baseados em técnicas de inteligência artificial possuem crescente importância para a sociedade da informação contemporânea.

Com o avanço tecnológico, particularmente no que diz respeito às técnicas de aprendizagem automática, a exemplo do *machine learning* – ML e aprendizagem profunda, como o *deep learning* – DL, o principal desafio jurídico é apresentar uma arranjo normativo que permita graus de previsibilidade para a resolução dos possíveis conflitos. Esta complexa tarefa exige dados confiáveis e padece com a falta de amostras adequadas diante dos mais variados ambientes e sujeitos envolvidos, o que dificulta um ambiente regulatório eficiente e transparente para ordenar as inovações tecnológicas.

O Direito vigente ainda não apresenta respostas justas e adequadas, estando, muitas vezes, em descompasso com o avanço da Tecnologia, para propor medidas de responsabilidade, de mitigação de danos ou de composição de conflitos no crescente cenário de autonomia das inteligências artificiais. Assim, considera-se adequada e razoável a investigação sobre os aspectos preventivos, para se evitar ou minorar a ocorrência de danos, quanto a posteriori, ou seja, após o dano já ter sido causado, notadamente para fins de eventual indenização.

O uso da inteligência artificial pode gerar lesões aos direitos de seus usuários ou de terceiros, mas a aplicação correta das normas de responsabilidade civil pode ser dificultada pela complexidade dos objetos técnicos em questão. A partir de uma análise dos processos envolvidos na criação e uso de inteligências artificiais, este artigo situa no ordenamento jurídico brasileiro os efeitos em terceiros decorrentes de responsabilidade extracontratual envolvendo veículos automotores, analisando os institutos jurídicos propostos para lidar com a opacidade da inteligência artificial.

Na busca por traçar cenários experimentais possíveis na utilização de inteligência artificial por veículos automotores para fins de mobilidade, justifica-se pela hipótese de falha, erro, hacker ou pane no veículo autônomo que cause um acidente, prejudicando um terceiro envolvido, como um transeunte.

Ao utilizar a tecnologia artificial, os efeitos estão além da máquina e das redes neurais ou da discussão sobre personalidade robótica, alcançando terceiros não diretamente envolvidos na relação entre máquina e controlador – especialmente quando utilizados na mobilidade.

Logo, os pressupostos do raciocínio jurídico apresentado envolvem os seguintes aspectos principais: (i) a inteligência artificial é utilizada em veículos autônomos para fins de mobilidade; (ii) as pessoas, consideradas terceiros não diretamente inseridos na tecnologia, podem ser afetadas por ação ou omissão seja para prejuízos, danos ou lucros; (iii) existem regimes de responsabilidade consumerista; (iv) utilização do sistema de responsabilidade existente com enfoque no CDC; (v) análise sobre a situação do terceiro para fins de aplicação da teoria do consumidor por equiparação. Inaugura-se um ambiente inovador em que *seres* – humanos ou não – sejam capazes de interagir entre si, com maior ou menor grau de autonomia, gênese do que se identifica como inteligência artificial otimizada pelos modelos de *machine learning* e *deep learning*.

Para tanto, a questão norteadora proposta envolve: de que forma pode ser utilizada a equiparação de terceiro como consumidor para fins de responsabilidade civil do Código de Defesa do Consumidor em danos envolvendo veículos autônomos?

Objetiva-se investigar a possibilidade de aplicar a equiparação de terceiro como consumidor para fins de responsabilidade civil do CDC em danos envolvendo veículos autônomos com inteligência artificial. Utiliza-se de pesquisa bibliográfica e documental com método hipotético dedutivo, a partir de fontes primárias e secundárias.

Inicia-se pelo estudo sobre os aspectos jurídicos relacionados à inteligência artificial em veículos automotores autônomos, passando para uma análise sobre os regimes de responsabilidade consumerista diante dos desafios regulatórios em vista de novas tecnologias, sendo, por último, a investigação sobre a possibilidade de aplicar a teoria da equiparação de terceiro a consumidor para fins de apuração de responsabilidade civil do CDC na hipótese de danos ocasionados por veículos autônomos com inteligência artificial.

1. INTELIGÊNCIA ARTIFICIAL E AUTOMAÇÃO DE VEÍCULOS AUTOMOTORES

É da natureza humana a necessidade de aprendizado na realização de tarefas que dependem da sua inteligência, desde fazer cálculos, programar um software e até mesmo dirigir um veículo. A interação inovativa e relacional entre máquina e ser humano está em transformação porque apresenta um novo paradigma: a inteligência artificial.

O artificial, representado por máquinas, robôs ou programas de computador, que são capazes de operar com maior autonomia, deixando o *status* de ferramenta, passando a atuar de forma *subjetiva* em ações independentes de uma direção ou instrução específica determinada por um ser humano. O uso de Inteligência Artificial coloca em evidência a relação subjetiva e objetiva, portanto, de personalidade e de capacidade para fins de um vínculo jurídico entre a máquina e o ser humano.

Tais computadores terão por base informações que eles próprios podem adquirir e analisar e, muitas vezes, tomar decisões cujas consequências ainda são estudadas, em circunstâncias que não foram antecipadas por seus criadores. É o caso da mobilidade urbana, seja por veículos automotores autônomos ou por drones.

Nas últimas décadas, surgiram muitos esforços para desenvolver diversos sistemas computacionais capazes de substituir o ser humano, sendo que muitas dessas pesquisas para construir esses sistemas computacionais podem ser classificadas na área de inteligência artificial.[1] Segundo Osório e Bittencourt[2] "a primeira manifestação oficial como

---

1. NILSSON, Nils J. *Principles of artificial intelligence*. San Franscisco, CA: Morgan, 2014, p. 2.
2. OSÓRIO, Fernando; BITTENCOURT, João R. *Sistemas Inteligentes baseados em redes Neurais Artificiais aplicados ao Processamento de Imagens*. UNISINOS, 2000. Disponível em: http://Osorio.wait4.org/oldsite/wia-unisc/wia2000-full.pdf. Acesso em: 26 mar. 2021.

campo de pesquisa cientificas em inteligência artificial foi registrada em 1956, por ocasião da conferência de Darthmouth", sendo que "não há um consenso na comunidade cientifica quanto a uma definição de inteligência artificial".

Em geral existem diversas definições para inteligência artificial. Ao questionar sobre *o que é a inteligência artificial*, Margaret Boden[3] afirma que:

> A inteligência artificial (IA) procura fazer com que os computadores façam o tipo de coisas que as mentes podem fazer. Alguns deles (por exemplo, raciocínio) são normalmente descritos como "inteligentes". Outros (por exemplo, visão) não são. Mas todos envolvem habilidades psicológicas – como percepção, associação, previsão, planejamento, controle motor – que permitem que humanos e animais atinjam seus objetivos. A inteligência não é uma dimensão única, mas um espaço ricamente estruturado de diversas capacidades de processamento de informações. Assim, a IA usa muitas técnicas diferentes, abordando muitas tarefas diferentes. E está em todos os lugares." [...] A IA tem dois objetivos principais. Uma é tecnológica: usar computadores para fazer coisas úteis (às vezes empregando métodos muito diferentes daqueles usados pelas mentes). A outra é científica: usar conceitos e modelos de IA para ajudar a responder perguntas sobre seres humanos e outros seres vivos. A maioria dos trabalhadores de IA se concentra em apenas um deles, mas alguns consideram ambos. [tradução nossa][4]

Russel e Norvig[5] identificam duas principais características: uma associada como processo de raciocínio e motivação, e outra ligada ao comportamento. Uma das principais diferenças entre um algoritmo convencional e a inteligência artificial que pode ser destacada é a habilidade de acumular experiências próprias e extrair delas aprendizado, como um autodidata.

A este aprendizado, se denomina de *machine learning*, o que permite à inteligência artificial adotar posturas diferentes em uma mesma situação. A modelagem cognitiva e as técnicas de racionalização permitem, portanto, maior flexibilidade e a criação de sistemas que podem "compreender", isto é, que apresentam a capacidade de uma pessoa racional, como num processo da atividade cerebral. Tudo isso é possível graças a um algoritmo inspirado no processo por meio do qual o cérebro humano funciona, chamado de *deep learning*, que é uma subdivisão do *machine learning*.[6]

---

3. BODEN, Margaret. *Artificial Intelligence*: is nature and future. Oxford Press, 2016, p. 12.
4. No original: "Artificial intelligence (AI) seeks to make computers do the sorts of things that minds can do. Some of these (e.g. reasoning) are normally described as "intelligent." Others (e.g. vision) aren't. But all involve psychological skills – such as perception, association, prediction, planning, motor control – that enable humans and animals to attain their goals. Intelligence isn't a single dimension, but a richly structured space of diverse information-processing capacities. Accordingly, AI uses many different techniques, addressing many different tasks. And it's everywhere." [...] AI has two main aims. One is technological: using computers to get useful things done (sometimes by employing methods very unlike those used by minds). The other is scientific: using AI concepts and models to help answer questions about human beings and other living things. Most AI workers focus on only one of these, but some consider both."
5. RUSSELL, Stuart J., NORVIG, Peter. *1962* – Inteligência artificial. Trad. Regina Célia Simille. Rio de Janeiro: Elsevier, 2013. Disponível em: https://www.cin.ufpe.br/~gtsa/Periodo/PDF/4P/SI.pdf. Acesso em: 18 de out. 2022.
6. Ibidem, 2013.

Como resultado, tal algoritmo não conhece limitações teóricas sobre o que ele mesmo pode alcançar: quanto mais dados o programa receber, maior será a sua aprendizagem e aptidão para realizar atividades diversas.[7]

Basicamente, robô nada mais é que uma máquina – especialmente programável por um computador – capaz de executar uma série complexa de ações automaticamente.[8] Por sua vez, a definição do termo inteligência artificial está intrinsecamente ligada à capacidade de desenvolvimento de inteligência nos robôs, a qual alguns denominam racionalidade. Também pode ser delimitada como "um esforço em tornar computadores em máquinas com mentes, no sentido pleno e literal".[9]

A aplicabilidade dos robôs móveis autônomos está em crescente expansão, com destaque na mobilidade com o uso de transportes automatizados, drones e veículos de carga autônomos, além do transporte público ou cadeiras de rodas robotizadas demonstra a grande gama de aplicações atuais dos robôs móveis e os interesses econômicos envolvidos em relação ao seu desenvolvimento e aplicação.

O projeto chamado de *Navlab* da Universidade Carnegie Mellon é um dos primeiros a utilizar redes neurais para desenvolver veículos autônomos. O *NavLab* aprendeu a dirigir de forma autônoma apenas reconhecendo dados e memorizando padrões realizados por um condutor em situações variadas.[10]

No Brasil, tem-se o exemplo do projeto CaRINA 2 (Carro Robótico Inteligente para Navegação Autônoma), é um projeto desenvolvido pelo Laboratório de Robótica Móvel da USP, esse projeto visa o desenvolvimento de um veículo autônomo inteligente com capacidade de navegar em ambientes urbanos, dispensando a necessidade de um condutor humano. Foram realizados testes em ambiente urbano, que demonstraram resultados satisfatórios em 100% de autonomia.[11]

Nesse sentido, é importante esclarecer que a autonomia de veículos se apresenta em níveis, em verdade vão do nível 0 ao 05 de autonomia. O Nível 0, é o mais comum hoje no mercado é quando o humano controla todas as funções do veículos, não há autonomia. Por sua vez, no nível 1, percebe-se a existência de sistemas de assistência à condução, com escopo de auxiliar o motorista com frenagens, a direção e a aceleração.[12]

No nível 02, encontram-se sistemas de direção semiautônoma, atuando diretamente no volante e pedais, os exemplo mais comum de carros que se utilizam desse tipo de tecnologia são os automóveis da empresa Americana Tesla. Tratando-se do nível 03, o veículo já consegue operar de forma autônoma em algumas situações como rodovias,

---

7. Ibidem, 2013.
8. OXFORD. Dictionary. Cambrigde: Oxford Press, 2017.
9. HAUGELAND, John. *Artificial Intelligence*: The Very Idea. Cambrigde: MIT Press, 1985.
10. CARNEGIE MELLON, University. Navlab – The Robotics Institute, *Carnegie Mellon*, CA, 2022. Disponível em: https://www.ri.cmu.edu/robotics-groups/navlab/. Acesso em: 18 out. 2022.
11. USP. Projeto CaRINA 2. *USP*, 2015. Disponível em: http://lrm.icmc.usp.br/web/index.php?n=Port.ProjCarina2Info. Acesso em: 18 out. 2022.
12. CESVI. *Nível de Automação dos Veículos*. São Paulo: Revista CESVI, 2020, p. 30.

mas mesmo nesse caso, como nos anteriores, a presença do condutor não é dispensada, pois deve ficar atento as solicitações do sistema, é nesse nível que se enquadram os projetos desenvolvidos por empresas como a Uber e a Google.[13]

No nível 04, as funcionalidade são próximas do nível 03, o diferencial estar na possibilidade de uma gama maior de ambientes nos quais os veículos podem operacionalizar de forma autônoma, exceto em situações com condições de clima e ambiente adverso, é nesse estágios que estão sendo desenvolvidos protótipos.[14]

Por seu turno, o nível 05 caracteriza-se pelo estágio mais avançado de autonomia de um veículo, que funciona de forma independente do motorista, nesse caso, volante e pedais são dispensáveis e os comandos podem ser transmitidos por voz ou aplicativo pelo usuário, atenta-se que essa realidade ainda está distante apesar da existência de projetos nesse sentido como o Waymo da Google e F015 da Mercedes-Benz.[15]

Assim, para fins desse trabalho serão considerados os veículos com nível de autonomia 02 e seguintes, apesar da existência de nível 03 ainda em desenvolvimento e 04 e 05 em protótipos fruto de projetos.

2. REGIME DE RESPONSABILIDADE CIVIL CONSUMERISTA: A VULNERABILIDADE DO CONSUMIDOR DIANTE DE TECNOLOGIAS DISRUPTIVAS

Entender a dinâmica da relação consumidor e novas tecnologias e seus efeitos no que tange a responsabilidade civil consumerista, exige que antes se faça um apanhado sobre o regulação de novas tecnologias e o conceito de vulnerabilidade do consumidor frente a nova dinâmica econômica em ambiente digital.

Pensar a relação entre Direito e novas tecnologias, expõe a necessidade de regulação a fim de construir uma estrutura institucional-normativa que possibilite as relações seguras e harmoniosas diante do novo.

No século XXI, a complexa sociedade, acompanhada de um mercado em mesma sintonia, vive em um constante processo de progresso técnico endógeno, denominado inovação, também chamado de *destruição criativa*, em que o velho é *destruído* pelo novo. Nas palavras de Schumpeter:[16] "em regra, o novo não nasce do velho, mas aparece ao lado deste e o elimina na concorrência".[17] A inovação tem o poder de romper o equilíbrio vigente gerando nova posição de equilíbrio, surgindo *ondas econômicas*, que ao passar do tempo seriam cada vez mais curtas.[18]

---

13. Ibidem, 2020, p. 30.
14. Ibidem, 2020, p. 31.
15. Ibidem, 2020, p. 31.
16. SCHUMPETER, J. A. *Capitalismo, Socialismo e Democracia*. Trad. Luiz Antônio Oliveira de Araujo. São Paulo : Editora da Unesp, 2017, p. 102.
17. No original: "as a rule the new does not grow out of the old but appears alongside of it and eliminates it Competitively".
18. SCHUMPETER, J. A. Op. cit., 2017.

Essa dinâmica é percebida na celeridade do uso da tecnologia: o automóvel levou 62 anos para atingir a marca de 50 milhões de usuários; empresas como Facebook e Twitter, uma média de 3 anos e; o aplicativo Pokémon Go somente 19 dias.[19]

Desse modo, percebe-se que durante séculos a economia global assentou-se fundamentalmente na exploração mercantilista ou capitalista baseada na agricultura e na indústria de base. Hoje, porém, o panorama da economia mundial está cada vez mais dominado por atividades de natureza virtual e intangível. Essa economia baseada em intangíveis define-se como aquela em que os produtos se baseiam na informação, como é o caso dos mercados de *software*, da indústria multimídia, de serviços online e de tecnologia disruptiva.[20]

Nesse interim, o Direito não está blindado dos desafios que exigirão novas respostas. Lembra-se que os subsistemas[21] sociais científico-tecnológico e econômico são dotados de autoprogramação e autocorreção, diferente do Direito que é rígido e lento, e no choque com mudanças disruptivas, o Direito acaba por produzir incapacidade regulatória.[22]

É imperioso ressaltar que essa nova realidade exige muitas vezes uma nova racionalidade[23] do Direito, a fim de se utilizar institutos consolidados no ordenamento para entregar uma resposta minimamente satisfatória à sociedade quando se enfrenta situações novas em vista de tecnologias disruptivas.

Por isso há de se tratar da necessidade de racionalidade jurídica para que consiga lidar com os dilemas socioeconômicos que advêm do ambiente de incerteza tecnológica, em especial, no que concerne os preceitos constitucionais e os direitos fundamentais.

No que diz respeito ao princípio da vulnerabilidade, estabelecido no artigo 4º, I, do Código de Defesa do Consumidor, todo consumidor é considerado vulnerável na relação de consumo em razão da assimetria relacional entre as partes. No entanto, tal princípio apresenta caracterizações, não no sentido de segmentação, mas como forma de objetivar as fragilidades aduzidas no contexto em discussão na busca de um melhor mecanismo de proteção.

---

19. ES. Por que algumas empresas crescem exponencialmente? *Economia de Serviços*, 03 abril 2018. Disponível em: https://economiadeservicos.com/2018/04/03/por-que-algumas-empresas-crescem-exponencialmente/. Acesso em: 25 out. 2022.
20. HERZOG, A. O que é a Economia do Conhecimento e quais são suas implicações para o Brasil? – Um ensaio sobre a nova economia e o futuro do Brasil. *Recanto das Letras*, Rio de Janeiro, p. 1-20, 2018, p. 03.
21. Entende-se que a partir da teoria de Luhmann a sociedade é um sistema social composto por subsistemas sociais, como o Direito, economia, artes etc., no qual são *autopoiéticos* e se relacionam entre si. LUHMANN, N. *Law as a Social System*. Trad. Klaus A. Ziegert. Oxford: Oxford University Press, 2004.
22. ZOLO, D. The Rule Of Law: A critical Reappraisal. In: COSTA, P.; ZOLO, D. *The rule of law: History, Theory ans criticism*. Dordrecht: Springer, 2007, p. 44
23. Entende-se racionalidade ou metalinguagem como o cerne de uma ideia, um ponto de partida, mesmo que não presente de modo expresso no discurso ou conceito, impregna-o conformando a concepção. ANJOS, E. B. R. D. *Estado Empreendedor e o Regime Jurídico-administrativo das Parcerias Público-privadas em Ciência, Tecnologia e Inovação*. Brasília: Tese de Doutorado – Programa de Pós-Graduação em Direito da Universidade de Brasília, 2017, p. 42.

Quando se analisa as relações de consumo envolvidas pela inteligência artificial, pode-se apontar algumas vulnerabilidades, como informacional, comportamental, situacional e algorítmica. A vulnerabilidade informacional está relacionada com a ausência de informações claras, precisas e que garantem o efetivo conhecimento ao consumidor do que está adquirindo e/ou contratando. Não está relacionada ao excesso informativo, mas no estabelecimento de uma estrutura informativa qualitativa para real compreensão da relação pelo consumidor.

No que diz respeito à vulnerabilidade comportamental, pode-se aduzir pelo reconhecimento das limitações intrínsecas do consumidor contemporâneo na procura de um estilo de vida padronizado pelo mercado.[24] Por meio do assédio de consumo, especialmente personalizado pelo acesso a dados pessoais, o consumidor é influenciado a um ciclo consumista para obter exatamente aquilo que foi modulado pelo mercado.

A vulnerabilidade situacional está vinculada a análise do contexto digital em que o consumidor está inserido em razão das características de desmaterialização, desterritorialização, hiperconfiança na relação e despersonificação[25] (ficta) do comércio eletrônico. Já a vulnerabilidade algorítmica vincula-se limitação dos direitos fundamentais da privacidade, da igualdade e da liberdade por:

> a) contrair a direito negativo quanto à preservação de seus dados pessoais; b) não há equidade entre os atores da relação, em razão do direcionamento pelo mercado de escolhas e comportamentos dos consumidores em benefício de fornecedores, bem como do protagonismo de grandes plataformas virtuais; c) não existe autonomia de vontade e controle informacional por causa da modulação algorítmica de dados pessoais.[26]

Para Verbicaro e Vieira,[27] a vulnerabilidade algorítmica é estabelecida pela "captação, tratamento e difusão indevidos dos dados pessoais do consumidor, às vezes por intermédio de dispositivos dotados de inteligência artificial, em franca violação aos direitos da personalidade, como a privacidade e intimidade". Quando se analisa tratamento de dados pessoais por inteligência artificial tal vulnerabilidade é agravada em razão da opacidade da máquina face do grau de desenvolvimento na tomada de decisões.

Enquanto maior a autonomia, menos transparência e maiores os questionamentos éticos na tomada de decisão e maiores questionamentos sobre inconsistências e incertezas[28] que inevitavelmente envolvem a temática em discussão.

---

24. OLIVEIRA, Amanda Flávio de; CARVALHO, Diógenes Faria de. Vulnerabilidade comportamental do consumidor: porque é preciso proteger a pessoa superendividada. *Revista de Direito do Consumidor*, São Paulo, ano 25, v. 104, p. 196, mar.-abr. 2016.
25. Tais características são apresentadas para conceituar o comércio eletrônico pela professora Claudia Lima Marques, em MARQUES, Cláudia Lima. *Confiança no comércio eletrônico e a proteção do consumidor*. São Paulo: Ed. RT, 2004.
26. HOMCI, Janaina Vieira. *A proteção dos dados pessoais no consumo digital*. Editora Thoth, 2023, p. 89.
27. VERBICARO, Dennis; VIEIRA, Janaina do Nascimento. A nova dimensão da proteção do consumidor digital diante do acesso a dados pessoais no ciberespaço. *Revista de Direito do Consumidor*, v. 30, n. 134, p. 205, São Paulo, mar.-abr. 2021.
28. FALEIROS JÚNIOR, José Luiz de Moura. Responsabilidade Civil e carros autônomos: um exemplo da tecnologia Lidar. *Migalhas de Responsabilidade Civil*. 29 de setembro de 2022. Disponível em: https://www.migalhas.com.

Quando se analisa a configuração da responsabilidade civil nas relações de consumo, divide-se em vício de qualidade por insegurança (defeito) e vício de qualidade por inadequação (vício). No primeiro caso, exige-se a aferição da incolumidade do consumidor, ou seja, o dano físico ou psicológico diante da concretização de um acidente de consumo. De outro modo, o vício de qualidade por inadequação está relacionado com a não correspondência a expectativa do consumidor.

Em outras palavras, os vícios são "as características de qualidade ou quantidade que tornem os produtos ou serviços impróprios ou inadequados ao consumo a que se destinam e que lhes diminuam o valor",[29] sendo também decorrentes nas indicações na embalagem, rotulagem e mensagem publicitária. Da mesma forma são considerados vícios os decorrentes da disparidade havida em relação às indicações constantes do recipiente, embalagem, rotulagem, oferta ou mensagem publicitária.

O defeito presume o vício. No entanto, estar-se-á em um sentido mais abrangente quando se analisa o grau de extensão de dano ao consumidor. O vício pertence ao produto e serviço, já o defeito atinge a pessoa do consumidor. Por isso, apenas pode-se falar em acidente de consumo quando se observa a incidência do defeito.

Em ambas as análises, tem-se como objeto principal a proteção do consumidor, o vulnerável da relação, na sua expectativa e incolumidade física. Todavia, mister se faz destacar que, especialmente nos casos de acidente de consumo, essa proteção é abrangida a todos aqueles que foram atingidos pela conduta ensejadora danoso, na dicção do art. 17 do CDC. Ou seja, "em outros termos, ocorrendo acidente de consumo, o consumidor diretamente afetado tem direito à ampla indenização pelos danos ocasionados. Todas as outras pessoas que foram atingidas pelo evento têm o mesmo direito".[30] No tópico a seguir, será apresentado os graus de responsabilização por acidentes causados por carros autônomos, em atenção a ocorrência de dano ao consumidor direto e o terceiro, caracterizado como consumidor por equiparação.

3. RESPONSABILIDADE CIVIL EM FACE DE DANOS CAUSADOS POR CARROS AUTÔNOMOS AOS CONSUMIDORES DIRETOS E POR EQUIPARAÇÃO

Segundo a definição da *National Highway Traffic Safety Administration*, veículos autônomos são aqueles que não tem intervenção humana em algum aspecto da função de controle, direção, aceleração ou frenagem, por exemplo.[31]

Para Medon, o funcionamento desses veículos não pode ser dissociado da inteligência artificial, especialmente das técnicas de *machine learning*, sendo os dados

---

br/coluna/migalhas-de-responsabilidade-civil/374349/responsabilidade-civil-e-carros-autonomos. Acesso em: 22 nov. 2022.
29. RIZZATO, Nunes. *Curso de Direito do Consumidor*. São Paulo: Saraiva Educação, 2018, p. 156.
30. Ibidem, p. 154.
31. National Highway Traffic Safety Administration. *Preliminary Statement of Policy Concerning Automated Vehicles*. Disponível em: https://www.nhtsa.gov. Acesso em: 30 nov. 2022, p. 3.

coletados da relação[32] (sejam das ruas, como dos usuários) norteadores para antecipação de comportamentos. Ou seja, os desenvolvedores dos softwares criam o sistema para aperfeiçoar as tomadas de decisões, aprendendo e melhorando seu próprio desempenho. A atividade do veículo em discussão exige alto grau de autonomia da inteligência artificial na tomada de decisão diante da passividade (ou ausência) do condutor do veículo.

Os níveis de taxonomia são caracterizados de acordo com o grau de autonomia da inteligência artificial:[33]

> Nível 0 – Não Automação. O motorista tem controle total e exclusivo dos controles primários do veículo (freio, direção, acelerador e força motriz) em todos os momentos e é o único responsável por monitorar a estrada e pela operação segura de todos os controles do veículo. (...)• Nível 1 – Automação específica da função: A automação neste nível envolve uma ou mais funções de controle específicas; se múltiplas funções forem automatizadas, elas operam independentemente umas das outras. O motorista tem controle geral e é o único responsável pela operação segura, mas pode optar por ceder autoridade limitada sobre um controle primário (como no controle de cruzeiro adaptativo), o veículo pode automaticamente assumir autoridade limitada sobre um controle primário (como no controle eletrônico de estabilidade), ou o sistema automatizado pode fornecer controle adicional para auxiliar o motorista em certas situações normais de direção ou de colisão iminente (por exemplo, suporte de freio dinâmico em emergências). O veículo pode ter vários recursos combinando suporte individual ao motorista e tecnologias de prevenção de colisões, mas não substitui a vigilância do motorista e não assume a responsabilidade de dirigir do motorista. (...)• Nível 2 – Automação de Funções Combinadas: Este nível envolve automação de pelo menos • Nível 4 – Automação de direção totalmente autônoma (Nível 4): o veículo é projetado para executar todas as funções de direção críticas para a segurança e monitorar as condições da estrada durante toda a viagem. Esse projeto prevê que o motorista1 fornecerá o destino ou a entrada de navegação, mas não se espera que esteja disponível para controle a qualquer momento durante a viagem. Isso inclui veículos ocupados e desocupados. Por design, a operação segura depende exclusivamente do sistema automatizado do veículo. A principal distinção entre o nível 2 e o nível 3 é que, no nível 3, o veículo é projetado de forma que não se espera que o motorista monitore constantemente a estrada enquanto dirige. duas funções de controle primárias projetadas para trabalhar em uníssono para liberar o motorista do controle dessas funções. Veículos neste nível de automação podem utilizar autoridade compartilhada quando o motorista cede o controle primário ativo em certas situações de direção limitada. O motorista ainda é responsável por monitorar a estrada e operação segura e deve estar disponível para controle em todos os momentos e em curto prazo. O sistema pode renunciar ao controle sem aviso prévio e o motorista deve estar pronto para controlar o veículo com segurança. (...) Nível 3 – Automação de direção autônoma limitada: os veículos neste nível de automação permitem que o motorista ceda o controle total de todas as funções críticas de segurança sob certas condições de tráfego ou ambientais e, nessas condições, confie fortemente no veículo para monitorar mudanças nos as condições que exigem a transição de volta ao controle do motorista. Espera-se que o motorista esteja disponível para controle ocasional, mas com tempo de transição suficientemente confortável. (...) Nível 4 – Automação de direção totalmente autônoma (Nível 4): o veículo é projetado para executar todas as funções de direção críticas para a segurança e monitorar as condições da estrada durante toda a viagem. Esse projeto prevê que o motorista1

---

32. MEDON, Filipe. *Inteligência Artificial e Responsabilidade Civil*. Salvador: JusPodivm, 2020, p. 154.
33. National Highway Traffic Safety Administration, *Preliminary Statement of Policy Concerning Automated Vehicles*. Disponível em: https://www.nhtsa.gov. Acesso em: 30 nov. 2022, p. . 4 -5, tradução nossa.

fornecerá o destino ou a entrada de navegação, mas não se espera que esteja disponível para controle a qualquer momento durante a viagem. Isso inclui veículos ocupados e desocupados. Por design, a operação segura depende exclusivamente do sistema automatizado do veículo.

É fato que, ao analisar a configuração de acidentes de consumo, o grau de autonomia (taxonomia) da inteligência artificial e taxonomia influenciará na configuração da responsabilidade civil e, sobretudo, no seu polo passivo. Há a possibilidade de o software não ser atualizado, hackeado, os sensores podem falhar, bem como a inteligência artificial pode agir de maneira diversa da programada. É inegável que os danos decorrentes da atuação humana serão reduzidos com a inteligência artificial, mas, de outro modo, originam-se novos danos próprios da atuação tecnológica.[34]

Considerando o artigo 3 do CDC, diante do dano, todos os envolvidos na cadeia de fornecimento serão considerados fornecedores e, consequentemente, serão responsáveis solidários em caso de acidente de consumo (artigo 12 ao 14 do CDC) por carros autônomos. Questiona-se: o condutor poderia ser enquadrado nesta cadeia de fornecimento? Apesar da possibilidade de responsabilização, não se entende pela sua equiparação ao conceito de fornecedor. Sua responsabilidade poderá ser configurada de acordo com taxonomia e configuração de culpa do agente:

> Pode-se afirmar que nos casos de veículos que demandem a presença de um condutor na retaguarda para o seu fornecimento, parece não haver substancial diferença na aplicação de uma teoria da culpa ou do risco, pois ainda que não se admita a responsabilidade objetiva pelo risco criado ao sair para a rua com um carro autônomo, poderá haver, pelo menos, culpa in vigilando, caso o condutor não tenha prontamente responsivo ao comando para assumir a direção ou mesmo a *culpa in eligendo*, por ter escolhido acionar aquele sistema em condições não recomendadas ou não permitidas.[35]

Ainda, é importante frisar a possibilidade da aplicação de excludente de responsabilidade por culpa exclusiva da vítima e/ou terceiro caso comprovado que o condutor não assumiu o veículo quando instado ou, ainda, acionou a direção autônoma quando não era adequada. No entanto, tais hipóteses ainda consideram níveis de autonomia mais baixos do veículo em discussão. Quando se analisa a hipótese de alta e complexa autonomia dos carros autônomos, a construção teórica da responsabilidade civil deverá ser diversa em razão da imprevisibilidade da máquina e a expectativa de segurança depositada.

Considerando Mulholland, podem ser elencadas diversas teses para responsabilização de inteligência artificial autônoma em falhas de decisão:

> (i) Teses da irresponsabilidade, tanto da IA (se porventura fosse atribuída capacidade jurídica aos sistemas) quanto dos agentes que contribuíram para o desenvolvimento da tecnologia (programadores, financiadores, proprietários do sistema etc.). Haveria um duplo argumento para negar a reparação à vítima: impossibilidade de atribuir-se capacidade jurídica _a IA; e desconhecimento, por parte dos agentes envolvidos no desenvolvimento da IA, sobre os processos de seu aprendizado e de sua tomada de decisão que, ao final, levaram ao dano. (...)

---

34. MEDON, Filipe. *Inteligência Artificial e Responsabilidade Civil*. Salvador: JusPodivm, 2020, p. 180.
35. Ibidem, p. 193-194.

(ii) Responsabilidade civil objetiva da IA, com prévia atribuição de personalidade, capacidade de direito e patrimônio autônomo ao sistema de Inteligência Artificial – à semelhança da constituição de pessoas jurídicas –, sendo reputada a obrigação de indenizar baseada nos riscos exacerbados – por serem desconhecidos previamente – decorrentes do desenvolvimento autônomo de resultados pela IA. (...)

(iii) Responsabilidade civil subjetiva do programador, por culpa na elaboração dos algoritmos que serviram de insumo inicial para o desenvolvimento dos processos de autoaprendizagem da IA. (...)

(iv) Responsabilidade civil da sociedade que utiliza, se beneficia e aufere lucros por meio da exploração da IA, objetivamente, por risco criado. Nesse sentido, uma interpretação possível do art. 927, parágrafo único, do Código Civil é de que, quando o legislador se refere a atividade, pela sua natureza, implica risco aos direitos de outrem, poder-se-ia interpretar extensivamente o conceito de atividade para qualificar sistemas de IA como bens perigosos.[36]

Não há dúvidas, em atenção a última hipótese mencionada, da utilização da teoria do risco da atividade para amparar a responsabilidade objetiva pelo vício e defeito estabelecidos no CDC em razão da inserção dos carros autônomos no mercado de consumo, ao consumidor direto, individual e coletivo concreto, e ao terceiro por equiparação. Neste último caso, faz-se necessário a incidência da responsabilidade de fato – dano físico ou psíquico, para aquele terceiro que também sofreu na sua incolumidade física e/ou psicológica responsabilize o rol de fornecedores de maneira objetiva.

CONSIDERAÇÕES FINAIS

Em uma sociedade e mercado envoltos em tecnologias inovadora, disruptivas e em constante evolução pode, surge a necessidade de regulá-las em alguma medida, que se pode acarretar inibição do avanço tecnológico, quando realizado de modo desarrazoado. Entretanto, ela se faz necessária para que sejam observadas diretrizes éticas e para assegurar o adequado amadurecimento de determinada tecnologia.

Testes devem ser conduzidos em ambientes controlados e em locais previamente autorizados pelo poder público. As margens de tolerância a erro na programação da Inteligência Artificial devem ser mínimas. Medidas preventivas de segurança devem ser adotadas antes de se permitir que sistemas de Inteligência Artificial assumam a condução dos veículos. Dessa forma, se evitará que o consumidor seja exposto a riscos desnecessários, promovendo um trânsito efetivamente seguro.

Porém, o efeito expansivo da relação de consumo, sendo inicialmente entre o operador e o fabricante, nos casos dos veículos automotores – com a mobilidade – alcança pessoas indetermináveis que se locomovem em diferentes localidades, assim, há que se harmonizar os diversos interesses conflitantes envolvidos, com escopo maior de garantir maior proteção à direitos, em especial aos fundamentais.

---

36. MULHOLLAND, Caitlin. Responsabilidade Civil e Processos Decisórios Autônomos em Sistemas de Inteligência Artificial (Ia): Autonomia, Imputabilidade e Responsabilidade In: FRAZÃO, Ana; MULHOLLAND, Caitlin. *Inteligência Artificial e Direito: Ética, Regulação e Responsabilidade*. São Paulo (SP):Editora Revista dos Tribunais. 2020. Disponível em: https://thomsonreuters.jusbrasil.com.br/doutrina/1196969611/inteligencia--artificial-e-direito-etica-regulacao-e-responsabilidade. Acesso em: 5 dez. 2022.

As montadoras de veículos automotores e empresas de tecnologia precisam de regras claras para atuar nesse mercado, investir e obter retorno financeiro. A sociedade quer usufruir de tecnologias que sejam úteis e confiáveis e espera-se poder desfrutar os benefícios prometidos pelos carros autônomos, em especial, um deslocamento mais rápido, confortável e seguro, sem se sujeitar a riscos desnecessários e falhas catastróficas que coloquem vidas em perigo.

Nesse sentido, resta claro que no caso de veículos autônomos e os danos causados a consumidores diretos e por equiparação, a doutrina e o ordenamento jurídico brasileiro já entregam uma resposta, na aplicação da teoria do risco da atividade com escopo de buscar maior proteção ao consumidor direito, individual, coletivo concretou ou ao terceiro por equiparação. Frisa-se que assim, ampara-se na responsabilidade objetiva pelo vício e defeitos nos moldes do Código de Defesa do Consumidor, pela ocorrência de inserção de carros autônomos no mercado de consumo.

Todavia, ao se tratar de terceiro por equiparação, atenta-se que é imperiosa observar a incidência da responsabilidade de fato, em outras palavras a presença de dano físico ou psíquico, para que ocorra a responsabilização dos fornecedores de maneira objetiva. De todo modo, não se pode excluir dessa dinâmica a hipótese de excludente de responsabilidade por culpa exclusiva da vítima e/ou terceiro, caso comprovado que a causa do dano não foi um erro da máquina.

Percebe-se que esse cenário dos carros autônomos está envolto nas transformações com o uso de inteligência artificial, que são profundas no mercado e na sociedade o que exige um esforço significativo do Direito e de seus juristas em buscarem soluções e muitas vezes novas interpretações de institutos jurídicos com dupla finalidade, garantir a proteção de direitos ao mesmo tempo que não criar óbices à inovação tecnológica e o avanço da humanidade.

REFERÊNCIAS

ANJOS, E. B. R. D. *Estado Empreendedor e o Regime Jurídico-admnistrativo das Parcerias Público-privadas em Ciência, Tecnologia e Inovação*. Brasília: Tese de Doutorado – Programa de Pós-Graduação em Direito da Universidade de Brasília, 2017.

BODEN, Margaret. *Artificial Intelligence*: is nature and future. Oxford Press, 2016

CARNEGIE MELLON, University. The Robotics Institute. Carnegie Mellon, 2022. Disponível em: https://www.ri.cmu.edu/robotics-groups/navlab/. Acesso em: 18 out. 2022.

CESVI. *Nível de Automação dos Veículos*. São Paulo: Revista CESVI, 2020.

ES. Por que algumas empresas crescem exponencialmente? *Economia de Serviços*, 03 abril 2018. Disponivel em: https://economiadeservicos.com/2018/04/03/por-que-algumas-empresas-crescem-exponencialmente/. Acesso em: 25 out. 2022.

FALEIROS JÚNIOR, José Luiz de Moura. Responsabilidade Civil e carros autônomos: um exemplo da tecnologia Lidar. *Migalhas de Responsabilidade Civil*. 29 de setembro de 2022. Disponível em: https://www.migalhas.com.br/coluna/migalhas-de-responsabilidade-civil/374349/responsabilidade-civil-e--carros-autonomos Acesso em: 22 nov. 2022.

HAUGELAND, John. *Artificial Intelligence*: The Very Idea. Cambrigde: MIT Press, 1985.

HERZOG, A. O que é a Economia do Conhecimento e quais são suas implicações para o Brasil? – Um ensaio sobre a nova economia e o futuro do Brasil. *Recanto das Letras*, Rio de Janeiro, p. 1-20, 2018. Acesso em: 30 abril 2021.

HOMCI, Janaina Vieira. *A proteção dos dados pessoais no consumo digital*. Editora Thoth, 2023.

KOK, Joost N. et al. Artificial intelligence: definition, trends, techniques, and cases. *Artificial Intelligence*, v. 1, p. 1-20, 2009. Disponível em: https://www.eolss.net/SampleChapters/C15/E6-44.pdf. Acesso em: 10 abr. 2022.

LUHMANN, N. *Law as a Social System*. Trad. Klaus A. Ziegert. Oxford: Oxford University Press, 2004.

MARQUES, Claudia Lima. *Confiança no comércio eletrônico e a proteção do consumidor*. São Paulo: Ed. RT, 2004.

MEDON, Filipe. *Inteligência Artificial e Responsabilidade Civil*. Salvador: JusPodivm, 2020.

MUEHLHAUSER, Luke; SALAMON, Anna. Intelligence explosion: evidence and import. In: EDEN, Amnon (Ed.) et al. *Singularity hypotheses*: a scientific and philosophical assessment. Heidelberg: Springer, 2012. p. 15-42. Disponível em: http://intelligence.org/files/IE-EI.pdf. Acesso: em 18 out. 2022.

MULHOLLAND, Caitlin. Responsabilidade Civil e Processos Decisórios Autônomos em Sistemas de Inteligência Artificial (Ia): Autonomia, Imputabilidade e Responsabilidade In: FRAZÃO, Ana; MULHOLLAND, Caitlin. *Inteligência Artificial e Direito*: Ética, Regulação e Responsabilidade. São Paulo: Ed. RT, 2020. Disponível em: https://thomsonreuters.jusbrasil.com.br/doutrina/1196969611/inteligencia-artificial-e-direito-etica-regulacao-e-responsabilidade. Acesso em: 5 dez. 2022.

National Highway Traffic Safety Administration. *Preliminary Statement of Policy Concerning Automated Vehicles*. Disponível em: https://www.nhtsa.gov. Acesso em: 30 nov. 2022.

NILSSON, Nils J. *Principles of artificial intelligence*. San Franscisco, CA: Morgan, 2014.

OLIVEIRA, Amanda Flávio de; CARVALHO, Diógenes Faria de. Vulnerabilidade comportamental do consumidor: porque é preciso proteger a pessoa superendividada. *Revista de Direito do Consumidor*, ano 25, v. 104, p. 196. São Paulo, mar.-abr. 2016.

OSÓRIO, Fernando; BITTENCOURT, João R. *Sistemas Inteligentes baseados em redes Neurais Artificiais aplicados ao Processamento de Imagens*. UNISINOS, 2000. Disponível em: http://Osorio.wait4.org/oldsite/wia-unisc/wia2000-full.pdf. Acesso em: 26 mar. 2021.

OXFORD. *Dictionary*. Cambrigde: Oxford Press, 2017.

RIZZATO, Nunes. *Curso de Direito do Consumidor*. São Paulo: Saraiva Educação, 2018.

RUSSELL, Stuart J., NORVIG, Peter. *1962* – Inteligência artificial. Trad. Regina Célia Simille. Rio de Janeiro: Elsevier, 2013. Disponível em: https://www.cin.ufpe.br/~gtsa/Periodo/PDF/4P/SI.pdf. Acesso em: 18 de out. 2022.

SCHUMPETER, J. A. *Capitalismo, Socialismo e Democracia*. Trad. Luiz Antônio Oliveira de Araujo. São Paulo: Editora da Unesp, 2017.

USP. Projeto CaRINA 2. *USP*, 2015. Disponível em: http://lrm.icmc.usp.br/web/index.php?n=Port.ProjCarina2Info. Acesso em: 18 out. 2022.

VERBICARO, Dennis; VIEIRA, Janaina do Nascimento. A nova dimensão da proteção do consumidor digital diante do acesso a dados pessoais no ciberespaço. *Revista de Direito do Consumidor*, v. 30, n. 134, p. 205, São Paulo, mar./abr. 2021.

ZOLO, D. The Rule Of Law: A critical Reappraisal. In: COSTA, P.; ZOLO, D. *The rule of law*: History, Theory ans criticism. Dordrecht: Springer, 2007.

EPÍLOGO
TRANSFORMADOS POR CIRCE, ESQUECIDOS NA TERRA DOS LOTÓFAGOS: UMA LIGEIRÍSSIMA REFLEXÃO SOBRE OS CONSUMIDORES NA CONTEMPORANEIDADE BRASILEIRA

Marcos Catalan

Doutor *summa cum laude* pela Faculdade do Largo do São Francisco, Universidade de São Paulo. Mestre em Direito pela Universidade Estadual de Londrina. Professor no PPG em Direito e Sociedade da Universidade LaSalle. Estágio pós-doutoral no Mediterranea International Center for Human Rights Research (2020-2021). Visiting Scholar no Istituto Universitario di Architettura di Venezia (2015-2016). Estágio pós-doutoral na Facultat de Dret da Universitat de Barcelona (2015-2016). Professor visitante no Mestrado em Direito de Danos da Facultad de Derecho de la Universidad de la Republica, Uruguai. Professor visitante no Mestrado em Direito dos Negócios da Universidad de Granada, Espanha. Professor visitante no Mestrado em Direito Privado da Universidad de Córdoba, Argentina. Editor da Revista Eletrônica Direito e Sociedade. Líder do Grupo de Pesquisas Teorias Sociais do Direito e Cofundador da Rede de Pesquisas Agendas de Direito Civil Constitucional. Diretor do Brasilcon (2020-2021). Advogado parecerista. E-mail: marcoscatalan@uol.com.br.

O sistema econômico capitalista é bastante talentoso na arte de enredar corpos e mentes[1] de consumidores que, antes de sê-lo, são seres demasiadamente humanos. Ele aproveita-se, para tanto, de aspectos como as muitas lacunas que se espraiam pelos campos da razão.[2] Quantas não foram as vezes nas quais ao agir como Circe, transmutou aqueles com quem tem contato ou, ainda, as ocasiões nas quais agiu, sutilmente, buscando moldar vidas que, de outro modo, teriam sido vividas de outro modo.[3] O *Endymion*, de *John Keats*, melhor que quaisquer lições teóricas, ajuda a compreender a metáfora trazida ao texto:

> Não lamento a coroa que perdi.
> A falange que outrora comandei.
> E a esposa, ora viúva, que deixei.
> Não lamento, saudoso, minha vida.

---

1. MALDONADO, Natalia Ortiz. Embrujos y contraembrujos. In: STENGERS, Isabelle; PIGNARRE, Philippe. *La brujería capitalista*. Trad. Victor Goldstein. Buenos Aires: Hekht, 2017. p. 18.
2. Vide: BURNETT, Dean. *O cérebro que não sabia de nada*: o que a neurociência explica sobre o misterioso, inquieto e totalmente falível cérebro humano. Trad. Eliana Rocha. São Paulo: Planeta do Brasil, 2018. KAHNEMAN, Daniel. *Rápido e devagar*: duas formas de pensar. Trad. Cássio de Arantes Leite. Rio de Janeiro: Objetiva, 2012. THALER, Richard. *Misbehaving*: a construção da economia comportamental. Trad. George Schlsinger. Rio de Janeiro: Intrínseca, 2019. THALER, Richard; SUNSTEIN, Cass. *Nudge*: o empurrão para a escolha certa. Trad. Marcello Lino. Rio de Janeiro: Elsevier, 2009. TVERSKY, Amos; KAHNEMAN, Daniel. Judment under uncertainty: heuristics and biases. *Science*, v. 185, n. 4157, p. 1124-1131, Washington, 1974.
3. BAUMAN, Zygmunt. *Vida para consumo*: a transformação de pessoas em mercadoria. Trad. Carlos Alberto Medeiros. Rio de Janeiro: Zahar, 2008.

Filhos e filhas, na mansão querida.
Tudo isso esqueci, as alegrias
terrenas olvidei dos velhos dias.
Outro desejo vem, muito mais forte.
Só aspiro, só peço a própria morte.
Livrai-me deste corpo abominável.
Libertai-me da vida miserável.
Piedade, Circe! Morrer e tão-somente!
Sede, deusa gentil, sede clemente![4]

Caso a poesia recortada seja incapaz de estimular a refletir sobre como o Mercado usa as mais diversas formas de comunicação que tem ao seu alcance para modular os desejos e anseios dos consumidores, talvez a poesia de Homero possa despertar lembranças, resgatar ou mesmo construir memórias que remetam à transformação dos homens de Ulisses em sua jornada rumo à mítica Ítaca.

Como festejam cães o meigo dono
Que lhes traz do banquete algum bocado;
Mas, a tal vista, ao pórtico,
medrosos retiveram-se os Gregos.
Dentro ouviam cantar suave a crinipulcra Circe,
teia a correr brilhante, que só deusas
lavram tão fina e bela.
Eis diz Polites, chefe que eu mais prezava:
"No alto, amigos, mulher ou deusa tece; o pavimento
Ressoa todo ao cântico: falemos".
Gritam; Circe aparece, e abrindo as portas resplendentes,
convida esses incautos;
Só, receoso, Euríloco repugna.
Senta-os a deusa em tronos e camilhas;
escândea e queijo
com paneio vinho mistura e fresco mel, poção lhe ajunta.
Que deslembra da pátria. Mal a engolem,
toca-os de vara, na pocilga os fecha.
Porcos sendo no som, no vulto e cerdas,
a inteligência embora conservassem.
Tristes grunhindo, a maga lhes atira
glande, azinha e cornisolo, sustento
próprio desses rasteiros foçadores.[5]

---

4. KEATS, John apud BULFINCH, Thomas. *O livro de ouro da mitologia*: histórias de deuses e heróis. 26. ed. Trad. David Jardim Júnior, Rio de Janeiro: Ediouro, 2002.
5. HOMERO, *Odisseia*. Trad. Manoel Odorico Mendes. São Paulo: E-book Brasil, 2009. l. X, v. 166-188.

É evidente que não pretendo aqui desrespeitar nenhum consumidor, cuja abraçada com força e afeto há mais de uma década. Ao contrário, a ideia é, mesmo que de modo muito ligeiro, chamar a atenção para as estratégias adotadas pelo mercado e para a exploração das fragilidades humanas.

Por isso ênfase há de ser dada – algo bem mais real que Circe, a deusa da lua nova, da feitiçaria e do amor físico – ao fato de que o sistema econômico capitalista, em seu modelo atual, como ensinam Dardot e Laval, precisa ser compreendido a partir "da história de suas metamorfoses, de seus descarrilhamentos, das lutas que o transformam [e] das estratégias que o renova",[6] constatação que não nos permite ignorar a onipotente presença do neoliberalismo que o informa, tampouco, "a mutilação que ela opera na vida comum, no trabalho e fora dele".[7]

Não se enganem: "o neoliberalismo não é apenas uma ideologia, um tipo de política econômica. É um sistema normativo que ampliou sua influência ao mundo inteiro, estendendo a lógica do capital a todas as relações sociais e a todas as esferas da vida."[8]

Um sistema que, em inúmeras ocasiões, induz a perceber como legítimos movimentos canalizados não para informar consumidores inexoravelmente vulneráveis[9] – a fim de que estas pessoas possam exercer liberdades que possam ser qualificadas como racionais –, mas, para propagar sedutora aura de encantamento por meio do recurso a técnicas publicitárias tão díspares quanto cativantes.

E para seguir com Homero, pede-se permissão ao leitor para conduzi-lo até a passagem vivenciada pelos homens de Ulisses, na Ilha dos Lotófagos, buscando, paradoxalmente, lembrar sobre a desconstrução notadamente em curso no Brasil, de garantias individuais, coletivas e sistêmicas erigidas com incomensuráveis sacrifícios impostos ao nosso povo, ou, pelo menos, a boa parte dele.

No dezeno aos Lotófagos arribo,
Que apascenta uma planta e flor cheirosa.
Jantamos, feita aguada; envio arauto,
com mais dois a inquirir de pão que gente lá se nutria.
Aos três em nada ofendem,
Mas lhes ofertam loto; o mel provando,
Os nossos o recado e a pátria esquecem,
Querem permanecer para o gostarem.
Constrangidos e em lágrimas os trago e amarro aos bancos;
apressado os outros sócios recolho, a fim que do regresso

---

6. DARDOT, Pierre; LAVAL, Christian. *A nova razão do mundo*: ensaio sobre a sociedade neoliberal. Trad. Mariana Echalar. São Paulo: Boitempo, 2016. p. 07.
7. Idem, p. 07.
8. Idem, p. 07.
9. CATALAN, Marcos. Uma ligeira reflexão acerca da hipervulnerabilidade dos consumidores no Brasil. In: Ricardo Sebastián Danuzzo. (Org.). *Derecho de daños y contratos*: desafíos frente a las problemáticas del siglo XXI. Resistencia: Contexto, 2019.

> A doçura falaz os não deslembre.
> Em fila, a salsa espuma a remos ferem,
> e dali pesarosos nos partimos.
> Abordo a infanda plaga do Ciclopes,
> Que, à fiúza dos deuses, nem semeiam.
> Lavram nem plantam; sem cultivo e relha.
> Cresce o trigo e a cevada, os bagos de uvas
> lhes engrossa o imbrífero Satúrnio.
> De conselho e assembleia e lei privados,
> Cada varão, de montes em cavernas,
> Rege absoluto filhos e mulheres,
> Vizinhos olvidando.[10]

Nunca é demais lembrar que o direito do consumidor surgiu, tardiamente, buscando limitar as sístoles e diástoles que alimentam o pantagruélico apetite do sistema econômico capitalista, buscando, portanto, tutelar pessoas que podem ser estereotipadas de muitas formas, exceto como as pessoas que conseguiram escapar das armadilhas de Circe. É igualmente oportuno ter em mente que referia proteção ocorre em perspectiva mínima e, salvo louváveis exceções, não é suficiente como revela qualquer leitura crítica da *law in movement* no Brasil.

Urge, portanto, pensar de forma sistêmica, orgânica, a tutela dos consumidores no Brasil, fazendo-o, com a seriedade necessária, desde os comandos normativos presentes na Constituição que o qualificam como (a) direito fundamental e legitimam pelo menos uma dezena de ações declaratórias de inconstitucionalidade e, ainda, (b) como limite identificador da (i)licitude no âmbito livre iniciativa, o que deve ser sempre enaltecido, pois, não são poucos os que ignoram a normatividade que emana para além do *caput* do artigo 170 da Constituição. E pensá-lo, obviamente, desde um viés que não se deixe influenciar pelo utilitarismo ou pela tecnologia, predadores que se alimentam do Direito, afinal, como disse outrora Mario Quintana.

> Se as coisas são inatingíveis... ora!
> Não é motivo para não querê-las.
> Que tristes os caminhos, se não fora,
> a presença distante das estrelas!

---

10. HOMERO, *Odisseia*. Trad. Manoel Odorico Mendes. São Paulo: E-book Brasil, 2009. l. IX, v. 65-86.